Bernt Högsdal

"Wo ist die Oma jetzt?"
Eine Familie auf der Suche nach dem
Woher und Wohin des Lebens

Bernt Högsdal

"Wo ist die Oma jetzt?"

Eine Familie auf der Suche nach dem
Woher und Wohin des Lebens

unicon

Bibliografische Information Der Deutschen Bibliothek
Die Deutsche Bibliothek verzeichnet diese Publikation in der Deutschen
Nationalbibliografie; detaillierte bibliografische Daten sind im Internet über
http://dnb.de abrufbar.

Stefan-Lochner-Str. 26, D-88709 Meersburg,
Fax +49 (0) 75 32/80 81 61
Email: info@unicon-verlag.de
Internet: www.unicon-verlag.de

Umschlaggestaltung: eisele grafik-design, München
Druck: Druckpartner Rübelmann GmbH, Carl-Benz-Str. 11,
69502 Hemsbach, www.druckpr.de

ISBN 3-00-011822-5

Dr. rer. pol. Bernt Högsdal, geb. 1944 in Fredrikstad in Norwegen, studierte von 1964 bis 1968 Flugzeugbau in Nordirland und danach Business Administration and Operations Research in England.

Von 1970 bis 1976 Tätigkeit als wissenschaftlicher Mitarbeiter und Projektleiter am Universitätsseminar der Wirtschaft (USW). 1974 Promotion an der Universität zu Bonn. Von 1976 bis 1982 leitende Tätigkeit in einem Unternehmen der Luft- und Raumfahrtindustrie.

1982 Gründung der UNICON Management Systeme GmbH, die er als geschäftsführender Gesellschafter leitet. Entwicklung zahlreicher betriebswirtschaftlicher Simulationsmodelle und Durchführung vieler hundert Seminare im In- und Ausland zu Themen der Betriebswirtschaftslehre/Unternehmensführung, des Projektmanagements und des Vernetzten Ganzheitlichen Denkens. Seit 1998 Honorarprofessor für betriebswirtschaftliche Simulationsmodelle und Projektmanagement an der Fachhochschule Nürtingen.

Danksagung

Herzlich danken möchte ich Frau Gisela Weidner, Wien, für die Erlaubnis, über dreihundert Zitate aus 25 Büchern ihres Eigenverlages zu verwenden. Diese Zitate bilden den roten Faden des Buches. Für wertvolle Anregungen danke ich auch Herrn Dr. Gottfried Hierzenberger, dem Lektor des Verlages von Frau Weidner, Frau Silvia Wallimann, Frau Regine Zopf und Herrn Ralph Peters, Herrn Oskar Bareuther, Herrn Dr. Christian Sailer, Herrn Robert Butts und meinem Sohn Björn.

Ein weiterer Dank geht an die herrliche Natur meines Wohnortes Meersburg am Bodensee, die mir viel Inspiration und Ruhe zum Schreiben dieses Buches gegeben hat.

Mein ganz besonderer Dank gilt meiner Partnerin, Frau Irmtraut Albert, für ihren langjährigen, unermüdlichen Einsatz bei der Entstehung dieses Buchs.

An dieser Stelle sei auch dem Bergmoser + Höller Verlag, Aachen, gedankt, der keine Einwände gegen den Titel dieses Buches hatte, obwohl er eine Publikation mit dem Titel "Wo ist meine Oma jetzt?" herausgegeben hat. Die bibliographischen Angaben sind im Quellenverzeichnis aufgeführt.

Inhalt

Vorwort

Liebe Leserin, lieber Leser,

Woher kommen wir? Warum leben wir heute auf der Erde? Warum geschieht, was geschieht? Welche Kräfte bestimmen unser Leben? Was erwartet uns nach dem Tod? Aus welchen Quellen stammt unser Wissen?

Wenn solche Fragen auch Sie bewegen, dann wird Sie dieses Buch interessieren. Und wenn Sie die Offenheit mitbringen, über Grenzen hinauszudenken, werden Sie hier Entdeckungen machen.

"Wo ist die Oma jetzt?" Mit dieser Frage der 12-jährigen Lisa nach dem Tod ihrer Großmutter beginnt ein ungewöhnliches Familienprojekt, das zugleich Rahmengeschichte für dieses Buch ist. Auf der Suche nach Antworten liest die fiktive Familie Becker eine Vielzahl von Büchern und Zeitschriften und sammelt Erkenntnisse zum Woher und Wohin des Lebens. Was sie aus den Bereichen Religion, Philosophie, Naturwissenschaften, Mythologie, Mystik sowie Botschaften aus der geistigen Welt zusammengetragen hat, macht den Inhalt dieses Buches aus.

Es versammelt rund 1500 Zitate aus 230 Literaturquellen. Dabei reicht der Horizont weit in die Zeit vor der Schöpfung zurück. Wie kam es zum Urknall? War er Zufall oder das Werk eines Schöpfers? Es geht um die Entstehung der Erde und des Lebens sowie um die kulturelle Evolution bis in die Gegenwart. Eine der Kernfragen umkreist das Woher und Wohin des Menschen. Warum sind wir auf der Welt? Wie sollte man leben? Gibt es ein Leben nach dem Tod?

Der Verfasser möchte seinen Leserinnen und Lesern einen Überblick über relevante Aussagen verschiedenster Herkunft geben. Die versammelten Texte wurden nicht nach Kriterien wie 'richtig' oder 'falsch' beurteilt; sie sollen vielmehr zeigen, welche Vielfalt an Aussagen es heute gibt. Bewusst werden einige Themen mehrmals, d. h. in verschiedenen Kapiteln unter verschiedenen Gesichtspunkten behandelt, um mehr Klarheit zu schaffen. So ist das vorliegende Material zwangsläufig umfangreich und fordert Zeit zum Durcharbeiten. Doch hofft der Verfasser, dass der Nutzen des Gelesenen den Zeitaufwand rechtfertigt.

Das Buch möchte den Blick auf die großen Linien des menschlichen Daseins lenken und anregen,

* das tägliche Leben in größeren Zusammenhängen zu sehen, um darin den eigenen Ort besser erkennen zu können,
* das eigene Weltbild und die eigenen Glaubensgrundsätze zu überprüfen, um diese eventuell durch Neues zu ergänzen,
* den Verlauf des eigenen Lebens zu betrachten und daraus Erkenntnisse für die Zukunft zu gewinnen,
* den eigenen Erkenntnishorizont und das Bewusstsein zu erweitern,
* Aufgeschlossenheit gegenüber Neuem und Unbekanntem zu entwickeln,
* sich über die eigenen Gefühle bewusst zu werden - und vor allem
* sich Gedanken über das eigene Denken zu machen.

Viele Menschen haben Vorbehalte gegenüber Aussagen, die als jenseitige Botschaften charakterisiert werden. Doch darf nicht vergessen werden, dass alle Weltreligionen sich auf Offenbarungen aus der geistigen Welt gründen. Der Verfasser empfiehlt, das Buch mit Offenheit auch für zunächst befremdlich scheinende Inhalte zu lesen, einfach unter der Annahme: "Was wäre, wenn das alles wahr ist, was, wenn hier keine Scharlatanerie vorliegt?" Es würde den Verfasser freuen, wenn der Leser oder die Leserin am Ende des Buches zu der Ansicht gelänge "dies und jenes wusste ich bisher nicht, doch ich habe ein gutes Gefühl dabei, es zu akzeptieren - außer, es würde das Gegenteil bewiesen."

Warum schreibt man ein Buch wie dieses, wenn doch die Wahrscheinlichkeit groß ist, dass Freunde, Verwandte, Bekannte, ehemalige Kollegen und Kunden sagen: "Jetzt fängt er an zu spinnen. Mit seinem Hintergrund müsste er es doch besser wissen!"

Es gibt eine ganze Reihe von Beweggründen: Die angeborene Neugier des Autors für generelle Fragen des Lebens. Die Entdeckung in zahlreichen persönlichen Gesprächen mit Führungskräften und Studenten unterschiedlicher ethnischer, nationaler oder religiöser Herkunft, dass es letztlich immer um die selben Lebensfragen geht.

Als Flugzeugingenieur und Pilot mit mehreren tausend Stunden Instrumentenflugerfahrung ist er gewohnt, auf die Errungenschaften von Technik und Naturwissenschaften zu vertrauen. Hier ist auch kein Raum für irgendwelche Art von 'Glauben' oder Philosophie. Hier geht es um harte Fakten und überprüfbares Wissen.

Dennoch war ihm immer bewusst, dass das Leben mehr umfasst, als Naturwissenschaften und Technik erfassen können. Die Naturwissenschaften bieten überzeugende Erklärungen und Theorien für die physikalischen Ereignisse nach dem Urknall, blenden jedoch die entscheidende Frage aus: warum gibt es die Schöpfung und warum gibt es den Menschen?

An dieser Frage hat sich die Neugier des Verfassers entzündet. Er machte sich auf herauszufinden, was Philosophie, Religionen, Wissenschaft und vor allem Botschaften und Offenbarungen aus der geistigen Welt hierzu sagen. Er untersuchte Hunderte von Büchern und unzählige Artikel aus verschiedenen Zeitschriften zu diesen Themen. Seine Entdeckungen waren für ihn so faszinierend, dass er sie auch anderen zugänglich machen möchte.

Hinweise zu den wiedergegebenen Texten:

Zitierte Texte sind durch eine Quellenangabe am Ende des jeweiligen Zitats kenntlich gemacht. Die Quellenangaben geben in Klammern und in Kursivschrift den Hinweis auf den Verfasser und ggf. die Nummer der betreffenden Veröffentlichung im Quellenverzeichnis am Ende des Buches sowie die Seite bzw. den Seitenbereich. Sie sind rechtsbündig gesetzt, z. B.:

(Küng 2 – 200-201)

In den Zitaten hervorgehobene Texte wurden in *Kursivschrift* wiedergegeben. Kommentare in eckigen Klammern und Kursivschrift *[...]* bedeuten Einfügungen des Verfassers des vorliegenden Buches. Zitate innerhalb einer zitierten Quelle wurden nicht eigens ausgewiesen. Die Zitate wurden nicht an die neue Rechtschreibung angepasst.

- Ein * vor dem Namen des Verfassers bedeutet: Eine aus der geistigen Welt an ein Medium durchgegebene Botschaft.
- Ein + vor dem Namen des Verfassers: Es handelt sich hier um Texte, die aus der geistigen Welt inspiriert wurden.
- Ein × vor Quellenangaben zu Texten des "Universellen Lebens" bedeutet: Es handelt sich hier um Texte, die durch die "Lichtsprache des Geistes im Inneren Wort empfangen und weitergegeben wurden".

Kernfragen des Buches

Bei der Auswahl seiner Literatur orientierte sich der Autor an einem für ihn zentralen Fragenkatalog:

Schöpfungsverlauf und Meilensteine	**Fragen zum Schöpfungsverlauf und zum Schöpfungsergebnis**

Vor etwa 15 Mrd. Jahren:
⇐ Der Urknall

In Millionen von Evolutionsschritten entsteht aus Energie das materielle und sichtbare Universum

Alles Zufall ?
- Der Urknall als eine zufällige Selbstzündung einer Energiequelle ?
- Was gab es vorher ?

Kein Zufall ?
- Wer ist der Verursacher (Schöpfer) und was war die Ursache ?
- Gab es Mitschöpfer ?
- Wie lief die Schöpfung ab ?
- Welche Beziehung besteht zwischen Schöpfer und Schöpfung ?

Vor etwa 4,5 Mrd. Jahren:
⇐ Entstehung der Erde
⇐ Entstehung von Leben (Einzeller)
⇐ Pflanzen und Tiere
⇐ Menschwerdung (vor etwa 10 Mill. Jahren)
⇐ Entwicklung von Rassen und Zivilisationen

- Spielt die Erde eine besondere Rolle im Universum ?
- Wie entstand das Leben auf der Erde ?
- Menschwerdung als Zufallsprodukt der Evolution ?
- Gab es einen Sündenfall und einen Abfall von Gott ?
- Welche Rolle spielt der Mensch innerhalb der Schöpfung ?

Die kulturelle Evolution
⇐ Etwa 5.000 v. Christus
  - Sesshaftwerden der Menschen
  - Mythologien und Mystik
  - Entwicklung von Hochkulturen
⇐ Um 3.000 v. Christus
  Entstehung von Philosophie und Religionen
⇐ Entstehung des Christentums
⇐ Entstehung der Naturwissenschaften

- Wie hat der Mensch seine Rolle im Kosmos gesehen ?
- Was löste die Entwicklung der Hochkulturen aus?
- Wie und warum entstanden
  - Mythologien
  - Mystik
  - Religionen
  - Philosophie
  - Naturwissenschaften ?
- Welches waren die Rollen des Juden- und des Christenums ?
- Was wissen die Naturwissenschaften wirklich ?

Der heutige Mensch
⇐ Geburt

 Das Leben eines Menschen auf der Erde

⇐ Sterben / Tod

- Gibt es ein 'Woher' ?
- Warum, wozu und wohin wird ein Mensch geboren ? Reinkarnation / Karma ?
- Entstehen Geist, Seele und Bewusstsein erst bei Zeugung oder Geburt ?
- Wie sollte man leben?
- Ist das Leben nur durch Zufälle und durch Schicksal gekennzeichnet ?
- Wieviel Einfluss hat man selber auf das Leben ?
- Welche Rolle spielen die Religionen und der Schöpfer ?
- Was passiert beim Sterben und was stirbt ?
- Gibt es ein ewiges Leben nach dem Tod ?
- Was lebt eventuell ewig und wo lebt es ?

1 "Wo ist die Oma jetzt?"

1.1 Der Tod der Oma

1.1.1 Die Todesnachricht

Hans stand am Fenster seines Arbeitszimmers und beobachtete den Sonnenuntergang, der heute besonders stimmungsvoll war. Als er die dritte Zigarette innerhalb einer Stunde ausdrückte, klingelte das Telefon. Was er seit Tagen befürchtet hatte, war eingetroffen. Seine Schwester Inge teilte ihm in kurzen Worten mit, dass seine Mutter soeben verstorben war. Die Krankenschwester auf der Intensivstation war nur für zehn Minuten aus dem Raum gegangen, und bei ihrer Rückkehr stellte sie fest, dass Frau Becker plötzlich gestorben war. Selbst der Chefarzt war überrascht über den plötzlichen Tod und hatte sofort alle denkbaren Wiederbelebungsmaßnahmen eingeleitet - vergebens. Hans verabredete sich mit seiner Schwester für den nächsten Tag, um die Beerdigung und die Auflösung der Wohnung der Mutter zu planen.

Obwohl Hans gewusst hatte, dass wenig Aussicht auf Besserung oder gar Heilung seiner Mutter bestand, hatte er gehofft, dass sie ihr Krebsleiden überstehen würde. Den Gedanken, dass seine Mutter sterben würde, hatte er immer verdrängt und er merkte, wie unvorbereitet und hilflos er dieser Situation gegenüberstand. Er hatte heimlich in den letzten Wochen begonnen, für seine Mutter zu beten, aber entweder war es damit zu spät oder seine Gebete wurden nicht gehört.

Die Sonne verschwand endgültig hinter dem Hügel am Ortsrand und Hans spürte, wie er selber körperlich und seelisch langsam in einem dunklen Etwas versank. Tausend Gedanken zum 'Mysterium und Sinn des Todes' gingen ihm durch den Kopf, aber keiner der Gedanken schien ihm etwas Aufklärendes zu enthalten.

Er ging ins Wohnzimmer und versuchte gefasst, seiner Frau Vera und den Kindern Lisa und Dirk die Nachricht seiner Schwester mitzuteilen. Niemand sagte etwas. Schließlich nahm Vera Hans in den Arm und sagte: "Oma ist jetzt von ihren Schmerzen erlöst und ich bin dankbar, dass sie nicht länger leiden muss." Lisa ging weinend mit einem Bild von der Oma in der Hand Richtung Kinderzimmer und Dirk versuchte vergeblich, seine Tränen zurückzuhalten.

Am nächsten Vormittag meldeten sich mehrere Beerdigungsinstitute mit der Bitte um Besuchstermine. Während der Gespräche mit den Vertretern der Institute wurde Hans bewusst, dass die Regelung eines Todesfalles ein normales 'Geschäft' für sie war. Prospekte, Leistungskataloge, Kosten und Termine standen im Vordergrund. Zunächst wurde die Todesanzeige gestaltet. Es war nicht einfach, die passenden Texte aus der Datenbank des Vertreters auszuwählen.

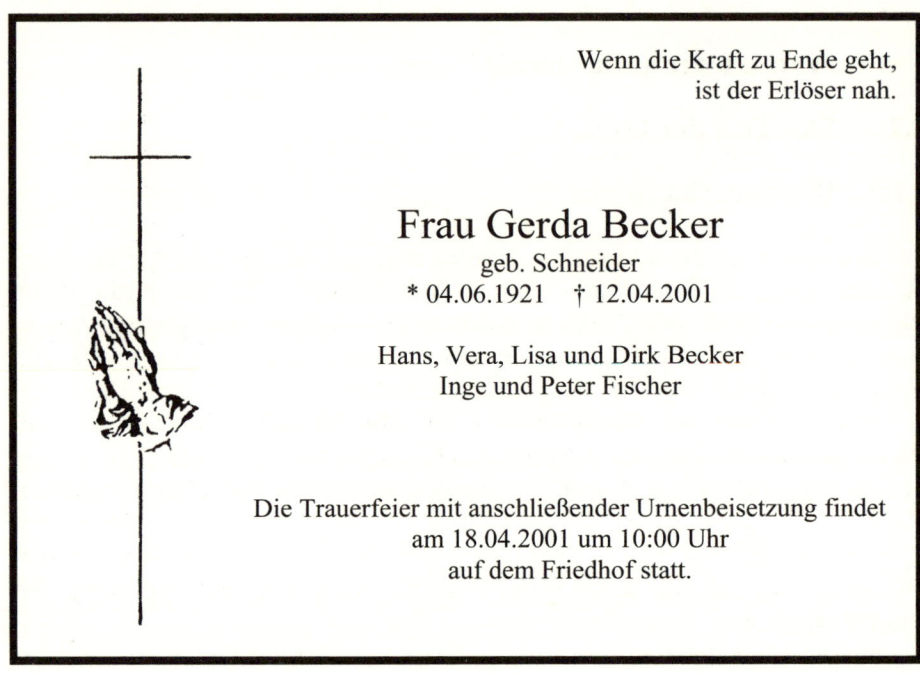

Wenn die Kraft zu Ende geht,
ist der Erlöser nah.

Frau Gerda Becker
geb. Schneider
* 04.06.1921 † 12.04.2001

Hans, Vera, Lisa und Dirk Becker
Inge und Peter Fischer

Die Trauerfeier mit anschließender Urnenbeisetzung findet
am 18.04.2001 um 10:00 Uhr
auf dem Friedhof statt.

Abends kam der Pastor, um der Familie Trost zu spenden und um einige Daten aus dem Leben der Oma für die Ansprache in der Kirche zu bekommen. Der Pastor war erst seit einem Jahr in der Gemeinde und bedauerte, dass er Frau Becker nicht persönlich kennen gelernt hatte.

Hans erzählte, dass seine Mutter nach der Schule eine Lehre als Textilverkäuferin absolviert hatte. Während des zweiten Weltkriegs musste sie im Krankenhaus arbeiten. 1948 heiratete sie mit 27 Jahren ihren Verlobten Heinz, der von Beruf Maurer war. Er, Hans, wurde 1957 geboren, vier Jahre nach seiner Schwester Inge.

Als Hans erwähnte, dass sein Vater 1967 vom Gerüst gefallen und sofort tot gewesen war, kamen ihm wieder die Erinnerungen an den damaligen Schock und es fiel ihm schwer, weiterzusprechen. Er verlor damals nicht nur seinen Vater, sondern auch eine gesicherte Zukunft. Sie mussten zu dritt in eine kleine Wohnung umziehen und seine Mutter war gezwungen, eine Arbeit anzunehmen. Von der Unfallversicherung des Vaters blieb gerade so viel, dass seine Mutter die Wohnung kaufen konnte. Mit 63 Jahren hörte seine Mutter auf zu arbeiten und war danach eine gern gesehene Babysitterin bei der Familie Becker. Vor zwei Jahren wurde bei ihr Krebs festgestellt, und seither war sie in ständiger ärztlicher Behandlung.

Der Pastor blieb zum Abendessen und bat darum, dass jedes Familienmitglied etwas über sich, seinen Werdegang und seine Interessen erzählte; er wollte sie alle etwas näher kennenlernen.

Vera begann: "Ich heiße Vera Becker und bin 1959 geboren. Ich arbeite halbtags als Arzthelferin, bin seit 1983 mit Hans verheiratet. Ich bin katholisch, wir haben auch katholisch geheiratet und die Kinder sind ebenfalls katholisch. In meiner Freizeit beschäftige ich mich mit Literatur zu philosophischen Themen, mit alternativer Medizin, Musik, Wandern, Kochen und dem Wohlergehen meiner Familie."

"Mein Name ist Hans Becker, Jahrgang 1957. Ich bin Wirtschaftsingenieur und arbeite als Abteilungsleiter im Montagebereich bei der Maschinenbau AG. Das Unternehmen ist - wie Sie wissen - der größte Arbeitgeber hier am Ort. Ich bin evangelisch. Aufgrund der wirtschaftlich angespannten Situation der letzten Jahre muss ich 10-12 Stunden am Tag arbeiten und habe dadurch leider keine Zeit für die Kirche gehabt. Meine Hobbies sind Heimwerken, technische Literatur, Managementthemen und Wandern."

"Ich bin der Dirk, bin 16 Jahre alt und gehe in die 11. Klasse. Ich interessiere mich für den Buddhismus. In unserer Clique diskutieren wir oft darüber. Meine Hobbies sind Fernsehen und mein Mofa. Außerdem ist mir die Zeit mit meiner Freundin sehr wichtig. Ich habe einen kleinen Job im Baumarkt, weil das bisschen Taschengeld von meinen Eltern hinten und vorne nicht reicht."

Jetzt war Lisa an der Reihe. Sie bekam einen roten Kopf und starrte verlegen auf ihren Teller, da sie keine Übung darin hatte, sich bei Fremden vorzustellen. Bis jetzt hatte dies immer ihre Mutter für sie getan. Leise und mit zusammengekniffenem Mund, um die Zahnspange nicht zu zeigen, sagte sie: "Ich heiße Lisa und bin zwölf. Ich mag Mutter Maria und die Engel. Sonst sind meine Hobbies Fernsehen, Zeichnen und Bücher über Tiere."

Anschließend erzählte der Pastor über seinen Werdegang, bedankte sich für das Abendessen und wünschte "Auf Wiedersehen zur Beerdigung in drei Tagen".

1.1.2   Die Beerdigung

Etwa fünfzig Trauergäste waren zu der Beerdigung gekommen. Viele davon hatte Hans nie zuvor gesehen. Vielleicht alte Bekannte und Nachbarn? Hans hatte gefühlsmäßige Schwierigkeiten zu erfassen, dass seine Mutter in dem aufgebahrten Sarg lag. Es war irgendwie unwirklich und mit den Sinnen nicht greifbar. Dennoch war es nüchterne Realität. An die Beerdigung seines Vaters hatte er keine Erinnerung mehr außer an das Gefühl eines bösen Traums. Jetzt, mit seiner Mutter, war es anders, und mit ihren fast achtundsiebzig Jahren schien es ihm auch etwas natürlicher.

Der Pastor war gut vorbereitet, und die Eingangsworte, die Lieder, die Lesung, das Gebet und die Predigt gaben der Beerdigung eine sehr feierliche und persönliche Note.

Nach der Beerdigung kam als Erste Tante Ulla zu Hans und seiner Schwester und sagte: "Mit dem Wetter hat Gerda aber Glück gehabt und dazu auch so eine schöne Grabstelle bekommen. Hoffentlich geht es mir selber eines Tages genauso."

Alle Trauergäste waren zu einem kleinen Imbiss im Restaurant auf der anderen Straßenseite eingeladen. Einige der Verwandten und sonstigen Gäste verabschiedeten sich aber vorher eilig mit dem Hinweis auf andere Verpflichtungen.

Im Restaurant war Hans überrascht über die Fröhlichkeit und die gute Laune unter den verbliebenen Gästen. Viele hatten einander seit Jahren nicht gesehen und tauschten Neues, Altes und Belangloses aus. Über seine Mutter wurde zu seinem Erstaunen eigentlich überhaupt nicht gesprochen.

Ein älterer Herr verabschiedete sich von Hans mit den Worten: "Mein Name ist Kurt Maier. Ich bin ein Nachbar ihrer Mutter gewesen. Durch ihre besondere Art war sie so etwas wie die gute Seele unseres Hauses. Wir werden sie alle sehr vermissen. Wie Sie wahrscheinlich wissen, war sie auf ihre 'letzte Reise' gut vorbereitet." Diese Aussage traf Hans wie ein Schlag. Seine Mutter hatte in den letzten Jahren immer wieder das Thema des Sterbens angesprochen, aber er war ihr jedesmal ausgewichen. Er hatte immer ein wenig unbeholfen geantwortet: "Mutter, du mit deiner Gesundheit wirst uns alle überleben." Im Nachhinein wusste er selber nicht, warum er unfähig gewesen war, mit ihr offen darüber zu sprechen.

1.1.3 Die Heimfahrt

Auf der Heimfahrt war jeder in seine Gedanken versunken. Plötzlich sagte Lisa: "Wo ist die Oma jetzt? Was macht sie wohl gerade?"

Vera sagte spontan: "Lisa, die Oma liegt auf dem Friedhof und muss sich der Läuterung im Fegefeuer unterwerfen. Aber sie wird am Jüngsten Tag - wie wir alle - wieder lebendig auferstehen."

Hans erwiderte: "Vera, die Oma war evangelisch. Daher ruht sie ohne ein Fegefeuer bis zum Jüngsten Tag. Dann wird sie auferweckt und anschließend ewig leben. Erzähl dem Kind bitte keinen Unsinn!"

Dirk konnte es nicht lassen und sagte selbstbewusst: "Die Oma ist jetzt schon im Jenseits, ruht sich aus und wird sich irgendwann auf ihre nächste Inkarnation auf der Erde vorbereiten. Vielleicht lässt sie sich als Tochter oder Sohn von Lisa in einigen Jahren inkarnieren. Wer weiß? Außerdem glaube ich, dass sie bei der Beerdigung anwesend war und zugeschaut hat, wie alles so ablief."

Hans und Vera waren beide entsetzt über Dirks Aussage. Sie wollten spontan verbieten, dass er sich mit solchen unchristlichen Themen beschäftigte. Vera sagte: "Dirk, du bist katholisch. Und denk bitte daran, was du bei deiner Firmung versprochen hast."

Lisa wurde das alles langsam zuviel und sie sagte nur: "Ihr könnt behaupten, was ihr wollt. Ich glaube und ich fühle, dass die Oma jetzt bei den

Engeln im Himmel ist und sich ausruht. Der Pastor sagte ja auch in seiner Predigt, dass die Seele von Oma jetzt bei Gott im Himmel ist. Und der Pastor wird es wohl wissen, oder? Außerdem hat er gesagt, dass es der Oma beim himmlischen Vater sehr gut gehe und sie keinen Schmerz mehr leide, keine Tränen, dass es nur Freude und Zufriedenheit zusammen mit Gott gebe. Und so lieb, wie die Oma immer war, wird sie bald selber ein Engel sein und mit dem Opa im Himmel zusammenleben."

Hans war verwirrt und verwundert über die Aussagen seiner Familie. Aber was ihn noch mehr beunruhigte, war seine Unfähigkeit, die klare und einfache Frage von Lisa zu beantworten. Um Zeit zu gewinnen, sagte er einfach, dass man die Frage in den nächsten Tagen zu Hause ja in Ruhe diskutieren könne.

1.1.4 Die Hinterlassenschaft

Zwei Tage nach der Beerdigung traf sich Hans mit seiner Schwester in der Wohnung der Mutter, um die Hinterlassenschaft aufzuteilen. Beide wollten sie die Wohnung so schnell wie möglich verkaufen. Es gab kein Testament, dafür aber jeweils einen Briefumschlag für ihn und seine Schwester. Hans öffnete seinen Umschlag, fand darin ein Sparbuch der Mutter und einen Brief, der vor vier Wochen geschrieben worden war. Er fing sofort an zu lesen.

Lieber Hans,

ich weiß, dass ich nicht mehr lange leben werde. Was mir seit der Krankheit Kraft zum Leben gegeben hat, war nicht die Hoffnung gesund zu werden, sondern mein Glaube und das Wissen, dass es ein Leben nach dem Tod gibt. Daher habe ich keine Angst vor dem Sterben. In den letzten Jahren habe ich einiges darüber gelesen und auch mit Herrn Maier in der Wohnung gegenüber diskutiert.

Oft hatte ich gehofft, mit Dir über den Sinn des Lebens und das Sterben sprechen zu können, aber Du warst dafür nicht zugänglich. Ich habe Dich, Vera und die Kinder über alles geliebt und wünsche mir jetzt, dass Ihr Euch etwas Zeit nehmt, um über den Sinn des Lebens nachzudenken. Vor lauter Arbeit und Tagesproblemen kamt Ihr bisher nicht dazu, über wirklich Wichtiges im Leben nachzudenken. Das ist zumindest mein Eindruck gewesen.

Ich habe daher einen dringenden Wunsch an Euch. Er liegt mit sehr am Herzen und ich meine diese Bitte sehr ernst und sie ist gut gemeint: Kauft Euch von meinem Sparbuchgeld einige Bücher über die spirituelle Seite des Lebens und arbeitet sie gemeinsam durch. Es gibt mehr zwischen Himmel und Erde, als Du Dir vorstellen kannst. Wir Menschen sind nicht zufällig hier und jeder Mensch hat eine Aufgabe zu erfüllen. Es gibt viele Bücher mit Botschaften und Offenbarungen von "Drüben", die das alles beschreiben. Ihr könnt sogar herausfinden, wo ich jetzt hingehen werde und wie es dort ist.

Lebe wohl, mein Sohn, und sei ein Vorbild für Deine Familie.

In Liebe, Deine Mutter

PS. Lies bitte auch die Kopie auf der Rückseite.

Auf der Rückseite des Briefes war der folgende Text eingeklebt:

> Wenn wir Menschen eine Reise in ein unbekanntes Land planen, werden wir sicher Erkundigungen bis in die kleinsten Details einholen, um zu einer guten Übersicht über die Beschaffenheit dieses Landes zu gelangen. Wir werden alles daransetzen, uns dann so auszustatten, daß wir dort in keiner Weise Schaden nehmen, sondern unseren Aufenthalt so angenehm wie möglich gestalten.
>
> Genauso sollte es für die Reise geschehen, die jedem von uns, früher oder später, gewiß ist und die in unsere Geistige Heimat führt, wo wir lange Zeit, ja eine Ewigkeit verbringen werden. Für diese Reise lohnt es sich wie für keine andere, Erkundigungen einzuholen und Vorbereitungen zu treffen, um sich in diesem noch unbekannten Land ein angenehmes und glückliches Leben zu sichern![1]

Beim Aufräumen fanden Hans und Inge Spendenquittungen einiger wohltätiger Institutionen. Seine Mutter hatte immer mit sehr wenig Geld auskommen müssen, aber Hans konnte sich nicht erinnern, dass sie jemals über irgendetwas geklagt hätte. Er musste feststellen, dass er viele Seiten seiner Mutter nicht gekannt hatte und dass die Ursache wohl bei ihm lag.

---

[1] Siehe *Emanuel(Kontr.) 4, Seite 9*, aufgeführt im Quellenverzeichnis am Ende des Buches

1.2 Erste eigene Suche nach Antworten

1.2.1 Der Anfang

Zu Hause angekommen las Hans den Brief seiner Mutter der Familie vor. Interessanterweise stimmte diese spontan zu, den Vorschlägen der Oma zu folgen und sich 'selber schlau zu machen'. Lisa wies darauf hin, dass ihre Frage von der Heimfahrt immer noch nicht vernünftig beantwortet war. Und außerdem wollte sie wissen, ob es wirklich so etwas wie die 'Hölle' gebe. Eine Klassenkameradin hätte behauptet, dass die Oma genau so gut in der Hölle wie im Himmel sein könnte.

Nach dem Abendessen holten sie die Bibel, den evangelischen und den katholischen Katechismus aus dem Bücherregal, um Antworten auf Lisas Fragen zu finden. Hans fiel ein, dass er vor einiger Zeit in einer Zeitschrift eine Übersicht zu ähnlichen Fragen gesehen hatte. Er fand die Zeitschrift und besprach mit seiner Familie die Antworten verschiedener Religionen auf die beiden Fragen: "Was kommt nach dem Tod?" und "Gibt es die Hölle?"

Religionen	Fragen und Antworten	*(PM 12/96 – 52-59)*
	Was kommt nach dem Tod?	**Gibt es die Hölle?**
Katholisch: Dr. Franz Josef Bode, 45, Bischof von Osnabrück,	Christen glauben an das ewige Leben, das sich im Tod eröffnet. Im Tod verfällt der Leib, die Seele wird in die ewige Gemeinschaft mit Gott aufgenommen. Aber es geht nicht nur um das Weiterleben und die Vollendung des einzelnen, sondern wir glauben an die Auferstehung der Toten, d.h. an die Vollendung der Menschheit und aller Wirklichkeit durch Gott.	Wer mit einer "Todsünde" stirbt, ohne diese bereut zu haben und die barmherzige Liebe Gottes anzunehmen, hat sich durch eigenen, freien Entschluß von Gott getrennt. Hölle ist die Verzweiflung über diesen Zustand endgültiger Selbstausschließung aus der Gemeinschaft mit Gott.
Evangelisch: Manfred Sorg, 57, Präses der Evangelischen Kirche von Westfalen	Der gekreuzigte Jesus wurde durch Gott von den Toten auferweckt. Damit zeigt Gott, daß nicht der Tod, sondern Er selbst das letzte Wort spricht. Vom Leben danach redet die Bibel in Bildern und Gleichnissen, welche seine Andersartigkeit betonen ("Siehe, ich mache alles neu.")	Die Hölle ist kein bestimmter Ort in der Totenwelt, sondern ereignet sich überall, wo Menschen Gottesferne und Verlorenheit erleiden. Wo ihnen von anderen die Hölle auf Erden bereitet wird, können Christen das nicht hinnehmen. Offen ist die Frage, ob die Hoffnung auf ein neues Leben nach dem Tod auch denen gilt, die Gott durch ein menschenschädigendes Leben stets verneint haben.

Jüdisch/Judentum: Itzchak Ehrenberg, 46, seit sechs Jahren Rabbiner der jüdischen Gemeinde in München, Vertreter des orthodoxen Judentums	Wir glauben an die Auferstehung von den Toten und das Weiterleben. Daher darf nach jüdischem Glauben ein Grab niemals angetastet werden. In der mystischen Tradition des Judentums (Kabbalah) gibt es die Vorstellung der Reinkarnation: Wer seine Aufgaben im irdischen Leben nicht erfüllt hat, muß sich neu verkörpern.	Hölle ist die "Wäscherei", in der die Seele von den Flecken der Sünde reingewaschen wird. Nach jüdischem Glauben bleibt ein Gerechter elf Monate in der Hölle, ein Sünder zwölf Monate. Nur für außerordentlich schlimme Verbrecher gibt es Hölle ohne Rückkehr.
Islam: Mohammad Bagher Ansari, 50, Leiter des Islamischen Zentrums Hamburg und Imam der Imam Ali Moschee	Das diesseitige Leben ist vergänglich und trügerisch, das jenseitige Leben ist ewig. Am Tag der Auferstehung wird der Gläubige mit seinen diesseitigen Taten konfrontiert. Das diesseitige Leben ist in diesem Sinne als eine Prüfung zu verstehen, bei der der Gläubige sich bewähren muß.	Jeder Mensch muß vor Gott Rechenschaft über sein irdisches Leben und seine Taten ablegen. Gutes wird belohnt, Schlechtes bestraft. Dabei geschieht niemandem Unrecht. Das Paradies symbolisiert den Zustand der ewigen Glückseligkeit, die Hölle die ewige Verdammnis.
Buddhismus: Geshe Thubten Ngawang, 66, Mönch aus dem tibetischen Kloster Sera; seit 1979 geistlicher Leiter des Tibetischen Zentrums Hamburg, das unter der Schirmherrschaft Seiner Heiligkeit des 14. Dalai Lama steht.	Buddhismus lehrt, daß sich der Geist nach dem Tod vom Körper trennt. Nach Durchlaufen eines Zwischenzustands in einem feinstofflichen Körper verbindet er sich im Augenblick der Empfängnis mit einem neuen Körper. Die Qualität des nächsten Lebens ist abhängig von der spirituellen und moralischen Entwicklung in der Vergangenheit (Karma-Gesetz), vor allem auch vom Bewußtseinszustand im Tod. Daher ist "gutes Sterben" für Buddhisten so wichtig.	Wenn ein Wesen besonders unheilsam gehandelt hat, kann die nächste Existenz - auf der Erde oder in anderen Welten - subjektiv als "höllisch" erlebt werden. Entsprechend führen heilsame Taten zur subjektiven Empfindung von Glückszuständen.

Als Erkenntnis hielten sie fest, dass es gemäß den Aussagen der Weltreligionen nach dem Tod 'irgendwie' weitergehe und dass die Hölle eine ernst zu nehmende Realität sei. Es überraschte sie aber zu lesen, dass der mystische Teil des Judentums von einer Reinkarnation ausgeht.

Danach wurden die beiden Katechismen zu Rate gezogen. Hans erinnerte sich, dass die Aufgabe eines Katechismus darin besteht, in einer verständlichen Sprache die wichtigsten Aussagen der Bibel wiederzugeben sowie generelle Lebensfragen zu beantworten. Also fingen sie an, in den Inhaltsverzeichnissen nach Antworten zu suchen.

1.2.2   Der evangelische Katechismus zu Tod und Auferstehung

Ist mit dem Tod alles zu Ende?

Die westliche Zivilisation hat die Allgegenwart des Todes zurückgedrängt. Moderne Medizin und moderne Pflege sind in der Lage, dem Tod einiges entgegenzusetzen. Der Tod ist aus dem Alltag, aus Kindheit und Erwachsenenalter verschwunden. Er ist zum Altersphänomen geworden und findet in Institutionen wie Krankenhaus und Pflegeheim statt ...

Die Grundthemen, die sich dem Menschen an der Todesgrenze stellen, durchlaufen unter den Bedingungen der Neuzeit Veränderungsprozesse.

- Da ist zum einen die Verschärfung der Todeserfahrung zu nennen: Der Tod, den der Mensch erleidet, passt nicht zum Entwurf der Moderne und zu ihrem Grundmotiv der Selbstbestimmung und der Autonomie. Er erscheint noch unbegreiflicher als ein sinnloser Einbruch in die Ordnung selbstverantworteten und selbstgestalteten Lebens.
- Zum anderen haben in der Moderne die *Bilder für die Ewigkeit* ihre *Plausibilität* verloren. Jenseitsvorstellungen wurden fraglich und unterliegen dem Verdacht, nichts anderes zu sein als projizierte Utopie.   *(Evan. – 778)*

Der Tod war und ist in christlicher Sicht nie das definitive Ende des individuellen Lebens. Nach diesem Leben bleibt die Beziehung zu Gott nicht, weil wir sie aufrechterhalten, sondern weil wir glauben, dass Gott sie aufrechterhält. Wir Menschen sterben nicht von Gott weg, sondern zu ihm hin. In welcher Form dies geschieht, ob als Sein in einer uns unbekannten Dimension, ob schwebend jenseits aller Zeit und allen Raumes, ob in einer noch ganz anderen Weise, dies soll und muss offen bleiben, weil es um Gottes Ewigkeit geht, nicht um die Verlängerung unserer menschlichen Vorstellung davon.   *(Evan. – 814)*

Es ist schwer, angesichts des Sterbens der Frage nach der individuellen Zukunft der Glaubenden über das Sterben hinaus standzuhalten. Für uns stellt der Tod eine unüberschreitbare Grenze dar, über die hinaus wir gleichwohl denken, glauben und hoffen müssen, um nicht an unserer Endlichkeit zu verzweifeln.   *(Evan. – 815)*

In seinem Tod hat Jesus unseren Tod auf sich genommen und ihn durch seine Auferstehung überwunden; in seinem Tod hat er, der Sündlose, die Sünde der Welt getragen und uns vom Tode erlöst. Das Urteil des Todes über unser Leben ist aufgehoben, weil es an Jesus Christus für uns vollstreckt wurde (2 Tim 1,10; Hebr 2,14; 2 Kor 5,21; Röm 8,3; Gal 3,13f.). Damit ist der Tod zunichte gemacht und seine Macht gebrochen.   *(Evan. – 786)*

Die christliche Tradition beantwortet die Frage nach der individuellen Zukunft der Glaubenden über das Sterben hinaus etwa in folgender Weise: ...

In reformatorischer Tradition wird teilweise das Bild vom Seelenschlaf verwendet, das Luther gelegentlich gebraucht hat. Daneben findet sich die Vorstellung, dass die Seele nach dem Tode zu Christus kommt und sich am Jüngsten Tag mit dem Auferstehungsleib vereinigt. *(Evan. – 815)*

Auferstehung und ewiges Leben

Die Hoffnung auf Auferstehung wird in der gesamten Bibel nicht vom Menschen, sondern von Gott her begründet. Sie hat ihren Grund nicht darin, dass irgend etwas am Menschen unsterblich sei und darum den Tod überwinden werde, sondern allein darin, dass Christus auferstanden ist und dass sein Tod und seine Auferstehung für die ganze Menschheit gelten. Über das Wann und das Wie der Auferstehung hat das Neue Testament nicht spekuliert. Das Leben vor dem Tode, das wir zu verantworten haben, ist ihm wichtiger als alles Spekulieren auf das Leben und Geschehen nach dem Tode.
(Evan. – 787)

Konnte Paulus in Phil 1,23 daran denken, dass er sofort nach seinem Tode bei Christus sein werde (vgl. Lk 23,43; Offb 6,9-11), so spricht er andererseits von der Auferstehung der Toten erst am Jüngsten Tage (1 Kor 15,20ff.; 1 Thess 4,13f.). Ein denkerischer Ausgleich zwischen diesen Aussagen wird im Neuen Testament nicht gegeben, denn Jesu Handeln in der Auferstehung sprengt unsere Zeitvorstellungen. Auch über das Wie der Auferstehung kann nur in Bildern gesprochen werden. Das Neue Testament entlehnt sie nicht selten dem Judentum seiner Zeit (Mk 12,25). Dabei treten scheinbar widersprüchlich zwei Aspekte hart nebeneinander:

- Einerseits betont Paulus die Diskontinuität zu unserem irdischen Dasein: Es wird alles von Grund auf verwandelt und neu werden, Fleisch und Blut werden das Reich Gottes nicht ererben (1 Kor 15,50): "Die Toten werden auferstehen unverweslich und wir werden verwandelt werden. Denn dies Verwesliche muss anziehen die Unverweslichkeit und dies Sterbliche muss anziehen die Unsterblichkeit. Wenn aber das Verwesliche anziehen wird die Unverweslichkeit und dies Sterbliche anziehen wird die Unsterblichkeit, dann wird erfüllt werden das Wort, das geschrieben seht (Jes 25,8; Hos 13,14): Der Tod ist verschlungen vom Sieg. Tod, wo ist dein Sieg? Tod, wo ist dein Stachel?" (1 Kor 15,52b-55).
- Andererseits besteht Paulus aber auch auf der Kontinuität unseres Personseins und versucht deutlich zu machen, dass die Person, das Ich, dieselbe bleibt. Gott ruft meine Person mit meiner Vergangenheit und mit meinem gelebten Leben ins neue Leben. *(Evan. – 819)*

Das Jüngste Gericht - der Jüngste Tag

Für das gesamte Neue Testament ist es selbstverständlich, dass die Welt einem letzten ("jüngsten") Gericht entgegengeht. Schon bei den Propheten des Alten Testaments wurde von diesem "Tag des Herrn", vom Jüngsten Tag gesprochen.

Diesem Gericht Gottes am Ende kann kein Mensch entrinnen. Es ergeht über alle Völker. Das Gericht trifft aber auch jeden Einzelnen: "Wir müssen alle offenbar werden vor dem Richterstuhl Christi, damit jeder seinen Lohn empfange für das, was er getan hat bei Lebzeiten, es sei gut oder böse" (2 Kor 5,10). Am Jüngsten Tage wird Gott endgültig seine Gerechtigkeit schaffen und sein Recht durchsetzen. Er wird seine Verheißungen unwidersprochen erfüllen und die Vollendung der Welt herbeiführen. *(Evan. – 787)*

Luther spricht vom "lieben jüngsten Tag". Dieser ist Signal aus der Zukunft zum Aufbruch in eine neue Hoffnung, die jetzt beginnt. Luther beschreibt ein Hoffen, das sich nicht auf dem Menschenmöglichen aufbaut, sondern allein im Verzicht darauf Gestalt gewinnt. Im Unterschied zum Mittelalter betont Luther den kosmischen Aspekt der Enderwartung, die leibliche Auferstehung, die Erneuerung der ganzen Schöpfung. Danach tritt wieder das Schicksal des Einzelnen in den Vordergrund. *(Evan. – 822-823)*

Reformation und Fegefeuer

Man spricht in katholischer Tradition von einem körperlosen Zustand der Seele. Nach dem Tod befinden sich die zwar geretteten, aber noch nicht vollendeten Verstorbenen in einem Zustand der Läuterung (Purgatorium, volkstümlich "Fegefeuer" genannt), um von den Folgen der Sünde ("zeitlichen Sündenstrafen") gereinigt zu werden. Die Reformation lehnte die Lehre vom Fegefeuer ab, um deutlich zu machen, dass jedes sühnende Werk seitens des Menschen als Übergang in Gottes Ewigkeit ausgeschlossen ist.
(Evan. – 815)

Bei dem Versuch, sich durch eigene gute Werke der Gnade Gottes würdig zu erweisen, verzweifelt Luther. Aber er entdeckt die Liebe Gottes, die den Menschen aus dem eingebildeten Zwang, sich immer und überall selbst rechtfertigen zu müssen, zu befreien vermag: Nicht durch meine Werke, sondern allein durch den Glauben ("sola fide") findet der Mensch die Gerechtigkeit, die vor Gott gilt. Durch diese Entdeckung, erzählte Luther später (1545), "fühlte ich mich ganz und gar neu geboren und durch offene Pforten in das Paradies eingetreten". *(Evan. – 652)*

1.2.3   Der katholische Katechismus zu Tod und Auferstehung

Der Tod

Der Tod ist *Folge* der Sünde. Als authentischer Ausleger der Aussagen der Heiligen Schrift und der Überlieferung lehrt das Lehramt der Kirche, daß der Tod in die Welt gekommen ist, weil der Mensch gesündigt hat. *(Kath. – 288)*

Der Tod ist das Ende der irdischen Pilgerschaft des Menschen, der Zeit der Gnade und des Erbarmens, die Gott ihm bietet, um sein Erdenleben nach dem Plane Gottes zu leben und über sein letztes Schicksal zu entscheiden. "Wenn unser einmaliger irdischer Lebenslauf erfüllt ist", kehren wir nicht mehr zurück, um noch weitere Male auf Erden zu leben. Es ist "dem Menschen bestimmt", "ein einziges Mal zu sterben" (Hebr 9,27). Nach dem Tod gibt es keine "Reinkarnation". *(Kath. – 290)*

Die Auferstehung

Das christliche Credo - das Bekenntnis unseres Glaubens an Gott den Vater, den Sohn und den Heiligen Geist und an sein schöpferisches, erlösendes und heiligendes Wirken - gipfelt in der Verkündigung, daß die Toten am Ende der Zeiten auferstehen und daß es ein ewiges Leben gibt.

"Auferstehung des Fleisches" (wie die Formulierung im apostolischen Glaubensbekenntnis wörtlich lautet) bedeutet somit, daß nach dem Tod nicht nur die unsterbliche Seele weiterlebt, sondern daß auch unsere "sterblichen Leiber" (Röm 8,11) wieder lebendig werden. *(Kath. - 284)*

Was heißt "auferstehen"? Im Tod, bei der Trennung der Seele vom Leib, fällt der Leib des Menschen der Verwesung anheim, während seine Seele Gott entgegengeht und darauf wartet, daß sie einst mit ihrem verherrlichten Leib wiedervereint wird. In seiner Allmacht wird Gott unserem Leib dann endgültig das unvergängliche Leben geben, indem er ihn kraft der Auferstehung Jesu wieder mit unserer Seele vereint ... Ihr Leib wird aber in "die Gestalt [eines] verherrlichten Leibes" verwandelt werden (Phil 3,21), in einen "überirdischen Leib" (1 Kor 15,44):

Wer wird auferstehen? Alle Menschen, die gestorben sind: "die das Gute getan haben, werden zum Leben auferstehen, die das Böse getan haben, zum Gericht" (Joh 5.29).

Wann? Endgültig "am Letzten Tag" (Joh 6,39-40.44.54; 11,24), "am Ende der Welt". Die Auferstehung der Toten ist nämlich eng mit der Wiederkunft Christi verbunden: "Der Herr selbst wird vom Himmel herabkommen, wenn der Befehl ergeht, der Erzengel ruft und die Posaune Gottes erschallt. Zuerst werden die in Christus Verstorbenen auferstehen" (1 Thess 4,16).

(Kath. – 286-287)

Das besondere Gericht

Das Neue Testament spricht vom Gericht hauptsächlich im Blick auf die endgültige Begegnung mit Christus bei seinem zweiten Kommen. Es sagt aber auch wiederholt, daß einem jeden unmittelbar nach dem Tod entsprechend seinen Werken und seinem Glauben vergolten wird.

Jeder Mensch empfängt im Moment des Todes in seiner unsterblichen Seele die ewige Vergeltung. Dies geschieht in einem besonderen Gericht, das sein Leben auf Christus bezieht - entweder durch eine Läuterung hindurch oder indem er unmittelbar in die himmlische Seligkeit eintritt oder indem er sich selbst sogleich für immer verdammt.

Durch seinen Tod und seine Auferstehung hat uns Jesus Christus den Himmel "geöffnet" ... Dieses Mysterium der seligen Gemeinschaft mit Gott und all denen, die in Christus sind, geht über jedes Verständnis und jede Vorstellung hinaus.

In der Herrlichkeit des Himmels erfüllen die Seligen weiterhin mit Freude den Willen Gottes. Sie tun dies auch in bezug auf die anderen Menschen und die gesamte Schöpfung, indem sie mit Christus herrschen; mit ihm werden sie "herrschen in alle Ewigkeit" (Offb 22,5) *(Kath. – 292-294)*

Die abschließende Läuterung - das Purgatorium

Wer in der Gnade und Freundschaft Gottes stirbt, aber noch nicht vollkommen geläutert ist, ist zwar seines ewigen Heiles sicher, macht aber nach dem Tod eine Läuterung durch, um die Heiligkeit zu erlangen, die notwendig ist, in die Freude des Himmels eingehen zu können ... Die Kirche nennt diese abschließende Läuterung der Auserwählten, die von der Bestrafung der Verdammten völlig verschieden ist, Purgatorium [Fegefeuer] ... Im Anschluß an gewisse Schrifttexte spricht die Überlieferung der Kirche von einem Läuterungsfeuer:

Schon seit frühester Zeit hat die Kirche das Andenken an die Verstorbenen in Ehren gehalten und für sie Fürbitten und insbesondere das eucharistische Opfer dargebracht, damit sie geläutert werden und zur beseligenden Gottesschau gelangen können. Die Kirche empfiehlt auch Almosen, Ablässe und Bußwerke zugunsten der Verstorbenen.   *(Kath. – 294)*

Die Hölle

Die Lehre der Kirche sagt, daß es eine Hölle gibt und daß sie ewig dauert. Die Seelen derer, die im Stand der Todsünde sterben, kommen sogleich nach dem Tod in die Unterwelt, wo sie die Qualen der Hölle erleiden, "das ewige Feuer". Die schlimmste Pein der Hölle besteht in der ewigen Trennung von Gott, in dem allein der Mensch das Leben und das Glück finden kann, für die er erschaffen worden ist und nach denen er sich sehnt.

Die Aussagen der Heiligen Schrift und die Lehren der Kirche über die Hölle sind eine Mahnung an den Menschen, seine Freiheit im Blick auf sein ewiges Schicksal verantwortungsvoll zu gebrauchen. Sie sind zugleich ein eindringlicher Aufruf zur Bekehrung: "Geht durch das enge Tor! Denn das Tor ist weit, das ins Verderben führt, und der Weg dahin ist breit, und viele gehen auf ihm. Aber das Tor, das zum Leben führt, ist eng, und der Weg dahin ist schmal, und nur wenige finden ihn" (Mt 7,13-14).

Niemand wird von Gott dazu vorherbestimmt, in die Hölle zu kommen; nur eine freiwillige Abkehr von Gott (eine Todsünde), in der man bis zum Ende verharrt, führt dazu.   *(Kath. – 295-296)*

Das Letzte Gericht

"Alles Üble, das die Bösen tun, wird verzeichnet - und sie wissen es nicht."

Das Letzte Gericht wird bei der herrlichen Wiederkunft Christi stattfinden. Der Vater allein weiß den Tag und die Stunde, er allein entscheidet, wann es eintreten wird. Dann wird er durch seinen Sohn Jesus Christus sein endgültiges Wort über die ganze Geschichte sprechen. Wir werden den letzten Sinn des ganzen Schöpfungswerkes und der ganzen Heilsordnung erkennen und die wunderbaren Wege begreifen, auf denen Gottes Vorsehung alles zum letzten Ziel geführt hat. Das Letzte Gericht wird zeigen, daß die Gerechtigkeit Gottes über alle Ungerechtigkeiten, die von seinen Geschöpfen verübt wurden, siegt und daß seine Liebe stärker ist als der Tod.   *(Kath. – 296-297)*

Die Hoffnung auf den neuen Himmel und die neue Erde

Am Ende der Zeiten wird das Reich Gottes vollendet sein. Nach dem allgemeinen Gericht werden die Gerechten, an Leib und Seele verherrlicht, für immer mit Christus herrschen, und auch das Weltall wird erneuert werden.

Die Schrift bezeichnet diese geheimnisvolle Erneuerung, die die Menschheit und die Welt umgestalten wird, als "neuen Himmel und neue Erde" (2 Petr 3,13). Das sichtbare Universum ist somit ebenfalls dazu bestimmt, umgewandelt zu werden, "damit die Welt, in ihren anfänglichen Zustand zurückversetzt, nunmehr unbehindert im Dienst der Gerechten stehe" und so an deren Verherrlichung im auferstandenen Jesus Christus teilhabe.

(Kath. – 297-298)

1.2.4 Erste Erkenntnisse der Familie

Nachdem sie die Auszüge aus den Katechismen gelesen hatten, ergriff Vera das Wort: "Dirk, du siehst, unsere beiden Religionen bestätigen ausdrücklich, dass es keine Reinkarnation gibt. Damit kannst du die Behauptung vergessen, dass die Oma irgendwann wiedergeboren wird."

Dirk antwortete sarkastisch: "Ich weiß, ich weiß und die Erde ist flach und die Sonne dreht sich um die Erde. Wollt ihr allen Ernstes den Hindus und den Buddhisten mit mehr als einer Milliarde Menschen ihren Glauben abspenstig machen? Oder meint ihr, dass nur die wiedergeboren werden?"

Lisa sagte nur: "Ein Glück, dass die Oma evangelisch war, so bleibt ihr zumindest das Fegefeuer erspart. Irgendwie haben die Evangelischen es einfacher. Papa muss nur feste glauben, um in den Himmel zu kommen. Mama, Dirk und ich müssen feste glauben und gute Taten tun. Wer hat sich das eigentlich alles so ausgedacht?"

Gemeinsam konnten sie festhalten:
- Es gibt ein irgendwie geartetes ewiges Leben nach dem Tod.
- Man muss für alles, was man tut, die Verantwortung tragen.
- Der Tod ist Schicksal, Feind des Lebens und eine Folge der Sünde.
- Christus hat uns vom Tod erlöst und für unsere Sünden 'bezahlt'.
- Wer an Christus glaubt, wird ewig leben.
- Alle Taten der Menschen werden im Jenseits laufend 'aufgezeichnet'.
- Das Unterlassen von guten Taten bringt auch Strafe.
- Es gibt keine Reinkarnation.
- Es gibt ein 'Wiedersehen' nach dem Tode.
- Christus hat uns von der Gewalt des Teufels erlöst.
- Die Evangelischen lehnen das Fegefeuer ab.
- Es gibt am Ende der Zeiten einen 'neuen Himmel und eine neue Erde'.

Unklar blieb jedoch:
- Werden evangelische Christen, katholische Christen, Buddhisten etc. nach dem Tod unterschiedlich behandelt?
- Wann fängt das ewige Leben an?

- Muss jemand wirklich für ewig in der Hölle bleiben?
- Reicht der Glaube allein oder müssen auch gute Taten dabei sein, um in den Himmel zu kommen? Wie soll man überhaupt leben?
- Wie verhält sich die Zeit in der Ewigkeit?
- Werden die sterblichen Leiber am Jüngsten Tag wieder lebendig?

Hans empfand die Aufforderung seiner Mutter, sich mit dem Thema 'Spirituelles und Jenseitiges' zu befassen, jetzt nicht mehr als Verpflichtung, nun wurde er von der eigenen Neugier getrieben. Vor allem wollte er selber eine vernünftige und glaubwürdige Antwort auf Lisas ursprüngliche Frage 'Wo ist die Oma jetzt?' finden. Ohne es erklären zu können, überkam ihn das Gefühl, dass seine Mutter die heiße Diskussion der letzten Tage - wo auch immer sie war - wohl miterlebt hatte. Beim Abendessen machte Hans klar, dass sie aus seiner Sicht zwei Aufgaben vor sich hatten:
1. Eine konkrete Antwort auf Lisas Frage "Wo ist die Oma jetzt?" zu finden.
2. Dem Wunsch seiner Mutter gemäß den Fragen nachzugehen, warum wir hier auf der Erde sind, wie wir leben sollen und was beim Sterben und nach dem Tod passiert.

1.2.5   Der Bücherkauf

Die Beckers suchten am folgenden Samstag die größte Buchhandlung in der Landeshauptstadt auf. Hans sprach eine junge Dame an der Kasse an: "Meine Mutter ist letzte Woche gestorben und meine Tochter hier möchte wissen, wo die Oma jetzt ist und was sie eventuell so macht. Zudem wollen wir uns generell Bücher über Spirituelles und Botschaften aus dem Jenseits anschauen. Haben Sie so etwas?" Die junge Kassiererin sagte nur: "Einen Moment bitte, ich werde mich bei meiner Kollegin erkundigen." Die Beckers hörten, wie die junge Dame ziemlich laut zu ihrer Kollegin sagte: "Du, Hilde, da wollen Leute wissen, wo ihre verstorbene Oma ist und was sie so macht. Und sie wollen sich generell über diese Esoteriksachen informieren. Wo haben wir da was?"

Hans wollte am liebsten im Boden versinken, als einige Kunden mit gespitzten Ohren schmunzelnd zuhörten. Er war überzeugt, dass die Kassiererin das Flüstern in einem Sägewerk gelernt hätte. Sie kam zurück und teilte mit, dass sie alles, was sie suchten, problemlos im zweiten Stock in der Abteilung 'Esoterik' finden würden.

Mit Esoterik verband Hans Themen wie 'Geister', 'Alchemie', 'Mystik', 'Naturwesen', 'Dämonen', 'paranormale Phänomene' und vieles mehr. Themen, die er als ausgebildeter Ingenieur aufgrund seiner Fachkenntnisse bisher schlicht abgelehnt hatte. Hans schossen auch Urteile über Esoterik und Esoteriker durch den Kopf, die er ab und zu gelesen hatte: Tragikomische, paranoide Vorstellungen, lächerliche, leichtgläubige Phantasien, utopische Erfindungen, Selbsthypnose, dummes Zeug, das in die Irrenanstalt gehört.

Lisa erkannte die Verunsicherung ihres Vaters, ging aber in Richtung Rolltreppe und sagte lächelnd: "Mehr als rausschmeißen können sie uns nicht." Als sie in der Esoterik-Abteilung ankamen, tat Dirk am Anfang so, als ob er gar nicht zur Familie gehörte.

Sie standen vor Regalen mit Hunderten von Büchern, alle sortiert nach Themen wie 'Channelling', 'Ufos', 'Tarot' usw. Eine ältere Verkäuferin hatte wohl die Ratlosigkeit der Beckers erfasst und ließ sich deren Anliegen erklären. Sie meinte, dass die Fragen, die sie hatten, völlig normal und sogar 'in' seien und dass es darüber viel Lesenswertes gäbe.

Leider, sagte sie, gäbe es nicht *das Buch für den Einstieg* in ihre Fragestellung und jedes Buch, welches sie am Anfang kauften, wäre mit Sicherheit das falsche. Hans erklärte, dass sie im Rahmen des Vermächtnisses seiner Mutter vorhatten, einige Bücher zu verschiedenen spirituellen Themen zu kaufen. Die Dame solle ihnen doch bitte aufgrund ihrer Kenntnisse ein Dutzend Bücher zu verschiedenen Themen zusammenstellen.

Nachdem die 'spirituelle Anfängerbibliothek' in Tragetaschen verpackt war, sagte die Verkäuferin: "Vor ein paar Jahren stand ich selber vor ähnlichen Fragen, als mein Mann starb. Die Bücher, die ich für Sie ausgesucht habe, waren mir damals eine große Hilfe. Ich empfehle Ihnen folgende Vorgehensweise: Lesen Sie die Bücher in einer beliebigen Reihenfolge, doch ohne dabei viel über 'Kann das denn sein?' oder 'Das gibt es doch gar nicht' nachzudenken. Lesen Sie zunächst mit Ihrer Vernunft und Ihrem Gefühl statt mit dem Sachverstand. Irgendwann beginnen die einzelnen Themen und Aussagen, sich wie Mosaiksteine zu einem Gesamtbild zusammenzufügen. Ich garantiere Ihnen, Sie werden diesen Tag und diesen ersten Schritt der Bewusstseinserweiterung nie bereuen."

Hans hatte intuitiv großes Vertrauen zu dieser Frau. Als sie sich verabschiedeten, bemerkte die Verkäuferin: "Sie werden über die Zeit nicht nur herausfinden, 'wo sich Ihre Oma befindet', sondern Sie werden selber einen sinnvolleren Weg durch das eigene Leben entdecken."

1.2.6 Der Einstieg in das Unbekannte

Nach einigen Wochen des Lesens gab es viel Verwirrung, Frustration und ein großes Unbehagen bei dem Gelesenen. Widersprüche über Widersprüche. An einer Stelle wird behauptet, es gibt den Teufel und die Hölle, an anderer Stelle gibt es sie nicht. Das Paradies der Bibel ist nicht auf der Erde gewesen, sondern irgendwo im 'Jenseits'. Im Jenseits wiederum soll es genauso aussehen wie hier auf der Erde, nur 'feinstofflicher' und für Menschen unsichtbar. Gott ist etwas unpersönlich Formloses, andere meinen aber, er sei als eine geformte Persönlichkeit zu betrachten. Die meisten Bücher bekräftigten jedoch die Reinkarnation. Botschaften jenseitiger Geister, mitgeteilt durch Medien hier auf der Erde, empfahlen durchweg den direkten Kontakt mit Schutzengeln, Maria, Christus und Gott über Gebete statt des Umwegs über die Kirche.

Vera ergriff eines Tages beim Abendessen das Wort: "Ich habe ein sehr ungutes Gefühl bei dem, worauf wir uns da eingelassen haben. Was passiert, wenn wir am Ende an gar nichts mehr glauben und keinen Weg mehr zurückfinden zu dem, was wir bisher geglaubt haben? Vielleicht begehen wir unterwegs irgendwelche Sünden, die nicht mehr wieder gutzumachen sind. Warum müssen wir das hier alles lesen? Ich sage ganz ehrlich: Ich habe schlicht Angst davor. Und haben wir überhaupt das Recht, uns mit diesen Themen zu beschäftigen? Uns ging es doch immer gut. Ich kenne keinen unter unseren Bekannten, der sich mit so etwas beschäftigt. Ich will auch nicht die Verantwortung für eine Irreführung der Kinder übernehmen. Lisa, lass uns bei den Tatsachen bleiben, die Oma ist leider tot und daran können wir auch nichts ändern. So ist es nun mal. Millionen von Menschen sind vor der Oma gestorben, ohne dass die Angehörigen plötzlich Antworten auf nicht Erklärbares haben wollten. Warum meinen wir, das alles wissen zu müssen?"

Hans hatte Verständnis für Veras Verunsicherung und machte den Vorschlag, dass sie beide mit ihren jeweiligen Geistlichen offen über die ganze Angelegenheit sprechen sollten.

Pastor und Pfarrer rieten übereinstimmend von dem Vorhaben ab. Sie bestätigten, dass es zwar immer Kontakte und Kommunikation zwischen Diesseits und Jenseits gegeben habe. Die Bibel und die Zehn Gebote seien ja schließlich auf diese Weise entstanden. Die Propheten, Moses und Jesus seien doch die Sprachrohre Gottes gewesen. Aber seit der Kreuzigung von Jesus gäbe es nur noch jenseitige Durchgaben von falschen Propheten, die allesamt zum Einflussbereich des Teufels, sprich Satan, gehörten. Die beiden Geistlichen erklärten nachdrücklich, dass es nicht Aufgabe eines Gläubigen sei, selber nach Antworten zu suchen, sondern demütig und gehorsam den Aussagen der Kirchen Folge zu leisten. Wenn die Kirchen keine klaren Antworten geben könnten, gäbe es auch keine.

Die Haltung der beiden Kirchen hierzu war also eindeutig.

Hans spürte, dass er und seine Familie mit ihrem Vorhaben am Scheideweg standen. Aber als er nach dem Tod seiner Mutter ihren Brief gelesen hatte, hatte er innerlich zu ihrem Wunsch sofort deutlich 'Ja' gesagt." Er mochte diese Zusage nun auch nicht mehr rückgängig machen. Auf der anderen Seite konnte er nicht garantieren, dass sie nicht irgendwann in einem Sumpf landen würden, in dem sie an gar nichts mehr glaubten.

Er hielt sich sein bisheriges Leben vor Augen. Vera hatte Recht. Es ging der Familie sehr gut. Aber waren sie wirklich so glücklich und zufrieden, wie es den Anschein hatte? Bestand ihr Leben nicht zum überwiegenden Teil aus Tagesroutine, Pflichterfüllung, Ansammeln von Materiellem und eher einem Nebeneinander- als Miteinander- und Füreinanderleben? Seine Mutter schien nicht umsonst ihren Wunsch an die Familie geäußert zu haben. Mutter hatte sie wohl über die Jahre besser beobachtet, als sie alle es wahrhaben wollten. Er selber wünschte sich ein Mehr an innerer Ruhe und Gelassenheit und er hatte das Gefühl, dass die Bücher ihm dabei helfen könnten.

Hans überlegte, wie sich das Leben seiner Familie unter normalen Rahmenbedingungen wohl weiterentwickeln würde: Wenn sie gesund blieben, dann konnte Hans die nächsten 30-40 Jahre klar vor Augen sehen: In einigen Jahren würden die Kinder das Haus verlassen und ein paar Jahre später wären er und Vera wahrscheinlich Großeltern mit allen Freuden und Pflichten. Er musste noch 20 Jahre arbeiten bis zur Pensionierung. Danach: mit Vera im Garten sitzen, reisen, die Kinder besuchen und sich mit Freunden treffen. Aber soll das dann alles gewesen sein?

Sein Leben lang hatte er sich weitergebildet: Schule, Abitur, Studium. Auch im Unternehmen hatte er an vielen Seminaren teilgenommen. Dazulernen bereitete ihm stets Freude und Spaß. Bei Vera und den Kindern war es ebenso. Also ging er davon aus, dass auch sie Interesse hätten, sich auf spirituellem Gebiet weiterzubilden.

Hans holte die Familie zusammen, um die weitere Vorgehensweise zu diskutieren: "Bisher haben wir in den Büchern gelesen, dass
- jeder Mensch einen freien Willen hat,
- jeder für alles, was er tut, alleine die volle Verantwortung trägt,
- der Sinn des Lebens darin besteht, sich geistig und seelisch weiterzuentwickeln und anderen zu helfen.

Dass die Geistlichen von unserem Vorhaben abraten, kann ich sogar verstehen. In der Firma erzählen wir unseren Kunden auch, was alles Schreckliches passieren kann, wenn sie zur Konkurrenz gehen. Ich mache mit dem Vorhaben weiter. Ich will wissen, was es alles gibt, um schließlich urteilen zu können, ob das, was ich bisher weiß, für den Rest meines Lebens ausreichend ist. Ich werde aber niemandem außerhalb der Familie erzählen, was ich tue, werde auch keiner Sekte beitreten oder sonst irgendjemandem hörig werden oder mich unterordnen. Ich sehe - offen gesagt - nicht die Gefahr, dass wir die Kontrolle verlieren könnten. Also, wer von euch macht mit?"

Lisa und Dirk sagten spontan zu. Lisa hatte in den letzten Wochen viel Neues über die Engel erfahren und Dirk meinte, er stände kurz davor, beweisen zu können, dass es die Reinkarnation doch gäbe. Vera war im Prinzip bereit mitzumachen, wollte aber als Erstes die Entstehung und die historische Entwicklung des Christentums detaillierter untersuchen. Sie bemerkte: "Wir nennen uns zwar 'Christen', aber was heißt das konkret für unser Verhalten im Alltag? Eigentlich nicht viel, wenn ich so darüber nachdenke."

Dirk kommentierte: "Wir Beckers gehören zu der großen Sekte der 'Heilig-Abend-Christen'! Wir gehen nur am Heiligen Abend in die Kirche, und wenn wir wieder draußen sind, sind alle guten Vorsätze vergessen. Kirchliche Feiertage erfahre ich nur als 'organisierten Stress': Ständig ein 'Tu dies, tu jenes ...' Das ist nun mal so bei uns. Eigentlich sind wir eine ziemlich langweilige Familie mit wunderbar festgezurrten Weltbildern und Meinungen. Wir sind so normal, dass es langsam nicht mehr normal ist."

Hans warf ein: "Das Problem ist nur, woher nehmen wir die Zeit zum Lesen und Auswerten der Bücher?" Lisa und Dirk sahen da kein Problem. Sie meinten, dass sie gerne auf die zwei bis vier Stunden Fernsehen täglich verzichten könnten. Eigentlich säßen sie nur aus Gewohnheit und Langeweile so viel vor dem Fernseher. Außerdem stünden sie ja beim Auswerten der Bücher nicht unter Zeitdruck.

Um die Suche nach 'unverfälschtem Wissen und ewigen Wahrheiten' in den Griff zu bekommen, schlug Hans vor, die ganze Sache als ein Projekt zu behandeln. Seit er bei der Maschinenbau AG tätig war, hatte er mehrere Projekte als verantwortlicher Projektleiter abgewickelt. Er erklärte der Familie kurz die Hintergründe des 'Projektmanagements' und dass eine strukturierte Vorgehensweise der Schlüssel zum Erfolg sei. Das Projekt erhielt auf Wunsch von Lisa den Arbeitstitel 'Wo ist die Oma jetzt?' Im Vordergrund des Projekts stand aber die Frage nach dem 'Woher, Warum und Wohin' des menschlichen Lebens.

Vera hatte in der Zeitung gelesen, dass die im Herbst 1998 erschienene Enzyklika von Papst Johannes Paul II über 'Glaube und Vernunft' im Grunde die Menschen auffordere, auch selber nach Antworten zu den Fragen des menschlichen Daseins zu suchen. Sie besorgte sich den Text und nachdem sie der Familie den folgenden Auszug vorgelesen hatte, sagte sie: "Jetzt mache ich auch voll mit."

Auszug aus der Enzyklika FIDES ET RATIO *[Glaube und Vernunft]* von Johannes Paul II.

Je mehr der Mensch die Wirklichkeit und die Welt erkennt, desto besser erkennt er sich selbst in seiner Einmaligkeit, während sich für ihn immer drängender die Frage nach dem Sinn der Dinge und seines eigenen Daseins stellt. Alles, was als Gegenstand unserer Erkenntnis erscheint, wird daher selbst Teil unseres Lebens. Am Architrav des Tempels von Delphi war die ermahnende Aufforderung: *Erkenne dich selbst!* eingemeißelt - als Zeugnis für eine Grundwahrheit, die als Mindestregel von jedem Menschen angenommen werden muß, der sich innerhalb der ganzen Schöpfung gerade dadurch als "Mensch" auszeichnen will, daß er sich selbst erkennt.   *(Enzyk. – 5)*

Im übrigen zeigt uns ein bloßer Blick auf die Geschichte des Altertums deutlich, daß in verschiedenen Gegenden der Erde, die von ganz unterschiedlichen Kulturen geprägt waren, zur selben Zeit dieselben Grundsatzfragen auftauchten, die den Gang des menschlichen Daseins kennzeichnen: *Wer bin ich? Woher komme ich und wohin gehe ich? Warum gibt es das Böse? Was wird nach diesem Leben sein?* Diese Fragen finden sich in Israels heiligen Schriften, sie tauchen aber auch in den Weden und ebenso in der Awesta auf; wir finden sie in den Schriften des Konfuzius und Lao-tse sowie in der Verkündigung der Tirthankara und bei Buddha. Sie zeigen sich auch in den Dichtungen des Homer und in den Tragödien von Euripides und Sophokles, wie auch in den philosophischen Abhandlungen von Platon und Aristoteles. Es sind Fragen, die ihren gemeinsamen Ursprung in der Suche nach Sinn haben, die dem Menschen seit jeher auf der Seele brennt: von der Antwort auf diese Fragen hängt in der Tat die Richtung ab, die das Dasein prägen soll.

(Enzyk. – 5-6)

Wir müssen feststellen, daß eines der gewichtigsten Fakten in unserer derzeitigen Situation in der "Sinnkrise" besteht. Die häufig wissenschaftlich geprägten Ansichten über Leben und Welt haben eine derartige Vermehrung erfahren, daß wir wirklich erleben, wie das Phänomen der Bruchstückhaftigkeit des Wissens um sich greift. Genau das macht die Suche nach einem Sinn schwierig und oft vergeblich.

(Enzyk. – 83)

Hans hatte seine Familie nie zuvor so engagiert und motiviert erlebt. Bisher hatten sie in der freien Zeit häufig nur Belangloses besprochen und jeder hatte einfach so vor sich hin gelebt. Innerlich dankte er seiner Mutter für die Anregung zu dem entstandenen Familienprojekt.

1.3 Das Projekt

1.3.1 Der Fragenkatalog

Hans erläuterte: "Bevor wir das Projekt strukturieren, ist es sinnvoll, dass wir uns darüber klar werden, was das Ergebnis sein soll. Ich hätte nichts dagegen, wenn wir bei unseren Fragen sowohl in die Breite als auch in die Tiefe gingen. Lasst uns damit anfangen, dass jeder von uns seine Fragen auf ein großes Blatt schreibt. Daraus stellen wir anschließend eine Gesamtliste der Fragen zusammen."

Die Familienmitglieder zogen sich für einige Stunden zurück - jeder in ein anderes Zimmer -, um darüber nachzudenken, auf welche Fragen sie sich Antworten wünschten. Als sie sich wieder zusammensetzten, hatte jeder einen Stapel Blätter mit Fragen beschrieben.

Die erste Gesamtliste war überwältigend. Es war kaum zu fassen, was die Familie auf einmal alles wissen wollte. Die Liste enthielt Fragen zu Religion, Philosophie, Naturwissenschaften, Geisteswissenschaften, Weltgeschichte und Jenseitsoffenbarungen.

Die Liste der Fragen:
1. Gibt es wirklich ein Leben nach dem Tod?
2. Gibt es die Reinkarnation?
3. Was ist Karma?
4. Was ist der Sinn des Lebens?
5. Gibt es die Hölle und die ewige Verbannung?
6. Was geschieht im Augenblick des Todes?
7. Gibt es Engel und Schutzengel?
8. Wer und wo ist Gott? Woher stammt unser Wissen über Gott?
9. Warum gibt es überhaupt die Schöpfung?
10. Warum gibt es das Böse?
11. Gibt es Schicksal, ist alles vorherbestimmt?
12. Wer war Jesus und was hatte er wirklich vor?
13. Gibt es eine ewige universelle Wahrheit?
14. Wie sind die Menschen entstanden?

15. Gibt es Leben auf anderen Planeten und Sternen?
16. Was gab es vor dem Urknall?
17. Gibt es eine Art Kommunikation zwischen hier und dem 'Jenseits'?
18. Wer besitzt die Wahrheit hier auf der Erde?
19. Was ist die Seele, was ist der Geist des Menschen?
20. Wie sieht das Leben im Jenseits/Himmel aus?
21. Wie ist das Leben auf der Erde entstanden?
22. Gab es die Sintflut?
23. Was hat es mit Atlantis auf sich?
24. Gibt es eine Wiederkunft Jesu?
25. Warum leiden so viele Menschen, ohne etwas Böses getan zu haben?
26. Was verlangt Gott von den Menschen?
27. Darf man abtreiben?
28. Treffen sich Angehörige und Freunde im Jenseits wieder?
29. Ist die Bibel wörtlich auszulegen?
30. Warum lässt Gott zu, dass Unfälle und Naturkatastrophen passieren?
31. Wie sollte man beten?
32. Wohnt Gott in den Menschen?
33. Welche Bedeutung haben Träume?
34. Was ist Medialität und was ist ein Medium?
35. Gab es den Sündenfall und die Vertreibung aus dem Paradies?
36. Was sind die Gesetze Gottes?
37. Wie entstanden die Religionen?
38. Welche Rolle spielt das Gewissen der Menschen?
39. Was ist die Aufgabe eines Schutzengels?
40. Haben Tiere eine Seele?
41. Darf man Tiere töten, um sie zu essen?
42. Kommen auch Nichtchristen und Atheisten in den Himmel?
43. Wie war der zeitliche Ablauf der Schöpfung?
44. Was sind Naturgeister?
45. Welchen Einfluss haben der Teufel und sein Anhang auf die Menschen?
46. Wie unterscheiden sich verschiedene Religionen?
47. Wie soll man die Dreieinigkeit Gottes verstehen?
48. Dürfen die Menschen die Hintergründe der Schöpfung erforschen?
49. Ist Gott eher katholisch, evangelisch oder islamisch?
50. Woran haben die Menschen in der Frühzeit geglaubt?
51. Warum glauben wir, was wir glauben? Wie kam es dazu?
52. Was bedeutet Spiritualität für das tägliche Leben?
53. Wie steht die Wissenschaft zu Jenseitsfragen?
54. Wie entstand die Philosophie?
55. Welches sind die Inhalte von Jenseitsbotschaften?
56. Wer sind die Jenseitsbotschafter?

Nachdem der Fragenkatalog stand, galt es das weitere Vorgehen zu klären. Um alle Fragen zu beantworten, habe man genügend Arbeit für die nächsten ein bis zwei Jahre, schätzte Hans. Als er vor vielen Jahren seine Diplomarbeit schrieb, hatte er die Arbeit in einzelne Themengebiete unterteilt und jedem Themengebiet ein Hängeregister zugeordnet. Er schlug vor, es auch hier so zu machen.

Hans erklärte die weitere Vorgehensweise: "Wir werden uns ein kleines Kopiergerät besorgen. Jedes Mal, wenn wir in den Büchern, Zeitschriften, Zeitungen etc. etwas Konkretes zu den 56 Fragen finden, wird eine Kopie der entsprechenden Stelle gemacht und in dem jeweiligen Ordner abgelegt. So werden wir über die Zeit unsere eigene Datensammlung aufbauen."

Innerhalb der nächsten Monate wurden viele weitere Bücher sowie eine Menge Zeitschriften gekauft und gelesen. Daraus wurden projektrelevante Teile kopiert und systematisch abgelegt. Die Verkäuferin in der Buchhandlung entwickelte sich zunehmend zu einer wertvollen Beraterin bei der Literatursuche.

Es war hochinteressant festzustellen, dass die ursprüngliche Verwirrung bei der Lektüre zum größten Teil auf die Verwendung unterschiedlicher Begriffe für gleichartige Tatbestände zurückzuführen war. Die Beckers waren auch überrascht über die konkreten Aussagen und die Glaubwürdigkeit der Botschaften und Offenbarungen aus dem 'Jenseits'.

1.3.2 Die Rolle von Tradition und Gewohnheit

Eines der ersten Bücher, das sie gelesen hatten, war das Buch aus dem Jahr 1932 von Johannes Greber "Der Verkehr mit der Geisterwelt Gottes, seine Gesetze und sein Zweck - Selbsterlebnisse eines katholischen Geistlichen". Greber hatte über viele Jahre durch hohe Boten der Geisterwelt Gottes wichtige Offenbarungen über Sinn und Zweck des Menschseins sowie über die wahren Absichten von Gott und Christus innerhalb der Schöpfung erhalten.

Das Buch bildete schon jetzt einen Grundpfeiler in ihrer Projektarbeit. Sie fanden darin auch die folgende Jenseitsdurchgabe, die auf ihre eigene Situation zutraf:

Gegen alles, was mit dem Althergebrachten nicht übereinstimmt, pflegen wir uns ablehnend zu verhalten. Das liegt in der Natur des Menschen. Die Gewohnheit ist die stärkste Macht sowohl im Leben des einzelnen als auch im Leben der Völker. Darum hängt der Mensch so fest an den Sitten und Gebräuchen, die er von seinen Eltern übernommen und von Jugend auf geübt hat.

In verstärktem Maße gilt dies von den Dingen, die mit der Religion des Elternhauses zusammenhängen. Was Vater und Mutter dem Kinde als etwas Heiliges und Göttliches dargestellt, was sie selbst als religiöse Pflicht geübt und dem Kinde als gleiche Pflicht ins Herz gelegt, ist nicht leicht ganz daraus zu tilgen. Und wenn sich auch die meisten im praktischen Leben nicht danach richten, so gilt es doch als etwas Altehrwürdiges, vor dem man eine gewisse Scheu empfindet und das man wenigstens äußerlich nicht ganz aufgeben möchte ...

Diese Macht der Gewohnheit ist der größte Feind der Wahrheit auf allen Gebieten, besonders auf dem der Religion. Sie hält den Menschen nicht bloß ab, selbst nach der Wahrheit zu suchen, sondern treibt ihn auch instinktmäßig dazu, ohne weitere Prüfung alles von sich zu weisen, was im Gegensatz zu seiner bisherigen Meinung steht. Dagegen gibt es bloß ein Mittel: *Es ist das Selbsterleben der Wahrheit.* (Greber 1 – 427)

1.3.3 Die Projektarbeit und der Urlaub

Der Sommer rückte näher und es stellte sich die Frage, wohin man in den vierwöchigen Urlaub fahren sollte. In den letzen Jahren war die Familie nach Spanien geflogen und hatte die Zeit am Strand mit Ausruhen, Schwimmen und Spaziergängen und mit gut Essen verbracht.

Lisa schlug spontan vor: "Lasst uns mal Ferien auf einem Bauernhof hier in der Gegend machen. Ich möchte einmal so richtig mit Tieren zusammenleben. Das wäre auch ein Fitnessurlaub und wir trimmen uns ein paar Kilo runter." Die Beckers hatten sich alle seit einigen Jahren etwas Wohlstandsspeck zugelegt. Nach einem leichten Murren von Dirk wurde Lisas Idee akzeptiert.

Hans wollte diesen Urlaub auch dazu nutzen, das Rauchen aufzugeben. Er hatte es mehrmals versucht, aber irgendwie hatte es nicht geklappt. Nach der Lektüre der vielen Bücher war ihm auch die Ursache klar: Er, Hans, wollte schon aufhören, aber sein Körper wollte nicht. Die Frage für Hans war nun: 'Bin ich ein Sklave meines Körpers oder entscheide ich, was mit meinem Körper passieren soll?' Hans wollte es diesmal auf einen Versuch ankommen lassen.

Weitere Bücher wurden als Urlaubslektüre beschafft. Hans hatte inzwischen mehrere lange Gespräche mit der freundlichen Ratgeberin im Buchladen geführt. Sie war begeistert von der systematischen Vorgehensweise der Familie Becker.

Vera und Hans stellten auch fest, dass sie bis jetzt noch keinen 'Schaden' durch die bisherige Lektüre genommen hatten. Sie begannen viel Gewohntes in einem anderen Licht zu sehen, und vieles, was sie früher überhaupt nicht wahrgenommen hatten, wurde ihnen jetzt auf einmal bewusst.

Während des Urlaubs notierten sie laufend Erkenntnisse und Diskussionsergebnisse, um sie später im Projekt zu verwerten:

• Jeder Mensch ist der Mittelpunkt seines eigenen Weltbildes.
• Warum sollen wir als normal intelligente Menschen nicht selber Antworten auf unsere Fragen suchen können und dürfen?
• Keiner kann uns garantieren, dass wir finden, was wir suchen. Aber dümmer werden wir dabei sicherlich nicht.
• Wir wollen uns bei der Suche stets von unserem Gewissen leiten lassen.

- Es besteht die Gefahr, aus den Erkenntnissen falsche Schlüsse zu ziehen und dadurch dogmatisch und unbelehrbar zu werden.
- Menschen suchen eher Wissen als Glauben. Viele glauben aber schon, alles zu wissen, und meinen daher, auf Glauben verzichten zu können.
- Zu allen Zeiten gab es ein bis dahin allgemein gültiges Bündel an Lehrmeinungen und Erkenntnissen. Einige, die andere und gegenteilige Meinungen vertraten, mussten dafür ihr Leben lassen. Woher wissen wir, dass die heutigen 'offiziellen' Lehrmeinungen die richtigen und endgültigen sind? Wissen ist temporär, die Wahrheit ewig. Wie werden die Menschen in 200 Jahren über unseren heutigen Wissensstand denken?
- Jeder Mensch hat das Recht zu glauben, was er will, aber er hat auch das Recht danach zu fragen, was andere glauben und warum sie es glauben.
- Die Menschen sind nicht alle gleich, aber sie haben alle die gleichen Rechte.
- Die Ziele und Wünsche der Menschen sind doch im Allgemeinen:
  - genügend Geld zu haben,
  - sich wohl zu fühlen und gesund zu sein,
  - sich wertvoll zu fühlen,
  - geliebt und geachtet zu werden,
  - eine sichere Zukunft zu haben und in Frieden zu leben und
  - Spaß zu haben.

Aber soll das alles sein, und welche Rolle spielen dabei heute die Religionen?

- Gewohnheiten und Routine erleichtern das tägliche Leben, verhindern aber den Zugang zu neuen Erkenntnissen und Einsichten.
- Fast alles was man tut, richtet sich nach der Erfüllung von Vorgaben anderer. Man ist im Leben eher fremdbestimmt als selbstbestimmt, d.h. eher Opfer als Täter.
- Wer ist heutzutage wirklich ein freier Mensch? Man muss zur Schule bzw. zur Arbeit gehen und man muss sich dabei ständig anstrengen, sonst verbaut man sich die Zukunft. Ein dauerhaftes Ausruhen gibt es nicht.
- Mit spirituellen Erkenntnissen allein kann man sich kein Auto kaufen. Dazu braucht man halt so etwas Materielles und Praktisches wie Geld. (Lisa: "Aber mit spirituellen Erkenntnissen verzichtet man vielleicht auf das Auto." Dirk: "Wenn alle sich so verhalten würden, dann bräche die Weltwirtschaft zusammen und es gäbe noch mehr Arbeitslose. Armut scheint auch nicht gerade spirituelles Wachstum zu fördern, wie man weltweit sieht.")
- Dem 'normalen' Menschen in Deutschland geht es gut und er muss sich ein Leben lang über nichts wirklich ernsthaft Gedanken machen. Egal was passiert, es gibt immer irgendwelche sozialen Institutionen, die ihn auffangen und über die Runden bringen. Das ist auch gut so, kann aber auch zu

Missbrauch und zu Vernachlässigung von Eigeninitiative und Eigenverantwortung führen.

Der Urlaub auf dem ökologischen Bauernhof war ein Volltreffer. Die Bauernfamilie hatte neben Hunden, Kühen, Pferden und Hühnern auch Mastferkel. Am ersten Tag schon hatte sich Lisa mit einem der Ferkel angefreundet und es bekam spontan den Namen Rudi. Die beiden wurden gleich ein Herz und eine Seele. Der Bauer war etwas verwundert über die Stadttouristen, als Lisa ihn um ein Hundehalsband bat, damit sie Rudi auf den Spaziergängen mitnehmen könnte. Vier Wochen lang war Rudi das fünfte Familienmitglied der Beckers. Sie staunten über seine Fähigkeit, Kunststücke zu lernen und über seine Art, Zufriedenheit und Freude zu zeigen.

Die Urlaubstage verbrachte die Familie mit langen Wanderungen in den Wäldern und mit dem Lesen der mitgebrachten Bücher. Nachmittags, wenn Rudi zurückgebracht war, gingen sie auf eine Laufstrecke. Alle vier hatten es tatsächlich geschafft, ein paar Kilo abzunehmen. Sie fühlten sich in ihrem Körper wohler als je zuvor. Den größten Erfolg verbuchte Hans: Es war ihm tatsächlich gelungen, in diesen vier Wochen nicht zu rauchen, und dies, ohne dabei die gute Laune zu verlieren.

Zum ersten Mal fühlten sie sich mit der Natur verbunden und als Teil der Natur. Die Wälder schienen ihnen Ruhe und Energie im Übermaß und noch dazu kostenlos zu spenden. Bei einem Spaziergang abends bei sternklarem Himmel sagte Vera leise: "Wir Menschen sind im kosmischen Maßstab winzig klein, aber ich glaube nicht unbedeutend". Veras philosophische Seele schien ihr das in dem Augenblick mitteilen zu wollen.

Am Tag vor der Abreise sagte der Bauer, dass Rudi an diesem Tag im Stall bleiben müsse. Es werde eine Überraschung für die Beckers und ein paar andere Gäste vorbereitet. Sie kamen später als sonst von der Wanderung zurück und gingen direkt zum Abendessen. Die Überraschung des Bauern war das Abendessen selbst: eine große Schlachtplatte, gegrillte Hähnchen und ein Spanferkel. Dazu gab es frische Salate und Obst, Bier und selbstgebrannten Obstler. Der Sohn des Bauern entpuppte sich als Gitarrenspieler und der Abend war ein toller Abschluss eines tollen Urlaubs.

Am nächsten Morgen, während sie alles für die Heimfahrt packten, suchte Lisa überall nach Rudi, um sich von ihm zu verabschieden. Sie hatte sogar mit dem Gedanken gespielt, ob man Rudi nicht kaufen und mit nach Hause nehmen könnte. Da sie Rudi nicht fand, klingelte sie beim Bauern. Der erklärte ihr, dass das gestrige knusprige Spanferkel Rudi gewesen war. Rudi hätte schon vor drei Wochen geschlachtet werden sollen, aber er hatte damit gewartet, um Lisa eine Freude zu machen. Das Mastferkel Rudi als Einnahmequelle des Bauern war längst überfällig gewesen.

"Lisa", sagte der Bauer, "von den acht Monaten, die Rudi gelebt hat, waren die letzten vier Wochen, dank dir, sicherlich seine schönsten. Du musst halt verstehen, dass Rudi nur ein Tier war, und Tiere sind nun mal dazu da, geschlachtet und gegessen zu werden."

Lisa ging schockiert und weinend über den Hof zur Ferienwohnung. Sie hatte, ohne es zu wissen, ihren besten Freund aufgegessen. Sie fühlte sich elend und kam sich vor wie eine Verräterin. Ihre Eltern und Dirk waren zunächst genauso schockiert wie Lisa. Nach einer Weile sagte aber Vera: "Lisa, du hast in deinem Leben schon Hunderte Kilo Fleisch gegessen und das war für dich doch völlig normal." Nichts war mehr in diesem Augenblick normal für Lisa. Sie hatte tatsächlich nie darüber nachgedacht, dass der übliche Sonntagsbraten Teil eines Tieres war, das dafür sein Leben hergeben musste. Bis heute kam für sie das Fleisch vom Supermarkt und hatte mit einem Tier voller Lebensfreude nichts zu tun.

Lisa setzte sich hinter der Ferienwohnung ins Gras, faltete die Hände und sprach leise: "Rudi, es tut mir so schrecklich leid und ich verspreche dir, nie mehr Fleisch zu essen." Lisa war nun die erste überzeugte Vegetarierin der Familie. Die Eltern hatten Verständnis für Lisas Entscheidung, und Vera besorgte gleich nach der Rückkehr vegetarische Kochbücher. Zunächst wurde nur für Lisa vegetarisch gekocht. Aber aus Neugier probierten die drei anderen häufiger die Gerichte mit. Im Lauf des Herbstes wurden sie alle Vegetarier, nicht aus Zwang, sondern weil das Essen ihnen besser schmeckte, bekömmlicher war, farbenfroher und 'spannender' aussah.

Vera hatte sich seit dem Sommer zu einer kreativen vegetarischen Köchin entwickelt, die für so manche Überraschung am Mittagstisch sorgte. Der Aufwand für die Zubereitung des Essens war zwar höher als früher beim Schnitzelbraten, aber dafür fing die Freude des Kochens schon mit dem Einkaufen beim Biobauern an. Dort erhielt sie auch manche Tipps für gesunde Ernährung. Die Familie fühlte sich gesünder und nahm auch nicht an Gewicht zu.

Hans sagte eines Abends zu Lisa: "Rudis Tod war nicht umsonst. Wie du inzwischen gelesen hast, gibt es interessante Erkenntnisse darüber, was mit den Tieren beim Sterben passiert und wo sie hingehen. Warum übernimmst du nicht diese Themen als Schwerpunkt?"

In der folgenden Zeit arbeitete die Familie weiter an der Auswertung der Bücher und kaufte auch weitere dazu.

Liebe Leserin, lieber Leser, in den kommenden Kapiteln werden die Texte, welche sich die Familie zur genaueren Auswertung und Diskussion zusammengestellt hat, wiedergegeben und zwar in der von ihr gewählten Reihenfolge. An einzelnen Stellen sind auch Kommentare aus den Diskussionen der Beckers festgehalten. So begleiten Sie die Familie bei ihrer Suche nach Wissen und Wahrheit und nach konkreten Antworten auf ihre Fragen.

2   Die Quellen des Wissens

2.1   Das Wissen der Menschheit

2.1.1   Einführung

Inzwischen war seit dem Tod der Oma ein Jahr vergangen. Die Familie hatte neben Büchern und Zeitschriften aus wissenschaftlichen, religiösen und philosophischen Bereichen über hundert sogenannte 'esoterische Bücher' gelesen. Sie hatte darin viele interessante Hinweise auf noch zu entdeckendes Wissen, auf Fakten und Erkenntnisse, welche die Wissenschaft ablehnt, sowie auf teilweise falsches Wissen der Wissenschaft gefunden.

Eines Tages fragte Lisa: "Woher stammt eigentlich das heutige Wissen der Menschheit? Wer weiß, ob das alles so stimmt, was wir wissen?"

Dirk dachte laut: "Wenn ich so überlege, dann stammt alles, was ich weiß, von Schule, Eltern, Fernsehen, Büchern, Zeitungen und Zeitschriften und von meinen Freunden. Natürlich kommen meine eigenen Erfahrungen dazu. Ich bin aber immer davon ausgegangen, dass alles, was ich so 'mitbekommen' habe, auch seine Richtigkeit hat."

Hans bemerkte aufgrund seiner Erfahrung im Unternehmen, dass man mehr zu wissen meint, als man wirklich weiß, und teilweise wisse man nicht mal, was man wissen könnte. Aus seiner Sicht schaffe die Wissenschaft nicht nur Wissen, sondern auch Verwirrung und Widersprüche. Als Beispiel für den Stand der Wissenschaft führte er an, dass bis heute keiner wirklich wisse, was Licht und was Schwerkraft ist. Jeder tue aber so, als ob es klar sei. Man könne zwar die Auswirkungen beschreiben, aber über die innere Natur von beiden gäbe es nur widersprüchliche Theorien.

Hans machte eine Zeichnung:

Entdecktes und noch zu Entdeckendes aus der ewigen Wahrheit

Er wollte mit der Zeichnung ausdrücken, dass die ewige Wahrheit Gottes schon vorliegt, dass sie jedoch von den Wissenschaftlern noch nicht alle entdeckt oder entschlüsselt worden sind. Wahrheiten, die sich heute bemerkbar machen, aber wissenschaftlich nicht erklärbar sind, werden gerne leichtfertig als paranormale Phänomene oder Einbildung abgetan.

Dirk fand die folgende Aussage in einem Buch:
"Es ist Zeit für die Menschheit, alles zu hinterfragen. Ganz besonders ist es an der Zeit, all diejenigen zu hinterfragen, die behaupten, alles zu wissen."

(* Marciniak 1 – 87)

Vera warf ein, dass Sokrates einmal gesagt habe: 'Ich weiß, dass ich nichts weiß'. "Und er hat schon eine Menge gewusst. Daher ist auch bei unserem Projekt Vorsicht angebracht und es ist besser, das gewonnene Wissen sorgfältig zu prüfen, als es kritiklos hinzunehmen. Wir sollten nach der Aussage verfahren: *"Prüfet alles und das Gute behaltet!"*

Dirk: "Also lasst uns anfangen, alles zu hinterfragen, was wir bis jetzt gelesen und ausgewertet haben!"

Hans: "Einverstanden. Aber zuerst sollten wir kurz zusammenstellen, wie die Wissenschaft sich entwickelt hat und wie sie von diesseitigen und von jenseitigen Quellen gesehen wird."

2.1.2   Die Rolle der Wissenschaft

Materiell steht euch eine Fülle des Wissens zu Gebote in Form der jahrhundertealten mündlichen Überlieferung, in Form von Aufzeichnungen und Büchern und in Form der Informationen seitens der Medien. Heutzutage verwendet ihr Computer, um Informationen zu verarbeiten und zu speichern... Ihr verfügt über Wissen auf Spezialgebieten, die von Menschen systematisch erforscht und geordnet wurden. In jedem Augenblick liefern euch eure Sinne Informationen, und diese Informationen sind, wiewohl unmerklich, in bestimmter Weise bereits euren Glaubensüberzeugungen, Wünschen und Absichten angepaßt und entsprechend verzerrt.   *(* Seth 7 – 133)*

Als Julius Cäsar 48 vor Christus bei der Belagerung Alexandrias die gigantische Bücherstube versehentlich in Brand steckte, gingen rund 700000 Papyrusrollen in Flammen auf - der größte geistige Verlust, den die Menschheit je erlitt. Unschätzbare Pretiosen hatten die Alexandriner Bibliographen gehortet.   *(SPIEGEL 46/96 – 243)*

Einst habt ihr geglaubt, dass sich die Sonne um die Erde dreht - und für euch tat sie das auch. Alle eure Beweise *belegten, dass es so war!* ... Nun hört genau hin. Das Wunder dieser Wissenschaften und dieses Systems bestand darin, *dass sie funktionierten.*

Die von euch geschaffene Astronomie, die sich auf den Glauben gründete, dass die Erde der Mittelpunkt des Universums sei, funktionierte insofern, als sie euch die sichtbaren Phänomene der Planetenbewegungen am nächtlichen Himmel erklärte. Eure Beobachtungen unterstützten euren Glauben und schufen das, was ihr Wissen nanntet.

Das von euch geschaffene System der Physik, das sich auf euren Glauben in Bezug auf Materieteilchen gründete, funktionierte insofern, als es euch die sichtbaren Phänomene erklärte, die ihr in der physischen Welt wahrnahmt. Wieder unterstützten eure Beobachtungen euren Glauben und schufen das, was ihr Wissen nennt.

Erst später, als ihr das, was ihr saht, genauer in Augenschein nahmt, habt ihr eure Meinung über diese Dinge geändert. Doch diese Meinungsänderung kam nicht problemlos zustande. Die ersten Menschen, die sie vorschlugen, wurden als Häretiker oder später als töricht oder im Irrglauben befangen bezeichnet. Ihre Vorstellungen von einer neuen Astronomie, die davon ausging, dass sich die Erde um die Sonne dreht, oder von der Quantenphysik, der zufolge sich die Materieteilchen nicht in einer kontinuierlichen Linie durch Raum und Zeit bewegen, sondern an einem Ort verschwinden und an einem anderen wieder auftauchen, wurden als spirituelle und wissenschaftliche Blasphemie bezeichnet. Ihre Verfechter wurden entmutigt, öffentlich angeprangert und sogar für ihre Überzeugungen hingerichtet.

Die Mehrheit von euch beharrte darauf, dass eure Glaubensvorstellungen die Wahrheit waren. Wurden sie denn schließlich nicht durch alle Beobachtungen belegt? Aber was kam zuerst - der Glaube oder die Beobachtung? Das ist die zentrale Frage. Das war die Nachforschung, die ihr nicht anstellen wolltet.

Ist es möglich, dass ihr seht, was ihr sehen wollt? Könnte es sein, dass ihr beobachtet, was zu beobachten ihr erwartet? Oder auf den Punkt gebracht: dass ihr übersehen habt, was *zu beobachten ihr nicht erwartet habt?* Ich sage euch, die Antwort darauf ist "ja."

Auch heute, wo eure moderne Wissenschaft - der Irrtümer der Vergangenheit müde geworden - gelobt, *erst* zu beobachten und *danach* Schlussfolgerungen zu ziehen, kann man diesen Schlussfolgerungen nach wie vor nicht trauen. Denn es ist euch unmöglich, irgendetwas objektiv zu betrachten. Die Wissenschaft kam zum Schluss, dass *nichts, was beobachtet wird, vom Beobachter unbeeinträchtigt bleibt.* Die Spiritualität hat euch das schon vor Jahrhunderten gesagt, und nun hat die Wissenschaft nachgezogen.

(* Walsch 5 – 128-130)

Die Bedeutung der Wissenschaft für den Menschen

Vera: "Auch der Papst hat zur Rolle der Wissenschaft in der heutigen Welt Stellung genommen:"

Alle Menschen streben nach Wissen, Gegenstand dieses Strebens ist die Wahrheit. Selbst das Alltagsleben zeigt, wie sehr ein jeder daran interessiert ist herauszufinden, wie über das bloß gehörte Wort hinaus die Dinge in Wahrheit sind. Der Mensch ist das einzige Wesen in der ganzen sichtbaren Schöpfung, das nicht nur zu wissen fähig ist, sondern auch um dieses Wissen weiß.

(Enzyk. – 30)

Die Wissenschaft bereitet sich also darauf vor, sämtliche Aspekte des menschlichen Daseins durch den technologischen Fortschritt zu beherrschen. Die unbestreitbaren Erfolge der naturwissenschaftlichen Forschung und der modernen Technologie haben zur Verbreitung der szientistischen Gesinnung beigetragen. Man muß leider feststellen, daß alles, was die Frage nach dem Sinn des Lebens betrifft, vom Szientismus in den Bereich des Irrationalen oder Imaginären verwiesen wird. *(Enzyk. – 90)*

Alle naturwissenschaftlichen Erkenntnisse haben gezeigt, daß das Postulat eines Gottes nicht notwendig ist zur Erklärung der Welt. Sie schließen diese Existenz zwar auch nicht explizit aus, aber der Verdacht liegt doch nahe, daß dies im wesentlichen mit Rücksicht auf herrschende gesellschaftliche Strukturen geschieht. Denn es gibt keinen einzigen nachprüfbaren Beleg für die Existenz von Göttern. Wozu also sollen sie gut sein?

(http://home.nordwest.net/utes-own/weltbild.htm)

Hans: "Die Existenz Gottes kann nicht wissenschaftlich bewiesen werden, aber ebenso wenig hat man die Nichtexistenz nachweisen können."

Probleme der Wissenschaft: Evolutionsforschung und ihre Fachrichtungen

Es gibt also Spezialisten für alle Stadien der Evolution, vom ersten Einzeller bis zum Menschen des 20. Jahrhunderts. Da sollte man meinen, daß die Experten sich nur an einen Tisch zu setzen bräuchten, um ein für allemal zu klären, ob der Mensch ein Zufallsprodukt ist oder nicht. Doch die Forscher sind sich keinesfalls einig. Der Grund: Im großen Evolutionspuzzle fehlen einige entscheidende Steinchen. Die Paläontologen zum Beispiel können nur etwas über die Epochen der Erdgeschichte sagen, in denen Lebewesen sedimentiert wurden und über Jahrmillionen erhalten blieben. Keiner weiß, was dazwischen passiert ist. Auch die Biologen können nur dann etwas über die Entwicklung von Tier- oder Pflanzenarten aussagen, wenn sie entweder noch lebende Nachkommen studieren oder zumindest fossile Reste auswerten können.

Wo beides fehlt, hilft auch die Biologie nicht weiter. Die Genforscher können nur dann Gene decodieren, wenn die DNS erhalten ist. Wo sie zum Beispiel durch die Versteinerung zerstört wurde, kann auch moderne Gentechnik nichts mehr ausrichten. Und die Anthropologen können nur vermuten, daß unsere Vorfahren tatsächlich so gelebt haben wie die Buschmänner oder die Aborigines heute; beweisen läßt sich auch das nicht.

In allen Disziplinen gibt es also Wissenslücken. Und so kommt es, daß die Evolutionsforscher je nach Blickwinkel die Entwicklung des Menschen völlig unterschiedlich einschätzen. *(PM-Persp. 96/4 – 23)*

Dirk: "Für die einzelnen Wissensgebiete gibt es Spezialisten und 'Päpste'. Aber keiner scheint das Ganze und die Verbindung zwischen den einzelnen Gebieten zu überschauen."

2.1.3 Wissen, vermittelt durch Propheten und Medien

Alleine schon in unserer Bibel gibt es zahlreiche Beispiele für Hellsehen, Hellhören, Channelling, Telekinese, Heilen und Rutengehen. Es ist äußerst unlogisch, wenn wir einerseits diese biblischen Glaubensgeschichten akzeptieren, gleichzeitig aber leugnen, daß solche Begebenheiten heute vorkommen oder vorkommen könnten. *(Carmel – 11)*

"Ein 'Prophet' ist ein Mensch, aus dem nicht der eigene Geist, sondern ein anderes Geistwesen spricht. In diesem Sinne schreibt der Apostel Paulus von 'Prophetengeistern' (1. Kor. 14, 32). - Sind es Geister der Wahrheit, die sich durch die 'Propheten' kundgeben, so nennt man diese 'wahre' oder 'echte' Propheten. Sind es aber Geister der Lüge, also böse Geister, so hat die Bibel dafür die Bezeichnung 'falsche Propheten'."

"Was man in den biblischen Zeiten 'Prophet' nannte, bezeichnet ihr heute als 'Medium'. Auf den Sprachgebrauch kommt es nicht an, sondern auf die Sache selbst. Alle großen Persönlichkeiten des Alten und des Neuen Testamentes waren große 'Medien'. *(* Greber 1 – 138)*

Natürlich redet die Bibel davon, daß ihre Botschaft von außen her an die Menschen herankommt. So beginnen die Worte der Propheten in fast stereotyper Weise: "Das Wort des Herrn, das an X erging." Und der 2. Petrusbrief bezeugt klar: "Denn es ist noch nie eine Weissagung aus menschlichem Willen hervorgebracht, sondern von dem heiligen Geist getrieben haben Menschen im Namen Gottes geredet." Es überrascht nicht, daß die Propheten unfähig waren, alle Zusammenhänge ihrer Botschaft zu verstehen. Die Quelle ihrer Äußerungen lag ja jenseits ihres Horizontes; es war der "Geist Christi, der in ihnen war...". *(Alexander – 32)*

Aber Gottes Geist offenbart diese Geheimnisse durch Menschen, die Er zubereitet hat, Seine Inspirationen zu empfangen. Durch diese Werkzeuge hat Gott uns die Kenntnisse geoffenbart, die unser begrenzter Verstand zu fassen fähig ist. *(BWL 2 – 340)*

"Zu allen Zeiten habe Ich tugendhafte Geister zur Erde gesandt, damit sie euch lehren und euch mit ihren Werken ein Vorbild geben, wie ihr leben müßt, um zu Mir zu gelangen: Berater, Diener Meines Gesetzes, Gesetzgeber und Führer. Sie haben euch eure Pflichten gezeigt, haben euch gesagt, daß sich eure Aufgabe nicht nur auf die Liebe zu eurer Familie beschränkt, sondern daß ihr über diese Grenzen hinaus eure Mitmenschen lieben und ihnen helfen sollt. Auch haben sie euch gelehrt, daß nach diesen Prüfungen im Leben euch das Geistige Leben erwartet, wo ihr die Früchte eurer Saat auf Erden ernten werdet." *(* BWL 4 – 36)*

Was verstehst du unter Prophetie? Ich betone ausdrücklich: Aus meiner geistigen Sicht gibt es eine gottgewollte Prophetie und eine negative Prophetie. Gottgewollt nenne ich jene, die von Werkzeugen stammt, die der Geisterwelt Gottes dienen und zur Rückführung zu Gott beitragen. Alle Werkzeuge aber, die satanischen Werken, Worten und Taten Vorschub leisten und Satan dienen, nenne ich negative Propheten. Sie haben die Aufgabe, die Menschen von Gott fernzuhalten und in der Materie zu binden. Es ist sehr wichtig, daß ihr diesen Unterschied versteht.   *(* Hardus 2 – 31)*

2.1.4   Mystiker als Medien für jenseitiges Wissen

Mystikerinnen und Mystiker haben in der Vergangenheit immer wieder gezeigt, daß man mit dieser höheren Informationsebene in Verbindung treten kann, wenn man sich in einem veränderten Bewußtseinszustand befindet, beispielsweise in einer sogenannten "Ekstase" oder "Entrückung".

(ESO 3/98 – 50)

Der griechische Philosoph *Sokrates* hatte seinen "Daimonion", der sich als eine innere Stimme bemerkbar machte. Seinen Freunden erzählte der Philosoph: "Ihr habt mich oft und bei manchen Gelegenheiten sagen hören, etwas Göttliches lasse sich in mir vernehmen. Das begann bei mir schon in meinen Knabenjahren; und wenn diese Stimme sich vernehmen läßt, dann warnt sie mich stets vor dem, was zu tun ich im Begriffe bin."   *(ESO 3/98 – 52)*

In der christlichen Tradition gilt seit dem Mittelalter als klassische Definition: Mystik ist "cognitio Dei experimentalis", eine auf Versuche und Erfahrung gegründete Gotteserkenntnis. Die praktischen Mystiker wissen aufgrund von Erfahrung, was die anderen Mitglieder der Religionsgemeinschaft aufgrund der Lehren der heiligen Schriften und der Priester glauben. Zur Gottesschau und -einung reißt der jenseitige (transzendente) Gott die Menschenseele zu sich hinan oder "steigt zu ihr herab" und offenbart sich in ihr. Ihren Höhepunkt findet die Mystik in der "unio mystica", der Vereinigung Gottes mit der Seele.   *(Evan. – 133)*

Hildegard von Bingen (1098-1179) hat von jenem "wissenden Licht" nicht nur ihre großartigen, auch heute, nach fast 900 Jahren, noch hochgeschätzten Werke diktiert bekommen, sondern auch viele einfache und konkrete Anweisungen für Menschen, die sie um Hilfe baten. *"Ich schaute zu dem Lichte auf"*, schrieb sie beispielsweise, und: *"Es gab mir folgende Antwort für Dich ..."*

Wie auch immer - jedenfalls hat Hildegard von Bingen ihre Fähigkeit, sich mit einer höheren Informationsebene zu verbinden, offenbar bereits auf diese Welt mitgebracht und nicht erst später, durch bestimmte Techniken beispielsweise, erworben.   *(ESO 3/98 – 50-51)*

Dante Alighieri (1265-1321) hat nach eigenem Bekenntnis seine "Göttliche Komödie" - eine der größten Dichtungen des Abendlandes - nach innerem Diktat geschrieben. Im ersten Gesang des "Paradiso" sagt er: "Die Herrlichkeit dess', der das All bewegt, durchdringt die Welt und leuchtet mehr an einem Ort und wen'ger an dem andern. Im Himmel, dem das größte Licht er spendet, war ich und Dinge sah ich, die zu sagen keiner vermag, der je von dort zurückkommt."   *(ESO 1/00 – 23)*

Teresa von Avila (1515-1582). In ihrem Buch "Die Innere Burg" beschreibt sie, wie sie durch bestimmte Formen des Gebets - das "Gebet der Worte", das "Innere (wortlose) Gebet", das "Gebet der Vereinigung" - in der Zurückgezogenheit der Klosterzelle den Zugang zu einer höheren Wirklichkeit fand.

(ESO 3/98 – 51)

Giordano Bruno (1548-1600) gehörte zum Kreise derer, die durch eine "Lichterfahrung" in die Ebene höheren Wissens vordringen konnten. In seinen Schriften sprach er davon, dass die Erde an den Polen abgeflacht ist und dass Nordpol und Südpol von Zeit zu Zeit ihre Positionen vertauschen, dass unsere Sonne sich ebenfalls um ihre Achse dreht, dass es hinter dem Saturn noch weitere Planeten gibt und dass die Fixsterne ebenfalls Sonnen sind, die von Planeten umkreist werden. Alles Dinge, die er auf "normalem" Wege nicht hätte in Erfahrung bringen können.   *(ESO 1/00 – 22)*

Johannes Brahms (1833-1897) "Ich sehe nicht nur bestimmte Themen vor meinem geistigen Auge," so schrieb beispielsweise Johannes Brahms, "sondern auch die richtige Form, in die sie gekleidet sind, die Harmonien und die Orchestrierung. Takt für Takt wird mir das fertige Werk offenbart. (...) Ich muss mich im Zustand der Halbtrance befinden, um solche Ergebnisse zu erzielen - ein Zustand, in welchem das bewusste Denken vorübergehend herrenlos ist und das Unterbewusstsein herrscht - denn durch dieses, als ein Teil der Allmacht, geschieht die Inspiration..."   *(ESO 1/00 – 25)*

2.1.5 Spiritismus und Spiritualismus (Spiritualität)

Im deutschen Sprachgebrauch wird zwischen zwei Begriffen unterschieden, die ziemlich ähnlich klingen, nämlich zwischen "Spiritismus" und "Spiritualismus".

1. Mit *"Spiritismus"* ist die Lehre vom Fortleben des Menschen nach dem irdischen Tod gemeint, ohne daß dabei zunächst ein religiöser Bezug beachtet wird. Wenn also z. B. bei einem Versuch paranormal ein Tisch zum Schweben gebracht wird und man den Eindruck hat, daß jenseitige Wesenheiten die eigentlichen Verursacher sind, so ist das ein spiritistisches Phänomen.

2. *"Spiritualismus"* dagegen ist die Lehre vom persönlichen Überleben des irdischen Todes und der Bindung an Gott. Er ist die Lehre von der Herkunft und Bestimmung des Menschen und der Verantwortlichkeit für seine Handlungen gegenüber Gott. Er ist die Lehre vom Nachrichtenaustausch zwischen Diesseits und Jenseits, zwischen der irdischen und der göttlichen Welt.

Im Sinne dieser Definition sind die sogenannten Offenbarungsreligionen, zu denen auch die *Mosaische* Religion und das *Christentum* gehören, ihrem Ursprung und Wesen nach spiritualistische Religionen, auch wenn sie den ursprünglichen Jenseitsverkehr jetzt nicht mehr ausüben. Zunächst sind aber die Lehren dieser Religionen durch Übermittlungen aus einer jenseitigen Welt an Menschen auf dieser Erde zustande gekommen. Auch Christus betont ja ausdrücklich (Joh. 12,49): "Denn ich habe nicht von mir selbst aus geredet, sondern der Vater, der mich gesandt hat, der hat mir Auftrag gegeben, was ich sagen und was ich reden soll, und ich weiß, daß sein Auftrag ewiges Leben bedeutet. Was ich also rede, das rede ich so, wie der Vater es mir gesagt hat."

Wir haben es also, nüchtern gesprochen, mit einem Nachrichtenaustausch zwischen zwei Daseinsbereichen mittels medialer Durchgaben zu tun, wobei "medial" bedeutet, daß ein menschlicher Mittler mit besonderer Begabung eingeschaltet war. *(Schiebeler 1 – 3)*

Viele Christen und besonders Theologen gehen, wenn sie die Worte *Geister* oder *Spiritismus* hören, sofort in Angriffshaltung. Sie meinen, daß es sich dabei um die Befragung von *Toten* handele. Und die habe Gott bereits vor 3000 Jahren dem *Mose* und damit auch uns verboten (3. Mos. 20,6): "Wenn sich jemand an die Totengeister und Wahrsagegeister wendet und sich ihnen hingibt, so werde ich mein Angesicht gegen einen solchen Menschen kehren und ihn aus der Mitte seines Volkes ausrotten."

Diese Christen wissen nicht, daß mit den *Totengeistern* die sog. *geistig Toten*, die gottfeindlichen Geistwesen gemeint sind. Mit denen soll man allerdings keine Verbindung aufnehmen, wie es die *Satanisten* damals und heute tun. Das Verbot betrifft aber keineswegs die Verbindungsaufnahme mit Gottes guter Geisterwelt. *(Schiebeler 2 – 11)*

Die Geisterwelt Gottes ist in den christlichen Kirchen schon seit 1600 Jahren ausgeschaltet. Die Leiter der Kirchen haben den "heiligen Geist ausgelöscht". Wo aber die Geister Gottes haben weichen müssen, da stellen sich andere Geister ein, von denen Paulus an Timotheus schreibt: "Der Geist Gottes aber sagt ausdrücklich, daß in späteren Zeiten manche vom rechten Glauben abfallen werden, indem sie sich irreführenden Geistern und Lehren zuwenden, die von Dämonen stammen." [1. Tim. 4,1.]

So drangen denn seit der Zeit, wo man auf die Verbindung mit der Geisterwelt Gottes als den einzigen Weg zur Wahrheit verzichtete, die mannigfachsten und folgenschwersten Irrtümer in das Christentum ein. Von Jahrhundert zu Jahrhundert wurde es schlimmer. Eine Wahrheit nach der anderen wurde vom Irrtum verseucht und ungenießbar gemacht. Und was war die Folge? - *Heute stehen wir vor einem hundertfältig gespaltenen Christentum, vor zahllosen Religionsgemeinschaften, die alle etwas anderes als Wahrheit verkünden, und von denen jede ihr Glaubensbekenntnis als die wahre Lehre Christi ausgibt.* Und da wundern wir uns noch, daß ein so verfälschtes und zerrissenes Christentum keinen Einfluß mehr auf die Menschheit ausübt? Gebt dem Volke das Christentum der ersten Christen wieder! ...

Die katholische Kirche sucht die Zersplitterung in so viele christliche "Sekten", wie sie es nennt, damit zu erklären, daß alle anderen christlichen Gemeinschaften von ihr als der allein wahren und seligmachenden Kirche abgewichen seien. Aber gerade sie war es, welche die Geisterwelt Gottes aus dem Christentum vertrieb. Sie war es, die im Bunde mit der weltlichen Macht jeden vernichtete, der etwas anders glaubte, als das Papsttum ihm vorschrieb. Das Blut von Hunderttausenden ist geflossen im Namen des katholischen Christentums. *(Greber 2 – 19)*

Channeling

Unter Channeling ist die Kommunikation mit Geistwesen aus anderen Zeiten oder anderen Dimensionen zu verstehen. *(Mann – 130)*

In vielen großen Religionen und Sekten sind gechannelte Botschaften von zentralem Stellenwert. Mohammed gilt als Übermittler des von Allah formulierten Korans; die Visionen von George Fox wurden zur Grundlage des Glaubens der Quäker; und Joseph Smiths Kontakt mit dem Engel Moroni hatte das Buch Mormons zur Folge. Als ein weiteres Beispiel könnte die Offenbarung des Johannes genannt werden. *(Mann – 132)*

Woher, glaubt ihr, könnt ihr die Wahrheiten der geistigen Dimension erfahren? - Ihr habt Kunde davon durch jene Wesenheiten, die in ihr leben. Der Erdenmensch vermag darüber keine Auskunft zu geben, da er hierüber kein eigenes Wissen hat. Das ist eine entscheidende Feststellung. Kein Erdenmensch kann aus sich heraus berichten, was in jenen Sphären des Geistes oder in den Regionen anderer Sterne existiert.

Doch die Terra *[die Erde]* ist von diesen beiden Bereichen nicht abgesondert. Was der Mensch nicht aus eigener Anschauung erfahren kann, wird ihm durch die Bewohner jener Bereiche übermittelt.

Leider ist die Erdenmenschheit bisher für derartige Offenbarungen nicht voll aufnahmefähig gewesen. *(* Ahastar Heft 6 – 30)*

2.1.6 Zusammenfassung der Familie

Hans schlug vor, stichwortartig festzuhalten, über welche Wege die Menschheit seit Jahrtausenden an Wissen und Erkenntnisse gelangte, und welche Fachdisziplinen daraus entstanden waren.

Mystik, Mythologie und Schamanismus (Wissen und Erkenntnisse durch ...)
- Anrufung von Ahnen, Geistern, Naturwesen, Göttern, Dämonen ...
- Inspiration, Intuition, Visionen, innere Stimmen, Träume ...

Philosophie (Liebe zur Weisheit)
- Methode, um das wahre Wissen zu finden und danach zu leben.
- Erforschung der diesseitigen und der jenseitigen Wahrheit mit Verstand und Vernunft, Fragen nach dem letzten Grund.
- Beobachtung der Natur und des Verhaltens der Menschen sowie der Versuch, hinter das Bekannte zu schauen.
- Problem: Es gibt eine sehr große Meinungsvielfalt.

Religionen (lat. "religio" = Rückverbindung zu einer höheren Macht)
- Wahrnehmung und Verkündigung erhaltener Offenbarungen über die ewigen Wahrheiten und Gesetze
- Liefern Erklärungen für die Wirklichkeit hinter der Wirklichkeit
- Bilden eine Brücke zwischen dem Schöpfer, der Schöpfung und den Menschen. Glaube und Vernunft stehen im Mittelpunkt

- Regeln die Auslegung von Glaubensinhalten und schaffen Dogmen
- Problem: Im Laufe der Zeit sind viele widersprüchliche Aussagen der Religionen entstanden.

Wissenschaften/Naturwissenschaften
- Versuch der Entdeckung und Erklärung der Naturgesetze
- Kommen ohne Mystik, Philosophie und Religionen aus
- Nur beobachtbare, reproduzierbare Phänomene können behandelt werden. Sie werden wissens- und verstandesmäßig untersucht.
- Bis heute hat die Naturwissenschaft nichts Lebendiges, sich selbst Reproduzierendes aus Materie geschaffen wie z. B. eine Körperzelle.
- Problem: Viele Theorien über wissenschaftliche Erkenntnisse widersprechen einander oder werden widerlegt.

Die Familie stellte fest, dass das Wissen der Menschheit immer im Fluss gewesen ist und dass es noch viel zu entdecken gibt.

2.2 Die wichtigsten Jenseitsbotschafter und Diesseitsmedien im Projekt

2.2.1 Einführung

Neben Büchern aus Wissenschaft, Religion und Philosophie hatte die Familie auch viele Bücher mit Mitteilungen von Jenseitsbotschaftern gelesen. Die meisten Botschaften und Aussagen aus dem Jenseits, welche die Beckers in den Büchern gelesen hatten, waren überwältigend im Hinblick auf Logik der Erklärungen, auf Sachlichkeit und Tiefgang.

Sie waren sich einig, dass der *Inhalt der Botschaften* Priorität vor den *Jenseitsbotschaftern* und den *Diesseitsmedien* haben sollte. Dennoch wurden sie zunehmend neugierig, mehr über die Jenseitsbotschafter zu erfahren - schienen sie doch ausgesprochene "Persönlichkeiten" zu sein, Auch über die Medien und darüber, wie sie zu ihrer Medialität gekommen waren, gab es viele interessante Aussagen.

Sie einigten sich also darauf, vor der Inhaltsanalyse der Botschaften Genaueres über die wichtigsten Jenseitsbotschafter und deren Medien in Erfahrung zu bringen.

Dirk hatte eine Skizze entworfen, um die Funktionsweise der Jenseitskommunikation zu illustrieren:

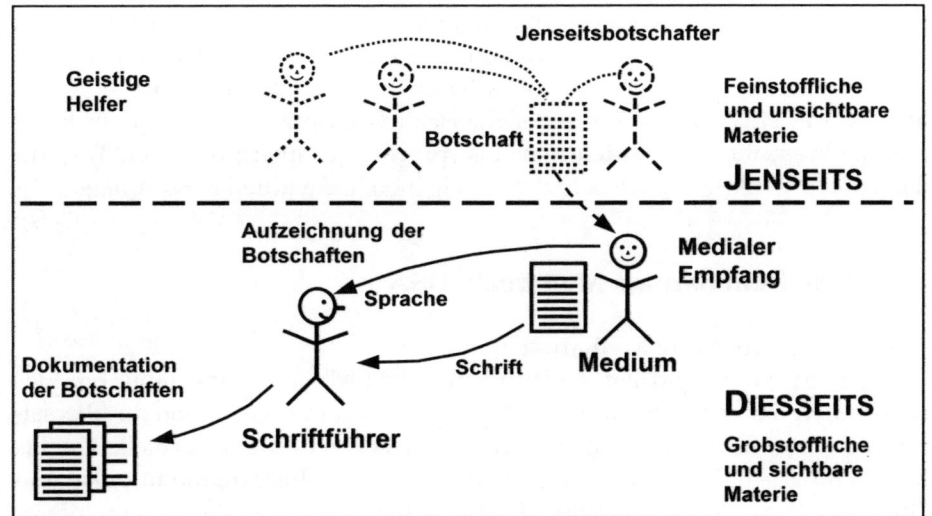

Prinzip der Übermittlung von Botschaften aus dem Jenseits

2.2.2 Medium Silvia Wallimann, Schweiz

Wallimann über ihre Medialität

Anfang Juli 1987 hatte ich mein ... Buch *Das Wunder der Meditation* in Druck gegeben. Es war mein drittes Buch. Ich atmete auf und hoffte, wenigstens für eine gewisse Zeit frei zu sein von dem inneren Druck der Gedanken, der mich zum Schreiben getrieben hatte.

Doch schon nach wenigen Tagen bat mich mein geistiger Helfer, weiterhin für Durchgaben zur Verfügung zu stehen. Informationen für ein nächstes Buch würden mich in Tieftrancesitzungen, in Meditationen, aber auch im Schlaf erreichen, und nicht nur im nächtlichen Schlaf. Anfänglich wehrte sich mein Verstand dagegen.

Er teilte mir mit, daß noch Einstellungen bei mir vorgenommen würden, da die Informationen, die geliefert werden sollten, aus ganz neuen Dimensionen und Sphären stammten. Wir können uns Einstellungen als Öffnung oder Erweiterung von Kanälen zur außersinnlichen Wahrnehmung vorstellen. Je nach Intensität und Häufigkeit der Einstellungen erhöht sich die Frequenz aller feinstofflichen Körper und unsere Resonanzfähigkeit.

Die Frequenzerhöhungen durch die Einstellungen haben im Laufe der Zeit bewirkt, daß ich bei den Durchgaben nicht nur die Wesen aus den anderen Sphären als innere Stimmen vernehme, sondern daß ich das Gesagte zugleich in bewegten Bildern wie in einem Film illustriert vor mir sehe. Neuerdings kommt oft hinzu, daß ich die Erläuterungen als geschriebenen, fortlaufenden Text lesen kann.

Wenn ich in Trance Durchsagen für ein Buch erhalte, diktiere ich sie auf Tonband. Genauer gesagt geschieht folgendes: Ich als geistiges Wesen verlasse mit meinem Astralleib den physischen Körper, gebe ihn also frei, damit ein anderes Wesen schwingungsmäßig in ihn eintreten kann. Während ich in anderen Dimensionen weile, sendet das Wesen Energie in Form von Schwingungen aus. Diese fließen über die Chakras und das Rückenmark dem Gehirn zu, das sie dann in Worte der menschlichen Sprache umwandelt. Es ist also die Wesenheit, die durch mich als sprechendes Instrument den Text auf das Tonband diktiert, jeweils in der ihr eigenen, individuellen Stimmlage.

(Wallimann 4 – 11-14)

2.2.3 Medium Barbara Marciniak, USA

Marciniak über ihre Medialität
Ich interpretiere und leite Spirit weiter, weil ich bereit und fähig bin, das Unsichtbare zu erfassen und nach bestem Wissen und Gewissen zu übersetzen. Ich höre, fühle und erfahre das Daseinsgeflecht, die universelle Quelle. Ich bin innerlich damit verbunden und nehme das Flüstern, die Impulse und Offenbarungen der kosmischen Kräfte wahr, indem ich mich von dieser Quelle leiten und tragen lasse. Diese Kraft individualisiert sich für mich als die Plejadier.

Es ist keine leichte Aufgabe, die plejadischen Channelings auf Papier zu bringen. Wenn die "Ps" durch mich sprechen, lehren sie mit Humor, paradoxen Fakten, versteckten Anspielungen, Gleichnissen, Mitgefühl und durch die Präsentation verblüffender Aussagen und Ideen.   *(Marciniak 1 – 11-12)*

Meine persönliche Deutung des Materials läßt sich wie folgt zusammenfassen: Macht euch nichts vor - keiner von uns weiß etwas mit absoluter Sicherheit! Alles kann wahr sein, alles ist wahrscheinlich, denn was ihr denkt, das wird auch sein!   *(Marciniak 1 – 14)*

Die Plejadier über sich
Wir sind die Plejadier, ein Energie-Kollektiv aus dem Sternbild der Plejaden. Wir haben eine lange Geschichte... Klammert euch nicht an das, was wir gesagt haben. Macht aus unseren Geschichten keine neuen Bibeln der Wahrheit. Wir sind hier, um euch zu unterhalten und, wie bereits erwähnt, neue Bilder zu erschaffen und euch für das, was noch draußen liegt, eine Stufenleiter zu bieten. Das Universum ist gigantisch, beschränkt euch also nicht, und stopft nicht alles in eine einzige Schublade. Es gibt viele Arten, das Leben zu betrachten.   *(* Marciniak 1 – 298)*

2.2.4 Medium Regine Zopf, Deutschland

Zopf über ihre Rolle
Ich fungiere als ein Medium für eine Gruppe feinstofflicher Wesen, die sich die Weltenhüter nennt. Mit einem dieser Wesen, Sameen AI Hoskia Ra, stehe ich seit *[1988]* in geistigem Kontakt.   *(Zopf 1 – 8)*

Während einer Übermittlung geschehen in meinem Inneren mehrdimensionale Prozesse. Meine ganze Aufmerksamkeit ist in dieser Zeit darauf gerichtet, die Worte, die in meiner Wahrnehmung erscheinen, niederzuschreiben, was manchmal sehr schnell, manchmal etwas langsamer geht. Daneben entstehen in mir zusätzlich zu den Worten Bilder und Eindrücke, die das Gesagte ergänzen und bestätigen, wodurch es für mich auf sehr eindrucksvolle Weise direkt fühl- und erlebbar wird. *(Zopf 8 – 10)*

Die Weltenhüter über sich

Wir sind eine Vielzahl von Wesenheiten, zusammengefaßt unter der Bezeichnung "die Weltenhüter". Genau genommen sind wir 21 Wesenheiten und für jede Sitzung, in der wir durch unsere Freundin zu euch sprechen, verschmelzen wir zu einer Bewußtseinseinheit, in der all unser Wissen, unser Licht und unsere Liebe enthalten ist. Sameen AI Hoskia Ra, ein Mitglied unserer Gruppe und direkte "Kontaktperson" zu unserer Freundin, ist der Sprecher, der Vertreter unserer Gruppe. *(* Zopf 1 – 14)*

Unsere Aufgabe ist die Überwachung der Aufrechterhaltung von Harmonie im Universum. Jeder von uns 21 Wesenheiten hat eine spezielle Aufgabe übernommen in der Aufrechterhaltung der Harmonie, und jedes Teilgebiet fügt sich zusammen zu einem großen Ganzen. *(* Zopf 2 – 15)*

Alle Ausführungen, die wir hier durchgeben, sind mit Bedacht und Absicht vereinfacht und in einer Sprache ausgedrückt, die für jeden Menschen zu verstehen sein soll. Es sind keine wissenschaftlichen Abhandlungen für schlaue Geschichtsprofessoren, die diese dann nachforschen können. Das ist nicht unsere Absicht und daran haben wir kein Interesse. Wir wollen euch lediglich einen Hauch der Wirklichkeit vermitteln, der euch anregen soll, die Wirklichkeit tiefer zu erforschen und zu erfahren, um euch mit dieser Wirklichkeit anzufreunden. *(* Zopf 1 – 20)*

All die Erklärungen der letzten Jahre, die wir übermittelt haben, hatten den Sinn, euch bei einer Bewußtwerdung über euch selbst zu unterstützen und zu begleiten. Sie sollten euch anspornen, euer inneres Potential zu entdecken. Sie sollten euch anregen, durch innere Begrenzungen hindurchzugehen, um zur Freiheit zu gelangen, oder sie sollten euch wenigstens den Weg dorthin aufzeigen, um vielleicht bei einem späteren Zeitpunkt diese Chancen ergreifen zu können. Unsere Erklärungen über die eigene Bewußtwerdung sollten euch weiterhin zu dem Punkt führen, daß ihr die Ursachen der Mißverhältnisse auf der Erde und das uralte Spiel von Täter und Opfer klar erkennen könnt. *(* Zopf 5 – 15)*

Die Weltenhüter über die Arbeit mit Medien

Durch die Medien wird es für die Engel möglich, zu all den Menschen zu sprechen, die nicht die Fähigkeit ausgebildet haben, selbst mit ihnen kommunizieren zu können. Noch hat ein Medium einen schweren Stand in der Gesellschaft, offiziell anerkannt zu werden. Aber je mehr Zeit verstreicht und je mehr Menschen zu einem Medium werden, um so selbstverständlicher wird die Zusammenarbeit zwischen Engel und Mensch und um so intensiver kann das menschliche Leben von der Weisheit der Engel bereichert werden. *(* Zopf 6 – 97)*

... Der Empfang eines Mediums kann wie bei einem Radio sehr sauber und störungsfrei, manchmal auch voller anderer Frequenzen sein. Dies ist von der inneren Entwicklung eines Mediums abhängig und davon, wie sehr es seinen inneren "Kanal" sauber und frei hält und wie sehr es sich laufend um Klarheit und Reinheit bemüht. Deswegen gibt es auch Botschaften der Aufgestiegenen Meister unterschiedlichster Art, die sich teilweise oder sogar in wichtigen Punkten unterscheiden. Es liegt an euch, von welchen Botschaften und Informationen ihr euch angezogen fühlt - von den klaren, störungsfreien oder den verwirrten, durcheinander erscheinenden. Die direkten, ursprünglichen Botschaften, die die Aufgestiegenen Meister senden, sind in ihrer Essenz immer gleich, aber sie werden von der Empfangsstation, dem menschlichen Medium, seinem Entwicklungsstand entsprechend aufgenommen und in Worte umgewandelt. *(* Zopf 6 – 88-89)*

Botschaft von Mutter Maria durch das Medium Zopf
Die Zeit ist angebrochen, in der viele Menschen wieder bereit sind, das Unsichtbare außerhalb der physischen Realität wahrzunehmen. In früheren Zeiten hat es bereits wiederholt Phasen gegeben, in denen Menschen in direktem Kontakt mit dem Unsichtbaren gestanden und mit ihm auf unterschiedliche Art zusammengearbeitet haben. Diese Menschen waren aber meist privilegiert, in dem Sinne, daß sie Mönche, Priester oder sogar Hohepriester waren... Und doch haben einzelne Menschen zu allen Zeiten das Unsichtbare wahrgenommen und z. B. von dem Phänomen der Aura des Körpers oder von Engelerscheinungen berichtet. *(* Zopf 4 – 168-169)*

Unsere Botschaften werden von den Medien in ihrem eigenen Stil oder von ihrem eigenen Wortschatz geprägt, wobei der Inhalt immer klar und eindeutig übermittelt werden muß. Nicht alle Menschen, die verkünden, mit uns in Verbindung zu stehen, sind dies auch und doch haben sie ihre Bedeutung. Nur wenn zwischen uns und einem Menschen die Energie klar fließen kann, ernennen wir ihn zu unserem irdischen Mitarbeiter.

(Zopf 4 – 173)*

2.2.5 Medium Edgar Cayce, USA

Der "schlafende Prophet" Edgar Cayce (1877-1945) hinterließ Aufzeichnungen von über 14.000 telepathisch-hellseherischen Sitzungen. Als ein Leitfaden durch dieses umfangreiche Material kann Cayces Reinkarnationsglaube angesehen werden. Wiedergeburt war für ihn unabdingbarer Bestandteil der Wirklichkeit, und als Therapeut ging er davon aus, daß die Ursachen für Krankheiten in voraufgegangenen Inkarnationen zu finden sind.

(Mann – 107)

Das außergewöhnliche Leben des Edgar Cayce ist kaum ein geringeres Wunder als seine Readings. Schon in früher Jugend hatte er seltsame Erlebnisse. Er sprach regelmäßig mit einem Kreis unsichtbarer Spielgefährten. Er schlief einmal über seiner Fibel ein und wußte danach jedes einzelne Wort davon auswendig, ... *(Cayce 4 – 265)*

Über vierzig Jahre lang pflegte Cayce sich zweimal am Tag niederzulegen, in einen selbst herbeigeführten Trancezustand einzutreten und, nachdem ihm nur der Name und Aufenthaltsort einer Person genannt worden war, im Detail deren körperliche Funktionen und Fehlfunktionen zu beschreiben, egal, wo auf Erden sie sich gerade aufhielt. Der Diagnose folgte ein Behandlungsvorschlag und darauf eine Phase des Fragens und Antwortens, die weitere nötige Informationen lieferte.

Die Terminologie, die Cayce bei seinen Diagnosen verwandte, war so fachspezifisch, daß die Ärzte häufig auf medizinische Nachschlagewerke angewiesen waren. Seine Therapien fußten auf einem eindrucksvollen Spektrum an Heilverfahren, eingeschlossen Osteopathie, Chiropraktik, Hydrotherapie, Chemotherapie, Massage und Schonkost. Diese Antworten und Ratschläge waren vor allem auf Grund der Tatsache bemerkenswert, daß Cayce nur eine Grundschulausbildung hatte, keine medizinischen Kenntnisse besaß und das, was er während der Hypnose sagte, weder selbst hörte noch sich im geringsten daran erinnerte.

Doch noch erstaunlicher war Cayces Genauigkeit während der Trance: Bei einer Überprüfung der Fälle durch die entsprechenden Krankenberichte erwiesen sich zumindest 85% der Diagnosen als vollkommen richtig; und diejenigen Patienten, die sich an die verordnete Behandlung hielten, erzielten die Erfolge, die in der Sitzung vorhergesagt worden waren. *(Cayce 6 – 10)*

Schließlich kam jemand auf den Gedanken, den schlafenden Cayce zu fragen, woher er seine Informationen bekam. Er gab zwei Quellen an, die seinem Geist zugänglich waren. Die eine war das Unbewußte oder Unterbewußtsein des Wesens selber, dem die Botschaft galt. Die andere war das, was das universelle Gedächtnis der Natur genannt wurde, das kollektive Unbewußte C. G. Jungs, oder auch die Akasha-Chronik. Es ist der "Berichtsengel" oder das "Buch des Lebens". *(Cayce 4 – 273)*

2.2.6 Medium Neale Donald Walsch, USA

Über Neale Donald Walsch

1992 näherte sich Neale Donald Walsch seinem fünfzigsten Lebensjahr und fühlte sich in seinem Leben weniger als glücklich. Seine vier Ehen waren gescheitert, die Beziehung zu seinen neun Kindern war nicht gut, er war nicht sonderlich gesund, und er hatte gerade seinen Job verloren. Aus seiner Frustration heraus schrieb er einen wütenden Brief an Gott. Wie es Walsch in seinem Bestseller 'Gespräche mit Gott' beschreibt, antwortete Gott in einer allgemeinverständlichen Umgangssprache. Die Kommunikation fand Walsch zufolge in Form des sogenannten "automatischen Schreibens" statt.

Walsch geht in seinen Büchern ... nahe an die Grenzen der amerikanischen Moral und Gottesfurcht heran. Aber er überschreitet sie nicht. Bei aller Flapsigkeit bewegt er sich immer im Rahmen des christlichen Weltbildes.

(ESO 11/99 – 50-51)

Walsch über sich

Als Erstes und vor allem möchte ich wieder meinem besten Freund meinen Dank aussprechen - Gott. Ich bin zutiefst dankbar dafür, dass ich Gott in meinem Leben gefunden habe, zutiefst dankbar dafür, endlich mit Gott Freundschaft geschlossen zu haben, und zutiefst dankbar für alles, was mir Gott gegeben hat - und mir als Chance, meinerseits zu geben, zuteil hat werden lassen. *(Walsch 4 – 7)*

Gott sagte mitten in unserem Dialog, den ich für eine Privatangelegenheit hielt, dass eines Tages ein Buch daraus werden würde... Das veröffentlichte Buch bekam, nicht unbedingt sehr originell, den Titel *Gespräche mit Gott.* Nun glauben Sie möglicherweise nicht, dass ich ein solches Gespräch führte, und für mich besteht keine Notwendigkeit, dass Sie es glauben. Es ändert nichts an der Tatsache, dass dieses Gespräch stattfand...

Wie ich schon erwähnte, besteht für mich keine Notwendigkeit, dass irgendjemand irgendetwas von dem glaubt, was ich sage. Tatsächlich ist es mir lieber, wenn die Menschen auf ihr eigenes Herz hören, zu ihrer eigenen Wahrheit finden, ihren eigenen Ratschlag suchen, zu ihrer eigenen Weisheit gelangen und, wenn sie es wünschen, ihr eigenes Gespräch mit Gott führen. *(Walsch 4 – 10-11)*

Mitteilungen von Gott

Im Verlauf eurer Geschichte habe ich euch immer wieder Lehrer gesandt. Meine Boten brachten euch zu jeder Zeit die frohe Botschaft von großer Freude. Es wurden heilige Schriften verfaßt und heilige Leben gelebt, damit ihr Kunde von dieser ewigen Wahrheit erhaltet: Ihr und ich sind eins... Nun schicke ich euch wieder Schriften - eine davon haltet ihr in den Händen. Nun schicke ich euch wieder Boten, die euch das Wort Gottes zu bringen bestrebt sind. *(* Walsch 3 – 324-325)*

Nun, der erste Schritt bei jedem Gedankenaustausch und offenen Verständigungsprozess ist der, dass ihr bereit sein müsst, euren Unglauben an das, was ihr hört, für einen Moment auszusetzen. Darum werdet ihr hier gebeten werden. Gebt bitte vorübergehend alle eure vorgefassten Meinungen und Ansichten über Gott und das Leben auf. Ihr könnt jederzeit auf sie zurückkommen. Es geht nicht darum, dass ihr sie für immer ablegt, sondern nur darum, dass ihr sie für den Moment beiseite lasst um der *Möglichkeit willen, dass es etwas geben könnte, das ihr nicht wisst, ein Wissen, das alles verändern könnte.* *(* Walsch 5 – 27)*

2.2.7 Medium Phyllis Virtue Carmel, USA

Carmel und der Botschafter Tom

Ehe ich wußte, wer Tom ist, war er bereits Teil meines Lebens. Seitdem ich zurückdenken kann, habe ich Engel, Geister, seltsam aussehende und menschenähnliche Geschöpfe gesehen, die, wie ich später erkannte, Wesen aus anderen Dimensionen waren. *(Carmel – 17)*

Ich war etwa vier Jahre lang Toms "Channel", ehe er sich 1974 als einer der "Neun", und zwar als ihr Sprecher, zu erkennen gab. Ich glaube, ich bin eines der wenigen Tieftrancemedien, die es noch gibt. Viele Medien haben Mühe, die Herrschaft über sich selbst völlig aufzugeben. Das ist aber für diese Arbeit notwendig. Ich bin imstande, mich vollständig hinzugeben, so daß Tom und die Neun mich "übernehmen" können.   *(Carmel – 20)*

Aus dem Vorwort zum Buch 'Planet der Wandlung'

Manche von uns sträuben sich - nicht ohne guten Grund - gegen alle Botschaften, die behaupten, aus einer kosmischen Quelle zu stammen, vor allem wenn ein fehlbares menschliches Wesen sie verkündet oder übermittelt. Es kann sein, daß wir uns vor dem, was wir nicht verstehen oder glauben können, durch die Vermutung oder gar durch den Vorwurf schützen, es handle sich um Betrug. Betrug ist aber nur dann im Spiel, wenn jemand hofft, Geld oder Macht zu gewinnen. Das ist bei Phyllis gewiß nicht der Fall.

Die Rolle einer Vermittlerin an der Grenze zwischen irdischem und universellem Bewußtsein bringt Schwierigkeiten, Einsamkeit und Streß mit sich und verursacht oft körperlichen und seelischen Schmerz. Phyllis hat dieses und Schlimmeres erfahren. Sie ist eine normale Amerikanerin, Ernährungsberaterin, Mutter und Großmutter mit außergewöhnlichen Fähigkeiten als Lehrerin, Heilerin und Channel.   *(Carmel – 14)*

Mitteilungen von TOM

Wir haben keinen physischen Körper, obwohl wir den Mantel eines physischen Körpers anlegen können, wenn es notwendig ist. Es wäre für uns schwierig, euch genau zu beschreiben, wie wir aussehen. Wir erscheinen in vielen Formen, wenn es notwendig ist. Und in eurer Denkweise können wir ein Mensch, eine Energiekugel, ein sehr helles Licht sein. Wir sind so weit entwickelt, daß wir im Gegensatz zu vielen Seelen keinen physischen Körper mehr brauchen.   *(* Carmel – 52)*

Wir sagen euch: Ihr seid nach dem Bilde des Schöpfers geschaffen worden. Diese Welt hat ihre Identität mit der Schöpfung verloren. Es ist notwendig, daß ihr versteht, welches Vorgehen, welches Handeln und welche Taten euch mit euch selbst in Einklang bringen. Es genügt nicht zu beten, es genügt nicht, Menschengruppen zum Meditieren zusammenzubringen. Es ist wichtig zu handeln.   *(* Carmel – 48)*

2.2.8   Buch des Wahren Lebens , Mexiko

[Zwischen 1866 und 1950 offenbarte Christus in Mexiko ausgewählten Medien die Geistlehre in Form von Unterweisungen.]

Die Unterweisungen wurden in den letzten zwanzig Jahren Seiner Manifestation mitgeschrieben, und aus der Vielzahl der Predigten wurden zwölf Bände in spanischer Sprache zusammengestellt unter dem Titel "Libro de la Vida Verdadera", zu deutsch: "Buch des Wahren Lebens".*[In deutscher Sprache liegen vier der zwölf Bände vor.]*   *(BWL 4 – 5)*

Vorwort zur deutschen Ausgabe

Das vorliegende Buch ist eine getreue Übersetzung des ersten von zwölf Bänden des 'Buch des Wahren Lebens' aus dem Originaltext in spanischer Sprache und gibt göttliche Offenbarungen kund. Es handelt sich um nichts Geringeres als die Wiederkunft des Herrn als Heiliger Geist. Durch besonders von Ihm auserwählte und vorbereitete Werkzeuge (das Wort im spanischen Text ist: 'portavoz', soviel wie Stimmträger, Wortvermittler, Sprachrohr) übergab Christus große Wahrheiten, um uns den Sinn unseres irdischen Lebens zu erklären, um uns nicht verstandene oder unbekannt gewesene Geheimnisse des Geistes zu offenbaren, und um uns Trost, Kraft und Richtlinien zu geben inmitten eines wachsenden Chaos, das schwere Heimsuchungen für die gesamte Menschheit bringt mit dem Ziel ihrer Läuterung. *(BWL 1 – 7)*

Botschaften von Christus

"Ich bin der Vater des Universums, Meine Liebe senkt sich in alle Herzen. Ich bin zu allen Völkern der Erde gekommen; doch wenn Ich diese mexikanische Nation ausersehen habe, um in ihr Mein Wort und Meine Offenbarungen in aller Fülle kundzugeben, so deshalb, weil Ich sie demütig befunden habe, weil Ich in ihren Bewohnern Tugenden gefunden habe, und Ich in denselben die Geister des Volkes Israel habe inkarnieren lassen. Doch nicht alle gehören dieser Nationalität an, noch sind alle inkarniert." *(* BWL 4 – 13)*

"Die geistige Botschaft, die ihr hört, ist das himmlische Licht, das sich durch menschliche Werkzeuge manifestiert, welche es im Zustand der Verzückung wahrnehmen. Wenn ihr nicht glaubt, daß es Christus ist, der sich geistig in dieser Form kundtut, so gebt Mir den Namen, den ihr wollt; doch fühlt das Wesen des Wortes, das diesen Lippen entströmt... Wenn Ich in dieser Zeit nicht Mensch wurde, um zu euch zu reden, wie Ich es durch Jesus tat, so deshalb: Könntet ihr etwa Meine geistige Stimme hören, die göttliche Sprache wahrnehmen und verstehen, heute, wo ihr euch so sehr vermaterialisiert habt, daß ihr die Stimme eures Geistes, welcher sich ängstigt und schwach wird in dieser Welt, in der ihr lebt, weder hören noch ihr gehorchen könnt?" *(* BWL 4 – 22)*

"Damit Meine Gegenwart von euch empfunden würde, war es notwendig, Meine Gedanken durch einen menschlichen Körper ertönen zu lassen; aber wahrlich, Ich sage euch, das Universum ist erfüllt von geistigen Schwingungen, die ihr ebenfalls hören könntet, wenn eure geistige Vorbereitung und Fähigkeit euch dies gestatten würde." *(* BWL 1 – 152)*

"Ich habe in dieser Zeit einfache Menschen (mit geringer Bildung) als Diener genommen, um euch den Beweis dafür zu geben, daß dies Wort, das ihr vernehmt, nicht von einem Theosophen oder einem Wissenschaftler kommt, da ihr von Natur aus ungläubig seid. Deshalb habe ich vor euren Augen eure Geschwister, Eltern oder Kinder erwählt, um aus ihnen Meine Stimmträger zu machen, die mit Meiner geistigen Inspiration begnadet sind. *(* BWL 4 – 23)*

Kapitel 2 Die Quellen des Wissens

2.2.9   Universelles Leben, Deutschland

Universelles Leben über sich
Das Universelle Leben ist eine auf allen Kontinenten der Erde verbreitete dynamische Glaubensgemeinschaft, welche die Tradition des Urchristentums aufnimmt und wie dieses aus der Quelle des Prophetischen Wortes schöpft. Im Universellen Leben setzt sich das unmittelbare Wirken Gottes auf Erden fort, wie es durch die jüdischen Propheten des Alten Bundes und durch Jesus von Nazareth geschah.   *(Univ.-Leb. 1 – 1075)*

Für uns Christusfreunde, die Urchristen im Universellen Leben, ist es eine Tatsache: Gott sprach zu allen Zeiten durch Prophetenmund zu den Menschen, und er tut es auch heute.   *(Univ.-Leb. 1 – 1076)*

Was glauben die Urchristen im Universellen Leben?
Wir glauben, daß Gott unser liebender Vater und Christus unser aller Erlöser ist. Die Richtlinien unseres Handelns sind die Zehn Gebote, die uns Gott durch Mose gegeben hat und die Bergpredigt, die uns Jesus von Nazareth gelehrt hat, ...

Wir glauben, daß wir auf Erden sind, um uns im täglichen Umgang mit unseren Mitmenschen selbst zu erkennen und unsere Fehler zu überwinden, um wieder zu Gott zurückzukehren und in der Ewigen Heimat mit Ihm wieder Eins zu werden, wie wir es ursprünglich als reine Geistwesen waren, als die uns Gott geschaffen hat. Wir gehen also davon aus, daß unsere Seelen schon existierten vor unserer ersten Geburt auf dieser Erde und daß wir alle auch nicht zum ersten Mal hier sind.   *(www.universelles-leben.org/de/ul.html)*

Aussagen von Christus zum Buch "Das ist mein Wort"
Das Buch "Das ist Mein Wort" wirkt in die Neue Zeit, in die Zeit des Christus, hinein. Mein Leben einst als Jesus von Nazareth und Mein Wort als Christus heute [1989] sind die Grundlage. Für das Leben und Denken der Menschen der Neuen Zeit im Friedensreich Jesu Christi wird Maßstab sein, wie Ich als Jesus von Nazareth gedacht, gelehrt und gelebt habe.

Dieses Buch, "Das ist Mein Wort", ist damit ein historisches Dokument. Es wird sowohl jetzt - in der zur Neige gehenden alten Welt - als auch dann - in der immer mehr aufbrechenden Neuen Zeit - gelesen werden. Die Menschen erkennen daraus auch die Erfüllung des göttlichen Erlöserauftrages, angefangen von Meinem Wirken als Jesus von Nazareth, dann als Erlöser, als Christus Gottes - und nun als Erbauer der Neuen Zeit, in der Ich Mein Kommen als Herrscher des Friedensreiches vorbereite, ...   *(× Univ.-Leb. 1 – 365-366)*

Das ist Mein Wort. Alpha und Omega. Das Evangelium Jesu. Die Christusoffenbarung, welche die Welt nicht kennt, ist das Buch, dessen Inhalt unmittelbar aus dem Urquell Gott kommt: Christus, der Erlöser aller Menschen und Seelen, offenbart sich über das Prophetische Wort des Menschen Gabriele - durch unsere Schwester, die Prophetin und Botschafterin Gottes in dieser mächtigen Zeitenwende.   *(× Univ.-Leb. 1 – 1096)*

Meine Worte sind das Allgesetz, das ewige Gesetz; sie verlangen die Entscheidung für oder gegen Mich. Wer es fassen kann, der fasse es. Wer es lassen will, der lasse es. Jeder trägt das, was er ist - und für das, was er ist, selbst die Verantwortung vor dem Allgesetz, Gott.   (× Univ.-Leb. 1 – 54)

2.2.10 Medium JZ Knight, USA

Knight über ihre Begegnung mit Ramtha:
Im Jahr 1977, in Tacoma Washington, erschien dieses Wesen zum ersten Mal. Ich spielte gerade mit Pyramiden... Und es war damals das Neueste, daß man Nahrung unter Pyramiden konservieren und haltbar machen konnte.

Ich hatte eine der Pyramiden auf meinen Kopf gesetzt und dachte: "Wenn das mit Wurst geschieht, was geschieht dann mit meinem Gehirn?" So setzte ich sie mir auf den Kopf und fing an zu lachen und als ich sie abnahm, war ein Glitzern am Ende meiner kleinen Küche, ein Glitzern wie wenn man eine Hand voll glitzerndem Staub nimmt und in einem Strahl des Sonnenlichts rieseln läßt. Und am Ende meiner Küche war ein Licht und ich war völlig mesmerisiert. Und dort erschien dieses sieben Fuß große Wesen, so groß wie das Leben und er war das Schönste, was ich je in meinem Leben gesehen habe. Er hatte sein großes, schönes Lächeln im Gesicht, lange Finger und lange Hände, mit schwarzen tanzenden Augen.

... Und er sah mich an und sagte: "Geliebte Frau, ich bin Ramtha, der Erleuchtete und ich bin gekommen, um dir über den Graben zu helfen"... Und er sagte: "Man nennt es den Graben der Begrenzung", und er sagte: "Ich bin hier und zusammen werden wir eine großartige Arbeit machen." Und so sprach dieses Wesen den ganzen Tag zu mir.

                    (www.lichtfamilie.com/ramtha (15.05.1999))

Ramtha über Knight
Diese Frau lebte in meinem Leben, wie viele von euch zu meiner Lebzeit gelebt haben. Alles was sie ist, ist ein Vehikel für mein Bewußtsein. Ich benutze diesen Körper, denn es ist das Wesen, das ich ausgewählt habe und ich habe Jahrhunderte lang daran gearbeitet.

                    (* www.lichtfamilie.com/ramtha (15.05.1999))

Ramtha stellt sich Seminarteilnehmern vor
Was bin ich? Ich bin kein Gespenst und nicht einmal ein Geist und auch kein König. Ich bin ein Bewußtsein. Wißt ihr, Persönlichkeit? ... Ich bin ein Ich, das jenseits des Grabes lebt. Ich bin ein Wesen, das eine Art Eroberer war, und ich glaubte an meine eigene Unsterblichkeit. Ich haßte den Gott meiner Feinde, aber ich glaubte an meine eigene Unsterblichkeit. Und was ich bin - Ramtha, der Erleuchtete - ich bin der Überlebende meines Lebens so, wie ihr die Überlebenden eures Lebens sein werdet. Wenn ihr nicht anerkennt, daß ich bin, dann werdet ihr nicht anerkennen, daß ihr sein werdet.

Also, wenn mein Verhalten für euch abstoßend ist, wenn ihr findet, daß ihr nicht an mich glaubt und deswegen nicht an das glaubt was ich euch lehren werde, dann habt ihr die Gelegenheit zu gehen. Ich möchte, daß ihr wißt, Gehen ist keine Schande, es ist eine Wahl.

(* www.lichtfamilie.com/ramtha (15.05.1999))

Ramtha über seine Schule der Erleuchtung

Diese Schule handelt von gnostischem Denken, Wissen und seinen Parametern. Diese Schule sagt folgendes: Daß du ein menschliches Wesen bist, aber was dein Leben ist, ist unsterblich. Du hast vorher viele Male gelebt und du wirst wieder leben. Die Qualität dieses Lebens basiert vollkommen auf deinem Willen. Und dein Wille wird vollkommen beherrscht von deinem Wissen, so gering es auch sein mag.

Diese Schule handelt davon, den Gott in Mann und Frau zu entfalten. Entfalten - das bedeutet entwickeln. Ich werde euch lehren, was bereits ist. Ihr habt es nur nie gesehen. Ich lehre nichts Neues. Ich lehre, was bereits ist.

(* www.lichtfamilie.com/ramtha (15.05.1999))

Diese Lehre ist kein religiöser Lehrsatz, denn Religion ist dogmatisch, einschränkend und sehr urteilend. Ich bin nicht der Lehrer einer Religion, denn die Religionen haben tiefe Spaltungen und großes Leid auf diese Ebene gebracht. Meine Lehre ist einfach Wissen. Sie ist Lernen, sie ist Erfahrung, sie ist Liebe. Ich werde euch *hineinlieben* in das Kennen von Gott und in das Werden zu der Grenzenlosigkeit, die Gott ist. *(* Ramtha 1 – 25)*

Ramtha im Labor-Test der Wissenschaft

Das bekannte Channel-Medium *JZ Knight* hat sich kürzlich wissenschaftlichen Tests unterzogen... Seit Sommer 1996 wurden unter anderem EEG- und EKG-Messungen an JZ Knight durchgeführt, und zwar sowohl in ihrem Tagesbewußtsein als auch in dem Zustand, in dem "Ramtha" durch sie spricht. Wenn Mrs. Knight zu channeln beginnt, fällt der Herzschlag zunächst auf 40 Schläge pro Minute, steigt dann aber auf 180 Schläge.

Muskelspannung und Hautfeuchtigkeit erhöhen sich, während Blutvolumen und Hauttemperatur abnehmen. Der Psychophysiologe *Ian Wickramaskera* und der bekannte Parapsychologe Prof. *Stanley Krippner* schließen eine Schizophrenie, psychische und psychopathische Anomalien, Betrug oder Schauspielerei aus. Bei den Durchgaben von "Ramthas" Botschaften handele es sich um ein wissenschaftlich derzeit nicht erklärbares Phänomen.

(ESO 7/97 – 5)

2.2.11 Medium Jane Roberts (1929-1984), USA

Wie alles anfing

Eigentlich wollte die Schriftstellerin an jenem Septemberabend im Jahre 1963 nur eine Weile an ihren Gedichten arbeiten. Was dann folgte, war jedoch eine Offenbarung von intuitiven Einsichten, die einen wahren Schreibrausch auslöste. Und darauf folgte wiederum - zunächst mittels eines Ouija-Brettes - eine Expedition auf eigene Faust in das Gebiet des Mediumismus und der außersinnlichen Wahrnehmung (ASW), die sehr schnell in der Begegnung mit einem "Energiepersönlichkeitskern" gipfelte. Einer Wesenheit, die laut eigener Aussage "nicht mehr in der physischen Realität zentriert" war: *Seth*.

Fortan überkamen *Jane Roberts*, wenn sie in Trance fiel, regelmäßig immer wieder dessen tiefe männliche Stimme und eine charakteristisch veränderte Gestik und Mimik, und sie diktierte stundenlange, rhetorisch und inhaltlich brillante Abhandlungen zu philosophischen und spirituellen Themen, die ihr Mann, der Maler *Robert Butts*, so gut wie möglich niederschrieb: ...

Seth erteile klare und vernünftige Ratschläge, wie man das eigene Bewußtsein erweitern, meditative Techniken anwenden und die Fähigkeit der außersinnlichen Wahrnehmung entwickeln könne. Auf alle Fälle zeigte er sich als charmanter, einfühlsamer, witziger Gesprächspartner, nannte Jane Roberts *"Ruburt"*, sah in ihr einen Mann und behauptete, sie würden sich aus früheren Leben kennen. *(ESO 7/99 – 46-47)*

[Roberts Butts wurde von Seth 'Josef' genannt. Bis zum Tod von Jane Roberts 1984 wurden über tausend Sitzungen mit Seth durchgeführt.]

Seth stellt sich vor
In unserer allerersten Sitzung habe ich Ruburt gesagt, daß er mich Seth nennen kann. Ich habe nie gesagt: "Mein Name IST Seth ... denn ich bin namenlos. Ich hatte zu viele Identitäten, um mich an einen Namen zu klammern! *(* Seth 2 – 509)*

Wenn ich sage, ich bin Energie, ist das keine Lüge ... Ich bin eine Persönlichkeit in Grund-Energie-Form... Nichtsdestoweniger besitze ich eine Struktur, und ich kann die Komponenten dieser Struktur so verändern oder austauschen, daß ich unter äußerst verschiedenen Bedingungen in Erscheinung treten und wirken kann. *(* Seth 6 – 231)*

Seth und einige seiner Menschenleben
Es ist nicht meine Absicht, meine früheren Existenzen hier im Detail zu besprechen; sie dienen nur zur Verdeutlichung bestimmter Punkte. Vor allem bin ich viele Male Mann sowohl als auch Frau gewesen und habe mich in verschiedene Arten von Arbeit vertieft, immer mit dem Vorsatz zu lernen, um lehren zu können. Meine gegenwärtige "Arbeit" baut daher auf der soliden Grundlage physischer Lebenserfahrung auf.

Ich habe nie die Rolle einer überragenden Persönlichkeit von historischem Rang gespielt, sondern habe es vorgezogen, meine Erfahrungen unter den familiären, intimen Einzelheiten des menschlichen Alltags zu sammeln. Ich habe das normale Ringen um Arbeitsleistung kennengelernt und das Bedürfnis nach Liebe. Ich habe erfahren, was es heißt, sich als Vater unsäglich nach dem Sohn zu sehnen, als Mann nach seiner Frau, als Frau nach ihrem Mann, und ich wurde bis zum Hals in intime menschliche Beziehungen verstrickt. In vorgeschichtlichen Zeiten war ich ein Lumanianer, und später wurde ich in Atlantis geboren.

Nach eurer historischen Zeitrechnung kehrte ich zur Zeit der Höhlenbewohner wieder, und zwar in meiner Funktion als Sprecher... In Dänemark war ich Gewürzhändler und kannte dort Ruburt und Joseph. In mehreren Leben war ich ein Schwarzer - einmal in dem Teil der Welt, der sich heute Äthiopien nennt, und einmal in der Türkei.

Meine Erfahrung mit weiblichen Existenzen reichte von der häßlichen alten Jungfer in Holland bis zur Kurtisane zu des biblischen Davids Zeiten und mehreren schlichten Leben als Mutter von vielen Kindern.　　*(* Seth 4 – 399)*

Seths Erfahrungen und Erkenntnisse

Ich weiß bestimmt, daß ich, wie jeder von euch, in der Vergangenheit nicht immer barmherzig war. Ich weiß, daß ich den einen oder anderen Elternteil haßte. Ich weiß sicher, daß ich einst in Kriegen geplündert habe. Ich komme nicht zu euch als einer, der nicht weiß, was es heißt, menschlich zu sein, und in den von mir, wenn ich mit euch spreche, ausgedrückten Persönlichkeitsmerkmalen zeige ich euch, daß das emotionale Leben weitergeht ...

Ich bin hier, um euch zu sagen, daß eure Freude nicht von eurem physischen Körper abhängig ist, denn, wie ihr es versteht, habe ich keinen Körper. Ich habe das, was ich immer gehabt habe: meine Wesenheit. Sie ist sich immer gleichgeblieben, nur wächst und entwickelt sie sich.　　*(* Seth 9 – 18)*

Die Vorbereitung von Jane Roberts (Ruburt) zum Medium

Ihre mediale Begabung war mir seit ihrer Kindheit bekannt, doch wurden ihr die nötigen Einsichten zunächst durch die Dichtung vermittelt, bis sich ihre Persönlichkeit den in diesem besonderen Fall obligatorischen Background aufgebaut hatte.　　*(* Seth 4 – 62)*

Die Information und das Wissen, über das ich verfüge, versuche ich euch durch Ruburt und Joseph zukommen zu lassen, die innerhalb von Raum und Zeit Teile von mir sind. Und doch sind sie sie selber, genau wie ich ich selber bin.　　*(* Seth 3 – 492)*

Durch ihn *[Ruburt]* bin ich mir der Natur und Situation eurer Welt gewahr, und biete euch von meinem Blickpunkt aus Gedanken an, die euch helfen sollen. Durch Ruburt also wird mir 'wieder', euren Begriffen nach, der Blick auf die Erde gestattet.　　*(* Seth 2 – 88)*

Wie Seth sich auf eine Sitzung vorbereitet

Zwischen eurer Umwelt und meiner gibt es beispielsweise keinen Zwischenraum, und keine physischen Grenzen trennen uns voneinander.

(* Seth 4 – 64)

In den regulären Sitzungen, wie jetzt, nehmen wir beide, er und ich, Anpassungen vor, und so bin ich in den Sitzungen das, was ich eine Verbindungs-Persönlichkeit nenne, die sich aus einem gemischten Selbst zusammensetzt - Ruburt und ich treffen und verbinden uns, um eine Persönlichkeit zu bilden, die in Wahrheit KEINER von uns beiden ist, sondern eine neue, die zwischen den Dimensionen existiert. Meine wirkliche Identität existiert jenseits davon.　　*(* Seth 2 – 89)*

Ich komme hierher wie durch ein Loch in Raum und Zeit. Es gibt Kanäle durch Raum und Zeit, durch die ihr reisen könnt, und in Träumen wart ihr schon oft, wo ich bin.

(Seth 9 – 18)*

2.2.12 Medium Adelma Vay (1840-1925), Ungarn

Ein kurzer Überblick über ihr Leben

Als Tochter des Grafen Wurmbrand und seiner Gattin ... erblickte Adelma Vay am 20. Oktober 1840 das Licht der Welt...

Die Medialität der Baronin zeigte sich erstmals im Jahre 1865. Damals wirkten mehrere Umstände zusammen, die zu dieser Ausbildung führten. Eine Bekanntschaft mit dem Arzt und Magnetiseur Dr. Gardos brachte sie dazu, zur Befreiung von krampfartigen Schmerzen das sogenannte automatische oder mediale Schreiben zu versuchen...

Ich *[Adelma Vay]* hatte den Rat des Dr. Gardos beinahe vergessen, als ich eines Tages, an solchen Krämpfen leidend, meinem Manne scherzweise erklärte, ich wolle nun das magnetische Schreiben als Heilungsversuch anwenden. Gesagt, getan. Ich nahm einen Bleistift zur Hand, als ich plötzlich meinen Arm wie durch elektrische Ströme bewegt fühlte. Meine Hand wurde hin- und hergerissen, und es schrieb in großen Buchstaben: 'Ich bin Thomas, dein Schutzengel - schreibe magnetisch, es tut dir gut, du wirst ganz gesund...'

... Als die Kenntnisse von Thomas erschöpft waren, wurde sie durch den Geist ihres Vaters Ernö (Ernst) geleitet.

Im weiteren Verlauf ihrer medialen Ausbildung wurde Baronin Vay und ihrem Gatten streng vegetarische Kost für die Dauer von neun Monaten vorgeschrieben, was beide von mehreren alten Leiden befreite und sie in ihrer medialen Entwicklung außerordentlich förderte. Dies schien notwendig, um eine möglichst klare Durchgabe des Werkes "Geist, Kraft, Stoff" zu ermöglichen. Zur gemeinsamen Führung dieser bedeutenden Arbeit hatten sich Buddha, Maria und Laurentius eingestellt, ... bis im November des Jahres 1869 das Buch "Geist, Kraft, Stoff" in 36 Tagen geschrieben werden konnte.

(Laurentius 3 – 13-16)

Aussagen der Jenseitsbotschafter

Der Zweck unserer Arbeit ist, euch durch Logik den Beweis der höchsten Intelligenz, also Gottes, zu geben.

(Laurentius 3 – 28)*

Durch welchen Geist ist dies alles gesagt?

Der Name ist Nebensache, es handelt sich hier um den Geist.

Welcher Art hier der Geist ist, der dies schrieb, wird die Zukunft zeigen.

Es ist genug, wenn wir sagen, daß das Medium bei dieser Arbeit ganz mechanisch war; daß ihr ganzer Organismus und ihr Gefühl, ihre Denkfähigkeit durch uns geleitet, ihr Geist durch uns motorisch ersetzt war.

Jetzt, in der Zeit einer großen Gegensatzbewegung wider Gott und alles Geistige rufen wir euch zu:

Glaubt an Geist - Kraft - Stoff, an eine Wirkung aus Drei.

Glaubt an die geistige heilige Drei: an Gott den Unwandelbaren, Positiven, an die
Erlösungskraft seines Sohnes und an die Influenzierung des Geistes.

(* Laurentius 3 – 231-232)

2.2.13 Johannes Greber (1874-1944), Deutschland/USA

Über Johannes Greber
[Greber wurde im Jahre 1900 zum Priester geweiht.] Er selbst trat nicht als Medium in Tätigkeit, sondern die Jenseitsbotschaften, die er erhielt, wurden ihm durch drei ihm vorher fremde Medien mitgeteilt. Die kundgebenden Geistwesen gaben sich nicht als Gott oder Christus persönlich aus. Das führende Geistwesen äußerte sich auch nicht schwülstig oder frömmelnd, sondern in sachlicher, nüchterner Sprache und gab Belehrungen, die einem heutigen, kritischen Menschen manch schwierige Stellen in der Bibel und der christlichen Lehre erst verständlich machen. In dem Hauptwerk des Johannes Greber "Der Verkehr mit der Geisterwelt, seine Gesetze und sein Zweck" *[1932]* erfährt man zwar alles über die ihm mitgeteilte Lehre, ...   *(Schiebeler 2 – 3)*

Greber über seine Kontakte zur Geisterwelt
Daß es einen Gott und eine Geisterwelt gibt, lehrte mich meine Religion. Davon war ich daher auch völlig überzeugt. Daß aber eine mit menschlichen Sinnen wahrnehmbare Verbindung mit der Geisterwelt hergestellt werden könne, das verstieß gegen die Lehre meiner Kirche. Darum hielt ich diese Annahme für Torheit. Als ich daher eines Tages gezwungen war, Dinge zu prüfen, die angeblich Geisterkundgebungen sein sollten, war ich in meinem Inneren überzeugt, daß es mir ein leichtes sein werde, die ganze Sache als Schwindel zu entlarven.   *(Greber 1 – 427)*

Bei meinen eigenen Erlebnissen auf diesem Gebiet wie bei den Erlebnissen von tausend Anderen, darunter auch viele wissenschaftliche Forscher, handelt es sich nicht um Illusionen, Halluzinationen oder sonstige Sinnestäuschungen. Es sind objektive Geschehnisse. Ich selbst habe das auf diesem Gebiet Erlebte mit dem nüchternsten Sinn betrachtet und geprüft. Ich besitze keinerlei mediale Gaben, bin weder hellsehend oder hellhörend noch irgendwie sensitiv. Ich kenne nichts von Trancezuständen an mir. Mit einer sehr guten Gesundheit und starken Nerven ausgerüstet, habe ich jene Dinge beobachtet in einem Alter von 50 Jahren, nachdem ich als katholischer Geistlicher in fünfundzwanzigjähriger Seelsorge die Höhen und Tiefen des Menschenlebens kennengelernt hatte.   *(Greber 1 – 429)*

... Ich erlebte Dinge, die mein Inneres bis in die tiefsten Tiefen aufwühlten. Nach diesem ersten Schritt konnte und durfte ich nicht stehen bleiben. Ich mußte vorwärts, mußte Klarheit haben. Vorsichtig prüfend ging ich weiter, das Wort des Apostels Paulus vor Augen: "Prüfet alles, das Gute behaltet!" [1. Thes. 5,1 ...] Ich wollte nur das Gute. Ich wollte die Wahrheit. Ich war bereit, sie anzunehmen, selbst unter den schwersten Opfern. Ich wußte, daß Gott einen aufrichtig und selbstlos Suchenden nicht im Stiche läßt, und daß er nach den Worten Christi einem demütig Bittenden nicht einen Stein anstatt des Brotes geben werde. Auch die schweren Folgen meines Schrittes standen mir klar vor Augen. Meine Stellung als Geistlicher, meine ganze materielle Existenz, meine irdische Zukunft sah ich vernichtet, wenn ich weiter ging. Schmähung, Hohn, Verfolgung und Leiden in übergroßer Fülle erkannte ich als mein Los. Doch die Wahrheit war mir mehr wert. Ich fand die Wahrheit auf dem eingeschlagenen Wege.

Meine Erlebnisse legte ich in einem Buch nieder, das in deutscher und englischer Sprache erschienen ist und den Titel trägt: *"Der Verkehr mit der Geisterwelt - seine Gesetze und sein Zweck."*   *(Greber 2 – 21)*

Das 'Greberbuch' und der Einfluss der 'Gegenseite'

Nach der Lehre Jesu Christi ist der "Fürst dieser Welt" der Teufel ("Lügner"), auch Satan ("Widersacher") und "der Gott dieser Welt" genannt. Gerade das *'Greberbuch'* macht nächst der Heiligen Schrift wie kaum ein anderes Buch aufmerksam auf diesen "Veränderer der Wahrheit" und dessen *Strategien*. Und es lehrt die *Unterscheidung der Geister* wie kein anderes Buch. Kein Wunder, wenn gerade hier die Mächte des Bösen nicht nur Veränderungen hineinzubringen, sondern es auch anderweitig infragezuziehen suchen mit Scheingründen, ... Ja, am liebsten möchten sie es verschwinden lassen.

                                                               (Bareuther – 18-19)

2.2.14 Gottesbote Laurentius

[Buch: Laurentius - Schritte der Tat zur Entwicklung, Eigenverlag Weidner (s. Quellenverzeichnis: Laurentius 1)]

Aus dem Vorwort des Herausgebers

Wenn ich meinen eigenen Schicksalsweg und den meiner Mitmenschen betrachtete, so wurde es mir klar, daß die kurze Zeitspanne zwischen Geburt und Tod nicht alles sein kann. Wie unterschiedlich ist doch die körperliche und seelische Ausstattung, mit der die Menschenkinder in die Welt treten, und das Milieu, in dem sie aufwachsen. Allein schon jene scheinbaren Ungerechtigkeiten weisen darauf hin, daß diesem Erdenleben etwas vorangegangen sein muß! Völlig im unklaren über unseres Daseins Zweck, machte ich mich auf den Weg, die Wahrheit zu suchen und den Sinn des Lebens zu ergründen.

So wurde ich in einen Kreis geistwissender Menschen geführt, dem ein ausgezeichneter Mittler zur Geisterwelt Gottes zur Verfügung stand. Durch diesen Mittler durften wir Belehrungen und Ratschläge der Boten Gottes hören - ähnlich wie in urchristlichen Zeiten -, und es wurde uns die Wahrheit über geistige Zusammenhänge nähergebracht. Zu den Gottesboten, die den Kreis betreuten, gehörte der geistige Leiter Laurentius, der Kontroll- und Schutzgeist des Mittlers, Emanuel, sowie Geistarzt Nell, der für die gesundheitlichen Belange zuständig war.   *(Laurentius 1 – 7)*

Die Boten Gottes haben Wunderbares an mir bewirkt: Ich durfte körperlich völlig genesen, die Wahrheit und den Sinn des Lebens im Willen Gottes erkennen und mein Leben danach ausrichten. Voll des Dankes, ist es mir ein Herzensbedürfnis, die Belehrungen und Ratschläge des Gottesboten Laurentius, die ich aus Gottes Liebe und Barmherzigkeit empfangen durfte, meinen Mitmenschen weiterzugeben. *(Laurentius 1 – 9)*

Vorwort von Laurentius zu seinem Buch

Gott zum Gruß! Laurentius.

Vielgeliebte Freunde und Geschwister im Herrn Jesus! Diese geistigen Offenbarungen meinerseits an euch sind Gott, Christus und geistigen Wesen zu verdanken. Menschlich ist auch dem Medium - Mittler, sowie den Bemühern um Veröffentlichung dieser Botschaften aus dem lichten Jenseits zu danken. Warum setze ich den Dank an die erste Stelle? Nun, ein Geistwesen, wie ich es jetzt bin, braucht die Kraft Gottes, Christi und der Geistwesen, sowie einen Mittler, der solche Kundgaben, sei es in Wort oder Schrift, den Erdenmenschen vermittelt. Ich selbst vermag mich zu diesem Zwecke nicht zu materialisieren, bin aber glücklich, auf diesem Wege im Heils- und Erlösungsplan mitwirken zu dürfen...

Meine persönlichen Erfahrungen, welche ich selbst erlebt und gemacht habe, gebe ich den lieben Menschengeschwistern zu ihrem Aufstieg kund. Diese Anleitung ist nicht vollständig - aus geistiger Sicht -, auch nicht vollinhaltlich-wortwörtlich auf jedes einzelne Menschenkind anwendbar, jedoch ein durchaus gangbarer Weg, das geistige Ziel zu erreichen...

a) Mein irdischer Lebensweg!

Der geistige Urheber dieser Kundgaben ist identisch mit dem Laurentius, der, wie geschichtlich festgehalten wurde, zu Rom am 10. 8. 258 das Martyrium eines römischen Diakons erlitten hat. Mein väterlicher Freund, Papst Sixtus, wurde Tage vorher unter dem Kaiser Valerian mit vier Diakonen gemordet. Zu dieser geschichtlichen Überlieferung noch der Hintergrund: Die Wahrheit, die Liebe, der Geist Christi war in mir, um den Armen, Verfolgten, Gequälten zu helfen. Man sagte mir vonseiten des Standrichters nach meiner Festnahme nach, ich sei der Hüter eines großen Urchristenschatzes. Ich wurde aufgefordert, diesen unverzüglich herbeizuschaffen. Ich erbat mir zu diesem Zwecke drei Tage Bedenkzeit, was mir gewährt wurde, in Hoffnung und Begierde nach diesem Schatz.

Ich suchte die Krüppel, Kranken, Hungernden, Blinden usw. auf und sammelte diese vor dem Richter. Auf seine Frage, wo denn der Urchristenschatz sei, war meine schlichte Antwort: "Hier!" Und ich deutete mit einer lieben Handbewegung auf meine geliebten armen und kranken Geschwister. Der Zorn des Standrichters war vollkommen, denn anstatt Gold, Silber und Edelsteinen "nur" Arme, Kranke, Krüppel. Sein Urteil "schuldig" war mein irdisches Ende...

b) Mein geistgeschichtliches Wirken!

Der Wert des Geistes ist, von jedem Kind Gottes, klar bemessen und wird ständig kontrolliert, von höherem leitenden Geist. Wer von euch, geliebte Geschwister, das Buch "Geist, Kraft, Stoff" kennt, dem bin ich auch in geistgeschichtlicher Hinsicht kein Unbekannter. Dort durfte ich mit der Mutter Jesu und Petrus mitarbeiten...

Meine verschiedenen Wirkungen in der Geistgeschichte der Erde haben als Zusammenfassung im vorliegenden Werke eine große seelisch-geistige Beziehung zu euch, liebe Geschwister...

Meine Begründung: "Alles im Universum arbeitet, wirkt und strebt nach Vollendung, selbst die All-Liebe - Gott schafft ständig weiter!" So will ich mit meinem Wirken in die jetzige Zeit der Erdenmenschheit hineinrufen:

"Es ist nicht genug zu wissen, man soll dies auch anwenden!"

"Es ist nicht genug zu wollen, man soll es auch tun!"   *(* Laurentius 1 – 11-13)*

2.2.15 Gottesbote Emanuel

Aussagen des Gottesboten Emanuel

[Kundgebungen des Gottesboten Emanuel aus den Jahren 1890 bis 1905 an Bernhard Forsboom und seinen 'Forschungskreis' in Deutschland.]

Ich kann euch nichts Nützlicheres geben, als zu versuchen, eure Begriffe über Liebe, Größe, die Zusammengehörigkeit und Einheit aller Welten und ihrer Bewohner zu verdeutlichen.   *(* Emanuel 23 – 65)*

Ich will euch keine Dogmen geben, von ihnen habt ihr ja mehr als nötig. Wenn jemand meinen Worten nur deshalb Glauben schenkt, weil sie von mir stammen, werden sie ihm wahrlich nicht viel nützen. Ihr müßt meine Gedanken empfinden und im Leben selbst erproben, um die Voraussetzungen zu schaffen zur Offenbarung weiterer Details der Wahrheit.   *(* Emanuel 23 – 71)*

Meine Berufung und mein sehnlichster Wunsch bestehen darin, euer Verständnis zu erweitern oder wenigstens die Sehnsucht in euch zu wecken, die große Gesetzeswelt so zu verstehen, daß dadurch euer geistiges Auge selbst das Durchschimmern des Absoluten erblicken kann. Haltet eure geistigen Augen offen, und mit eurem immer reineren Wahrheitssinn werdet ihr in euren Brüdern die bewußten oder unbewußten Mitarbeiter erkennen, die ähnliche Arbeit vollbringen wie ihr.

Helft den Suchenden, den Schein zu durchdringen und ihren Blick auf die einzige Stelle zu richten, wo gefunden werden kann. Verlaßt euch nicht auf diejenigen, die behaupten, schon gefunden zu haben, sondern bemüht euch, mit ihnen zusammen euren Blick auf das Ewige zu richten und aufzunehmen, was ihr auf diese Weise erblickt. So werdet ihr an Reinheit und Weisheit zunehmen können. Es gibt nur eine einzige Quelle, aus der wir alle schöpfen und von der wir uns alle ernähren.   *(* Emanuel 23 – 83)*

Ihr sollt aber über jene Geister, die ihren Worten durch Benutzung des Namens anderer mehr Ansehen verschaffen wollen, nicht allzu streng urteilen. Es gibt nämlich unter den Geistern - wie auch unter den Menschen - immer welche, die, wenn sie einmal ein Teilchen der Wahrheit begriffen haben, meinen, es der gesamten Welt zugänglich machen zu müssen, so als hinge das Heil der Welt von ihrer Tätigkeit ab. Deshalb treten sie unter falschen Namen auf, die in den Kreisen, in denen sie sich melden, einen gewissen Respekt erwecken.   *(* Emanuel 23 – 120)*

[Kundgebungen des Gottesboten Emanuel und 'seines Teams' in Österreich. Auszüge aus den einleitenden Worten des Gottesboten Emanuel zum Buch "Zukunftsweisende Berichte aus der geistigen Welt"]

Gott zum Gruß! Emanuel

Unsere lieben Geschwister! Ich, Emanuel, wende mich an euch alle, die ihr dieses Buch lest, und hoffe, daß ihr die euch gegebenen Worte mit Hilfe eurer persönlichen Schutzgeister in euer Leben einbaut und in die Tat umsetzt! Denn es ist nicht genug zu wissen, man muß es auch anwenden; es ist nicht genug zu wollen, man muß es auch tun!

Nach dieser Begrüßung und Einleitung will ich darauf eingehen, wie dieses Buch zustande kam. Meine Erklärung stützt sich auf Kundgaben, welche Geistwesen - also Geschwister von euch und mir - durch einen Mittler durchgegeben haben... Ich, Emanuel, war nie Erdenmensch und brauche dies auch nicht zu werden. Es sei denn, ich werde auf Erden gebraucht, dann trete ich gerne eine Liebesmission für euch, meine Geschwister, zu eurer Höherentwicklung "näher zu Gott" an.

Warum darf ich euch dieses Vorwort vermitteln? Einfach darum, weil mein Schützling, der hellhörende Schreiber meines Diktates, schon über zwanzig Jahre in innigster Gemeinschaft mit mir steht, lebt, arbeitet und so mithilft, der Menschheit Liebesdienste zu erweisen. In einfachen Worten ausgedrückt: Wir kennen einander, sind abgestimmt aufeinander und helfen und lieben einander; das ist die Basis echter und gottgewollter Medialität!

(* Emanuel(Kontr.) 4 – 11-12)

... Ich selbst war schon öfter Schutz- und Kontrollgeist verschiedener Medien, z. B. in Bernhard Forsbooms Kreis.

Unsere gemeinsame Plattform ist also die helfende Liebe für jetzt und für die kommende Endzeitperiode. Aber was unterscheidet euch, ihr lieben Erdengeschwister, von uns? Im Prinzip sehr wenig: Da ist einerseits der Erdenkörper, andererseits sind es - in der Wertigkeit des Geistwesens - die verschiedenen Entwicklungsstufen. (* Emanuel(Kontr.) 4 – 14-15)

Christi Wort soll hier Klarheit schaffen: "Ich will den Vater bitten, daß er euch einen anderen Beistand senden möge, damit er für immer bei euch bleibe: die Geisterwelt der Wahrheit. Denn ich hätte euch noch viel zu sagen, doch ihr könnt es jetzt nicht tragen und fassen. Wenn aber jene Geisterwelt der Wahrheit gekommen ist, dann wird sie euch in die Wahrheit einführen. Dieser Beistand, den der Vater in meinem Namen senden wird, wird euch über alles weitere belehren!"

Liebe Geschwister, denkt jetzt bitte klar mit. Nach diesen Worten haben die Geisterboten der Wahrheit eine mehrfache Aufgabe:

1. Sie sollen die Menschheit an die Liebeslehre Jesu, des Christus, erinnern und sollen diese als Wahrheit bestätigen.
2. Sie sollen die von Jesus Christus begonnene Liebeslehre fortsetzen und weitere Wahrheiten verkünden.

3. Die Geisterboten sollen ferner, wo es nur möglich ist, beim einzelnen wie bei der ganzen Menschheit bleiben, denn die Gefahr des Irrtums ist, wie ihr, liebe Geschwister, selbst wißt, bei den Menschen sehr groß.
4. Die Macht der Finsternis ist mit größter Anstrengung darauf aus, das Licht der Wahrheit im Menschenbewußtsein zu verdüstern und auszutilgen.

(* Emanuel(Kontr.) 4 – 16)

Nach diesem kleinen Überblick rufe ich, Emanuel, euch allen lieben Geschwistern zu: Prüft die Geisterboten, ob sie von Gott, eurem Vater, gesandt sind! Prüft besonders den Inhalt ihrer Kundgaben vor dem Richterstuhl eurer Vernunft! Laßt euch nicht betören von anfänglichen Beteuerungen und scheinbaren Bejahungen einzelner Wahrheiten! Langjährige Prüfung und stete Wachsamkeit sind nötig, um Vertrauen zur Geisterwelt Gottes zu erlangen! Wir fordern euch deshalb auf: Prüft alles, das Gottgewollte aber behaltet!

In diesem lieben Sinn verbleiben wir alle als eure lebendig liebenden Geschwister, die euch allen zurufen: "Komm höher herauf zu uns, wir helfen dir dabei, es liegt aber an deinem guten Willen!"

In Liebe, Gott zum Gruß! Emanuel und alle Durchgeber

(* Emanuel(Kontr.) 4 – 17)

Emanuel zum Thema Übermittlung von Botschaften

Ich, Emanuel, weiß, daß einiges nicht gut ausgedrückt, einiges nicht vollständig und einiges überhaupt nicht gesagt ist! Es ist eben sehr schwer, "Neues" auf Erden in eurer armseligen Sprache zu erklären.*(* Emanuel 10 – 243)*

Im großen und ganzen hängt es immer vom Werkzeug ab. Ihr habt ja das Glück, daß dieses Werkzeug, das ich mir durch mehr als drei Jahrzehnte bereitet habe, alles durchläßt, was ich sagen will, oder zumindest 95 bis 99%.

Und deshalb sage ich nicht: Meine Kundgaben sind unfehlbar, auch mein Wissen ist nicht unfehlbar, aber was ich kundgebe und was ich euch näherbringen will, ist doch sehr, sehr an mein Wahrheitswissen gebunden; obwohl ich euch nicht alles durchgeben kann und auch manchmal Fehler mache, aber ich werde korrigiert. Deshalb könnt ihr mit Fug und Recht behaupten: Hinter mir stehen Wesen, die mein Versprechen durch das Medium korrigieren. Infolgedessen könnt ihr zu mir Vertrauen haben. *(* Emanuel 17 – 247)*

Team Emanuel: Mitglieder

Die Wesenheit, welche sich Helia-Mer nennt, ist ein nie gefallener Erstlingsgeist, welcher in der Christus-Sphäre tätig ist. Der Gottesbote Emanuel ist ein Sekundärgeist, welcher nie das Menschenkleid annehmen mußte. Geistlehrer Hardus ist ein Sekundärgeist, welcher einst bis zur feinstofflichen Weltstufe gefallen ist und schon lange seinen Wiederaufstieg erreicht hat.

(* Emanuel/Hardus 5 – 13)

2.2.16 Übersicht über die Medien und Jenseitsbotschafter

Die Familie machte sich eine Übersicht über ihre wichtigsten jenseitigen Quellen und vergab jeweils eine Kennung für die verwendeten Zitate.

Kapitel	Medien / Jenseitsbotschafter	Zitat-Kennung
2.2.2	Silvia Wallimann - Schweiz	*Wallimann*
2.2.3	Barbara Marciniak - USA	*Marciniak*
2.2.4	Regine Zopf - Deutschland	*Zopf*
2.2.5	Edgar Cayce - USA	*Cayce*
2.2.6	Neale Donald Walsch - USA	*Walsch*
2.2.7	Phyllis Virtue Carmel - USA	*Carmel*
2.2.8	Buch des Wahren Lebens - Mexiko	*BWL*
2.2.9	Universelles Leben - Deutschland	*Univ.-Leb.*
2.2.10	JZ Knight - USA	*Ramtha*
2.2.11	Jane Roberts - USA	*Seth*
2.2.12	Adelma Vay - Ungarn	*Laurentius*
2.2.13	Johannes Greber - Deutschland/USA	*Greber*
2.2.14	Gottesbote Laurentius	*Laurentius*
2.2.15	Gottesbote Emanuel	*Emanuel*
	Gottesboten Emanuel und Hardus	*Emanuel/Hardus*
	Gottesbote Emanuel als Kontrollgeist	*Emanuel (Kontr.)*
	Gottesbote Hardus	*Hardus*

2.3 Transkommunikation - Medialität

Insbesondere Dirk wollte mehr und Konkreteres darüber wissen, wie mediale Sitzungen ablaufen und wie die verschiedenen Medien vorgehen.

Lisa hatte mehrmals über eine 'Akasha-Chronik' gelesen und suchte nun speziell Hinweise dazu.

Vera war vor allem an Kriterien interessiert, mit denen Qualität und Richtigkeit von Jenseitsbotschaften geprüft und beurteilt werden konnten. Immer wieder klang ihr der Satz im Ohr: "Hütet euch vor den falschen Propheten!"

2.3.1 Die Akasha-Chronik

Der Ausdruck "Akasha-Chronik" spielt vor allem in der Anthroposophie *Rudolf Steiners* eine wichtige Rolle und kann am besten mit "Weltgedächtnis" definiert werden. Die Akasha-Chronik beruht auf der Annahme, daß alles und jedes, was in der Welt geschieht, in einem gigantischen Speicher, eben der Akasha-Chronik, für alle Zeiten erhalten bleibt und unter Umständen wieder abgerufen, das heißt gelesen werden kann. Das Wort "Akasha" entstammt dem indischen Sanskrit und wird meist mit "Äther" übersetzt.

(ESO 10/97 – 13)

Viele Okkultisten, Weise und Theosophen gehen von der Existenz eines Weltenbuches aus, das sämtliche Informationen über alle Leben enthält und für paranormal-begabte Seher oder spirituelle Meister einsehbar ist. Edgar Cayce erklärte, daß er sein Wissen über Personen, über Vergangenes und Künftiges dieser Chronik verdanke. Er verglich sie mit einer großen Bibliothek, bestehend aus detailgetreuen Einzelbiographien und abgeleitet aus dem Unbewußten der beschriebenen Person. *(Mann – 107)*

Mein Denken, Leben und Wirken als Jesus ging auch in die große Speicherquelle des Alls und in die Atmosphärische Chronik ein, um von dort immer wieder auf die Erde herniederzustrahlen ... Diese mächtige Speicherquelle des Alls und die Atmosphärische Chronik registrieren alle Energien, die von den Menschen ausgehen, ebenso wie das, was aus dem reinen Sein offenbart ist und wird. Denn nichts, was gedacht, gesprochen, offenbart und getan wird, geht verloren. *(× Univ.-Leb. 1 – 1008-1009)*

2.3.2 Techniken und Probleme bei der Jenseitskommunikation

Wenn unser Wesen uns nicht erlauben würde, ihren Körper vollständig zu beherrschen, und wenn sie uns Schwierigkeiten machen oder sich wehren würde, könnten wir unser Wesen nicht voll und ganz steuern, weil wir ihren freien Willen respektieren müssen. Die Seele unseres Wesens befindet sich nicht im Körper, während wir kommunizieren.

... Versteht ihr nun, daß wir uns sehr anstrengen müssen, das Gleichgewicht im physischen Körper aufrechtzuerhalten? Wenn wir einen Körper übernehmen, ist er im Augenblick der Übernahme eine Art Computer. Das ist wichtig. Wir müssen dafür sorgen, daß der Körper sein Herz schlagen, seine Lungen atmen und all seine Organe arbeiten läßt... Wir kommunizieren mit dem Geist unseres Wesens, und ihr Unterbewußtsein faßt die Botschaft dann in Worte. *(* Carmel – 25-26)*

Mediale Menschen haben sich für die von diesen Phänomenen produzierten Erfahrungen geöffnet: für Schwingungen, die sich manchmal vor ihrem geistigen Auge zu Bildern formen, manchmal zu einem Gedanken in Form von Worten werden. Die mediale Person wird im Erspüren dieser Energien sehr geschickt. Das mag zunächst nicht leicht sein, weil diese Energien sehr fein, sehr flüchtig, sehr subtil sind. *(* Walsch 3 – 151-152)*

[Frage:] Lieber Emanuel, bitte um Erklärung, in welcher Weise du deine Gedankenbilder in die Sprache des Mittlers überführen kannst?

[Antwort:] Es sind nicht immer Gedankenbilder, liebe Geschwister, sondern nur bei schweren, für das Medium völlig neuen Gedankengängen schaffe ich Bilder, die der Mittler in Form einer gewissen Anschaulichkeit erfassen kann, so daß er sich bei meinem Reden nicht sperrt ...

Liebe Geschwister, es ist nicht so einfach, wie ihr euch das vorstellt. Wenn sich ein Medium wie dieses sehr gut geschmeidig, d.h. flexibel zeigt und wir schon lange zusammengearbeitet haben, dann weiß ich, wo seine Schwächen und wo seine Stärken sind, wo die Odkraft löslicher ist in der Schwingungstendenz der Seelenkräfte ...

Und im Hundertstel-, Tausendstel- oder Zehntausendstelbruchteil einer Sekunde versuche ich den Wortschatz des Mediums, wenn es ihn hat, dahingehend zu nützen, sonst muß ich Umschreibungen verwenden, wie ihr das schon öfters erlebt habt. Dann kommt eben ein Satz nach dem anderen, während ich versuche, es euch trotzdem klarzumachen. *(* Emanuel 18 – 79-81)*

... Zu Beginn meines Diktates waren anwesend: ein Mensch, das Medium; Emanuel, der Schutz- und Kontrollgeist des Mediums, der das Medium kennt, seine Kräfte formt und sie in bereiteter Form mir zur Verfügung stellt; ferner Hardus, der Geistlehrer, der seine "Seelchen" bestens führt und betreut, und der den Inhalt meiner Durchgaben auf die Erkenntnisse seiner ihm Anvertrauten abstimmt; aus der Christussphäre begleitete mich Helia-Mer zu meiner geistigen Tätigkeit hierher, er half mir, jene Zielsetzung zu verwirklichen, welche der Mittelpunkt in diesem Werk sein soll: Jesus Christus!

(* Laurentius 2– 14)

2.3.3 Qualität der medialen Botschaften

Vera: "Für mich steht immer noch die Frage im Raum, ob wir solchen Jenseitskundgebungen trauen können, bzw., ob wir eine Chance haben, die guten von den schlechten zu unterscheiden. Sogar die Apostel haben die Menschen gewarnt: "Prüft aber alles, und das Gute behaltet" (1Thess 5,21) und "Prüft die Geister, ob sie von Gott sind" (1Joh 4,1)."

Mystische Bewegungen gibt es in allen Religionen. Es scheint, als hätten sie alle das gleiche Ziel: das Erreichen des letzten Seinsgrundes und das Verschmelzen mit dem göttlichen Prinzip.

Oft ist heute von Mystik in einem sehr weiten und verschwommenen Sinne die Rede. Vieles, was auf dem modernen Esoterikmarkt angeboten wird, ist bloße Mystifikation: Banales, Triviales und Absurdes soll dadurch interessant gemacht werden, dass man es mit dem Schleier des Geheimnisvollen umhüllt. Immer wieder wird von "uraltem Wissen" geraunt, werden geheime Erkenntnisse aus dem "alten Ägypten" oder Atlantis, Agarttha, Shambala und anderen versunkenen oder verborgenen Kontinenten und Orten geltend gemacht, oder man bezieht sein "Wissen" über mediale Kanäle (Channeling) von Geistwesen, Engeln oder direkt von Christus selbst. Unterscheidungen und Abgrenzungen sind hier unerlässlich. *(Evan. – 138-139)*

... die übermittelten Botschaften kritisch prüfen. Dazu einige Hinweise: ...
- Bitten an Jesus Christus um Schutz vor Irrtum und negativen Einflüssen
- Geistern soll nicht blind geglaubt werden. Sie und ihre Infos sollen kritisch im Namen Jesu geprüft werden, ob sie von Gott sind...
- Mit Verstand alles prüfen; ...
- Vergleiche mit Bibel und anderen göttlichen Offenbarungen vornehmen...

- Jederzeit mit eingestreuten Fehlbotschaften rechnen, solange noch irgend-welche Charakterschwächen und Fehlhaltungen negativen Geistwesen bei einem Medium bzw. bei sich Zugang erleichtern.
- Anerkennen, daß Jenseitsbotschaften vielfach nicht mehr allein mit dem vorhandenen Wissen und Verstand überprüfbar sind, sondern alle Sinne hinzuzunehmen sind und um Erkenntnis und Gabe der Unterscheidung zu bitten ist. *(www.j-lorber.de/spir/pruefg/notwend.htm)*

Überzeugung und Glaube darf nie in Hörigkeit ausarten. Das gilt für jede Form der Spiritualität und für jede Verbindung mit Menschen. Neugier und Sensationslust dürfen keine Rolle spielen. *(Bareuther – 18)*

Der Geist der Lüge und des Truges schleicht sich überall ein; viele Medien werden in meinem Namen *[Christus]* schreiben, und ich werde es nicht sein, der durch sie schrieb. Deshalb, meine Geliebten, lernet den Geist erkennen; an ihren Worten, an ihren Taten sollt ihr die Geister erkennen. Die Wahrheit ist kurz und klar, sie braucht wenig Worte. Und kann denn eine Distel Rosen tragen oder ein Apfelbaum Trauben ? Also, an ihren Früchten sollt ihr sie erkennen! Deshalb sage ich euch nochmals: Prüfet die Geister!
(* Passian 1 – 254)

... Wenn große Namen genannt werden oder der erhoffte (gestorbene) Verwandte oder Freund sogleich zur Stelle ist, sei man auf der Hut. In 99 von hundert Fällen sind Täuscher am Werk. *(Passian 2 – 267)*

Fopp- und Lügengeister aus dem Jenseits versuchen mit allen Mitteln Medien hereinzulegen, indem sie sich als Außerirdische ausgeben. Dagegen sind wir völlig machtlos. Es liegt an euch, nicht darauf hereinzufallen. Jedenfalls haben viele Menschen schon ein ganz gutes Gefühl dafür, was von uns stammt. *(* Ahastar Heft 12 – 21)*

... "20 Das Reden der Geister Gottes durch Medien behandelt nicht geringschätzig. 21 Doch prüfet alle Geisterkundgebungen und haltet nur an dem fest, was sich als gut erweist. 22 Von allem, was dabei auch nur den Schein des Bösen an sich trägt, haltet euch fern! *[1. Thess 5.20-22]*" *(Greber 2 – 388)*

Dirk: "Das sind sehr gute Prüfkriterien, an denen wir uns orientieren können. Die folgenden Aussagen bringen weitere Hinweise und Warnungen für den Umgang mit medialen Botschaften."

Medien - sogenannte professionelle Medien oder Sensitive -, die sich selbst bereichern wollen, versprechen oft, mit Hilfe ihrer Kräfte bestimmte Dinge für dich zu tun, wie zum Beispiel einen "entschwundenen Liebhaber zurückzuholen", dir "Reichtum und Ruhm zu verschaffen" oder dir sogar beim Abnehmen zu helfen! Sie behaupten, all das tun zu können - aber nur gegen Entgelt... Ein wahres Medium - eines, das sein Leben der Entwicklung und dem Gebrauch dieser Gabe gewidmet hat - weiß, daß man nie in den freien Willen eines anderen eingreifen, nie in die Gedanken eines anderen eindringen, nie in den geistig-seelischen Raum eines anderen einbrechen darf.

(* Walsch 3 – 157)

Man weiß, daß die Geister, infolge ihrer unterschiedlichen Fähigkeiten, weit davon entfernt sind, als Einzelne von der ganzen Wahrheit Besitz zu haben; daß es nicht allen möglich ist, gewisse Geheimnisse zu durchschauen; daß ihr Wissen entsprechend ihrem Reinigungsgrad ist; daß die niedrigen Geister nicht mehr wissen als die Menschen, und weniger als manche Menschen; daß es unter ihnen Eingebildete und Scheinweise gibt, die zu wissen glauben, was sie aber doch nicht wissen; ... Aber man weiß auch, daß die betrügerischen Geister keine Skrupel haben, sich unter geliehenen Namen zu verstecken, um ihre Utopien aufzudrängen.

Die erste Kontrolle ist unbestritten die Vernunft, der man alles, was von den Geistern kommt, ausnahmslos unterwerfen muß. Die Übereinstimmung in der Lehre der Geister ist deshalb die beste Kontrolle. (Kardec 2 – 6)

Es gibt Medien, die nicht das Wohl der Menschheit im Auge haben, und es gibt auf eurem Planeten Menschen, die zwar sehr intelligent sind, aber völlig wahllos alles akzeptieren, was sie beim Channelling hören. Es ist wichtig, daß ihr euch ständig selbst prüft und in Frage stellt. Es ist erlaubt und sogar wichtig, sich zu hinterfragen. Es gibt viele Medien, die in ihrem Herzen davon überzeugt sind, das Richtige zu tun, die aber lediglich Werkzeuge des Negativen sind, versteht ihr? (* Carmel – 36)

Zunächst und vor allem möchten wir es so erklären: So wie es Direktoren von Firmen gibt, die alles wissen, und verschiedene Abteilungen unter ihnen, die sich in ihrem Bereich auskennen, so verhält es sich auch mit Übermittlungen von Wesen aus anderen Ebenen. Einige wenige kennen das ganze Bild, und viele kennen Teile davon. Seid aber auf der Hut, wenn sie euch schmeicheln. (* Carmel – 148)

Wenn die inkarnierten unvollkommeneren Geister - mit anderen Worten Durchschnittsmenschen - mit der Geisteswelt in Berührung kommen, können sich ihnen nur Geister einer ihnen ähnlichen Entwicklungsstufe offenbaren. Das ist die einfache Erklärung für die mehrheitlich so öden und aussageschwachen Geisterkundgaben. (* Emanuel 23 – 70)

... Es gibt nämlich unter den Geistern - wie auch unter den Menschen - immer welche, die, wenn sie einmal ein Teilchen der Wahrheit begriffen haben, meinen, es der gesamten Welt zugänglich machen zu müssen, so, als hinge das Heil der Welt von ihrer Tätigkeit ab. Deshalb treten sie unter falschen Namen auf, die in den Kreisen, in denen sie sich melden, einen gewissen Respekt erwecken.

Über die Strömungen, die euch durch die Geisterwelt vermittelt werden, wißt ihr ja sehr wenig. Ich kann nichts anderes als immer nur wiederholen, daß der einzige Faktor, der ein Medium vor dem Einfluß niederer Geister zu schützen vermag, seine mehr oder weniger hohe Entwicklungsstufe ist.

(* Emanuel 23 – 120)

Nicht umsonst heißt es: "Prüft die Geistwesen, die sich kundgeben." Ich sage noch mehr: Prüft den Inhalt, was sie kundgeben, und wenn sie etwas kundgeben, das ihr gar nicht begreifen oder verstehen könnt, dann seid um so vorsichtiger. Denn wir Boten Gottes haben den Auftrag, in klaren Worten zu euch zu reden...

Ich weiß schon, die negativen Wesen stacheln eure Neugierde an, und ihr wollt immer Neues, Neues, Neues. Und was die Boten Gottes, die sich so redlich bemühen, bei euch kundgeben, das ist eben mit Arbeit verbunden, mit "Arbeit an sich selbst, ..." *(* Emanuel 18 – 63)*

2.4 Od und Lebenskraft

In den Durchgaben von Emanuel und bei Greber wurden häufiger die Begriffe 'Od' und 'Odkraft' benutzt. Hans war der Meinung, dass man die relevantesten Erklärungen hierzu aus dem Buch von Greber zusammenstellen sollte. Sie taten sich zunächst schwer mit den für sie fremdartigen Begriffen und Beschreibungen und es dauerte eine Weile, bis sie den tieferen Sinn erkannten. Nach Hans´ Empfinden stellten Od und Odkraft Schlüsselelemente der Schöpfung dar, und es war wichtig, diese Begriffe richtig zu verstehen.

2.4.1 Od, Odkraft und Lebenskraft

"Geist und Materie können wegen der Verschiedenheit ihres Seins nicht unmittelbar aufeinander wirken. Auch dein eigener Geist ist aus sich allein nicht fähig, ein Glied oder Organ deines Körpers in Tätigkeit zu setzen ... Sowohl dein eigener Geist, als auch ich bedarf dazu eines "*Kraftstromes*"."

"So hat der Maschinenführer den Kraftstrom des Dampfes oder der Elektrizität nötig, um die Maschine in Gang zu bringen. Fehlt der Kraftstrom oder ist er zu schwach, so steht die Maschine still."

"In unserem Fall ist der Maschinist der Geist. Die Maschine ist der Körper oder die Materie. Soll die Materie vom Geist in Bewegung gesetzt werden, so ist dazu ein Kraftstrom nötig."

"Die Gelehrten der alten Zeit nannten den Kraftstrom im Menschen '*Seele*', im Gegensatz zu 'Geist und 'Körper'. Sie lehrten daher mit Recht, daß der Mensch aus Geist, Seele und Körper besteht."

"Die Bibel bezeichnet den Kraftstrom oder die Lebenskraft als '*Odem des Lebens*'. 'Und Gott hauchte dem Menschen den Odem des Lebens in die Nase; so wurde der Mensch zu einem lebendigen Wesen' " (1. Mose 2.7)."

"Eure heutige Wissenschaft hat dem Kraftstrom im Menschen den Namen '*Odkraft*' gegeben."

"Die 'Odkraft' oder Lebenskraft befindet sich in und um alles, was Gott geschaffen hat. Jeder Mensch, jedes Tier, jede Pflanze, jeder Stein, jedes Mineral, jedes Wasser, jeder Weltkörper, jeder Geist und was es sonst noch gibt, hat Odkraft. Sie ist nichts Materielles, sondern etwas Geistiges und stets mit einem Geist verbunden. Sie ist die Lebenskraft des Geistes. Träger der Odkraft ist daher stets der Geist..." *(* Greber 1 – 67)*

"Weil das Blut der Odleiter und daher ohne Blut das körperliche Leben nicht möglich ist, darum wird in der Bibel das Blut der 'Sitz des Lebens' genannt: "Das Blut ist der Sitz des Lebens" (5. Mose 12.23)." *(* Greber 1 – 68)*

"... Der Körper ist nichts anderes als zur Materie *verdichtetes Od*. Das gilt von jedem Körper, nicht bloß von dem des Menschen, sondern auch von dem der Tiere, Pflanzen und Mineralien..." *(* Greber 1 – 69)*

"*Die Quelle des Lebens ist der Geist*. Aber die Auswirkung des Lebens und die Lebensbetätigung erfolgt durch die mit dem Geist verbundene Odkraft, die darum auch Lebenskraft genannt wird. Diese Kraft äußert sich in *Schwingungen des Od*." *(* Greber 1 – 75)*

2.4.2 Od, Krankheit und Heilung

"Der Geist kann jedoch mit der ihm eigenen Odkraft das durch Krankheit geschwächte Od seines Körpers vermöge seiner Willensenergie stärken, die schlecht arbeitenden körperlichen Organe in erhöhte Tätigkeit versetzen und dadurch die schädlichen Bestandteile aus dem Körper ausscheiden..." *(* Greber 1 – 73)*

"Willensenergie, die in Mut, Hoffnung, Vertrauen und Freudigkeit zum Ausdruck kommt, ist daher das beste Heilmittel. Sie ist aber auch der beste Schutz gegen ansteckende Krankheiten. Das dadurch gestärkte Od des Körpers bildet gewissermaßen einen Schutzwall, der das Eindringen der Krankheitskeime abhält. Je stärker die Willensenergie, umso stärker ist auch dieser unsichtbare Panzer."

"Willensschwäche, Mutlosigkeit, Angst und Verzagtheit des Geistes bewirken das Gegenteil. Sie arbeiten wie eine Saugpumpe, die das Od des Körpers samt dem Blut aus dem Körper und seinen Organen nach innen zieht, dadurch die Kraft des Körpers schwächt und den Weg für Ansteckungen freimacht." *(* Greber 1 – 74)*

2.4.3 Od, Aura und Odkörper

"Das Od *durchströmt* den irdischen Körper in allen seinen Teilen und strahlt noch ein Stück *darüber hinaus*. Die dadurch bewirkte *Umstrahlung* des irdischen Körpers bezeichnet eure Wissenschaft mit dem Namen '*Aura*'. Alles Geschaffene hat diese Od-Aura..."

"Die Od-Aura umstrahlt den materiellen Körper in gleichem Abstand von jedem Teilchen des Körpers. *Infolgedessen hat die 'Aura' auch die Gestalt des Körpers*, dem sie angehört und den sie umströmt. Man spricht daher auch von dem '*Odkörper*' oder dem '*Astralkörper*' oder dem '*fluidalen Körper*' der materiellen Wesen im Gegensatz zu dem materiellen Körper. Es ist das, was die Bibel den '*geistigen Leib*' nennt. Er ist für euer leibliches Auge nicht sichtbar. Doch sogenannte 'Hellseher', die über die Gabe des geistigen Schauens verfügen, können die Odstrahlung oder den 'Odkörper' sehen." *(* Greber 1 – 75)*

"Doch werden die Odschwingungen eines Lebewesens nicht bloß durch die Gedanken und Stimmungen des *eigenen* Geistes beeinflußt, sondern auch durch die Odschwingungen eines *anderen* Lebewesens, dessen Odstrahlung es in sich aufnimmt. Wenn daher sogenannte 'hellempfindende Menschen' auf irgendeine Weise mit der Odstrahlung eines anderen in hinreichende Verbindung kommen, dann nehmen sie auch deren Empfindungen in sich auf. Auf diesem Gesetz beruht das 'Sich-Einfühlen' in das Empfinden, den Charakter, die Gesinnung und das Schicksal eines anderen."   (*Greber 1 – 77*)

2.4.4   Odspur und Lebensbuch

"So hinterläßt also alles Geschaffene eine Odspur seines Daseins, die den ersten Tag seines Entstehens mit dem letzten Lebenstage verbindet."
(*Greber 1 – 80*)

"Das Od gehört zu dem Wunderbarsten in der Schöpfung Gottes. Durch das Band des Od bleibt ihr nicht bloß mit allem verbunden, womit ihr in eurem Dasein in Berührung kamt, sondern *es spiegelt auch eurer ganzes Dasein wie ein Film wieder:* Alle eure Erlebnisse, alle eure Taten, alles Gesprochene und Gedachte. Es ist das *'Buch des Lebens'*, in dem alles eingetragen ist. Es ist die *fotografische Platte,* die alles festhält und wiedergibt. Dieser Film lügt nicht. Da gibt es kein Ableugnen. Nach diesem Film werdet ihr einst von eurem Schöpfer gerichtet werden."

"In das Od ist bei jedem irdischen Wesen auch *das für es vorherbestimmte 'Schicksal' von Anfang an eingezeichnet,* und zwar ist es sowohl in dem ganzen Odkörper als auch in jedem einzelnen Teilchen des Od sichtbar..."

"Es ist nicht alles Schicksal, was ihr in eurem Leben tut oder erleidet. Das meiste ist das Ergebnis der *Selbstbestimmung* eures freien Willens. Vorherbestimmt ist bloß euer Lebensweg mit gewissen Schicksalsstationen an diesem Wege. Was ihr darauf treibt und wie ihr euch an den einzelnen Stationen verhaltet, das ist Sache eurer Willensentscheidung. Dafür tragt ihr die Verantwortung. *Euer Leben hat den einzigen Zweck, daß euer Geist auf dem ihm vorgezeichneten Weg höher kommt, näher zu Gott. Euer Lebensweg ist ein Examensweg...*"
(*Greber 1 – 80-81*)

2.4.5   Od, Materialisierung und Dematerialisierung

"Da das Od etwas Geistiges ist, so hat es mit dem Geist auch die Eigenschaft gemeinsam, *durch keine Materie gehemmt zu werden.* Wie es den eigenen Körper ohne Widerstand durchdringt, so kann es auch jede beliebige andere Materie durchdringen, sobald es vom eigenen Körper gelöst ist. Nichts kann ihm Widerstand leisten."
(*Greber 1 – 86*)

"Es gibt sehr viele Abstufungen in der Odverdichtung oder Materialisation, angefangen von den bloß dem Auge eines Hellsehers sichtbaren Odverdichtungen bis zu den festen Materialisationen der Geister, die sich in nichts von einem materiellen Körper unterscheiden..."
(*Greber 1 – 90*)

"Wie ihr mit Hilfe großer Hitze Materie in Dampf verwandeln und sogar in einen für das leibliche Auge unsichtbaren Zustand versetzen könnt, so vermag auch die Geisterwelt Materie vollständig aufzulösen..."

"Das Auflösen der Materie nennt ihr *'Dematerialisieren'* und das Verdichten des Od zu Materie bezeichnet ihr mit dem Ausdruck *'Materialisieren'*."

(* Greber 1 – 86-87)

2.4.6 Od und Medialität

[Frage:] "... Woher nehmen die Geistwesen die Odkraft, die sie für ihren Verkehr mit den irdischen Geschöpfen benötigen?"

[Antwort:] "Zunächst könntest du auf den Gedanken kommen, es genüge den Geistern die *eigene* Odkraft für ihre Arbeit an der Materie. Das ist jedoch nicht der Fall. Denn die Geistwesen haben ihre Odkraft für die eigenen Lebensfunktionen und ihre in der Geisterwelt zu leistende Arbeit nötig. Vor allem aber ist das Od der höheren Geisterwelt viel zu fein und rein, als daß es mit dem ganz anders gearteten Od der irdischen Wesen eine Verbindung eingehen könnte..."

"Daraus folgt, daß die Geisterwelt zu ihrer irdischen Arbeit dasjenige Od nehmen muß, das zu dem irdischen Od paßt. Und das findet sie in der Regel bei den *irdischen* Wesen, in deren Bereich sie ihre Arbeit zu leisten hat... Diese Lieferanten des Od bezeichnet ihr mit dem Namen 'Medien'. Irdische Wesen, die genügend Odkraft abgeben können, werden 'medial' genannt." ...

"Doch auch die an und für sich ausreichende Odkraft der 'Medien' ist in vielen Fällen nicht sofort verwendbar. Sie muß in allen Fällen, in denen sie der 'höheren Geisterwelt' als Betriebsstoff dienen soll, vorher gereinigt, gewissermaßen 'filtriert' werden...

"Die *niedere* Geisterwelt braucht freilich eine Reinigung des Od der Medien nicht vorzunehmen. Denn je unreiner das Od ist, umso besser paßt es zu dem Od dieser Geister. Darum ist es für sie auch viel leichter, die Medien für ihre Zwecke zu gebrauchen, und sie kommen damit viel schneller zum Ziel als die *hohen* Geister."

(* Greber 1 – 88-89)

3 Der Schöpfer und die Urschöpfung

3.1 Der Urzustand

3.1.1 Gott und das All vor der Schöpfung

Bei der Auswertung des Gelesenen einigten sich die Familienmitglieder darauf, zunächst das Thema der Schöpfung anzugehen.

Lisa: "Fangen wir bei Adam und Eva an?"

Dirk: "Das ist schon viel zu spät, weil bis dahin schon einiges gelaufen war. Das Alte Testament fängt ja an mit "Im Anfang schuf Gott Himmel und Erde". Also lasst uns dort beginnen oder, noch besser, vor dem Anfang. Es gab anscheinend eine Zeit vor der Zeit, in der es überhaupt keine Zeit gab. Mich interessiert vor allem die Frage, was vor der Schöpfung war und was Gott zur Schöpfung veranlasst hat. Wir haben ja dazu schon viele Hinweise aus unseren Büchern gesammelt."

"Mit dem Begriff Gottes steht zugleich der Begriff einer Schaffung vor uns, da es heißt: "Alles ist durch dasselbe gemacht worden." Dieses "Alles" ist das All, welches vor seiner Schöpfung ein kraftloser und brachliegender "Urstoff" war. Etwas Lebloses, Unfähiges und Untätiges, *aus welchem Gott das belebte All schuf*".   (* Laurentius 3 – 33)

Dirk: "Bildlich kann ich mir demnach die - eigentlich unvorstellbare - Anfangssituation so vorstellen. Aber eigentlich dürfte ich um Gott keine Abgrenzungslinie zeichnen."

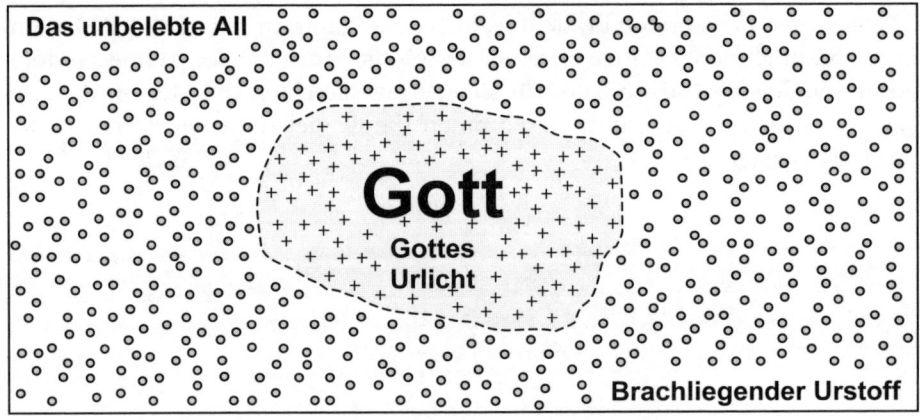

Gott inmitten eines Meeres leblosen brachliegenden Urstoffs

Nach der Überlieferung der Kabbala war Gott, bevor Er das Universum aus Sich hervorrief, in Betrachtung Seines Wesens, in Grenzenlosigkeit und Ewigkeit versunken. Die Veden und die Puranas der Inder drücken dies in schlichter Form aus. Sie sagen: "Brahma war in Sich, in tiefer Meditation." ...

Die Kabbala nennt Gott, bevor Er Sich in irgendeiner Form manifestiert, den "Verborgenen der Verborgenen" oder das "In sich ruhende ewige Mysterium". *(Benedikt – 48)*

Im Anfang ist Gottes Wille. *(× Univ.-Leb. 1 – 709)*

Im Anfang war Gott, seine Kraft und sein Urlicht. *(* Laurentius 3 – 29)*

Am Anfang war nur das, was *Ist*, und nichts anderes. Doch Alles-Was-Ist konnte sich nicht selbst erkennen - weil Alles-Was-Ist alles war, was da war, und *nichts sonst*. Und daher war Alles-Was-Ist ... *nicht*. Denn in Abwesenheit von etwas anderem ist Alles-Was-Ist *nicht*. Das ist das große Ist/Ist Nicht, auf das sich die Mystiker seit Anbeginn der Zeit bezogen haben. *(* Walsch 1 – 47)*

Am Anfang war der Allgeist; ein unermeßliches Meer voll von geistiger Potenz, voll von bewußter Schöpferkraft, erfüllte er allen Raum, alle Zeit. Allwissenheit, Allmacht, Allgegenwart waren der Ursprung, waren der *Erste Grund* der allumfassenden Macht. Das war das Ganze, das Wesen des Lebens, der ICH-BIN-DER-ICH-BIN. Das war der *ewige* Gott. *(*Cayce 4 – 39)*

Die Gottheit war von Ewigkeit her die alle Unendlichkeit der Unendlichkeit durchdringende Kraft und war und ist und wird sein die Unendlichkeit selbst. In der Mitte Ihrer Tiefe war ich von Ewigkeit die Liebe und das Leben selbst in Ihr; aber siehe, Ich war blind wie ein Embryo im Mutterleib.

(* Güllekes – 253)

Vor der Entstehung des Universums, so könnt ihr voraussetzen, existierte eine allmächtige, schöpferische, Quelle ... All-das-was-ist barg vor dem Anfang die unendliche Schubkraft aller möglichen Schöpfungen in sich. Das All-Eine wußte nur von sich selbst. Es war versunken in seine subjektiven inneren Erfahrungen und sogar göttlich erstaunt, als seine Gedanken und Vorstellungsbilder eigene Vitalität erlangten und die Kreativität ihrer subjektiven Schöpferkraft erbten. *(* Seth 5 – 137)*

Vor dem eigentlichen Schöpfungsakt war die gesamte der Schöpfung innewohnende Energie - in eurem Sinne - an einem Punkt konzentriert. Diese Urenergie war sich nicht nur ihrer selbst bewusst - sie war Bewusstsein. So ist sich auch heute noch jedes einzelne Fragment der Schöpfung seiner selbst bewusst, weil es seiner Natur gemäss nichts anderes als Bewusstsein ist.

(* Foret – 59)

3.1.2 Gründe und Ziele der Schöpfung

Ziel der Schöpfung ist, daß eine vollkommene Geisterwelt die Gottheit umgebe, daß jeder einzelne Geist die Vollendung seiner Wesenheit erreiche, daß die Vollendung seiner Liebe und Erkenntnis ihm die Vollkommenheit seiner Freiheit gebe. *(* Emanuel 22 – 52)*

Es war so: Es gab einen Schöpfer, eine Energie, ein reines Licht, ein reines Selbst, das alles umfaßte, was ist. Es ist äußerst kompliziert; aber vereinfacht ausgedrückt entstanden in diesem Wesen das Wissen und die Weisheit, die es ihm ermöglichten, seine Bestandteile zu trennen - nicht, um sie zu beseitigen, sondern um eine Struktur aufzubauen. Denn in seinem Alleinsein hatte es nur sich selbst als Gefährten. *(* Carmel – 169)*

"Ehe die Welten erschaffen wurden, ehe alle Geschöpfe und was Materie ist ins Leben trat, existierte bereits Mein Göttlicher Geist. Doch da Ich der Allmächtige bin, empfand Ich in Mir eine unermeßliche Leere, denn Ich war wie ein König ohne Untertanen, wie ein Meister ohne Schüler; aus diesem Grunde faßte Ich den Plan, Mir gleiche Wesen zu erschaffen, denen Ich mein ganzes Leben widmen würde, die Ich so tief und intensiv lieben würde, daß Ich - wenn der Augenblick gekommen ist - nicht zögern würde, ihnen Mein Blut am Kreuze zu opfern. (* BWL 4 – 33)

Gott wäre immer GEDANKE ohne Form geblieben, hätte er nicht über sich selbst nachgedacht - er wandte und richtete den GEDANKEN, der er war, auf sich selbst. Als der Vater den GEDANKEN betrachtete, der er war, erweiterte er sich selbst zu einer einzigartigen Form seiner selbst ... Was brachte im Vater die Sehnsucht hervor, sich zu umfassenderer Existenz zu erweitern? Liebe! Die Ur-Essenz, die alleinige Absicht von kontemplativem Gedanken ist *Liebe*. Es war die Liebe Gottes zu sich selbst, die in ihm das Verlangen schuf, sich selbst zu betrachten, hin zu einer einzigartigen erweiterten Form seiner selbst. (* Ramtha 1 – 81)

Es ist sehr schwierig, All-das-was-ist zu beschreiben. Ich kann nur sagen, daß es von dem "Bedürfnis" durchdrungen ist, liebevoll aus seinem eigenen Wesen heraus schöpferisch tätig zu sein, seine eigene Realität liebend so um-zugestalten, daß jedes unscheinbarste wahrscheinliche Bewußtsein ins Da-sein treten kann. Und es hat die Kraft, dafür zu sorgen, daß alle möglichen Orchestrationen des Bewußtseins Gelegenheit erhalten, das Univer-sum wahrzunehmen und sich liebend zu entfalten. (* Seth 5 – 138)

Alles-Was-Ist *wußte*, daß es alles war, was da war - aber das war nicht ge-nug, weil es seine vollendete Großartigkeit nur *begrifflich*, nicht aber *erfah-rungsgemäß* erkennen konnte ... Diese *Energie* - diese reine, unsichtbare, un-hörbare, unwahrnehmbare und von daher einem-jeden-anderen-unbekannte Energie - entschied sich, sich selbst als diese vollendete Großartigkeit zu erfahren, die Es war. (* Walsch 1 – 48)

Urschöpfer begann vor langer Zeit in diesem Universum mit der Schöp-fung zu experimentieren, um sich selber besser entdecken und ausdrücken zu können und um größere Befriedigung zu finden. (* Marciniak 2 – 44)

Gott hat die Welt erschaffen, um seine Herrlichkeit zu zeigen und mitzu-teilen. Daß seine Geschöpfe an seiner Wahrheit, Güte und Schönheit teilha-ben - das ist die Herrlichkeit, für die sie Gott erschaffen hat. (Kath. – 115)

Ich war ein verborgener Schatz und wollte erkannt werden; deshalb er-schuf ich die Welt. [SUFIS, muslimische Geheimlehre] (Holzhausen – 252)

3.2   Die Urschöpfung

3.2.1   Der Uranfang

Die Familienmitglieder hatten sich bei ihrer Suche nach Beschreibungen des Uranfangs der Schöpfung intensiv mit dem Buch von Laurentius "Geist - Kraft - Stoff" *(s. Quellenverzeichnis Laurentius 3)* befasst. Dirk hatte, es sogar dreimal gelesen, da es eines tiefen Eindringens in dieses so abstrakte Thema bedurfte. Er stellte die wichtigsten Aussagen für die Familie zusammen. So konnten sie sich allmählich ein Bild vom Ablauf der Schöpfung machen. Sie waren sehr erstaunt darüber, dass diese Offenbarung den Menschen schon 1869 vorgelegen hatte, bis heute jedoch kaum zur Geltung gekommen war. Ihre Textsammlung zum Thema ergänzten sie durch weitere Aussagen. Darunter sehr viele von Jenseitsbotschaftern aber auch von weltlichen Autoren - aus religiösen und aus wissenschaftlichen Bereichen. Sie gewannen den Eindruck, dass alles in gewisser Weise auf die Aussagen von Laurentius zurückging, allerdings mit anderen Worten ausgedrückt.

"Im Anfang war das Wort, und das Wort war in Gott. Alles ist durch dasselbe gemacht worden, was gemacht worden ist" - so der Apostel Johannes....

Im Anfang war das Wort, d.h. es war Etwas, ein Begriff, eine Idee, *ein belebendes Prinzip* - ein Wort! Und wer war dieses Wort? Christus, der eingeborene Sohn, war das ausgesprochene Wort Gottes!

So waren Gott und das Wort eins. Und alles ist durch dasselbe Wort gemacht worden. So sagt uns der erleuchtete Apostel, *daß Gott ist und von Anfang an schuf*. Doch *wie* er ist, von welcher Wesenheit, und wie, durch welche Kräfte er schuf, das sagt er nicht.

Wohl aber nennt ihn Christus "einen Geist", indem er sagt: "*Gott ist ein Geist*". Also ist Gott der Anfang und ein Geist, der tätig ist und schafft. Wenn er der Schöpfer alles dessen ist, was wir sehen, so muß er die höchste Intelligenz, die größte Liebe, der stärkste Wille, das denkbar Vorzüglichste sein, denn nur diese Eigenschaften sind schöpfungsfähig und bringen ein logisches Ganzes zusammen... *Er muß von allem, was da ist, in sich haben, und zwar in höchster Potenz vereint, denn nur so kann er alles schaffen...*

... Gott faßt alles in konzentriert geistigem Maße in sich - *folglich ist er Geist, Kraft und Licht;* letzteres ist ein konzentrierter, vergeistigter Stoff in höchster Potenz.

Wir können also ebenso sagen: *Gott ist Geist, Kraft und Stoff,* denn das Urlicht ist der erste Funke und Keim zum Stoff...

Gottes stofflicher Ausdruck ist Urlicht. Alle Intelligenz äußert sich durch etwas, um Effekte hervorzubringen, so äußert sich Gott *durch Vibration als Kraft und durch Urlicht als Stoff;* diese seine Eigenschaften sind ebenso ewig wie sein Geist, da sie immer und ewig unzertrennbar eins sind mit ihm.

Aus diesen dreien - Geist, Kraft, Urlicht - geht alles in Verdichtungen und Verwandlungen, welche man Schöpfungen nennt, hervor. Vom kleinsten Stäubchen bis zum höchsten Geiste ist in ihren Wirkungen alles Geist, Kraft und Stoff, die eins sind. (** Laurentius 3 – 25-27*)

Am Anfang war die gesamte der Schöpfung innewohnende Energie - in eurem Sinn - an einem Punkt konzentriert. Diese Urenergie war sich ihrer selbst genau so bewusst, wie sich noch heute die gesamte der sichtbaren und unsichtbaren Schöpfung innewohnende Energie ihrer selbst bewusst ist. Die

Urenergie verfügte aber nicht nur über Bewusstsein, sondern sie war Bewusstsein. (* Foret – 26)

3.2.2   Schöpfung des vom Leben erfüllten Alls, das Lebensprinzip

Wir stützen uns auf das Wort des Johannes, der sagt: "Alles ist durch dasselbe gemacht worden." Dieses Wort "*Alles*" schließt in sich, daß aus etwas Leblosem Alles wurde. Dieser leb- und kraftlose Stoff bestand aus unfähigen, starren leblosen Molekülchen.

Wir bezeichnen mit Molekülchen Stoffatome; mit Stoff alles Lebens- und Kraftfähige...

Gott ist der Erzeuger alles Lebens, der Beleber des Alls. Der tote und leb- und kraftlose Stoff war der Empfänger dieses Geistes, dieser Kraft und dieses Urlichtes. Er wurde zur Tätigkeit, zum Leben erweckt. Er wurde "Etwas", nämlich die Gebärerin des Lebensprinzips, und es bildete sich unter Gottes Blick und Willen durch seine Erzeugungskraft ein belebtes All.

Das aus Gott strömende Urlicht durchströmte mit seinen Vibrationen den toten Stoff, welcher ein belebtes bewegtes Meer von Lichtmolekülen wurde.

(* Laurentius 3 – 34)

Noch einiges über das *Urlicht*, das wir Ursolarität, den Mittelpunkt des Alls nennen und um das sich das All bewegt.

Das Urlicht hat keine Drehung, es wirkt durch Vibrationen, ebenso wie Gott unwandelbar ist und durch seines Geistes unfaßbare Kraft wirkt und allgegenwärtig ist. (* Laurentius 3 – 28)

Das Urlicht ist ebenso allgegenwärtig wie Gott. Während aber Gott geistig unwandelbar allgegenwärtig ist, ist es das Urlicht in Verwandlungen.

Da Gott unendlich ist, dehnt er auch sein Urlicht unendlich aus. Gott ist also nicht nur geistig durch seinen Willen und durch seine Liebe relativ in allem gegenwärtig, sondern auch stofflich, durch das Urlicht und dessen Verwandlungen und Verdichtungen. *Gott ist die Ewigkeit. Er kennt keine Zeit, nur die Gesetze, durch welche er das All regiert.* (* Laurentius 3 – 29)

... So brachten Geist, Kraft und Urlicht eines, nämlich das belebte All, hervor, welches wieder drei: Lebensprinzip, Attraktionskraft [*Anziehungskraft*], Odlicht [*ein zweites Licht aus Urlicht*] in sich hatte.

Wir könnten diese 3 wieder Geist, Kraft und Stoff nennen, d.h. zu Gott relativ ... (* Laurentius 3 – 35)

... Es strömt alles aus Gott und strebt ihm zu. (* Laurentius 3 – 30)

Eine Zweiartigkeit entwickelt sich nun vor euch: ihr habt das geistige Prinzip Gottes, und das Lebensprinzip des Alls, die Vibrations- und die Attraktionskraft, das Ur- und das Odlicht...

Diese Zweiartigkeit teilte sich dem All mit, das nun eine erzeugende und eine gebärende Kraft, ein geistiges und ein Lebensprinzip, ein Ur- und ein Odlicht, in sich hatte. *Über diesem ist der unwandelbare absolute Gott, der Schöpfer.*

Das All war belebt durch Lichtmoleküle, von erzeugender Vibrationskraft, von Odmolekülen und von empfangender oder assimilierender Attraktionskraft bewegt.

Kapitel 3   Der Schöpfer und die Urschöpfung

... Gott schuf aus dem leb- und kraftlosen Stoff ein Etwas - ein belebtes All. Gott hat es erzeugt; es wurde, Gottes Kraft empfangend, durch sein Urlicht erwärmend durchdrungen, ein Etwas, ein Lebensprinzip, ein All.

(* Laurentius 3 – 35)

Die Familie machte sich die folgende Übersicht:

Die Zweiartigkeit der Urschöpfung	
Gott als Erzeuger und Beleber	Das belebte All als Empfänger
Geistiges Prinzip Das Geistige Prinzip Gottes	**Lebensprinzip** Das Lebensprinzip des Alls wurde durch Gottes Geist erzeugt
Vibrationskraft Die Vibrationskraft Gottes	**Attraktionskraft** Die Vibrationskraft Gottes wurde in der Durchströmung des toten Stoffes zur Attraktionskraft
Urlicht Das Urlicht Gottes	**Odlicht** Das Urlicht Gottes wurde zum Odlicht des Alls

Weitere jenseitige Aussagen zur Urschöpfung

Es kam einst die Stunde, als der GEDANKE sich nach innen wandte, und über seine Endlosigkeit nachdachte; mit anderen Worten, der GEDANKE dachte über sich selbst nach. Als er das tat, ereignete sich ein Verstehen. Dieses Verstehen wurde LICHT. Das war die Geburt des Wissens. *(* Ramtha 6 – 79)*

Dieser Vorgang, den wir als den Schöpfungsakt bezeichnen, ist der Ausdruck und die Tätigkeit der Intelligenz Gottes, die sich selbst beschauen wollte, indem sie aus dem innersten geschlossen-ruhenden Raum der Einheit sich als Essenz des Lichtes in den Raum der Lichtlosigkeit, der Polarität, hinauskatapultiert hat. *(* Osswald – 157)*

Die innere göttliche Schöpferkraft ist in der Tat unendlich... Als die Welten, eure und andere, geschaffen wurden, ereignete sich in der Tat eine Explosion von unvorstellbarem Ausmaß, denn der göttliche Funke der Inspiration explodierte in die Vergegenständlichung. *(* Seth 5 – 139)*

In Liebe gab er Myriaden Bewußtseinsträger frei. Die psychische Riesenenergie explodierte in einem gewaltigen Schöpfungsakt unvorstellbaren Ausmaßes. *(* Seth 9 – 277)*

Euer gesamtes Universum war einst in einem Maße geeint, das euer Begriffsvermögen übersteigt. Es war komprimiert in einem Punkt unendlich kleiner als der Punkt am Ende dieses Satzes. Dann explodierte es, doch es trennte sich nicht wirklich voneinander, sondern wurde nur größer.

Gott kann sich nicht selbst zergliedern. Wir können dem *Anschein* nach auseinander gefallen sein und uns getrennt verteilt haben, doch wir sind alle einfach nur *ein Teil* geworden. *(* Walsch 5 – 165-166)*

Aus dem Kein-Ding ging also Alles hervor - ein spirituelles Ereignis, das völlig vereinbar, identisch ist mit dem, was eure Wissenschaftler die Theorie des Urknalls nennen.

Indem Gott aus dem Universum eine geteilte Version von sich selbst machte, brachte er, aus reiner Energie, alles hervor, was jetzt sowohl sichtbar als auch unsichtbar existiert. Mit anderen Worten, auf diese Weise wurde nicht nur das physische, *sondern auch das metaphysische Universum* geschaffen.

(Walsch 1 – 50)*

Wie hat Gott das All geschaffen? "Kraft seines Willens, um mich dieses Ausdrucks zu bedienen. Nichts bezeichnet besser diesen allmächtigen Willen, als die schönen Worte der Genesis: "Gott sprach: es werde Licht, und es ward Licht!"

(Kardec 1 – 51)*

Die gesamte Energie, die euer materielles Universum "bindet", wurde - immer nach euren Zeitbegriffen - binnen weniger als einer billionstel Sekunde freigesetzt... Der Schöpfungsakt oder Urknall führte deshalb auch keineswegs zu einer Teilung der ursprünglichen Energie. Diese hat sich lediglich in für euch unvorstellbarem Masse ausgedehnt, hat sich in vielfältiger Form manifestiert, ohne dass dabei aber auch nur das kleinste Fragment die Verbindung zu den anderen Teilen und zu seinem Ursprung verloren oder aufgegeben hätte.

(Foret – 30-31)*

Nach dem ursprünglichen Schöpfungsakt existierten weder eure individuellen Seelen, noch die Materie. Alles, was aus diesem Schöpfungsakt hervorgegangen ist, war und ist Bewusstsein!

(Foret – 61)*

... Die Energie *[das göttliche Urlicht]* ist gewaltig, denn sie besitzt die größte Durchschlagkraft und Reichweite. Dieses unsichtbare Licht erfüllt alle göttlichen Bereiche des Universums und des Weltalls; auch das Bewußtsein und die Tätigkeit der Gedanken basieren auf diesem Stoff. Sowohl GOTTES Gedanken als auch die Gedanken aller Lebewesen sind lebendig als kosmisches Licht.

(Ahastar Heft 2 – 17)*

Die Wissenschaft und der Urknall

In jüngster Zeit haben die Astronomen immer mehr Indizien dafür gesammelt, daß das Universum tatsächlich vor 15 Milliarden Jahren mit einer gewaltigen Explosion aus dem Nichts geboren wurde - und daß sich das Weltall bis in alle Ewigkeit ausdehnen wird... In seiner frühesten Phase muß sich das Universum mit Überlichtgeschwindigkeit ausgedehnt haben. Das Ur-All, vom Umfang kleiner als ein Atomkern, muß in Milliardstelbruchteilen einer Sekunde auf astronomische Maße angeschwollen sein... Nach den letzten Ergebnissen steckt die Gesamtenergie des Alls zu fast drei Vierteln in der geheimnisvollen Kraft, die aus dem Nichts kommen soll.

(SPIEGEL 52/98 – 168-179)

Aussagen der Bibel und der Kirchen zur Schöpfung

Wir glauben, daß Gott die Welt nach seiner Weisheit erschaffen hat. Sie ist nicht das Ergebnis irgendeiner Notwendigkeit, eines blinden Schicksals oder des Zufalls. Wir glauben, daß sie aus dem freien Willen Gottes hervorgeht, der die Geschöpfe an seinem Sein, seiner Weisheit und Güte teilhaben lassen wollte... Wir glauben, daß Gott zum Erschaffen nichts schon vorher Existierendes und keinerlei Hilfe benötigt. Die Schöpfung ist auch nicht zwangsläufig aus der göttlichen Substanz ausgeflossen. Gott erschafft in Freiheit "aus nichts".   *(Kath. – 108-109)*

Und das Erste Vatikanische Konzil erklärt: "Dieser alleinige wahre Gott hat in seiner Güte und 'allmächtigen Kraft' - nicht um seine Seligkeit zu vermehren, noch um [Vollkommenheit] zu erwerben, sondern um seine Vollkommenheit zu offenbaren durch die Güter, die er den Geschöpfen gewährt - aus völlig freiem Entschluß 'von Anfang der Zeit an aus nichts zugleich beide Schöpfungen geschaffen, die geistige und die körperliche'."   *(Kath. – 108)*

Hinduismus und Aussagen der Veden zur Schöpfung

"Ich *[Krsna]* bin der Ursprung aller göttlichen und aller materiellen Welten. Alles geht von Mir aus."   *(Bhagavad-Gita – 10.8)*

"Des weiteren, o Arjuna, bin Ich *[Krsna]* der ursprüngliche Same aller Schöpfungen. Es gibt kein Geschöpf - ob beweglich oder unbeweglich - , das ohne Mich existieren kann... Was Ich dir beschrieben habe, ist nur ein kleiner Hinweis auf Meine unendlichen Füllen... Wisse, dass alle majestätischen, schönen und herrlichen Schöpfungen nur einem winzigen Funken Meiner Pracht entspringen."   *(Bhagavad-Gita – 10.39-41)*

Aussagen des Buddhismus

Erkennen die Buddhisten die Theorie an, dass jedes Ding aus nichts durch einen Schöpfer hervorgebracht ist? Der Buddha lehrte, dass zwei Dinge ewig seien, nämlich "Akasa" und Nirvana". Alles ist aus Akasa hervorgegangen, gemäss einem, diesem innewohnenden Gesetze der Bewegung, und nach einer bestimmten Daseinsfrist vergeht es wieder. Nichts ist je aus nichts gekommen. Wir glauben nicht an Wunder; deshalb leugnen wir eine Schöpfung und können uns keinen Schöpfer vorstellen, der etwas aus nichts erschafft.

(Olcott – 95-96)

Aussagen des Islam

Und die Geister erschuf ich und die Menschen auch, nur daß sie mich verehren. Ich wünsche von ihnen keine Versorgung, ich verlange nicht, daß sie mich speisen: Wahrlich, Gott ist der Versorger, der sichere Machthaber.*(Koran – 51.56-58)*

In den Augen der Sufis *[Mystiker]* ist die Schöpfung ein kosmisches Selbsterfahrungsprojekt des Göttlichen, das durch die Illusion der Trennung und den Rückweg zum Bewusstsein der Einheit die unendliche Vielfalt seiner Möglichkeiten manifestiert und erfährt. "Gott sieht die Welt durch unsere Augen" (Ibn al'Arabi). Ausnahmslos alles Seiende dient diesem Prozeß, hat darin seinen Platz und seinen Zweck.   *(ESO 08/00 – 58)*

3.2.3   Die Erstlinge Gottes

Wir haben Gottes Geist - Kraft und Urlicht, dann das Lebensprinzip, welches ein geistiges Prinzip ist - Attraktionskraft und Odlicht; aus diesen Doppelwirkungen bildeten sich *belebte Geister, eine Rotation, Spiralbewegung, Drehung und ein Fluid.*   (* *Laurentius 3 – 38*)

Das geistige Lebensprinzip enthielt Intelligenz, Wille und Liebe, die Kraft war vibrierend, attraktiv, rotierend, der Stoff war Urlicht, Odlicht, Fluid. Aus dieser dreifachen 3 entstanden Geister, die wir die *Erstlinge des Geistes Gottes* nennen.

Durch Intelligenz, Liebe und Wille geboren, waren sie zu Gott relativ, mit Intelligenz, Liebe und freiem Willen begabt. Durch Kraft und Stoff geboren, waren sie kraftfähig und fluidisch, d.h. die intelligente Äußerung geschah durch Kraft und Fluid.

... dies waren *die Erstlinge*, die Gott, mit Einkleidung des Urlichtfunkens durch Christus schuf.   (* *Laurentius 3 – 38*)

Eine vollkommene Schöpfung steht vor euch: Gott, Christus, das Lebensprinzip des Alls, und die Erstlinge seines Geistes.

Gott war nicht mehr allein, das All war erfüllt von ihm, von seiner Kraft und seinem Urlicht, und er war umgeben von ihm relativen, intelligenten, freien Wesen.

Alles war Harmonie, Dreiklang!   (* *Laurentius 3 – 39*)

Christus, Schöpfung und Urlichtfunke

Christus war der Beginn der Schöpfung Gottes. Aus Gott ist er entstanden als dessen Ebenbild. Also ist Christus der erste und der geistigen Hierarchie entsprechend höchste von Gott geschaffene Geist. Er ist die einzige direkte Schöpfung Gottes...

... Christus ist nicht Gott, es gibt nur einen Gott. Er ist der Vater Christi sowie aller Geschöpfe, also auch unser Vater. Christus ist also nicht ewig wie Gott, unser Vater, er ist ja Geschöpf, zwar höchstes und erstes, aber er hatte vor undenklichen Zeiten einen Lebensbeginn; Gott aber ist anfanglos, ewig. Du stellst eine weitere Frage: "Was war damals die Aufgabe, das Wirken Christi?" Nun, auf diese Frage gebe ich Antwort mit den Worten des Evangelisten Johannes, Kap. 1, Vers 1-6: "Im Anfang der Schöpfung war das Wort - und das Wort war bei Gott..." ...

... Setze statt "Wort" "Christus" ein, und dir wird schnell vieles klarer erscheinen. Also: der Anfang war Christus, Christus ist also der Anfang von Gottes Schöpfung – und Christus war bei Gott - und Christus war Gottes Ebenbild. Dieser war im Anfang bei Gott. Alles ist durch Christus entstanden, und ohne Christus trat nichts Geschaffenes ins Dasein. In Christus ist Leben, und dieses Leben war das Licht der Geister ...

... Christus kann keine Urlichtfunken Gottes schaffen. Nur Gott kann dies, aber was aus Gott ist, also jener Urlichtfunke als Lebensquell in uns, ist ewig, so wie Gott selbst.   (* *Laurentius 2– 55-56*)

... Christus hat ... die Hülle, die Seele der nach ihm ins Leben getretenen Erstlinge für diese bereitet. *[d.h., die Umhüllung, die Einkleidung des Urlicht-funkens]*
(* Laurentius 2– 59)

"Es ist Mir alles übergeben von meinem Vater." Ich Bin des Vaters erstge-schauter und erstgeborener Sohn, der Mitregent der Himmel.
(× Univ.-Leb. 1 – 195)

Der Vater ist also größer als der Sohn. Er ist die Allkraft - Ich Bin die Teil-kraft in der Allkraft.
(× Univ.-Leb. 1 – 785)

Darum konnte Paulus in seinem ... Brief an die Kolosser (1,16f.) schreiben: "Durch Christus ist alles geschaffen worden, was im Himmel und auf Erden ist, das Sichtbare und das Unsichtbare, ... Es ist alles durch ihn und zu einer Gemeinschaft mit ihm geschaffen worden. Er steht über allem, und alles hat seinen Bestand in ihm."
(Hinz – 73)

Um eine Übersicht über diese schwierige Materie zu gewinnen, fertigte die ganze Familie nach intensiver Diskussion die nachfolgende Zeichnung an:

Nachdem die Zeichnung fertig war, überkam die Familie so etwas wie Ehrfurcht. Die Urschöpfung auf einem Blatt Papier festzuhalten, erschien ihr schon etwas gewagt. Immerhin hatte Michelangelo dafür die ganze Decke der Sixtinischen Kapelle benötigt und das Ergebnis war hundertmal schöner. Aber Dirk meinte: "Im Moment ist das Verstehen der Schöpfung wichtiger als die Schönheit der Darstellung."

Die Entstehung der Dualgeister

In den Erstlingen lag Zweiartigkeit, d.h. *ein gebendes Prinzip* = Vibrations-kraft, Urlicht von Gott aus, und *ein empfangendes Prinzip* = Attraktionskraft und Odlicht aus dem All.

Das gebende Prinzip ist Geist, das empfangende ist Belebungskraft.

Dies lag in einem Geist, den wir wegen der Zweiartigkeit, die in ihm ist, *Dualgeist* nennen.

Zwei Leben in einem Leben - zwei Kräfte in einer Kraft - zwei Stoffe in ei-nem Stoff.

Diese Dualgeister oder Erstlinge sollen durch Liebe diese ihre Zweiartigkeit in Eins erhalten.

Zwei Leben in einem ist wie zwei Flammen, die in der Wurzel eins sind, gleich brennen und leuchten...
(* Laurentius 3 – 42)

Die Erstlinge Gottes - weitere Jenseitsaussagen

Bei eurer Erschaffung schenkte Ich euch die Gabe des freien Willens, damit ihr Mich aufgrund eures eigenen Willens durch die Liebe und die Barmher-zigkeit verherrlichen solltet, die ihr auf eure Brüder überströmen laßt. Ein Geist ohne freien Willen wäre keine des Höchsten Wesens würdige Schöp-fung. Es wäre ein träges Wesen ohne Streben nach Vervollkommnung.
(* BWL 2 – 48)

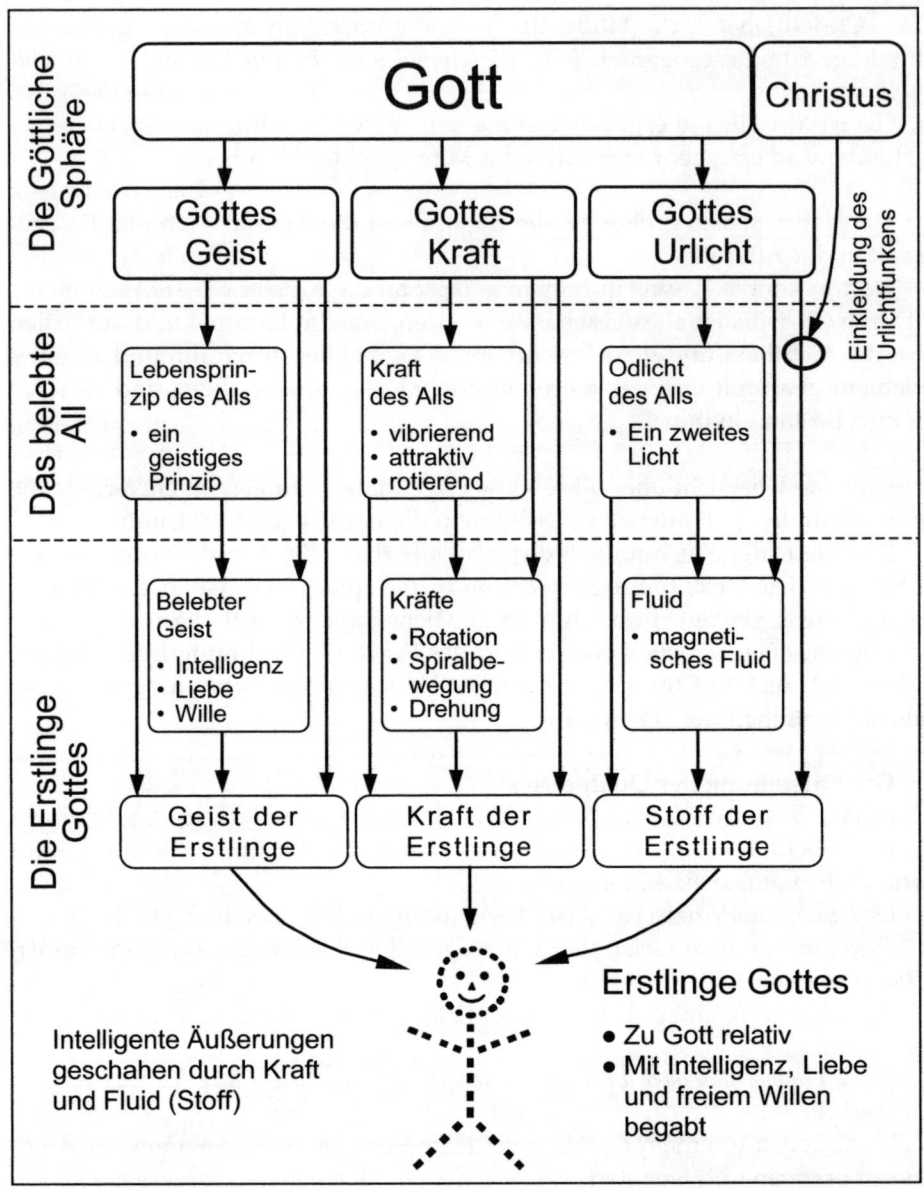

Die Entstehung der Erstlinge Gottes

Alle geistigen Formen gingen und gehen aus dem großen All-Einen hervor. Er ist der Odem des Alls und das All selbst. Er, der All-Eine, sprach Sein Allmachtswort, und es entstanden die ersten Wesen und Lebensformen. Alle reinen Wesen und Lebensformen sind formgewordenes All. In ihnen strömt das All-Gesetz. Sie sind Substanz und Kraft des Alls. Durch den Schöpfer, den Allgeist, der zugleich das Schöpfungsprinzip ist, ist Alles in Allem enthalten. *(× Univ.-Leb. 6 – 12)*

Gott liebt die Wesen, die er geschaffen hat, auch die geringsten, denn ihnen allen wohnt die Einmaligkeit jedes einzelnen Bewußtseins inne, das aus dem grandiosen Schöpfungsakt hervorgegangen ist. Er hat Freude an der Weiterentwicklung jedes einzelnen Bewußtseins und an dem geringsten schöpferischen Akt eines jeden seiner Geschöpfe. *(* Seth 9 – 277)*

Weil sich nun aber alle Bewusstseinsfragmente auch ihrer Individualität und Unabhängigkeit bewusst sind und sich gewissermassen als Kinder ihres Ursprungs - also des Gesamtbewusstseins oder Gott - empfinden, steht hinter dem ursächlichen Schöpfungsakt eine unendlich starke Liebe. Ihr liegt nicht falsch, wenn ihr diese Liebe mit den Gefühlen gleichsetzt, die ihr für eure Kinder empfindet. Der ursprüngliche Schöpfungsakt war also von der Liebe zu jedem einzelnen Bewusstseinsfragment und dem Wunsch, die Voraussetzungen für die Verwirklichung ihres schöpferischen Potentials zu schaffen, getragen. *(* Foret – 60)*

Mit dieser Teilung meiner selbst verfolgte ich das göttliche Ziel, genügend Teile von mir zu erschaffen, damit ich *mich erfahrungsgemäß kennenlernen kann*. Der Schöpfer hat nur eine Möglichkeit, sich in der Erfahrung als Schöpfer zu erkennen: Er muß erschaffen. Und so gab ich all den zahllosen Teilen meiner selbst (allen meinen Geist-Kindern) *die gleiche Macht zu erschaffen, die ich als Ganzes besitze. Das meinen die Religionen, wenn sie sagen, daß ihr "nach dem Ebenbild Gottes" geschaffen wurdet. Es bedeutet nicht, wie manche annahmen, daß wir in unserer physischen Gestalt gleich aussehen (obwohl Gott jede physische Gestalt annehmen kann, die er sich für einen bestimmten Zweck erwählt). Es bedeutet, daß unsere Essenz die gleiche ist. Wir sind aus dem gleichen Stoff gemacht.* *(* Walsch 1 – 52)*

Urschöpfer brachte Energien und Lebensessenzen - Erweiterungen seiner selbst - in dieses Universum und stattete diese Erweiterungen mit seinen Talenten aus. Dieses hier wurde als eine Zone des freien Willens konzipiert, in dem *alles erlaubt sein würde*. Urschöpfer sagte zu den Erweiterungen seiner selbst: "Geht hinaus und erschafft und bringt alle Dinge zu mir zurück." *(* Marciniak 2 – 44)*

Vera: "Wir sollten noch einmal auf das zurückblicken, was bis jetzt in der Schöpfung passiert ist. Dazu hilft uns - meine ich - der folgende Text von Emanuel."

Gott ist Geist, Kraft und Urlicht, das ist Gottes stofflicher Ausdruck. Und diese drei sind eine nicht zu trennende Eins - Gott. Geist, Kraft und Urlicht sind die Schöpfungsgewalten für alles, was ins Dasein trat, was wir Schöpfungen nennen. Gott durchströmte mit den Vibrationen Seines Urlichtes das Nichts, den toten Stoff, und es entstand ein vom Lebensprinzip erfülltes All. Durch das Durchströmen des toten Stoffes mit Seiner Vibrationskraft wandelte sich diese in Attraktionskraft, und Sein Urlicht verwandelte sich in Odlicht. So wurde aus dem leblosen, toten Nichts ein belebtes All. Gott, die Eins, brachte drei hervor, nämlich: Lebensprinzip, Attraktionskraft und Odlicht. Und aus dieser Doppelwirkung und Umwandlung von Geist, Kraft und

Urlicht in geistiges Lebensprinzip, Attraktionskraft und Odlicht entwickelten sich belebte Geister, reine Geister, die Erstlinge Gottes.

(* Emanuel/Hardus 11 – 20)

3.3 Die ewigen Gesetze Gottes

Vera: "In unseren Unterlagen wurde immer wieder über Gottes "Ewige Gesetze" berichtet. Wenn ich das richtig verstehe, hat Gott seine Schöpfung also nicht einfach sich selbst überlassen, sondern er gab ihr Gesetze mit, die einzuhalten waren."

Dirk: "Warum waren Gesetze für die Erstlinge überhaupt notwendig?"

Hans: "Ohne Gesetze gibt es irgendwann ein Chaos, weil keiner weiß, was gewollt ist und woran er ist. Wer die Gesetze Gottes kennt, versteht Gott besser und begreift leichter, warum alles so ist, wie es ist. Letztlich muss es darum gehen, das eigene Leben zielgerichteter und sinnvoller zu meistern."

Gott ist ein Geist der Ordnung, und die Gesetze, die Gott gab, sind absolut. Gott braucht keines Seiner Gesetze zu korrigieren. Er hält sich, weil Er ein Gott der Ordnung ist, an die von Ihm gegebenen Gesetze, stößt keines um und greift Seinen Gesetzen in der Wirkung niemals vor.

(* Emanuel/Hardus 11 – 21)

... Gottes Gesetze zwingen nicht, sie führen, lenken, leiten in Liebe.

(* Emanuel/Hardus 11 – 47)

Erkennet: Im ewigen Gesetz gibt es keinen Zwang. Gott, der Ewige, hat allen Seinen Kindern den freien Willen gegeben. Wer sich frei entscheidet, der hat mit der freien Entscheidung die Kraft zu dem, was echtes Christentum prägt: Gleichheit, Freiheit, Einheit, Brüderlichkeit und Gerechtigkeit

(× Univ.-Leb. 1 – 294)

Die Familie stellte aus ihren Unterlagen die folgende Übersicht über die sogenannten "Ewigen Gesetze" Gottes zusammen:

- Das Gesetz der Liebe
- Das Gesetz des freien Willens
- Das Dualgesetz
- Das Gesetz der Vernunft
- Das Gesetz der Einheit
- Das Gesetz der Individualität des Geistes
- Das Gesetz: Gleiches muss Gleiches zur Folge haben
- Das Gesetz: Bei Gott gibt es nichts Zweckloses
- Die Verwandlungsgesetze
- Das Gesetz der Odkraft (Attraktionsgesetz)

Das Gesetz der Liebe

Weil Liebe bedingungslos ist, gibt es nichts und niemanden, das oder der in Gottes Reich überlegen ist. Es gibt keine Klassifizierungen oder Hierarchien, es gibt nicht manche, die mehr geliebt werden als andere. Liebe ist eine totale und vollkommen umfassende Erfahrung. Es ist nicht möglich, ein bisschen oder sehr viel zu lieben. Liebe ist nicht quantifizierbar. Man kann nur auf verschiedene Weise, nicht aber in verschiedenen Graden lieben. Denkt stets daran: *Liebe ist nicht quantifizierbar*. Sie ist entweder präsent oder sie ist es nicht, und in Gottes Reich ist Liebe immer präsent. Das ist deshalb so, weil Gott nicht der *Verteiler* von Liebe ist, Gott *Ist* Liebe. *(* Walsch 5 – 145)*

... so ist dieses Liebesgesetz das höchste Gebot und besagt, daß alle inein-ander, miteinander und füreinander zu gegenseitiger Hilfe da sein sollen. *[Das Liebesgesetz ist auch als Solidaritätsgesetz der Geister bekannt.]*

Das Gesetz der Liebe ist gleichsam die Anleitung und bedeutet das Leben im eigentlichen Sinn, denn ohne diese Liebesbezeugung Gottes, des Urquells aller Liebe, wären wir nicht hier und es gäbe auch in diesem Sinne nicht das, was wir als Schöpfung und Schaffung einer göttlichen Liebe sehen, fühlen und, soweit uns dies möglich ist, begreifen können! *(* Emanuel(Kontr.) 3 – 85)*

Die "Liebe" ist vom Schöpfer aus als größte Macht, Kraft und Energie in der ganzen Schöpfung tätig, weil der Schöpfer die pure Liebe ist. Er kann nicht anders, auch wenn er anders wollte - es geht nicht anders, weil Gott ident ist mit "Liebe". Ich habe kein besseres Wort. Ich könnte höchstens "Lie-besenergien" sagen, weil die Liebe die größte Energie in der Schöpfung ist.
(Emanuel 20 – 209)*

Gott ist Liebe und Liebe ist die gewaltigste Macht im Universum... Kein Mensch hat eine wirkliche Ahnung von der wahren Kraft und Macht der Liebes-Energie. *(* Kryon 2 – 231)*

Liebe ist nicht nur ein Wort oder ein Gefühl. Liebe ist eine Macht- und Kraftquelle! Sie ist Energie... Liebe ist immer verfügbar, versagt nie und wird euch niemals im Stich lassen. Liebe ist das Versprechen des Universums! Sie ist der gemeinsame Faden, der durch alles hindurchläuft. *(* Kryon 2 – 55)*

Im allumfassenden Sinn ist Liebe die göttliche Anziehungskraft in der Schöpfung; sie harmonisiert, vereinigt und verbindet... Wer mit der Anzie-hungskraft der Liebe im Einklang lebt, der lebt auch im Einklang mit der Natur und mit seinem Nächsten und strebt nach der beseligenden Vereini-gung mit Gott. *(Yogananda – 152)*

... Er, der uns erschaffen hat, sehnt sich nach unserer Liebe. Er will, daß wir sie Ihm freiwillig schenken, ohne daß Er dazu auffordert. Unsere Liebe ist das einzige, was Gott nicht besitzt, es sei denn, daß wir sie Ihm schenken. Ihr seht also, selbst für Gott gibt es noch etwas, das Er erlangen muß: unsere Liebe. Und wir können nie richtig glücklich werden, wenn wir sie Ihm vor-enthalten. *(Yogananda – 197)*

Das Gesetz des freien Willens

... das *Gesetz des freien Willens* - sie sollten, nachdem sie die Gesetze erkannt hatten, die Gott ihnen offenbarte, mit ihrem freien Willen in den Gesetzen schaffen. *(* Emanuel/Hardus 11 – 21)*

... Aber Gott mußte uns den freien Willen geben, weil Er ihn auch hat... Aus diesem Grunde, weil Er uns den freien Willen gegeben hat, und wir mit unserem freien Willen Freiheitsraum in Seinem Willen hatten, bestand für uns die Möglichkeit der Gesetzesübertretung, des Falles.

(* Emanuel/Hardus 11 – 43)

Jeder hat den freien Willen, das Göttliche anzunehmen oder abzulehnen. Doch jeder hat das, was er geschaffen hat, selbst zu tragen *(× Univ.-Leb. 1 – 718)*

Das Dualgesetz

... das *Dualgesetz*, demzufolge sich Geist zu Geist die Treue halten sollten - dazu wurde ihnen die Eigenschaft der Dualliebe gegeben.

(* Emanuel/Hardus 11 – 21)

Das Gesetz der Vernunft

... *[Das Gesetz]* der *Vernunft* - sie sollten Gott anerkennen, Seinen Willen erfüllen, sich geistig fortbilden und Zeugen Seines Daseins sein.

(* Emanuel/Hardus 11 – 21)

Sie sollten ihn begreifen und erfassen lernen, um durch eigene intelligente Arbeit mit ihm eins zu werden, denn sie hatten durch ihre Intelligenz die Mittel zu dieser Fortbildung. *(* Laurentius 3 – 42)*

Das Gesetz der Einheit

Nun komme ich zum *Gesetz der Einheit*. Gott ist in sich eine Einheit. Das, was Er ausströmt, ist Sein Urlicht, welches trotz des Ausströmens in Verwandlungen und Verdichtungen als Odlicht, und Odkraft eine Einheit ist. Und weil Gott eine Einheit ist, ist es ein ewiges Gesetz Gottes, das hineinreicht bis in die endlichen Gesetze. Diese Einheit sollen alle Seine Kinder bis zu ihrer Vollkommenheit erreichen, denn es wurden ihnen Liebe, Vernunft, freier Wille und andere Eigenschaften in der Keimanlage gegeben, die sie zu vervollkommnen haben. In den Keimen, die wir in uns tragen, ist alles vorhanden, was Gott in sich hat. "Werdet vollkommen, wie es euer Vater im Himmel ist!" sprach der Herr. Um vollkommen zu werden, müssen daher diese Keime zur Entwicklung gebracht werden. *(* Emanuel/Hardus 11 – 45-46)*

Das Gesetz der Individualität des Geistes

Ein ewiges Gesetz ist die *Individualität des Geistes*. Unter Individualität des Geistes verstehen wir, daß es trotz des Zurückflutens zu Gott keine Auslöschung der eigenen Persönlichkeit gibt. Im alten Testament steht geschrieben: "Ich rief euch alle beim (Geist-)Namen." Es ist dies ein Ausspruch des Vaters an seine Kinder. Die Individualität ist das unauslöschliche Merkmal des persönlichen Geistes...

Seht, liebe Geschwister, die Individualität besteht also darin, daß Gott uns mit unserem Namen rufen wird. Und deshalb sind wir zwar nicht ewig vom Anfang her, aber ewig für alle Zukunft. *(* Emanuel/Hardus 11 – 44-45)*

Das Gesetz: Gleiches muss Gleiches zur Folge haben

... Christus nannte den Vater, den Schöpfer, *einen* Geist. Und als Folge des Gesetzes sind die Erstlinge, die Er geschaffen hat, reine Geister. Auch wir waren reine Geister, wir sind also Folge von Gott; das ist das Gesetz. Von unwissenden Menschen wird oft die Frage gestellt, warum uns Gott nicht vollkommen geschaffen hat, denn Er ist ja auch vollkommen. Dazu meine Erklärung: weil in Gottes Eigenschaften Liebe, Schöpferkraft, Vernunft und freier Wille enthalten sind. Gott ist in sich vollkommen. Wenn uns also Gott vollkommen geschaffen hätte, hätte Er seinen freien Willen nicht in uns hineinlegen dürfen, sonst wären Seine Gesetze in Umsturz geraten. Aber Gott mußte uns den freien Willen geben, weil Er ihn auch hat.

(* Emanuel/Hardus 11 – 43)

Das Gesetz: Bei Gott gibt es nichts Zweckloses
Ein weiteres Gesetz besagt: *Bei Gott gibt es nichts Zweckloses.* Wenn Gott also wieder alles auslöschen wollte, wie diese Lehre sagt, dann hätte Er Zweckloses geschaffen, und Zweckloses gibt es bei Gott nicht! Denn Gott ist absolut, unwandelbar und ewig, und Seine Gesetze bedürfen keiner Korrektur. Gott ist ein Gott der Ordnung. Er hält sich an Seine Gesetze und greift Seinen Gesetzen im Ablauf nicht vor. (* Emanuel/Hardus 11 – 45)

Die Verwandlungsgesetze
Liebe Geschwister, ich möchte euch ein möglichst klares Bild von einem Gesetz geben... Es sind die sogenannten *Verwandlungsgesetze*, welche ich als ewige Gesetze bezeichne, weil sie in der reinen Geistschaffung wurzeln... Alles - und das ist das Grundgesetz - , was nicht seine Vollkommenheit erreicht hat, ist Verwandlungen unterworfen. (* Emanuel/Hardus 11 – 68)

Das Gesetz der Odkraft (Attraktionsgesetz)
... So ist es auch im Gesetz der Odkraft oder der Anziehungskraft und mit all den Kräften, die wirken: alles wirkt in der Anziehung zu Gott hin. Das ist die Grundlage von allem. Gott ist der Mittelpunkt und die Antriebskraft des ganzen Alls. Er hat alles hinausgeschickt, zieht aber alles wieder an.

(* Emanuel/Hardus 11 – 138)

Die Familie hatte für die ewigen Gesetze Gottes in den Quellen verschiedene Namen gefunden, wie z. B. :

• Die Göttlichen Gesetze
• Ewig gültige Werte
• Die Göttliche Gesetzeskraft
• Kosmisches Grundgesetz
• Die ewigen Gesetze
• Geistige Gesetze
• Absolutes Gesetz (Univ.Leb.)
• Universelle Gesetze (Cayce)

Aber alle Texte vermittelten ihnen den Eindruck, dass die Gesetze eher den Charakter von Rahmenbedingungen, Richtlinien, Vorgaben, Erwartungen, Plänen/Zielen, Orientierungsrahmen, Regeln etc. haben. Das erschien ihnen auch einleuchtend, da die Geister einen freien Willen erhalten hatten.

Nirgendwo hatten sie in den Gesetzen Drohungen oder etwas Negatives gefunden wie: "Wenn du das nicht tust, dann ..." oder "Du musst, sonst ..."

Sie fragten sich aber, wieso sich nun unter den Erstlingen etwas anderes als Harmonie hatte entwickeln können. Wie kam es zu dieser Entwicklung? Und wie konnte Böses entstehen? Sie durchsuchten ihre Unterlagen nach Aussagen zu dieser Frage und fanden viele Hinweise dazu, insbesondere in dem Buch "Geist - Kraft - Stoff" von Laurentius.

4   Die Entwicklung der Schöpfung

4.1   Die anfängliche Entwicklung

Jahrmilliarden, man kann die Zeit nicht in Jahren ausdrücken, herrschten unter den Erstlingen Gottes Harmonie, Eintracht, Friede und Liebe.

(* Emanuel/Hardus 11 – 21)

Alles war Harmonie! Wie könnte diese jemals gestört werden! - Wir erklärten es bereits, daß intelligente Wesen - die Erstlinge Gottes - einen freien Willen haben mußten und daß sie bildungs- und fortschrittsfähig waren. *Im freien Willen aber lag Gefahr und Prüfung.* Um noch vorzüglichere Wesen zu sein, mußten sie geprüft werden. Diese Prüfung lag in ihnen selbst, in ihrem freien Willen. Er würde sie, wenn sie der gesetzlichen Kraft folgten, zur Vorzüglichkeit, wenn sie ihr widerstanden, zum Gegensatz der Vorzüglichkeit bringen.

... In der Intelligenz lag die Möglichkeit einer geistigen Fortbildung sowie eines geistigen Widerstandes, weil diese Intelligenz nicht unwandelbar war, weil sie zweite und nicht erste Intelligenz, weil sie nicht absolut, sondern relativ war. Mit einem Wort, weil diese Geister nicht Gott selbst, sondern seine und der Schöpfung Erstlinge sind, deren Zweck Fortbildung und Vervollkommnung war...

Ein Gedanke schlich sich bei den Erstlingen ein: es war der *Hochmut*, Gott gleich zu werden, zu derotieren, das heißt eine neue Bewegung einzuschlagen, aus ihrem Dual herauszutreten, wie Gott ein alleiniges Ich zu sein und selbst zu schaffen. Sie sahen ja nichts Geringeres unter sich, sie waren das Vorzüglichste der Schöpfung, *nur Gott stand in seiner Unwandelbarkeit, in seiner Einheit unvergleichbar vor ihnen.* Sie waren sein Abglanz und sollten seinem Gesetze folgen.

So entstand inmitten der Vorzüglichkeit dieser Geister ein Extrem, der Hochmut, die direkte Aspiration = das Bestreben, Gott gleich zu werden...

(* Laurentius 3 – 45-46)

4.2   Der Fall (Erster Abfall von Gott)

4.2.1   Vorgeschichte zum ersten Fall

Du *[an Forsboom]* sagst, die Menschen suchen die Ursache des Falles reiner Geister in deren Versuchung durch Gegensatzgeister, da ihnen ein Fall ohne solche Versuchung undenkbar scheint. Wie erklären sie sich aber das Entstehen solcher Gegensatzgeister? Kann Gott unreine Geister schaffen, oder kann es einen Lebensstrom geben, der nicht aus der einen Lebensquelle Gott hervorgegangen wäre?

Ihr habt unklare Begriffe über den Vorgang des ersten Geistfalles. Reinheit schließt doch nicht die Möglichkeit eines Falles aus; dies vermag allein die Vollkommenheit der Erkenntnis und der Liebe. Diese Vollkommenheit fehlte dem reingeschaffenen Erstlingsgeist; er konnte Gott noch nicht lieben in dem wahren Begriffe dieses Wortes, weil er Ihn noch nicht ganz erkannte. Er konnte Ihn auch nicht erkennen, weil er noch nicht groß genug geworden zu solcher höchsten Erkenntnis. Erkannte er doch nicht einmal die Folgen seines Falles. *(* Emanuel 22 – 23)*

4.2.2 Die erste Übertretung

... Es kam zum ersten Fehltritt der Erstlingskinder Gottes durch die Überreizung ihrer Intelligenz. Es war eine Folge ihres unvernünftigen Denkens, indem viele mehr sein wollten, als ihnen die ewige Vaterliebe zugewiesen hat. *(* Laurentius 2– 117)*

Es entstand der Gedanke des Hochmutes, sie wollten allein schaffen und nicht mehr Christus, dem König, untertan sein, denn Er mahnte sie gelegentlich. Diese Mahnung war ein Ausdruck Seiner fürsorglichen Führung als Bruder und nicht Seiner Regentschaft. *(* Emanuel/Hardus 11 – 22)*

Als die ersten gegensätzlichen Regungen die reine Geisterwelt zu trüben begannen und die Geister durch die Gedankenaussprache oder das gegenseitige Erkennen Licht und Dunkel vor sich liegen sahen, da trat das ein, was ihr Versuchung von außen nennt. Reingebliebene Geister sahen die ersten schöpferischen Folgen des Verlassens der gesetzlichen Entwicklungswege, und es reizte ihre Neugierde und die ihnen immer mehr bewußt werdende Kraft, auch ihre Intelligenz schaffend und eigenwillig zu betätigen.

Erstlingsgeister, die dieser Versuchung widerstanden, ernteten als gesetzliche Folge klarere Erkenntnis, die immer mächtigere Gottesliebe zur Folge hatte und die Möglichkeit des Verlassens gesetzlicher Wege immer mehr abschwächte, bis ihre erreichte Vollkommenheit jeden Fall unmöglich machte. *(* Emanuel 22 – 24)*

4.2.3 Die zweite Übertretung

... Die zweite Übertretung des Gesetzes bestand im Heraustreten aus dem Dualgesetz. Jeder wollte für sich allein schaffen, und so kam es zum Riß, zum Heraustreten aus dem Dualleben, und es entstanden zwei Geistwesen. Weil diese gegensätzlich gewordenen Geistwesen Bruchteile sind und in sich keine von Gott gewollte gesetzmäßige Lebensaufgabe hatten, konnten die aus dem Gesetz ausgetretenen Dualgeister auch nicht mehr schaffen, wie sie wollten. Denn gegensätzlich gewordene Geistwesen sind Bruchteile, die nicht mehr das vollenden können, was das Ganze in sich hat. Nur ein gebender und ein empfangender Teil bringen gemeinsam ein Drittes hervor, nämlich das, was Gott hineingelegt hat: Schöpfungen. Sie konnten nach dem Heraustreten aus dem Dualgesetz nur verdichten und nicht mehr schaffen. Sie verwandelten das, was da war, denn ihr Bestreben war eigenes Schaffen, und so kollidierten sie laufend mit dem Gesetz. Dies ging so weit, daß sie, im Anprall an die Gesetze, im Mißbrauch ihrer Gesetzesschöpferkraft erstarrt, latent ruhend, keine Kraft mehr hatten und ermatteten.

(* Emanuel/Hardus 11 – 22-23)

Gott ließ den Gegensatz zu, weil er den Erstlingen freien Willen gegeben hatte...
Er ließ es zu, bis ihre Kräfte, durch den Anprall gegen die Unwandelbarkeit abgestumpft, ermattet und erstarrt waren; bis ihre fluidische Veränderung derart war, daß sie zu einem verdichteten kompakten Fluid wurden, wobei ihre Hülle stoffähnlicher wurde und ihre Bewegungen hinderte. So war der Gegensatz durch sich selbst gehemmt.   *(* Laurentius 3 – 48)*

An dieser Stelle bemerkte Hans: "Der freie Wille und die Intelligenz sind mächtige Geschenke Gottes an seine Schöpfungen, mit denen aber nicht alle umzugehen wussten." Vera meinte, dass sich die Gegensatzgeister schon damals so verhielten wie viele Wissenschaftler heute: Getrieben von Neugier und ohne Rücksicht auf Konsequenzen für Menschheit und Natur probieren sie das Mögliche und Machbare gnadenlos aus.

Unwandelbar aber strahlte Gott über dies alles! Seine treuen Erstlinge waren um ihn und wiesen den Anprall des Gegensatzes zurück. *Der Gegensatz ist Entartung der Gesetze, Entartung des Guten, Disharmonie der Harmonie, der Ursprung alles Bösen, aller Sünde!*
Der Überreiz des eigenen Lichtes brachte diese Verdunklung.
Wir sehen, wie sich Gegensätze bilden:
Zu den gesetzlichen Dualgeistern ungesetzliche getrennte Dualgeister, die wir Gegensatz-Geister nennen.   *(* Laurentius 3 – 48)*
Christus sprach: "Ich sah wahrlich Satan wie einen Blitz aus den Himmeln stürzen." Als die Scheidung der Geister im Himmel vorüber war, und die Gesinnung jedes einzelnen offen zutage trat - für Gott und Christus oder für Luzifer, gegen Gott und Christus -, gab Gott dem Erzengel Michael den Befehl, die Scheidung der Geister vorzunehmen. Davon gab Christus Zeugnis.
                        (* Emanuel/Hardus 2 – 106)

Die Familie fasste ihre Erkenntnisse über den Fall zusammen:
1. Ein Teil der Erstlinge wollte Gott gleich werden und selbständig schöpferisch sein. Sie strebten eifersüchtig nach Gottes Anerkennung und Lob. Diese Geister wurden hochmütig und überreizten in ihren Versuchen zu schaffen, die von Gott gegebenen Handlungsspielräume.
2. Da sie auch noch das Dualleben aufgegeben hatten, konnten sie erst recht nicht selbständig schöpferisch sein.
3. Nach der zweiten Übertretung überblickten die Gegensatzgeister nicht mehr, was sie verursacht hatten. Die Kontrolle über ihre Handlungen war verloren gegangen.
4. Sie kämpften dagegen an und büßten dabei so viel an Energie ein, dass sie immer mehr erstarrten und sich verdichteten.

4.3   Die Entstehung der Weltstufen

4.3.1   Die Situation nach dem ersten Fall

Sie *[die Gegensatzgeister]* waren seit dem Fall Geist, Kraft und Stoff, sie konnten den Urstoff nicht mehr in sich halten, und daher war dies der Beginn der *Halbmaterie.* .. Ihr Stoffkleid erstarrte, und durch wiederholten bewußten Ungehorsam kamen sie bis an die Grenze des Erstarrens und latenten Ruhens.   *(* Emanuel/Hardus 11 – 35)*

Es entstand zwischen den hohen, treu gebliebenen Erstlingen, die wir im folgenden Messiasse nennen wollen, und den Gefallenen eine große Kluft. Christus ist so ein Messias, der größte, der höchste, der eingeborene Sohn... Es soll damit zum Ausdruck gebracht werden, daß Er der höchste der Messiasse ist. Was will ich damit sagen? Er wurde nicht als Dual geboren, sondern ist *eingeboren.*   *(* Emanuel/Hardus 11 – 23)*

Da sprach Gott das Wort der Gnade!

Was er erschaffen, was aus ihm und dem All entstanden war und durch eigene Schuld sich selbstwillig entartet hatte, das wollte er nicht vernichten, d.h. er ließ es in seiner Erstarrung nicht zu einem Nichts werden, sondern wollte den Gegensatz gnädig und logisch in ein Versöhnungs-Gesetz bringen, durch welches der Gegensatz, selbst arbeitend, sich potenzieren *[höherentwickeln]* und reinigen sollte.   *(* Laurentius 3 – 52)*

Durch das Gesetz der Gnade kamen sie wieder in einen Bewußtseins-zustand, und durch das Gesetz der "Sühne durch eigene Arbeit" sollten sie wieder, mit Hilfe der Messiasse, heil ins Vaterhaus Gottes zurückkehren.

(* Emanuel/Hardus 11 – 35)

4.3.2   Die Entstehung der ersten Weltstufe

Das Werk der Versöhnung beginnt...

Unsere ganze Aufmerksamkeit richtet sich nun auf die Ausbildung der Weltkeime *[Weltstufen, Weltkeime als Wohnstätten der gefallenen Geister]* und auf die Gegensatz-Geister, die erstarrt und todähnlich entartet sind.

Es mußte ein sie erweckendes wirksames Leben kommen, das sie zur Reue und Erkenntnis führte...

... Die standhaften Erstlinge, die nach dieser überstandenen Prüfung vor-züglicher waren, erhielten Missionen und wurden *Messiasse der Neubildung,* indem sie den Gegensatz erlösen sollten und indem sie durch ihre Intelli-genz, Kraft und Fluid der Ausbildung der Weltkeime vorstanden.

(* Laurentius 3 – 59)

Das Gesetz *[Messiasse]* bildete sich nun zu Ur-Sonnen, die die ausgeschiedenen Weltkeime durch ein fluidisches Band, die Herausgeburt, an sich gebunden hielten.

Durch das fluidische Band erhielten die Weltkeime von den Ur-Sonnen Belebung und Wärme sowie Ausbildung und Wachstum zu *Embriowelten...*

...Die Embriowelten waren daher, wie ihr seht, in allem zu den Ursonnen relativ. Ihr Licht war schwächer, ihre Atmosphäre dichter, ihr Körper schwerer, ihre Bewegung vielfacher als die der Ursonnen. *(* Laurentius 3 – 61-62)*

4.3.3 Die Entstehung der zweiten Weltstufe

Wie ist es nun mit dem Belebungsprinzip, welches wir ... ein "belebtes All" nannten? Nachdem der Erstlinge Kraft und Fluid, und mit ihnen das ganze All, in *Gesetz* und *Gegensatz* geteilt war, wurde durch diese Teilung auch das Belebungsprinzip geteilt, so daß es ein gesetzliches und ein gegensätzliches Lebensprinzip gab. Jedes von ihnen lag in den ihm adäquaten Fluiden und wurde durch die sie regierende Kraft geleitet. *(* Laurentius 3 – 64)*

... Das *Lebensprinzip [Belebungsprinzip]* ist ein motorisches, aber mechanisches Element, das immer in adäquaten Fluiden belebt, die durch eine Kraft bewegt sind...

Die motorische Belebung war im Chaos der Kräfteverwirrung und fluidischen Verdichtung gehemmt und paralysiert. Durch die gesetzliche motorische Belebung, durch die fortrotierende Kraft und das Fluid wurde jedoch das latente motorische Element in den Embriowelten wieder geweckt. Dieses regungslose, scheinbar tote Lebensprinzip wurde also mit der Heranbildung der Welten zu neuer Tätigkeit, und zwar zur Tätigkeit der Versöhnung und der Neubildung geweckt. Das erstarrte motorische Element wurde durch das die Embriowelten durchdringende Ursonnenlicht erwärmt, geweckt, durch das Odlicht verändert und erhielt durch das magnetische Fluid wieder motorische Belebung. *(* Laurentius 3 – 64-65)*

Wenn wir in den folgenden Kapiteln hauptsächlich vom Naturgesetz, vom Lebensprinzip, und von den Abstammungen reden werden, so sei hier noch einmal scharf betont, *daß alles aus Gott kommt* und daß die *Neubildung eine Auswirkung seiner Gnade und Versöhnung* ist - und *das Naturgesetz die versöhnende Kraft.*

Wenn wir auch das *Wirken der Messiasse* nicht eigens erwähnten, so sei hier noch einmal gesagt, daß dieselben durch alle ihre Eigenschaften der Fortbildung der Welten und des Lebensprinzips vorstanden, und daß sie geistig, kräftemäßig und fluidisch die Stützen des Alls blieben. *(* Laurentius 3 – 68)*

4.3.4 Die Entstehung der dritten Weltstufe

Wir verlassen jetzt die sich durch das Naturgesetz fortbildenden und mit ihren organischen Lichtatomen in Verwandlungen gleichen Schrittes gehenden Embriowelten. *Die Neubildung ist eine Verwandlung aus den Ursonnen, und zwar eine dreiartige:* eine motorische im Lebensprinzip, eine kräftemäßige in der Bewegung, eine fluidische in der Schwere und Dichte.

Und so geschah es im Gang der Jahrtausende: Aus dem unwandelbaren Gott, der sich verwandelnden Urkraft und durch die sich ebenfalls verwandelnden Fluide, die motorisch belebt werden, wird alles bewegt.

(* Laurentius 3 – 69)

4.3.5 Die Entstehung der weiteren Weltstufen

Das Erwachen der Pflanzenwelt ist das erste Herauswachsen aus dem Fluid.

(* Laurentius 3 – 78)

Wir sahen bis jetzt aus den mikrokosmischen Organismen allerlei Ge-würm sich entfalten, Amphibien und Pflanzenfresser, und im Schmelzen der Kristalle Wassertiere, Fische. - All dies entstand aus Ei- und Samenänderung, welche, in verschiedene Fluide gelegt, durch äußere Eindrücke verschieden-artig ausgebrütet wurden.

(* Laurentius 3 – 87)

Im Lauf von vielen Jahrtausenden wirkten sich die Kräfte aus, die Abson-derungen lagerten sich ab, und *wir haben schließlich fertige Welten vor uns, die wir Halbmaterielle Welten nennen,* um euch halbwegs den Unterschied der Potenz zwischen ihnen und der Welt, die ihr kennt und bewohnt, begreiflich zu machen.

Den Hüllen ... entkrochen ... *fliegende Halbvögel und Halbwürmer.* Aus den vielen kleinen Puppen kamen kleine *Schmetterlinge,* aus den größeren große, samtartige, feinbefiederte, *schmiegsame Vogelarten,* ohne harte Schnäbel oder Krallen, da die Verhältnisse dieser halbmateriellen Welten es nicht erforder-ten.

(* Laurentius 3 – 90)

Die Welten hatten einen Grad von Ordnung und Ausbildung von fluidischer Be-reitung erreicht, die das Erwachen der Gegensatz-Geister aus ihrem lethargischen Zustand zur Folge hatten...

Das Chaos war zu neuen herrlichen Schöpfungen ausgebildet. Es herrschten Ruhe, Licht, Ordnung und Wärme um sie, ihre Fluide entspannten sich, und ihre Geister erwachten aus dem latenten Zustand. Das Lebensprinzip, wel-ches in seinen organischen Bildungen den Gegensatz mit dem Gesetz vereint hatte, war nun zur Bildung größerer Organismen geschritten. *Es entfalteten sich Vogelarten, Amphibien, Wassertiere, Bäume, Pflanzenarten;* sie bewuchsen die Kristallberge... Dies alles müßt ihr aber *halbmateriell* und in vielen Farben spielend sehen.

In diesem Zustand der Welten sollten die Gegensatzgeister zur Besinnung und zur Bewunderung Gottes gelangen; sie sollten die aufopfernde Liebe der Messi-asse, ihrer Brüdergeister, erkennen. Alles sollte sie zur Reue und Folgsamkeit stimmen.

(* Laurentius 3 – 91)

Die höchste Intelligenz war in allem bemerkbar, die Hand der Liebe und Versöhnung überall fühlbar. Die Messiasse kamen in diese Welten *[inzwi-schen 6. Weltstufe],* sie belehrten und bekehrten die Gegensatz-Geister. *Es war ein geistiges Leben.*

Der geistige Unterricht erfolgte durch das Liebeswort der Messiasse. Zur fluidischen Reinigung der Gegensatzgeister mußten diese Reue und Er-kenntnis haben, sie besaßen hierzu freien Willen und freie Wahl.

Die Natur war versöhnt, nun sollten auch sie dieser Versöhnung folgen...

Die *Reue* wurde dem Gegensatz *als Mittel zur Umkehr* vorgelegt; sie sollten gehorsam und demütig werden, sie sollten ihren Willen dem Gesetz beugen und mitrotierend der Weiterentwicklung folgen...

Sie sollten die *fluidische Verdichtung, die Hülle, welche ihren Geist umkleidete - wir nennen sie Nervengeist* - nicht wie bisher zu elektrischen Verdichtungen und Derotationen gebrauchen, sondern ihren Geist dem Gesetz beugen und mitrotieren, wodurch ihr *Nervengeist gereinigt* würde.   *(* Laurentius 3 – 92)*

4.4   Der zweite Fall

4.4.1   Die Entstehung der siebten Weltstufe

... Auch jetzt ist alles Harmonie. *Der Gegensatz ist durch das Naturgesetz eingeschlossen, bildet kein Chaos, sondern folgt mitrotierend dem Gesetz.*

... Die um sie herrschende Harmonie sollte sie harmonisch, die Gnade Gottes versöhnlich und die Liebe ihrer Brüder liebevoll stimmen. Sie sollten freiwillig dem Gesetz folgen und so wieder eins werden mit sich, mit ihren Brüdern und mit Gott.

Statt den Weg des Gesetzes einzuschlagen, entstand aber ein großer Zwiespalt zwischen ihnen, sie wurden unter sich selbst uneins. Einige ergriffen reumütig den Weg des Gesetzes; andere jedoch blieben halsstarrig und hochmütig, wurden noch ergrimmter und verdoppelten den Gegensatz in ihrem Geist - Kraft - Fluid.   *(* Laurentius 3 – 95)*

Wo sie nur konnten, wirkten sie gegensätzlich elektrisch und repulsiv. Sie zogen verdichtende Fluide an sich und gebrauchten sie zum Kampf gegen das Gesetz. Dieser Kampf wurde mit vollem Bewußtsein, ja mit Ingrimm gegen Gott und die Messiasse geführt. *Sie wollten eine Hierarchie des Gegensatzes gegen das Gesetz,* ein Reich Beelzebubs gegen das Reich Gottes gründen.

Gott, die Allmacht, ließ das Naturgesetz walten, gegen das der Ingrimm des Gegensatzes nur ein Anprall war. *Gott kann sich nicht erzürnen, denn er ist in seinen Eigenschaften, also auch in seiner Liebe unwandelbar;* deshalb zerstörte er auch die aus ihm gekommenen gefallenen Erstlinge nicht. Auch bei diesem zweiten Fall ließ er das bestehende Naturgesetz ruhig walten - *und das Gesetz schied sie aus.*

Es fand ein zweiter Bruch, ein zweiter Fall, eine zweite Trennung statt. Sie zog diesmal aber kein Chaos, sondern eine Ausscheidung nach sich. *Das in den Welten waltende Naturgesetz schied den Gegensatz aus dem Gesetz aus.*
     (* Laurentius 3 – 95-96)

Auf natürlichem Wege also war das intelligente, den Gegensatz belebende Prinzip - die Gegensatz-Geister - in *[in Form von]* Feuerreifen aus den Welten geschieden. Die Feuerreifen verloren sich aber nicht im All. Die Fluide fanden vielmehr einen Halt an der geistigen Unsterblichkeit und Unzerstörbarkeit der Gegensatzgeister und an ihren Mutterwelten, an welche sie attraktiv gebunden und durch das Gesetz der Gravitation verbunden blieben...

Dieser Fall war ein zweimal größerer als der erste. Es war ein Fall von Geist - Kraft - Fluid, ein Fall der Geister, der Welten und der Kräfte. Beim ersten Fall verloren die Geister ihr Selbstbewußtsein, beim zweiten Fall jedoch behielten sie dasselbe. Beim ersten Fall entstand ein fluidisches Chaos, ein Kräftegewirr; beim zweiten Fall jedoch schieden die Welten Feuerreifen aus, und nachher herrschte wieder die frühere Ruhe und Harmonie in ihnen.

Diese Welten wurden nun zu *Muttersonnen*, da sie ihre Ausscheidung, die Feuerreifen, als Weltkeime um sich rotierend fanden. *So sind diese Welten Sonnen zweiter Klasse zu nennen.* *(* Laurentius 3 – 97)*

... Diejenigen Gegensatz-Geister, die sich reuig zur Umkehr bereiteten, blieben in den Sonnen zweiter Klasse, der Kampf hatte sie erprobt und gereinigt; sie waren um eine Stufe in der Erkenntnis gestiegen und bereit, dem Gesetz zu folgen. Das Verlorene schien ihnen doppelt teuer, doppelt wert. Die Reue und Erkenntnis machten sie zu Büßern, welche ihrer ursprünglichen Einheit zustrebten. Die gereinigten Fluide waren ihnen als Nervengeist und Mittel zur Umkehr gegeben. Durch dasselbe Mittel also bekehrten sich und fehlten viele!

Der zweite Fall war bedeutender als der erste, denn nun behielten die Geister ihre Besinnung; ja, ihre gegensätzliche Intelligenz war sogar ausgebildet worden. Sie überlegten scharf und waren im Gegensatz vorzüglicher geworden; sie waren das, was ihr auf Erden einen *Dämon* nennt. Ebenso vollkommen wie die Messiasse im Guten und im Gesetz, waren sie es im Bösen und im Gegensatz. Sie wollten stürzen, überlisten und das Gesetz bezwingen.

Unwandelbar in seinen Eigenschaften und unbezwingbar in seiner Kraft stand ihnen Gott gegenüber - ebenso das Gesetz und die Messiasse - unantastbar in ihrer Reinheit. Der Gegensatz konnte nun nicht mehr latent im Naturgesetz liegen und mechanisch geführt werden, sondern er wurde gesetzlich gezwungen und geistig bezwungen - in Ketten gelegt.

(* Laurentius 3 – 97-98)

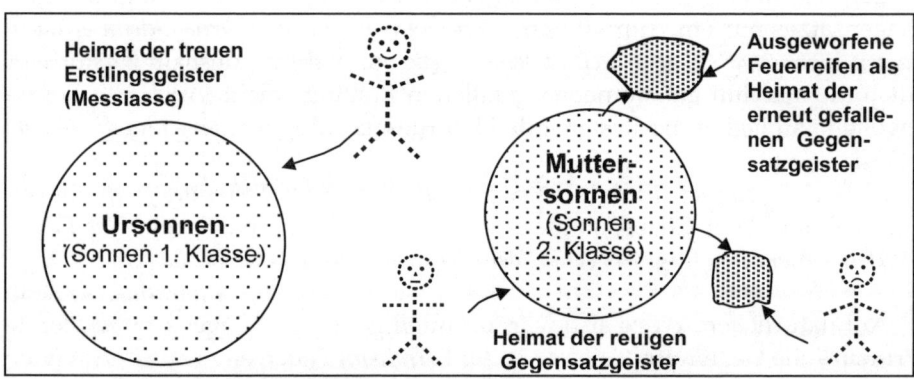

Die Entstehung von Sonnen der zweiten Klasse

Gott sann auf ein versöhnendes Glied zwischen dem Gegensatz und dem Gesetz und ließ das Naturgesetz an einem versöhnenden Fluid zwischen beiden arbeiten. Es mußte ein intelligentes, versöhnendes, freies Fluid kommen, das den Messiassen entsprach. *(* Laurentius 3 – 97-98)*

4.4.2   Die anfängliche Fortbildung nach dem zweiten Fall

Dem zweiten Fall folgt eine *Fortbildung,* die ihren gesetzlichen Weg geht.

Die Feuerreifen, welche durch die Sonnen 2. Klasse abgeworfen wurden und die die Gegensatz-Geister enthielten, befanden sich nach ihrem Abfall in molekulösem Zustand, sich um ihre Mutterwelten drehend...

... Die Bildung dieser Feuerreifen zu Welten ging durch dieselben Gesetze, in denselben Stufen vor sich, wie die der früher beschriebenen Embriowelten, nur alles in verdichteterem, materiellerem Maße.   (* Laurentius 3 – 103)

Diese sich zuerst aus den Feuerreifen bildenden Welten nennen wir *Sonnen 3. Klasse, ...*   (* Laurentius 3 – 104)

... Besonders die Tierentwicklung war in ihrer Erscheinung sehr verschieden von der früheren. Denn in den Gegensatz-Geistern war eine Sinnlichkeit entwickelt worden, die sich den Tierorganismen, die vom Lebensprinzip belebt waren, mitteilte. Die Gegensatz-Geister hatten Intelligenz und Bewußtsein, sie waren ein bewußter und überlegter Gegensatz; sie wollten aus sich schaffen und sich vermehren. Sie befanden sich jedoch allein in ihren *Unterwelten,* denn so kann man die Welten, die zu den 3. Sonnen gehören, nennen.

Diese Geister waren in sich selbst uneins; aber in der Erinnerung an das Austreten aus ihrem Dual trachteten sie nun ihren sinnlichen Gefühlen, d.h. der *Entartung der geistigen Dual-Liebe* folgend, nach einer *Nervengeist-Vereinigung.* Sie dachten, auf diese Weise selbst schaffen zu können.

Die Entartung der Dual-Liebe drückte sich in sinnlichen Gefühlen aus, die in der Anziehung der Nervengeist-Fluide ihren Ausdruck suchten. Auf diese Art bildeten sich die Geister in ihrer Hülle sinnliche Formen.   (* Laurentius 3 – 107)

Die gegenseitige fluidische Berührung der Gegensatz-Geister in ihrem Nervengeist erzeugte nicht neues Leben, sondern neue Verwandlung. Sie entwickelte einen elektrischen Eiweißstoff, molekulös, zellenartig belebt, welcher mikrokosmisches Leben, das sich in einem größeren Organismus agglomerierte, und eine mechanisch lebende Gestalt, ein Tier hervorbrachte.

Diese Tiere vermehrten sich dann durch Sinnlichkeit in allerlei Abstammungen.

Die Gegensatz-Geister fanden aber keine Befriedigung in der Art der Belebung und Entwicklung ihres nervengeistigen Ausflusses und Agglomerates, und sie *ergrimmten über ihre Machtlosigkeit, nichts geistig Intelligentes schaffen zu können. [Dafür fehlte ihnen der Urlichtfunke, der nur von Gott kommen kann.]*

Die Tiere, welche ihrer Sinnlichkeit und ihren Fluiden, durch das rotierende *[motorische, mechanische]* Lebensprinzip belebt, entwuchsen, waren wild, unzähmbar und böse, sie waren die Spiegelung ihrer eigenen Eigenschaften, so daß die Gegensatz-Geister diese verfolgten und zu vernichten trachteten.

Hier legt sich ein Vergleich zwischen den 2. und 3. Sonnen nahe:

In den 2. Sonnen: schöne Pflanzen und Vögel, weiche, duftige Lager und helle Kristallgewässer; die Bewohner dort sind die reuigen, sich bekehrenden Geister.

In den 3. Sonnen: ein materielles, sinnliches Leben, welches sich in den Planeten ihres Systems noch verdichtet und Giftpflanzen, harte Lager, trübes Gewässer sowie sinnliche Tiere hervorbringt; die Bewohner dort sind unbußfertige Geister. *(* Laurentius 3 – 108-109)*

4.4.3   Die versöhnende Fortbildung

Unsere Aufmerksamkeit muß nun ganz besonders auf die Fortbildung der verschiedenen Welten und des Lebensprinzips gerichtet werden. Das Lebensprinzip wurde - als mechanisch folgende, belebende Kraft - durch das Naturgesetz *in den sogenannten Unterwelten stofflicher und materieller* einverleibt. Das Lebensprinzip war als solches eine Individualität, eine aus Gott kommende, rotierende und alles Vorhandene im Naturgesetz belebende Belebungs-Kraft. Es ist die aus Gott kommende Erzeugungs-Kraft, welche die Mutter Natur, sie befruchtend, belebt. *(* Laurentius 3 – 112)*

Die Gegensatz-Geister nennen wir *Dämonen* - im Gegensatz zu den Messiassen. Die Dämonen, die selbst schaffen wollten, sahen aus ihren verdichtetsten, organischen, sinnlichen Fluiden, die durch das rotierende Lebensprinzip belebt wurden, lebendige Jungtiere hervorkommen. *(* Laurentius 3 – 113)*

... Diese Tiere hatten mittels ihres organischen Entstehens die Eigenschaften der Dämonen angezogen.

Dies war das Leben auf den Planeten und Satelliten.

Die Dämonen fühlten sich unsterblich und suchten eine Befriedigung ihrer gegensätzlichen und sinnlichen Gefühle in der elektrischen Berührung und Verdichtung ihres Nervengeistes. Sie kannten weder Tod noch Einverleibung, sie waren gesetzlos. Nach ihrem 1. Fall wurden sie todähnlich und dadurch fluidisch reiner. Nun aber verdichteten sie mit Bewußtsein und Vorsatz ihren Nervengeist, den sie ohne Tod verwandelten, d.h. verdichteten. *(* Laurentius 3 – 114)*

Im Laufe unserer Erzählung seht ihr, daß *das, was wir reinen Magnetismus nennen, nur im Urlicht und in den 1. Sonnen ist.* Schon der erste Fall verdichtete den Magnetismus zu Elektrizität, und je tiefer wir in der Depotenz kommen, desto vorherrschender ist letztere.

Elektrizität und Magnetismus äußern Kräfte, und zwar Repulsion und Attraktion. Das Zusammenwirken dieser beiden Kräfte nennen wir Elektromagnetismus. Er arbeitet in Polaritäten, die, wie ihr es seht, von den 2. Sonnen an bis in die Unterwelten in Verdichtungen herrschen. *(* Laurentius 3 – 114-115)*

Dirk hatte wieder versucht, mit einer Zeichnung Klarheit zu gewinnen:

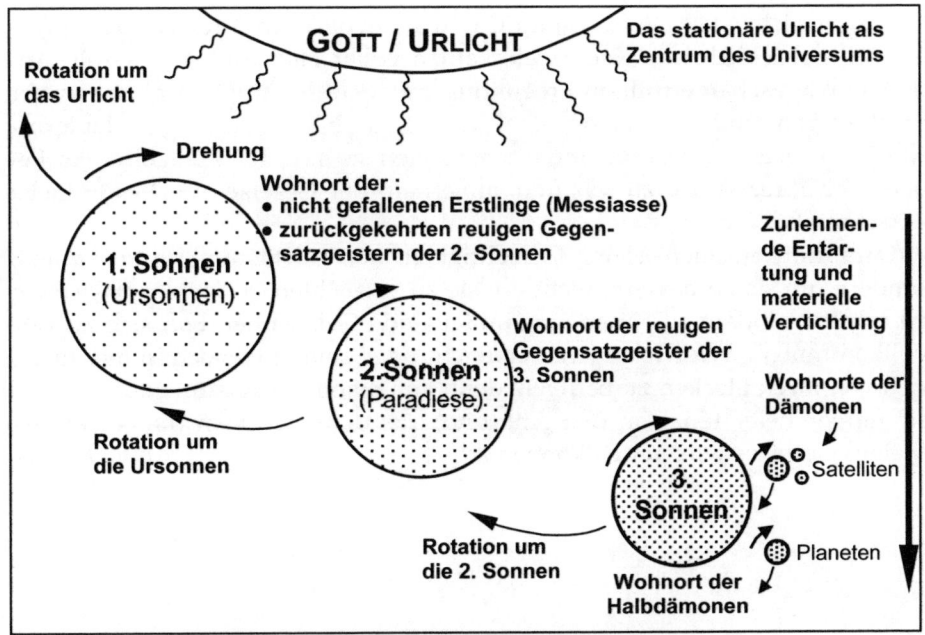

Die zweiten Sonnen als Paradiese für reuige 'Halbdämonen'

Im Laufe der Jahrtausende, die dieses Kapitel behandelt, seht ihr den intelligenten und sinnlichen Gegensatz sich in den Unterwelten ausbilden; die nicht so tief gesunkenen Gegensatz-Geister dagegen in den 3. Sonnen.

Diejenigen gefallenen Geister, die reuig den Weg der Besserung angetreten hatten, waren im Laufe dieser Jahrtausende zu ihrer ursprünglichen Reinheit zugekehrt und wurden - der Rotation folgend - in ihrer Versöhnung mit dem Gesetz wieder *reuige Dualgeister,* die kleinere Missionen erhielten. *Sie waren durch ihre Vergeistigung und Einswerdung in die ersten Sonnen heimgekehrt...* Es sollen hier *zwei Aktionen* betont werden: *1. Fall und Vermehrung in den Unterwelten; 2. Reue, Versöhnung und Einswerdung in der Oberwelt* - dem Urlicht zu.

(* Laurentius 3 – 116)

Da die Dämonen sich gegen Gott stellten, mußten sie in krassem Gegensatz zu ihm sein. Indem sie schaffen wollten, waren sie die Urheber der Sinnlichkeit in der Natur, welche lebendige Junge gebar. Sie waren die Vertreter alles Materiellen, Repulsiven und Widergesetzlichen, welches das bildende Naturgesetz in eine versöhnende Fortbildung verwandelte, *da Gott, das Urprinzip der Liebe, nichts zerstört.* *(* Laurentius 3 – 116)*

Aussagen aus dem 'Buch des wahren Lebens': Diejenigen, welche ergeben und reuevoll sogleich zum Vater zurückkehrten und Ihn sanftmütig baten, daß Er sie reinige und von den Fehlern frei mache, die sie soeben begangen hatten, empfing der Herr mit unendlicher Liebe und Barmherzigkeit, tröstete ihren Geist, sandte sie aus, um ihre Fehler wiedergutzumachen und bestätigte sie in ihrer Aufgabe.

Glaubt nicht, daß alle sanftmütig und reuevoll nach ihrem ersten Ungehorsam zurückkehrten. Nein, viele kamen voller Hochmut oder Groll. Andere wollten schamerfüllt, in Erkenntnis ihrer Schuld, ihre Vergehen vor Mir rechtfertigen, und fern davon, sich durch Reue und Besserung zu läutern - welche Beweis von Demut sind - entschieden sie sich, für sich selbst ein Leben nach ihrer Weise zu schaffen, außerhalb der Gesetze, die Meine Liebe vorschreibt.

Daraufhin erschien Meine Gerechtigkeit, aber nicht, um sie zu strafen, sondern um sie zu bessern, nicht um sie zu vernichten, sondern um sie ewig zu erhalten, indem sie ihnen eine umfassende Gelegenheit bot, sich zu vervollkommnen... Wie vielen jener ersten Sünder gelingt es noch immer nicht, sich von ihren Flecken zu befreien: denn von einem Sturz zum andern fielen sie immer tiefer hinab in den Abgrund, aus dem sie allein die Ausübung Meines Gesetzes wird retten können. *(* BWL 1 - 234)*

Kapitel 4 Die Entwicklung der Schöpfung

5 Entstehung und Evolution der Menschheit

Hans: "Wenn ich das richtig verstanden habe, ist die verdichtete Welt, d.h., das materielle Universum, eine Folge des Abfalls von Gott."

Dirk: "Bisher ist aber von uns Menschen und von unserer Erde noch keine Rede gewesen. Wie Laurentius in seinem Buch "Geist - Kraft - Stoff" berichtet, liegen noch weitere Stufen zwischen dem zuletzt beschriebenen Zustand und unserer jetzigen Welt. Aus diesem und anderen Büchern habe ich das Folgende zusammengetragen."

5.1 Die Embriogeister

5.1.1 Die Schöpfung der Embriogeister

Zwischen den Dämonen und Messiassen seht ihr eine Kluft, die durch kein versöhnendes Glied vereint ist...

Dieses Glied mußte *dreiartig versöhnend* wirken können, und zwar: Als ein intelligentes, in Kraft und Stoff vereintes, geistiges, sich selbst bewußtes Versöhnungsprinzip. *Dieses versöhnende Glied hat seinen Ursprung in Gott, im geistigen Prinzip, das aus ihm strömt, und im seelisch ausgebildeten Lebensprinzip.*

Diese zwei Prinzipien, in ein Fluid gekleidet, bringen ein neues Ganzes, und zwar Embrio-Geister hervor. (* Laurentius 3 – 118)

Je bewußter und kräftiger das Lebensprinzip war, je mehr es seelischer Natur wurde, desto höher stieg es in der Potenz, bis es in das einsmachende Urlicht einströmte und von dort als neue Schaffung hervorkam. Millionen Embriogeister wurden aus dieser Verschmelzung geboren. (* Laurentius 3 – 119)

Bevor Dirk seiner Familie wieder eine seiner Übersichtszeichnungen vorlegte, schlug er vor, folgende Symbole für die Geistwesen in ihren unterschiedlichen Zuständen zu verwenden:

	nicht gefallen	gefallen, aber reuig	gefallen, aber nicht reuig
Erstlinge Gottes			
Embriogeister			

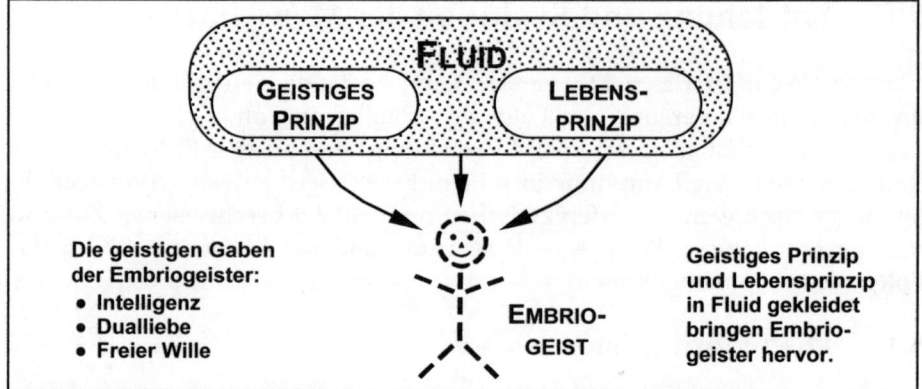

Die Geburt der Embriogeister aus dem geistigen und dem Lebensprinzip

Wir wurden nicht von unseren geistigen Eltern *[den Messiassen]* geschaffen, sondern der Gottesfunke kommt vom Urlicht Gottes, und Christus hat uns eingehüllt mit dem Christuslicht. Das Dualpaar wurde zusammengeführt, und die geistigen Eltern gaben uns eine äußere Form, aber nicht so, wie euer irdischer Körper jetzt ist.. *(* Emanuel 19 – 117)*

Sie *[die Embriogeister]* erwachten in den Ursonnen aus dem Embrionalzustand zu *selbstbewußten Dualgeistern*, die sich aber noch in der Kindheit befanden. Im Laufe ihrer Bildung und Entwicklung wurden sie durch die bildende bewegende Rotation und durch die sie unterrichtenden Messiasse in die zweiten Sonnen oder Paradiese geführt, da diese Welten in ihrer gesetzlichen, fluidischen Ausbildung den Embriogeistern adäquat waren.

(* Laurentius 3 – 119-120)

5.1.2 Unterschiede zwischen den Erstlingen Gottes und den Embriogeistern

Beachtet den wichtigen Punkt ...: Im Entstehen dieser Embrio-Geister und im Entstehen der Erstlinge Gottes ist ein Unterschied. Die Embrio-Geister entstanden nicht im Nahverhältnis, nicht so mittelbar aus Gott, wie die Erstlinge entstanden waren... *Diese Geister waren das versöhnende Glied*, die Ausfüllung einer Kluft. Die Embriogeister waren aus dem Lebensprinzip, welches schon alle Phasen der Natur, des Gegensatzes, der Versöhnung, der Depotenz und Potenz durchgemacht hatte, und aus Gottes Ausströmung geboren worden. Die Erstlinge hingegen waren Kinder des reinsten Lichtes: "Licht von meinem Lichte."

Die Erstlinge waren Gott ähnlich, während die Embriogeister den Messiassen ähnlich waren, deren Vollkommenheit das Ziel war, das sie erreichen sollten. Diese Embriogeister erhielten dieselben geistigen Gaben und Mittel der Fortbildung wie die Erstlinge. Und dasselbe Dualgesetz verband sie in eins.

Ihrer seelischen Natur sowie der fluidischen Beschaffenheit ihres Nervengeistes nach waren sie vom Ursprung der Erstlinge verschieden. Sie erhielten

Bildung und Form, dem Gesetz ihrer Geburt nach, in den 1. Sonnen, während die Erstlinge dieselbe im Urlicht erhielten.

Die Embriogeister hatten bei ihrem Erwachen im Bewußtsein schon die Kenntnis, daß ein Gegensatz da sei, und eine Versuchung zu überwinden wäre.

Sie erwachten ihrer seelischen Natur nach als Bewohner der Paradiese, mit dem Bewußtsein eines Verbotes...

Diese Geister also waren den Messiassen geistig ähnlich und fluidisch ihrem Nervengeist - d.h. den Welten, die sie faßten - adäquat. *Die Messiasse waren die Mittler ihres Einverleibens in die Paradiese.*

Wir machen hier einen kleinen Vergleich zum *Paradies des Mose*:

- Adam erwacht, Gott haucht ihm den Geist ein, sein Körper ist aus der Erde *[Fluidischer Stoff der 2. Sonnen]* gemacht; die Geister erwachen geistig durch Gott, fluidisch in den Fluiden der Welten, aus dem Lebensprinzip.

- Adam ist das Bild des Dualgeistes. Eva wurde aus seinem Innersten genommen, sie bildet, gleichsam als sein Dual aus ihm heraustretend, doch eine Einheit mit ihm. So auch die Dualgeister, die in der fluidischen Form im Nervengeist zwei und in der Wurzel eins sind. Wie ein Dreieck, welches durch die vereinende Basis eins ist und durch den Bruch zwei Einzelne. Denkt euch die zwei Schenkel rechts und links als Geister, und die Basis als das sie eins-machende, verbindende, fluidische Band der Dual-Liebe. Ist dieses zerrissen, so sind die Duale getrennt.

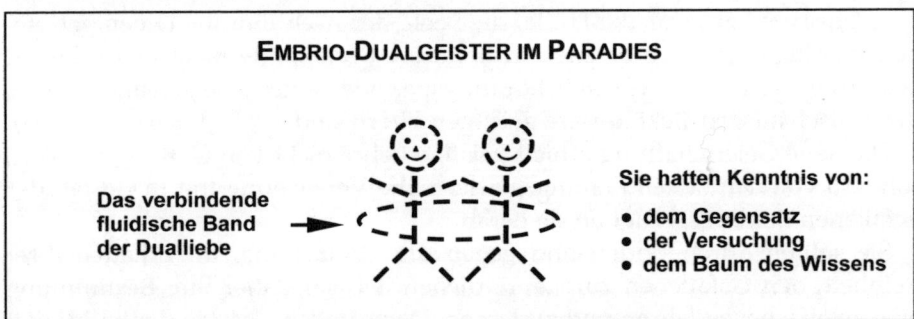

Die Dualgeister im Paradies, verbunden durch ihr Dualband

Die Embriogeister hatten das Bewußtsein des Daseins des Gegensatzes, in welchem das Verbot lag. Dieses ist bildlich der Baum der Erkenntnis. Engel kamen zu ihnen, d.h. die bekehrten Geister waren ihnen als Schutzgeister beigegeben, sie erfüllten hierdurch kleine Missionen. Es waren weder böse Tiere noch giftige Pflanzen in diesen 2. Sonnen, wo ein ewiger Frühling herrscht. Ihre Bewohner kannten weder Tod noch Sünde, der Weg zur Vervollkommnung stand ihnen offen. So lebten sie, sich mit der Rotation fortbildend, dreifach begabt, als vereinte Dualgeister.

Inmitten dieser friedlichen Natur gewahrten und sahen sie den Gegensatz, indem sie die Unterwelten erblickten. Dort lag das Verbot, dies war die verbotene Frucht! ...

Sie erhielten Licht, Leben, Unterricht von oben, während die Versuchung von unten kam.

Hier steht nun das die Kluft ausfüllende Glied, *die freien, individuellen Geister,* bildungs- und fortschrittsfähig, *zwischen den Messiassen und dem Gegensatz, durch die Schutzgeister gut geleitet, den Gegensatz als Verbot kennend.*

(* Laurentius 3 – 121-123)

5.1.3   Besonderheiten der Embriogeister

Als Gott in Seiner unendlichen Weisheit und Liebe sah, daß es nicht möglich war, diesen Zustand *[des 2. Falles]* zu beenden, schuf Er als Verbindungsglied zwischen den Gefallenen oder Gegensatzgeistern und den Messiassen die sogenannten Sekundärgeister oder Embriogeister; das sind wir.

Dies ist für viele schwer verständlich. Wir sind hervorgegangen durch das geistige, aus Gott strömende Prinzip und aus den Fluiden der Messiasse. Darum sind wir Sekundärgeister, die zweite Schöpfungsperiode Gottes. Unendlich viele wurden so als Dualgeister geschaffen. Für uns gelten die gleichen führenden, lenkenden und leitenden Gesetze wie für die Messiasse, nur werden wir nicht von Gott selbst belehrt, sondern von den Messiassen.

(* Emanuel/Hardus 11 – 23 – 24)

... Christus hat zwar die Hülle, die Seele der nach ihm ins Leben getretenen Erstlinge für diese bereitet, aber unsere Seelenhülle nicht mehr. Damit beauftragte er in der zweiten Schöpfungsperiode Gottes jene geistigen Duale, die, irdisch ausgedrückt, unsere geistigen Eltern sind.   *(* Laurentius 2 – 59)*

Die neue Geistschaffung erhielt geistige Lehre nicht von Gott unmittelbar, sondern von den hohen Erstlingsgeistern; die Versuchung trat in Gestalt der gefallenen Erstlingsgeister an sie heran.

Sie sollten durch Widerstand gegen die Versuchung, im Erhalten ihrer Reinheit, den Gefallenen zur Lehre dienen. Es war daher ihre Bestimmung eine zweifache: zu lehren und zu lernen. Dem großen Gesetze der Solidarität der Geister war diese Form gegeben.   *(* Emanuel 22 – 20)*

Wir Geister alle sind daher gottgewollt Gewordenes, aus seiner Wesenheit hervorgegangen, durch seinen Willensakt zu eigener Wesenheit geworden, welche eine Verbindung göttlicher Elemente mit dem aus Gottes Willensakt hervorgegangenen Eigenleben ist, uns zu Individualitäten formend.

(* Emanuel 23 – 38)

... Als wir ins Geistbewusstsein traten, gab es keine Materie in dem Sinn, wie ihr das versteht. Es gab wohl eine Lebensgrundlage, einen Lebensraum, aber keine von den abgefallenen Geistwesen befleckte Materie. In jenen fernen Äonen war alles harmonisch und friedlich, nur die große Masse der Gegensatzgeister war bereits im dritten Ursonnensystem verbannt oder - wie ihr es ausdrückt - festgesetzt.   *(* Emanuel 20 – 30)*

5.2 Dritter Bruch, die Vertreibung aus dem Paradies und die Folgen

5.2.1 Der Bruch durch die Embriogeister

Das Erscheinen der reinen Embrio-Geister erfüllte die Dämonen mit Ingrimm; sie hatten die Ohnmacht ihres Widerstandes gegen das Naturgesetz, ihre Schöpfungsunfähigkeit, einsehen gelernt. *Das Entstehen der Geister beschämte sie und erfüllte sie mit Neid, da ihre Mißbildung gegen die vollkommene Bildung dieser Geister abstach.*

Da sie nun nicht persönlich in die 2. Sonnen eindringen konnten - das herrschende Naturgesetz und die reinen Fluide derselben standen als unübersteigliche Schranken entgegen, taten sie mittels ihres freien Willens, ihrer Gegensatz-Intelligenz, ihrer einschmeichelnden Sinnlichkeit, was sie nur konnten, um zuerst die Neugierde der Geister zu wecken und dann in ihnen die Begierde nach dem Verkosten des Gegensatzes wachzurufen. Die Dämonen entwickelten bis an die Grenze ihres Reiches, d.h. der Unterwelten, elektrische Feuerfunken und Farbenspiele, da sie wußten, daß der Blick der jungen Geister auf ihren Welten ruhte. Dies erweckte die *Neugierde nach dem Verbotenen*!

... Das Erscheinen des Gegensatzes und der Dämonen mit ihrem elektrischen, phosphoreszierenden Nervengeist war den Geistern neu.

Ein Teil von ihnen fand diese Formen ekelhaft, übelriechend, unangenehm und schloß sich fest an die Schutzgeister *[Messiasse]* an; sie hielten mit aller Kraft an der Solidarität ihrer Welt fest. In anderen Geistern jedoch war die Neugierde rege, sie fanden Gefallen an diesen Formen, stemmten sich gegen die bildende Rotation und schwangen sich aus ihrem Kreise in die Räume, dem Gegensatz zu. *Dies verursachte einen dreifachen Abfall aus den 2. Sonnen: geistig, kräftemäßig und fluidisch; ein Abwerfen von Feuerreifen, die sich,* je nachdem sie abgeworfen wurden, *um die 3. Sonnen legten,* oder durch deren Zentripetalkraft angezogen, im Gleichgewicht erhalten wurden.

(* Laurentius 3 – 124-125)

Dies ist *der erste Fall der Embriogeister;* ihr seht die ganz reinen Dualgeister in ihren Paradiesen bleiben und die anderen nach dem Abwerfen der Feuerreifen fortrotieren. *Diese Geister fielen als Duale ab [Adam und Eva], ihr erster Fall war Ungehorsam, dem folgte nun der zweite Fall: die Sinnlichkeit.*

Durch den Abfall dem Gegensatz näher gekommen, entwickelten nun die Dämonen, aus ihren Nervengeistern auf die Dualgeister sinnliche Regungen. Der empfangende Teil des Duals verkostete zuerst diese verbotene Frucht in unvergeistigter Berührung mit den Gegensatz-Geistern.

Diese Berührung wirkte wie ein elektrischer Schlag zerstörend auf die Duale ein und teilte sich auch dem gebenden Teil mit. Die Folge: getrennte Duale und zweiartige, sinnliche Geister, die in sich selbst uneins waren.

So wie sich der Magnetismus in Elektrizität verwandelt, so verwandelt sich dieser reine fluidische Nervengeist in einen sinnlichen dichten.

Nicht nur Sinnlichkeit, sondern auch Hochmut zogen die Geister durch den Ge-
gensatz an, denn sie wollten selbst schaffen, selbst zeugen und Gott übertreffen. *(* Laurentius 3 – 126)*

Dieser geistige Fall war durch Neugierde angeregt und durch Ungehorsam ausge-
führt worden. Er brachte geistige Entartung, Kraft-Derotierung, Stoff-Verdichtung
und Dualtrennung.

Betrachtet nun mit uns, ihr Menschen, die ihr eben solche gefallene Geister seid,
die dreimalige Gnade, die dreimalige Versöhnung Gottes. *(* Laurentius 3 – 129)*

Wieder hatte Dirk eines seiner 'Meisterwerke' zur besseren Übersicht an-
gefertigt:

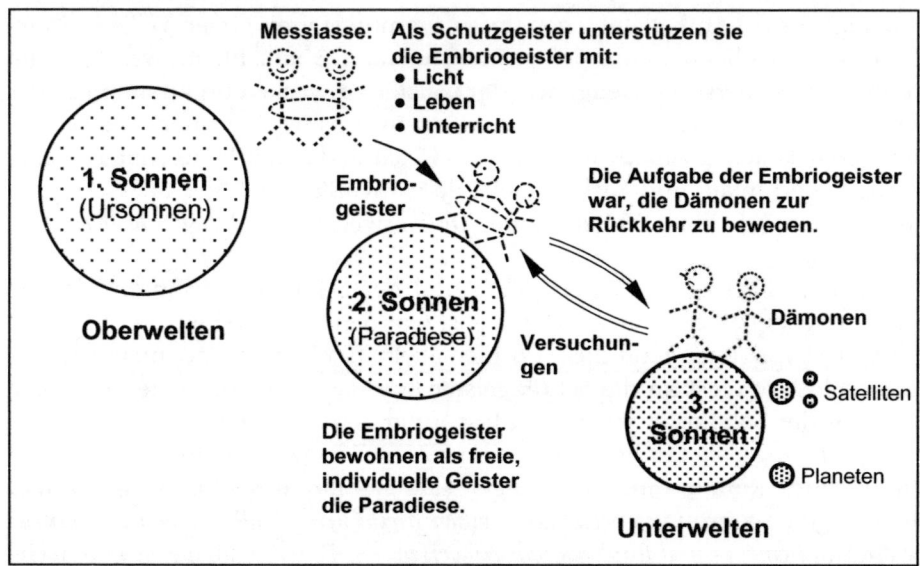

Die Versuchung der Embriogeister durch die Dämonen

Hans: "Jetzt wissen wir auch, wo die Wurzeln der Werbung liegen. Die
Aufgabe der Werbung ist es ja bis heute, durch Versuchung und Verführung
Bedürfnisse nach etwas nicht unbedingt Notwendigem zu wecken."

5.2.2   Die 3. und 4. Sonnen

Die Gegensatz-Geister *[Dämonen]*, welche die 3. Sonnen bewohnten, befanden sich zwischen den ganz sinnlichen und halb sinnlichen, zwischen den
hochmütigen und ungehorsamen *[Embrio-]*Geistern. *(* Laurentius 3 – 128)*

Betrachten wir zuerst die Verwandlungen von Geist - Kraft - Stoff der
3.Sonnen.

Hier ist das geistige Prinzip ungehorsam, dualisch-uneins, in der Kraft repulsiv, im Stoff verdichtet elektrisch.

Durch den Ungehorsam dualisch getrennt, liegt die Begierde nach Sinnlichkeit in den Geistern dieser Stufe. *(* Laurentius 3 – 140)*

... So haben wir nun aus den Atomen der Feuerreifen im Lauf der Rotation und Bewegung von Millionen Jahren vierte Sonnen, die um die dritten rotierten. So zogen die 3. Sonnen aus den Feuerreifen solarische Elemente an, die sich in der Spiral-Bewegung durch die Rotation vom Atom zu kleineren 4. Sonnen ausbildeten. *(* Laurentius 3 – 136)*

Nach Belebung der 4. Sonnen durch zweiartige Pflanzen und Tiere erwachten auch diese Geister aus ihrem Schlaf. Da aber alles materieller und organisch gröber war, zog dieses sinnlich geistige Prinzip mittels seines Nervengeistes auch größere organische Keimstoffe an sich, was den Geistern stoffliche Körper gab. Sinnlich in Form und Ausdruck, doch immer noch nicht das, was die Menschen der Erde sinnlich heißen, waren sie relativ sinnlich gegenüber dem, was sie früher waren...

Die Bewohner dieser Welten starben oder verwandelten sich nicht durch den sinnlichen Tod, noch wurden sie sinnlich geboren, da ihre Sinnlichkeit nicht die der Erden-Menschen ist.

Sie hatten die dunkle Erinnerung ihrer Fehler und lagen schlummernd und verpuppt im Übergang in der Verwandlung eines Körpers aus einem Lebensturnus in den andern. *(* Laurentius 3 – 143)*

5.2.3 Die 5. Sonnen

In den *5. Sonnen* brachten Geist-Kraft-Stoff ihre Bildungen durch den abgesonderten Geist-Kraft-Stoff der 3. und 4. Sonnen hervor. Folglich entstanden hier alle Schöpfungen in doppelt depotenzierten Verwandlungen. Das geistige Prinzip der 5. Sonnen enthielt Ungehorsam, Hochmut und Sinnlichkeit. Der Fall dieser Geister war deshalb ein dreifacher...

Die 5. Sonnen sind übrigens Übergangswelten zu den ganz sinnlichen 6. Sonnen und zu den halbsinnlichen 4. Sonnen. Zwischen den 6. und 4. Sonnenkreisen stehend, sind die 5. Sonnen versöhnende, verbindende Übergangswelten...

Es fällt uns doppelt schwer, euch diese Übergangsstufen euren Begriffen nach ganz konkret zu beschreiben, da es ein Feld des Unbeweisbaren ist. *(* Laurentius 3 – 144-145)*

Da die sinnlichen, hochmütigen Geister während ihres Falles, wie einst die Dämonen, selbst schaffen wollten, gebrauchten sie dieselben nervengeistigen, fluidischen Mittel dazu, und es entstanden ebenfalls sinnliche Organe daraus, die sich als Körper um die gefallenen Geister legten, so daß sie, durch perispritische oder nervengeistige Berührung sich selbst verdichtend, auf diese Weise einen sinnlichen, organisch belebten Körper um sich entstehen sahen. *(* Laurentius 3 – 146)*

Die Bildung aller dieser Millionen Welten ging den gesetzlichen Gang von Geist, Kraft und Stoff, die als dreiartige Eins alles ihnen relativ, im Gesetz der Abstammung und Verwandlung, heranbildeten. *(* Laurentius 3 – 138)*

Erklärungen von Laurentius

In den Paradieseswelten, als ihr, du und dein Dual, geschaffen wurdet, warst du und dein Dual wie ein unbeschriebenes Blatt. Dort hattest du noch nicht das Gefühl des Drucks, der Belastung auf dir, du empfandest eine unendliche Freiheit, eine Weite in deiner Seele. Der Grund? Du und dein Dual, ihr hattet euch noch nicht belastet, ihr wart noch eins mit eurem Fühlen, Denken, Wollen und Handeln. Bei einer der Versuchungen Bruder Luzifers und seines Anhangs trat Neugierde bei dir oder deinem Dual auf. Ihr wurdet von Engeln gewarnt, daß ihr unfrei und gespalten werdet und als Einzelkinder Gottes die Waffen des Lichtes, die Harmonie, den Einklang mit den Gesetzen Gottes verliert. Aber der Versucher gab euch den Gedanken ein, daß ihr wie Gott sein werdet. Es traten Ungehorsam, Hochmut, Verblendung bei euch auf und somit die Gegenwirkung gegen die einsmachenden Gesetze Gottes: Trennung vom Dual usw.   (* *Laurentius 2 – 39-40*)

Erklärungen von Emanuel

In der Bibel wurde euch vom Falle Adams, seiner Vertreibung aus dem Paradiese gesagt, sowie von der Unfruchtbarkeit des Bodens, die eine Folge des Falles gewesen. Die reingeschaffenen Paradiesgeister, die den Versuchungen der gefallenen Geister (der Schlange oder Luzifers) unterlagen, waren den Wohnorten, die ihnen bis dahin gesetzlich angepaßt waren, entwachsen; denn ein freier Geist kann einer Stufe sowohl in fortschreitender als in rückschreitender Richtung entwachsen, indem er sich ausbildet oder rückbildet.

Die Fortbildung schreitet in Katastrophen voran. Es kommt eine Zeit der Reife, ein Höhepunkt, in dem die Hülle, die Ungleiches verbindet, sich teilt und frei gewordener Geist nach dem Gesetze der Anziehungskraft in neue Bahnen gelenkt wird. So formen sich Welten aus Welten, die Sonnen sind Erzeuger der sie umgebenden Planeten, die Planeten der sie umgebenden Monde, und alle diese Welten sind Wohnstätten der Geister; das Lebensprinzip entwickelt sich aus der Materie und bildet deren lebendiges Kleid, die Wohnstätten der Geister bereitend.

Der freie Geist kann in fortwährendem Falle sich bis zur Entwicklungsstufe des Lebensprinzips rückbilden und muß sich dann in Unfreiheit gesetzlich fortentwickeln, bis er wieder eine Stufe erreicht hat, auf der ihm Willensfreiheit, Schöpfungskraft und Gesetzeserkenntnis neuerdings möglich werden. Das Weltenall entstand also durch Weltteilung, die eine Folge des Höhe(Kulminations-)punktes von Fortbildung und Rückbildung war.
                                                                       (* *Emanuel 22 – 21*)

Andere Jenseitsbotschaften

Wahrlich, der Fall ist nur eine Turbulenz, die ausgärt. Und so Meine Kinder ausgegoren sind, werden sie wieder zurückkehren zu Dem, der sie schaute und schuf. Mit euren Worten gesprochen, war und ist das der Fall. Viele Wesen schlossen sich dem einen Wesen an und fielen. Andere wieder gingen, um den Fall zu belehren, und fielen ab von Mir; das sind dann die

Abgefallenen. Davon tummeln sich viele auf dieser Erde und nennen ihre Wohnstätten ihre Welt. *(× Univ.-Leb. 8 – 41)*

Als der Fall, die Abkehr von Gott, durch das Prinzip "Trenne, binde und herrsche" begann, als Söhne und Töchter der Himmel wie Gott sein wollten, also der Baumeister des Bauplanes und des Bauwerkes selbst, fielen diese aus der göttlichen Ordnung, dem Gesetz der Liebe, und wurden zu Fallwesen. Gleichzeitig lösten sich aus dem ewigen Bauwerk Gottes Teile von göttlichen Sonnen und Planeten. In unvorstellbar großen Zyklen fielen also aus dem urewigen Bauwerk Teile von Sonnensystemen; sie nahmen die Schwingung der ersten Fallwesen an. *(+ Univ.-Leb. 5 – 25)*

Vera: "Jetzt habe ich wirklich das Bedürfnis, diese Berichte mit der Schöpfungsgeschichte der Bibel vergleichen."

Dirk: "Laurentius hat das in seinem Buch "Geist - Kraft - Stoff" gemacht. Zusätzlich habe ich Texte aus den Katechismen und aus dem Koran."

Hans: "Der folgende Text von Adelma Vay gibt uns eine gute Zusammenfassung des bisherigen Verlaufs der Schöpfung von Sonnen."

Die Ursonnen bewegen sich in einfacher Rotation um Gott, um das Urlicht. Die "Materie" dieser Welten ist Odlicht, bestrahlt werden sie vom Urlicht. *[Urlicht ist ihre Atmosphäre.]* Hier leben die Messiasse, in ihrer Gesamtheit "Sohn Gottes" genannt. - Die Feinstofflichkeit der *Muttersonnen* alias Paradiese wird mit dem Begriff "Fluid" bezeichnet, ihre Atmosphäre ist Odlicht. Sie kreisen um die Ursonnen und mit diesen um das Urlicht. Sie sind die Heimat der reingebliebenen und der gereinigten (wieder einsgewordenen) Dualgeister, in ihrer Gesamtheit "Heiliger Geist" genannt. - Die *dritten Sonnen* mit ihren Planeten, bis herab zum sechsten Sonnenkreis und seinen Planeten, sind von gefallenen Geistern bewohnt, die teils von oben im Sinken begriffen, teils von unten aufsteigend in diese Welten gelangten. Sie alle sind mehr oder minder schwere "Büßer".

Durch eine Sünde allein fällt der Geist nicht von der höchsten Höhe bis in die tiefste Tiefe, sondern fällt durch Anhäufung von mehr und mehr Sünden immer größeren Verdichtungen anheim und sinkt so nach dem geistigen Gesetz der Schwere (Gravitationsgesetz) immer tiefer. So entfernt er sich immer mehr von Gott, von seiner ursprünglichen Heimat und seiner Urnatur. *(* Passian 1 – 189)*

5.2.4 Die Schöpfungsgeschichte des Moses - Kommentare von Laurentius

Die Schöpfungsgeschichte des Mose [Genesis 1,1-31] kann weder wissenschaftlich richtig noch theologisch gerecht sein, wenn man sie auf die Erde allein begrenzt. Sie ist vielmehr ein Bildentwurf des großen Ganzen.

1. Tag: Es heißt: "Im Anfang schuf Gott Himmel und Erde. Die Erde war wüst und leer, und es war finster auf der Tiefe. Der Geist Gottes schwebte auf dem Wasser; und Gott sprach: Es werde Licht - und es ward Licht. Und

Gott sah, daß das Licht gut war. Da schied Gott das Licht von der Finsternis und nannte das Licht Tag und die Finsternis Nacht. *Dies war der erste Tag.*"

Sucht darin sinnbildlich die Weckung des Alls. Laßt euch nicht durch die Terminologie verwirren, sondern schaut auf den Geist der Worte. Gott, Himmel, die wüste Erde und die finstere Tiefe sind: Gott, sein Urlicht und die tote Materie.

Gott sprach: Es werde Licht - und das All ward belebt; aus dem Urlicht entstand Odlicht, worunter Tag und Nacht gemeint sind. Gottes Geist schwebte auf dem Wasser heißt, daß Gott Urlicht ist. Moses sagt ganz richtig, daß das Wort Gottes: "Es werde Licht!" - zwei Folgen hatte, Tag und Nacht, Weckung der toten Materie und ein belebtes All, das Odlicht und das Urlicht.

2. Tag: Und Gott sprach: "Es werde eine Feste zwischen den Wassern, es sei ein Unterschied zwischen den Wassern. Da machte Gott die Feste und schied das Wasser unter der Feste von den Wassern ober der Feste, und Gott nannte die Feste Himmel."

Die Feste ist das Urlicht. Die Wasser sind das belebte All, welches das Urlicht umgab. Hier die Bildung der fluidischen Tröpfchen. Der Fall der Messiasse - und Gott schied das Wasser unter der Feste, den Gegensatz, von den Wassern ober der Feste, dem Gesetz.

3. Tag: Und Gott sprach: "Es sammle sich das Wasser unter dem Himmel an besonderen Orten, daß man das Trockene sehe." Das ist die Bildung der Ursonnen. Der 3. Tag ist hier die Entwicklung der Sonnen, die Absonderung der fluidischen Substanzen, die Abkühlungen. Mose erwähnt den Fall der Messiasse nicht speziell, er nimmt es jedoch später in der Erwähnung des versuchenden Dämons im Paradies als ein schon vorhandenes Faktum an.

Am 4. Tag erschafft Gott allerlei Sterne, die Sonne, und setzt Tage und Jahre ein. Dieses ist der Lauf der regelmäßigen Rotation der Sonnen. Diese Stelle aus dem l. Buche Mose führte, wie ihr wißt, zu vielen Irrtümern. Da sich die Welten nicht alle gleich schnell und auf einmal entwickelten, wie wir es euch schon sagten, gab es in dieser Periode große Lichter und kleine Lichter, d.h. allerlei in Entwicklung begriffene Welten.

Am 5. Tag, heißt es, schuf Gott die Tiere des Wassers und die Vögel. Diese sind die großen Amphibien, Pflanzenfresser und Vögel, die wir euch beschrieben haben.

Am 6. Tag schuf Gott die lebendigen Tiere und den Menschen. Dieses ist die Fortbildung des Lebensprinzips in der Abstammung und das Erwachen der Embriogeister in den Paradiesen. Es heißt ferner, daß Gott den Menschen aus einem Erdenkloß machte und ihm den lebendigen Odem einhauchte. Die Embriogeister waren wahrhaftig aus Gottes Odem zu einem lebendigen geistigen Prinzip gemacht und mit den Fluiden ihrer Welten in fluidischen Nervengeist gekleidet.

Wir sagten bereits, wie das Herausnehmen Evas aus Adam den Dualbegriff in sich faßt. Der lange Schlaf Adams vor der Erschaffung Evas ist der Prozeß der innigen Dualvereinigung, den die Geister in den Ursonnen

durchmachten. Sein Erwachen und Erblicken der Gefährtin ist das Dualbe-
wußtsein der Geister, das Bewußtsein der Zwei in Eins.

So kann die Schöpfungsgeschichte des Mose nur als ein Entwurf der
Schaffung überhaupt bis zum allgemeinen Sündenfall angesehen werden.
Seine Worte sind Urwahrheit, göttliche Inspiration, wenn sie auf das große
Ganze sinnbildlich angewendet werden. *(* Laurentius 3 – 129-132)*

5.2.5   Das Paradies und der Sündenfall - Kommentare von Laurentius

Ehe wir zur näheren Beschreibung der chaotischen Entwirrung ... überge-
hen, möchten wir zuerst einen Vergleich dieses Falles mit dem im Alten
Testament beschriebenen Sündenfall machen *[Genesis 2,3]*. Hierdurch wird
euch gesagt, daß fast jeder Mensch der Erde schon mit selbstverschuldeter
geistiger Sünde behaftet zur Welt kommt. *(* Laurentius 3 – 129)*

Gott warnte die Geister vor dem Baum der Erkenntnis, d.h. vor dem Gegensatz, den sie im Paradies, d. i. im All, sahen. Die Stimme der Cherubim
und Erzengel war ihnen hörbar, sie warnten die Geister vor der Berührung
und Annäherung des Gegensatzes, da ihnen dieses den Tod, d.h. die Betäubung und Einverleibungen, bringen würde.

*Das Eingeschlossensein im Garten des Paradieses ist das Eingeschlossensein in
den Naturgesetzen, welche sie nicht übertreten sollten.*

Der empfangende Teil der Dualgeister fehlte zuerst, indem er durch nervengeistige Berührung des Gegensatzes die verbotene Frucht kostete. Er
teilte sich dem gebenden Dual mit, der so den Gegensatz ebenfalls in elektrischer Mitteilung empfing. Das Empfangen des Gegensatzes jedoch trennte
die Duale. Es entstand dadurch eine nervengeistige Änderung, die Ausbildung sinnlicher Formen. - Adam und Eva begannen sich zu schämen, da sie
diese Formen als Nacktheit erkannten, weshalb sie sich in noch dichtere
Fluide einzuhüllen suchten; dies ist bildlich ausgedrückt ein Einhüllen in
Feigenblätter.

Adam und Eva wurden hierauf aus dem Paradies durch den Engel vertrieben, d.h. die reinen Geister konzentrierten sich in den 2. Sonnen, alles
Gegensätzliche ausscheidend.

Die hierauf folgende Verdammung der Schlange, das Urteil über Adam
und Eva, ist als eine tiefe allegorische Wahrheit zu verstehen.

Die Schlange, "die Dämonen", hatten nämlich ihr Gewissen hundertfach
durch den Fall der Geister beladen. Sie sollten von nun an in den niedersten,
materiellsten Welten sein. Es sollte eine Feindschaft zwischen dem Dämon
und dem Weibe entstehen, welches ihm den Kopf zertreten würde, d.h. deren spezielle Mission es ist, den Gegensatz in der Sinnlichkeit zu besiegen.
(* Laurentius 3 – 132-133)

Es gibt in Wahrheit nur eine Todsünde: die Trennung von Gott durch den
Abfall von ihm. Alles andere ist Straucheln, fehlerhaftes Verhalten gegenüber
den Gesetzen Gottes; freilich an Wertigkeit verschieden. *(* Emanuel 20 – 163)*

Sündenfall - Evangelischer Katechismus

Die Geschichte vom "Sündenfall" will erklären, warum die Welt heute nicht mehr dem Bild eines 'Paradiesgartens' entspricht: Dem Menschen begegnet die Versuchung, wie Gott zu sein und zu wissen, was gut und böse ist; er brauche sich nur der Ordnung Gottes, der Ordnung der Schöpfung zu widersetzen. Die Folgen treten unmittelbar ein und veranschaulichen eine sofortige Störung des natürlichen Beziehungsgefüges: Der Mensch schämt sich seiner Sexualität und weigert sich, Verantwortung für sein Tun zu übernehmen. In den 'Strafen' Gottes, nämlich der Feindschaft zwischen Mensch und Tier, der Mühsal der Geburt und der Ackerarbeit sowie Leid und Tod, manifestiert sich die Störung des natürlichen Beziehungsgefüges: Während die Tiere vom Instinkt geleitet sind, weiß der Mensch tatsächlich nicht, "was gut und böse ist", und steht immer wieder vor der unsicheren Frage, ob seine Handlungen gut sind oder nicht.   *(Evan. – 47)*

Wenn wir die Erfahrung dieser Geschichte begrifflich fassen, so können wir Sünde als eine unerklärlich bleibende, ursprüngliche Trennung von Gott bezeichnen. Sünde ist Lebensbemächtigung, die Wissen mit sich bringt, das von Gott trennt, weil es Menschen dazu veranlasst, sich nur "auf sich selbst zu stellen". Menschen wollen, wie Luther gesagt hat, von Natur aus nicht, dass Gott Gott sei, sondern dass sie selbst Gott seien.   *(Evan. – 180)*

Sündenfall - Katholischer Katechismus

Der Bericht vom Sündenfall verwendet eine bildhafte Sprache, beschreibt jedoch ein Urereignis, das *zu Beginn der Geschichte des Menschen* stattgefunden hat. Die Offenbarung gibt uns die Glaubensgewißheit, daß die ganze Menschheitsgeschichte durch die Ursünde gekennzeichnet ist, die unsere Stammeltern freiwillig begangen haben.

Hinter der Entscheidung unserer Stammeltern zum Ungehorsam steht eine verführerische widergöttliche Stimme, die sie aus Neid in den Tod fallen läßt. Die Schrift und die Überlieferung der Kirche erblicken in diesem Wesen einen gefallenen Engel, der Satan oder Teufel genannt wird. Die Kirche lehrt, daß er zuerst ein von Gott erschaffener guter Engel war. "Die Teufel und die anderen Dämonen wurden zwar von Gott ihrer Natur nach gut geschaffen, sie wurden aber selbst durch sich böse."   *(Kath. – 130)*

Wieso ist die Sünde Adams zur Sünde aller seiner Nachkommen geworden? Das ganze Menschengeschlecht ist in Adam "wie der eine Leib eines einzelnen Menschen" (Thomas v. Aquin). Wegen dieser "Einheit des Menschengeschlechtes" sind alle Menschen in die Sünde Adams verstrickt, so wie alle in die Gerechtigkeit Christi einbezogen sind. Die Weitergabe der Erbsünde ist jedoch ein Geheimnis, das wir nicht völlig verstehen können... Indem Adam und Eva dem Versucher nachgeben, begehen sie eine *persönliche Sünde*, aber diese Sünde trifft die *Menschennatur*, die sie in der Folge im *gefallenen Zustand* weitergeben. Sie ist eine Sünde, die durch Fortpflanzung an die ganze Menschheit weitergegeben wird, nämlich durch die Weitergabe einer menschlichen Natur, die der ursprünglichen Heiligkeit und Gerechtigkeit ermangelt. Deswegen ist die Erbsünde "Sünde" in einem übertragenen Sinn: Sie ist eine Sünde, die man "miterhalten", nicht aber begangen hat, ein Zustand, keine Tat.

Indem die Taufe das Gnadenleben Christi spendet, tilgt sie die Erbsünde und richtet den Menschen wieder auf Gott aus, aber die Folgen für die Natur, die geschwächt und zum Bösen geneigt ist, verbleiben im Menschen und verpflichten ihn zum geistlichen Kampf. Durch die Sünde der Stammeltern hat der Teufel eine gewisse Herrschaft über den Menschen erlangt, obwohl der Mensch frei bleibt.

Nach seinem Fall wurde der Mensch von Gott nicht aufgegeben. Im Gegenteil, Gott ruft ihn und kündigt ihm auf geheimnisvolle Weise den Sieg über das Böse und die Erhebung aus seinem Fall an.   *(Kath. – 133-136)*

Der Koran über den 'Baum des Lebens' und die Versuchung

Sure 7; Vers 18. Und du, o Adam, bewohne du und dein Weib das Paradies, und genießet da, wo ihr auch wollt. Nähert euch aber nicht diesem Baum, ihr würdet der Gottlosen sein. 19. Und Satan flüsterte ihnen zu, er wolle ihnen entdecken, was ihnen verborgen war von ihrer Scham, und sprach: Euer Herr verwehrte euch diesen Baum nur deshalb, damit ihr nicht Engel würdet oder der Ewigen. 20. Und er schwor ihnen: Wahrlich ich bin euer treuer Berater. 21. So betörte er sie in Täuschung. Und als sie vom Baum kosteten, merkten sie ihre Scham, und sie begannen um sich Blätter des Paradieses zusammenzufügen. Da rief ihnen ihr Herr zu: Habe ich euch nicht diesen Baum verwehrt und zu euch nicht gesagt, Satan sei euer offenbarer Feind? 22. Sie erwiderten: Herr unser, wir haben unsre Seelen befrevelt, und wenn du uns nicht verzeihst und dich unsrer erbarmst, ganz gewiß sind wir der Verlorenen. 23. Er sprach: Fort mit euch. Einer sei des andren Feind, und auf Erden sei euch Aufenthalt und Unterhalt bis auf (ferne) Zeit. 24. Er sprach: Auf dieser sollt ihr leben, auf dieser sollt ihr sterben und aus dieser sollt ihr fortgebracht werden.   *(Koran – 7.18-24)*

Hans: "Wir finden hier tatsächlich eine große Übereinstimmung. Aber Laurentius sagt klar, dass weitgehend jeder Mensch selbstverschuldet auf der Erde 'gelandet' ist. Der katholische Text spricht jedoch von ererbter Sünde. Das schließt die Erklärung, dass Menschen gefallene Embriogeister mit eigener Schuld seien, aus. Der zitierte evangelische Text hält sich mit seiner allgemeinen Formulierung, der Mensch habe seine Freiheit verloren, aus solcher Festlegung heraus.

Es ist mir auch aufgefallen, dass der evangelische Text bei dieser Gelegenheit schon darauf hinweist, dass der Mensch nicht aus eigenem Antrieb und Bemühen zu Gott zurückkehren kann, während Laurentius und der katholische Text auf die Aufgabe der Menschen, sich um Rückkehr zu bemühen, und auf die verzeihende Güte Gottes hinweisen."

5.3 Die Entstehung der Erde und der Erdenmenschen

5.3.1 Die sechsten Sonnen

Diese 6. Sonnen sind die kleinsten, schwersten und materiellsten Sonnenwelten, die ihr Planetensystem oder ein sich bildendes 7. Sonnen-Element um sich haben.

Unter diesen Tausenden von 6. Sonnen befindet sich eure Erdensonne, und unter diesen Millionen solarischer Keime befindet sich eure Erde.

(Laurentius 3 – 137)*

Der Weg des Lebensprinzips vom Urlicht bis zur Erde verläuft mit und in Kraft und Stoff. So ist jedes Stäubchen der Luft, jedes Kernchen des Erdreichs belebt.

(Laurentius 3 – 157)*

Lisa: "Unsere große Erde ist so betrachtet winzig klein. Und die kleinen Sterne am Nachthimmel sind eigentlich hundertmal größer als die Erde. Auf jeden Fall ist die gute Erde unser Zuhause im Universum und ich finde sie schön."

Dirk: "Was wir heute am Himmel sehen, ist uralte Vergangenheit. Wir wissen nicht einmal, ob die Sterne, die wir sehen, wirklich noch da sind. Vielleicht sind sie vor Millionen von Jahren explodiert, und wir haben nur die 'Nachricht' noch nicht erhalten."

5.3.2 Die ersten Geister der sechsten Sonnen

Wir beschreiben hier das Erwachen des todähnlichen, geistigen, sinnlichen Prinzips zuerst in den Sonnen. *Die Theorie und Art des Erwachens für alle Geister ist immer gleich, nämlich in den Fluiden oder Stoffen der ihnen adäquaten Welten.*

Diese sinnlichen und hochmütigen Geister erwachten inmitten der Materie, nachdem sie latent in ihrer Ausbildung gelegen waren. Sie erwachten mit den diesen Welten adäquaten Körpern oder Organismen, welche sie zum sinnlichen Leben befähigten.

Das Erwachen der entartetsten Geister geschah in dichteren und materielleren Körpern als alle bis jetzt beschriebenen Verkörperungen.

Ihre Verkörperung entstand durch die motorische Anziehung der in den Welten ausgebildeten Organismen, welche durch die geistige Entartung, durch ihren Drang, nach sinnlicher Befriedigung *tiermenschlich* wurden und erst nach langen Läuterungen des Geistes, durch vielfache Verwandlungen der Körper in den Abstammungen sich menschlich bildeten.

(Laurentius 3 – 151)*

Tiermenschen: Diesen Geistern ist natürlich alle Besinnung auf ihre Vergangenheit während der Verkörperung entschwunden. Sie erleiden die Pein des Todeskampfes und einer geistigen Betäubung vor der Verkörperung; das Weib gebiert unter Schmerzen, ihr Lebensturnus ist ein kurzer, aber vervielfältigter, und die Verkörperungen sind permanent, bis der Geist wieder einen Grad an Intelligenz, Vernunft und gutem Willen erreicht hat. *(* Laurentius 3 – 152)*

Durch Hochmut geblendet, durch Sinnlichkeit betäubt, *verlernten diese Geister den Gottesbegriff* und schufen sich denselben je nach ihrer geistigen Stufe.

Der Verkehr mit höheren Geistern wäre hier ganz abgebrochen, wenn nicht Gottes Erstlinge, sich selbst aufopfernd, göttliche Missionen in diesem 6. Kreise ausgeführt hätten. Diese Missionen sind aber immer nur sehr kurz und finden in großen Zwischenräumen statt. Es erhalten auch weniger belastete Geister - als letzte Reinigung oder Buße - Aufgaben in diesen Welten.

Indem Geister der 4. und 5. Sonnen gruppenweise Einverleibungen in diesen Welten erhalten, dienen sie den Tieferstehenden als Beispiel und erfüllen zivilisatorische, bildende Aufgaben. *[freiwillige Inkarnationen]*

Der Verkehr mit höheren Geistern geht nur mittelbar - durch Verkörperungen oder durch Medien vor sich.

Dies ist das Totalbild des ganzen 6. Systems in all seinen Abstufungen, worunter sich auch eure Erde befindet.

Wir sind nun an der Grenze des Gegensatzes angelangt: in der letzten Depotenz, im letzten Spiral-Kreis. *(* Laurentius 3 – 153)*

Läge im Tiermenschen nicht der geistige Kern zum hohen Geiste, wäre er nicht das Produkt der Entartung, *so könnte er nicht naturgesetzlich die Stufe eines hohen Geistes erlangen; seine geistige Abstammung macht ihn bildungsfähig, unterscheidet ihn vom Tiere* und hilft ihm, stufenweise fortzuschreiten und seine Paradiesstufe wieder zu erreichen. *(* Laurentius 3 – 154)*

5.3.3   Der Erdenmensch

Daß wir uns auf einer der am tiefsten gesunkenen und sinnlichsten Stufen befinden, wißt ihr nun. Betrachten wir einmal die Depotenzen von Geist, Kraft und Stoff auf Erden.

Das Einverleiben des geistigen Prinzips auf Erden begann durch tiermenschliche Verkörperungen, die zur tiefsten Depotenz gehören.

Die menschliche Einverleibung hat ihren Kulminationspunkt der organischen Vollkommenheit und geistigen Ausbildung in den sogenannten zivilisierten Völkern erlangt, obzwar man auch unter diesen Roheiten, Sinnlichkeiten und Gefühle findet, die die Menschen gerne *"tierisch"* nennen.

(* Laurentius 3 – 161)

Der Mensch ist also kein gebildeter Affe, denn ein anderes Prinzip belebt den Affen, ein anderes den Menschen. Der Affe als Tier, als Sinnliches und Fleischliches, ist Folge des Falls der Geister; als belebtes sinnliches Wesen ist er ein reines Prinzip. Der Tiermensch dagegen ist eine Folge seines eigenen tiefen Falls. *(* Laurentius 3 – 162)*

... Um euretwillen schuf Gott über Christus und die Boten Gottes die Erde und die Materie - um euretwillen, denn ihr seid ja bis zum Reiche Luzifers herab gefallen. Wenn das nicht so gewesen wäre, gäbe es ja in der gesamten abgefallenen Schöpfung keinen Planeten Erde und sonstige Planeten! Es ist also genau umgekehrt! Ihr seid - als Geistwesen! - mehr wert als die gesamte Materie! Ihr seid Funken Gottes, und Gott lässt seine Kinder nicht verkommen! Und deshalb hat er die Materie geschaffen, weil ihr euch so verdichtet habt, dass euch in der von euch belasteten Seelenschwingung nur eine Inkarnation in der Materie reinigend helfen kann. *(* Emanuel 20 – 39)*

Erblicke, o Mensch, in deinem Planeten einen Ort der Buße, die Folge deines sinnlichen Falls! Du mußt kämpfen gegen die Natur und gegen dich selbst, du bist hier von deinem geistigen Dual, das du nur mühsam und mit Opfern wiederfindest, getrennt. Du bist mit selbstverschuldeter geistiger Sünde behaftet, kommst mit Schmerzen auf die Erde -und verläßt sie in den Schauern des Todes. Sucht darin den Beweis des Falls und der tiefen Depotenz-Stufe der Erde und gleichzeitig den Beweis, daß sie nur durch Buße und Sühne ein Ort des Fortschritts ist. *(* Laurentius 3 – 165)*

5.3.4 Die Entstehung der Erdenmenschen

Auch wenn die Erde bereits eine humanoide Biologie entwickelt hatte, brauchte sie später doch die Unterstützung von anderen menschlich-biologischer Art, von höherer Schulung und Schwingung, von einem anderen Planeten. Es ist gegenwärtig nicht wichtig für euch, dies zu verstehen, und es bedeutet nichts anderes, als dass eure menschliche Biologie nicht ausschließlich irdischer Natur ist und dass die Wesen, die ihren Samen gaben, euch über Äonen in sorgsamer Liebe beobachteten. Ihr Same war für eure DNA erforderlich, um sie für den universellen Stimulus empfänglich zu machen und um in eurem Bewusstsein den Schritt vom Tier zum Menschen zu machen. Dies ist das "fehlende Glied in der Kette", das ihr nicht eher finden werdet, bis es sich von selber zeigt. *(* Kryon 1 – 80)*

Ausagen von Abd-Ru-Shin [1929]
... So aber ist der grobstoffliche Körper nur seine Bekleidung, die er ablegt, sobald er in die Feinstofflichkeit zurückkehrt. Wie erfolgte nun die erste Menschwerdung? *(+ Abd-Ru-Shin 2 – 19)*

Die damaligen höchstentwickelten Tiere, die man heute irrtümlich als Urmenschen bezeichnet, starben aus. Nur *die* Körper von ihnen wurden der Veredelung zugeführt, in welche an Stelle der wesenhaften Tierseelen *Geistkeime* eingedrungen waren. Die Geistkeime reiften darin heran in vielerlei Erleben, hoben den Tierkörper bis zu dem uns nun bekannten Menschenkörper, sonderten sich zu Rassen und zu Völkern. *(+ Abd-Ru-Shin 2 – 371-372)*

Es war also der große Abschnitt in der Entwicklung der Schöpfung gekommen: Auf der einen Seite in der grobstofflichen Welt stand das höchstentwickelte Tier, das den grobstofflichen Körper als Gefäß für den kommenden Menschen liefern sollte, auf der anderen Seite in der feinstofflichen Welt stand die entwickelte Menschenseele, die der Verbindung mit dem grobstofflichen Gefäß entgegenharrte, um damit allem Grobstofflichen einen weiteren Aufschwung zur Durchgeistigung zu geben.

Als nun ein Zeugungsakt zwischen dem edelsten Paare dieser hochentwickelten Tiere erfolgte, wurde zur Stunde der Inkarnierung nicht wie bisher eine Tierseele, sondern an deren Stelle die dafür bereitstehende Menschenseele inkarniert, die den unsterblichen Geistesfunken in sich trug. Nach der Geburt des ersten Erdenmenschen stand nun dieser in Wirklichkeit allein, elternlos, da er die Tiere trotz deren hoher Entwicklung nicht als Eltern erkennen konnte und keine Gemeinschaft mit ihnen zu haben vermochte. Er brauchte es auch nicht; denn er war ganz Empfindungsmensch und lebte als solcher mit in der feinstofflichen Welt, die ihm Werte gab, die alles andere ergänzten. Das alles war eine Entwickelungszeit von langer Dauer, die Millionen Jahre umfaßt. *(+ Abd-Ru-Shin 2 – 20-23)*

Dirk: "Die von Abd-Ru-Shin beschriebenen ersten Erdenmenschen scheinen die von Laurentius erwähnten Tiermenschen zu sein. Bei Laurentius heißt es auch deutlich: "... begann durch tiermenschliche Verkörperungen". Der jetzige Erdenmensch ist aber kein Tiermensch mehr."

Hans: "Bei Seth, Ramtha und anderen habe ich ähnliche, aber noch weiter gehende Darstellungen gefunden."

Die Entstehung der Erdenmenschen - Seth
In historischem Sinne gesprochen, so wie ihr ihn versteht, möchte ich euch sagen, daß es keine eingleisige Entwicklung vom Tier zum Menschen gab, sondern parallele Entwicklungen, während derer über lange Zeiträume hinweg Tier-Mensch und Mensch-Tier kooperativ nebeneinander existierten.
(* Seth 1 – 128)

Vor ungefähr 50 bis 30 Millionen Jahren existierten zahllose Arten, die ihr heute als Mutationen betrachten würdet. Zwischen Mensch-Tier und Tier-Mensch wurde noch nicht so deutlich unterschieden. *(* Seth 1 – 146)*

Was die geologischen Zeitalter angeht, so wie sie verstanden werden, herrscht in der Hinsicht ein ziemliche Verwirrung. Solche Arten existierten in vielen dieser Zeitalter. Der Mensch, so wie ihr ihn euch denkt, teilte die Erde mit den anderen, gerade erwähnten Geschöpfen. So gesehen existierte der sogenannte moderne Mensch, der eure Schädelstruktur und so weiter aufweist, neben den Wesen, die nun angeblich seine Vorfahren sind.

Zwischen diesen Gruppen bestand eine gewisse Rivalität, wie es auch eine gewisse Kooperation gab. Einige Gattungen des, sagen wir, modernen Menschen starben aus. Es kam auch zu Paarungen zwischen diesen Gruppen - das heißt zwischen jenen Gruppen, die zur jeweils gegebenen Zeit existierten. Die Gehirnkapazität eurer speziellen Spezies blieb immer dieselbe.

Sowohl die Mensch-Tiere wie auch die Tier-Menschen wurden mit stärkeren Instinkten geboren. Sie brauchten keine langen Schutzphasen als Kleinkinder, sondern waren nach Art der Tiere schon früher physisch agiler als etwa das Menschenkind. Die Erde hat ganze Zyklen durchgemacht, von denen eure Wissenschaftler keine Ahnung haben. Der MODERNE Mensch existierte also mit anderen menschenähnlichen Gattungen und trat an vielen verschiedenen Orten der Erde und in VERSCHIEDENEN ZEITALTERN in Erscheinung. (* Seth 2 – 461-462)

Die Entstehung der Erdenmenschen - Ramtha

DIE ERSTEN MENSCHEN KAMEN erst nach langem Experimentieren einer Gruppe von Göttern zustande... Es waren ziemlich plumpe Geschöpfe, die euch heute sehr grotesk vorkommen würden. Für die Götter damals aber waren sie sehr schön. Leider waren sie nicht sehr flink auf den Beinen, so wurden sie ständig zu einem Mahl für die Tiere. Also versuchten die Götter Neues, und testeten und veränderten sie über einen langen Zeitraum hinweg, bis sie würdig waren, ganz bewohnt zu werden. Als die körperliche Hülle dann vervollkommnet war, ergriffen viele Götter in großem Jubel Besitz von den Körpern und stürzten sich bei der Erforschung des Lebens in ein neues Abenteuer. (* Ramtha 1 – 88)

Entstehung der ersten Menschen - Universelles Leben

Die Fallwesen und mit ihnen alle Kinder Gottes, die sich von ihnen durch Lockungen und Versprechungen verführen ließen, empfingen aus den gütigen Händen des Ewigen - der alle Seine Kinder liebt und der sie ewig in sich als reine Wesen schaut -Teile aus geistigen Sonnen und geistigen Planeten. Diese Teile geistiger Sonnen und Planeten fielen mit den Fallwesen und wurden - in unendlichen Zeiträumen des Absinkens vom Feinstofflichen zur immer gröberen Verdichtung - allmählich zu Materie. Sie enthielten auch geistige Mineral-, Pflanzen- und Tierreiche, welche die gleiche Entwicklung zur Materie nahmen. Das heißt: Das Licht in den geistigen Formen verringerte sich mehr und mehr. So, wie es abnahm, verkleinerten sich die geistigen Körper der Kinder Gottes: Sie zogen sich immer mehr in sich zusammen. Gleichzeitig formte sich allmählich der Mensch - die äußere Hülle, die dann den lichtarmen und verkleinerten Geistleib umschloß.

Wisset: Der geistige Leib besteht aus geistigen Partikeln. In ihnen befinden sich die geistigen Atome *[Gottesfunken]*, in denen die Kräfte der geistigen Wesenheiten und Eigenschaften Gottes gespeichert sind. Mit der Verringerung des Lichts begannen viele Partikel, sich ineinanderzuschachteln, indem ein Partikel den anderen in sich aufnahm.

Der Fall bewirkte also eine Art Mutation: Ein Teil der reinen geistigen Kräfte des Leibes verwandelte sich in niedrigschwingende Energien, aus denen dann allmählich der menschliche Körper entstand. Im Laufe dieser Zeiten wurde der Geistleib im Menschenkörper zum geistigen Energieträger für den menschlichen Organismus. Der eingezogene - das heißt auch eingeschachtelte - Geistleib blieb in der Hülle Mensch und ist der Transformator der Lebenskraft für den Menschen. Ohne diesen geistigen Leib, die Seele, kann der Mensch also nicht leben.

Gott, der Ewige, gab Seinen Menschenkindern alles, die Erde mit ihren Pflanzen, Früchten, Samen und Wasserquellen -, auf daß sie auch ihre physischen Körper ernähren können. Die ersten Menschen ernährten sich von Pflanzen, Früchten, Samen und tranken aus den Wasserquellen. Die Tiere waren ihre Freunde und Helfer. In diesem Entwicklungsprozeß entstand auch die Zeugung für irdische Körper. *(× Univ.-Leb. 1 – 368-370)*

Menschwerdung - Buch des Wahren Lebens
Jedem Geiste wurde als Mittel, um sich in dieser materiellen Welt kundzutun ein Körper anvertraut. In diesem Körper, welcher ein Meisterwerk Meiner Weisheit ist, gibt es ein Gehirn, in welchem sich die Intelligenz offenbart, und ein Herz, von dem die Tugenden und edlen Gefühle ausgehen.

(* BWL 3 – 58)

Vera: "Alle diese Aussagen haben einen verblüffend ähnlichen Kern".

Hans: "Die Unterschiede ihrerseits könnten aus den verschiedenen Sichtweisen der Jenseitsbotschafter kommen. Und die Vermutung Darwins, dass der Mensch vom Affen abstamme, scheint mir nach dem hier Gelesenen ja gar nicht so abwegig, wenn man von den spirituellen Aspekten absieht."

5.3.5 Darwin und die Evolution des Menschen

... als Geologe, Tier- und Pflanzenkenner 1831 schafft der 22jährige das Theologie-Examen... Da erfährt Darwin *[1809 - 1882]*, daß die britische Admiralität für eine Vermessungsfahrt rund um die Welt einen jungen Naturwissenschaftler sucht... Die Expedition verwandelt den Theologen. Er beginnt am biblischen Schöpfungsbericht zu zweifeln, wonach alle Tierarten von Anfang an vollzählig erschaffen waren und unveränderlich seien. In den Versteinerungen ausgestorbener Tiere sieht die Kirche Überbleibsel von Lebewesen, die während der Sintflut umkamen.

Als die "Beagle" Ende 1836 nach England zurückkehrt, ist der Naturbeobachter überzeugt: Die Arten entwickeln sich in verschiedene Richtungen, sobald sie voneinander isoliert werden... Sie *[die Tiere]* müssen miteinander in Wettstreit treten, um zu überleben. Dies ist der Schlüssel für die Entstehung und Veränderung der Arten, den Darwin gesucht hat.

Darwin bezeichnet diesen Verlauf als das "Überleben der Best-Angepaßten" (survival of the fittest). Auch der Mensch hat sich aufgrund dieses Gesetzes entwickelt. Er ist keine von Gott gewollte "Krone der Schöpfung", sondern, wie alle Säugetiere, der späte Nachkomme eines "kopflosen, zwittrigen Mollusken" (eines Weichtieres), wie Darwin schreibt.

Darwin ... schreibt "Die Entstehung der Arten" und veröffentlicht das Manuskript im Jahr darauf (1859). Das Buch, in dunkelgrünes Leinen gebunden, wird sofort eine Sensation. Prompt holt die Kirche zum Gegenschlag aus.

Erst 1871 äußert sich auch Darwin deutlich zu diesem heiklen Thema. In seinem Werk "Die Abstammung des Menschen" verkündet er: Mensch und Affe haben gemeinsame Urahnen. Ein weiteres Buch ("Der Ausdruck der Gemütsbewegungen bei den Menschen und Tieren") erklärt auch die menschliche Seele zum Ergebnis der Evolution. Geist, Moral und sogar der Glaube an Gott seien nur das Erzeugnis einer Gehirnstruktur, die so organisiert ist, wie es der Aufstieg des Menschen in Jahrmillionen erforderte.

(PM – Perspektive 96/004 – 52-55)

Vera: "Hier habe ich noch eine schöne Statistik, wie die Amerikaner die Evolution sehen:"
Einer Umfrage zufolge glauben US-Amerikaner, dass
... Gott den Menschen innerhalb der vergangenen 10000 Jahre   47%
   erschuf (Kreationismus)
... Gott den Evolutionsprozess über Millionen von Jahren lenkte   40%
... Gott in der Evolution keine Rolle spielte (Darwinismus)   9%
keine Angabe   4%

(Quelle: Gallup 1999)

Emanuel über Darwin

Die Begriffe Mineralreich, Pflanzenreich, Tierreich, Menschentum hat einer eurer Forscher, Charles Darwin, in seiner sogenannten Evolutionslehre verwendet. Er hat aber einige Fehler gemacht. Ein großer Fehler ist, daß er nur die Art der Lebewesen und nicht ihr Wesen an sich in seine Lehre aufnahm. Ebenso unrichtig ist, daß er stets den Übergang vom Mineralreich suchte und dabei eine Grenze zum Pflanzenreich bzw. Tierreich errichtete. Ich sagte, das Gesetz der Verwandlungen sei unmerklich, und es gäbe keine Grenze. Ein weiterer Irrtum des Forschers ist es, daß er eine Grenze zwischen dem Tierreich und dem Menschentum zog. Wenn ihr noch in eurem Bewußtsein hättet, welch alte Geistwesen ihr seid, dann könntet ihr leicht erkennen, was sich in grauer Vorzeit auf dieser Erde getan hat. Es gab eine Brücke zwischen dem Tierreich und dem Menschentum, die sogenannten Tiermenschen. Das sind keine Fabel- und Märchenwesen, sondern das waren Tatsachen in grauer Urzeit dieser Erde. Dieses Zwischenglied konnte der Forscher nicht finden, deshalb nahm er an, die Evolution ginge über Tiere, die dem heutigen Menschen ähnlich waren. In seiner Evolutionstheorie ist von ihm nur das rein Materielle erfaßt worden, das, was er sehen, beurteilen, greifen, messen, wägen usw. konnte. Darin gründen seine Irrtümer. Denn das Lebensprinzip im Mineral-, Tier- und Pflanzenreich ist ein Prinzip, das von den Gesetzen Gottes geführt wird und das sich unbewußt entwickelt...
Der Gottesfunke in euch unterscheidet euch und hebt euch über alles hinaus, was nur dem Lebensprinzip angehört.   *(* Emanuel/Hardus 11 – 69-71)*

Seth über Darwin

Die letzten Jahre seines Lebens brachte er (Darwin) damit zu, sie (die Evolutionstheorie) zu beweisen, und doch besitzt sie keine wirkliche Gültigkeit. Nur in ganz beschränktem Sinne ist sie gültig; denn das Bewußtsein entwickelt tatsächlich eine Form. Die Form entwickelt jedoch kein Bewußtsein. Es kommt darauf an, wann ihr auf der Bildfläche erscheint und worauf ihr euer Augenmerk richten wollt ... Bewußtsein entstand nicht aus zufällig durchs Universum verstreuten Atomen und Molekülen ...   *(* Seth 2 – 442)*

Christliches Menschenbild und moderne Evolutionstheorien

Botschaft von Papst Johannes Paul II, an die Mitglieder der Päpstlichen Akademie der Wissenschaften anläßlich ihrer Vollversammlung am 22. Oktober 1996

Das Lehramt der Kirche ist unmittelbar von der Frage der Evolution betroffen, denn sie betrifft das Menschenbild. Die Offenbarung lehrt uns, daß der Mensch nach Gottes Ebenbild geschaffen wurde (vgl. *Gen* 1,27). Die Konzilskonstitution *Gaudium et spes* hat diese Lehre, die zum Zentrum des christlichen Denkens gehört, auf großartige Weise ausgeführt. Sie hat daran erinnert, daß der Mensch "auf Erden die einzige von Gott um ihrer selbst willen gewollte Kreatur ist" (Nr. 24). Mit anderen Worten: Der Mensch kann weder seiner Spezies noch der Gesellschaft als einfaches Mittel oder bloßes Werkzeug untergeordnet werden; er hat einen Wert an sich. Er ist Person. Durch seine Intelligenz und seinen Willen ist der Mensch in der Lage, in eine Beziehung der Gemeinschaft, der Solidarität und der Selbsthingabe mit seinem Mitmenschen zu treten... Der menschliche Körper hat seinen Ursprung in der belebten Materie, die vor ihm existiert. Die Geistseele hingegen ist unmittelbar von Gott geschaffen: ...

Folglich sind diejenigen Evolutionstheorien nicht mit der Wahrheit über den Menschen vereinbar, die - angeleitet von der dahinter stehenden Weltanschauung - den Geist für eine Ausformung der Kräfte der belebten Materie oder für ein bloßes Epiphänomen dieser Materie halten. Diese Theorien sind im übrigen nicht imstande, die personale Würde des Menschen zu begründen. *(www.stjosef.at/dokumente/evolutio,htm)*

Hans: "Ich habe das Gefühl, Darwin ist nicht der einzige Wissenschaftler, der dadurch Fehler macht, dass er nur das in seine Überlegungen einbezieht, was er direkt sehen, greifen, messen usw. kann. Emanuel hat dies schön formuliert."

Dirk: "Interessant finde ich, dass praktisch alle Jenseitsbotschafter beschreiben, dass der jetzige menschliche Körper aus tierischen Vorformen entwickelt wurde, damit wir, die gefallenen Embriogeister, darin inkarnieren konnten."

Hans: "Tatsache ist, dass wir hier auf der Erde sind, und es geht für uns Menschen darum, zu erkennen, warum wir hier sind und wie wir zu Gott zurückfinden können. Ich schlage daher vor, dass wir uns gleich mit den Gesetzen befassen, die hier zusätzlich gelten. Die ewigen Gesetze haben wir schon kennengelernt. Wir haben aber auch einige Texte zu den 'endlichen Gesetzen' Gottes gesammelt."

5.4 Die endlichen Gesetze Gottes

5.4.1 Einführung

Unter ewigen Gesetzen verstehe ich die Gesetze, die ewige Gültigkeit haben. Unter endlichen Gesetzen verstehe ich jene Gesetze, die nötig sind, solange es materielle Welten gibt.. *(* Emanuel/Hardus 11 – 18))*

... Und jetzt spreche ich ganz menschlich zu euch: Gott stand nicht hilflos und ratlos vor dem Trümmerhaufen, den die abgefallenen Geschöpfe ihm hinterlassen haben! Gott schuf vielmehr eine neue Gesetzeswelle - und in diese neue Gesetzeswelle schloß der Schöpfer alle, die von ihm abgefallen sind, und überhaupt alles abgefallene Leben ein! *(* Emanuel 8 – 65)*

Nun kommt das Entscheidende und Wichtigste: Die ewigen Gesetze sind mit den endlichen Gesetzen teils verbunden, teils verwandt und münden als Verlängerung, in Verdichtungen und Verwandlungen in diese Gesetze ein.
(* Emanuel/Hardus 11 – 18)

Aus Sicht der Familie ließen sich die endlichen Gesetze wie folgt zusammenfassen:
* Das Solidaritätsgesetz der Geister
* Die Spiegelgesetze
* Die Verwandlungsgesetze
* Das Karmagesetz
* Das Reinkarnationsgesetz

5.4.2 Das Solidaritätsgesetz der Geister

Schutzgeistamt
Eine Auswirkung des Solidaritätsgesetzes der Geister nenne ich das *Schutzgeistamt*... jeder von euch hat mindestens einen Schutzgeist. Was ermöglicht dem Schutzgeist, bei seinem Schützling zu sein? Dessen Fehler? Oder weil er so gut ist? Nein, die Liebe ist es, die Liebe zum gefallenen Bruder. Das Solidaritätsgesetz der Geister ermöglicht es dem Schutzgeist, stets bei seinem Schützling zu sein und zu bleiben, wenn dieser sich nicht vorher von ihm trennt... Wo aber kein Schutzgeist ist, ist eine Vielfalt anderer Geister da, Geister der Tiefe. *(* Emanuel/Hardus 11 – 54)*

'Jeder ist Teil des Ganzen'
Eine weitere Auswirkung dieses veredelnden Gesetzes ist es, daß der Mensch endlich begreifen soll, daß er ein Teil des Ganzen ist, ob er das will oder nicht, und daß er nicht allein für sich leben soll... Aber im Gesetz der Solidarität der helfenden Geistwesen könnt ihr in keiner Weise verlorengehen, sondern an der endlosen Kette der Schwingungszahlen entsprechend eurer Individualität angekettet, seid ihr Teile des Ganzen.
(* Emanuel/Hardus 11 – 54-55)

'Jeder ist ein Familienmitglied'

... Ihr gehört geistigen Familien an, habt geistige Eltern und seid berufen, eure Pflicht unter Führung eurer geistigen Eltern zu erfüllen. Leider habt ihr eure Pflicht schwer vernachlässigt und seid diesen geistigen Eltern untreu geworden. Das Solidaritätsgesetz der Geister ermöglicht es diesen Eltern, die meistens himmlische Fürsten sind, euch durch die treu gebliebenen Geschwister aus euren eigenen Familien heimholen zu lassen. Oft sind eure Schutzgeister solche wahren geistigen Geschwister. *(* Emanuel/Hardus 11 – 55)*

Die irdischen Eltern

Einen irdischen Aspekt dieses Solidaritätsgesetzes der Geister bilden eure materiellen Eltern. Was im Geistigen vor sich geht, geschieht auch in der materiellen Verdichtung - allerdings in anderer Form und Gestalt - durch die materiellen Eltern. Auch sie geben einem inkarnationswilligen Geistwesen die Möglichkeit zur Inkarnation. *(* Emanuel/Hardus 11 – 55)*

5.4.3 Die Spiegelgesetze

Ein Beispiel aus der Lehre Christi: "Du siehst den Span in des Bruders Auge, aber den Balken in deinem Auge siehst du nicht!" Seht, so verwendete Christus das Spiegelgesetz! All das, was dem Menschen in seiner Seele aus dem Vorleben Prägung verlieh, kommt in der Weisheit und im Gesetze Gottes zu dem Zeitpunkt auf den Menschen zu, zu dem er für diese Erkenntnis reif ist. In diesem Augenblick der Reife tritt eine materielle Äußerung durch einen Bruder oder eine Schwester an ihn heran, er sieht den Fehler beim anderen, von dem er glaubte, daß ihn nur der andere habe, geht in sich und erkennt, daß er dem Bruder oder der Schwester in diesem Zustand mit der Äußerung des Fehlers begegnen mußte, weil er selbst diesen Fehler in sich geprägt hat. Das ist die Grundlage des Spiegelgesetzes. Begreift ihr nun die Weisheit Gottes? *(* Emanuel/Hardus 11 – 59)*

5.4.4 Die Verwandlungsgesetze

'Vergeistigung der Materie'

So ein endliches Gesetz lautet, daß alle Materie vergeistigt oder rückverwandelt werden muß, weil sie durch den Fall hervorgerufen und verwandelt worden ist. *(* Emanuel/Hardus 11 – 68-69)*

'Alles für die Fortentwicklung Erforderliche'

Ein weiteres endliches Gesetz ist, daß jeder Planet, jeder Stern genau die geistige Nahrung in sich birgt, die der Vater im Gesetz als Nahrung, zur Verwandlung Seiner Kinder, gegeben hat. *(* Emanuel/Hardus 11 – 69)*

'Anderen nicht zur Last fallen'

... Alle, die anderen zur Last fallen, trotzdem sie die Möglichkeit hätten, es nicht zu tun, belasten sich dadurch wieder für eine neue Inkarnation. Das heißt mit anderen Worten, wenn jemand im Jenseits vor der Inkarnation so reif war, daß er die Fähigkeit und die Kräfte mitbekam, um damit in diesem Leben entsprechend zu wirken, und er tut es nicht und fällt weiterhin anderen zur Last, so daß sie ihn mittragen müssen, so wird sein Bewußtseinszustand, wenn er hinübergeht, schwächer sein als vor der Inkarnation. In diesem Falle ist es ein Rückschritt, der aber nur so weit geht, daß jener die Stufe wieder einnimmt, die er vor der Inkarnation innehatte.

(* Emanuel/Hardus 11 – 73)

'Lebensaufgabe verpasst'
... Es kommt ein Mensch auf diese Erde, um im Gesetz der Solidarität zu wirken. Er läßt sich aber beirren und von der Aufgabe, die er sich vorgenommen hat, nämlich anderen Geschwistern geistige Nahrung zu bringen, abbringen. Jeder hat in sich das Fluidum, dessen er bedarf, um anderen Hilfe zu spenden, wenn er genügend gereift ist. Wenn er das z. B. aus Fahrlässigkeit nicht tut, dann muß im Gesetz der Solidarität ein anderes Kind Gottes in die dichten Fluide eintauchen, um diesen wartenden Geschwistern geistige Nahrung zu bringen. Ihr wißt, wie bitter es ist, wenn man die Aufgabe erkannt hat, aber dieser nicht gerecht wurde.   *(* Emanuel/Hardus 11 – 74)*

5.4.5   Das Karmagesetz - Gesetz von Ursache und Wirkung

... Das Grundprinzip dieses Gesetzes liegt in folgendem: Wenn die Ursache erlischt oder verklungen ist, hört die Wirkung auf. Das Leiden der ganzen gefallenen Schöpfung hat als Ursache den Fall. Daher gab es vor dem Fall kein Leiden, denn Gott will das Leiden nicht, aber durch den wiederholten Fall zogen sich Seine Kinder selbst das Leiden zu...   *(* Emanuel/Hardus 11 – 77)*

... Das Kind Gottes, das wiederholte Male die Gnade Gottes mißbraucht oder nicht angenommen hat und das auf seiner langen Wanderung die Barmherzigkeit Gottes mit Füßen trat, erfaßt nun im Leiden die Auswirkung der Gerechtigkeit. Es schreit auf und beschuldigt Gott, der doch Millionen Jahre auf die Heimkehr Seines Kindes gewartet hat. Es bezichtigt ihn, diese Strafe verhängt zu haben.

Vielgeliebte Seelchen, das ist eine Lehre Satans, daß Gott straft! Satan ist es, der euch durch Verführung sich ähnlich gemacht hat. Und seine Auswirkungen - weil ihr handelseins mit ihm gewesen seid - empfindet ihr als Leiden! Dieses Leiden ist eingezeichnet im großen Gesetz der "Sühne durch eigene Arbeit", daß ihr im Leiden erkennen sollt: Gott liebt mich! So mancher hat im Krankenbett erfaßt: Durch meine Schuld liege ich krank darnieder, durch meine Schuld kamen diese vielen Leiden und mein Unglück über mich... Gottes Weisheit paßt das Leiden Seiner Kinder genau ihrer persönlichen Leidensfähigkeit an und berücksichtigt dabei ihren guten Willen.

(* Emanuel/Hardus 11 – 80-81)

5.4.6 Das Reinkarnationsgesetz

Nun aber zur Wiedergeburt in einem materiellen Körper, zum *Reinkarnationsgesetz*. Dieses Gesetz ist ein endliches Gesetz, liegt aber in der Gnade Gottes und wurzelt im Gesetz "Sühne durch eigene Arbeit". Es ist ein Webfaden aus diesem Gesetz, gleich dem Gesetz von "Ursache und Wirkung" dem "Karmagesetz". Es ist für materielle Welten wie eure Erde und die sich dort Inkarnierenden ein endliches Gesetz. Das Spiegelbild dessen, was das Geistwesen vor der Inkarnation war, ist dessen äußere Hülle, der Menschenkörper. Der Wert dieses Menschenkörpers ist gesetzmäßig dem Wert des inkarnierten Geistes angepaßt, das heißt mit anderen Worten, ihr könnt als Menschen bei eurer Geburt nicht mehr wert sein, als ihr in der Vorexistenz, also vor eurer Inkarnation, wert gewesen seid. Die Anzahl der Inkarnationen ist von Gott nicht vorausbestimmt, diese hängen von mehreren Faktoren ab:

1. Vom belasteten, eingeschränkten Willen dessen, der sich inkarnieren will. Ursachen dafür sind: Erkenntnislosigkeit, das unbewußte Geistleben in der Materie, die kontinuierliche Nichtbeachtung des Gnadengesetzes und damit verbunden die individuelle starke Verdichtung des einzelnen, bis zum instinktähnlichen Zustand. So ein Mensch ist kein Tier, aber er hat seinen Gottesfunken derart abgedichtet, eine Mauer um ihn gelegt, daß er nicht fähig ist, klar zu denken und dementsprechend zu handeln. In diesem Falle ist es für ihn eine Notwendigkeit, neuerlich einen Körper in der Materie anzunehmen.

2. Vom bedingt freien Willen. Ursachen zu diesen Inkarnationen im materiellen Körper sind Verfehlungen gegen die Gesetze Gottes in großem oder schwerem Ausmaß, Verstöße gegen die Nächstenliebe, tief sitzende Leidenschaften, schwerwiegende Laster u. a... Dazu kommen noch die Verbindungen, die der Mensch in verschiedener Weise mit anderen eingegangen ist, ... Sie binden ihn und die anderen in den Lastern und Süchten, sodaß sie miteinander eine Schicksalsgemeinschaft bilden.

3. Vom freieren Willen. Ursache für diese Inkarnation ist die Sünde wider den Geist. Was bedeutet dieser Ausdruck? Für den freieren Willen sind schon Bewußtseinsinhalte notwendig, die den eigenen Geist am Aufstieg hindern, anderen Geschwistern den Weg zu Gott versperren und damit einen schnelleren Fortschritt teilweise oder ganz hemmen.

4. Vom freien Willen. Ursache für diese Inkarnationen ist die "verstandene" Gottesliebe und im Solidaritätsgesetz der Geister die Nächstenliebe. Dazu möchte ich drei Beispiele anführen.

Das erste Beispiel im Solidaritätsgesetz der Geister sind die *früh sterbenden Kinder*. Was will ich damit zum Ausdruck bringen? Es ist dies die selbstlose Tat eines Geistwesens, das kurzzeitig in das Erdenkleid tauchte, um damit die inkarnierten Eltern und die Verwandtschaft zu belehren. Diese haben sich doch so sehr auf dieses Kind gefreut, und nach verhältnismäßig kurzer Zeit stirbt es. Warum geschieht das? Gerade wegen der Sehnsucht und der innigen Bindung an dieses Kind läßt die Weisheit Gottes seinen frühen Tod zu. Die Eltern und Verwandten des Kindes beginnen nachzudenken, wo dieses Kind jetzt sein möge. Sie haben es doch so geliebt. Ihre Gedanken schweifen weg von dieser Erde und suchen in ihrer Sehnsucht das Kind. Sie glauben nicht daran, daß es ewig verschwunden ist.

(* Emanuel/Hardus 11 – 83-86)

Zu einem zweiten Beispiel für Inkarnationen mit freiem Willen möchte ich wieder die Voraussetzungen nennen: Verstandene Gottesliebe, die Ausführung im Solidaritätsgesetz der Geister und die Nächstenliebe. Wenn eine Menschengruppe immer wieder inkarniert ist und keinen Fortschritt bringt, nennen wir sie stationäre Geister. Diese stationären Geister benötigen nach dem Gesetz Gottes Hilfe und erhalten sie durch Missionsgeister. Missionsgeister sind inkarnationswillige Geistwesen, die das Erdenkleid freiwillig in dem Bewußtsein auf sich nehmen, diesen stationären Geistern eine Lehre zu geben, um sie in Bewegung zu bringen, damit sie endlich die nötigen Schritte tun: näher mein Gott zu Dir. Ein materielles Beispiel dafür sind die Chinesen. Sie sind stationäre Geister, langsam, nur ganz langsam wandelbar. Erst in der Jetztzeit ist zum Schluß der Zeitperiode eine Veränderung eingetreten. Warum? Weil sie ihr Bewußtsein - sprich Reich - geöffnet haben und dadurch neue Geistlehre zu ihnen dringen kann.

Als drittes Beispiel möchte ich anführen, daß - wiederum in der "verstandenen" Gottesliebe und im Gesetz der Solidarität der Geister - liebe Geschwister in die Materie eintauchen, die eine Offenbarung für die Menschheit bringen, und zwar auf allen Gebieten nicht nur im Religiösen. Vieles, was ihr euch in der Technik, Musik, Medizin oder auf einem anderen Gebiet errungen habt, ist aus einem einfachen Grunde gottgewollt: Gott will euch durch diese Offenbarung mehr Zeit geben, damit ihr aus eurem Bewußtsein heraus die Liebe Gottes verstehen könnt. Damit ihr dieses "Zeit geben" besser versteht: Die Technik hat für euch Maschinen geschaffen, damit ihr nicht täglich so lange zu arbeiten braucht. Aus diesem Grunde wurden euch Offenbarungen gegeben, ihr sagt dazu Erfindungen, aber es sind geistige Inspirationen, die die göttliche Liebe euch geschenkt hat...

Was macht aber die Menschheit? Schaut euch nur um auf eurer Erdenbühne. Sie mißbraucht das Techniksystem, das Gott in Form von Erfindungen oder Offenbarungen geschenkt hat, dazu, immer noch mehr haben zu wollen. Es ist also genau das Gegenteil eingetreten. Der Herr der Tiefe weiß das gut anzuwenden, und die blinden Menschengeschwister fallen zum Großteil darauf herein. So sieht es heute auf der Lebensbühne aus, auf der sich die Menschen, dem Inkarnationsgesetz folgend, befinden.

• (* Emanuel/Hardus 11 – 87-89)

5.4.7 Endliche Gesetze in den Veden

Ein törichter Mensch denkt, er unterliege keinem Gesetz. Er denkt, es gebe keinen Gott und keine regulierenden Prinzipien, an die man sich halten müsse, und er glaubt, er könne tun, was ihm beliebt. Er begeht daher verschiedene sündvolle Handlungen und wird als Folge davon Leben für Leben in verschiedene höllische Umstände versetzt, um von den Gesetzen der Natur bestraft zu werden. Der letztliche Grund für sein Leiden ist, daß er sich in seiner Dummheit für unabhängig hält, obwohl er völlig unter der Kontrolle der Gesetze der materiellen Natur steht. *(Srimad. – 5:26.0)*

Vera: "Die endlichen und auch die ewigen Gesetze beschreiben für mich klar und einleuchtend, wie die Menschen mit sich selber und miteinander leben und sich auf der Erde verhalten sollten und warum. Bis jetzt habe ich dabei keine Aussage gefunden, die irgendwelche anerkannten ethischen, religiösen oder moralischen Grundsätze verletzt.

Ich habe nicht den Eindruck, dass sie von der Gegenseite als Maßnahme zur Versuchung, Verführung und Irreführung der Menschen kommen. Ich habe nun auch keine Angst mehr, dass die von uns durchgearbeiteten Jenseitsbotschaften zu den Gesetzen Gottes von falschen Propheten - welchen auch immer - stammen könnten."

5.5   Struktur des Universums

Dirk: "Nach dem, was wir bisher durchgearbeitet haben, scheint es eine Vielzahl von Welten und Wesen zu geben. Ich brauche jetzt einen Überblick, wie das Ganze aufgebaut, strukturiert ist. Welche Arten von Wesen gibt es überhaupt und in welcher Relation stehen wir zu ihnen? Genügend Material dazu haben wir ja schon."

5.5.1   Ebenen und Sphären des Universums

Emanuel
Gott hat Christus, seinen Erstgeborenen, zu seinem Statthalter und zum Regenten der ganzen Schöpfung ernannt, vor Zeiten, als es noch keine materiellen Welten gab, sondern nur geistige harmonische Entwicklungsstätten.

(* Emanuel(Kontr.) 4 – 235)

... Wenn wir also sagen: "Nur aus sich selbst weiß Gott allein alles", dann ist Gott, um mich menschlich auszudrücken, jemand, der absolut ist. Christus hingegen ist Geschöpf, infolgedessen ist er nicht absolut und weiß deshalb auch nicht alles. Aber der Schöpfer hat ihm so viel Macht gegeben, und Christus drückt es auch aus: "Mir ist alle Macht gegeben in den Himmeln und auch auf Erden!" (Mt 28, 18)

Wie kommt er aber dann zu seinen Informationen? Durch die Boten Gottes, durch den persönlichen Schutzgeist *[des Menschen]*. Wenn es darum geht, Christus über Wichtiges zu informieren, wird es der Schutzgeist telepathisch an seine nächsthöhere Instanz weiterleiten, genauso wie mit den Gebetserhörungen.

Das ist keine Verkleinerung Christi, sondern eine Vergrößerung Christi, weil ihm die Geisterwelt Gottes, die Hierarchie, untersteht.

(* Emanuel 19 – 99-100)

... Gleich nach dem Abfall der untreuen Geistwesen *[Erstlingsgeister]* von Gott gab Gott Christus den Auftrag und die Kraft und Macht dazu, Besserungsstufen zu schaffen! Infolgedessen ist Christus der Schöpfer des gesamten materiellen Weltensystems. *(* Hardus 2 – 37)*

Durch wiederholten Fall war es gesetzmäßig nötig geworden, die gefallenen, schwerer belasteten Kinder Gottes von den minder belasteten auszuscheiden. So entstanden gesetzmäßig neue Weltenkeime, Kometen usw., die sich verdichteten und durch Abkühlung - je nach der Planetenwelt - zu "fester Materie" wurden...

Es wird daher nicht immer Menschen und nicht immer diese Erde geben, sondern alles wird vergeistigt, alles kehrt heim zum Ausgangspunkt, zu Gott, der unser aller Vater ist. *(* Emanuel/Hardus 5 – 101-102)*

Das Weltall umfaßt sieben verschiedene Hauptreiche, das sind das erste bis sechste Sonnenreich -und als siebentes Reich das aller Trabanten (Planeten, Planetoiden, Monde und Kometen). Jedes Sonnenreich hat seine Sphärenunterreiche, und jeder Planet hat atmosphärische Ringe um sich, die sich wieder in Sphären mit verschiedenen Zwischenstufen unterteilen.

Unser Planet Erde ist von sieben atmosphärischen Ringen umgeben, und jeder der sieben Ringe unterteilt sich wieder in sieben Sphären, das sind also neunundvierzig Sphären, die die Wohn- bzw. Aufenthaltsstätten der dieser Erde zugehörenden Geister darstellen und das sogenannte "Jenseits" bilden. Diese Bereiche dienen den von der Erde abgeschiedenen Seelen zur Läuterung, zum Lernen, somit zur Höherentwicklung und im siebten atmosphärischen Ring als Vorbereitung auf den Übergang in die nächst höhere, die sechste Weltstufe bzw. in das sechste Sonnenreich. *(* Emanuel(Kontr.) 6 – 163)*

Aber wir sagen euch: Es gibt Planetenwelten in gewaltiger Zahl auf anderen Sonnensystemen, die eine ähnliche - nicht gleiche! - Entwicklungsstufe haben wie eure Erde! *(* Hardus 1 – 119)*

Universelles Leben

Aus diesem gegensätzlichen, umgepolten Prinzip entstanden die Fallreiche. Sie bestehen aus Teilen geistiger Planeten, die mit den Fallwesen abglitten. Im Laufe der Zeit wurden die abtrünnigen Geistwesen zu Menschen und diese Teilplaneten zu Speicherplaneten. Was die Fallwesen - und im weiteren Verlauf des Falls die Menschen - gesät haben und säen, das ging und geht zuerst in die jeweiligen Seelen ein und von den Seelen in die Speicherplaneten, deren Frequenz der Saat entspricht. Die Speicherplaneten bilden den Kausalcomputer und das Rad der Wiederverkörperung für jene Seelen, welche wieder zur Einverleibung gehen. *(× Univ.-Leb. 2 – 29)*

Es gibt sieben Fallbereiche, sieben verschiedene Schwingungsebenen. (Sie fließen ineinander über.) Jeder Planet der verschiedenen Galaxien ist von allen sieben Ebenen umgeben. *(+ Univ.-Leb. 3 – 66)*

Seth

Eine Sphäre ist etwas, das anscheinend für eine gewisse Zeit und aus einem Grund vom Rest des Universums abgesondert ist. Sie kann aufhören, zu sein. Sie kann entstehen, wo vorher keine war. Eine Sphäre wird für Wesenheiten als Erfüllungs-Muster auf verschiedenen Ebenen geschaffen. Sie ist ein klimatisches Umfeld, das der Entwicklung von einzigartigen und speziellen Fähigkeiten und Errungenschaften förderlich ist. Eine Sphäre stellt eine Isolierung von Elementen dar, wobei jedem von ihnen für seine Funktion so viel Raum wie möglich gegeben wird.

Planeten wurden als Sphären genutzt und dann wieder für andere Sphären gebraucht. Eine Sphäre ist keine kosmische Örtlichkeit.

In der Tat ist der Vergleich zwischen einer Sphäre und einem emotionalen Zustand stichhaltiger als der zwischen einer Sphäre und einem Staat im geographischen Sinn - vor allem, da emotionale Zustände keinen Raum einnehmen.   (* Seth 2 – 548)

Abd-Ru-Shin

Die grobstofflich sichtbaren Weltenkörper, die eine weitaus größere feinstoffliche, also dem irdischen Auge nicht sichtbare Umgebung mit sich führen, sind demselben Geschehen in ihrem ewigen Umlauf unterworfen, weil dieselben Gesetze in ihnen tätig sind.   (+ Abd-Ru-Shin 1 – 81)

Was ist nun das Jenseits? Viele werden an dem *Worte* irre. Jenseits ist einfach alles das, was sich mit irdischen Hilfsmitteln nicht erkennen läßt. Man könnte also sagen: das Jenseits ist, was jenseits der Erkennungsfähigkeit unserer körperlichen Augen ist. *Eine Trennung aber zwischen Dies- und Jenseits gibt es nicht!* Auch keine Kluft! Es ist alles einheitlich, wie die gesamte Schöpfung.

Eine Kraft durchströmt das Diesseits wie das Jenseits, alles lebt und wirkt von diesem einen Lebensstrom und ist dadurch ganz untrennbar verbunden.
                                                                                                    (+ Abd-Ru-Shin 1 – 33)

Marciniak

Die Sonne regiert euer Sonnensystem und ist der Sitz der Intelligenz, die diesen speziellen, von euch bewohnten Ort beherrscht Die Sonne reicht bis in eure Zone, und wenn sie eure Haut berührt, liest sie eure Schwingung. Sie ist sehr eng mit jedem Lebensaspekt, wie ihr ihn kennt, verbunden. Sie ist eine Intelligenzkraft, die eure eigentliche Existenz antreibt und die Umwelt erschafft, in der ihr euch entwickeln könnt.

In vielen Kulturen wird die Sonne wie ein Gott als die intelligente Kraft verehrt, die diese Welt regiert... Sie ist nicht einfach nur brennende Gase, wie eure Wissenschaftler sagen.   (* Marciniak 1 – 248)

Zopf

Alles im Universum Existierende entstand einst aus der unendlichen Potenz der Ur-Energie. Ihr könnt sie euch wie einen Feuerball vorstellen, der aber nicht verbrennt, sondern der Wärme und Energie abstrahlt, woraus neues Leben, neue Formen entstehen. In dieser abstrahlenden Energie ist alles enthalten, was für Leben an und für sich notwendig ist. Alle wichtigen

Baustoffe des Lebens sind darin vorhanden. Sie ist reines Leben, reines Sein. Pure Ur-Energie ist in der Ausstrahlung enthalten.

Die abstrahlende Energie verdichtete sich auf ihrem Weg an manchen Stellen und bildete Strömungen. Durch diese Strömungen entstanden Ansammlungen, Anhäufungen von Energie, woraus sich mit der Zeit Planeten, Wirbel, Sternennebel, Sonnensysteme, eben alles im Universum vorhandene bildeten... In allem war und ist die Ur-Energie enthalten. Sie war und ist der Ursprung allen Lebens. Sie ist göttliche Potenz, göttliche Kreativität, göttliches Licht, göttliche Liebe. *(* Zopf 1 – 24)*

Als Teil eines Sonnensystems hat jeder Planet seine ihm eigene Charakteristik, seine eigene Aufgabe und seine eigene Frequenz. Jeder einzelne Planet ist ein wichtiger Bestandteil des Sonnensystems... Doch all diese euch wie tot erscheinenden Planeten enthalten und tragen Bewußtsein. Sie alle sind wichtig. *(* Zopf 1 – 31-33)*

5.5.2   Stofflichkeit und Materie - von fein bis grobmateriell

Wenn ich von Grobstofflichkeit und von Feinstofflichkeit spreche, so darf also nicht angenommen werden, daß die Feinstofflichkeit die Verfeinerung des Grobstofflichen bedeuten soll. Das Feinstoffliche ist vollkommen *anderer* Art, von anderer Beschaffenheit. Es wird nie zu Grobstofflichem werden können, sondern es bildet eine Übergangsstufe nach oben zu. Auch ist unter Feinstofflichkeit genau so wie bei der Grobstofflichkeit nur eine *Hülle* zu verstehen, die mit dem Wesenhaften verbunden werden muß, um von ihm belebt werden zu können. *(+ Abd-Ru-Shin 2 – 304)*

Die feinstoffliche Welt ist gewissermaßen das Urbild unserer grobstofflichen Materie, die im Laufe des Fallgeschehens entstanden ist: Rein geistige Planeten und Lebensformen transformierten sich zu einem materiellen Kosmos mit irdischen Lebensformen herunter.

So wie auf der Erde das Leben aus Zellen entsteht, entwickelt es sich im reinen Sein aus "geistigen Atomen". In ihnen komprimiert sich der Lichtstrahl des Schöpfergeistes und entfaltet aus einem ersten geistigen Partikel, dem Bewusstsein eines Steines, weitere geistige Partikel - das Bewusstsein eines Minerals, aus dem sich unter der Einwirkung des All-Geistes in weiteren Evolutionsgängen immer komplexere geistige Partikelstrukturen entwickeln: Gräser, Pflanzen, Bäume und Sträucher. Eine Strahlungsform baut auf die bereits vorhandene auf. *(* Das Friedensreich 12/00 – 19)*

Materie ist aber nicht einfach "verklumptes" Bewusstsein, sondern jedes einzelne Atom verfügt auch über "ein" eigenes, unabhängiges, äusserst aktives, individuelles Bewusstsein. *(* Foret – 39)*

Das Geistige, Halbmaterielle und Materielle stehen in einer gewissen Wechselwirkung zueinander, die ihr in euren Schlußfolgerungen nicht immer in Betracht zieht. Doch in seiner Form, Art und in seinen Varianten gibt das Geistige den beiden anderen das Gepräge, es verleiht ihnen ihren Wert. Die Materie ist eine Schöpfung des Geistes. *(* Emanuel 23 – 117)*

5.5.3 Die Geistwesen und ihre Aufgaben

Geistwesen sind intelligente Individualitäten der Schöpfung im All, in der Regel außerhalb der materiellen Welten lebend und wirkend. *(* Hardus 1 – 22)*

Die nicht gefallenen Erstlingsgeister übernahmen die Leitung von mehreren Milliarden Sonnensystemen, die um die Ursonnen, d.h. um reingeistige Welten kreisen. Die gefallenen Geister, als Bewohner dieser Welten, verkörperten sich (inkarnierten) daselbst nach ihrem freien Willen (dessen sie nicht beraubt worden waren), teils um vom Wunsch nach Rückkehr angespornt, sich ihrem von Gott bestimmten Ziel wieder zu nähern, teils jedoch, um eben diese Geister *[die zurückwollen]* zu Fall zu bringen und gegen sie zu arbeiten.

(* Emanuel 23 – 23)

... Die Gott treuen Geistwesen, auch "Missionsgeister" genannt, versuchen die bösartigen oder negativ eingestellten Geistwesen aufklärend für das Gute zu gewinnen, um dadurch zu Ihrem Aufstieg beizutragen. *(* Hardus 1 – 41)*

Wisse: In der ewigen, himmlischen Heimat gibt es keine "Normung" der Geistwesen: Kein Geistwesen gleicht dem anderen. Die Mentalität jedes Geistwesens schimmert in einer anderen Facette. So allumfassend, wie das ewige göttliche Gesetz ist, sind auch die göttlichen Wesen, die Geistwesen.

(× Univ.-Leb. 7 – 166)

5.5.4 Engel und die Engelhierarchie

Was sind Engel?
Die drei großen Religionen der westlichen Welt, Christentum, Judentum und Islam, erzählen wie praktisch alle anderen religiösen Glaubenssysteme der Welt in ihren Kosmologien von himmlischen Wesen. Ihre Schriften enthalten allesamt Hinweise auf das Eingreifen von Engeln.

Engel gehören wie Menschen zu Familien oder Clans Sie haben viele Namen erhalten, aber nach Ansicht einer Anzahl von Engelhistorikern können die vertrautesten in drei Kategorien oder Sphären geordnet werden, angefangen von denen, die Gott am nächsten sind, bis "hinab" zu denen, die in Verbindung mit der physischen Welt stehen. *(Alma – 28)*

[Frage:] Gibt es aus eurer Sicht Erzengel, Engel, Erzdewas, Dewas usw. ?

[Antwort:] Ich, Hardus, sage euch, weil ich mit diesen Engeln, Erzengeln, Dewas, Erzdewas und anderen verkehre, auf das bestimmteste: Ja, es gibt sie! Aus meinem Innersten heraus sage ich: Es sind dies Wesen voll Schönheit und Kraft, die nie gefallen sind und besondere Aufgaben in der Schöpfung Gottes zu erfüllen haben. Aber es sind dies auch abgefallene Geistwesen, Engelwesen aller Chöre, die wieder zurückgekehrt sind und ihre Wesenheitsvollkommenheit erreicht haben oder erreichen werden. *(* Hardus 2 – 16)*

[Frage:] Sind Erstlingsgeister - also Erzengel, Cherubine, Seraphine, Throne, Mächte und wie ihr diese hohen Himmelsfürsten sonst noch nennt - vor Gott bedeutender als Geistwesen der zweiten Schöpfungsperiode?

[Antwort:] Nein! Begründung: Gott schaut nicht auf den Rang, Stand und Namen, sondern auf die in den Gesetzen gewirkten Leistungen für das Gesamtwohl seiner Schöpfung. (* *Hardus 1 – 27*)

Das Wort *Engel* selbst wird einmal als Oberbegriff für alle himmlischen Wesen benutzt, aber auch speziell für die Mitglieder der dritten Sphäre, die dem physischen Reich am nächsten stehen. Auch das Wort *Erzengel* wird oft als Oberbegriff für alle höheren Ordnungen der himmlischen Wesen benutzt und ist andererseits die Bezeichnung für eine bestimmte höhere Ordnung.

Die Ordnungen der Engelwesen
Die erste Sphäre - Engel, die als himmlische Berater dienen:
1. Seraphim
2. Cherubim
3. Throne

Die zweite Sphäre - Engel, die als himmlische Verwalter dienen:
4. Gewalten
5. Tugenden
6. Mächte

Die dritte Sphäre - Engel, die als himmlische Boten dienen:
7. Fürstentümer
8. Erzengel
9. Engel (* *Alma – 29*)

... Würdet ihr einen Engel nach seinem markantesten Merkmal fragen, würde er sich als einen Diener des Lichts bezeichnen. (* *Zopf 6 – 59*)

Engel unterscheiden sich also in ihrer Frequenz und diese ist entscheidend dafür, in welchem Bereich des Universums sie sich aufhalten können... Ihr Zuständigkeitsbereich und ihre Aufgabe wird also von ihrer Frequenz bestimmt, die zeigt, in wieweit sie die Energie der Ur-Sonne durch sich fließen lassen können. (* *Zopf 1 – 63*)

Wir Engel haben zwar eine gewisse fließende Energieform, aber keinen physischen Körper. In manchen wichtigen Momenten können wir aus Liebe heraus in einem Körper erscheinen, wenn es für einen Menschen sehr wichtig ist, aber das ist eher die Ausnahme. Wir Engel sind Botschafter Gottes oder der göttlichen Quelle, und wir verbreiten die Lehre der kosmischen Liebe und des kosmischer Lichts im ganzen Universum. (* *Zopf 4 – 59*)

Jeder Mensch hat seinen Schutzengel, der ihm zur Seite steht und der für ihn da ist! ... Der Schutzengel kann seinem Schützling spirituelle Führung auf seinem Weg geben. Dafür ist er da und nicht hauptsächlich, wie viele glauben, um ihn vor Unglücken zu bewahren. (* *Zopf 4 – 174*)

Das Thema "Engel" im Evangelischen Katechismus

Der neue Evangelische Erwachsenenkatechismus räumt den Engeln überraschend viel Platz ein. Auf der Umschlagseite bläst ein bunter und beschwingter Engel die Posaune, der die Leserinnen und Leser auch durch alle Kapitel des Buches begleitet. Diese Hommage an die Engel ist keine modische Beigabe, sondern ein Sinnbild für einen zeitgemäßen Katechismus, denn in letzter Zeit ist in Kirche und Gesellschaft das Interesse an Engeln wieder erwacht.

... Die Engelgestalt im Evangelischen Erwachsenenkatechismus deutet an, wie Glaubensorientierung heute geschehen kann:

Der Engel hat ein Gesicht und eine menschenähnliche Gestalt. Das steht für den Wunsch, die frohe Botschaft persönlich gesagt zu bekommen. Authentisch soll das Zeugnis des Glaubens sein und auf die persönliche Situation der Menschen eingehen.

Christinnen und Christen, aber auch andere, die nach Gott fragen, erwarten Wegweisung und Antwort nicht in Formeln und Fachworten, sondern verständlich, lebensnah und eingängig. *(Evan. – 9)*

Das Thema "Engel" im Katholischen Katechismus

Ihrem ganzen Sein nach sind die Engel Diener und Boten Gottes. Weil sie "beständig das Antlitz meines Vaters sehen, der im Himmel ist" (Mt 18,10), sind sie "Vollstrecker seiner Befehle, seinen Worten gehorsam" (Ps 103,20).

Als rein *geistige* Geschöpfe haben sie Verstand und Willen; sie sind personale und unsterbliche Wesen. Sie überragen alle sichtbaren Geschöpfe an Vollkommenheit. Der Glanz ihrer Herrlichkeit zeugt davon... Von der Kindheit an bis zum Tod umgeben die Engel mit ihrer Hut und Fürbitte das Leben des Menschen. "Einem jeden der Gläubigen steht ein Engel als Beschützer und Hirte zur Seite, um ihn zum Leben zu führen." (Basilius). *(Kath. – 117-118)*

Lisa: "Ich bin froh, jetzt mehr über die Engel zu wissen. Aber wie ist es mit den Elfen, Kobolden, Nixen, von denen immer erzählt wird? Gibt es die wirklich und sind sie gute Wesen?"

5.5.5 Naturwesen - Elementarwesen

[Frage:] Kannst du noch ein wenig näher auf die Einordnung der sogenannten Elementarwesen eingehen, die wir aus den Märchen kennen, wie Nixen, Gnome, Zwerge, Elfen, und wie diese einzureihen sind in der Entwicklung des Seelenprinzips von Stein, Pflanze und Tier?

[Antwort:] Da bei Gott alles in Verwandlungen vor sich geht, wirken sie ineinandergreifend. Auf geistiger Ebene spricht man von Kobolden, Elfen, Gnomen, die in der Erde arbeiten, von Nixen und Wassermännern, die ihre Tätigkeit Im Wasser ausüben, Sylphen in der Luft, und im Feuer von Feuersalamandern. Sie alle bezeichnet ihr als Fabel- oder Märchenwesen. Diese sogenannten frei wirkenden Wesen stehen weit unter dem Menschen, denn sie haben noch keinen Gottesfunken. Sie sind Diener des Gesetzes und haben

bis zu einem gewissen Ausmaß Intelligenz, das heißt Verstand. Sie bemühen sich, im Gesetz Gottes zu wirken, sind aber durch ihren Verstand versuchungsfähig, das heißt, sie können, wenn sie versucht werden und es ihnen plausibel gemacht wird, sowohl dem Niederen dienen als auch dem Höheren.
(Emanuel/Hardus 11 – 147-148)*

Alles, was in der physisch festen Welt existiert, besitzt auch eine physisch feinstoffliche Komponente. Die Pflanzen, die Bäume, die Sträucher, die Blumen sind alle physisch fest und schwingen doch auch in der physisch feinstofflichen Ebene. Ihre Beschützer, Verwalter und Ernährer - die Naturwesen - gehören ebenfalls zur physischen Ebene, aber ohne einen festen Körper zu besitzen. Sie schwingen nur auf der physisch feinstofflichen Ebene.
(Zopf 4 – 169)*

Die Naturwesen, welche mit den Augen des Menschen nicht schaubar sind, die den materiellen Naturreichen dienen, sind Geistwesen untergeordnet, die wiederum die Aufsicht über alle Mineral-, Pflanzen- und Tierreiche haben. Unter ihrer Führung wirken die Naturwesen. Sie helfen über die geistigen Formen - z. B. der Blumen und Tiere - deren stofflichen Formen... Im Zusammenwirken mit den Geistwesen, denen die Naturreiche unterstellt sind, bilden sie ein mächtiges Kommunikationsnetz, das mit einer absolut intakten Hilfsorganisation vergleichbar ist.
(× Univ.-Leb. 6 – 42)

Lisas Übersicht über Elementarwesen und ihre Umgebung:

Erde	Wasser	Luft	Feuer
Kobolde	Nixen	Sylphen	Feuersalamander
Elfen	Wassermänner		
Gnome			

Lisa: "Das mit den Naturwesen ist mir jetzt klar. Insgesamt sind sie hilfsbereite Schöpfungen.

Aber mir fällt auf, dass wir uns seit langem nicht mehr mit dem Schicksal von Luzifer beschäftigt haben. Eigentlich müsste es ihm doch schlecht gehen mit so viel aufgeladener Schuld und seiner Weigerung, sich zu bessern."

5.5.6   Die Struktur der Gegenseite (negative Geistwesen)

Luzifer wollte stets Erster sein. Christus war vom Vater als König der Geisterwelt eingesetzt und gesalbt worden. Luzifer wollte aber König sein. Die Geisterrevolution unter seiner Führung gegen Christus war fehlgeschlagen, er wurde mit seinem Anhang in die Tiefe gestürzt. Gegen Gottes Kraft war er machtlos, so baute er sich mit seinen Anhängern ein eigenes Reich auf, das Satansreich, mit ihm an der Spitze als unumschränktem Gewaltherrscher.
(Laurentius 2 – 85)*

Ursprünglich war freilich Luzifer der Lichtträger für die Schöpfung! Aber Luzifer hat das Licht verloren, und Christus hat diese Aufgabe zusätzlich auf sich genommen, der "Lichtträger" zu sein. *(* Emanuel 20 – 197)*

Ich will deutlich darauf hinweisen, daß Luzifer nichts eingebüßt hat, von seiner Ursubstanz. Er ist und bleibt der Zweitgeborene, das ist ein unauslöschliches Merkmal. *(* Emanuel 4 – 236)*

... Es gibt sehr viele irdisch ähnliche Planetenwelten im Kosmos, es gibt aber nur einen Sitz Luzifers, und das ist die Erde. Einflußbereiche Luzifers auf erdähnliche Planeten, Trabanten usw. gibt es unzählige. Aber die Fluidalmenschen wollen sich im Reiche Luzifers inkarnieren, um sich in ihrer Standhaftigkeit zu bewähren, die sie gelernt haben. Das heißt, es ist ein Anziehungspunkt für Geistwesen, auf dieser Erde zu inkarnieren.
(* Emanuel 15 – 236)

Luzifer ist das unglücklichste Wesen, das es in der ganzen Schöpfung gibt. Er hat sich nämlich - zumindest großteils - die Erinnerung noch in seinem Bewußtsein erhalten können. Das ist die Weisheit Gottes, die ihr wieder daraus erkennen könnt: Er weiß noch, wer er einst war. *(* Emanuel 17 – 70)*

[Frage:] Was verstehst du unter Hölle, Unterwelt usw.?

[Antwort:] Aus meinem geistigen Wissen und aus meinem Bewußtsein heraus gebe ich euch zu dieser Frage folgende Antwort: Es ist sowohl ein Bewußtseinszustand als auch ein Bewußtseinsort, in weiter oder weitester Entfernung von Gott! Gebt gut acht, daß ihr das versteht! Dieser Bewußtseinszustand und dieser Bewußtseinsort sind jedoch nicht von ewiger Dauer.
(* Hardus 2 – 17-18)

Im Reiche Satans ist die Hierarchie - wie ich dir bereits sagte - ähnlich gegliedert wie im Himmel. Warum? Weil bei der Geisterrevolution der Abfall von Gott sich quer durch alle Stände und Ränge im freien Willen der einzelnen vollzog. Und wie es im Reich Gottes Geister verschiedenster Aufgaben und Tätigkeiten gibt, so hat Luzifer eine negative Gegenordnung und fordert unbedingten Gehorsam von seinen Untergebenen. *(* Laurentius 2 – 86)*

Liebe Schwester, er hat kein Verständnis für das Schöne und für das Reine. Er hat nur Verständnis für seine Machtausübung, für seinen Haß auf alles, was von Gott bzw. von Christus und den Boten Gottes kommt.
(* Emanuel 17 – 74)

Seit Beginn des Projektes war die Familie in den Büchern auf eine Vielzahl verschiedener Namen für Luzifer als Anführer der Gegenseite gestoßen. Die am häufigsten verwendeten Namen für Luzifer und seine Anhänger waren:

- Satan
- Luzifer
- Der Negative
- Herr der Tiefe
- Teufel
- Todesfürsten

- Ungünstige Wesen
- Widersacher Christi
- Seelenverderber Luzifer
- Widersacher der Menschen
- Antichrist
- Belial

- Mächte der Finsternis
- Die dunklen Mächte
- Negative Geistwesen
- Gegensatzgeister
- Lichtscheue Wesenheiten

- Feind Gottes
- Fürst dieser Welt
- Satanael
- Beelzebub
- Die Anderen

Die Hölle ist ein Seinszustand. Er ist die Erfahrung eines Getrenntseins von Gott, eine Einbildung, dass ihr von eurem ureigenen Selbst getrennt seid und nicht mit ihm wiedervereint werden könnt.   (* Walsch 5 – 172)

Infolge des weiteren Abfalls von Gott entstand im Laufe unendlicher Zeiträume der Dämonenstaat. Unter seiner Herrschaft stehen alle, die sich dem negativen, dem satanischen Prinzip "Trenne, binde und herrsche" verschrieben haben und verschreiben.   (× Univ.-Leb. 2 – 26)

Die "Anderen" halten sich nicht an die Gesetze. Man könnte sie als Gesetzesbrecher des Universums bezeichnen.   (* Carmel – 121)

Die ihm [Luzifer] gegebene Kraft mißbrauchend, führte er unter anderem das Prinzip der Versuchungen ein, ... Das Prinzip der Versuchung aber ist gleichbedeutend mit dem Legen von Fallstricken, durch die nicht genügend in sich gefestigte Kreaturen schnell straucheln, stürzen und verlorengehen, während andere wieder allerdings dabei erstarken in Wachsamkeit und Kraft, um dann machtvoll emporzublühen zu geistigen Höhen.

(+ Abd-Ru-Shin 2 – 188)

Die Familie stellte eine Übersicht zusammen, um sich die Auswirkungen von Luzifers Einfluss vor Augen zu führen:

Im Reiche Gottes herrschen	Im Reiche Luzifers herrschen
Liebe	Haß, Wut, Zorn und Raserei
Barmherzigkeit und Mitleid	Selbstsucht und Egoismus
Vernunft und Weisheit	Selbstherrlichkeit, Zweifel, Hohn und Spott
Freiheit und freier Wille	Zwang, Gewalt und Herrschsucht
Wahrheit, Ernst und Glaube	Lüge und Unglaube
Ordnung und Gehorsam	Chaos und Ungehorsam
Demut und Geduld	Hochmut und Ungeduld

(vgl. * Laurentius 2 – 86-87)

5.6   Evolution und Entwicklung: Erste Zivilisationen

Vera: "Ich habe jetzt eine ungefähre Vorstellung davon, wie die Welt entstanden ist, wie sie strukturiert ist, wie wir hierher kamen und welche Aufgabe wir haben. Mich interessiert jetzt vor allem, wie die Entwicklung auf der Erde nach der Menschwerdung weitergegangen ist."

5.6.1 Kurze Beschreibung unserer Vorfahren

Hans: "Was wir durch die Jenseitsbotschafter über die Entstehung der Menschen auf der Erde erfahren haben, fand ich sehr überzeugend. Es wäre nun interessant, dies mit der Sicht der Paläontologen zu vergleichen und damit Veras Vorschlag zu folgen."

Dirk: "Nach dem was ich gelesen habe, gibt es harte Fakten, gegensätzliche Theorien und eine Vielzahl von Vermutungen und Spekulationen. Fast jeden Monat werden aufgrund neuer Funde auch neue Erkenntnisse gewonnen, die alle in die gleiche Richtung gehen. Nämlich, dass unsere Vorfahren weiter entwickelt waren als bisher angenommen. Ich habe außerdem in den Unterlagen Folgendes gefunden:

- Seit dem Fund des Neandertalers im Jahr 1856 haben die Wissenschaftler nicht mehr als etwa 2000 ur- und vormenschliche Individuen gefunden *(lt. GEO-WISSEN 09/98)*
- Statistisch gesehen hat sich nur alle 100 Generationen ein einzelner Knochen erhalten.
- Vor etwa 7 Millionen Jahren scheint der letzte gemeinsame Vorfahre von Mensch und Schimpanse gelebt zu haben. Der als "Toumaï" bekannte Fund ist bis heute der älteste Fund eines Vormenschen. *(vgl. SPIEGEL 29/02)*"

Dirk erstellte die folgende Tabelle über die Entwicklung von den Vormenschen bis zu den modernen Menschen hinsichtlich der genetischen Herkunft:

Menschenkategorie	haben gelebt vor ... Mio. Jahren	Erster Fundort
Vormenschen		
Sahelanthropus tchadensis (Toumaï)	≈ 7	Tschad
"Millenium Man"	≈ 6	Kenia
Australopithecus ("Südlicher Affe"):		
- Anamensis	4,2 bis 3,8	Kenia
- Afarensis	3,7 bis 2,9	Tansania
- Africanus	3,0 bis 2,0	Südafrika
- Boisei	2,4 bis 1,1	Tansania
Urmenschen		
Homo (Frühform der Menschen):		
- Rudolfensis	2,5 bis 1,8	Kenia
- Habilis	2,1 bis 1,5	Tansania

- Erectus	1,8 bis 0,4	Java
Moderne Menschen		
Homo Sapiens (vernunftbegabter Mensch):		
- archaisch	0,4 bis 0,15	Afrika
- Neanderthaliensis	0,2 bis 0,02	Deutschland
- Sapiens (verständiger Mensch)	0,16 bis heute	Athiopien und Sudan

Vormenschen
Überraschung I: "Millenium Man"
Vor sechs Millionen Jahren sollen die haarigen Geschöpfe in der kenianischen Baringo-Region gelebt haben... Der Fund des vorläufig auf den Namen "Millennium Man" getauften Wesens könnte sich als ältestes Zeugnis der Menschwerdung erweisen: Um mindestens 1,5 Millionen Jahre wird durch diese Entdeckung die Entwicklung des aufrechten Ganges vorverlegt.

"Unser Fund ist nicht nur älter als alle bisher beschriebenen - er deutet zudem auf Hominiden in einem erstaunlich fortgeschrittenen Evolutionsstadium hin", berichtet Brigitte Senut, Mitglied des Forscherteams und Paläontologin am Naturkundemuseum in Paris.

"Dieser Fund stellt unsere bisherige Sicht der menschlichen Evolution in Frage", glaubt Senut: "Möglicherweise haben sich die Entwicklungslinien von Mensch und Schimpanse früher getrennt als angenommen." Zudem bekräftige der Fund die Vermutung, dass schon früh mehrere vormenschliche Entwicklungslinien entstanden sein könnten, von denen sich aber am Ende nur eine durchgesetzt habe. *(SPIEGEL 50/00 – 262-263)*

Überraschung II: "Toumaï-Schädel"
Fundort des Sahelanthropus Tchadensis, genannt "Toumaï": Djurab-Wüste im Norden des Tschad:
Die Menschenartigen (Hominiden) waren dicht behaart, maßen keine 1,50 Meter, hatten Gehirne von der Größe einer Pampelmuse - und hinterließen der Nachwelt drei Zähne, zwei Bruchstücke vom Unterkiefer und, das ist die große Sensation, einen weitgehend erhaltenen Schädel... Je präziser der Schädel vermessen wird, desto aufregender wird die Geschichte. "Jahrzehntelang theoretisiert man über den Ursprung des Menschen", sagt Christoph Zollikofer, der die Schichtbilder des Schädels derzeit im Computer zu einem virtuellen Kopf zusammenfügt. "Und dann hat man da plötzlich so einen Fund, der zeigt: Alles war ganz anders, als wir es uns vorgestellt haben."

Der Fund scheint noch einmal bis zu einer Million Jahre älter zu sein als jene Fossilien, die bisher als ältestes Zeugnis der Hominiden galten *[Millenium Man]*. Und er ist rund drei Millionen Jahre älter als bisher gefundene Schädel... Bisher galten diese Geschöpfe als Urahnen des modernen Menschen... Nun erscheinen sie plötzlich wie Statisten im Drama der Menschwerdung. Denn die bisher bekannten Vormenschen betraten die Bühne des

Lebens Hunderttausende von Jahren nach Toumaï, hatten aber weitaus primitivere Gesichter.

Der neue Fund zeige vielmehr, dass die Entstehung des Menschen "buschig" und "unordentlich" verlaufen sei, sagt beispielsweise Bernard Wood, einflussreicher Paläoanthropologe der US-amerikanischen George Washington University. Er glaubt: Unsere Vorfahren haben sich auf dem afrikanischen Kontinent in eine Vielzahl von Varianten entwickelt, die sich jedoch immer wieder miteinander kreuzten... Der Streit der Gelehrten ist damit eröffnet: Toumaï - alter Cousin oder neuer Opa? *(SPIEGEL 29/02 – 140-142)*

Dirk: "Gerade in den letzten Jahren sind unsere ersten Vorfahren zunächst 1,5 Millionen Jahre älter geworden, als man den "Millenium Man" entdeckte. Und nach der Entdeckung des "Toumaï-Schädels", werden sie um eine weitere Million Jahre älter. Das macht vor allem diese Aussage von Ramtha sehr interessant: *"Die Götter sind seit zehneinhalb Millionen Jahren als Menschen hier, in vielen Formen der körperlichen Hülle, um diese zu vervollkommnen."* (* Ramtha 1 – 92) "

Homo sapiens sapiens
Name: "Verständiger Mensch" (anatomisch moderner Mensch)
(GEO-WISSEN 9/98 – 42)
Erster Fund: 1924 bei Singa im Sudan

Vor etwa 100000 Jahren steht der Homo sapiens anatomisch ausgereift in Afrika da - doch nichts tut sich. "Die mittelpaläolithischen Hominiden hatten alle Voraussetzungen für eine spezifisch menschliche Lebensweise, aber das Tempo der Innovationen war unerklärlich langsam", erklärt der Mainzer Anthro-

(GEO-WISSEN 9/98 – 42)

pologe Winfried Henke... Erst vor 40000 Jahren setzte dann der geistige "Big Bang" (der US-Forscher Randall White) ein. Raketenartig mutierte der Mensch zum Schöngeist, Maler, Waffenschmied und zettelte eine "atemberaubende kognitive und kulturelle Umwälzung" an (Henke).

(SPIEGEL 12/00 – 244)

Dirk: 1998 wurden in Äthiopien drei Schädel gefunden. Ihr Alter wurde auf 160.000 Jahre geschätzt. Sie könnten nach Meinung von Wisssenschaftlern für die Urväter des 'Homo sapiens sapiens' stehen.

(vgl. (SPIEGEL 25/03 – 164)

Die Entwicklung des Gehirns
Da Wissenschaftler nach aller Gleichsetzung nun wieder eine solide, wenn auch subtile Barriere zwischen Mensch und Menschenaffe errichten, stellt

sich erneut die Frage, wie sich der menschliche Geist zumindest nach evolutionärer Zeitrechnung so schnell und so hoch emporschwingen konnte.

Die gängige Erklärung, dieser Entwicklungssprung lasse sich allein auf das rasante Anwachsen des Hirnvolumens zurückführen, reicht vermutlich nicht mehr aus. Die Frontallappen des Gehirns, denen wir unsere mentale Meisterschaft nicht unwesentlich verdanken, sind nach neueren Untersuchungen bei Menschen - im Verhältnis zum Gesamtgehirn, und darauf kommt es an - nicht wesentlich größer als bei Schimpansen.

Was aber den geistigen Höhenflug des Homo betrifft, so ist er mit Biologie allein wahrscheinlich nicht zu erklären. *(SPIEGEL 35/00 – 223)*

Hans: "Immer häufiger wird daran gezweifelt, dass die bisherigen Erklärungen der Wissenschaftler richtig sind.

Mich interessiert jetzt besonders, wie sich das entwickelt hat, was für uns Menschen als charakteristisch angesehen wird: Religion, Philosophie, Kunst und Wissenschaft. "

5.6.2   Erste Religionen

Der Religionshistoriker interessiert sich nicht für die *Australopithecinen*. Sie verschwanden, ohne eine Kultur zu hinterlassen. Der Religionshistoriker hält sich an die Gattung Homo, deren erster Vertreter der Homo *habilis* ist.

(Ries – 147)

Die Vorstellungswelt des frühen Menschen, der eine Kultur schuf, seine Umwelt betrachtete und Fragen stellte nach seinem Schicksal, schöpfte aus fünf grundlegenden Symbolen: dem Himmelsgewölbe bei Tag und bei Nacht, den Sonnensymbolen, den Mondsymbolen mit den Sternbewegungen, den Symbolen der Erde mit der Fruchtbarkeit und schließlich den Symbolen aus der Umwelt mit Wasser, Berg und Baum.

Diese *erste* Etappe des religiösen Bewußtseins ist eng mit der Entdeckung der Transzendenz und der Schaffung einer ersten noch unvollständig ausgebildeten Kultur verbunden.

Eine zweite Etappe ergab sich durch das Nachdenken über den Tod; damit verbunden ist das Bewußtsein über das Mysterium des Lebens und des Lebens nach dem Tode. Die ersten Bestattungsrituale erlauben es uns, an diesem historischen Moment in der Geschichte des *Homo sapiens* teilzunehmen. Wir können vermuten, daß dieser Augenblick schon gegen Ende der Geschichte des *Homo erectus* stattfand. Die Bestattungsriten der Neandertaler und der Menschen von Oafzeh sind unumstößliche Hinweise auf die Existenz eines religiösen Bewußtseins Sie zeugen von Gefühlen des Miterlebens und der Zuneigung zum Verstorbenen, von einem Glauben an das Leben nach dem Tode, was durch die Grabbeigaben und den organisierten Schutz des Leichnams bestätigt wird. *(Ries – 153)*

Die Bestattungsriten des mittleren und jüngeren Paläolithikums haben ihren Sinn. Es ist unbestreitbar und gleichzeitig bedeutsam, daß sie sich während einer Zeitspanne von 80000 Jahren in Europa, Asien und Afrika ausbreiten und immer wieder auftreten. Es kann sich nicht um einen Zufall handeln... Mit seinen Bestattungsriten zeigt der *Homo sapiens* von Neandertal und der *Homo sapiens sapiens* aus dem Jung-Paläolithikum, daß er ein *Homo religiosus* ist, der sich mit dem Leben nach dem Tode befaßt.   *(Ries – 33)*

5.6.3   Kunst, Rituale und Höhlenmalerei

Den frühesten Hinweis auf Kunst haben englische Archäologen jetzt in einer Höhle in Sambia entdeckt. Die Altertumsforscher um Lawrence Barham von der Universität Bristol stießen auf 307 Pigmentreste, die sie auf 350000 bis 400000 Jahre datieren. Steinzeitmenschen, so die Entdeckung der Wissenschaftler, hatten die eisenhaltigen Farbpulver, die rot, gelb, rosa- und lilafarben leuchten, an verschiedenen Stätten abgebaut, in die Höhle geschafft und dort verarbeitet. Auch das gelbe Pigment auf einem Steinstößel, den man bereits in den fünfziger Jahren in dem Steinzeitatelier gefunden hatte, ist bis zu 400000 Jahre alt, wie sich nun herausstellte.

Kreative Urahnen bemalten mit den Pigmenten ihre Körper, vermutet Forscher Barham. "Das würde bedeuten, dass Rituale bereits sehr früh entstanden", sagt er. "Die Ergebnisse legen nahe, dass sich die Wurzeln modernen Verhaltens weit früher in Afrika entwickelten, als wir bislang angenommen haben." Bisher galten 120000 Jahre alte Pigmente, ebenfalls im südlichen Afrika entdeckt, als erste Anzeichen von Kunst.   *(SPIEGEL 19/00 – 224)*

Chauvet-Höhle
1994 entdeckte J.M. Chauvet im südostfranzösichen Ardèche-Tal die bisher älteste Bilderhöhle der Welt: Die etwa 35000 Jahre alte Steinzeitgalerie mit über 300 Tierabbildungen auf den Wänden der 500 Meter langen Tropfsteinhöhle... Die Chauvet-Höhle gilt inzwischen als das vielleicht bedeutendste Dokument der Steinzeitkultur.   *(SPIEGEL 26/95 – 165)*

Die Wandmalereien reflektieren die geistige Welt der Altsteinzeit. Pferd und Bison, die weitaus häufigsten Motive, sind offenbar nicht nur Abbildungen der wichtigsten Jagdtiere. Experten werten sie auch als männliche und weibliche und somit auch als sexuelle Symbole. Die in der Höhle ebenso vorhandenen geometrischen Zeichen werden dagegen als Waffen, Hütten und Fallen interpretiert. Auch sie hatten offenbar symbolischen Wert.

Kommt diese Kunst aus dem Nichts? "Niemand setzt sich hin und entwickelt so etwas in Null Komma nichts", sagt Museumsmann Weniger. Neues sei vielmehr stets bereits in den Anfängen vorhanden und werde meist Jahrtausende im kulturellen Paket mitgeschleppt, bis es zur Anwendung gelange. Alles, was wir kennen und wissen, kommt eben aus einer langen Tradition und wird von Generation zu Generation weitergegeben.

Hinterlassenschaften wie Höhlenmalereien, Werkzeuge und Knochenfragmente sind die einzigen, nur sehr bruchstückhaften Zeitzeugen; sie stellen nur einen Ausschnitt dessen dar, was einmal war. "Das archäologische Bild einer prähistorischen Kultur ist stets viel ärmer, als diese Kultur selbst war", schreibt Martin Kuckenberg.   *(PM 5/97 – 68)*

Höhle von Lascaux

Tief berührt von dem, was er in der Höhle von Lascaux gesehen hatte, sagte jedenfalls Pablo Picasso, eines der größten Mal-Genies der Moderne; "Wir haben gar nichts dazuerfunden." *(PM 10/01 – 66)*

Vera: "Es wird vielfach die Frage gestellt, ob die Menschen ihre kulturellen Errungenschaften aus sich heraus entwickelt haben, oder ob es Beeinflussung und Förderung von 'Außen' gab. Ich habe hier einen Text, der Berichte, Vermutungen und Untersuchungen gut zusammenfasst."

5.6.4 Die Götter von den Sternen (Überlieferungen)

Wesen, die vom Himmel kommen, geflügelte Kutschen und Kreaturen, die halb Mensch, halb Tier sind, tauchen in Mythen auf und werden vielfach auf Kunstwerken dargestellt. Die faszinierende Mannigfaltigkeit dieser Phänomene wird zuweilen als Beweis angesehen, daß es Besuche von fremden Wesen aus dem Weltraum gegeben hat.

... In der Genesis steht ... ausdrücklich, daß dem menschlichen Gene-Pool noch ein zweites Charakteristikum hinzugefügt wurde, und zwar ein Merkmal, das nicht von dieser Welt ist, sondern eine "himmlische Quelle" hat. Unmittelbar vor der Beschreibung der Sintflut, im 6. Kapitel des 1. Buch Moses, steht (in der Übersetzung der Zürcher Bibel):

"Als aber die Menschen anfingen, sich auf der Erde zu mehren, und ihnen Töchter geboren wurden, sahen die Gottessöhne, daß die Töchter der Menschen schön waren, und sie nahmen sich zu Weibern, welche sie nur wollten ... Zu jenen Zeiten - und auch nachmals noch -, als die Gottessöhne zu den Töchtern der Menschen sich gesellten und diese ihnen Kinder gebaren, waren die Riesen ("Nephilim", die "Gefallenen") auf Erden. Das sind die Recken der Urzeit, die hochberühmten." *(Biedermann – 73)*

Dirk: "Ich muss hier kurz unterbrechen: Ich habe gerade in einer Ausgabe des Alten Testaments in der Fußnote einen Hinweis zu diesem Vers gefunden: "Gottessöhne sind keine leiblichen Söhne Gottes, sondern gehören zur Umgebung Gottes, wie das Gefolge zu einem König gehört." Das fand ich in *"Die Bibel oder die ganze Heilige Schrift des Alten und Neuen Testaments", Württembergische Bibelanstalt, Stuttgart, von 1970.* Das würde ja bedeuten, dass von denjenigen, die die Bibel herausgegeben haben, solche Kontakte von Menschen mit Jenseitigen nicht in Frage gestellt werden."

Hans: "Warte den weiteren Text ab. Die Theologen haben sich immer schwer damit getan."

Diese biblischen Verse unterscheiden sich auffällig von dem Rest der Schöpfungsgeschichte und haben Übersetzern und Theologen einige Probleme bereitet. Wer waren die "Götter", um die es hier geht? Die Bibel leugnet ausdrücklich die Existenz "anderer Götter". Das Wort für "Götter" - *elohim* -

kann genauso gut auch mit "Gott" übersetzt werden (dessen Name fast in der ganzen Schöpfungsgeschichte im Plural verwendet wird). *(Biedermann – 73-74)*

Ein ernsthafter Versuch, das Gewirr von Mythos und Glauben in bezug auf die "Gottessöhne" auseinanderzudividieren, wurde von T.C. Lethbridge unternommen, einer der interessantesten Köpfe der englischen Archäologie...

Lethbridge ging auf andere mythologische Erwägungen der Fahrzeuge zurück, die die alten "*Götter*" benutzten. Elias wurde von einer feurigen Kutsche in den Himmel gebracht. Die griechischen Götter reisten in Luftfahrzeugen. Es handelte sich nicht nur um ein Produkt griechischer Phantasie, meinte er, denn es gebe auch Hindu-Geschichten über gottartige Wesen, die bemerkenswerte Flugmaschinen und zerstörerische Waffen besaßen. Für Lethbridge war die Ähnlichkeit zwischen solchen Maschinen und den UFO-Berichten unserer Zeit offensichtlich, und dies führte zu einer unumgänglichen Schlußfolgerung über die "Gottessöhne". Mit einer Spur von Verlegenheit stellte er die These auf, bei den Mythen handle es sich um Erinnerungen an außerirdische Visitationen; vor vielleicht 5000 oder mehr Jahren seien Wesen aus einer anderen Welt hierher gekommen und hätten die Menschheit durch Kontakte und Kreuzungen eine oder zwei Sprossen auf der Zivilisationsleiter weitergebracht.

... Helena Blavatsky stellte im vorigen *[19.]* Jahrhundert schon die Behauptung auf, daß die Zivilisation, wenn nicht sogar die Menschheit selbst von einem anderen Planeten stamme. *(Biedermann – 75)*

Gemeinsam haben diese Autoren eine Fülle Belege unterschiedlicher Qualität zusammengetragen, Traditionen und Religionen aus jeder Ecke des Globus. Dadurch entsteht ein faszinierendes Bild, das beweisen soll, daß außerirdische Wesen in die Geschichte der Menschheit eingegriffen haben. Am unwiderstehlichsten sind die allgegenwärtigen Mythen von "Kulturheroen" mysteriöser Herkunft, die dem Menschen angeblich alle Zivilisationskünste beibrachten. In Lethbridges Worten:

"Viele Legenden versichern, daß der und der Gott der Menschheit die und die Kunst beibrachte. Hu der Mächtige lehrte beispielsweise nach der walisischen Bardda die Menschen, wie man Ackerbau betreibt. Der Mensch hat es selbst nicht geschafft, indem er mühselig mit einem spitzen Stock in der Erde herumkratzte: Ein Gott hat es ihm gezeigt."

... Wie die alten Waliser, so glaubten auch die Griechen, daß der Ackerbau eingeführt und nicht erfunden wurde. Die Göttin Demeter schickte ihren Schützling Triptolemus in einer fliegenden Kutsche, deren Räder Flügel hatten und die von Drachen gezogen wurde, rund um die Welt, um Korn zu verteilen und allen Menschen beizubringen, wie man das Land bestellt und Brot bäckt. Vasenbilder stellen ihn auf einer zweirädrigen Kutsche sitzend dar, überragt von Flügeln und Schlangen... Als Hesekiel am Fluß Chebar in Babylonien saß, sah er aus der Ferne einen Sturmwind herannahen, der sich dann in eine feurige Wolke verwandelte und schließlich mit einem lauten Geräusch landete, das wie ein Donner wirkte. Er sah sich einem leuchtenden Fahrzeug gegenüber, das aus Rädern, Flügeln und Lebewesen zu bestehen schien. Es trug einen Thron, auf dem "eine Gestalt von Menschenart" saß. Die Ähnlichkeit mit der fliegenden Kutsche des Triptolemus ... kann kein Zweifel sein - eine jüdische Münze aus dem 4. Jahrhundert vor Christus zeigt Jehova auf einem Gefährt, das dem griechischen Gegenstück sehr ähnelt.

Aber für diejenigen, die an eine außerirdische Intervention glauben, muß die beste Ideologie aus Indien stammen. Die bildhaften Erzählungen enthalten fast alle zentralen Elemente der übrigen Legenden über die "Gottessöhne". Götter und Halbgötter steigen vom Himmel herunter, verbreiten Wissen und heiraten sterbliche Frauen. Sie fliegen auf seltsamen Bestien oder mit großartigen Fahrzeugen, die schneller als der Wind sind. Die Epen beschreiben Luftschlachten, bei denen blitzähnliche Geschosse eingesetzt werden, die das Land in eine Einöde verwandeln können. Eine dieser Waffen besitzt die Kraft des Universums und produziert ein Licht, das heller als zehntausend Sonnen ist. *(Biedermann – 76-77)*

Zahlreiche dieser Legenden über "Kulturheroen" scheinen einen schlüssigen Beweis für die Theorie der "frühen Astronauten" zu liefern. Die Babylonier erzählten von Wesen mit Fischschwänzen, die Tag für Tag aus dem Persischen Golf auftauchten, um ihre Vorfahren in allen Künsten und Wissenschaften zu unterrichten. Parallelen dazu finden sich in dem griechischen Mythos über amphibische Götter, die "Telchinen" hießen und metallurgische Kenntnisse verbreiteten. Ähnliche Fischwesen, die "Nommo", sind nach Aussagen des westafrikanischen Dogon-Stammes in einem wirbelnden, donnerartigen Gefährt zur Erde heruntergekommen. Die Dogon schreiben ihre Zivilisation diesen Außerirdischen zu. *(Biedermann – 72)*

Der Stamm *[der Dogon]* ist im Besitz von Informationen, die er, an den Maßstäben unserer heutigen Welt gemessen, schlichtweg unmöglich haben kann. Diese Informationen machen alles an unserem Selbstbild zunichte, wenn es darum geht, daß wir meinen, wir seien die einzigen im All.

Man muß dazu wissen, daß die Dogon auf ihrem Land eine Höhle haben, die weit in einen Berg hineinreicht, und in dieser Höhle finden sich über 700 Jahre alte Wandzeichnungen... In dieser Höhle finden sich verblüffende Zeichnungen und Informationen. Auf zwei will ich jetzt hier ein wenig eingehen - und das sind nur zwei von vielen.

Zunächst einmal gehen wir auf den hellsten Stern am Himmel ein (mit einer scheinbaren Größe von 1,4): den Sirius, mittlerweile Sirius A genannt. Wenn man den Oriongürtel betrachtet, diese drei Sterne hintereinander, und eine Linie nach links unten zieht, so sieht man einen sehr hellen Stern, den Sirius A. Folgt man ihm ungefähr doppelt so weit nach oben, sieht man die Plejaden. Die Informationen in der Dogon-Höhle zeigten ganz genau einen zweiten Stern, der um den Sirius kreiste.

Die Dogons machen ganz genaue Angaben zu diesem Stern. Sie sagen, er sei sehr, sehr alt und sehr klein, und er bestünde aus dem, was sie "die schwerste Materie im Universum" nennen (was dem Sachverhalt zwar nicht ganz, aber doch fast entspricht), und dieser kleine Stern brauche "annähernd fünfzig Jahre", um den Sirius einmal zu umkreisen. Das ist schon sehr detailliert. Den Astronomen gelang es 1862, die Existenz von Sirius B, einem Weißen Zwerg, zu belegen, und erst vor vielleicht fünfzehn oder zwanzig Jahren konnten sie die andere Information bestätigen.

Was die Wissenschaftler in der Umlaufbahn des Sirius fanden, war ein Weißer Zwerg, entspricht also exakt dem, was die Dogon sagen. Dann überprüfte die Wissenschaft, wieviel der Stern wog, um herauszufinden, ob er tatsächlich die "schwerste Materie im Universum" war... Die neuesten Schätzungen liegen bei etwa 1,5 Millionen Tonnen pro Kubikzoll! Läßt man einmal die Schwarzen Löcher außer acht, so hat man hiermit scheinbar wirklich die schwerste Materie im Universum.

Dazu kam, daß die Wissenschaftler, als sie die Umlaufbahn des Sirius B um den größeren Sirius A überprüften, feststellten, daß er für eine Umrundung 50,1 Jahre brauchte. Nun, ein Zufall konnte das doch wohl kaum sein! Es liegt einfach zu nahe bei der Wahrheit, kommt den Fakten zu nahe. Doch woher hatte ein uralter primitiver Stamm solche detaillierten Informationen über einen Stern, den man erst in diesem Jahrhundert vermessen konnte?

Aber das sind noch längst nicht alle Informationen, die der Stamm besaß. Er wußte auch um all die anderen Planeten in unserem Sonnensystem, darunter Neptun, Pluto und Uranus, die erst in jüngerer Zeit entdeckt wurden. Er wußte genau, wie diese Planeten aussehen, wenn man sich ihnen vom Weltraum her nähert, was auch wir erst vor relativ kurzer Zeit erfahren haben.

Natürlich schickte man ein Wissenschaftlerteam zu den Dogon, um sie zu fragen, woher sie all das wußten... Als sie die Dogon fragten, woher sie das wußten, antworteten diese, die Zeichnungen an den Wänden ihrer Höhle demonstrierten es ihnen.

Diese Wandmalereien zeigen eine fliegende Untertasse - so sieht es zumindest aus, dieser ganz vertraute Umriß - die aus dem Himmel auftaucht und auf drei Beinen landet, ...   *(Melchizedek – 10-13)*

Dirk: "Es scheint, dass die Außerirdischen nicht nur unseren Körper entwickelt haben, damit wir hier inkarnieren konnten, sondern sie betreuten und unterrichteten uns auch. Ich habe allerdings auch schon von negativen Kontakten mit Außerirdischen gelesen. Wir haben wohl nicht nur Freunde im All."

5.6.5 Die Sicht der 'Jenseitigen' zu Evolution von Menschheit, Göttern und Außerirdischen

Im Anbeginn auf dieser Ebene habt ihr tatsächlich wie Affen ausgesehen. Ihr alle. Ihr wart haarig, vornüber gebeugt und O-beinig. Ihr habt schlecht gerochen! Es war dies der Anbeginn des Menschen.

Im Verlauf eurer Evolution haben die Götter - diejenigen, die in anderen Dimensionen lebten - den Menschen befruchtet, indem sie euch den Samen von Vortrefflichkeit übertrugen, das körperliche Geschöpf ununterbrochen verbesserten und eure Fähigkeit für physische Erfahrungen steigerten. Und dies ist der exakte Grund dafür, daß ihr ähnlich, wenn auch nicht ganz genauso, ausseht wie sie. *(* Ramtha 4 – 27)*

Es gab in der Tat Zivilisationen auf eurem Planeten, die, ohne irgendeine ART von Technologie, die Wirkungsweise und Bewegungen der Planeten, die Position der Sterne so gut kannten wie ihr - Menschen, die sogar 'spätere' globale Veränderungen voraussahen. Sie bedienten sich einer geistigen Physik und Naturwissenschaft. Es gab vor euch Menschen, die zum Mond reisten, und gleichermaßen 'wissenschaftliche' und stichhaltige Daten zurückbrachten. Es gab jene, die den 'Ursprung' des Sonnensystems weitaus besser verstanden als ihr.

Einige dieser Zivilisationen brauchten keine Raumschiffe. Statt dessen haben exzellent ausgebildete Menschen, die die Fähigkeiten des Traumkunst-Wissenschaftlers und des geistigen Naturforschers vereinten, für Reisen nicht nur durch die Zeit, sondern auch den Raum zusammengearbeitet. Es existieren uralte Landkarten, die von einem günstigen Aussichtspunkt in 300 Kilometer Höhe oder noch mehr gezeichnet und bei der Rückkehr von solchen Reisen sorgfältig ergänzt wurden.

Es gab Zeichnungen von Atomen und Molekülen, die ebenfalls verfertigt wurden, nachdem ausgebildete Männer und Frauen die Kunst der Identifikation mit solchen Phänomenen erlernt hatten: In vielen archäologischen Archiven ist noch viel Bedeutsames und Wichtiges verborgen, das ihr nicht erkennt, weil ihr nicht die richtigen Verbindungen herstellt - und in einigen Fällen seid ihr noch nicht weit genug fortgeschritten, um die Informationen verstehen zu können. *(* Seth 1 – 242)*

Vera: "In einer unserer Zeitschriften habe ich einen Artikel gefunden, der zu dieser Aussage von Seth wunderbar passt."

[Eine Seekarte aus Istanbul, die es eigentlich nicht geben dürfte.]
Woher kannte Admiral Piri Reis die Antarktis?

Durch Zufall im Topkapi-Palast in Istanbul entdeckt: Auf einer Karte des berühmten türkischen Admirals Piri Reis aus dem 16. Jahrhundert ist die südliche Spitze des südamerikanischen Kontinents zu sehen. Auf der rechten Seite: die detaillierte Darstellung der antarktischen Küstenlinie. Rätselhaft daran: Im 16. Jahrhundert war die Antarktis noch gar nicht entdeckt. Der schriftliche Kommentar am rechten Rand erwähnt, dieses Dokument sei die Kopie einer älteren Karte. *[Die Notiz lautete: "Ich habe sie zusammengestellt aus zwanzig Seekarten und Mappae Mundi - das sind Karten aus der Zeit Alexander des Großen, die alle bewohnten Teile der Welt zeigen."]* Manche Wissenschaftler vermuten, dass in dieser Region der Antarktis jene Urzivilisation entstand, die spätere Hochkulturen beeinflusste. Kritiker halten die Karte für ein Fantasieprodukt des Admirals - andererseits wurde Piri Reis gerade wegen seiner zuverlässigen Karten berühmt *(PM 10/01 – 62)*

... Zusammen überwachen wir (das Universum), und ich, der Sprecher, Tom, leite alles an euch weiter, was wir dem Planeten Erde vom Rat der Neun, dem ich angehöre, übermitteln wollen.

Es gibt vierundzwanzig physische Zivilisationen, die mit uns in Verbindung stehen - in einer anderen Dimension. Jede von ihnen ist ein totales kollektives Bewußtsein, das eine Aufsichtsfunktion ausübt; und physische Wesen aus diesen Zivilisationen inkarnieren auf eurem Planeten Erde und greifen zuweilen ein, wenn es erforderlich ist.

Sie haben sich dahingehend entwickelt, damit sie überwachen, Informationen von großer Bedeutung weiterleiten und anderen physischen Zivilisationen bei ihrem Entwicklungsprozeß helfen können.

Ein Beispiel dafür ist die Zivilisation von Altea. Da wir uns auf einer anderen Existenzebene befinden, sind wir auf Altea angewiesen, wenn wir mit euch kommunizieren wollen. Sie schützen den Körper unseres Wesens, während ihr mit uns sprecht, und sie stellen uns die notwendige Technologie zur Verfügung.
(* Carmel – 78)

... Innerhalb ihrer Zivilisationen haben die Vierundzwanzig Vollkommenheit erlangt, Einheit des Einsseins, völlige Ergebenheit gegenüber dem Schöpfer. Darum verstehen sie ihre physische Welt und lassen sich durch Körperlichkeit nicht täuschen.
(* Carmel – 80-81)

An verschiedenen Stellen im Buch von Carmel erwähnt Tom einige Namen der vierundzwanzig Zivilisationen. Die Familie war fasziniert von den Namen und schrieb sich einige auf: Altea, Hoova, Ashan, Aragon, Ancore, Zeneelen, Elarthin und Myrex.

Die Universen sind voll mit intelligenten Wesen, die im Zuge ihrer Entwicklung alle möglichen Fähigkeiten entfaltet haben, um ihr Bedürfnis nach schöpferischem Ausdruck zu befriedigen. Das Wichtige am Dasein und am Bewußtsein ist Schöpfungskraft, und sie nimmt viele Formen an... Urschöpfer stattete in seiner persönlichen Implosion der Liebe alle Dinge mit Bewußtsein aus.
(* Marciniak 2 – 55)

Dieser Planet ist immer wieder besucht worden, und viele verschiedene Formen menschlichen Lebens wurden hier durch alle möglichen Experimente ins Leben gerufen. Die Erde ist in ihrer Geschichte von vielen Faktoren beeinflußt worden. Es gab hier Zivilisationen, die Millionen Jahre lang existiert haben, die kamen und gingen und keine Spur hinterließen.

Wer waren nun diese Götter aus grauer Vorzeit? Sie waren Wesen, die die Wirklichkeit formen konnten und die den Naturgeistern befehlen konnten, sich ihrem Willen zu beugen.

Diese Wesen sind aus vielen alten Kulturen überliefert, sie wurden als geflügelte Geschöpfe und als Kugeln aus Licht dargestellt. Die Welt ist voll von Hinweisen, Indizien und Artefakten, die etwas über eure alten Götter verraten. Diejenigen jedoch, die die Menschen manipulieren wollten, dachten sich ihre eigenen Geschichten aus, um ein Glaubensmuster zu schaffen, das euch unterdrückt. *(* Marciniak 2 – 57-58)*

Die sumerische Kultur wurde von denen gelenkt, die von den Sternen kamen - den stellaren reptilischen Urahnen. Sie errichteten wieder einmal eine Zivilisation und erschufen ein weiteres Experiment, um zu sehen, was sich mit den biologischen Kräften der Erde machen ließ.

Uralte Mythen und Legenden, die über Hunderttausende von Jahren überliefert wurden, erzählen von den Schlangen, Drachen und reptilischen Besuchern vom Himmel. Über Äonen wurden diese Schöpfungsgeschichten mündlich von Generation zu Generation weitergegeben... Viel später wurden die besonderen Augenblicke von den Sumerern auf ihren berühmten Rollsiegeln festgehalten, die ausgewählte Aspekte der Wirklichkeit in Bildform wiedergeben. *(* Marciniak 2 – 106)*

Die Entwicklungsphase vom damaligen zum heutigen Menschen wäre niemals so schnell vonstatten gegangen, wenn die Menschen nicht immer wieder Besuch und Unterstützung gehabt hätten. Besuch in großen Zyklen durch die Engel, durch benachbarte Existenzformen des Sonnensystems und durch weitere Existenzformen, die sich als Helfer für den Planeten zur Verfügung stellten.

Die Menschen wurden also in Abständen im Laufe der Geschichte immer wieder besucht und beeinflußt von Existenzformen anderer Planeten, besonders von denen des Sonnensystems, in dem sich die Erde befindet. Diese waren auf einem insgesamt viel höheren Niveau, vor allem aber auf dem technischen Gebiet. Sie beeindruckten die noch sehr primitiven Bewohner der Erde stark, als diese ihre Raumfahrzeuge sahen, mit denen sie angereist kamen... Sie alle beeinflußten den Werdegang der Menschen zusammen mit den Engeln sehr und beschleunigten ihre Entwicklung enorm. Evolution fand also statt. Sie lehrten den Menschen Dinge, zu denen diese Jahrtausende gebraucht hätten!

Doch nicht alle Besucher waren den Bewohnern der Erde wohlgesonnen. Oft war Eigennutz und Machtwille bei einigen vorhanden. Auch diese Besucher kamen immer wieder und beobachteten die Entwicklung der Menschen ganz genau, und ab und zu holten sie sich das, was sie wollten. Oft kamen auch Besucher aus Not auf die Erde, weil ihr Planet für sie keine Möglichkeit mehr bot, sie in physischer Form zu tragen. Sie blieben und verkörperten sich immer wieder auf der Erde und vermischten sich mit den Menschen. *(* Zopf 1 – 68-69)*

5.6.6 Die Genbeeinflussung bei den Urmenschen (Carmel)

... In den frühen vierziger Jahren fand ein chinesischer Archäologe in Höhlen in den Bergen von Bayan Kara Ula an der Grenze zwischen Tibet und Westchina fünfundzwanzig steinerne Scheiben. Diese seltsamen Scheiben gehörten den Stämmen, die immer noch in diesen Höhlen leben. Die Ham und Dropa sind anscheinend mit keiner anderen ethnischen Gruppe verwandt. Sie sind zierlich gebaut und etwa einen Meter zwanzig groß. Etwa fünfundzwanzig Jahre nach ihrer Entdeckung waren die Scheiben endlich entziffert. Die Schriftzeichen auf einer Scheibe lauteten: "Die Dropas kamen in ihren Gleitern vom Himmel."

Der chinesische Forscher vermutete, daß diese Scheiben und die heutigen Höhlenbewohner etwas mit alten chinesischen Sagen zu tun haben, die von Männern berichten, welche von den Wolken herabkamen.   (* Carmel – 173)

Es gab Zivilisationen, die den Planeten Erde kolonisierten. Die Wesen, die sich ursprünglich auf der Erde entwickelt haben, gehörten der schwarzen Rasse an, ...

Heißt das, daß die anderen Rassen das Ergebnis einer Vermischung der schwarzen Rasse mit den Zivilisationen sind?

Nein. Die Orientalen, die Weißen und die Roten sind kolonisiert worden. Sie stammen von anderen Zivilisationen ab.   (* Carmel – 175)

Wir haben gesagt, daß die Menschen zur Zeit der Landungen kleiner waren. Diejenigen, die kamen, waren Riesen im Vergleich zu den Bewohnern der Erde.   (* Carmel – 186)

Lisa: "Jetzt habe ich Schwierigkeiten, diese Berichte im Zusammenhang mit der Fallgeschichte zu verstehen. Sind wir durch den Fall als Embriogeister in diese Menschenform auf die Erde gekommen oder sind wir Inkarnationen höherstehender 'Außerirdischer', sozusagen deren Experiment?"

Hans: "Die Berichte widersprechen nicht der Fallgeschichte. Ich verstehe sie als Schilderungen, wie die Inkarnationsmöglichkeiten für die gefallenen Embriogeister vorbereitet wurden."

Dirk: "Es ist ja z. B. nicht auszuschließen, dass die Erde immer wieder in neuen Schüben für Fallwesen zur Heimat wurde und dass Höherentwickelte ihnen immer wieder geholfen haben, sowohl in körperlicher Hinsicht als auch in Bezug auf das Wissen."

5.6.7   Die Entwicklung der Zivilisationen (Zopf)

Als die Phase abgeschlossen war, in der sich die Bewußtseinsfunken voll und ganz in einem physisch festen Körper zurechtfanden, war es an der Zeit, die Gründung einer ersten Hochzivilisation auf Erden einzuleiten. Dies geschah durch die Engel und ihre Helfer, die sich aus verschiedenen Existenzformen mit hoher spiritueller Entwicklung zusammensetzten.

Die erste Zivilisation nennen wir Ur oder auch "Mu". Die Menschen lernten in ihr zu arbeiten, sich in einer Gruppe zu bewegen, Befehle entgegenzunehmen und geleitet zu werden. Die Anleitung durch die Engel war damals noch die einer Mutter, die liebevoll zusieht, wie ihr Kind erste Schritte tut und die es immer wieder aufhebt, wenn es hinfällt. Diese Zivilisation wurde zerstört, als eine neue Phase durch eine Planetenverschiebung eingeleitet wurde.

Die nächste Zivilisation, "Lemuria" wurde wieder am günstigsten Platz auf der Erde ausgewählt, und wieder wurden Paläste durch die Engel und ihre

Helfer geschaffen. Doch alles war schon nicht mehr so glanzvoll wie in Ur, obwohl die Bezeichnung "Paradies auf Erden" immer noch zutreffend wäre. Dies hatte seinen Ursprung in der zunehmenden Verdichtung der zurückgebliebenen Engel. Immer mehr etablierten sie sich in physischer Gestalt, und das einstige Verweilen in höheren feineren Körpern fand schon nicht mehr statt.

Die Identifikationsphase der Engel mit der physischen Gestalt war eingeleitet und fand unterschiedlich schnell statt. Viele hielten ihr hohes Engelbewußtsein auch noch in physischer Gestalt, andere machten den Sprung in die physische Identifikation und somit in das Vergessen sehr schnell. Doch alle hatten sehr hohe geistige Kräfte, mit denen sie die Menschen anleiteten. Diese Anleitung fand damals schon nicht mehr mit dieser großen mütterlichen Fürsorge statt. Die zurückgebliebenen Engel, die sich sehr schnell mit einer physischen Inkarnation identifizierten, wurden teilweise äußerst arrogant. Sie empfanden sich plötzlich als eine besondere Rasse und fingen an zu trennen und zu unterscheiden, was vorher nicht stattgefunden hatte... Dadurch entstand Trennung innerhalb der Gruppe der Engel und zwischen den Engeln und den Menschen.

Die Spaltung der Engel kreierte Uneinigkeit und widerstreitende Kräfte. Viele noch bewußte Engel sahen Konflikte voraus und erkannten, daß, wenn sie sich weiter in physisch fester Form aufhalten würden, sie mit in diesen Konflikt hineingezogen würden. Es bildete sich eine Gruppe von Engeln, die diesem Konflikt quasi den Kampf ansagten und abwanderten. Sie bildeten die Stadt Shambhala auf der Ätherebene der Erde und lebten dort in der feineren Existenzebene des physisch festen Körpers, dem Ätherkörper. Sinn dieser Auswanderung war es, daß sie ihr volles Bewußtsein halten wollten, daß sie nicht vergessen und die Entwicklung der Erde von der Ätherebene aus beeinflussen wollten.

Zu dieser Zeit Lemurias gab es schon andere Zivilisationen, und als Lemuria unterging, übernahm Atlantis die nächste Phase der Entwicklung.

(* Zopf 1 – 69-73)

5.7 Evolution und Entwicklung: Atlantis und Folgezivilisationen

Vera: "Neulich habe ich gelesen, dass zum Thema "Atlantis" über 25.000 Bücher geschrieben worden sind. Es gibt auch kaum einen Ort auf dieser Erde, der nicht Atlantis-verdächtig wäre. Für uns heute hat das Rätsel um Atlantis wohl mit Platons Erzählung davon angefangen."

5.7.1 Platons Atlantisbericht

Auch unter Althistorikern, Archäologen und Philosophieprofessoren wird derzeit heftig über einen "historischen Kern" der Atlantis-Story spekuliert.

Gegenstand der Debatte ist jener Papyrustext, den vor 2360 Jahren der griechische Philosoph Platon (427 bis 347 v.Chr.) abfaßte. In Passagen, die insgesamt 20 Druckseiten umfassen, beschrieb der antike Autor eine Supermacht, die Bronzewaffen, Thermen, Streitwagen besaß und plötzlich, an einem "einzigen schlimmen Tag" vor 11500 Jahren, im Schlick versank.

(SPIEGEL 53/98 – 158)

Die Herkunft der Atlantisüberlieferung ist wie folgt:

Platon hatte die Geschichte von Atlantis von seinem Onkel mütterlicherseits, Kritias dem Jüngeren, gehört, der sie von seinem Vater, Kritias dem Älteren, erzählt bekommen hatte, der seinerseits durch die Werke des athenischen Staatsmannes und Gesetzgebers Solon [etwa 640-559 v.Chr.] davon erfahren hatte. Und Solon bekam die Geschichte von Atlantis von ägyptischen Priestern.

(* Seth 2 – 476)

In grauer Vorzeit ritzen ägyptische Priester den Atlantis-Bericht auf eine Hieroglyphensäule. Sie steht im Neith-Tempel in Sais... Der Neith-Tempel, "Per-Anch" (Haus des Lebens) genannt, gehörte zu den berühmtesten Universitäten Ägyptens. Archäologen haben die Studierstube in Form von Ruinenresten nachgewiesen... Solons Fassung benutzt Platon als Grundlage für seinen Dialog "Kritias", ein naturkundlich-historisches Werk, in dem der Atlantis-Bericht eine zentrale Stelle einnimmt.

(SPIEGEL 53/98 – 162)

Nach Platon ist Atlantis ein uraltes Inselreich gewesen, welches im Atlantischen Ozean, zwischen Europa/Afrika einerseits und einem westlich gelegenen Festland andererseits, gelegen hatte. Der erste König des Inselreichs hieß Atlas; die Königswürde wurde vererbt. Für ein Entwicklungsstadium von Atlantis, in welchem die Seefahrt eine beträchtliche Rolle spielte, gibt es detaillierte Informationen über die Geographie von Atlantis und ebenso über seine ökonomischen, politischen, militärischen und sakralen Einrichtungen. Diese Informationen sind nach Ägypten gelangt, und haben dort in schriftlicher Form die Zeiten überdauert. Ferner gibt es Erinnerungen an einen Angriffskrieg, den die nach Europa und Nordafrika hin einflußreich gewordenen Atlanter gegen Griechen, Ägypter und andere diesen nahestehende Völker geführt haben.

In einem Stadium der Dekadenz (Entartung) ist Atlantis plötzlich durch Erdbeben untergegangen; zur gleichen Zeit sind auch alle griechischen Streitkräfte, welche irgendwann einmal atlantischen Streitkräften erfolgreich Widerstand geleistet hatten, durch Wasserfluten vernichtet worden. Vom Untergang des atlantischen Inselreichs zeugte noch der Schlamm, welcher die Schiffahrt auf dem Atlantik behinderte. Dies im wesentlichen macht den Inhalt der klassischen Atlantis-Theorie aus.

(Freksa – 79-80)

5.7.2 Cayce in seinen 'Readings' über Atlantis

In Cayces Aufzeichnungen wird Atlantis erstmals in einem Reading erwähnt, das 1923 gegeben wurde. Danach erscheinen vielerlei Aspekte seiner Geschichte in Hunderten von Readings für die verschiedensten Personen innerhalb eines Zeitraums von dreiundzwanzig Jahren.

(Cayce 4 – 65)

Die Readings stellen fest, daß die auswandernden Atlanter sich in viele Richtungen wandten. Ziele ihrer ersten Wanderungen - während der ersten

Überflutung um ungefähr 50700 v.Chr. -waren vor allem die Pyrenäen, Frankreich, Spanien und Nordamerika.

Nach Mittelamerika und Marokko gelangten sie zur Zeit der zweiten Katastrophe, ungefähr um 28000 v.Chr. Ägypten, wo sie die Pyramiden erbauten, Yucatán und Mexiko erreichte ihre dritte Welle während der letzten Katastrophe um 10600 v.Chr.

Als klassisches Beispiel für das Auftreten dieser geheimnisvollen Stämme gelten die Basken in den Pyrenäen. *(* Cayce 4 – 18)*

Tatsächlich scheint eine Woge kulturellen Wachstums Zivilisationen gleichzeitig im fernen Ägypten, im südamerikanischen Hochland der peruanischen Anden und im Mittelwesten Nordamerikas hervorgebracht zu haben. Offensichtlich fanden während einer bestimmten Periode der prähistorischen Welt - vielleicht um 10000 v.Chr. - gewaltige und plötzliche Veränderungen statt. *(* Cayce 4 – 20)*

Die bedeutendste wissenschaftliche Leistung der Atlanter war jedoch zweifellos die Nutzbarmachung der Sonnenenergie. Ursprünglich entwickelt als ein Weg der geistigen Kommunikation zwischen dem Endlichen und dem Unendlichen, waren die riesigen reflektierenden Kristalle zuerst als *Tuaoi*-Stein bekannt. Als ihr Gebrauch später, über die Jahrhunderte hin, vervollkommnet worden war, wurden auch die Verwendungsmöglichkeiten ausgedehnt, bis hin zur Erzeugung von Kraft und Energie, die drahtlos über das Land ausgestrahlt wurden. *(* Cayce 4 – 75)*

Die Landwirtschaft war hoch entwickelt, ebenso Astronomie und Astrologie... Sie lernten, den Zug der Schwerkraft zu neutralisieren. Sie kannten die Geheimnisse vom Ursprung des Menschen und von den fünf Rassen, und sie beherrschten vollkommen die Gesetze der Metaphysik... *(* Cayce 4 – 77)*

Um 10700 v.Chr. hatte das Land den tiefsten Stand in seinem moralischen und geistigen Leben erreicht - keineswegs in bezug auf das Wissen, sondern nur in der Art und Weise, wie man dieses Wissen anwandte. Menschenopfer und Sonnenanbetung, Verderbtheit und Korruption herrschten vor. Die Bastarde wurden mißbraucht und mißhandelt.

Auch mit den Naturkräften wurde Mißbrauch getrieben. Die Sonnenkristalle benutzte man als ein grausames Mittel zu Zwang, Folter und Bestrafung; das Volk nannte sie bald nur noch die "schrecklichen Kristalle". Ein neues Tief in Moral und Menschenwürde war erreicht. Gewalt und Rebellion überzogen das ganze Land. *(* Cayce 4 – 80)*

Atlantis hat sich zum Schluß selbst zerstört durch Mißbrauch seiner spirituellen und technologischen Kräfte, aber das bedeutet auf keinen Fall das Ende der Erdenerfahrungen für die darin verwickelten Seelen. Mit jeder der folgenden Zivilisationen, die sich seit jenen Tagen etabliert haben, haben die Seelen die Erde betreten und wieder verlassen und dabei ihre Erfahrungen gemacht mit dem Ziel, daran zu wachsen und zu lernen und sich schließlich daran zu erinnern, wer wir wirklich sind. *(* Cayce 5 – 56)*

5.7.3 Walsch

Fortgeschrittene Technologie ohne fortgeschrittene Denkweise schafft keinen Fort-schritt, sondern Tod und Verderben. Diese Erfahrung habt ihr bereits auf eurem Planeten gemacht, und ihr seid nahe daran, sie zu wiederholen.

ICH SAGE, DASS ihr schon einmal auf eurem Planeten zu den Höhen - ja darüber hinaus - gelangt seid, die ihr nun langsam erklimmt. Ihr hattet eine Zivilisation auf Erden, die fortgeschrittener war als die gegenwärtig existie-rende. Und sie zerstörte sich selbst.

Sie hat sich nicht nur selbst, sondern auch fast alles andere zerstört. Sie tat das, weil sie mit den von ihr entwickelten Technologien nicht umzugehen wußte. Sie war in ihrer technologischen Evolution ihrer spirituellen Evolu-tion so weit voraus, daß sie schließlich die Technologie zu ihrem Gott erhob. Die Menschen beteten die Technologie und alles, was sie zu erschaffen und ihnen zu bringen vermochte, an. Und so bekamen sie alles, was ihnen ihre ungezügelte Technologie verschaffte - nämlich die ungezügelte Katastrophe. Sie setzten buchstäblich ihrer Welt ein Ende...

[Frage:] Sprichst du von dem untergegangenen Atlantis ?

[Antwort:] MANCHE VON EUCH haben es so genannt.

Und von Lemurien? Dem Kontinent Mu?

DAS GEHÖRT AUCH zu eurer Mythologie.

Dann ist es also wahr! Wir waren schon einmal an diesem Punkt ange-langt!

OH, DARÜBER HINAUS, mein Freund! Ihr wart weit darüber hinaus.

Und wir haben uns selbst zerstört!

WARUM ÜBERRASCHT DICH das? Ihr macht doch jetzt genau das gleiche.

(* Walsch 3 – 340-341)

5.7.4 Rudolf Steiner

Als die atlantische Katastrophe eingetreten war, da wanderten von der Atlantis, von jenem alten Kontinente, welcher an der Stelle war, wo heute der Atlantische Ozean ist, die Menschen allmählich nach Osten hinüber und bevölkerten die Länder, welche heute unter dem Namen Europa, Asien und Afrika bekannt sind. Wir sehen ab davon, daß einige westwärts zogen, deren Nachkommen dann von den Entdeckern Amerikas in Amerika aufgefunden worden sind.   (Steiner – 88)

Da erlebten wir als erste große nachatlantische Kultur die uralt-heilige in-dische Kultur... Die uralte Lehre, die hervorgegangen ist aus jener Zeit, ist nur in der Akasha-Chronik zu erblicken. Da blicken wir auf eine Höhe der Kultur, die seither nicht wieder erklommen worden ist.   (Steiner – 20)

5.7.5 Carmel

... Atlantis ging vor 11.000 Jahren eurer Zeit unter, und es begann vor 32.000 Jahren. Was ihr Atlantis nennt, war eine Kolonie, die sich entwickelte und mit der wir Kontakt hatten. (Wenn ich "wir" sage, meine ich nicht die Neun selbst, sondern andere Zivilisationen.) Diese Zivilisationen brachten Technologien mit. Von Atlantis aus wurden andere Kolonien gegründet, die das Wissen und die Technologie mit sich nahmen.

Atlantis wurde von Altea entwickelt, einer der großen Zivilisationen der Vierundzwanzig, die auf vielen Gebieten technologisch fortgeschritten war. Die Alteaner vermischten sich erneut mit jenen, die bereits genetisch verändert worden waren, und verbesserten sie weiter. Als Atlantis sich über ein enormes Gebiet ausdehnte und ferne Gegenden der Erde kolonisierte - denn sie hatten die Technologie, dies zu tun -, gab es Schwierigkeiten... Sie wurden immer mehr von den Emotionen des physischen Körpers gefesselt und befaßten sich intensiv damit, größere und auffälligere Fortpflanzungsorgane zu schaffen.   (* Carmel – 191-193)

Ihr habt in der Kultur, in der ihr heute lebt, nur einen Bruchteil dessen erreicht, was die Atlanter schufen... Ihre Medizin war eurer Medizin weit überlegen. Ihr habt eine primitive Elektronik; sie besaßen alles Wissen, um Gegenstände und sich selbst mit dem Geist zu bewegen. Hätte es nicht das gegeben, was unterhalb ihrer Gürtellinie lag, wäre es eine wunderbare Kultur gewesen.   (* Carmel – 197)

Die Atlanter verursachten Stürme auf dem Planeten, die sie nicht verstanden. Sie führten ihr eigenes Ende herbei, weil sie in das Wesen der evolutionären Entwicklung eingegriffen hatten.

[Frage:] Kannst du uns genau sagen, wann Atlantis versank? Ging das sehr schnell vor sich oder ... ?

[Antwort:] Es geschah über Nacht ... Ihr müßt verstehen, daß wir betrübt sind. wenn wir über diese Zeit sprechen. Ihr Menschen erinnert euch nicht - aber wir erinnern uns. Wenn es etwas gibt, was den Rat der Neun betrübt, dann das. Wir haben Wölfe übersehen, die als Schafe verkleidet waren, wie ihr es ausdrücken würdet. Vielleicht haben wir den Einfluß jener übersehen, die gerne unsere Position einnehmen würden, versteht ihr?

[Frage:] Du hast gesagt, nach dem Ende von Atlantis seien Menschen nach Ägypten und Ur gezogen und hätten einen großen Teil ihres Wissens mitgenommen. Ich nehme an, sie gingen auch in andere Teile der Welt, einschließlich Mittelamerika - die Olmeken, Mayas und Azteken - und bildeten auch die alten Megalith-Kulturen von Nordwesteuropa einschließlich Britanniens.

[Antwort:] Auch jene, die ihr Hellenen nennt. Von Troja.

[Frage:] Die hellenistischen Völker in Griechenland und im Mittelmeerraum?

[Antwort:] Das ist richtig. In der Zeit der Zerstreuung und des Traumas nach dem Fall von Atlantis wurden um 8000 v.Chr. Zivilisationen auf Kreta aufgebaut ... Außerdem in Mittelasien in den Gegenden von Israel, Jordanien und im Gebiet des Saddam.

[Frage:] Was ist mit Zentralasien?

[Antwort:] Auch in Teilen von China, Indien und Tibet.   (* Carmel – 201-202)

5.7.6   Zopf

Zu Beginn des Reiches von Atlantis herrschte noch größtenteils die Unschuld der zurückgebliebenen Engel vor, wenigstens in den meisten Gebieten. Da Atlantis groß war, gab es viele Städte, Weiler, Klausen und Einsiedeleien für die Engel, die das Bedürfnis nach Zurückgezogenheit hatten.

Je mehr die Zeit voranschritt, um so mehr vergaßen die Engel also ihre Vergangenheit. Zwar waren sie hochentwickelte Wesen, doch dies sah man immer mehr als eine Auswirkung der Zugehörigkeit der unterschiedlichen Kasten an, die gebildet worden waren. Es gab die hohe Kaste der Priester, Forscher und Entscheidungspersonen; es gab die Kaste der Bürger, die den Mittelstand bildete und die Kaste der niedrig stehenden Menschen, die meist Arbeiter und Frondienstleistende waren.

Mit diesen Menschen verbanden sich die zurückgebliebenen Engel schon zu Beginn von Atlantis sehr schnell. Ihre Aufgabe war es ja gewesen, ihr Engelbewußtsein auf Erden zu verteilen, um die Evolution voranzutreiben. Die Verbindung mit den Menschen, auch auf physische Art, war ein Teil ihrer Bestimmung. So entstanden Wesen, die halb von der Gruppe der Engel und halb von der Gruppe der Menschen abstammten.

Es wurde in großem Maße geforscht, was eine Leidenschaft und Freude der Atlanter war. Kreativität war hochgeschätzt in dieser Kultur. Kunst, Musik und Architektur waren sehr hochentwickelt... Ein Teil der Engelgruppe arbeitete weiter zum Wohle der Menschheit und allen Lebens auf der Erde; ein anderer Teil wandte sich ab von hohen geistigen Werten und arbeitete nur noch zum Eigennutz, für höheres Ansehen und für größere Macht... Sie arbeiteten mit gefährlichen Materialien, und in ihren Händen lag die Macht der gesamten damaligen Menschheit.   *(* Zopf 1 – 73-77)*

Mit dem Versinken im Meer ging jedoch nicht alles Wissen unter und nicht alle Errungenschaften von Atlantis wurden zerstört. Eine Gruppe, die das Ende vorausgesehen hatte, und bedenkt, es gab immer noch sehr bewußte, hochentwickelte Engel, die zwar ihren Ursprung nicht mehr kannten, die aber die Qualität des Dienens lebten und verkörperten, wanderte bereits zur Zeit der Planetenverschiebung aus Atlantis ab. Eine weitere große Gruppe folgte kurz vor dem Untergang. Diese zerstreute sich in alle Himmelsrichtungen. So trafen einige wieder in manchen Ländern zusammen. Das Erbe und Gut von Atlantis lebte also direkt weiter. Diese Auswanderer gründeten mit der Zeit neue Zivilisationen, und die Hochzivilisation Ägypten löste, als Schule für die Weiterentwicklung der Menschen, Atlantis ab.

(* Zopf 1 – 79)

Dirk: "Wenn man als normaler Mensch von Atlantis spricht, wird einem meistens entgegnet, ja, ja, aber das sind doch nur Mythen und Märchen. Was wir aber hier erfahren haben, ist so einleuchtend, dass ich mich wundere, warum es als denkbares historisches Geschehen nicht intensiver untersucht wird."

6   Die Menschheit der letzten 12000 Jahre

6.1   Die Entwicklung der modernen Zivilisationen

6.1.1   Neue Zivilisationen nach Atlantis

Als Atlantis vernichtet wurde, gab es Kolonien. Die erste war Sumer, die zweite China - beide trafen sich gelegentlich, versteht ihr? Auch Ägypten gab es damals. Die griechische Kultur kam zuletzt, nach der ägyptischen.

(* Carmel – 211)

Das grandiose Stonehenge hatte lebendige Gesteinstafeln, die exakt davon sprachen, wofür es geschaffen wurde. Die lebenden Schrifttafeln wurden während dem Dunklen Zeitalter in Stücke zertrümmert und in das Meer geworfen. Man nannte sie das "Werk des Teufels".

Die Pyramiden enthielten Tafeln im lebenden Gestein, die von jenen berichteten, die von jenseits der Sonne gekommen waren, um über die Wissenschaft des Lebens zu lehren. Die Pyramide diente vielen Zwecken, aber ihr vielleicht größter Zweck lag darin, daß sie bis zur heutigen Zeit alles überdauert hat, sogar die gewaltsamen Eingriffe und die Plünderung ihrer herrlichen Kappe und ihrer Oberfläche. Die Pyramide würde alles überstehen, im lebenden Gestein. Sie ist ein Zeugnis an die Menschheit, daß die Wahrheit in eurem Innern ist.

Die Wahrheit ist, daß die Wahrheit niemals vor euch verborgen gehalten wurde. Zivilisationen, die eure genetischen Brüder waren, haben zuvor hier offen gelebt; das wurde niemals verborgen gehalten. Sie wollten, daß ihr es wißt, weil sie verstanden, wie wichtig die Bewahrung der Wahrheit ist. Heute gibt es nur noch einige wenige Plätze, wo ihr euch etwas ansehen könnt und dessen Wahrheit kennt, denn die Alten Bücher und Schulen sind im Namen von Gott, und von Religion, und von Macht, vernichtet worden... Alexandria war im Besitz dieser Wahrheiten und es wurde niedergebrannt.

(* Ramtha 4 – 128-129)

Ihr nehmt an, daß die physische Geschichte mit dem Höhlenbewohner beginnt und sich bis in die Gegenwart fortsetzt. Es hat aber noch andere große, technische Zivilisationen gegeben; von einigen spricht die Legende, andere sind vollkommen unbekannt - alle sind euren Begriffen nach vom Erdboden verschwunden.

Andere haben, nachdem ihre Probleme gelöst waren, euren physischen Planeten gegen andere Orte im physischen Universum eingetauscht. Wenn sie diese Entwicklungsstufe erreicht hatten, waren sie jedoch geistig und physisch ausgereift und waren in der Lage, Energien nutzbar zu machen, von denen ihr keine Kenntnis besitzt. Für sie ist die Erde jetzt eine legendäre Heimat.

(* Seth 4 – 247-248)

6.1.2   Hochkulturen und Landwirtschaft

Herabwürdigung der alten Kulturen

Die Betrachtung alter Kulturen unterliegt in modernen Gesellschaften stets der Abwertung, der Verstümmelung, der Fantasterei und Übertreibung oder und vor allem dem Weglassen. Alles, was geschichtlich weit zurückliegt, wird grundsätzlich auch geistig, wirtschaftlich, wissenschaftlich und religiös *unter* einem stehend betrachtet. Dies ist ein grotesker, krankhafter Zug der modernen Gesellschaft. Alles, worüber man keine Kenntnis besitzt, wird abgelehnt aus Angst vor dem Neuen, aus Schock, es gibt etwas anders als das Eigene, dann kommt die Abwehrreaktion, man verballhornt, verdreht und belustigt sich über das andere und beschreibt es in den nachteiligsten Zügen. Wenn nun eine Kultur lange vor der unseren bestand, so erfährt sie sofort eine negative Einschätzung. Was alt ist, ist immer schlecht, oder es ist so unverstanden, dass es ins Mythologische gehoben wird. Und unter Mythos versteht man gehobene Fantasterei.   *(Kalweit – 19)*

Die ersten Hochkulturen

Die ersten Hochkulturen entstanden in den Flußebenen der vier Ströme, an denen die Landwirtschaft begann: an Euphrat und Tigris in Mesopotamien, am Nil in Ägypten, am Indus in Indien und am Gelben Fluß in China. Jede erwies sich als fähig, so hohe, regelmäßige Erträge zu erzeugen, wie sie zur Erhaltung einer großen, städtischen Gemeinschaft nötig sind.

Da es in den Flußebenen außer landwirtschaftlichen Erzeugnissen kaum andere natürliche Ressourcen gab, kam es zu ausgedehnten Handelsaktivitäten zum Tausch von Luxusgütern und Rohstoffen aus anderen Gebieten gegen Textilien und andere Erzeugnisse aus den Städten. Dadurch bildeten sich zwischen dem östlichen Mittelmeerraum bis zum Industal und in China weitere Handelszentren heraus.   *(Parker – 18)*

Ursprünge der Landwirtschaft

Die ersten Wirtschaftsgemeinschaften, die auf Ackerbau und Viehzucht basierten, entstanden im Nahen Osten. Im Hochland um das Zagros- und das Taurusgebirge und in Palästina, entwickelte sich mit dem Schmelzen der Eismassen ein feuchtes Klima, das Gräser mit großen Samen - Vorläufer von Weizen und Gerste - begünstigte. Schnell hatten die frühen Jäger ihre Vorliebe für diese leicht zu lagernde Nahrungsquelle entdeckt. Bis 10 000 v.Chr. entwickelten sich kleine Dörfer mit runden Hütten aus Stein, deren Bewohner von der Jagd, von der Gazellen-Haltung und von wildem Weizen lebten. Um 9000 v.Chr. begannen Gemeinschaften im nördlichen Syrien, Getreide außerhalb seines natürlichen Standorts anzubauen, und in Mesopotamien wurden Schafe domestiziert.

Unabhängig davon wurden Pflanzen und Tiere auch in vielen anderen Teilen der Welt gezüchtet. In Südasien begann der Prozeß um 7000 v.Chr. in der Kachi-Ebene in Nordwest-Indien. Die frühen Siedler bauten Gerste und Weizen an, domestizierten Schafe, Kühe und Ziegen und begruben ihre Toten mit kunstvollen Grabbeigaben. Von 6000 v.Chr. an dienten Lagerhäuser aus Lehmziegeln, die in kleine Bereiche aufgeteilt waren, als Zentrum für Nahrungsmittel, Werkzeuge und Handelsgüter. Bis 5000 v.Chr. hatten Reisbauern in den Hügeln südlich des Gangestals Dörfer erbaut. In Nord-China begann um 6000 v.Chr. in den großen Lößebenen um den Gelben Fluß und seine Nebenflüsse der Anbau von Hirse, die dort jahrhundertelang dominierte. *(Parker – 16)*

Die "Domestizierung" oder "Kultivierung" von Körnerfrüchten beruhte auf der Verdoppelung der Chromosomenzahl, wodurch sich Eßbarkeit und Nutzwert der Pflanze stark erhöhten. *(Horn – 178)*

Unseren archäologischen Daten zufolge existierten drei "Domestizierungs"zentren: zwei in der Alten Welt - dem Mittleren und Fernen Osten - und mindestens ein weiteres in der Neuen Welt. Im Mittleren Osten wurden Schafe, Ziegen, Rinder, Schweine, Weizen, Gerste sowie verschiedene Gemüse "domestiziert" und im fernen Osten Weizen, Hirse, Reis, Yams, Hühner, Schweine und Wasserbüffel. In der Neuen Welt spielten "domestizierte" Tiere keine Rolle, statt dessen wurden dort Mais, Bohnen, Kürbis, Paprika, Pfeffer, Tomaten und Kartoffeln "domestiziert".

Mit den An- und Abführungszeichen um "domestiziert" möchte ich andeuten, daß ich den archäologischen Mythos, dem zufolge der Mensch zahlreiche wilde Tiere und Pflanzen domestizierte, für irrig halte. Möglicherweise domestizierte der Mensch tatsächlich einige Pflanzen bzw. Tiere, aber laut sumerischen und anderen Überlieferungen wurden diese ursprünglich durch Außerirdische genetisch manipuliert und dann erst den Menschen zur Verfügung gestellt. *(Horn – 173-174)*

Lisa: "Dass es Genmanipulation gibt, ist für uns inzwischen nichts Besonderes mehr. Wenn ich mir aber vorstelle, man hätte z. B. im Mittelalter versucht, Menschen etwas von Genmanipulation - natürlich in anderen Worten - zu erzählen, dann hätten diese das ja als Teufelseingebung ansehen und ablehnen müssen. Ich will damit sagen, derartige Berichte hätten man früher als Sagen und Phantasien abgelehnt."

Dirk: "Es ist schon bemerkenswert, dass wir Menschen normalerweise nur das als möglich akzeptieren, was die Naturwissenschaft behauptet."

6.1.3   Die Sumerer

Sumerische Aufzeichnungen

Die sumerischen Aufzeichnungen sind die ältesten schriftlichen Aufzeichnungen auf dem Planeten, 5800 Jahre alt, aber sie beschreiben Dinge, die vor Milliarden Jahren geschahen und auch in ziemlichen Einzelheiten solche, die sich vor mehr als 450.000 Jahren ereigneten.

Sie wußten, daß die Erde auf ihrer Achse in einem Winkel von 23 Grad zu ihrer Umlaufebene um die Sonne geneigt war, und daß sie sich in einem Kreis dreht, bei dem es etwa 25.920 Jahre dauert, bis sie ihn einmal vollendet hatte. Tja, das ist eine harte Nuß für einen geradlinigen Historiker, schwer zu begreifen, insbesondere für einen wissenschaftlich orientierten Menschentyp, der weiß, daß man 2160 Jahre lang unentwegt den Nachthimmel beobachten muß, nur um wissen zu können, daß die Erde taumelt. Die Mindestzeitdauer beträgt 2160 Jahre, doch die Sumerer wußten davon am Tag eins ihrer Zivilisation.

Woher wußten sie das? Diese Tontafeln bieten so viel außerordentliches Beweismaterial, daß es nicht sehr schnell Allgemeingut werden wird... Auf diesen Tafeln findet man sogar Adam und Eva und die Namen von allen ihren Söhnen und Töchtern, das ganze Spektrum von Ereignissen, die in der Genesis beschrieben werden. Das alles wurde aufgezeichnet, bevor es Moses empfing. *(Melchizedek – 80-82)*

Sumerische Darstellung der Landwirtschaft
Die Ursprünge der Landwirtschaft in Sumer. Zacharia Sitchin präsentiert die sumerische Darstellung der Anfänge der menschlichen Landwirtschaft in seinem Buch *The Wars of God and Men*. Diese Geschichte beginnt vor über 400000 Jahren, als die Anunnaki das erste Mal zur Erde kamen. Sitchin zitiert den sumerischen Text, der Sumerologen als der "Mythos von Rind und Getreide" geläufig ist:

Als Anu aus dem hohen Himmel
die Anunnaki *[Götter]* zur Erde kommen ließ,
war noch kein Getreide hervorgebracht,
war es noch nicht gewachsen...
Kein Mutterschaf gab es,
kein Lamm war je geworfen worden;..

Zu jener Zeit gab es also weder "domestizierte" Getreide noch Schafe oder Ziegen - aber es dauerte nicht lange, bis die "Götter" etwas für sich zu essen schufen:

In jenen Tagen,
in der Schöpfungskammer der Götter,
im Haus der Gestaltung, im Reinen Hügel,
wurden Lahar (Wollvieh) und Anschan (Körnerfrüchte)
schön gebildet.

Bald nach ihrer "Erschaffung" wurden die Primitiven Arbeiter (Menschen) nach E.DIN, dem Wohnsitz der Götter (der Stätte der späteren sumerischen Zivilisation), gebracht, um dort Getreide zu ziehen und "vierbeinige Tiere" zu hüten, auf daß die Götter gesättigt würden. Die uns bekannten Getreidearten existierten jedoch noch nicht.

Diese Körner- und Knollenfrüchte wurden den Menschen nach der Sintflut gegeben - dem katastrophalen Hochwasser, dem sie fast alle zum Opfer gefallen waren. Wie wir uns erinnern, war Enlil, der ranghöchste Anunnaki, zunächst wütend gewesen, daß überhaupt ein Mensch die Sintflut überlebt hatte, da er beabsichtigt hatte, alle Menschen darin ihr Ende finden zu lassen. Schnell erkannte er jedoch die Logik von Enkis Beweisführung, daß das Leben der Anunnaki auf der Erde ohne menschliche Arbeitskräfte viel schwerer werden würde. Er äußerte dann den Wunsch, daß sich die Überlebenden der Sintflut vermehren und die Erde, zumindest im Nahen Osten, wiederbevölkern sollten.

Die Getreidearten, die Enlil auf dem Zedernberg des Libanon (und nach archäologischen Zeugnissen auch in anderen Hochlandgegenden der Türkei, des Irans und des Iraks) säte, waren nicht die von den historischen Sumerern genutzten, sondern "das Korn, das sich vermehrt", die Getreidearten mit verdoppelten, verdrei- und vervierfachten Chromosomenpaaren. Diese wurden von Enki mit Enlils Einverständnis erschaffen:

Zu dieser Zeit sprach Enki zu Enlil:
"Vater Enlil, Herden und Körnerfrüchte
haben den Heiligen Hügel erfreulich gemacht,
haben sich im Heiligen Hügel erheblich vermehrt.
"Laß uns, Enki und Enlil, befehlen:
Das wollige Geschöpf und Korn, das sich vermehrt
sollen aus dem Heiligen Hügel kommen."

Außer dem wolligen Geschöpf (Schaf) und den Körnern, die sich vermehren, wird Enki zugeschrieben, die "größeren lebenden Geschöpfe" - domestizierte Rinder - ins Leben gerufen zu haben, die außer als Nahrungsmittellieferanten für Menschen und Götter auch als Pflugzieher dienten und damit den Menschen ablösten, der diese Rolle anscheinend ursprünglich übernommen hatte.

Sitchin schreibt Enki auch die Trockenlegung und Säuberung des Niltales und dessen Vorbereitung für die große Ägyptische Kultur zu. Er zitiert Belege dafür, daß Enki und der ägyptische Gott Ptah ein und dieselbe Person waren. Den alten Ägyptern zufolge hatte Ptah Ägypten den überschwemmenden Fluten abgerungen. *(Horn – 181-185)*

Die Sumerische Kultur

Die sumerische Kultur wurde im südlichen Flußtal von Euphrat und Tigris (im heutigen Südirak und Kuwait) begründet. Zum Aufbau der ersten menschlichen Kultur war dies ein merkwürdiger Ort - glühendheiße Sommer, eiskalte Winter, unregelmäßige Niederschläge. *(Horn – 192)*

Nach archäologischen Funden setzte jedoch um das Jahr 3500 v.Chr. eine dramatische Entwicklung ein... Eine neue, als Urukzeit (3500 bis ~3200 v.Chr.) bezeichnete Kultur begann sich herauszubilden, in der die sumerische Bevölkerung beträchtlich anwuchs, Städte und neue Keramikformen erschienen und um das Jahr 3200 v.Chr. auch ein erstes Schriftsystem. Kurz danach, in der von der Archäologie als protoliterarische Zeit (3100 bis ~2900 v.Chr.) bezeichneten Periode, entwickelten sich schrittweise Schrift, Metallverarbeitung, Kunst sowie ein bürokratisches Regierungssystem. Ebenso tauchten Wagenräder, Töpferscheibe sowie sämtliche anderen der oben verzeichneten hochentwickelten Kulturmerkmale auf.

Von Lamberg-Karlovsky und Sabloff erfahren wir, daß "eine Handvoll Archäologen die Theorie aufstellte, daß sich die Veränderungen in Südmesopotamien und Ägypten derart schnell vollzogen, daß die unsichtbare Hand einer eindringenden Kultur dafür verantwortlich gewesen sein muß ..."

(Horn – 194)

Die alten Sumerer besaßen über den Himmel erheblich umfassendere Kenntnisse als viele Kulturen nach ihnen... Die Sumerer wußten jedoch nicht nur, daß die Welt rund ist, sondern verfügten auch über gründliche Kenntnisse über Teile unseres Sonnensystems von denen mittelalterlichen Europäern noch nicht einmal die Existenz bekannt war. (Horn – 192)

Die bedeutendsten sumerischen Städte waren Ur, Nippur, Uruk, Kisch und Eridu und jede von ihnen war einem oder zwei der Anunnaki-"Großgötter" geweiht. Uruk z. B. war Anu, dem höchsten sumerischen Himmelsgott und Vater Enlils, ... Enkis Stadt war Eridu.

In allen Städten wurden riesige Tempel und Plätze für die Anunnaki-Götter gebaut, deren berühmteste Vertreter die sogenannten Zikkurat sind. Die Sumerer hielten diese Tempel für die tatsächliche physische Heimstatt der Götter und glaubten, daß diese dort zumindest einen Teil ihrer Zeit verbrachten.

In den sumerischen Städten lebten bis zu 50000 Menschen. Ihre Könige leiteten ihr Herrschaftsrecht von den Göttern und Göttinnen der jeweiligen Stadt ab und hatten zwischen diesen und den Menschen eine Vermittlerrolle inne. In sumerischen "Legenden" wird erzählt, daß das Königtum den Menschen von den Göttern verliehen wurde. Unter dem König einer jeden Stadt standen die Tempelpriester, denen wiederum eine riesige Beamtenschaft unterstand.

Das sumerische Volk hielt sich nicht mit philosophischen Problemen wie der Frage nach dem Sinn des Lebens oder nach seiner Herkunft auf. Es wußte, daß es von seinen Göttern geschaffen worden war, um ihnen zu dienen.

(Horn – 195-196)

Schrift und Sprache der Sumerer

Zwei der wichtigsten Erfindungen der alten Sumerer waren die Roll- oder Zylindersiegel und die Schrift. Die Rollsiegel waren kleine Zylinder aus gewöhnlichen oder Halbedelsteinen wie z. B. Lapislazuli, die 2,5 bis 7,5 Zentimeter lang und daumendick oder schmaler waren. In ihre Oberfläche wurden Motive eingraviert, die ein fortlaufendes Muster ergaben, wenn man das Siegel in weichem, feuchten Ton rollte. (Horn – 102)

Die Schrift: Um ihr reibungsloses Funktionieren zu gewährleisten, schufen die Sumerer um 3000 v.Chr. die ersten Schriftzeichen - anfänglich eine reine Bilderschrift. Doch bald geht man dazu über, Silbenzeichen durch Betonung des mit einem Zeichen verbundenen lautlichen Elements auszubilden. Zunächst einmal als reine Gedächtnisstütze konzipiert, wird die Schrift bald zu einem erstaunlichen Instrument, mit dessen Hilfe man sich Kenntnisse aneignen und weitergeben kann. (Vidal – 24)

Schrift ist eine tiefgreifende Neuerung. Sie ist eine Art erstarrte Rede. Schriftlich niedergelegte Gedanken und Berichte überdauern länger als das gesprochene Wort und sind gewöhnlich genauer als die mündliche Überlieferung. Werden sie von Zeit zu Zeit sorgfältig abgeschrieben, bleiben sie ewig erhalten. *(Asimov 2 – 22)*

Sprachen: Die sumerische Ursprache ... wurde durch das Akkadische, eine semitische Sprache, abgelöst und später noch mehr durch das Babylonische verdrängt ... Verbindungen zu diesen Sprachen gibt es jedoch nicht. Das Sumerische steht beziehungslos zu den anderen Sprachen der Welt. Hat diese Besonderheit Parallelen zu dem urplötzlichen Auftreten der sumerischen Kultur, die von den Göttern abstammen will? *(Dopatka – 356)*

Einfluss der 'Götter' auf Sumer

Die Sumerer kannten für das Universum nur einen Begriff: "an-ki", was sich etwa mit "Himmel und Erde" übersetzen läßt. Ihre Mythen erzählen von "Göttern", die mit Barken und Feuerschiffen am Himmel fuhren, von den Sternen herniederkamen, ihre Vorfahren befruchteten, um dann wieder zu den Sternen zurückzukehren. Das sumerische Pantheon, das Heiligtum der Götter, war mit einer Gruppe von Wesen "belebt", die leidlich erkennbare menschliche Formen besaßen, aber übermenschlich, ja unsterblich gewesen zu sein scheinen. Nun aber reden die sumerischen Texte nicht in nebuloser Ungenauigkeit von ihren "Göttern"; sie sagen ganz klar, das Volk habe diese einst mit eigenen Augen gesehen.

Ihre Weisen waren überzeugt, die "Götter", die das Werk vollbrachten, gekannt zu haben. So läßt sich in sumerischen Texten nachlesen, wie alles geschehen ist: Die Götter brachten ihnen die Schrift bei, sie gaben ihnen Anweisungen für die Herstellung von Metall (die Übersetzung des sumerischen Wortes für "Metall" heißt "Himmelsmetall") und unterwiesen sie im Anbau von Gerste. Für unseren Gedankengang ist es wichtig zu wissen, daß nach sumerischen Aufzeichnungen die ersten Menschen aus Kreuzungen von Göttern und Erdenkindern hervorgegangen sein sollen ... *(Däniken – 138-139)*

Vera: "Von Sumer als Hochkultur hört man normalerweise nicht viel - im Gegensatz zu Ägypten. Ich bin sehr beeindruckt. Aber es heißt ja auch in den Berichten, dass die Sumerer von Höherentwickelten, "Göttern", unterstützt und unterrichtet worden seien. Jetzt bin ich neugierig darauf, was wir an Texten über Ägypten und einen eventuellen Einfluss der Götter dort haben."

Dirk: "Ich habe noch eine Anmerkung zu den hier genannten 'Kreuzungen': Selbst die Bibel akzeptiert, dass es Kreuzungen von "Gottessöhnen" und Menschen gab - wie wir vorher an dem Bibelzitat gesehen haben."

6.1.4 Die Ägyptische Kultur

Die Anfänge der ägyptischen Kultur

Wenn die archäologischen Zeugnisse für den Beginn der sumerischen Kultur unzureichend und lückenhaft anmuten, so gilt dies in noch stärkerem

Maße für die Ursprünge der grandiosen ägyptischen Kultur des Niltales... Erste Belege dafür, daß Menschen die Ufer des Nils besiedelten, finden sich etwa 500 Jahre vor dem Aufblühen der ägyptischen Kultur in der sogenannten Amratien-Kultur (3800 bis 3600 v.Chr.), die immer noch einen sehr schlichten Charakter hatte.

Um das Jahr 3600 v.Chr. setzte in Ägypten eine Phase intensiver Entwicklung ein, wie dies auch, wir erinnern uns, etwa zur gleichen Zeit in Mesopotamien der Fall war. Während dieser sogenannten späten prädynastischen Zeit wurde zum ersten Mal der gesamte Talboden in Kultur genommen. Lapislazuli aus Afghanistan, der für die Schmuckherstellung verwendet wurde, und Blei und Silber aus Südwestafrika legen Zeugnis für einen recht ausgedehnten internationalen Handel ab.

Anders als die sumerische Keilschrift erschien die ägyptische Hieroglyphenschrift von Anfang an in voll entwickelter Form... Viele Wissenschaftler nehmen an, daß das plötzliche Aufkommen und die schnelle Entwicklung der ägyptischen Kultur auf Einflüsse oder sogar Invasionen westasiatischer Völker zurückzuführen sind, in deren Mitte auch die erste menschliche Kultur, Sumer, ihren Anfang nahm.

In der Tat wurden die ägyptischen Pharaonen der frühen Dynastien als wirkliche göttliche Wesen oder Götter angesehen, während es sich, wie wir schon hörten, bei den sumerischen Königen um Menschen handelte, die ihr Herrschaftsrecht von den Göttern verliehen bekommen hatten.

Außer in den divergierenden Regierungskonzepten - Gottkönige (oder Gott-Pharaonen) in Ägypten und menschliche, von Göttern bestellte Könige in Sumer - sowie in der Schrift unterschieden sich die beiden Kulturen noch in anderer Hinsicht. Z. B. gab es in Ägypten keine vergleichbare Verstädterung wie in Sumer. Das Niltal war zwar mit kleinen Städten, Dörfern und Zeremonialzentren bedeckt, aber große Städte wie das sumerische Ur oder Lagasch waren dort unbekannt. Auch existierten in Ägypten bis um das Jahr 1600 v.Chr. keine Rollfahrzeuge, welche in Sumer schon vor 3000 v.Chr. weit verbreitet waren. *(Horn – 196-200)*

Aus Tempelaufzeichnungen und anderen Schriften der Ägypter erfahren wir, dass in den Mittelmeerraum fremde Eroberer eindrangen, die sich "*die Gefolgschaft des Horus*" nannten. Der Horusfalke war das Wappentier der Fremden, die aber nicht den Horusfalken anbeteten, sondern einen Sonnenkult praktizierten, an deren Spitze die Gottheit *Ra* oder *Re* stand. Aus der Eigenbezeichnung *Ph-Ra* scheint auch die Ableitung für die Bezeichnung der ägyptischen Könige mit dem Wort *Pharao* entstanden zu sein. Denn nach der Eroberung Ägyptens verschmolzen sich die alten Götter mit ihrem Sonnengott, wonach *Ra* oder *Re* ein Inbegriff der ägyptischen Namenswelt wurde. *(Ercivan – 155)*

Ägypten und der Einfluss der Götter

Man sollte hinter den alten Chroniken mehr sehen als nur menschliche Phantasie und Fabulierkunst. Es gibt so etwas wie einen Steckbrief der Chronik, ein Raster, das das Beiwerk aussiebt und die Kernaussagen verdichtet.

Um 700 v.Chr. schrieb der griechische Dichter Hesiod im Mythos von den fünf Menschengeschlechtern, "anfangs hätten die unsterblichen Götter die Menschen geschaffen. Jener Heroen erhabenes Geschlecht, Halbgötter geheißen, die in der Zeit vor uns die unendliche Erde bewohnten. Halbgötter sind auch Halbmenschen, irdische Wesen mit außerirdischen Genen. Ob Hermes, Henoch, Idris oder Surid, sie alle zählten zu diesem auserkorenen Clan"

. *(Dopatka – 77)*

Diodor von Sizilien, der in seinen Büchern stets wieder Schübe von Skepsis und Kritik einfließen läßt, berichtet im ersten Buch, die alten Götter hätten alleine in Ägypten viele Städte gegründet; von den Göttern seien Abkömmlinge hervorgegangen, von denen einige Könige über Ägypten wurden. In jener fernen Zeit war der Vorläufer des Homo sapiens noch eine primitive Gestalt, erst die Götter haben die Menschen entwöhnt, sich gegenseitig aufzufressen. Von den Göttern lernten die Menschen - nach Diodor - die Künste, den Bergbau, die Anfertigung von Werkzeugen, die Bebauung des Bodens und die Gewinnung von Wein. Auch Sprache und Schrift stammten von den hilfreichen himmlischen Wesen. Zitat:

"Von diesen nämlich sei zuerst die allen verständliche Sprache gegliedert und ausgebildet worden und vieles mit Namen belegt, wofür man bis dahin noch keinen Ausdruck hatte, und auch die Erfindung der Schrift sei von ihm (gemeint ist hier der Götterbote Hermes) ausgegangen sowie die Anordnung der Götterverehrung und der Opfer. Auch sei er der erste gewesen, der die Ordnung der Gestirne und die Harmonie der Natur der Töne durch Beobachtung ausfindig gemacht habe ..." *(Dopatka – 79)*

Unsere Vorfahren, zu deren Lebzeiten die Götter vom Himmel stiegen, erlebten Einzigartiges. Aber schon vor zwei Jahrtausenden schrieb der Philosoph und Historiker Lucius Apuleius vorausahnend: "Eine Zeit wird kommen, wo es scheinen wird, als hätten die Ägypter vergebens fromm und eifrig den Göttern gedient, denn die Götter werden von der Erde in den Himmel zurückkehren, und Ägypten wird verlassen dastehen. Oh Ägypten! Ägypten! Von deinem Wissen werden nur Fabeln übrigbleiben, die den späteren Generationen unglaublich vorkommen". *(Dopatka – 82)*

... Für die Menschheit bleibt Ägypten zusammen mit Sumer ein faszinierendes Beispiel für eine hochentwickelte Zivilisation, die Mitte des vierten Jahrtausends v.Chr. plötzlich entstand. Wir können vermuten, daß die Ägypter und Sumerer ihr umfangreiches Wissen nicht mühsam erworben haben, sondern daß jemand es ihnen schenkte. *(Carmel – 205)*

[Frage:] Trifft die von Platon überlieferte Geschichte zu, wonach einige Atlanter die wünschenswerten Elemente der atlantischen Kultur nach Ägypten brachten? Mich interessiert beispielsweise die Sage von Horus und der geflügelten Scheibe.

[Antwort:] Er kam in einem Raumfahrzeug. Denkt daran, daß er nicht geboren wurde. Die Alteaner waren Meister der Raumfahrt. Aber später lernten sie, mit Hilfe des Geistes ohne Fahrzeug zu reisen. Horus, Tehuti, Isis und andere Führer brachten es ihnen bei.

[Frage:] Was waren die Abmachungen, unter denen Horus, Tehuti und Isis zusammen nach Ägypten gingen, um dort eine neue Kultur zu gründen?

[Antwort:] Sie kamen alle gleichzeitig. Wißt ihr, daß sie gleichzeitig an verschiedenen Orten sein konnten? Horus kam nach Ägypten und Isis ging nach Ur, und andere gingen in andere Gebiete. Aber sie konnten sich gleichzeitig an jedem dieser Orte versammeln.

[Frage:] Ich verstehe. Sie waren austauschbar - das ist äußerst interessant. Nun, viele Historiker haben bemerkt, daß die Kulturen von Ur und Ägypten Gemeinsamkeiten hatten. Anderen Leuten fiel auf, daß es auch eine Ähnlichkeit mit der chinesischen Kultur gab.

[Antwort:] Das ist richtig. Sie wurde von denselben Wesen gegründet.

(* Carmel – 205-206)

[Frage:] Wieviel Wissen aus Atlantis wurde den frühen Ägyptern gegeben?

[Antwort:] Den frühen Ägyptern wurde medizinisches Wissen gegeben, ... Ihr müßt verstehen, daß die primitiven Menschen, mit denen sie im Lande Ägypten arbeiteten, sehr furchtsam waren aufgrund ihrer Einfachheit und ihrer unbewußten Erinnerung an die Zerstörung. Darum errichteten sie auf ihrem Glaubensgebäude ein großartiges System der Götterverehrung.

(* Carmel – 209)

Lisa: "Jetzt muss ich noch mal nachfragen: Sumer und Ägypten werden als Kolonien des versunkenen Atlantis bezeichnet. Die Atlanter bringen ihre Errungenschaften dorthin. Normalerweise stelle ich mir unter den Atlantern Menschen vor. Jetzt haben wir aber ausführliche Berichte darüber gehabt, dass 'Außerirdische', 'Götter' das Wissen weitergaben."

Hans: "Bitte übersieh nicht Folgendes: Tom z. B. spricht von Alteanern, die Atlantis entwickelt hätten und die nun auch in Ägypten wirkten. Altea gehört ja zu einer der außerirdischen Zivilisationen, mit denen er und sein Rat der Neun zusammenarbeiten. In einem Bericht von Zopf über Atlantis wird von "Engeln" gesprochen, die auf der Erde geblieben waren. Also könnten diese - egal ob sie "Engel" oder "Alteaner" oder "Götter" genannt werden - doch die hochentwickelten Wesen gewesen sein, die das Wissen weitergaben. Und dass die einfachen Menschen sie als "Götter" bezeichnet haben, ist nicht verwunderlich. "

Ägypten und Unerklärliches

Zu den Highlights der jüngsten Grabungskampagnen gehören Entdeckungen, die viele Lehrmeinungen ins Wanken bringen dürften:

* In Abusir stieß der Prager Forscher Miroslav Verner auf die älteste aller bekannten Mumien. Vor etwa 4400 Jahren wurde ihre Haut von den Balsamierern konserviert und das Gehirn entnommen. Bisher waren die For-

scher davon ausgegangen, daß die Ägypter diese Technik erst 1000 Jahre später erlernten.

- Archäologen aus Hannover und Berlin stießen in Sakkara, dem wichtigsten Königsfriedhof des Alten Reiches, auf ein 5000 Quadratmeter großes Grabmal aus der 2. Dynastie - Hinweis darauf, daß die Errichtung von Kolossalbauten weit früher begann als bislang vermutet.

(SPIEGEL 52/95 – 157)

So bleiben viele Fragen vorerst noch ungelöst: Warum zum Beispiel ist Cheops' Grabkammer kahl und unverziert? Hatte der in späterer Zeit als "gottloser Tyrann" verschriene Herrscher ein "Bilderverbot" erlassen, wie einige Experten glauben? Wie gelang es seinen Bauleuten, 40 Tonnen schwere Deckenriegel auf 70 Meter Höhe bis in die Königskammer des Grabmals zu hieven?

Angesichts der spärlichen archäologischen Befunde blieb auch die Schlüsselfrage offen, die sich die Ägyptologen seit bald 100 Jahren stellen: Wie lösten sich die Niltal-Bewohner, umgeben von Wüstennomaden, aus der steinzeitlichen Stammeskultur? Wie gelang es ihnen, sich zu einem Millionenvolk zu versammeln und unter der Befehlsgewalt eines Häuptlings "den modernen Staat zu schaffen", wie es der Prager Archäologe Miroslav Verner formulierte?

Phänomene wie Nationalgefühl, Organisation, Arbeitsteilung und Bürokratie, die heute selbstverständlich sind - all dies mußte von den Ägyptern erfunden werden. Wie das geschah, darüber geben die neuen Forschungen erstaunliche Aufschlüsse. *(SPIEGEL 52/95 – 160)*

Die Sphinx
Wie alt ist die Sphinx? Bei seiner eingehenden Betrachtung der Sphinx entwickelte Schwaller de Lubicz ein besonderes Interesse an der Frage, wie die immense Abnutzung an ihrer Oberfläche zustande gekommen war. In Richtung Rückseite der Sphinx fanden sich Erosionsspuren, die 3,60 Meter tiefe Einschnitte in ihre Oberfläche gekerbt haben, und dieses Erosionsmuster ist ein völlig anderes als das an anderen ägyptischen Bauwerken... Die Erosionsspuren an der Sphinx jedoch sehen aus, als seien sie von Wasser geglättet worden. Entsprechend des gängigen Denkens wurden die Sphinx, die Cheopspyramide und sonstige hiermit zusammenhängende Bauwerke vor etwa 4500 Jahren in der vierten Dynastie unter Cheops errichtet.

Im Koran heißt es, der traditionellen Auslegung zufolge, daß die Schöpfung vor etwa 6000 Jahren begann. Würde ein Moslem also sagen, ein Bauwerk sei 8000 Jahre alt, so würde er seiner Bibel widersprechen. Das kann er nicht, er kann es einfach nicht, also läßt man sich gar nicht erst darauf ein, über Gedanken wie diesen zu sprechen oder zu diskutieren.

Noch dazu haben Computer errechnet, daß es mindestens 1000 Jahre lang ununterbrochen nonstop 24 Stunden am Tag sturzflutartige Regenfälle gegeben haben müßte, um eine solche Erosion hervorzurufen. Ausgehend davon muß die Sphinx mindestens 8000 Jahre alt sein. Da es aber unwahrscheinlich ist, daß es 1000 Jahre lang nonstop wie aus Eimern gegossen hat, gingen die Schätzungen dahin, daß sie mindestens 10-15.000 Jahre alt sein müßte, vielleicht auch noch viel älter. *(Melchizedek – 17-18)*

Diese Annahme würde die Texte der so genannten "Inventarstele" bestätigen, die der französische Ägyptologe Auguste Mariette schon im Jahre 1858 entdeckt hatte. "Der Text dieser Stele besagt, dass der Pharao Cheops das Haus der Isis, der Herrin der Pyramide, neben dem Haus des Sphinx wieder aufbaute. Dieses bedeutet, der Sphinx und die Große Pyramide existierten offensichtlich bereits zu Cheops Zeiten. Die Entzifferung der Stele belegte also zweifelsfrei, dass der Pharao Cheops nicht der Erbauer der Großen Pyramide, sondern nur ihr Restaurator war. *(Michel – 49)*

Die Sphinx ist die größte Skulptur auf dem Planeten. Sie wurde nicht von haarigen Barbaren geschaffen, sondern von einer sehr ausgereiften Kultur. Und sie stammt nicht von irgendjemandem, den wir derzeit hier auf der Erde kennen. *(Melchizedek – 19)*

Die große Sphinx, die steinerne Figur mit dem Körper eines Löwen und einem menschlichen Kopf, ist 57,6 Meter lang und aus einem einzigen Steinblock gehauen. In Ägypten als *Hu* bekannt, stellt sie den Gott Horus dar und ist viele Jahre älter als die Große Pyramide. *(* Cayce 4 – 93)*

Dirk: "Nach Aussage von Cayce ist die Sphinx also nichts anderes als ein Bildnis des Alteaners Horus. Es wäre interessant, hierzu irgendwann Kommentare von Archäologen zu hören."

Die Sphinx hatte mit dem Beginn der ägyptischen Kultur mehr zu tun als die große Pyramide. Wenn die Menschen auf diesem Planeten eines Tages verstehen und wenn andere Zivilisationen auf die Erde kommen, um ihr zu helfen, dann werden wir euch alle Geheimnisse, nach denen ihr fragt, enthüllen. *(* Carmel – 206)*

Die Pyramiden in Ägypten
Die ägyptischen Pyramiden stellen, darin sind sich Experten einig, die größten Baudenkmäler der Menschheit dar. Unter ihnen ist die Cheops-Pyramide vom Gizeh-Plateau die bekannteste, auch die am genauesten konstruierte. Einige Daten über die Cheops-Pyramide, die größte der Pyramiden des alten Ägypten: Ihre Höhe betrug einst 146,60 Meter; da die Spitze nicht erhalten ist, fehlen heute davon etwa 9 Meter. Jede Seite ist 230,30 Meter lang, was der alten Maßeinheit von 440 ägyptischen Ellen entsprechen soll. Zu ihrem Bau wurden 2,3 Millionen Steinblöcke verwendet. *(Dopatka – 289)*

Gemäß Cayces Botschaften "sollen gewisse bis heute verschlossene Kammern der Großen Pyramide eines Tages geöffnet werden und vollen Aufschluss über die Geschichte und Bevölkerung von Atlantis geben. Diese Berichte wurden in die Pyramide gebracht, sagte Cayce, als einige Bewohner von Atlantis nach der dritten und letzten Sintflut nach Ägypten flohen, die etwa um 9500 v.Chr. eintrat. *(Michel – 90)*

Vera: "Vor kurzem wurde ja wieder ein Versuch unternommen, in unbekannte Kammern der Pyramide einzudringen und etwas Spektakuläres zu finden. Aber man hat nichts gefunden außer einer neuen verschlossenen Kammer. Die Zeit scheint noch nicht reif zu sein."

[Frage:] Wir haben ein paar Fragen über die Große Pyramide. Kannst du uns sagen, wer sie gebaut hat?

[Antwort:] Es war eine Gemeinschaftsarbeit von Hoova, Ashan, Altea und Myrex. Es waren vier Zivilisationen. Es waren also die Vierundzwanzig Zivilisationen.

[Frage:] Heißt das, daß die Menschen keinen Anteil an diesem Bauwerk hatten?

[Antwort:] Sie hatten großen Anteil daran. Die Planung und die technische Durchführung lag in den Händen der vier Zivilisationen. Die Übertragung und die Übermittlung des Wissens kam von den Zivilisationen. Stonehenge kam auch von den Zivilisationen. Ja.

[Frage:] Kannst du uns sagen, wann der Bau der Großen Pyramide begann und wann er beendet war.

[Antwort:] Die Große Pyramide und andere, die ähnlich waren, wurden etwa 150 Jahre vor der Zerstörung von Atlantis begonnen, also vor 13.000 eurer Jahre ... Dann, vor ungefähr 7000 Jahren, wurde sie vervollständigt... Zwischen Beginn und Vollendung lagen 6000 Jahre, weil es Schäden und Veränderungen gab.

[Frage:] Kannst du uns sagen, was der Zweck der Pyramide war und worin ihr Geheimnis besteht, über das so viele Menschen sich Gedanken machen?

[Antwort:] Zum Teil ist es die Regeneration der Zellen. Sie überträgt die Energie der Zivilisationen. Die Große Pyramide und andere Pyramiden senden eine Energie nach oben. Aber auch die Zivilisationen senden dem Planeten Erde Energie durch die Pyramiden. In den Kammern der Pyramiden gibt es Bereiche, die ihr Verjüngungskammern nennen würdet. Sie regenerieren die Zellen. Das ist nicht alles; aber mehr können wir jetzt nicht sagen.

... Die Pyramiden lieferten dem, was um euren Planeten Erde kreiste, Energie. Einst enthielt die Pyramide Kristallelemente, die Energie abgaben. Unüberlegte Menschen entfernten diese Kristalle und riefen dadurch Probleme hervor, weil die Pyramide nicht mehr genügend Energie erzeugen konnte, um ihren Zweck zu erfüllen.

[Frage:] Ich wüßte außerdem gerne, wie die großen Steinblöcke in die Große Pyramide gebracht wurden. Meiner Meinung nach wurden dazu Kristalle verwendet.

[Antwort:] Es geschah mit Hilfe von Kristallen und mit Hilfe von stimmlichen Tönen, die durch den Laut "OM" auf die Kristalle eingestimmt wurden.

(* Carmel – 206-209)

Pyramidenbau und Einsatz von Ton/Schall

Ihr kennt die Bedeutung des äußeren Tones. Er ist ein Kommunikationsmittel, ist aber auch das Nebenprodukt anderer Ereignisse und wirkt sich auf die physische Atmosphäre aus. Das gleiche gilt auch für das, was ich den inneren Ton nennen möchte, den Ton, den eure Gedanken in eurem eigenen Kopf erzeugen.

Innere Töne üben auf euren Körper einen noch stärkeren Einfluß aus als äußere Töne. Sie wirken auf die Atome und Moleküle ein, aus denen eure Zellen aufgebaut sind. Mit einer gewissen Berechtigung könnte man sagen, daß ihr durch sie mit eurem Körper redet, nur handelt es sich dabei um ein inneres Reden.

Die gleiche Art von Ton hat einst die Pyramiden erbaut, und zwar war das kein Ton, der mit physischen Ohren wahrnehmbar wäre.   (* Seth 3 – 112)

Hans: "Es gab in Indien auch eine hochstehende Zivilisation, von der ich vor unseren Untersuchungen noch gar nichts gehört hatte."

6.1.5   Die Induskultur

Die Harappakultur entstand ebenso eigenständig wie die ägyptische und die mesopotamische. Obwohl die drei Kulturen im gleichen Zeitraum existierten, war ihre jeweilige Form völlig unverwechselbar.   (Horn – 203)

Den kulturellen Höhenflug am Indus haben nicht Handelskontakte mit dem Zweistromland ausgelöst, wie die Archäologen lange glaubten. Weder von der Hochkultur in Mesopotamien noch von derjenigen am Nil hätten die Indus-Bewohner ihre fast wissenschaftlich anmutende Stadtplanung abkupfern können. Auch ihre Schrift weist keinerlei Ähnlichkeiten mit den ägyptischen Hieroglyphen oder mit der sumerischen Keilschrift auf... Eine organische Entwicklungslinie, so zeigen die Ausgrabungen der letzten zehn Jahre, führt von ersten landwirtschaftlichen Siedlungen und verstreuten Farmercamps aus der Zeit von 7000 bis 5000 vor Christus über entwickeltere Ackerbauern-Gemeinschaften bis zur städtischen Händler- und Handwerkergesellschaft des dritten Jahrtausends.

Der "Große Sprung" zur urbanen Zivilisation fand den neuesten Ergebnissen zufolge zwischen 2600 und 2500 vor Christus statt: Die Zahl der Siedlungen verdoppelte sich in dieser Zeit, große Städte entstanden, die Indus-Schrift tauchte auf. Innerhalb weniger Jahrzehnte setzte sich überall die gitterartige Anlage des Straßennetzes durch. Ein einheitliches Gewichts- und Maßsystem galt bis in den letzten Winkel des Riesenreichs.

Auf seinem Höhepunkt dehnte sich das Reich über eine Fläche von einer Million Quadratkilometern aus - ein Gebiet, knapp dreimal so groß wie die Bundesrepublik Deutschland.

Eine nach allen Regeln der Kunst betriebene Landwirtschaft versorgte die Boomtowns in den Flußtälern mit Nahrungsmitteln. Indus-Bauern kultivierten weltweit als erste Reis und Baumwolle. Getreide gedieh auf den fruchtbaren Schwemmlandböden im Überfluß.

Bis zu 80000 Einwohner wuselten nach Schätzungen ... in den Straßen der Indus-Metropolen - nicht weniger als in den größten sumerischen Städten. Voraussetzung für das Zusammenleben in den bronzezeitlichen Metropolen war ein Netz von begehbaren, kunstvoll gemauerten Abwasserkanälen im Untergrund der Städte, an die fast jedes Haus angeschlossen war. Dieses unterirdische Labyrinth verhalf dem Indus-Volk zum Sieg über den größten Feind aller frühen Kulturen: die Mikroben. Die Kanäle entsorgten Schmutzwasser und Fäkalien ins Umland. Brunnen, Bäder und Toiletten bescherten den Bewohnern einen hohen Standard der Hygiene.

Die antiken Metropolen, urteilt "IndiaToday", waren "so perfekt geplant, daß die Inder nie mehr in der Lage waren, diese Errungenschaften zu wiederholen - bis heute nicht".

Die Bronzezeitler am Indus brauten Bier. Sie brannten Tongefäße, so hart wie Stein. Indus-Schmiede fabrizierten Bronzewerkzeuge, die der Festigkeit von Stahl nahekamen.   *(SPIEGEL 3/99 – 160-163)*

6.1.6   Griechenland

[Frage:] Die Griechen bewahrten die atlantischen Sagen anscheinend besser als die anderen. Ist das richtig?

[Antwort:] Das ist wahr. Wegen dem Channelling von Platon. Platon erhielt Eindrücke, die seinen Geist anspornten und Glocken in seinem Kopf zum Klingen brachten.

[Frage:] Ja. Du sprichst vom "Channelling von Platon". Ich habe gehört, Sokrates sei das Medium gewesen, und Platon habe dessen Botschaften aufgezeichnet. Stimmt das?

[Antwort:] Es war Sokrates; aber wichtig waren die Deutungen Platons. Wäre das gesamte Wissen in allen Einzelheiten übermittelt worden, hätte es zu Verwirrung und Mißverständnissen geführt. Aber Teile davon konnten gegeben werden, und durch Ansammlung dieser Teile und durch Forschung und Diskussion konnte das Wissen erlangt werden.

[Frage:] Gab es zur Zeit der ersten griechischen Kultur irgendwelche Besuche durch die höheren Zivilisationen?

[Antwort:] Ja - die "Götter".

[Frage:] Nun ja, ich war der Meinung, die griechische Mythologie gehe auf eine frühere Zeit zurück.

[Antwort:] Auf Ägypten und Atlantis. Aber Griechenland wurde auch von Altea besucht.

[Frage:] Das wußte ich nicht. In welcher Form? In Raumfahrzeugen?

[Antwort:] Da Menschen das Feuer kannten, kamen sie in Gestalt des Feuers.   *(* Carmel – 211-212)*

... Eine solche Schar stereotyper Geister waren einst auch die Griechen, die einen Lebensturnus auf Erden als Buße zu erfüllen hatten und die, aus höheren Welten kommend, in der Erinnerung daran ihre herrlichen Kunstwerke auf Erden schufen. Aus ihrer Erinnerung an die Übergangs-Welten stammen auch ihre Mythologie, ihre Halbgötter und Götter; in der Erinnerung an den früheren Verkehr mit höheren Geistern vergöttlichten sie das Menschliche, vermenschlichten sie das Tierische und gehorchten den Orakelsprüchen. Das Griechentum hörte nach vollbrachter Rotation der Verkörperungs-Turnusse dieser Geister auf Erden auf. Sie hatten abgebüßt, verließen die Erde und kamen in einen besseren Kreis. *(* Laurentius 3 – 164)*

6.1.7 Der Niedergang von Kulturen

... Die jetzt lebende Erdenmenschheit ist deutlich unreif. Das heißt, sowohl die Jenseitsgeschwister wie die kosmischen Geschwister - als kosmische Menschen - und auch die von Gott gesandten Boten - als Propheten, die Christus dienten - konnten immer nur ruckweise die Menschheit empor reißen und auf dem Weg zu Gott begleiten.

Das seht ihr in der Geschichte beim Volk Israel, das seht ihr bei den Ägyptern, das seht ihr bei den Mayas und überall, wo sonst noch eine Kultur zusammenbrach. Meine Frage an euch: Ließ Gott sie zusammenbrechen und verschwinden, diese Kulturen? - Nein! Sie haben einen schlechten Entwicklungsweg gewählt, Luzifer hat sie in seinen Bann gezogen, und infolgedessen wurden sie von dieser Erde abgezogen. Sie sollten der Menschheit helfen und dienen, ihren Weg zu gehen, aber sie wurden immer mehr und mehr zu Werkzeugen und Dienern der ungünstigen Wesen. Das ist der Entwicklungsgang ganzer Völker und ganzer Menschengruppen. Schaut z. B. die alten Griechen an! Sie waren hochweise, ein hochweises, geistig hochstehendes Volk. Ihr Zyklus wurde beendet, als es anfing, mit ihnen bergab zu gehen. *(* Emanuel 20 – 191-192)*

Vera: "Wenn ich diese Berichte noch einmal Revue passieren lasse, dann kann man doch zusammenfassen: Unsere zivilisatorischen Errungenschaften fußen auf Wissen, das uns 'Außerirdische' gegeben haben, die mal als Götter, mal als Gottessöhne, Engel, Alteaner o. ä. bezeichnet werden. Auch die Gegenseite hat erheblichen Einfluss ausgeübt. Und unsere Zivilisation ist nicht die erste, sondern es gab vorher schon große Zivilisationen auf der Erde - wie Atlantis - die in ähnlicher Weise unterstützt worden, aber untergegangen sind. Oder soll ich sagen: 'dennoch untergegangen sind', trotz der Unterstützung? Denn sie hätten ja erkennen können, was sie falsch machten."

Hans: "Du beziehst dich jetzt aber im Wesentlichen auf die Berichte über Atlantis. Die Gegensatzgeister haben da wohl einen starken Einfluss gehabt."

Dirk: "Mich interessiert jetzt besonders, wie es bei uns weitergegangen ist. Wie sind bei uns Wissenschaft, Philosophie und Religionen entstanden. Waren das immer getrennte Bereiche?"

6.2 Die Entstehung von Philosophie, Wissenschaft und Religionen

6.2.1 Wissenschaft und Vergeistigung

Von Anfang an haben die Vertreter des Göttlichen Gesetzes und der Geisteslehre den Mann der Wissenschaft zum Gegner gehabt. Und zwischen beiden Parteien haben große Auseinandersetzungen stattgefunden. Nun ist die Zeit herbeigekommen, daß Ich euch etwas von diesen Gegensätzen sage.

Ich schuf diese Welt, damit sie als vorübergehender Wohnort den ins Fleisch einverleibten Geistern diene. Aber ehe sie kamen, sie zu bevölkern, stattete Ich sie aus mit den Gaben des Gewissens, des Verstandes und des Willens. Und Ich, der Ich im Voraus die Bestimmung und Entwicklung Meiner Geschöpfe kannte, rüstete die Erde in ihrem Innern, in ihrer Oberfläche und in ihrer Atmosphäre mit allen nötigen Elementen aus für die Erhaltung, die Ernährung und Entwicklung und sogar für die Erholung des menschlichen Wesens.

Damit aber der Mensch die Geheimnisse der Natur als Quelle des Lebens entdecken könnte, erlaubte Ich, daß seine Intelligenz erwachte. Und so wurde dem Menschen der Anfang des Wissens eröffnet, welche Gabe ihr alle besitzt, obwohl es immer Menschen mit größeren Fähigkeiten gab, deren Bestimmung es war, der Natur das Geheimnis ihrer Kräfte und Elemente zu entreißen, zum Wohl und Ergötzen der Menschheit.

Auch habe Ich große Geister zur Erde entsandt, damit sie euch das übernatürliche Leben offenbaren, jenes, das über dieser Natur und jenseits des Wissens ist. Mittels dieser Offenbarungen ist das Dasein eines universalen Wesens erfühlt worden, machtvoll, schöpferisch, allmächtig und allgegenwärtig, das dem Menschen nach seinem Tode eine Daseinsmöglichkeit bereit hält, das ewige Leben des Geistes.

Aber da die einen geistige Aufgaben und die anderen wissenschaftliche Aufgaben in sich trugen, so haben sich zu allen Zeiten die einen wider die anderen erhoben; immer sind die Religionen und die Wissenschaft Gegner gewesen.

Heute sage Ich euch, Materie und Geist sind keine entgegengesetzten Kräfte, zwischen beiden soll Harmonie herrschen. *(* BWL 5 – 88-89)*

... Alles, was auf Erden je entdeckt und erforscht wurde, ist im Jenseits bereits seit Urzeiten vorhanden! Es wartet also nur darauf, von euch entdeckt, erforscht oder erdacht zu werden. Und *die Vorstellungskraft ist der Schlüssel dazu*! Weil die Vorstellungskraft eine Bündelkraft ist - wie ich schon ausführte -, gehört eben auch die *Denkkraft* dazu und spielt eine bedeutsame Rolle. *(* Emanuel 10 – 62)*

Vera: "Papst Johannes Paul II. hat in seiner Enzyklika 'Fides et Ratio' von 1998 persönliche Ausführungen zur Philosophie gemacht. Ich finde diese so klar und einleuchtend, was den Sinn der Philosophie angeht, dass ich vorschlage, damit zu beginnen und danach gleich mit der Entwicklung der Philosophie weiterzumachen. Das könnte uns eine gute Grundlage für die Themen Wissenschaft und Religionen geben."

6.2.2 Philosophie

Der Mensch besitzt vielfältige Möglichkeiten, um den Fortschritt in der Wahrheitserkenntnis voranzutreiben und so sein Dasein immer menschlicher zu machen. Unter diesen ragt die *Philosophie* hervor, die unmittelbar dazu beiträgt, die Frage nach dem Sinn des Lebens zu stellen und die Antwort darauf zu entwerfen: Sie stellt sich daher als eine der vornehmsten Aufgaben der Menschheit dar. Seiner etymologischen Herkunft aus dem Griechischen entsprechend bedeutet das Wort Philosophie "Liebe zur Weisheit". Die Entstehung und Entfaltung der Philosophie fällt tatsächlich genau in die Zeit, als der Mensch begonnen hat, sich nach dem Grund der Dinge und nach ihrem Ziel zu fragen.

Angespornt von dem Streben, die letzte Wahrheit über das Dasein zu entdecken, versucht der Mensch jene universalen Kenntnisse zu erwerben, die es ihm erlauben, sich selbst besser zu begreifen und in seiner Selbstverwirklichung voranzukommen. Die grundlegenden Erkenntnisse entspringen dem Staunen, das durch die Betrachtung der Schöpfung in ihm geweckt wird.

(Enzyk. – 6-7)

Der *Ursprung der abendländischen Philosophie* liegt im antiken Griechenland. Angefangen zu philosophieren haben die Griechen ca. 600 v.Chr. Diese Zeit ist gekennzeichnet durch tiefgreifende wirtschaftliche und gesellschaftliche Veränderungen, die zu einer Krise des Adelsstaates und schließlich zu neuen politischen Herrschaftsformen (Tyrannis, Demokratie) führten. Zeitgleich mit diesen Veränderungen erfolgt auch der sogenannte *Übergang* vom *Mythos zum Logos,* d.h. an die Stelle der mythologisch-religiösen Weltdeutung (z. B. Göttergeschichten, die von der Entstehung und dem Verlauf der Welt und der Dinge erzählen), tritt zunehmend eine philosophisch-wissenschaftliche, rationale Welterklärung.

(Delius – 6)

Es sieht so aus, als wäre den antiken Beobachtern von frühester Zeit an ein grundlegender Unterschied zwischen den Sphären des Himmlischen und des Irdischen aufgefallen. Während sich das Leben auf der Erde durch Veränderung, Unvorhersehbarkeit, Entstehen und Vergehen auszeichnete, schienen die Himmelskörper über eine ewige Gleichmäßigkeit und strahlende Schönheit zu verfügen, zu einem Reich fremdartiger und überlegener Ordnung zu gehören.

Die himmlische Sphäre schien unmittelbarer Ausdruck des Transzendenten, wenn nicht gar das Transzendente selbst zu sein. Aus diesen Gründen betrachteten die Menschen des Altertums die Himmelssphäre als Wohnsitz der Götter.

(Tarnas – 59-60)

Die beste Herangehensweise an die Philosophie ist es, philosophische Fragen zu stellen: Wie wurde die Welt erschaffen? Liegt hinter dem, was geschieht, ein Wille oder ein Sinn? Gibt es ein Leben nach dem Tod? Wie sollen wir überhaupt die Antwort auf solche Fragen finden? Und vor allem: Wie sollten wir leben? Solche Fragen haben die Menschen zu allen Zeiten gestellt. Wir kennen keine Kultur, die sich nicht gefragt hat, wer die Menschen sind oder woher die Welt stammt.   *(Gaarder – 20)*

Vera: "Der SPIEGEL brachte ein interessantes Interview mit einem der großen Philosophen des 20. Jahrhunderts, Hans-Georg Gadamer. Sein Hauptwerk "Wahrheit und Methode" von 1960 gilt inzwischen als Klassiker."

SPIEGEL: Herr Gadamer, wie erklären Sie Nichtphilosophen, was Philosophen eigentlich machen?
Gadamer: Etwa so: Es gibt Fragen, auf die die Menschen Antworten haben wollen, aber keine finden. Es ist ein Aberglauben zu meinen, dass diese Fragen mit dem Fortschritt der Wissenschaften verschwinden könnten.
SPIEGEL: Welche Fragen?
Gadamer: Viele verschiedene. Die nach Tod und Geburt, Fragen der Religion, aber auch noch andere Fragen, etwa danach, was Bewusstsein ist. Diese Frage lässt sich nicht etwa durch Informationstheorie beantworten.
SPIEGEL: Was kann die Philosophie da tun? Was darf man von ihr erwarten?
Gadamer: Ich finde, es ist eine große Aufgabe, wieder fragen zu lernen, also nicht alles von vornherein für geregelt zu halten. Man sollte beim Fragen nicht einfach bloß darauf aus sein, wichtige Informationen zu bekommen. Schon das Wort "Information" sagt es ja: Das ist etwas, worüber man nicht weiter nachzudenken braucht.
SPIEGEL: Worauf hoffen Sie selbst in der Philosophie?
Gadamer: Es wäre eine sehr schöne Sache, wenn wir endlich darangehen, die Weltreligionen wieder ins Gespräch miteinander zu bringen.
(SPIEGEL 08/00 – 305, Auszüge)

Vera: "Jetzt interessiert mich, nachzulesen, welche Aussagen die wichtigsten Philosophen zu unseren Fragen anbieten."

Vorsokratische Philosophie
Die ersten Philosophen, die *Vorsokratiker*, denken über die Natur nach. Von der Einheitlichkeit der Natur überzeugt, suchen sie nach dem Urgrund, nach dem Einen, auf das das Viele zurückführbar ist. Sie grübeln über das, was die Welt im Innersten zusammenhält.   *(Spierling – 19)*

Thales
Leben: * um 624 v.Chr. Milet, † 546 v.Chr. Die Philosophie des Abendlandes beginnt mit der naturphilosophischen, anti-mythischen Frage nach der *Arché* (lat.: *principium*), also mit der Frage nach dem Urgrund aller Dinge. Thales fragt als erster nach der Arché und findet den Urgrund in einem *Urstoff*. Das Wasser, so lautet seine Antwort, ist der Urstoff, der alles Leben in sich birgt und alle Dinge entstehen läßt. Es ist lebende Materie, die - ohne

äußere Verursachung - aus eigener göttlich-schöpferischer Kraft mannig-faltige Gestalten annehmen kann. Das Wasser ist ein unentstandenes und unvergängliches Seiendes, ein seinem Wesen nach sich ewig gleichbleibender materieller und in sich belebter Grundstoff. *(Spierling – 25)*

Anaximander

Auch *Anaximander* (um 610-546 v.Chr.) *[auch er kommt aus Milet]* sucht nach dem Anfang von allem. Er bestimmt die Arche als *Apeiron*, als das be-lebte Unbegrenzte, aus dem die konkreten Dinge hervorgehen und in das sie zurückkehren. Das qualitativ unbestimmte Apeiron ist ein unendlicher stoff-licher Vorrat für alles, was war, ist und sein wird. In seiner eigenen, ewig schöpferischen Bewegung scheidet es qualitativ bestimmte Gegensätze aus wie Kaltes und Warmes, Trockenes und Feuchtes, Nacht und Licht. Aus er-wärmtem Schlamm entstehen Fische, in denen sich Menschen entwickeln. *(Spierling – 25)*

Anaximenes

Anaximenes [Milet] (um 588-525 v.Chr.) lehrt wie Anaximander, daß die Arché der grenzenlose materielle Stoff (*apeiron*) ist, bestimmt ihn aber quali-tativ als Luft. Die alles belebende, beseelende, hauchartige Luft bringt durch Verdichtung und Verdünnung alle seienden Dinge hervor. *(Spierling – 26)*

Anaximenes hielt Wasser für verdichtete Luft. Wir sehen ja, daß beim Re-gen Wasser aus der Luft gepreßt wird. Wenn das Wasser noch mehr zusam-mengepreßt wird, wird es zu Erde, meinte er... Gleichzeitig hielt er Feuer für verdünnte Luft. Nach Anaximenes' Ansicht entstanden also Erde, Wasser und Feuer aus der Luft. *(Gaarder – 44)*

Dirk: "Hier kommt schon die Idee der Verdichtung von Flüchtigem, nicht Festem in Festes, Materielles und Greifbares. Schon toll, dass diese Idee so früh formuliert wurde."

Pythagoras

Leben: * um 580 v.Chr. Samos, † um 497 v.Chr. Metapontum. PYTHAGORAS war Schüler von THALES und von ANAXIMANDER, dessen Lehre vom Gren-zenlosen und Unendlichen er sich zu eigen machte. Seine Einweihung soll er von indischen Brahmanen und nordischen Barbaren - *Hyperboreern* - erhalten haben. Hierbei wird oftmals der skythische Magier ABARIS erwähnt, der ihn in die Kunst der Levitation beziehungsweise des mystischen Seelenfluges einführte und mit ihm über den Bau des Himmels und die Bewegung der Himmelskörper diskutiert haben soll.

Vor allem aber verbrachte Pythagoras einige Jahre in Ägypten, wo er in den Orden der dortigen Priesterschaft aufgenommen wurde.

Das Töten von Tieren war untersagt, selbst zu Opferzwecken. Ähnlich wie die Druiden oder die Schamanen ließ Pythagoras alle Kreaturen an dem Kreislauf der unsterblichen Seele auf ihrem Weg zur Vollkommenheit teilha-

ben: "Denn es gibt einen das ganze All durchdringenden Geist, eine Welt-
seele, die alles mit jedem verbindet." *(Terhart – 45-46)*

So müssen wir Pythagoras als den eigentlichen Begründer der abendländischen Philosophie betrachten, nämlich denjenigen, der als erster das Universum "Kosmos" genannt hat. Seine Lehre vom Kosmos (griech. wörtlich "Ordnung" und "Schmuck") entsprach im wesentlichen den modernen naturwissenschaftlichen Erkenntnissen, doch mit dem Unterschied, daß Pythagoras
diesen Kosmos als lebendigen Organismus und zugleich als sichtbaren Ausdruck einer eigenbewußten Wesenheit betrachtete, die ihrerseits aus Myriaden eigenbewußter Wesenheiten *[Bewusstseinseinheiten]* und deren physischen Ausdrucksformen besteht.

So war er der erste im abendländischen Kulturkreis, der neben der diesseitigen, stofflichen Welt auch eine geistige Welt erkannte. Zwar hat er die
Mathematik zu dem gemacht, was sie bei uns ist ... , doch hat er, was weniger
bekannt ist, die Mathematik auch als Ausdruck des göttlichen Gesetzes, des
Reiches des Ewigen und Unvergänglichen, des Geistes und der Seele verstanden. Übrigens war damals ein Mathematiker jemand, der seine ganze
Kraft *der Lösung von Daseinsfragen und dem Weg zum Geistigen* widmete.

Pythagoras lehrt die Logik als Weg zum Geistigen, zum Weg nach "oben",
und zwar vor dem Hintergrund eines Wissens darüber, daß sich der Mensch
als unsterbliche Seele immer wieder inkarniert, um im Laufe vieler Erdenleben vollkommen und göttlich zu werden. Daher betonte er die Verbindung
mit der Gottheit, und *als Sinn des Lebens* lehrte er den Dienst an Gott. In seiner Ethik stellt er ein tugendvolles Leben, ein Leben in Harmonie mit dem
Kosmos, der "göttlichen Ordnung", an oberste Stelle. Vor allem lehrte er,
"wahr" zu sein, denn dies allein vermöge den Menschen gottähnlich zu machen. *(WEGbegleiter 02/01 – 48)*

Pythagoras findet die Arché aller Dinge nicht, wie die ersten Naturphilo-
sophen, im Stoff, sondern in der den Stoff bewegenden und gestaltenden
Form. Die mathematische *Zahl* ist die Form des Kosmos. Sie begrenzt das
Unbegrenzte *(apeiron)* maßvoll und ordnet es. *(Spierling – 28)*

Er verdeutlichte die damals eher gefühlsmäßig intuitive Suche nach Erkenntnis und Bewußtseinsentfaltung durch eine dreifache Gliederung:
a) "Erkenne dich selbst!"
b) "Erkenne die Einheit des Weltgefüges und ihr geistiges Wesen!" und
c) "Erkenne die Verbindung zwischen den sterblichen Menschen und den
   unsterblichen Göttern und deinen Weg von diesem Zustand zu jenem!"
(TATTVA 8 – 15)

Dirk: "Bei Pythagoras dachte ich zunächst nur an Mathematik. Aber eigentlich ist er ja ein ganz tiefgründiger Philosoph und auch ein Mystiker."

Lisa: "Mich beeindruckt auch seine Einstellung zur Natur und zu den Tieren."

Heraklit

Leben: * um 544 v.Chr. Ephesus, † um 483 v.Chr. Gibt es ein unveränderliches Sein, oder gibt es nur ein stets sich änderndes Werden? Heraklit wendet sich dem Problem des Wandels und der Dauer zu. "Die gegebene schöne Ordnung (*kosmos*) aller Dinge", sagt er, "dieselbe in allem, ist weder von einem der Götter noch von einem der Menschen geschaffen worden, sondern sie war immer, ist und wird sein: Feuer, ewig lebendig, nach Maßen entflammend und nach Maßen erlöschend."

Aus dem Urfeuer entwickeln sich Wasser, Erde, Luft und lösen sich nach dem Gesetz des Maßes endlos wechselnd wieder in Feuer auf. *(Spierling – 32)*

"Alles fließt", meinte Heraklit. Alles ist in Bewegung, und nichts währt ewig. Deshalb können wir "nicht zweimal in denselben Fluß steigen". Denn wenn ich zum zweiten Mal in den Fluß steige, haben sowohl ich als auch der Fluß uns verändert.

Heraklit wies ebenfalls darauf hin, daß die Welt von dauernden Gegensätzen geprägt ist. Wenn wir niemals krank wären, würden wir nicht begreifen, was Gesundheit bedeutet. Wenn wir niemals hungrig wären, hätten wir keine Freude am Sattsein. *(Gaarder – 45)*

Parmenides

Leben: * um 515 v.Chr. Elea (Unteritalien), † um 450 v.Chr. Parmenides ist der berühmteste Vertreter der eleatischen Schule, die Xenophanes gegründet hat. Die Eleaten denken wie Heraklit über das Problem des Wandels und der Dauer nach. Wie verhalten sich Vielheit, Veränderung, Werden, Bewegung zum wahren Sein? Wie verhalten sich Wahrnehmung und Denken zueinander? *(Spierling – 34)*

Parmenides glaubte, daß alles, was es gibt, immer schon existiert hat... Aus nichts kann nichts werden, meinte Parmenides. Und nichts, was existiert, kann zu nichts werden.

Nichts kann etwas anderes werden als das, was es eben ist. Parmenides war sich natürlich darüber im klaren, daß in der Natur dauernd Veränderungen stattfinden. Mit den *Sinnen* registrierte er, wie sich die Dinge veränderten.

Er meinte, die Sinne vermittelten uns ein falsches Bild der Welt, ein Bild, das nicht mit dem übereinstimmt, was die Vernunft den Menschen sagt. Als Philosoph betrachtete er es als seine Aufgabe, alle Formen von "Sinnestäuschungen" zu entlarven. Dieser starke Glaube an die menschliche Vernunft wird als *Rationalismus* bezeichnet. *(Gaarder – 44-45)*

Anaxagoras

Leben: * um 500 v.Chr. Klazomenai (Kleinasien), † um 428 v.Chr. Lampsakos. Anaxagoras stellt im Verlauf seines Nachdenkens über das wahre Entstehen und Vergehen der Dinge die Frage, welche ursprüngliche *Kraft* die Welt in Bewegung und in eine schöne Ordnung gebracht, aus einem Chaos einen Kosmos gemacht hat.

Die Welt, so lehrte Anaxagoras, besteht aus unendlich vielen, kleinsten Ur-stoffen *(spermata,* Samen). Erst durch ihre Anhäufungen werden die Urstoffe, die unendlich teilbar sind, für uns sichtbar und bilden die uns bekannten Dinge. Entsteht und vergeht ein Ding, so bedeutet dies, daß mit seinen un-sichtbaren Bestandteilen etwas vor sich gehen muß, was wir nicht wahrneh-men können. "Infolge der Schwäche unserer Sinne sind wir nicht imstande, die Wahrheit zu erkennen." *(Spierling – 37-38)*

Dirk: "Diesen Satz sollte man all jenen zitieren, die meinen, was wir nicht sehen, fühlen, messen können, das gibt es auch nicht."

Urheber der Bewegung und der Ordnung der Welt im ganzen aber, dies ist Anaxagoras' entscheidende Antwort, ... ist der *Nous,* (Vernunft, Geist). Mit der Macht seiner Erkenntnis gab er den ursprünglich ersten Anstoß. Er rief im vorgefundenen wirren Urgemisch der Materieteilchen eine Wirbelbewe-gung hervor, um alles harmonisch zu einem Kosmos zu ordnen, zu einem sinnvollen Ganzen, aus dem sich dann alles weitere eigenständig entwickelt.

Fest steht, daß Anaxagoras zum ersten Mal die Selbständigkeit des Geistes gegenüber allem (übrigen) Stofflichen herausstellt: "Und als der Geist die Bewegung begann, sonderte er sich ab von allem, was da in Bewegung ge-setzt wurde." *(Spierling – 38-39)*

Empedokles
Leben: 495 -435 v.Chr. Agrigent (Sizilien) Er war Seher, Reinigungspriester, Wanderprediger und Wundermann, Politiker, Arzt, Dichter und nüchterner Wissenschaftler in einem, der als erster auf seine Art das vorformulierte, was über zweitausend Jahre später von der Physik als Energieerhaltungsgesetz definiert werden sollte. Alle Veränderungsprozesse seien in Wahrheit Ener-gieumwandlungsformen, lehrte er und erklärte, daß in der Welt nichts ent-steht und nichts vergeht, wie es die Menschen dem Augenschein nach emp-finden. *(Terhart – 38)*

Empedokles glaubt an die Seelenwanderung. Wir alle müssen eine Reihe von Inkarnationen durchleben, bis wir wieder gereinigt sind vom Fall in die Materie. Unsere Seelen sind herabgestürzte Götter, die sich nach dem Urzu-stand zurücksehnen. Fleischverzehr ist deswegen verboten, weil Empedokles ein naturrechtliches Band der Verwandtschaft zwischen allem Lebendigen erkennt. *(Terhart – 40)*

Bei Empedokles beginnt alles mit einem "Urknall" (Primavesi). Am An-fang, glaubt der Philosoph, seien alle vier Elemente in einer riesigen Him-melskugel, dem Sphairos, harmonisch vereint gewesen... Die Blase fliegt unvermittelt auseinander. Angetrieben vom Streit, der trennenden Urkraft des Universums, beginnen sich die Grundstoffe abzusondern... Aus diesem Mischmasch läßt Empedokles nun alles Leben entstehen. Die Geschöpfe, so sein Kernsatz, seien nichts anderes als spezifische "Mischungen der Ele-mente". *(SPIEGEL 48/97 – 292)*

Die Sophisten

Die Sophisten, die "Lehrer der Weisheit", bilden im 5. Jahrhundert v.Chr. den Übergang zur klassischen Philosophie Griechenlands. *(Spierling – 20)*

Bald strömte aus den griechischen Kolonien eine Gruppe von wandernden Lehrern und Philosophen nach Athen. Sie nannten sich *Sophisten*. Das Wort "Sophist" bezeichnet eine gelehrte oder sachkundige Person. In Athen verdienten die Sophisten ihren Lebensunterhalt damit, die Bürger der Stadt zu unterrichten... Die Sophisten beschlossen, sich für den Menschen und seinen Platz in der Gesellschaft zu interessieren. *(Gaarder – 79)*

Demokrit

Leben: * um 460 v.Chr. Abdera, † um 370 v.Chr. Die sichtbaren Dinge sind Ansammlungen unsichtbarer, unvergänglicher Atome, deren Umgruppierungen mit mechanischer Notwendigkeit erfolgen. Die Atome sind unteilbare Materieteilchen, aus denen die Seele ebenso zusammengesetzt ist (Feueratome) wie die zahllos vielen Welten, zu denen sie sich verbinden.

Der Mensch ist ein Mikrokosmos, eine kleine Welt, denn er ist denselben Gesetzen unterworfen wie die große Welt, er spielt keine Sonderrolle. *(Spierling – 41)*

Demokrit rechnete nicht mit einer "Kraft" oder einem "Geist", der in die Naturprozesse eingreift. Das einzige, was es gibt, sind die Atome und der leere Raum, meinte er. Da er nur an das "Materielle" glaubte, bezeichnen wir ihn als *Materialisten*... Demokrit glaubte, daß alles, was passiert, eine natürliche Ursache hat, eine Ursache, die in den Dingen selber liegt.

Die Atomtheorie erkläre auch unsere *Empfindungen,* meinte Demokrit. Wenn wir etwas empfinden, dann liegt es an den Bewegungen der Atome im leeren Raum. Wenn ich den Mond sehe, dann geschieht das, weil die "Mondatome" mein Auge treffen.

Aber was ist mit dem *Bewußtsein?* ... Demokrit stellte sich vor, daß die Seele aus einigen besonders runden und glatten "Seelenatomen" besteht. Wenn ein Mensch stirbt, wirbeln die Seelenatome nach allen Seiten davon. Danach können sie sich einer neuen Seele anschließen, die gerade gebildet wird. *(Gaarder – 59)*

Hans: "Die Vorsokratiker haben schon enorm tief und abstrakt über die Dinge nachgedacht. Aber gerade bei Pythagoras habe ich das Gefühl, dass er inspiriert war, d.h., geistige Unterstützung bekommen hat, wie einige andere auch."

Sokrates und seine Philosophie

Leben: * um 470 v.Chr. Athen, † 399 v.Chr. Athen. *Sokrates* ... ist vielleicht die rätselhafteste Person in der gesamten Geschichte der Philosophie. Er hat keine einzige Zeile geschrieben. Trotzdem gehört er zu denen, die den allergrößten Einfluß auf das europäische Denken ausgeübt haben. Noch zu seinen Lebzeiten galt er als rätselhafte Person, und nach seinem Tod wurde er bald als Gründer der verschiedensten philosophischen Richtungen betrachtet.

Das Leben des Sokrates kennen wir vor allem durch *Platon,* der sein Schüler war und selber einer der größten Philosophen der Geschichte. Platon verfaßte viele *Dialoge* - oder philosophische Gespräche -, in denen er Sokrates auftreten läßt. Wenn Platon dem Sokrates Worte in den Mund legt, können wir nicht sicher sagen, ob Sokrates diese Worte wirklich auch gesprochen hat. Deshalb ist es nicht leicht, die Lehre des Sokrates von der des Platon zu unterscheiden.   *(Gaarder – 80-81)*

Sokrates war ein Zeitgenosse der Sophisten. Wie sie beschäftigte er sich mit dem Menschen und dem Menschenleben, und nicht mit den Problemen der Naturphilosophen. Ein römischer Philosoph - *Cicero* - sagte einige Jahrhunderte später, Sokrates habe die Philosophie vom Himmel auf die Erde geholt, sie in den Städten und Häusern Wohnung nehmen lassen und die Menschen gezwungen, über Leben und Sitten, über Gut und Böse nachzudenken.

Aber Sokrates unterschied sich in einem wichtigen Punkt von den Sophisten. Er betrachtete sich selber nicht als Sophisten - also als gelehrte oder weise Person. Im Gegensatz zu den Sophisten ließ er sich deshalb auch für seine Lehrtätigkeit nicht bezahlen. Nein, Sokrates nannte sich *Philosoph,* im wahrsten Sinne des Wortes. Ein "Philo-soph" ist eigentlich ein "Liebhaber der Weisheit", jemand, der danach strebt, Weisheit zu erlangen.

Er wußte nur, daß er nichts wußte - und das quälte ihn. Also wurde er Philosoph - einer, der nicht nachgibt, einer, der unermüdlich versucht, Wissen zu erlangen.

Für Sokrates war es wichtig, ein sicheres Fundament für unsere Erkenntnisse zu finden. Er glaubte, dieses Fundament liege in der menschlichen Vernunft. Mit seinem starken Glauben an die menschliche Vernunft war er also ein ausgeprägter *Rationalist.*

... Sokrates glaubte, eine göttliche Stimme in sich zu hören, und daß dieses "Gewissen" ihm sagte, was richtig war. Wer wisse, was gut ist, werde auch das Gute tun, meinte er. Er glaubte, die richtige Erkenntnis führe zum richtigen Handeln. Und nur, wer das Richtige tut, so Sokrates, wird zum richtigen Menschen. Wenn wir falsch handeln, dann, weil wir es nicht besser wissen. Deshalb ist es so wichtig, unser Wissen zu vermehren.   *(Gaarder – 84-87)*

Zum Tode verurteilt, siebzig Jahre alt, schlägt er eine Möglichkeit zur Flucht aus. Er trinkt den todbringenden Schierlingsbecher im Kreise seiner Freunde, mit denen er noch in seinen letzten Stunden über die Unsterblichkeit der Seele philosophiert.   *(Spierling – 47)*

Die Frage, die seine Freunde beschäftigt, ist die nach dem, was uns nach dem Tode erwartet. Sokrates hofft auf die Vollendung dessen, was er im Leben vergeblich gesucht hatte: "Dann wird die Seele ganz für sich sein, getrennt vom Leibe, vorher aber nicht. Und solange wir leben, werden wir offenbar in dem Maße dem Wissen am nächsten kommen, als wir mit dem Leib möglichst wenig verkehren und keine Gemeinschaft mit ihm haben, soweit es nicht unbedingt notwendig ist (...), sondern uns von ihm rein halten, bis Gott selbst uns von ihm löst. Und so, rein und von der Unvernunft des Leibes befreit, werden wir dann wohl unter gleichartigen Wesen leben und durch uns selbst die ganze reine Wahrheit erkennen ... "

(Phaidon 66e, PLATON WERKE (RUFENER) Bd. 3, S. 18) (Lauxmann – 63)

Lisa: "Sokrates scheint mir so etwas wie ein idealer Mensch gewesen zu sein."

Hans: "Was für mich interessant ist: Der Wert, den er dem Wissen um das Gute und dem daraus abgeleiteten guten Handeln beimisst. Ein Bild des Menschen als freies, nur seinem Gewissen verpflichtetes Wesen."

Platon

Leben: * um 427 v.Chr. Athen, † um 347 v.Chr. Athen. *[Platon]* ... hat vom einundzwanzigsten bis achtundzwanzigsten Lebensjahr vertrauten Umgang mit dem armen Handwerkersohn Sokrates, von dem er tief beeindruckt ist ("Mir pocht, wenn ich ihn höre, das Herz, und Tränen werden mir ausgepreßt von seinen Reden"...) ... gründet etwa vierzigjährig bei Athen seine Schule, die er "Akademie" nennt, lebt dort mit seinen Schülern gemeinsam.

(Spierling – 53)

Struktur und Entstehung der Welt: Im Zentrum der Weltkonzeption Platons stand die Vorstellung einer alle Dinge beherrschenden und ordnenden transzendenten Intelligenz. Das Universum wurde letztlich nicht vom Zufall, von materialistischer Mechanik oder blinder Notwendigkeit beherrscht, sondern von "einer wundersam lenkenden Intelligenz", dem "König des Himmels und der Erde".

(Tarnas – 55)

Es fällt auf, daß Plato die Lehre von der Entstehung der Welt den Pythagoreer Timäus aus dem unteritalienischen Locris vortragen läßt... Daß er die Kosmologie durch einen Pythagoreer vortragen läßt, ist ein Hinweis darauf, daß sich der alternde Plato von pythagoreischen Auffassungen stark angezogen fühlte...

Die Elemente, aus denen nach Plato die Dinge bestehen, sind die von den früheren Naturphilosophen angenommenen - nämlich Feuer, Wasser, Erde und Luft - sowie ein fünftes Element, aus dem der Himmel gebildet ist.

(Röd – 152-153)

... Deshalb erklärte Plato, daß der Demiurg *[der Weltenbaumeister]* zunächst den Raum geschaffen habe, um in ihm Gestalten, die als ideale Formen vorgegeben sind, bilden zu können. Die konkreten, dem Wandel unterworfenen Dinge entstehen dadurch, daß der Raum die idealen Formen als das wahrhaft Wirkliche aufnimmt.

Sofern die Welt dem Weltenordner ähnlich ist, muß ihr eine Seele zugeschrieben werden, die (als geschaffene) der Zeit - dem beweglichen Abbild des Ewigen - unterworfen ist. ... Die Götter können, da sie geschaffen sind, prinzipiell zugrunde gehen, aber nach dem Willen des Demiurgen sind sie faktisch unsterblich. Sie haben die übrigen Arten lebendiger Wesen gebildet und damit den Weltbau vollendet. Die von den Göttern, somit nicht unmittelbar vom Demiurgen, erzeugten Lebewesen sind durchweg sterblich. Die Einbeziehung der Götter in die Welt der Geschöpfe eröffnete den späteren Platonikern die Möglichkeit, den Göttern der herkömmlichen Religionen, aber auch Dämonen, Heroen, Engeln und Teufeln, einen Platz in der Ordnung der Wirklichkeit einzuräumen. *(Röd – 155)*

Dirk: "Dieses "*Sie haben die übrigen Arten lebendiger Wesen gebildet und damit den Weltbau vollendet.*" erinnert mich an einen Text, den wir bei Laurentius gelesen haben: "*Christus hat zwar die Hülle, die Seele der nach ihm ins Leben getretenen Erstlinge für diese bereitet, aber unsere Seelenhülle nicht mehr. Damit beauftragte er in der zweiten Schöpfungsperiode Gottes jene geistigen Duale, die, irdisch ausgedrückt, unsere geistigen Eltern sind.*" *(* Laurentius 2 – 59)* Ob Platon wohl auch inspiriert wurde?"

Welt- und Individual-Seelen gelten als wesensverwandt: Sie sind denkende Wesen, die von den Gesetzen des Alls wissen. Achtet die individuelle Seele diese Gesetze, so kann sie in die Gestirnregion, die ihre Heimat ist, zurückkehren und dort das selige Leben führen, das sie schon vor ihrer Verkörperung in einem irdischen Leib geführt hat; andernfalls wird sie in niedrigeren Formen von Lebewesen wiedergeboren und bleibt ihnen so lange verhaftet, bis sie sich vom Einfluß der materiellen Triebe gereinigt hat. Mit dieser Auffassung erneuerte Plato die Seelenwanderungslehre der Pythagoreer und übernahm deren Forderung, die Seele durch Askese von den Einflüssen des Leibes bzw. der Materie im allgemeinen zu läutern...

Obwohl Plato damit rechnete, daß die Ordnung der Wirklichkeit da und dort gestört werden kann, war er grundsätzlich von der Güte der Welt überzeugt. Da der Demiurg die Welt sich selbst ähnlich gemacht hat, muß er sie gut gemacht haben, ... Daher wollte er nicht Unordnung, sondern größtmögliche Ordnung, nicht Häßlichkeit, sondern Schönheit, nicht Unvernunft, sondern Vernünftigkeit. Deshalb verlieh er dem Menschen wie dem Weltganzen eine vernünftige Seele und machte den Kopf des Menschen mit seiner runden Form dem kugelförmigen Kosmos ähnlich. *(Röd – 156-157)*

Platons Ideenlehre: Er hat sich darüber gewundert, wieso alle Phänomene in der Natur sich so ähnlich sein können, und er ist also zu dem Schluß gekommen, daß "über" oder "hinter" allem, was wir um uns herum sehen, eine begrenzte Anzahl von Formen liegt. Diese Formen nannte Platon *Ideen*. Hinter allen Pferden, Schweinen und Menschen gibt es die "Idee Pferd", die "Idee Schwein" und die "Idee Mensch".

Schlußfolgerung: Platon glaubte an eine eigene Wirklichkeit hinter der "Sinnenwelt". Diese Wirklichkeit nannte er die *Welt der Ideen*. Hier finden wir die ewigen und unveränderlichen "Musterbilder", die *Urbilder* hinter den verschiedenen Phänomenen, die uns in der Natur begegnen. Diese bemerkenswerte Auffassung bezeichnen wir als Platons *Ideenlehre*. *(Gaarder – 105)*

Dirk: "Pythagoras spricht auch von "Form", und mit dessen Ideen war Platon ja wohl sehr vertraut."

Der große Gedanke der platonischen Philosophie, daß hinter der Gestalt der vergänglichen Welt unvergängliche "Ideen" stehen, wird hier bestätigt. Das absolute Bewußtsein der Gottesbotin *[Gabriele]* trifft sich mit der Intuition des Philosophen. Die irdischen Lebensformen sind Abbilder himmlischer Urbilder.   *(Sailer 1–18)*

Richtig Leben: Richtig zu leben, hieß, sich vom weltlichen Treiben abzuwenden und sich der Welt der ewigen Ideen zu widmen. Das unveränderbare spirituelle Reich ging der zeitlichen Welt voraus und würde stets allem überlegen sein, was menschliche Wesen in der Welt zu erreichen versuchten. Nur im Spirituellen lag echte Wahrheit und bleibender Wert.   *(Tarnas – 55)*

Der Mensch: Platon zufolge ist auch der Mensch ein zweigeteiltes Wesen. Wir haben einen *Körper*, der "fließt". Er ist unlösbar mit der Sinnenwelt verbunden und erleidet dasselbe Schicksal wie alles andere hier ... Alle unsere Sinne sind mit dem Körper verbunden und folglich unzuverlässig. Aber wir haben auch eine unsterbliche Seele - und sie ist der Wohnsitz der Vernunft. Eben weil die Seele nicht materiell ist, kann sie einen Blick in die Ideenwelt werfen.   *(Gaarder – 108)*

Die Seele: Für Platon ruhte das Wissen vom Göttlichen - wenn auch meist vergessen - in jeder Seele. Die unsterbliche Seele stand vor der Geburt in einem direkten und intimen Kontakt mit dem Ewig-Wirklichen, nach der Geburt aber ließ ihre Gefangenschaft im Körper sie die wahre Ordnung der Dinge vergessen... Die Aufgabe des Philosophen war die "Wiedererinnerung" der transzendenten Ideen, um ein unmittelbares Wissen von den wahren Ursachen und Quellen der Dinge wiederzuerlangen.   *(Tarnas – 51-52)*

Er *[Platon]* entwickelt ein komplexes System der Vergeltung nach dem Tode nach Maßgabe der Lebensweise auf der Erde. Wer nüchtern und einfach gelebt und sich auf das Leben seines Geistes konzentriert hat (der ein Spiegelbild der erkennbaren oberen Welt ist), darf für eine längere Zeit die Welt der Ideen schauen; danach folgt eine erneute Prüfung in Form einer neuen Wiederverkörperung. Wenn die Seele dreimal hintereinander ein streng philosophisches Leben geführt hat, hat sie die Chance, in ewiger Anschauung verweilen zu dürfen.

Demgemäß herrscht im Jenseits ständige Bewegung: Seelen steigen unaufhörlich auf und ab, verweilen im Himmel oder im unterirdischen Hades, ... und nur wenige Seelen besonders schlimmer Bösewichte müssen ewige Höllenstrafen erleiden. Für sie gibt es eine besondere Höllenabteilung, den Tartaros, mit unaussprechlichen Qualen, aus denen es kein Entrinnen gibt.

(Couliano – 173)

Philosophische Erleuchtung: Philosophische Erleuchtung war für Platon ein Wiedererwachen und Erinnern vergessenen Wissens, ein Wiederherstellen der ursprünglichen Vertrautheit der Seele mit den transzendenten, allen Dingen innewohnenden Ideen. Die Philosophie gewann so auch einen erlösenden Aspekt, denn es war die unmittelbare Begegnung der Seele mit den ewigen Ideen, die der Seele ihre eigene Unsterblichkeit offenbarte. *(Tarnas – 53)*

Vera: "Platon scheint mir der Philosoph der Antike, der alle Gedanken über das Woher und Wohin, unsere Stellung im Kosmos und wie wir leben sollen am klarsten zusammengefasst hat."
Hans: "Seine Ideenlehre ist - finde ich - eine Richtschnur für die Erkenntnissuche der Menschen."
Lisa: "Mich stört aber, dass er meint, es gäbe ewige, unentrinnbare Höllenstrafen. Für mich widerspricht das der ewigen Liebe Gottes, die einem immer wieder eine neue Chance gibt."

Aristoteles
Leben: * 384 v.Chr. Stageira (Makedonien), † 322 v.Chr. Chalkis auf Euböa. - Sohn eines einflußreichen Arztes, kommt mit etwa siebzehn Jahren zu Platon in die Athener Akademie und bleibt dort knapp zwanzig Jahre bis zum Tod seines Lehrers. *(Spierling – 62)*

Aristoteles, der Lehrer von Alexander dem Großen, erweitert und systematisiert die Philosophie. Er gilt als Vater der Logik, als Schöpfer der Kategorienlehre und als Pionier der methodisch strengen, erfahrungswissenschaftlichen Forschung. Für ihn liegen die Ideen *[Urbilder]* Platons nicht abgetrennt und jenseits von den einzelnen Dingen, sondern mitten in ihnen. Jedes Ding ist voller Eigendynamik und strebt danach, das zu werden, was es seiner Anlage, seiner Idee nach - Aristoteles spricht von "Form" - schon ist. Alles hat in sich sein Ziel, seine Bestimmung, seine Entwicklung. Goethe wird später sagen: "Geprägte Form, die lebend sich entwickelt." In der Welt ist eine fortwährende Bewegung hin zur Vollkommenheit, hin zum rechten Maß, hin zum Guten, hin zu Gott als dem "unbewegten Beweger". *(Spierling – 21)*

Aristoteles unterscheidet erstmals zwischen *theoretischer* und *praktischer* Philosophie... Die theoretische Philosophie (z. B. Naturphilosophie, Metaphysik) befaßt sich mit dem, was *ist,* die praktische Philosophie (z. B. Ethik, Politik) mit dem, was *sein soll.* Ziel der Theorie ist die Wahrheit, Ziel der Praxis das Tun (z. B. tugendhaftes Handeln im Staat). Hinzu kommt die *Logik,* die als Werkzeug der Beweisführung in allen Gebieten der Philosophie Anwendung findet.

Aristoteles' Denken wird von der Zuversicht getragen, daß die philosophische Erkenntnis von den letzten Gründen der Welt im Sinne einer wissenschaftlichen Beweisführung möglich ist, weil Denken und Sein in ihrer inneren Gliederung übereinstimmen.

Die Metaphysik beziehungsweise die erste Philosophie des Aristoteles ist *Ontologie,* das heißt Lehre vom Sein. Da der Gegenstand der ersten Philoso-

phie, das ganze Sein, auf eine zweckmäßig sinnvolle Weise zu Gott hin ausgerichtet ist, spricht Aristoteles auch von "Theologie". *(Spierling – 63-64)*

Warum hatte Aristoteles nach einer Anfangsphase, in der sein Denken anscheinend vorbehaltlos unter dem Einfluß Platons stand, damit begonnen,
eine völlig eigenständige philosophische Position zu entwickeln? Die entscheidende Differenz zwischen den beiden lag in der Frage der genauen Beschaffenheit der idealen Formen und ihrer Beziehung zur empirischen Welt...
Die wahre Wirklichkeit war für ihn die wahrnehmbare Welt konkreter Objekte, nicht eine nicht-wahrnehmbare Welt ewiger Ideen. Die Ideenlehre
schien ihm empirisch unüberprüfbar und dazu voller logischer Probleme.
(Tarnas – 67-68)

Form und Stoff: Für Aristoteles bestand die wirkliche Welt aus individuellen, voneinander verschiedenen und getrennten Substanzen, die sich zum
Beispiel durch Eigenschaften auszeichneten, die sie mit anderen individuellen Substanzen gemeinsam hatten. Diese Gemeinsamkeit bedeutete jedoch
nicht die Existenz einer transzendenten Idee, von der die gemeinsame Eigenschaft abgeleitet wäre... Für Platon war das Einzelne weniger wirklich, eine
Ableitung vom Allgemeinen; für Aristoteles war das Allgemeine weniger
wirklich, eine Ableitung vom Einzelnen. *(Tarnas – 68-69)*

Gottesbild: An einigen Stellen erklärt Aristoteles, daß es einen Gott geben
müsse, der alle Bewegungen in der Natur in Gang gesetzt hat. Und so wird
Gott zum absoluten Gipfel auf der Trittleiter der Natur.

Aristoteles stellte sich vor, daß die Bewegungen der Sterne und Planeten
die Bewegungen hier auf der Erde leiten. Aber irgend etwas muß auch die
Himmelskörper bewegen. Dieses Etwas nannte Aristoteles den *ersten Beweger*
oder *Gott*. Der erste Beweger bewegt sich selber nicht, ist aber die erste Ursache der Bewegungen der Himmelskörper und damit aller Bewegungen in der
Natur. *(Gaarder – 139)*

Der Gott des Aristoteles war reiner Geist, ohne jedwede materielle
Komponente. Seine Tätigkeit bestand einfach im ewigen Bewußtsein seiner
selbst.

In ihrer absoluten Vollkommenheit bewegte die primäre Form das physische Universum dadurch, daß sie es anzog. Gott war das Ziel allen Strebens
und jeder Bewegung - ein eher bewußtes Ziel für den Menschen, eine weniger bewußte instinktive Dynamik für andere Formen der Natur. Jedes individuelle Wesen im Universum strebte danach, die Vollkommenheit des
höchsten Wesens nachzuahmen - jedes auf seine besondere, begrenzte Art
und Weise. *(Tarnas – 77)*

Seele und Geist: Von allen lebenden Wesen hatte allein der Mensch teil an
der Natur Gottes, dank seines Geistes, des *Nous*. *(Tarnas – 77)*

Aus aristotelischer Sicht hörte die individuelle menschliche Seele mit dem
Tod auf zu existieren, da sie auf vitale Art und Weise mit dem physischen

Körper verbunden war, den sie beseelte: Die Seele war die Form des Körpers, so wie der Körper die Materie der Seele war. Aber der göttliche Intellekt, an dem jeder Mensch potentiellen Anteil besaß und der den Menschen von den anderen Tieren unterschied, war unsterblich und transzendent. Und so lag auch für Aristoteles das höchste Glück des Menschen in der philosophischen Kontemplation der ewigen Wahrheit. *(Tarnas – 73-74)*

Natur und Mensch: Die "Form" des Menschen ist laut Aristoteles, daß er sowohl eine "Pflanzenseele" als auch eine "Tierseele" und eine "Vernunft-seele" hat. Und nun fragt er: Wie soll der Mensch leben? Was braucht der Mensch, um ein gutes Leben zu führen?

... Der Mensch wird nur glücklich, wenn er alle seine Fähigkeiten und Möglichkeiten entfalten und benutzen kann. Aristoteles glaubte an drei For-men des Glücks: Die erste Form des Glücks ist ein Leben der Lust und der Vergnügungen. Die zweite Form des Glücks ist ein Leben als freier, verant-wortlicher Bürger. Die dritte Form des Glücks ist das Leben als Forscher und Philosoph. Aristoteles betont, daß alle drei Formen zusammengehören, da-mit der Mensch ein glückliches Leben führen kann. Er lehnte also jede Form der Einseitigkeit ab. *(Gaarder – 140)*

Die Erde: Die Erde war der unbewegliche Mittelpunkt des Universums, um den sich die himmlischen Körper drehten. Der ganze Kosmos war end-lich und umgeben von einer vollkommenen Sphäre, in die die Fixsterne ein-gesetzt waren. *(Tarnas – 77)*

Aristoteles' Erbe: Aristoteles' Bedeutung für Europas Kultur liegt nicht zuletzt darin, daß er die Fachsprache schuf, die die verschiedenen Wissen-schaften noch heute verwenden. Er war der große Systematiker, der die ver-schiedenen Wissenschaften begründete und ordnete. *(Gaarder – 129)*

Hans: "Aristoteles hat aus meiner Sicht den Grundstein dafür gelegt, dass unsere Wissenschaften jetzt nur noch das für wahr halten können, was sie empirisch überprüfen können. Angesichts der "Schwäche unserer Sinne" - wie Anaxagoras sagt - und ich ergänze noch "unserer Messinstrumente" ein großer Rückschritt gegenüber Platons Lehre."

Hellenismus und wichtige Philosophen
Aristoteles starb im Jahre 322 vor Christus, und inzwischen hatte Athen seine Führungsrolle eingebüßt. Das hing nicht zuletzt mit den großen politi-schen Umwälzungen als Folge der Eroberungen *Alexanders des Großen* (356-323) zusammen.

Jetzt beginnt eine ganz neue Epoche in der Geschichte der Menschheit. Eine internationale Gemeinschaft entstand, in der die griechische Kultur und die griechische Sprache eine dominierende Rolle spielten. Diese Periode, die etwa dreihundert Jahre dauerte, wird oft als das Zeitalter des *Hellenismus* bezeichnet. Unter Hellenismus verstehen wir die griechisch dominierte Kultur, die in den drei großen hellenistischen Reichen herrschte, in Makedonien, Syrien und Ägypten.

Der Hellenismus wurde durch das Verschwinden der Grenzen zwischen den verschiedenen Ländern und Kulturen geprägt. Früher hatten Griechen, Römer, Ägypter, Babylonier, Syrer und Perser ihre Götter im Rahmen ihrer je eigenen Religion verehrt, jetzt wurden die verschiedenen Kulturen in einem einzigen großen Hexenkessel aus religiösen, philosophischen und wissenschaftlichen Vorstellungen vermischt.   *Gaarder – 154-155)*

Epikur
Leben: * um 342 v.Chr. Samos, † um 271 v.Chr. Athen. Zwei Hindernisse stehen der Glückseligkeit im Wege: die Furcht vor Göttern und die Furcht vor dem Tode. Wer glückselig leben will, muß zunächst, diese beiden Hindernisse, die die Seele beunruhigen, beseitigen und sodann die Lust mit Klugheit willkommen heißen. Der ganze Sinn der theoretischen Philosophie liegt darin, daß dieses Ziel in der konkreten Lebenspraxis des einzelnen erreicht wird.

Zunächst die *Furcht vor Göttern.* Sie ist ein Hirngespinst. Nach der Atomlehre von Demokrit, die Epikur übernimmt und ausbaut, ist die Welt nicht das Werk von Göttern, sondern das Ergebnis von Atomverbindungen. Die Dinge entstehen mechanisch aus dem zufälligen Zusammentreffen der Atome. Keine göttliche Vernunft greift zielgerichtet in das Weltgeschehen ein. Die weit abseits in Zwischenwelten lebenden Götter sind glückselige unsterbliche Wesen in Menschengestalt - gleichsam mustergültige Epikureische Weise -, die gar nicht daran denken, sich um die Menschen zu kümmern. Sie sind viel zu weise, um sich aufzuregen und ihren Seelenfrieden aufs Spiel zu setzen.

Auch die *Furcht vor dem Tod* ist unbegründet. Die Seele ist wie der Leib körperlicher Natur und wie dieser aus Atomen zusammengesetzt. Die Fähigkeit zu empfinden ist eine zufällige Eigenschaft, die sich aus der zeitweiligen Verbindung von Leib- und Seelenatomen ergibt. Im Tod löst sich diese Verbindung auf, so daß mit ihr auch die Fähigkeit zu empfinden zugrunde geht. Wenn aber der Tod völlige Empfindungslosigkeit bedeutet,- Nicht-Bewußtsein, Schmerzlosigkeit -, dann geht er uns gar nichts an. *(Spierling – 73-75)*

Zenon und die Stoiker
Leben: * um 333 v.Chr. Kition (Zypern), † 262 v.Chr.
Die klassische griechische Philosophie geht mit Aristoteles zu Ende. In der hellenistischen Zeit geben Stoiker, Epikureer und Skeptiker den Ton an. Im Vordergrund steht weniger die Erkenntnis der Wahrheit als die unmittelbare Verwirklichung eines glücklichen Lebens, einer beständigen Gemütsruhe. Wie sieht das Ideal des Weisen aus, und wie kann es erreicht werden? Voller Ehrfurcht staunt Zenon über die Zweckmäßigkeit und Schönheit der Welt. Er ist überzeugt, daß sich die prachtvolle Weltordnung nicht dem Zufall ver-

dankt, wie Demokrit oder Epikur dies behaupten, sondern dem sinnvollen Plan des *Logos*.

Logos bedeutet in der Stoa nicht nur *menschliche Vernunft* oder Gespräch, sondern hauptsächlich *schöpferische Weltvernunft*, die gleichbedeutend ist mit Gott, Zeus, Natur, Urkraft, Urfeuer, Weltgesetz, Vorsehung oder Schicksal. Aufgabe der Philosophie ist es zu erforschen, wie der Logos die Welt durchwaltet und welches Ziel sich daraus für die praktische Lebensführung ergibt.

Gott und Natur sind ein und dasselbe, zwei Namen, die dieselbe Wirklichkeit bezeichnen (Pantheismus). "Als Substanz Gottes ... bezeichnet Zenon die ganze Welt und den Himmel." Alles ist Gott, alles ist Logos, alles ist bestmöglich. Die Welt ist ein einziger beseelter Organismus, ein einziges vernünftiges Lebewesen, ein Makanthropos, ein einziger göttlicher Großmensch - in der vollkommenen Gestalt einer Kugel... Die Welt ist der Leib des Gottes.

Die Weltvernunft hat alle Dinge und Geschehnisse für alle Zeiten gesetzmäßig so aufeinander abgestimmt, daß die Zukunft nichts Neues bringt. Im Weltprozeß gibt es keinen Fortschritt, sondern ewige Wiederkehr des Gleichen. Alles vollzieht sich nach fester Schicksalsordnung.

Der Mensch kann am äußeren Weltlauf nichts ändern, aber er kann zu ihm innerlich auf unterschiedliche Weise Stellung nehmen und dadurch entscheiden, ob er in glücklicher Harmonie mit sich und der Natur lebt oder in quälender Selbstzerrissenheit. Denn das Schicksal führt den, der einwilligt, und zwingt den, der sich sträubt.

Der Mensch gleicht einem Hund, der an einen Wagen gebunden ist. Ist der Hund klug, läuft er freiwillig und vergnügt mit. Setzt er sich aber auf die Hinterbeine und jault, so wird er doch mitgeschleift.   *(Spierling – 70-72)*

Das Lebensideal des Stoikers ist daher die "Leidenschaftslosigkeit", die "Unerschütterlichkeit", auch und gerade gegenüber den Schlägen des Schicksals.   *(Weischedel – 68)*

Vera: "Was wir hier über den Hellenismus und über Epikur gelesen haben, hat viel Ähnlichkeit mit unserer heutigen Situation und den vorherrschenden Lebenshaltungen. Ich habe den Eindruck, der Gedanke an das Transzendente, der vorher so stark war, ist auf einmal verschwunden."

Hans: "Für die Stoiker trifft das jedoch nicht zu. Aber ich stimme dir zu: Das heutige Denken scheint stark von Epikur beeinflusst zu sein."

6.2.3   Wissenschaft

Es ist interessant, der Entwicklung der westlichen Wissenschaft auf ihrem gewundenen Pfad zu folgen, angefangen bei den mystischen Philosophen der alten Griechen bis zu der eindrucksvollen Entfaltung intellektueller Gedanken, die sich immer mehr von ihren mystischen Ursprüngen entfernten.

Die Wurzeln der Physik, wie die aller westlichen Wissenschaften, reichen in die erste Periode der griechischen Philosophie im sechsten Jahrhundert v.Chr. zurück, in eine Kultur, in der Naturwissenschaften, Philosophie und Religion noch nicht getrennt waren. Die Weisen der Milesischen Schule in Ionien kannten diese Unterschiede nicht. Ihr Ziel war die Entdeckung des Urgrunds oder der Urbeschaffenheit der Dinge, die sie "Physis" nannten. Der Begriff "Physik" ist von diesem griechischen Wort abgeleitet und bedeutet daher ursprünglich das Bemühen, den Urgrund aller Dinge zu erkennen.

(Capra 1 – 16)

Auch die *Wissenschaft* des Hellenismus war geprägt von der Vermischung der verschiedenen kulturellen Erfahrungen. Hier spielte die Stadt Alexandria in Ägypten eine Schlüsselrolle als Treffpunkt von Osten und Westen. Während Athen mit den von Platon und Aristoteles hinterlassenen philosophischen Schulen die Hauptstadt der Philosophie blieb, wurde Alexandria zur Metropole der Wissenschaft. Mit ihrer großen Bibliothek wurde diese Stadt zum Zentrum von Mathematik, Astronomie, Biologie und Medizin.

(Gaarder – 156)

Physik
Als erster im Abendland beschreibt Thales von Milet magnetische Kräfte. Den Namen Magnet wählt er nach dem Fundort magnetischer Eisenerze, "Magnesia", in Lydien (um 547 v.Chr.).

Die Massenbestimmung kompliziert geformter Gegenstände gelang Archimedes aufgrund der Erkenntnis des Gesetzes vom Auftrieb und des spezifischen Gewichts. Aristoteles' Schüler Straton erklärte die Komprimierbarkeit der Gase und leitete daraus die Existenz des Vakuums ab. Systeme zur Zeitmessung und zur Winkelmessung wurden entwickelt, akustische Schwingungen untersucht und die Gesetze der geometrischen Optik und auch der Lichtbrechung entdeckt. *(Paturi – 47-48)*

Erde
Pythagoras beschreibt die Erde als Kugel, die sich, wie auch die Sonne, der Mond und die Planeten, um ein Zentralfeuer dreht (um 570 v.Chr.).

(Paturi – 48)

Erdumfang: Auch als bekannt war, daß die Erde rund ist, kannte noch niemand die Größe der Kugel. Riesig war sie, soviel stand fest, denn noch nie hatte sie ein Reisender ganz umrundet. Und noch immer gab es unbekannte Erdteile zu entdecken.

Doch dann kam der in Alexandria lebende griechische Gelehrte Eratosthenes (etwa 276-194 v.Chr.) auf eine Idee, wie er den Erdumfang berechnen konnte, ohne Ägypten zu verlassen. Weit im Süden lag die Stadt Syene, das heutige Assuan. Wie er gehört hatte, warf die Sonne dort am längsten Tag des Jahres keinen Schatten. Das bedeutete, daß die Sonne direkt über Syene stand. Zur gleichen Zeit stand sie in Alexandria 7 Grad neben dem Scheitelpunkt. Diesen Unterschied führte Eratosthenes auf die Erdkrümmung zwischen Syene und Alexandria zurück. Da er die Entfernung zwischen Syene und Alexandria wußte, konnte er ohne Schwierigkeiten ausrechnen, wie groß der Gesamtumfang der Erde sein mußte. Er kam auf einen Umfang von rund 40 000 Kilometern. Die Berechnung stimmte beinahe.   *(Asimov 1 – 53)*

Geometrie

Schon die Ägypter hatten sich mit angewandter Geometrie beschäftigt. Sie brauchten die Geometrie, um die Pyramiden zu bauen und nach jeder Überschwemmung des Nils die Grenzlinien nachzuziehen. Doch erst die Griechen befaßten sich auch theoretisch mit der Geometrie. Sie arbeiteten mit gedachten Punkten, Linien, Kurven, Ebenen und Körpern und versuchten, bestimmte Dinge nur durch logisches Denken zu beweisen, ohne Messungen vorzunehmen.   *(Asimov 1 – 48)*

Biologie

Klassifikation der Tiere: Aristoteles war ein aufmerksamer und gewissenhafter Beobachter und von der Aufgabe fasziniert, Tierarten zu klassifizieren und einander zuzuordnen. Er studierte über fünfhundert Tierarten und sezierte annähernd fünfzig. Seine Klassifikationsmethode war vernünftig und in mancher Hinsicht verblüffend modern.

Sein besonderes Interesse galt dem Leben im Meer. Er beobachtete, daß Delphine ihre Jungen lebend zur Welt brachten, sie vor der Geburt durch ein spezielles Organ, die sogenannte Plazenta, ernährten und ihnen nach der Geburt Milch gaben. So etwas taten Säugetiere, aber keine Fische, also ordnete Aristoteles die Delphine den Landtieren zu, statt den Fischen des Meeres.   *(Asimov 1 – 46)*

Botanik: Der griechische Gelehrte Theophrastos (etwa 372-287 v.Chr.), ein Schüler des Aristoteles (vgl. 387 v.Chr.), übernahm nach dessen Flucht aus Athen die Leitung des Lykeion und verfaßte um 320 v.Chr. ein Buch, in dem 550 Pflanzenarten beschrieben werden, darunter auch solche, die nur in so fernen Ländern wie Indien wuchsen. Es war das erste systematische Buch über Botanik.   *(Asimov 1 – 47)*

Astronomie

Sternkarten: Der griechische Mathematiker Eudoxos (etwa 400-350 v.Chr.) ... versuchte ... als erster, eine Himmelskarte anzufertigen... Der Himmel war kartographisch schwieriger darzustellen als die Erde. Auf der Erde gab es Orientierungspunkte: Küstenlinien, Flüsse, Bergketten und anderes mehr. Am Himmel gab es nur Sterne.

Es war also vernünftig, zuerst einmal Orientierungspunkte zu schaffen, und so zog Eudoxos imaginäre Linien, die strahlenförmig vom Polarstern ausgingen und von anderen Linien im rechten Winkel geschnitten wurden. Die auseinanderlaufenden Linien nennen wir heute *Längengrade,* die rechtwinklig dazu verlaufenden *Breitengrade.* Auf diese Weise konnte Eudoxos die Position der Sterne eindeutig bestimmen, obwohl der Himmel keine festen Orientierungspunkte aufwies.   *(Asimov 1 – 46)*

Entfernung zum Mond: In der Astronomie muß man mit Winkeln arbeiten. Der griechische Astronom Hipparch (etwa 190-125 v.Chr.), der vielleicht bedeutendste Astronom des Altertums, war der erste, der genaue Tabellen für Winkel und die entsprechenden Seitenverhältnisse errechnete. Kannte man den Winkel, konnte man das Verhältnis der beiden Seiten ablesen und umgekehrt. Hipparch gilt deshalb als Begründer der Trigonometrie. Mit Hilfe der Trigonometrie berechnete Hipparch die Entfernung zwischen Mond und Erde.

Nach seinen Berechnungen betrug die Entfernung zum Mond das Dreißigfache des Erddurchmessers. Wenn die Erde, wie Eratosthenes festgestellt hatte, einen Umfang von 40 000 Kilometern hatte, dann mußte ihr Durchmesser etwa 12 800 Kilometer betragen. Folglich war der Mond 30 x 12 800 oder 384 000 Kilometer entfernt (was ziemlich genau stimmt). Das war sehr viel, und dabei wußte man, daß der Mond der nächste Himmelskörper war. Dies war der erste Hinweis darauf, daß das Universum viel größer war, als man bisher angenommen hatte. *(Asimov 1 – 56)*

Medizin

Die Griechen der frühen Zeit hatten auch für Krankheiten die Götter verantwortlich gemacht. So wurden ansteckende Krankheiten oft als Strafe der Götter betrachtet. Andererseits konnten die Götter Menschen gesund machen, wenn ihnen nur die richtigen Opfer dargebracht wurden. *(Gaarder – 69)*

Die Entwicklung der griechischen Medizin ist vor allem als eine theoretische Leistung zu sehen. Neben der chirurgisch-handwerklichen Seite der Medizin, deren Anfänge sich bereits in den homerischen Epen niederschlagen, liegt diese Leistung vor allem in der Entwicklung konzeptioneller Vorstellungen wie derjenigen vom Verhältnis Krankheit-Gesundheit zu einer allmächtigen Natur. Von der hippokratischen Medizin über die alexandrinische Schule hin zur Rezeption dieser Theorien in Rom und Byzanz, später auch im christlichen sowie im arabischen Mittelalter und der frühen Neuzeit sind die in Griechenland entstandenen Modelle beherrschend geblieben.

Aus der Beobachtung der Natur ergab sich ein auf alle Bereiche übertragbares Modell der Gesetzmäßigkeiten. Für die Medizin in der Zeit des Hippokrates (5.-4. Jh. v.Chr.), aber auch der sich noch später hieran orientierenden Ärzte, hieß dies, daß im Grunde die Natur alle entscheidenden Heilungsvorgänge selbst bewirkte oder dem Arzt die Informationen vorgab. Die Natur war gerecht, und die Aufgabe des Arztes bestand darin, den vorgegebenen Zustand wiederherzustellen bzw. die Gerechtigkeit der Natur nachzuahmen. *(Schott – 34)*

Symmetrie der Körpersäfte garantiert stabile Gesundheit: Besonderes Kennzeichen der antiken Medizin seit dem 5. Jahrhundert v.Chr. ist die Vorstellung, daß sich alle den Menschen betreffenden, physischen Probleme mit Hilfe der sog. Humoralphysiologie, der Lehre von den Säften des menschlichen Körpers, erklären lassen... Für den Menschen bedeutete dies, daß sein Körper die vier Säfte Blut, Schleim, gelbe und schwarze Galle in sich trug. Ihr Mischungsverhältnis bestimmte Krankheit und Gesundheit. Die perfekte Gesundheit war dann gegeben, wenn ein "symmetrisches Verhältnis" der beteiligten Faktoren vorhanden war. *(Schott – 34)*

Ein regelmäßiger Tagesablauf als ideale Prophylaxe: Unter Diätetik wurde in der Antike die Regelung der Lebensweise verstanden. Sie umfaßte alle Bereiche von Körper (Soma) und Seele (Psyche). Auch wenn die Grundannahmen der antiken Mediziner zum Teil stark differierten, so basierten ihre Vorstellungen von Therapie doch alle auf der beschriebenen Ansicht von der Dynamik der an den Prozessen im menschlichen Körper beteiligten Faktoren. Als effizient vorbeugende und heilende Maßnahme galt die Anpassung der Lebensgewohnheiten auf die individuellen Bedürfnisse. Dazu gehörte die Differenzierung der Nahrungsaufnahme, die Gestaltung des Tagesablaufs sowie der hygienischen und sportlichen Gewohnheiten.

(Schott – 34)

Strenge Verhaltensregeln gegen schlechten Leumund der Mediziner: Der Ruf der Ärzte muß in der Antike zeitweise bedenklich schlecht gewesen sein. Distanzierungen von schlecht ausgebildeten, leichtsinnigen Praktikern, wild spekulierenden Theoretikern, aber auch von habgierigen Schwindlern finden sich in den hippokratischen Schriften, die zwischen 400 v.Chr. und 100 n. Chr. Geburt entstanden. Neben der Neigung zur kräftigen Polemik hat dies auch einen realen Hintergrund, denn ärztliche Tätigkeit unterlag in der Antike keinerlei Aufsicht oder gesetzlichen Regelungen wie z. B. Schadenersatzverpflichtungen. Die einzige Konsequenz eines Fehlverhaltens war der schlechte Ruf, um den sich aber gerade die Verursacher nicht besonders kümmerten. Eine klar geregelte Ausbildungsordnung ebenso wie ein Verhaltenskodex wurden in der Antike offensichtlich von den Ärzten selbst zur Abhilfe vorgeschlagen.

Entsprechende Texte sind im Rahmen des Corpus Hippocraticum erhalten. Ausbildung und Unterweisung der Mediziner sollten nach diesen Vorschlägen schon in der Kindheit beginnen, wenn eine natürliche Begabung zu erkennen war. Fleiß und Zeit würden das Übrige tun, so daß eine tiefe Kenntnis der Medizin erreicht sei, bevor der Arzt mit den Reisen von Stadt zu Stadt beginne.

Für das äußere Auftreten des Arztes werden detaillierte Verhaltensvorschriften gegeben: Er soll sich einstudierter und übertriebener Gesten enthalten. Die ideale Bekleidung des Arztes ist einfach und praktisch... In Diskussionen soll der Arzt ernst, einfach, aber auch scharf fragen und antworten, darf aber die Beherrschung nicht verlieren. *(Schott – 35)*

Sezieren: Das Innere eines menschlichen Körpers blieb den Blicken normalerweise verborgen. Tiere hingegen wurden seit grauer Vorzeit geschlachtet, so daß man über ihre inneren Organe gut im Bilde war. Doch ein toter Mensch ist etwas anderes als ein totes Tier. Der Mensch muß mit Achtung behandelt werden, auch wenn er tot ist, so lautet das allgemeine Empfinden. Verletzungen und klaffende Wunden, die Menschen im Krieg, bei privaten Fehden oder auf der Jagd davontrugen, ließen nur begrenzte und unsystematische Studien zu.

Der griechische Physiker Alcmaion (6. Jh. v.Chr.) war der erste, der vermutlich um 500 v.Chr. menschliche Leichen bewußt und sorgfältig sezierte. Dabei stellte er fest, daß zwischen Arterien und Venen ein Unterschied bestand.

(Asimov 2 – 40)

Der Hippokratische Eid

Er *[Hippokrates]* ließ seine Schüler einen Eid ablegen, den wir bis heute als den Hippokratischen Eid der Ärzte kennen: "... *Meine Verordnungen werde ich treffen zu Nutz und Frommen der Kranken nach bestem Vermögen und Urteil und von ihnen Schädigung und Unrecht fernhalten. Ich werde niemandem, auch nicht auf seine Bitte hin, ein tödliches Gift verabreichen oder auch nur einen solchen Rat erteilen. Auch werde ich nie einer Frau ein Mittel zur Vernichtung keimenden Lebens geben. Was ich bei der Behandlung oder auch außerhalb der Behandlung im Leben der Menschen sehe oder höre, werde ich verschweigen und solches als Geheimnis betrachten.*"

(Gaarder – 70-71)

Vera: "Mir scheint, dass Wissenschaft und Erkenntnisse der Griechen später nicht mehr viel galten. Sonst wäre ja z. B. das Wissen darum, dass die Erde eine Kugel ist, nicht praktisch verloren gegangen."

Hans: "Es gab ein konkurrierendes Weltbild, das ptolemäische, das besagte, dass die Erde flach sei und die Sonne sich um die Erde drehe. Und das hat sich halt durchgesetzt, auch mit Hilfe der Kirchen, die die Erde für das Zentrum des Universums hielten und als solches auch haben wollten."

6.2.4   Religionen

Was ist eine Religion?

Hans: "Es gibt ein paar berühmte Zitate zum Thema Religion und deren Wirkung auf Menschen. Karl Marx hat gesagt: 'Religion ist Opium fürs Volk.' Und Sigmund Freud meinte: 'Religion ist eine Neurose der Menschheit.' "

... Religion ist ein menschheitsgeschichtliches Urphänomen. Sie beschreibt den Menschen immer in kosmischem Zusammenhang, abhängig von einer ihm überlegenen Macht. Von ihr vernichtet zu werden, befürchtet er, von ihr gerettet zu werden, erhofft er. Halt und Geborgenheit sucht er bei ihr, um überhaupt sein Leben zu wagen, doch bleibt sie ihm letztlich unverfügbar.

(Evan. – 146)

Allgemein bezeichnet Religion das Verhältnis des Menschen zum Heiligen. Dieses Verhältnis äußert sich in bestimmten Handlungen, ggf. in einer Lehre oder in Worten und Schriften. Menschen erwarten in ihrer Religion bestimmte Antworten auf Lebensfragen, versuchen damit Kontakt mit ihrer Gottheit aufzunehmen und stecken damit einen ganz bestimmten geistigen und philosophischen Horizont ab.

In das Gebiet der Religion fallen persönliche Fragen wie die Frage nach dem Sinn des Lebens, nach den Grundlagen des Denkens und sittlichen Handelns, nach dem Woher und Wohin - immer im Bezug auf ein höheres, übermenschliches Selbst. Während im Gegensatz dazu die Philosophie allein mit den Mitteln der menschlichen Vernunft und Logik zu argumentieren versucht, baut eine religiös motivierte Weltbetrachtung auch auf den Einfluß göttlicher Offenbarung und Gnade, also auf das Bestehen von und die Kommunikation mit Transzendenz. *(www.autobahnkirche.de/glossar/name/r/006.htm)*

Dirk: "Ich möchte kurz einhaken: Hier wird der Einfluss göttlicher, also jenseitiger Offenbarung und die Kommunikation mit der Transzendenz bestätigt. In dem Zusammenhang fällt mir noch ein Satz ein, den ich neulich gelesen habe: 'Die Aufgabe der Religion ist nicht nur, Gott zu suchen, sondern Gott und seine Schöpfung zu erleben.' Leider habe ich mir die Quelle nicht aufgeschrieben."

Unserer Meinung nach sind es vier große Fragen, die alle Religionen der Welt zu beantworten versuchen:
1. Was ist unser Platz in der Welt?
2. Wie leben wir richtig?
3. Wie sollen wir beten?
4. Was passiert nach dem Tod mit uns?
Eine Religion muß diese Fragen beantworten, sonst ist sie keine!

(Gellmann – 11)

Die Entstehung von Religionen
Vor 10000 Jahren verläßt der Höhlenmensch im Gebiet Syriens und Palästinas die Höhlen, baut Dörfer und wird sesshaft. Danach erfolgt die Erfindung der Landwirtschaft und des Pflanzenanbaus. Die Seßhaftwerdung stellt einen der großen Augenblicke der Menschheitsgeschichte dar. Auf dem Gebiet, das uns hier interessiert, geht damit einher das Auftreten der ersten Gottheiten als Anzeichen einer tiefgreifenden Veränderung der psychischen Haltung.
Von einem einfachen Glauben an die Transzendenz ging der Mensch zu einer Darstellung des Göttlichen über: seine Religiosität wird zu einer Religion mit Glaubensvorstellungen, religiösen Ideen und Kulten. Im Neolithikum entsteht der Kult der Göttin und des Stiers und somit eines göttlichen Paares. Eine neue Geste tritt auf: die zum Himmelsgewölbe und zu göttlichen Figuren erhobenen Hände. Der Mensch wird zum Anbetenden: So entstehen die ersten Liturgien.
Die Grabstätten vervielfachen sich, die ersten Heiligtümer werden geschaffen. Tausende von Statuetten werden hergestellt, und im 4. Jahrtausend stellt die Erfindung der Schrift eine neue Revolution dar. Sie ermöglicht ein literarisches und religiöses Erbe und die schnelle Ausbreitung von religiösen Gedanken, von Gebetstexten und Ritualen. Dazu kommt der Bau von Tempeln und Heiligtümern, und es bildet sich ein Vokabular des Sakralen heraus.

(Ries – 155)

Die neuen Religionen, die nun entstanden, hatten die Gemeinsamkeit, daß sie oft lehrten, wie der Mensch vom Tode erlöst werden kann. Viele dieser Lehren wurden geheimgehalten. Durch die Mitgliedschaft in Geheimbünden und durch die Teilnahme an bestimmten Ritualen konnte der Mensch die Unsterblichkeit der Seele und ein ewiges Leben erhoffen.   *(Gaarder – 156)*

[Frage:] "Wie sieht es denn mit den verschiedenen Religionen aus? Wer hat Recht? Wer hat Unrecht?"

[Antwort:] Die verschiedenen Religionen sind wie verschiedene Kleider der gleichen Realität. In jedem Volk gibt es die absolute Suche, die Suche nach der früheren Wahrheit. Jede Seele erinnert sich auf ihre Weise. Jede Seele kennt die vage Erinnerung an den Einen, an das Glück, mit ihm verbunden, an ihn gebunden zu sein.

Nicht um sich zu schützen, hat der Mensch eine Wirklichkeit mit höheren Geschöpfen erfunden, sondern weil er weiß und weil er die Wahrheit des Absoluten wiederfinden möchte.   *(* Wendling – 196)*

Religionen wurden geschaffen, um euch Menschen einen Weg aufzuzeigen, eure Identität zu verstehen - was eine wertvolle Lektion ist. Die durch die unterschiedlichen Religionen verbreitete Information vermittelt euch jedoch nur eine begrenzte Perspektive eures Seins und hält euch in Ohnmacht. Jede Religion ist nur eine Sichtweise der Existenz. Die Inhalte, Gestalten und Mythen, die eine Religion ausmachen, werden auf unterschiedliche Weise eingesetzt, um das Verhalten der Menschen zu beeinflussen.

(* Marciniak 1 – 67)

Theosophie
Die Theosophen behaupten, die Wahrheit stehe über der Konfession. Gewiß steht die Wahrheit über allen Konfessionen dieser Erde, sind sie doch nichts anderes als jeweilige Erscheinungsformen eines Teils jener Wahrheit, die der Menschheit auf einer bestimmten Entwicklungsstufe offenbart werden kann.

Bis jetzt konnte der Menschheit noch keine Konfession oder Offenbarung zuteil werden, die die gesamte Wahrheit enthalten hätte. Dies wäre ja auch unmöglich gewesen. Die Religionen können als einzelne Strahlen der Wahrheit betrachtet werden. Es ist eure Assimilierungsfähigkeit, die es euch ermöglicht, einen Strahl der Wahrheit als solchen zu erkennen.

Absolute Wahrheit ist ewig und unveränderlich ... Jener Lichtstrahl der ewigen Wahrheit, den man begreifen und erleben kann, ist an sich wahre Religion. Somit wäre der Begriff "Religion" mit dem der "Wahrheit" identisch. Doch dieser letztere ist viel zu groß und zu hell, um von den Menschen aufgefaßt werden zu können.   *(* Emanuel 23 – 68)*

Dirk: "Kann man festhalten, dass die verschiedenen Religionen für die jeweilige Verständniswelt der betreffenden Menschen geschaffen wurden?"
Hans: "Ich meine ja. Aber Vertreter der Religionen erlagen wohl teilweise der Versuchung, die Religionen für ihre Machtbedürfnisse zu missbrauchen."

Vera: "Mir scheint auch, dass keine der Religionen die ewige göttliche Wahrheit alleine und umfassend beinhaltet. Alle Religionen beinhalten aber wichtige Teilaspekte der ewigen Wahrheit. Und von daher meine ich, ist es wichtig, sich mit verschiedenen Religionen und deren Inhalten zu befassen."

6.2.5   Vedismus – Hinduismus

Einführung
Der Name "Hinduismus" ist von uns Europäern erfunden worden: für die indische Religion. In Wirklichkeit bezeichnet er nicht eine einheitliche indische Religion, sondern eine ganze Fülle, einen Verbund von Religionen. Die Inder selbst nennen ihre Religion meist "ewige Ordnung"... Im Hinduismus geht es nicht in erster Linie um Glaubenssätze, um Dogmen, um Rechtgläubigkeit; der Hinduismus kennt kein Lehramt. Sondern es geht um das richtige Handeln, den richtigen Ritus, die Sitte - alles das, was gelebte Religiosität ausmacht.   *(Küng 2 – 54)*

Ein fundamentaler Unterschied zwischen dem Hinduismus und den abrahamitischen Religionen Judentum, Christentum und Islam besteht darin, dass man nicht zum Hinduismus konvertieren kann: Als Hindu wird man geboren.

Die große Zahl der verehrten Götter hat mit der ursprünglichen Verbreitung des Hinduismus über den Subkontinent zu tun: Die neue Religion stellte die lokalen Götter nicht infrage und verlangte von den Gläubigen nie, dass sie alte zugunsten neuer Götter aufgaben, sondern integrierte diese einfach in das hinduistische Pantheon... Doch es gibt im Hinduismus keinen Papst oder Mullah, der die Autorität hätte, andere offiziell zum Gotteslästerer zu erklären oder als unhinduistisch zu verdammen. *(GEO-WISSEN 29 – 53)*

Die vedische Genesis
Die vedische Genesis erklärt, daß das materielle Universum von vier Faktoren abhängig ist: Isvara (Gott/Ursprung), Kala (Ewigkeit/Zeit), Jiva (Seele/Bewußtsein) und Prakrti (Energie/Materie). Diese vier Faktoren existieren allesamt *ewig*, das heißt, sie haben weder Anfang noch Ende. "Alles ist ewig."   *(Risi – 58)*

Es gibt eine ewig bestehende Welt (die spirituelle Welt, das "Königreich Gottes"), und es gibt eine sich ewig wandelnde Welt (die materielle Welt, die Welt der vergänglichen Formen). Die Materie ist eine ewige Energie (sanskr. *prakriti*), die ewiglich vergängliche Formen hervorbringt, angefangen mit den materiellen Universen. In Form dieser materiellen Universen bringt das Ewige das Vergängliche hervor, das in seiner konstanten zyklischen Erneuerung wiederum nur das Ewige spiegelt.

Die Universen werden von Vishnu, dem Schöpferaspekt Gottes, ewiglich ausgeatmet und eingeatmet und ausgeatmet usw. Die Universen gehen in Samenform aus Vishnu hervor und nehmen in der Folge an Größe zu, um nach einer kosmischen Zeitspanne wieder, durch Kontraktion, in Vishnu einzugehen.

Nachdem die Universen aus Vishnu hervorgegangen sind, erweitert sich Vishnu und geht als beseelender Impuls in jedes dieser säulenförmigen Universen ein, wodurch das Universum expandiert und zum Kosmos wird. Das Universum ist jedoch noch "wüst und leer". *(TATTVA 6 – 39-40)*

Die vedische Genesis gibt eine theistische Sicht des Universums und interpretiert auf verblüffende Weise auch viele Erkenntnisse der modernen Kosmologie:

• Das Universum war ursprünglich eine komprimierte Urmaterie.
• Die komprimierte Urmaterie wird durch einen "Urknall" aktiviert und expandiert.
• Die ursprüngliche Materie dehnt sich nicht linear, sondern inflationär aus.
• Der universale Raum ist in sich gekrümmt.
• Raum und Zeit sind relativ. Die Erde und das Universum sind Jahrmilliarden alt. *(TATTVA 6 – 40)*

Gott und Götterwelt im Hinduismus

Obwohl die Hindus an viele Götter glauben, sind sie davon überzeugt, daß alle Götter Teil einer einzigen, absoluten Wahrheit sind. Ihre heiligen Schriften lehren: "Es gibt eine Wahrheit, und die Weisen geben ihr viele Namen." *(Gellmann – 41)*

Im vedischen Schrifttum wird gesagt, daß die Absolute Wahrheit, die Persönlichkeit Gottes, das Oberhaupt unter allen lebenden Persönlichkeiten ist. Alle Lebewesen, angefangen mit dem ersterschaffenen Wesen *[in einem Universum]*, Brahma, bis hinunter zur kleinsten Ameise, sind individuelle Lebewesen. Über Brahma gibt es sogar noch andere Lebewesen mit individuellen Fähigkeiten, und in ähnlicher Weise ist auch der Höchste Herr ein solches Lebewesen. Er ist ebenso individuell, wie es die anderen Lebewesen sind. Aber der Höchste Herr, das höchste Lebewesen, verfügt über die größte Intelligenz, und Er besitzt eine unbegrenzte Vielfalt an Energien und unfaßbaren Kräften. *(Srimad – 1.1.1)*

Die Existenz eines jeden Universums ist abhängig von der Trinität Visnu, Brahma, Siva. Krsna ist der Ursprung aller Energie und hält durch Seine drei Visnu-Parallelformen die gesamte materielle Manifestation zusammen; Brahma ist der universale Baumeister (Demiurg), und Siva ist der Vernichter. In diesem Sinn ist es nicht falsch, wenn es in allen Nachschlagewerken heißt, Brahma sei der "Schöpfer", Visnu sei der "Erhalter", und Siva sei der "Vernichter". *(Risi – 84)*

In einer langen Diskussion überlegte die Familie, wieweit sie das Thema 'Hinduismus' vertiefen wollte. Für Vera, Hans und Lisa war es fremd und schwer greifbar. Am liebsten wollten sie den Hinduismus nur kurz behandeln. Dirk aber bestand darauf, gerade diese Religion detaillierter zu untersuchen. Seine Argumente: Er ist die Wurzel aller Religionen. Ohne Hinduismus gäbe es keinen Buddhismus. Dirk war auch bereit, die Unterlagen zu Hinduismus und Buddhismus vorzubereiten.

Der Gott Krsna

[Aussage von Gott (Krsna):] Weil Ich transzendental bin zu den Fehlbaren und Unfehlbaren und weil Ich der Größte bin, bin Ich sowohl in der Welt als auch in den Veden als die Höchste Person berühmt.   (Bhagavad-Gita – 15.18)

Krsna: "der Allanziehende"; Sanskritausdruck für Gott, die höchste, unbegrenzte Person, der Ursprung sowohl der individuellen Seelen als auch der unpersönlichen, alldurchdringenden Energien; ist durch diese Seine Energien in der Schöpfung immanent allgegenwärtig und weilt gleichzeitig transzendent in Seiner ursprünglichen, persönlichen Gestalt in Seinem ewigen spirituellen Reich, Vrndavana.   *(Srimad. – 1-Anhang)*

Wenn wir weltweit alle Gottesoffenbarungen nach diesem Gott durchforschen, fallen sogleich die vedischen Quellen auf: eine lebende und gelebte Kultur, eine ununterbrochene Lehrernachfolge und authentische heilige Schriften, die nicht nur Gottes Gesetze, sondern auch Gottes Energien, Gottes Inkarnationen, Gottes Namen und Gottes *Person* beschreiben.   *(Risi – 212)*

Seine *[Krsnas]* Gestalt beinhaltet sechs Füllen, die in unendlichem Maß vorhanden sind:

Sri: Seine unendliche Schönheit und Lieblichkeit und unbekümmerte Ausgelassenheit.

Virya: Seine unendliche Kraft.

Aisvarya: Seine unvorstellbare Allmacht und Majestät.

Yasah: Sein unbegrenzter Ruhm.

Vairagya: Seine Kraft der Entsagung und Unparteilichkeit.

Jnana: Sein Allwissen.

Sri ist die Haupteigenschaft. Jede der vielen Seinsweisen Krsnas besitzt diese sechs göttlichen Füllen. Doch in der jeweiligen Manifestation treten manche von ihnen besonders hervor und die anderen zurück.

(www.bhakti-yoga.ch/Buch/ddadb/DieKraftGottes.html - 21.11.2002)

Auszüge aus Bhagavad-Gita und Srimad-Bhagavatam über Krsna:

Der Höchste Herr weilt im Herzen eines jeden als Paramatma *[Überseele]*, und Er ist es, der alle Handlungen ermöglicht. Das Lebewesen vergißt alles, was in seinem letzten Leben geschehen ist, aber weil der Höchste Herr der Zeuge all seiner Handlungen ist, muß es gemäß Seiner Führung handeln. Deshalb beginnt es seine Tätigkeiten entsprechend seinen vergangenen Handlungen. Es bekommt vom Herrn das erforderliche Wissen und die Erinnerung, und durch Ihn vergißt es auch sein vergangenes Leben. Der Herr ist also nicht nur alldurchdringend, sondern Er befindet Sich auch, in Seinem lokalisierten Aspekt, in jedem individuellen Herzen.   (Bhagavad-Gita – 15.15)

Die Lebewesen sind Teile des Herrn, der die unermeßliche materielle Schöpfung mit unzähligen Samen spiritueller Funken *[Gottesfunken]* befruchtet, worauf die schöpferischen Energien, die zahllose wundervolle Schöpfungen hervorbringen, in Gang gesetzt werden.

Es wird gesagt, daß vor der Schöpfung des materiellen Universums nur der Herr existierte, der der Meister eines jeden ist. Dieser Herr unterwies Brahma im vedischen Wissen. Diesem Herrn muß in jeder Hinsicht gehorcht werden. Jeder, der von der materiellen Verstrickung frei werden will, muß sich Ihm hingeben. Dies wird auch in der *Bhagavad-gita* bestätigt.

(Srimad. – 1.1.1)

Krsna, das *param brahma*, die Höchste Persönlichkeit Gottes, ist *adyam*, der Anfang aller Dinge; Er ist *adi-purusam*, die ewig junge, urerste Person. Er kann Sich in mehr Formen erweitern, als man sich vorstellen kann, und verliert trotzdem nie Seine ursprüngliche Gestalt als Krsna; deshalb nennt man Ihn Acyuta. Das ist die Höchste Persönlichkeit Gottes. Krsna bewies auf diese Weise, daß Er alles ist und daß Er alles werden kann, daß Er als Person aber trotzdem von allem verschieden ist ... Krsna ist immer vollkommen, und obwohl Er Millionen von Universen erschaffen kann, die alle in jeder Hinsicht vollständig ausgestattet sind, bleibt Er immer von gleich großem Reichtum erfüllt, ohne Sich in irgendeiner Weise zu verändern *(advaitam)*.

(Srimad. – 10.13.19)

Sri Krsna hat Sein ewiges Reich *(dhama)*, in dem Er ewig mit Seinen ewigen Gefährten und allem, was Ihn ewiglich umgibt, in Freude weilt. Sein ewiges Reich ist eine Manifestation Seiner inneren Energie, wohingegen die materielle Welt eine Manifestation Seiner äußeren Energie ist. Wenn Er in die materielle Welt herabsteigt und Sich in Seiner inneren Macht, die *atma-maya* genannt wird, offenbart, wird Er von allem, was ewiglich zu Ihm gehört, umgeben. In der *Bhagavad-gita* (4.6) sagt der Herr, daß Er durch Seine eigene Macht *(atma-maya)* erscheint. Seine Gestalt, Sein Name, Sein Ruhm, Seine Umgebung, Sein Reich usw. sind daher keine Schöpfungen der Materie.

Er kommt herab, um die gefallenen Seelen zurückzugewinnen und um die Gesetze der Religion, die direkt von Ihm ausgehen, wiederherzustellen.

Wirkliche Religion bedeutet, Gott, unsere Beziehung zu Ihm, unsere Pflichten in Beziehung zu Ihm und schließlich unseren Bestimmungsort nach Verlassen des materiellen Körpers zu kennen. Kaum eine der bedingten Seelen, die von der materiellen Energie gefangen sind, kennt all diese Prinzipien des Lebens. Die meisten sind, wie die Tiere, nur mit Essen, Schlafen, Verteidigung und Fortpflanzung beschäftigt. Unter dem Deckmantel von Religiosität, Wissen oder Befreiung trachten sie fast nur nach Sinnengenuß.

(Srimad. – 1.3.43)

"Krsna, den man als Govinda kennt, ist der höchste Herrscher. Er hat einen spirituellen Körper, der ewig und glückselig ist. Er ist der Ursprung aller Dinge und hat Selbst keinen anderen Ursprung, denn Er ist die urerste Ursache aller Ursachen."

(Srimad. – 10.1.2)

"Obwohl die Höchste Person an verschiedenen Orten erscheinen kann, unterliegt Sie keiner Teilung oder Verminderung, weil Sie gleichzeitig allgegenwärtig ist." (Vedanta-sutra 3.2.11)

(Risi – 208)

Visnu / Vishnu [*Schöpfer von Universen*]

[Der höchste Schöpfer, Visnu, spricht zu Brahma:] "Ich bin es, der vor der Schöpfung existierte, als es nichts außer Mir gab, weder Ursache noch Wirkung [weder die materiellen Elemente noch die daraus entstehenden Formen]. Alles, was du jetzt siehst, bin ebenfalls Ich, die Persönlichkeit Gottes, und was nach der Vernichtung bleibt, bin ebenfalls Ich, die Persönlichkeit Gottes... Wie die universalen Elemente gleichzeitig in den Kosmos eingehen und nicht eingehen, existiere auch Ich innerhalb von allem Erschaffenen *(pravista*, 'immanent') und befinde mich gleichzeitig außerhalb aller Dinge *(apravista*, 'transzendent')." (Srimad-Bhagavatam 2.9.33-35)   *(Risi – 208)*

Brahma *[Gestalter des Inneren eines Universums]*
Wie in Indien gelehrt wird, sagte Brahma einmal: "Meinem Willen gehorchend schuf meine Natur alles, was sich bewegt oder was unbeweglich steht. Darin liegt der Grund für die Bewegung der Welt. Mein Ursprung ist weder der Schar der Götter, noch den Weisen bekannt, denn ich bin aller Götter und Weisen Ursprung. Ich bin der Ursprung von allem, die ganze Welt hat ihren Ursprung in mir. Die Weisen, die mir gleichen und das erkennen, beten mich an." Diese Worte enthalten nichts, was der Wahrheit widersprechen würde. "Alles wohnt in mir, ich jedoch wohne nirgends inne. Diese Dinge befinden sich nicht in meinem göttlichen Wesen. Mein Geist ist Träger von allem, ist jedoch nicht in den Dingen gefangen". Diese Worte weisen auf eine Wahrheit hin, die in vielen anderen indischen Schriften weniger deutlich zum Ausdruck kommt.   *(* Emanuel 23 – 29)*
Von Brahma gehen direkt oder indirekt alle Lebensformen im *[jeweiligen]* Universum aus, und er ist es, der sagt: "Es werde Licht! Es werde Tag! Es werde Nacht!" Diese sekundäre Schöpfung ist *Brahmas* Aufgabe. Er ist der mächtigste, erste Halbgott im Universum; aber wenn die Menschen zu Brahma hochschauen, denken sie angesichts seiner Größe, Macht und Schöpfungskraft, er sei Gott. Aber Brahma ist nicht Gott, sondern ein Halbgott. Gott, Krsna, steht über Brahma und sogar über Visnu. Gott befindet sich jenseits von Kosmos und Chaos und ist nicht Teil der Dualität.   *(Risi – 84)*
Zu Beginn der Schöpfung vermittelte Sri Visnu Brahma die Lehren des vedischen Wissens durch das Herz *(hrda)*. Mit andern Worten: Obwohl Sri Visnu sogar für Brahma unsichtbar war, konnte dieser Seine Worte durch das Herz vernehmen. Nicht einmal Brahma kann die Höchste Persönlichkeit Gottes sehen, aber dennoch steigt der Herr auf die Erde herab und wird für alle Menschen sichtbar. Er tut dies zweifellos aus Seiner grundlosen Barmherzigkeit heraus, ...   *(Srimad. – 10.1.21)*

Siva/Shiva *[Auflöser eines Universums]*
Shiva dagegen ist ein doppelgesichtiger Gott. Mit seinem schrecklichen Aussehen verkörpert er den Aspekt der Auflösung und Zerstörung. Als großer Asket und Vorbild aller Yogis sitzt er als Verkörperung der Entsagung meditierend auf einer Bergspitze des Himalaja, der Quelle des Ganges. Zugleich ist er seinem Namen nach der "Segensreiche, Gütige, Wohlwollende", der durch seine unendliche Zeugungskraft alles entstehen läßt und Leben spendet.
In der Kunst indes wird er gerne als Shiva Nataraja, "König der Tänzer", als tanzender Herr des Universums dargestellt: Sein Tanz, Ausdruck seiner

fünf Aktivitäten (Schöpfung, Erhaltung, Zerstörung, Verkörperung, Befreiung), symbolisiert den Kreislauf des Kosmos, wo in einem ewigen Rhythmus Millionen Welten in jedem Moment zerstört und andere Millionen neu geschaffen werden. *(Küng 2 – 74)*

Das Vedische Wissen

Vor dem Beginn des Kali-yugas *[das finstere Zeitalter der Zwietracht und Heuchelei]* waren sich die führenden Weisen der vedischen Hochkultur über das Ziel der vedischen Offenbarung und über die Stufen, die zu diesem Ziel führen, vollkommen bewußt. Weil sich mit dem Herannahen des Kali-yugas jedoch viele dunkle und destruktive Einflüsse auf der Erde breitmachten und weil eine allgemeine Verkümmerung des vedischen Wissens absehbar war, erschien Gott (Krsna) vor fünftausend Jahren persönlich auf der Erde und erneuerte die Offenbarung des spirituellen Wissens durch die Bhagavad-gita:

"Im Laufe der Zeit ist das Wissen um *yoga* [die Verbindung zu Gott] verlorengegangen, o Parantapa [Arjuna], und deshalb offenbare Ich es dir heute wieder, weil du Mein Geweihter und Mein Freund bist." (Bhagavad-gita 4.2b-3a)

Um ein erneutes Verlorengehen des vedischen Wissens zu verhindern, beschlossen die größten Heiligen und Weisen der damaligen Zeit, dieses Wissen schriftlich festzuhalten. Unter der Leitung Vyasadevas, einer bevollmächtigten göttlichen Inkarnation, wurde das vedische Wissen systematisch niedergeschrieben. Die Schriften, die die höchste Schlußfolgerung (Gottes allumfassendes Wesen) offenbaren, verfaßte Vyasadeva persönlich: das Vedanta-sutra, das Mahabharata mit der Bhagavad-gita und die Puranas, unter denen das Bhagavata Purana (bekannt als Srimad-Bhagavatam) herausragt. In diesen Schriften wird unmißverständlich erklärt, daß Gott unbegrenzt ist und deshalb unbegrenzt viele Aspekte umfaßt. Gott ist sowohl Energie als auch Person. *(Risi – 231)*

Es gibt keine Kultur, die eine derart reiche Fülle an Schriften hinterlassen hat wie die altindische. Das liegt daran, daß diese Kultur nie wirklich untergegangen ist wie die sumerische oder ägyptische, sondern bis heute in Form einer spirituellen Tradition am Leben blieb. Aus diesem Grund sind die schriftlichen Zeugnisse der altindischen ("vedischen") Kultur relativ jung, denn sie bestehen nicht aus Tontafeln, sondern aus Palmblättern, die im Lauf der Jahrhunderte immer wieder neu abgeschrieben werden mußten. Obwohl die ältesten Palmblätter, die wir heute noch besitzen, höchstens 1000 oder 2000 Jahre alt sind, ist es offensichtlich, daß die darin übermittelten Informationen auf viel ältere Quellen zurückgehen.

Der größte Teil dieser Schriften, niedergeschrieben in der hochkomplizierten Sanskritsprache, befaßt sich mit geistigen und religiösen Themen (Selbstverwirklichung, Gotteserkenntnis), was bereits einen wichtigen Hinweis auf die Prioritäten dieser Kultur darstellt. *(TATTVA 6 – 38)*

Zusammenfassend ergeben sich folgende Definitionen:

Veda: "Wissen, Offenbarung"; göttliches Wissen, das allein durch eigene Bemühung (wie durch Forschung, Spekulation oder Meditation) nicht erlangt werden kann. Veda ist nicht auf Schriften beschränkt, sondern kann noch auf viele andere Arten vermittelt bzw. erkannt oder erahnt werden.

Vedische Schriften: Sammelbegriff für jene Weisheitsbücher Indiens, die den Veda umfassend beschreiben, von allen Teilaspekten bis hin zur höchsten Offenbarung Gottes.

Veden: Die "vier Vedas" namens Yajur Veda, Rg *[Rig]* Veda, Sama Veda und Atharva Veda. (Manchmal wird der Begriff "Veden" ebenfalls als Sammelbegriff verwendet und bedeutet dann dasselbe wie "vedische Schriften".)

(Risi – 40)

Jeder Stufe des Fortschritts sind ganz bestimmte vedische Schriften zugeordnet mit ihren spezifischen Lehren und Unterweisungen für die Menschen auf der jeweiligen Stufe. Die vedischen Schriften beschreiben also einen aufsteigenden Pfad des spirituellen Fortschritts, angefangen bei magischen Ritualen und Tieropfern über Halbgötterverehrung bis hin zur höchsten Gotteserkenntnis.

(Risi – 126)

Dirk: "Die vedischen Schriften sind vielfältig, wie sich schon aus dem letzten Absatz ergibt. Auch hier im Westen haben wir immer wieder von den Upanishaden, den Sutras - vor allem dem Kama-Sutra - , den Shastras gehört. Die bekanntesten Schriften sind aber sicher die Bhagavad-Gita und das Srimad-Bhagavatam."

Die Schriften im Einzelnen

Die vier Veden: Das Studium des *Veda* war nur den drei oberen Gesellschaftsklassen (Krieger, Priester sowie freie Bauern und Handwerker) erlaubt. Der *Veda* gliedert sich in 4 *Samhitas* ("Sammlungen") von Heldenliedern, Zaubersprüchen und Opfergesängen.

Der *Rigveda* (sanskr. "Wissen um die Liederverse") ist das älteste und bedeutendste Sprachdenkmal der indischen Literatur . *(Bellinger – 410)*

Er *[Rigveda]* enthält verschiedenartige Schöpfungsmythen, bei denen die Opferung im Vordergrund steht. So berichtet er über den Ursprung der Menschen bzw. der Welt durch die Opferung des kosmischen Riesenmenschen Purusha, aus dessen Gliedern alle Wesen hervorgehen. Der Ton der Texte strahlt Lebensfreude aus und kennt keine Weltflucht. *(Hattstein – 9)*

Der *Samaveda* (sanskr. "Wissen um die Melodien") ist ein Liedertextbuch mit 1808 Gesängen, von denen alle außer 75 bereits im *Rigveda* vorkommen. Aus dem *Samaveda* trägt der *udgatar*-Priester die Gesänge *(samans)* vor, mit denen er das Opfer begleitet.

... *Yajurveda* (sanskr. "Wissen um die Opferformeln") ... Aus dem *Yajurveda* entnimmt der *adhvaryu*-Priester die Sprüche *(yajus)*, die er während des Opfers zu sprechen hat. Der *Yajurveda* enthält die älteste indische Prosa.

Der *Atharvaveda* (sanskr. "Wissen um die Zauberformeln") enthält in 20 Büchern mit 731 Gesängen und ca. 600 Strophen die Entsühnungsformeln, Beschwörungen, Segenssprüche, Verfluchungen, Heirats- und Bestattungsformeln. Aus dem *Atharvaveda,* auch *Brahmaveda* genannt, rezitiert der *brahman-*Priester die Zaubersprüche *(atharvans).*   *(Bellinger – 410)*

Die Brahmanas: Die Brahmanas (eigentlich: "Brahmana der 100 Wege") sind Prosaschriften mit Opferformeln (Mantras) und mythologischen Abhandlungen. Sie sind wohl nach 1000 v.Chr. entstanden und zeigen eine Neigung zu philosophischen Spekulationen. Sie versuchen auch, einzelne Daseinsmächte, Götter und Potenzen systematisch zu erfassen, aufzulisten und zu katalogisieren. In ihnen finden sich die ältesten Theorien über das Brahma als absolutes Prinzip.   *(Hattstein – 10)*

Die Aranyakas: ... die Aranyakas, eine Reihe von sogenannten 'Waldbüchern', die die mystischen Spekulationen in Abgeschiedenheit lebender Heiliger wiedergeben, darin eingebettet, die Geheimlehren der *Upanishaden.*
                    (Holzhausen – 86)

Die Upanishaden: Während in den Brahmanas und älteren Veden großenteils Anweisungen für Priester zur Ausführung bestimmter sakraler Handlungen und Opferrituale gegeben wurden, bilden die *Upanishaden* den abschließenden philosophischen Teil der Veden, ihre religiöse und geistige Essenz.   *(Holzhausen – 86)*

Die Sutras: Die umfangreiche *Sutra-Literatur (sutra* = "Leitfaden, kurze Regel") umfaßt Kompendien von den *Brahmanas* und *Upanishaden...* Die *Grihya-Sutras* geben Anweisungen für Hauszeremonien und die *Shrauta-Sutras* solche für das Priesterritual. Der *Kama-Sutra* (Leitfaden der Liebeskunst)... Die *Dharma-Sutras - Dharmashastras* genannt - behandeln religiös-rechtliche Vorschriften, wie das Rechtswesen, die Staatskunst, soziale Pflichten, Aufgaben des Königs sowie Sitten und Gebräuche.   *(Bellinger – 216)*

Die Shastras: Die zahlreichen Werke der *Shastra-Literatur* behandeln alle denkbaren Gebiete von der Astronomie bis zur Unterweisung der Diebe und Hetären. Zu ihr zählt das berühmteste Werk der indischen Literatur überhaupt, das *Gesetzbuch des Manu (Manu-Smriti).* Hindus sehen in diesem auch *Manama Dharmashastra* genannten Buch, eine Offenbarung des Schöpfergottes Brahma an den Urvater des Menschengeschlechts, Manu... Es beginnt mit der Schilderung der Weltschöpfung und endet mit Ausführungen über Seelenwanderung, Belohnung und Bestrafung der Menschen in Himmel oder Hölle, durch gute oder schlechte Wiedergeburten aufgrund der Vergeltungskausalität ihrer Taten.   *(Bellinger – 216-217)*

Das Vedanta-Sutra: Wie bereits erklärt wurde, verfaßte der Herr in Seiner Inkarnation als Vyasadeva das *Vedanta-sutra...* Er sagt, daß die Lebewesen, von denen es zahllose gibt, in zwei Gruppen eingeteilt werden können - die fehlbaren und die unfehlbaren. Die Lebewesen sind ewig abgesonderte Teile der Höchsten Persönlichkeit Gottes. Wenn sie mit der materiellen Welt in Berührung sind, nennt man sie *jiva-bhuta,* und die Sanskritworte ... bedeuten, daß sie fehlbar sind. Doch diejenigen, die in Einheit mit der Höchsten Persönlichkeit Gottes sind, werden unfehlbar genannt. Einheit bedeutet nicht, daß sie keine Individualität haben, sondern daß keine Uneinigkeit herrscht. Sie alle leben in Übereinstimmung mit Zweck der Schöpfung.

(Bhagavad-Gita – 15.16)

Die Puranas: "Die *Puranas* bilden ebenfalls eine Ergänzung zu den *Veden.* Die vedischen *mantras* sind für einen gewöhnlichen Menschen zu schwierig... Daher sind sowohl das *Mahabharata* wie auch die *Puranas* leicht verständlich geschrieben, um die Wahrheiten der *Veden* zu erklären." *(Srimad. – 1-Einleitung)*

Ramayana-Epos: *Ramayana* (sanskr. "Ramas Lebenslauf") *[Es umfaßt sieben Bücher mit 24.000 Doppelversen.]*
Die Persönlichkeit Gottes Sri Rama erschien in der Gestalt eines Menschen und offenbarte auf der Erde Seine Taten, um dadurch die Halbgötter, denen die Verwaltung des Universums obliegt, zu erfreuen. *(Srimad. – 1.3.22)*

Mahabharata: Das Mahabharata ... das "große" *(maha)* Epos der legendären "Bharata"-Dynastie, auf die das moderne Indien seinen amtlichen Namen ("Bharat") zurückführt. Es kreist um den Streit der Familien der beiden letzten Nachkommen des Königs Bharata (der Pandavas mit den Kauravas), um die Vorherrschaft über das westliche Yamuna-Ganga-Tal. Am Vorabend der entscheidenden Schlacht ist es Krishna, die achte Inkarnation Vishnus, der den zweifelnden Helden Arjuna (als dessen Wagenlenker) in 18 "Gesängen", der "Bhagavadgita", dem "Gesang des Erhabenen", belehrt: über seine Pflichten als König und Krieger und seine eigentliche Bestimmung als Mensch. *(Küng 2 – 75)*
Dieses in seiner vorliegenden Gestalt 18 verschieden umfangreiche Bücher *(parvan)* mit insgesamt 90000 Versen (meist *shlokas,* d.h. 32silbige Doppelverse und daneben noch *tristubhs,* d.h. 44silbige Doppelverse) umfassende Werk gilt als das längste Gedicht der Weltliteratur. *(Bellinger – 217)*

Bhagavad-Gita / Bhagavadgita: *[Die Bhagavadgita]* wurde in das (6. Buch des) Mahabharata unmittelbar vor der Schilderung des Kampfes zwischen den verfeindeten Pandavas und Kauravas eingefügt. *(Bellinger – 218)*
Die Bhagavadgita ist die bekannteste und einflußreichste heilige Schrift Indiens, oft das "Evangelium" des Hinduismus genannt, und zugleich eines der großen ethischen Dokumente der Menschheit. *(Küng 2 – 90)*

Die Bhagavad-gita (wörtlich: der "Gesang Gottes") ist der bedeutendste und bekannteste Klassiker der indischen Literatur. Sie bildet den Kern der gesamten vedischen Weisheit und enthält eine zeitlose Botschaft von universaler Gültigkeit - eine Botschaft, die alle Religionen und Philosophien der Welt mit einschließt.

Die *Bhagavad-gita* ist ein Dialog zwischen Krsna, der Höchsten Persönlichkeit Gottes, und Seinem vertrauten Freund und Schüler Arjuna. In 700 Versen offenbart Krsna die göttliche Weisheit von Yoga, Karma, Reinkarnation, Meditation, Selbstverwirklichung und Gotteserkenntnis.

Arjuna stellt Fragen nach dem Sinn des Lebens: "Was ist meine Pflicht im Leben? Wer bin ich? Was ist das Wesen Gottes? Wohin werde ich nach dem Tode gehen? Warum gibt es Leid in der Welt?" und so weiter.

Krsnas Antworten auf diese essentiellen Fragen beschränken sich nicht nur auf die unmittelbare historische Situation Arjunas, sondern besitzen eine universale Bedeutung und Gültigkeit. Krsnas Worte richten sich an alle Menschen, die ihre unwandelbare spirituelle Natur, das letztliche Ziel ihres Daseins und ihre ewige Beziehung zu Gott wiedererkennen möchten.

(http://iskcon.net/goloka/Bhagavad-gita.html)

Stimmen zur Bhagavad-Gita:

Wilhelm von Humboldt (1767-1835): "Das schönste, ja vielleicht das einzig wahrhaft philosophische Gedicht, das alle uns bekannten Literaturen aufzuweisen haben. (...) Das Tiefste und Erhabenste, was die Welt aufzuweisen hat. Ich danke Gott, daß er mich so lange hat leben lassen, daß ich dieses Buch noch lesen konnte."

Arthur Schopenhauer (1788-1860): "Aus jeder Zeile dieses unvergleichlichen Buches treten uns tiefe, ursprüngliche, erhabene Gedanken entgegen. Es ist die belehrendste und erhabenste Lektüre, die auf der Welt möglich ist; sie ist der Trost meines Lebens gewesen, und wird der meines Sterbens sein."

Mohandas "Mahatma" Gandhi (1869-1948): "Ich schöpfe aus der *Bhagavad-gita* einen Trost, wie ich ihn nirgendwo anders finden kann. Wenn mich Entmutigung überfällt, wenn mich in meiner Einsamkeit kein Lichtstrahl mehr erreicht, öffne ich die *Bhagavad-gita*. Ein Vers, den ich zufällig aufschlage, gibt mir in Zeiten überwältigender Tragödien mein Lächeln zurück... Wer über die Verse der *Gita* meditiert, dem eröffnen sich tagtäglich erquickende Freude und neue tiefe Bedeutungen."

(http://iskcon.net/goloka/Bhagavad-gita.html)

Srimad-Bhagavatam: Das *Srimad-Bhagavatam*, ein episch-philosophischer und literarischer Klassiker, nimmt in Indiens schriftlich niedergelegter Weisheit eine bedeutende Stellung ein. Die zeitlose Weisheit Indiens findet ihren Ausdruck in den *Veden*, uralten Sanskrittexten, die alle Bereiche menschlichen Wissens berühren. Die ursprünglich mündlich überlieferten *Veden* wurden zum ersten Mal von Srila Vyasadeva, der "literarischen Inkarnation Gottes", schriftlich festgehalten. Nachdem er die *Veden* zusammengestellt hatte, wurde Srila Vyasadeva von seinem spirituellen Meister angeregt, ihre tiefgründige Essenz in Form des *Srimad-Bhagavatam* vorzulegen. Bekannt als "die reife Frucht am Baum der vedischen Literatur", ist das *Srimad-Bhagavatam* die umfassendste und autoritativste Darstellung des vedischen Wissens.

(Srimad. – 1-Umschlagtext)

Die Menschen im Hinduismus

Das Kastenwesen als soziale Ordnung: Der Kosmos existiert für den Hinduismus im Großen wie im Kleinen als geordnetes Ganzes. Er wird beherrscht vom Weltgesetz (Dharma), das zugleich als natürliche und sittliche Ordnung fungiert. Grundsatz dieser Ordnung ist, daß alle Lebewesen von Geburt an sowie, daraus folgend, nach Aufgaben, Pflichten, Rechten und Fähigkeiten streng voneinander geschieden sind. *(Hattstein – 11)*

Hindus lernen, daß sie in der Kaste, in die sie hineingeboren werden (also der ihres Vaters), ein Leben lang verbleiben, und daß sie bei Führung eines sittsamen Lebens und Gehorsam gegenüber der herrschenden Kaste in eine höhere Kaste reinkarniert werden können. Die Kastenzugehörigkeit wurde somit zum Maßstab der spirituellen Entwicklung. Die Überzeugung, daß Angehörige niedrigerer Kasten auch seelisch-geistig weniger entwickelt sind als solche höherer Kasten, gab letzteren das Alibi, die untersten Kasten schlecht zu behandeln. So wurden deren Mitglieder, die "Ausgestoßenen" und "Unberührbaren", fast die gesamte indische Geschichte hindurch zur Verrichtung der niedrigsten Dienste gezwungen und mußten ihr Leben in bitterster Armut fristen. Zusätzlich begegnete man ihnen wegen ihrer vermuteten Sündhaftigkeit in einem früheren Leben mit Verachtung und Abscheu. *(Horn – 431)*

Karma und Reinkarnation

Solange das Lebewesen nicht sein Krsna-Bewußtsein entwickelt, wird sein materielles Bewußtsein es zwingen, von einem Körper zum anderen zu wandern, denn es hat seit unvordenklichen Zeiten materielle Wünsche. Aber genau diese Wünsche muß es ändern. Ein solcher Wandel kann nur stattfinden, wenn man von autoritativen Quellen hört. *(Bhagavad-Gita – 13.22)*

Karma ist ein Sanskritwort und bedeutet "Handlung" oder wörtlich "das, was bewirkt ist und bewirkt."...

Das Wort Karma weist darauf hin, daß man eine Handlung nie isoliert von den höheren Zusammenhängen betrachten darf. Jede Handlung ist eingewoben in eine universale Gesamtheit von Aktionen und Reaktionen, die alle einer präzisen, unfehlbaren Gesetzmäßigkeit unterstehen, dem *Gesetz des Karma*. Aus diesem Grund ist jeder, der materielle Handlungen (Karma) ausführt, dem Karma-Gesetz unterworfen. Das Karma-Gesetz wird auch das "Gesetz von Aktion und Reaktion" genannt, denn es besagt, daß jede Aktion eine Reaktion hat, die ihrerseits wieder neue Aktionen und Reaktionen auslöst. *(Risi – 287)*

Das Karma-Gesetz, so wie es Gott und die Gottgeweihten in den vedischen Schriften erklären, ist die *Synthese* von Prädestination und freiem Willen:

$$Karma = Prädestination + freier\ Wille$$

... Was genau ist denn prädestiniert? Und worin besteht der freie Wille?

"Prakrti, die materielle Energie, ist die Ursache aller Wirkungen und Ursachen in der Schöpfung, wohingegen das Lebewesen die Ursache der verschiedenen Leiden und Freuden ist, die es in dieser Schöpfung erfährt." (Bhagavad-gita 13.21) ...

Die verschiedenen physischen und psychischen Umstände, in die wir geraten, sind die vorausbestimmten Reaktionen auf bereits ausgeführte Aktionen. Was immer *eintrifft*, war vorausbestimmt (durch unsere eigene Vergangenheit); aber was *noch nicht* eingetroffen ist, kann bis zu einem gewissen Grad durch den persönlichen freien Willen noch verändert werden: verschlimmert, vermindert, aufgeschoben oder sogar aufgehoben. *(Risi – 291-292)*

Gott und die Menschen

Der Herr steht hinter allem. Alle materiellen Elemente sowie alle spirituellen Funken gehen allein von Ihm aus. Was immer in der materiellen Welt geschaffen wird, ist nichts anderes als die Wechselwirkung zweier Energien, der spirituellen und der materiellen Energie, die von der Absoluten Wahrheit, der Persönlichkeit Gottes, Sri Krsna, ausgehen.   *(Srimad. – 1.1.1)*

"Die Energie der Lebewesen wird technisch *ksetrajna*-Energie genannt. Diese *ksetrajna-sakti* wird, obwohl sie qualitativ mit dem Herrn gleich ist, aus Unwissenheit von materieller Energie überwältigt und erleidet somit alle Arten materieller Leiden."   *(Srimad. – 1-Einleitung)*

Die vedischen Schriften weisen darauf hin, daß Materie in Wirklichkeit gebundene Energie ist und daß es verschiedenste Methoden der Energieverdichtung gibt. Jedes geschaffene Ding existiert zuerst in einer geistigen Form, auch in der Welt der Menschen.   *(Risi – 81)*

Jedoch gibt es im Körper noch einen anderen, einen transzendentalen Genießer, und dies ist der Herr, der höchste Besitzer, der als Beobachter und Erlaubnisgeber gegenwärtig ist und der als Überseele bezeichnet wird.   *(Bhagavad-Gita 13.23)*

ERLÄUTERUNG: Hier wird gesagt, daß die Überseele, die die individuelle Seele immer begleitet, eine Repräsentation des Höchsten Herrn ist.

Es ist eine Tatsache, daß das individuelle Lebewesen ewiglich ein Teil des Höchsten Herrn ist, und zwischen ihnen besteht eine sehr enge Beziehung der Freundschaft. Doch das Lebewesen neigt dazu, die Führung des Höchsten Herrn zurückzuweisen und unabhängig zu handeln, um zu versuchen, die materielle Natur zu beherrschen. Weil es diese Neigung hat, wird es als die marginale Energie des Höchsten Herrn bezeichnet. Das Lebewesen kann sich entweder in der materiellen oder in der spirituellen Energie aufhalten. Solange es durch die materielle Energie bedingt ist, bleibt der Höchste Herr als sein Freund, die Überseele, bei ihm, um es dazu zu bewegen, zur spirituellen Energie zurückzukehren.

Der Herr ist immer bemüht, es zur spirituellen Energie zurückzuführen, doch aufgrund seiner winzigen Unabhängigkeit lehnt das individuelle Lebewesen es fortwährend ab, mit dem spirituellen Licht verbunden zu sein. Dieser Mißbrauch seiner Unabhängigkeit ist die Ursache seines materiellen Kampfes im bedingten Dasein. Der Herr gibt ihm daher von innen und von außen ständig Unterweisungen. Von außen, gibt Er Unterweisungen, wie sie in der *Bhagavad-gita* zu finden sind, und von innen versucht Er das Lebewesen davon zu überzeugen, daß seine Tätigkeiten im materiellen Feld nicht förderlich sind, um wahres Glück zu erlangen.   *(Bhagavad-Gita – 13.23)*

Ziele der Menschen
Die höchste Vollkommenheit des Lebens besteht darin, von den materiellen Anhaftungen frei zu werden und gleichzeitig den transzendentalen liebenden Dienst für den Herrn zu verwirklichen... Als Sri Krsna, die Höchste Persönlichkeit Gottes, zur Befreiung aller gefallenen Seelen erschien, empfahl Er folgenden Weg zur Befreiung aller Lebewesen: Die Höchste Absolute Persönlichkeit Gottes, von der alle Lebewesen ausgegangen sind, muß von den Lebewesen bei all ihren jeweiligen Tätigkeiten verehrt werden, weil auch all das, was sie sehen, die Erweiterung der Energie Gottes ist. Das ist der Weg zu wirklicher Vollkommenheit, und er wird von allen echten *acaryas* der Vergangenheit und der Gegenwart bestätigt.

Ein selbstverwirklichter Gottgeweihter ist derjenige, der sich völlig dem Herrn ergibt und dem materieller Wohlstand nichts bedeutet. Materieller Wohlstand und Sinnengenuß und deren Förderung sind Formen der Unwissenheit in der menschlichen Gesellschaft. Frieden und Freundschaft sind in einer Gesellschaft, die sich von der Gemeinschaft mit Gott und Seinen Geweihten losgesagt hat, nicht möglich.   *(Srimad. – 1-Einleitung)*

Vera: "Da haben also die altindischen Schriften schon vor Tausenden von Jahren Erkenntnisse niedergelegt, auf die wir heute im Westen so stolz sind, wie z. B. Einsteins Erkenntnis, dass Materie gebundene Energie ist."

Hans: "Und heute wird über die Existenz paralleler Universen spekuliert. In den Veden ist ganz selbstverständlich von solchen die Rede."

Dirk: "Und was über das Streben der Lebewesen nach Unabhängigkeit von Gott und nach der Beherrschung der materiellen Natur gesagt wird, entspricht eigentlich dem, was wir von Laurentius und anderen über den Fall gehört haben. Auch die Aussagen über die Güte des Herrn, der alle Lebewesen zur spirituellen Heimat zurückführen will."

Hans: "Dirk, es war doch gut, dass du darauf bestanden hast, dass wir uns mehr mit den indischen Quellen beschäftigen. Was mir aber auch aufgefallen ist: Es gibt auch hier Missbrauch der spirituellen Wahrheiten, wie z. B. im Kastenwesen."

6.2.6. Buddhismus

Der Buddhismus war die erste *historische* Religion, eine Religion, die auf den Lehren eines Einzelnen gegründet war. *(Argüelles – 36)*

Der Begriff Buddhismus stammt von Sanskrit "buddh"- erwachen und meint das Erwachen aus der Finsternis des Nicht-Wissens zum Licht der Lehre. *(Hattstein – 22)*

Buddhas Lebenslauf

Über den Lebenslauf Buddhas (um 560 - um 480 v.Chr.) gibt es, ebenso wie über das Leben Jesu, keine Berichte, die von Zeitgenossen und Augenzeugen stammen. So haben sich unzählige Legenden um den Religionsstifter gebildet. Der wahre Kern der Geschichte läßt sich nicht eindeutig herausschälen, doch sie kann sich in etwa so zugetragen haben: Zum Zeitpunkt der Erleuchtung hat Siddhartha mehrere Jahre der Askese und der Wanderschaft hinter sich. Nichts mehr erinnert an den Wohlstand der Kinder- und Jugendjahre. Seiner Mutter Maya soll verkündet worden sein, daß sie einen Erleuchteten auf übernatürliche Weise gebären werde ("aus ihrer Seite, ohne sie zu verletzen"). Der Vater des Kindes ist der indische Provinzgouverneur von Kapilavastu, der ein kleines Reich im südlichen Nepal beherrscht.

Sein Sohn erhält den Namen Siddhartha, was soviel bedeutet wie "der sein Ziel erreicht hat". Er wächst inmitten von Schönheit, Reichtum und Freude auf.

Als junger Mann beginnt Siddhartha zu ahnen, daß die Welt innerhalb der Palastmauern nicht die einzige ist. Im Alter von 27 Jahren verläßt er zusammen mit einem Diener unerlaubt sein Zuhause, zum ersten Mal. Der Anblick der Realität ist für ihn ein Schock: ein vom Alter geschwächter Greis, ein Schwerkranker, ein Toter auf einer Bahre und schließlich ein Bettelmönch.

Siddhartha versucht, die grausamen Eindrücke zu verarbeiten. Von seinem Diener erfährt er, daß nicht nur diese, sondern alle Menschen leiden müssen. Nun faßt er den Entschluß, einen Weg zu suchen, um alles Übel zu überwinden. Kurz nach der Geburt seines Sohnes Rahula, im Alter von 29 Jahren, gibt Siddhartha sein bisheriges Leben auf, um ein Leben wie der Bettelmönch zu führen. Er will erst wiederkehren, wenn er das Geheimnis ergründet hat, wie das Leiden überwunden werden kann.

Sechs Jahre lang wandert er durch das Land; auf der Suche nach Erkenntnis, nach neuen Lehren und Wahrheiten. Er gibt sich strengster Askese hin, magert ab bis zum Skelett. Haare fallen ihm in Büscheln vom Kopf. So gelangt er bis an die körperlichen Grenzen der Selbstkasteiung - und erkennt schließlich, daß er auf diesem Weg nicht zur wahren Einsicht finden wird. Siddhartha gibt die Askese auf und beginnt wieder zu essen. Seine bisherigen Weggefährten wenden sich enttäuscht von ihm ab. Einige Yogis, die meditierend am Ganges sitzen, bringen ihn auf die Idee, sich in Selbstversenkung zu üben. So kommt er zu jenem Pappelfeigen-Baum.

Wochenlang sitzt Siddhartha in tiefer Meditation im Lotossitz unter den Ästen, ernährt sich von Regenwasser und Gräsern. Dann endlich reißt er den Schleier der Unwissenheit auseinander und erlangt die Erleuchtung. Von diesem Tag an nennt er sich Buddha, der Erleuchtete. Er ist jetzt etwa 35 Jahre alt. Die restlichen 45 Jahre seines Lebens verbringt er damit, seine Lehre von den Ursachen des menschlichen Leids und von dessen Überwindung zu verkünden.

Buddhas Lehre ist die Weisheit vom rechten Weg. Menschlichkeit und Mitgefühl sind die auffallendsten Eigenschaften, die den Menschen ans Ziel bringen: die Befreiung aus dem Kreislauf der ewigen Wiedergeburt. Nicht etwa durch die Gnade eines Gottes, sondern mit Hilfe des eigenen Willens und Verstandes. *(PM-Persp. 95/042 – 30-31)*

Die Inkarnation Buddha
Am Anfang des Kali-yuga wird der Herr als Buddha, der Sohn Anjanas, in der Provinz Gaya erscheinen, um diejenigen irrezuführen, die die gläubigen Theisten beneiden.

ERLÄUTERUNG: Buddha, eine mächtige Inkarnation der Persönlichkeit Gottes, erschien in der Provinz Gaya (Bihar) als der Sohn Anjanas. Er predigte seine eigene Auffassung der Gewaltlosigkeit und verurteilte sogar die in den *Veden* gebilligten Tieropfer. Zu der Zeit, da Buddha erschien, waren die meisten Menschen atheistisch und zogen Tierfleisch jeder anderen Nahrung vor. Unter dem Vorwand, vedische Opferungen auszuführen, verwandelten sie nahezu jeden Ort in ein Schlachthaus, in dem ohne Einschränkung Tiere getötet wurden. Buddha predigte Gewaltlosigkeit, weil er Mitleid mit den hilflosen Tieren hatte.

Er verkündete, daß er nicht an die Lehren der *Veden* glaube, und wies auf die psychisch schädigenden Folgen des Tiereschlachtens hin... Buddha verführte die Menschen nur deshalb dazu, die *Veden* abzulehnen, um die Menschen vom Laster des Tiereschlachtens zu befreien und die hilflosen Tiere vor dem Abschlachten seitens ihrer großen Brüder zu retten, die doch sonst so sehr nach Brüderlichkeit, Frieden, Recht und Ordnung schreien. Es kann keine Gerechtigkeit geben, solange es allgemein üblich ist, Tiere zu töten. Diesen üblen Zustand wollte Buddha beseitigen, und deshalb wurde seine Lehre der *ahimsa* (Gewaltlosigkeit) nicht nur in Indien, sondern auch in vielen Ländern außerhalb Indiens verbreitet.

Genaugenommen muß Buddhas Philosophie als atheistisch bezeichnet werden, weil sie den Höchsten Herrn nicht anerkennt und weil dieses philosophische System die Autorität der *Veden* leugnet. Aber es war nur ein Täuschungsmanöver des Herrn, denn Buddha ist eine Inkarnation Gottes, und als solche ist er der ursprüngliche Sprecher vedischen Wissens. Er konnte deshalb die vedische Philosophie gar nicht ablehnen. Er lehnte sie nur dem Schein nach ab, da die *sura-dvisas,* die Dämonen, die stets auf die Geweihten Gottes neidisch sind, versuchten, das Töten von Kühen und anderen Tieren mit Hilfe der vedischen Schriften zu belegen, ...

Das *Srimad-Bhagavatam* wurde kurz vor dem Beginn des Kali-yuga verfaßt (vor ungefähr 5000 Jahren), und Buddha erschien vor etwa 2600 Jahren. Das Erscheinen Buddhas wird daher im *Srimad-Bhagavatam* vorhergesagt. Das ist ein Beispiel für die Autorität dieser reinen Schrift. *(Srimad. – 1.3.24)*

Buddhas Lehre
... die Lehre Buddhas enthielt viel Wahrheit, doch fehlte und fehlt ihr gerade jener Grundzug der Wahrheit, der Gottesbegriff als vollendete Liebe, als Vaterführung, die Lehre der ewigen Entfaltung der vollendeten Individualität. *(* Emanuel 23 – 152)*

Buddha wies darauf hin, daß die Erscheinungswelt eine Scheinwelt sei und daß der Mensch sich von dieser Scheinwelt befreien müsse. Den Weg zu dieser Befreiung wies er mit seinen "vier edlen Wahrheiten". *(Risi – 234)*

Dirk: "Der Begriff der 'Scheinwelt' erinnert mich an Platons Ideenlehre."

Erläuterung der vier edlen Wahrheiten
Leiden: Was sind Leiden? Wenn man sich dringend etwas wünscht, und es nicht bekommt, ist das Leiden. Wenn man das Gefühl hat, nicht geliebt zu werden, ist dies Leiden. Das Anklammern an allem Irdischen, und damit allem Vergänglichen, ist Leiden. Ein Leben, das nur als Belastung empfunden wird und dem jede Zukunft und Perspektive fehlt, erzeugt großes Leid. Das Hervorheben des Leidens in den Unterweisungen Buddhas ist ein Ansporn, um die Befreiung von Leid zu erreichen und das Glück der Erlösung zu erfahren.

Die Ursachen der Leiden: Was sind die Ursachen von Leiden? Es sind negative Erlebnisse aus der Kindheit oder aus einem vorherigen Leben, die den erwachsenen Menschen in seinem jetzigen Leben beeinflussen, und die sein Handeln negativ bestimmen. Um die Gründe zu analysieren, die dazu geführt haben, daß das eigene Leben leidhaft ist, muß ein starkes Verlangen entstehen, sich von seinen Leiden zu befreien.

Das Beenden der Leiden: Was ist die Edle Wahrheit vom Ende des Leidens? Der dritte Schritt führt durch meditative Versenkung zur erstrebten Wahrheit und damit zur Beendigung des Leidens.

Man könnte diesen Prozeß mit der Diagnose und Therapie einer Krankheit vergleichen. Leiden ist wie eine Krankheit; zwar ist die Krankheit unerwünscht, doch damit der Wille zur Heilung erwacht, muß man sich zunächst bewußt werden, daß man krank ist. Die Krankheit verursacht Leiden, und es entsteht das Verlangen, wieder gesund zu werden. Durch dieses Verlangen sucht und findet man schließlich Heilung. *(DAR 5-6/99 – 1)*

Der edle achtfache Pfad: Die letzte der Vier Edlen Wahrheiten wird als der Achtfache Pfad bezeichnet: "Dies, Mönche, ist die Edle Wahrheit von dem zur Leidensaufhebung führenden Weg."

1. Rechte Rede: Die Rede soll rein und nicht schädlich sein... Wenn man sich unreiner Rede ... gänzlich enthält, bleibt nichts als rechte Rede zurück.

2. *Rechtes Handeln:* Auch das Handeln soll rein sein; kein Lebewesen zu töten, nicht zu stehlen; sexuelles Fehlverhalten wie Ehebruch oder Vergewaltigung. Jede Form der Berauschung meiden, so daß man nicht mehr Herr seiner selbst ist, und nicht mehr weiß, was man tut.

3. *Rechter Lebenserwerb:* Jeder Mensch muß sich auf angemessene Art selbst versorgen können... Unser Lebenserwerb sollte also für andere weder direkt noch indirekt schädlich sein.

4. *Rechte Anstrengung:* Der Geist ist nur allzu anfällig für Unwissenheit, Begierde und Abneigung. Irgendwie müssen wir ihn stärken, damit er ein nützliches Instrument wird, mit dem wir unsere eigene Natur bis in alle Feinheiten erforschen können, um schließlich unsere Prägungen bloßzulegen und zu beseitigen.

5. *Rechte Achtsamkeit:* Mit der Beobachtung des Atems bei der Meditation üben wir auch die rechte Achtsamkeit. Wenn wir unseres gegenwärtigen Handelns nicht gewahr sind, sind wir dazu verdammt, die Fehler der Vergangenheit zu wiederholen und werden unsere Zukunftsträume nie verwirklichen können.

6. *Rechte Sammlung:* Rechte Sammlung entsteht nun dadurch, daß wir dieses Gewahrsein in jedem Augenblick aufrecht erhalten. Bei Gebet, Ritual, Fasten und den verschiedenen Formen der Meditation, geht es um tiefe geistige Versenkung... Sammlung bindet die Aufmerksamkeit und gibt dadurch dem Geist Ruhe, weil sie die Aufmerksamkeit von all den Situationen abzieht, in denen wir sonst mit Begehren oder Abneigung reagieren würden.

7. *Rechte Erkenntnis/Rechtes Verstehen:* Rechte Erkenntnis ist das, was eigentlich mit Weisheit gemeint ist. Über die Wahrheit nachzudenken ist nicht genug. Wir müssen die Wahrheit selbst erkennen, wir müssen die Dinge sehen, wie sie wirklich sind, nicht bloß, wie sie erscheinen.

8. *Rechtes Denken:* Es kann passieren, daß es bei den ersten Meditationen nicht gelingt, alle Gedanken auszuschalten. Doch wenn die Achtsamkeit in jedem Augenblick entschlossen gewahrt wird, so ist das für den Anfang ausreichend. *(DAR 5-6/99 – 1)*

Reinkarnation im Buddhismus

Der Hauptunterschied zum hinduistischen ... Konzept der Reinkarnation liegt in der Definition dessen, was zur Wiedergeburt gelangt. Im Hinduismus ist dies die unsterbliche Seele *Atman*, die im Vollzug ihrer karmischen Bestimmung eine Reihe verschiedener Körper annimmt. Dagegen hält der Buddhismus die Seele selbst für eine kurzlebige Illusion. Buddha leugnet deren Existenz zwar nicht ausdrücklich, geht aber mit keinem Wort ein auf das *Atman* als Ursache für das Leiden, das nach seiner Auffassung menschliches Leben wesenhaft ausmacht. *(Mann – 46)*

Nirvana

Nirvana bedeutet, das materielle Leben zu beenden. Der buddhistischen Philosophie gemäß gibt es nach Beendigung des materiellen Lebens nur

Leere, aber die *Bhagavad-gita* sagt etwas anderes. Nach Beendigung des materiellen Lebens beginnt erst das wirkliche Leben. Für den groben Materialisten genügt es zu wissen, daß man die materialistische Lebensweise beenden muß, doch diejenigen, die spirituell fortgeschritten sind, wissen, daß nach diesem materialistischen Leben ein anderes Leben beginnt.

(Bhagavad-Gita – 2.72)

... Die Buddhisten meinen, durch das Zurückfluten zu Gott gehen sie in das Nirvana ein, und jede Bewußtseinspersönlichkeit sei zu Ende. Das ist ein Irrtum, denn wenn es so wäre, hätte uns Gott nicht als Persönlichkeiten geschaffen.

(* Emanuel/Hardus 11 – 45)

Nachfolger Buddhas

Für ein ganzes Jahrtausend stand Indien unter buddhistischer Vorherrschaft. Dies änderte sich erst im 9. Jahrhundert, als die Zeit reif war für eine nächste Inkarnation: Sankara (788-820). So wie Buddha eine Inkarnation Visnus gewesen war, war Sankara eine Inkarnation Sivas. Diese vedische Identifikation des großen Lehrers Sankara wird glaubwürdig, wenn man sieht, was er in der kurzen Zeit seiner irdischen Präsenz vollbrachte. Er war noch nicht einmal zehn Jahre alt, als er Asket wurde und ein Wanderleben begann. Er reiste quer durch Indien und forderte die buddhistischen Lehren heraus. Seine heikle Aufgabe bestand darin, nach Buddha den nächsten wichtigen Schritt im göttlichen Offenbarungsplan einzuleiten, nämlich zu beweisen, daß die von Buddha zurückgewiesenen vedischen Schriften in Wirklichkeit echte heilige Schriften sind.

Sankara verfaßte noch als Knabe sein berühmtestes Werk, den Sarirakabhasya, einen Kommentar zu Vyasadevas Vedanta-sutra..., was Sankara vorlegte, war nichts anderes als eine vedische Version des Buddhismus.

(Risi – 236-237)

Vera: " Diese Texte ergeben für mich noch kein geschlossenes Bild des Buddhismus."

Hans: "Als ich neulich in unserer Buchhandlung war, traf ich die Verkäuferin, die uns damals beraten hat, und erzählte ihr von unserer Arbeit und wie weit wir gerade sind. Dabei kamen wir auf den Buddhismus zu sprechen und sie meinte, es gäbe davon sehr unterschiedliche Ausprägungen, ähnlich wie auch im Hinduismus. Das erklärt sicherlich unsere Schwierigkeit. Aber in jedem Fall werden im Buddhismus die gleichen ethischen Grundwerte gelehrt, wie wir sie vorher kennengelernt haben."

Dirk: "Ich habe ja schon vor unserem Projekt angefangen, mich mit Hinduismus und Buddhismus zu befassen. Da fiel mir in manchen Schriften die Formulierung vom "ewigen Rad der Wiedergeburt" auf, aus dem man sich nicht befreien könne. Und ich hörte in Diskussionen Formulierungen wie "Die armen Menschen, die an Reinkarnation glauben". Eine verständliche Aussage, wenn das ewige Rad als unentrinnbar bezeichnet wird. Aber beide Religionen weisen ja einen klaren Weg aus den Reinkarnationen durch ein

Leben, das den Gesetzen entspricht, die wir schon als die göttlichen Gesetze kennengelernt haben. Und das entspricht dem, was andere Jenseitsbotschafter sagen: Wir müssen uns so lange bemühen, bis wir reif genug sind, die Erde zu verlassen."

6.2.7 Die Religionen Chinas

Konfuzius

Als Konfuzius 551 v.Chr. geboren wurde, war die Welt im Umbruch wie heute. China war in zahlreiche Fürstentümer gespalten. Die sittlichen Gesetze der Kaiser und die religiösen Kulte, die das Leben auf der Erde in Einklang mit den kosmischen Gesetzen bringen sollten, hatten an Bedeutung verloren. Alle strebten nur noch nach persönlichem Vorteil.

Konfuzius, Sohn eines verarmten Adeligen und dessen zweiter Frau, hatte sich schon als Jüngling für die Überlieferungen der alten Kaiser begeistert, die vor Jahrhunderten China ins goldene Zeitalter führten. Nun bewegte ihn die Frage: Wie können die Menschen lernen, wieder in Harmonie und Frieden miteinander zu leben? Konfuzius glaubte, daß nur die uralten Weisheiten die Probleme der neuen Zeit lösen könnten. Im Alter von 22 Jahren begann er die ersten Schüler zu unterrichten... Einer fragte: "Gibt es ein Wort, das uns durchs ganze Leben führen kann?" Der Meister antwortete: "Ist das nicht das Wort Nächstenliebe? Was du nicht wünschst, das tu auch keinem anderen."

Das Schicksal der ganzen Welt, so lehrte Konfuzius, hänge von jedem Einzelnen ab. Seine Vorbilder, die mythischen Kaiser, gingen stets nach demselben Muster vor: "Um ihre Staaten zu ordnen, ordneten sie zuerst ihr Familienleben. Um ihr Familienleben zu ordnen, bildeten sie zuerst ihre Persönlichkeit. Um ihre Persönlichkeit zu bilden, suchten sie die Harmonie mit ihrem Innenleben. Um die Harmonie mit ihrem Innenleben zu finden, korrigierten sie zuerst ihre Gedanken. Um ihre Gedanken zu korrigieren, erweiterten sie zuvor ihr Wissen." Mit anderen Worten: Der Einfluß einer reifen Persönlichkeit strahlt aus auf Familie, Staat und Welt.   *(PM-Persp. 95/042 – 76)*

Nie hätte Konfuzius sich träumen lassen, dass seine Lehre 400 Jahre nach seinem Tod zur chinesischen Staatsreligion werden würde. In Asien ist sein Denken bis heute so lebendig, dass er als der einflussreichste Philosoph der Geschichte gilt.   *(PM 3/02 – 20)*

Hans: "Ich habe hier noch einen praktischen Spruch, der Konfuzius zugeschrieben wird: 'Fordere viel von Dir, erwarte wenig von den anderen - dann bleibt Dir mancher Ärger erspart.' "

Der Taoismus
Die Persönlichkeit des Lao-tse: Der Name Lao-tse bedeutet "der alte Meister" und meint eine geheimnisvolle und historisch umstrittene Persönlichkeit. Er soll der Überlieferung nach zwischen 604 und 517 v.Chr. gelebt haben und im Dorfe Chu Jen (Prov. Hu) geboren worden sein. *(Hattstein – 43)*

Das Tao-te-king. Der Name "Tao-te-king" bedeutet "Das Buch (king oder ching) vom Weltgesetz (tao) und seinem Wirken". Es soll die einzige überlieferte Schrift des Lao-tse sein und ist eines der originellsten Werke des chinesischen Denkens, das wegen seiner Kulturkritik und seiner mystischen Tendenzen zu den in europäische Sprachen meistübersetzten Werken der chinesischen Sprache gehört. *(Hattstein – 43)*

Die Lehre. Im Zentrum des Denkens Lao-tses steht der Begriff des Tao, welches als ewiger Urquell allen Seins und als die Kraft, die allem zugrundeliegt, angesprochen wird. Zugleich gilt das Tao aber auch als das Weltgesetz und die ethische Richtschnur für richtiges Handeln. Es ist ein ewiges All-Eines und das höchste Prinzip der natürlichen und der sittlichen Welt; es wird mit Weg, Leben, Gott, Gesetz oder auch natürlicher Ordnung übersetzt. Zugleich wird es als namenlos und undefinierbar bezeichnet. Es kann als Universalgesetz oder auch als göttlicher Wille verstanden werden, doch ist es kein statisches Ideal, sondern eine tätige Kraft.

Denkt man das Tao als Absolutes, muß man wohl ein unpersönliches Prinzip annehmen, doch wird es an einigen Stellen des Tao-te-king auch als "Gott" oder "Muttergöttin" angesprochen... Das Tao ist der Urgrund der Welt, aus ihm ist alles entstanden. Aus dem rein transzendenten Nicht-Sein geht das Sein, das Tao, als ungeschiedene All-Einheit hervor und erzeugt als diese Einheit in sich die Zweiheit von Yang und Yin. Aus dem Dualismus dieser Prinzipien entsteht der Lebensatem, der die Harmonie der beiden antagonistischen Kräfte bewirkt. *[Yang - männlich, Yin - weiblich; Grundkräfte der universellen Lebenskraft Chi.]*

Diese Dreiheit von Yang, Yin und Lebensatem erzeugt nun die Vielheit ("die zehntausend Wesen"). So ist das Tao der Ursprung aller Wesen, nährt sie mit seiner Kraft und vollendet sie durch sein Wirken. Indem das all-eine Tao so zur Vielheit wird, treten in der Welt Gegensätze zutage, die vorher nicht waren (gut - böse, schwer - leicht, lang - kurz, hoch - tief, vorher - nachher usw.). Sie bedingen einander, das heißt, sind zu ihrer Entstehung auf ihr Gegenteil angewiesen. So verhält es sich auch bei der menschlichen Tugend... Daher muß der Mensch vom weltlichen Streben ablassen und eine Freiheit von allen irdischen, auch den sozialen Bindungen erstreben. Das Tao erscheint als einzig Beständiges gegenüber der Wandelwelt, und der Mensch soll sich ganz ins Tao versenken und in ihm aufgehen.

Alles Übel in der Welt entsteht dadurch, daß sich die Menschen von der frühen Natürlichkeit und Sittlichkeit entfernt haben. *(Hattstein – 43-44)*

Hans: "Die ethischen Grundprinzipien sind sowohl in diesen alten Religionen als auch bei vielen Philosophen ähnlich formuliert. Und auch die Fragen nach dem Woher, nach der Schöpfung und dem Schöpfer, werden ähnlich beantwortet."

Vera: " Mich überraschen die abstrakten Formulierungen bei den Aussagen über die Entstehung des Universums und über Gott. Es könnte aber sein, dass diese Dinge nicht allen 'Gläubigen' in der gleichen Art erklärt wurden, sondern dass da nach den Möglichkeiten der Menschen unterschieden wurde, so etwas zu verstehen. Bei den Veden hieß es ja: *Jeder Stufe des Fortschritts sind ganz bestimmte vedische Schriften zugeordnet mit ihren spezifischen Lehren und Unterweisungen für die Menschen auf der jeweiligen Stufe.* Mir fällt dazu auch der biblische Bericht über die Schöpfung ein, der sehr vereinfacht und konkret ist."

Dirk: "Es scheint mir so, dass es einen ethischen Grundkonsens gibt, auf dem alle weiteren Religionen basieren. Um nun die Entwicklung unseres Christentums zu verstehen, schlage ich vor, zuerst die israelitische Entwicklung zu betrachten."

6.3 Israel als das Volk Gottes

6.3.1 Die "Vertraute Geschichte" (Küng)

Abraham - eine erste Leitfigur der prophetischen Religionen
Der Überlieferung zufolge zog Abraham mit seiner Familie nach der nordmesopotamischen Stadt Haran am großen Euphratknie. Von da weiter nach Palästina, das damals von den Kanaanitern bewohnt wurde. Abraham war also von Anfang an kein Einheimischer, sondern ein Immigrant ...

Doch warum spielt Abraham bis heute eine so grundlegende Rolle nicht nur in der Hebräischen Bibel, sondern auch im Neuen Testament und selbst im Koran, wo er nach Mose die am häufigsten erwähnte biblische Figur ist? Der Grund: Von ihm stammen sie alle ab: zunächst einmal *Isaak und Jakob*, die Stammväter Israels und Jesu Christi. Dann aber auch *Ismael*, der Stammvater der Araber, später der Muslime.

Sie alle erhalten Verheißungen Gottes, Israel soll zu einem großen Volk werden und ein bewohnbares Land erhalten. Auch Ismael soll ein Volk werden und Abraham so ein Segen für alle Völker: Deshalb hat Abraham eine überragende ökumenische Bedeutung als *Stammvater der drei großen Religionen allesamt nahöstlich-semitischen Ursprungs.* (Küng 2 – 196)

Die Geburtsstunde des Volkes Israel: der Exodus
Das jüdische Ethos ist freilich mit einer zweiten großen Leitfigur verbunden: mit Mose und dem Exodus aus Ägypten. Die jüdische Familie feiert traditionellerweise jedes Jahr dieses *Grunddatum der israelitischen Geschichte:* die "Befreiung aus Ägypten". Schon in jedem jüdischen Morgen- und Abendgebet wird Israels *Urbekenntnis* gebetet: das Bekenntnis zum einen *Gott, der Israel aus Ägypten befreit hat.* Besonders aber am *Pessach- oder Passah*-Fest wird dieses grundlegenden Ereignisses des jüdischen Glaubens gedacht.

(Küng 2 – 199)

Mose - eine zweite Leitfigur der prophetischen Religionen
Die große symbolische Figur des Volkes Israel aber ist nicht Elia, sondern *Mose.* Er, der Bote Gottes, Führer des Volkes, Geber des Gesetzes, gar Gottes Stellvertreter, ist eine höchst komplexe *charismatische Gestalt.*

Mose ist denn auch der typisch prophetische Mensch im Geist einer nah-östlich-semitischen Glaubens- und Hoffnungsreligion. Sie erfährt Gott als ein "Du", als eine Wirklichkeit, die den Menschen anspricht und von ihm eine Antwort, Verantwortung erwartet. Die Berufung des Mose zum Befreier sei-nes Volkes geschieht vor einem brennenden und doch nicht verbrennenden Dornbusch.

Auf die Frage, wer ihn berufe, erhielt Mose von Gott Jahwe die geheim-nisvolle Antwort: *ehje ascher ehje:* "ich bin da, als der ich dasein werde" (Ex 3.14). Das heißt: Ich werde bei Euch sein, leitend, helfend, stärkend und be-freiend. Der Glaube an diesen Gott bleibt konstante Grundlage des Volkes Israel: ein Gott, erfahren nicht als Despot, Sklavenhalter, sondern als Befreier und Erretter.   *(Küng 2 – 200-201)*

Sinai-Bund setzt Menschheitsbund voraus
Der *Sinai-Bund* wird zu Recht als exklusive, unauflösliche, beidseitig ver-pflichtende Abmachung zwischen Gott und diesem einen Volk verstanden, durch die sich Israel klar von den Naturmythen polytheistischer Religionen seiner Umwelt unterscheidet. Doch darf über dem Sinai-Bund nicht der vo-rausgehende *allgemeinere Abrahamsbund* auch mit den Kindern Ismaels und erst recht nicht der noch frühere, ganz und gar *universale Noach-Bund* verges-sen werden.
Denn der mit Noach als dem Überlebenden der großen Flut geschlossene Bund war ein *Bund mit der ganzen Schöpfung.* Er gilt Menschen und Tieren, gilt Beschnittenen und Unbeschnittenen, kennt keinen Unterschied der Ras-sen, Klassen und Kasten, ja, auch nicht der Religionen!   *(Küng 2 – 202)*

Der Dekalog - Basis für ein gemeinsames Grundethos
Aufgrund der Bibel nennt man die Juden "*Gottes auserwähltes Volk*". Das ist aber für gläubige Juden nicht Ausdruck der Überheblichkeit und Arroganz, sondern Ausdruck der besonderen Verpflichtung: eine Verpflichtung auf Gottes Bund, Gottes Gesetz, Gottes Weisung, hebräisch die **Tora**.
Schon früh wurden diese Gebote zusammengefaßt, die wichtigsten von ihnen in den "Zehn Worten", dem "Dekalog". Diese wurden übernommen auch von den Christen. Parallelen finden sich im Koran. Sie bilden die Basis für ein gemeinsames Grundethos der drei prophetischen Religionen. Ge-gründet im Glauben an den einen Gott, bilden diese Zehn Worte Israels der Juden großes Vermächtnis an die Menschheit.   *(Küng 2 – 203)*

Israel wird eine Staatsgemeinschaft
Erst der Judäer David aus Bethlehem (1004-965), zuerst Sauls Mitkämpfer, dann Verfolgter, ist es, der aus der Stammesgesellschaft ein Staatsvolk formt... Mit ihm beginnt in Israel auch die eigentliche Geschichtsschreibung.

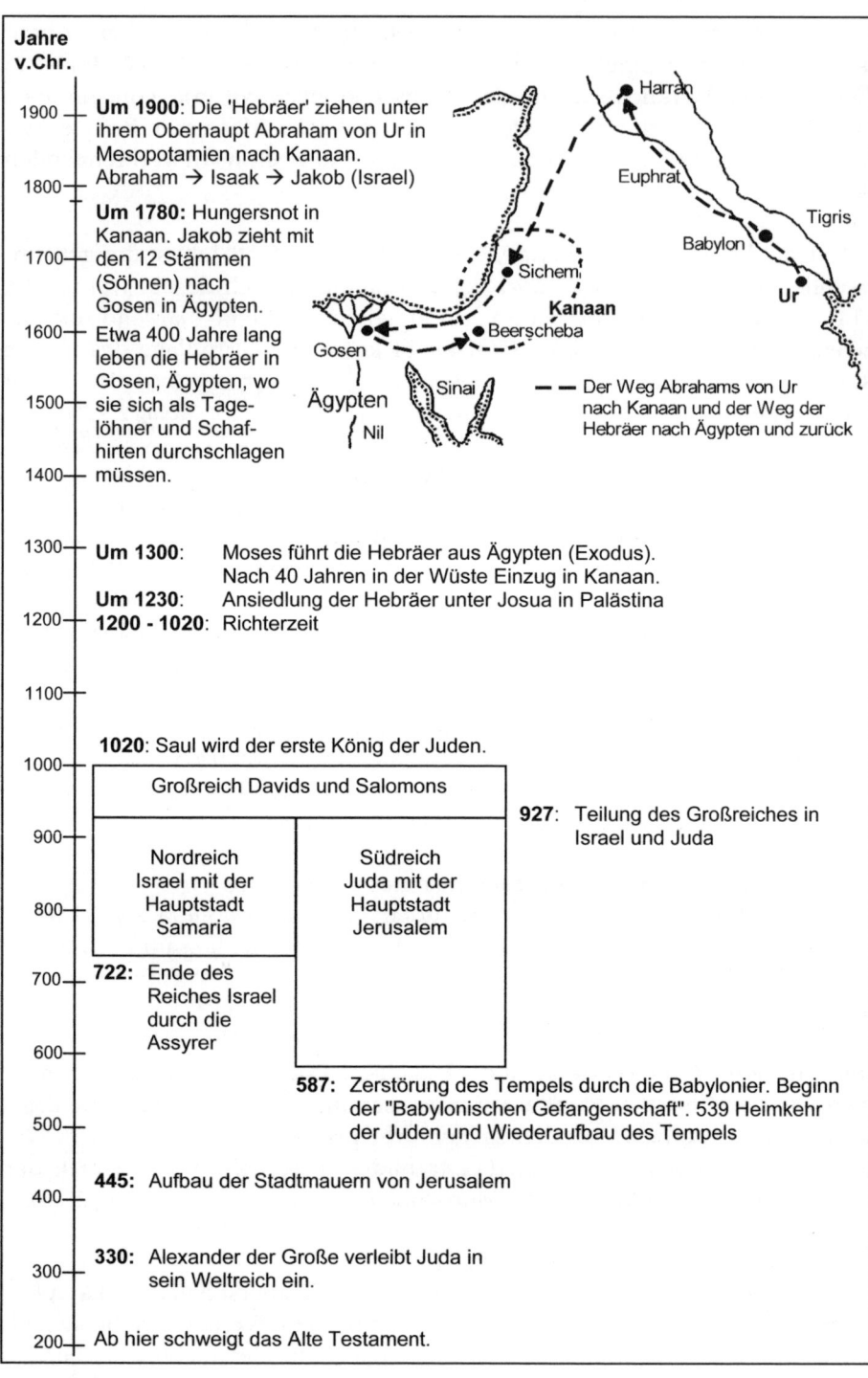

Jahre v.Chr.

1900 — **Um 1900:** Die 'Hebräer' ziehen unter ihrem Oberhaupt Abraham von Ur in Mesopotamien nach Kanaan.

1800 — Abraham → Isaak → Jakob (Israel)

Um 1780: Hungersnot in Kanaan. Jakob zieht mit

1700 — den 12 Stämmen (Söhnen) nach Gosen in Ägypten.

1600 — Etwa 400 Jahre lang leben die Hebräer in Gosen, Ägypten, wo

1500 — sie sich als Tagelöhner und Schafhirten durchschlagen

1400 — müssen.

1300 — **Um 1300:** Moses führt die Hebräer aus Ägypten (Exodus). Nach 40 Jahren in der Wüste Einzug in Kanaan.

Um 1230: Ansiedlung der Hebräer unter Josua in Palästina

1200 — **1200 - 1020:** Richterzeit

1100 —

1000 — **1020:** Saul wird der erste König der Juden.

Großreich Davids und Salomons

927: Teilung des Großreiches in Israel und Juda

900 — Nordreich Israel mit der Hauptstadt Samaria

Südreich Juda mit der Hauptstadt Jerusalem

800 —

700 — **722:** Ende des Reiches Israel durch die Assyrer

600 —

587: Zerstörung des Tempels durch die Babylonier. Beginn der "Babylonischen Gefangenschaft". 539 Heimkehr der Juden und Wiederaufbau des Tempels

500 —

445: Aufbau der Stadtmauern von Jerusalem

400 —

300 — **330:** Alexander der Große verleibt Juda in sein Weltreich ein.

200 — Ab hier schweigt das Alte Testament.

Israels biblische Geschichte, wichtige Meilensteine

Kapitel 6 Die Menschheit der letzten 12000 Jahre

David, ein Mann von Charisma, Vision und Bravour, war ein großer Politiker, Oberkommandierender und Organisator. Er vereint mit außerordentlicher politischer Intelligenz und Tatkraft auf Dauer die Reiche von Nord und Süd, von Israel und Juda. Er macht die eroberte Jebusiterstadt *Jerusalem zur Hauptstadt* und den Hügel Zion zu seiner Residenz: die "Davidstadt".

Erst durch David wird Jerusalem für ganz Israel und Juda zum kultischen Mittelpunkt, zu einer einzigartigen "heiligen Stadt"!   *(Küng 2 – 204)*

Untergang beider Reiche: Ende des Königtums

Einige Propheten - deswegen "Unheilspropheten" geheißen - haben den Untergang beider Reiche drohend angekündigt. Und in der Tat: Schon 722 erobern die Assyrer das *Nordreich Israel*, deportieren die Bewohner nach Mesopotamien und siedeln eigene Leute in Samaria und Umgebung an, so daß dort seither nur noch eine von den Juden des Südreichs verachtete Mischbevölkerung - die "Samariter" - wohnen.

Knapp eineinhalb Jahrhunderte später wird von den Neubabyloniern 587/86 auch das *Südreich Juda* erobert, Jerusalem gestürmt und geplündert. Der salomonische Tempel samt Bundeslade geht in Flammen auf.

Die ganze israelitische Oberschicht samt König jedoch wird nach Babylon deportiert, wo dieser den Tod findet. Das Ende des davidischen Königtums war gekommen, das Ende einer Epoche. Für rund zweieinhalb Jahrtausende (vom Intermezzo der Makkabäerzeit abgesehen) sollte das Judenvolk die politischstaatliche Selbständigkeit verloren haben. Es folgten zunächst die fast 50 Jahre "Gola" ("Exulantenschaft") in Babylon: das *Babylonische Exil* (586-538). Seit dem Babylonischen Exil lebt das Judentum in der *Spannung zwischen Heimat und Diaspora* ("Zerstreuung"). Von dieser gehen jetzt immer neu wesentliche Impulse aus. Denn die Mehrzahl der Juden lebt fortan zumeist außerhalb ihres Heimatlandes. Sie wollen auch nicht dorthin zurückkehren, da es ihnen in der Diaspora besser geht.   *(Küng 2 – 208-209)*

Die Propheten in Opposition zu Priestern und König

Nur rund 70 Jahre nach Davids Amtsantritt, um das Jahr 927, kommt es zu einer fatalen Reichstrennung. Allzu zwiespältig war das Bild, welches die Herrschaft seines prachtliebenden Sohnes Salomon, des Erbauers des ersten Tempels, geboten hatte.

Nach Salomos Tod trennt sich das *Nordreich Israel* (mit der neuen Hauptstadt Samaria) vom *Südreich Juda* (mit der alten Hauptstadt Jerusalem). Und in der Folge leben beide Reiche nebeneinander her, manchmal verschwägert, manchmal im Bruderkrieg, bis das Nordreich zuerst, dann aber auch das Südreich untergeht.

Insgesamt dauert die Königszeit des zunächst geeinten und dann geteilten Reiches nur 400 Jahre. Es ist dies zugleich die Zeit des *klassischen Prophetentums*, das die israelitische Religion vor allen anderen Religionen in einzigartiger Weise auszeichnet. In welcher Religion wären *Propheten* so mutig gegen Könige und Priester aufgestanden!

Gemeint sind die großen Einzelpropheten wie Jesaja, Jeremia oder Ezechiel, die sich als die besonders berufenen Künder Gottes selbst verstehen. Sie empfangen die Weisung Gottes unmittelbar und geben sie an das Volk weiter; "So spricht der Herr". Diese Künder sind nicht etwa Vorhersager einer fernen Zukunft, sondern *Wächter, Warner, Prüfer und Mahner für die Gegenwart.* (Küng 2 – 207)

6.3.2 Hintergründe zum Volk Israel (Greber)

Christi Pläne für das jüdische Volk

Im Folgenden gebe ich die Wahrheiten wieder, wie sie mir über Christus, sein Leben und sein Erlösungswerk mitgeteilt worden sind.

Also sprach der mich belehrende Geist:

"Du willst Klarheit haben über die Person Christi, über seine Menschwerdung, sein menschliches Leben, Leiden und Sterben und über die Zusammenhänge der Erlösung." ...

"Das Erlösungswerk Christi begann sofort nach dem Abfall der Geisterscharen. Christus war es, der die von Gott vorgesehenen Besserungsstufen schuf, ... Dadurch wurde Christus der Schöpfer des ganzen materiellen Universums, das die Stufenleiter für die gefallenen Geister aus der Tiefe zur Höhe des Gottesreiches bildet."

"Als nun Geister der Tiefe in ihrer Aufwärtsentwicklung bis zur Stufe des Menschen gelangt waren, da wurde Christus der Führer der Menschheit von den ersten Menschentagen an. Er suchte die zum Bösen geneigte Gesinnung der Menschheit zu Gott hinzulenken. Aber auch die Herrschermächte der Hölle boten alles auf, dieselbe Menschheit weiter in ihrem Banne zu behalten. So entspann sich der gewaltige Kampf zwischen Christus und Luzifers Reich um die in der Menschheit verkörperten Geister, der den Hauptinhalt dessen bildet, was euch in den Schriften des 'Alten Testamentes' überliefert ist".

"Bei diesem Kampfe wurde Christus von der ihm unterstellten guten Geisterwelt unterstützt. Viele dieser Geister erboten sich freiwillig, selbst Mensch zu werden, um durch Verkündigung der Wahrheit und das Beispiel eines gottgefälligen Lebens die Menschen zum Guten zu führen."

"Henoch war ein solcher Geist des Himmels, dem gestattet wurde, als Mensch zur Erde zu gehen. Er belehrte seine Zeitgenossen über den wahren Gott und den rechten Weg zur Gotteserkenntnis, vor allem auch über den Verkehr mit der Geisterwelt Gottes, mit der er ja selbst in täglicher Verbindung stand. Denn die Menschen waren damals fast alle dem Verkehr mit den bösen Geistern verfallen und wurden durch sie zum schändlichsten Götzendienst und zu allen Lastern verführt."

"Doch der Erfolg seines Wirkens war nicht von langer Dauer. Die Macht des Bösen war so gewaltig, daß unter den Völkern jener Zeit Greuel verübt wurden, von denen ihr heute keine Vorstellung mehr habt..."

"Um nun trotz der furchtbaren Gewalt des Bösen über die Menschheit doch sein Ziel zu erreichen, suchte Christus lange vor seiner Menschwerdung wenigstens einen kleinen Bruchteil des Menschengeschlechts für die Sache Gottes zu gewinnen. Dieser Bruchteil sollte der Träger des Gottesglaubens und der Erlösungshoffnung für die späteren Geschlechter werden..."

"Als Sauerteig und Senfkorn des Gottesglaubens und der Erlösungshoffnung wurde Abraham erwählt. Er war der Mann der starken Gottestreue. Christus trat mit ihm in Verbindung, bald selbst, bald durch seine Geister. Denn auch Abraham war ein menschgewordener Geist des Himmels."

"Die Gottestreue Abrahams wurde auf eine sehr schwere Probe gestellt. Denn jeder, dem Gott etwas sehr Großes anvertrauen will, wird vorher einer Belastungsprobe unterzogen..."

"Abraham bestand die schwere Prüfung und empfing dafür die Verheißung Gottes: "Dafür, daß du so gehandelt und mir deinen einzigen Sohn nicht vorenthalten hast, will ich dich reichlich segnen und deine Nachkommenschaft zahlreich werden lassen, wie die Sterne des Himmels und wie der Sand am Ufer des Meeres ... und durch deine Nachkommenschaft sollen alle Völker der Erde gesegnet werden." (1. Mose 22.16-18). Die ihm hier verheißene Nachkommenschaft war keine leibliche... Die Nachkommenschaft Abrahams war eine geistige. Sie sollte die ganze gefallene Geisterwelt umfassen, indem der Gottesglaube und die Gottestreue Abrahams sich nach und nach auf alle von Gott Abgewichenen ausdehnen sollte..."

"Die zweite menschliche Nachkommenschaft Abrahams, Jakob und seine Söhne, wurde nach Ägypten geführt. Dort sollte sie sich in dem fruchtbaren Länderstrich Gosen zu einem großen Volk entwickeln und abgeschlossen von den götzendienerischen Einwohnern Ägyptens Träger des wahren Gottesglaubens bleiben."

"Aber irdischer Wohlstand bildet für die Menschen auf die Dauer stets eine große Gefahr für ihre Gottestreue. Darum ließ Gott es zu, daß das Volk der Hebräer - wie die Nachkommen Abrahams genannt wurden - von den Pharaonen hart bedrückt und in schwerer Knechtschaft gehalten wurde."

"Nicht Gott hat den Pharao zu dieser Maßnahme veranlaßt, sondern die bösen Geistermächte. Denn diese hatten erkannt, daß das Volk der Hebräer mit seinem wahren Gottesglauben ein für die gottfeindliche Geisterwelt gefährliches Werkzeug in der Hand Christi war. Darum sollte es der Vernichtung anheimfallen... So fiel der Pharao diesen Einflüsterungen des Bösen zum Opfer und begann mit der Tötung der neugeborenen männlichen Kinder der Hebräer. So hätte innerhalb einer nicht allzulangen Zeitperiode nach dem Plane Pharaos alles Männliche des hebräischen Volkes aussterben müssen. Das weibliche Geschlecht wäre dann als Frauen und Sklavinnen der Ägypter unter dem Volke des Landes aufgegangen und auch dem Götzendienst anheimgefallen. So wäre denn alle bisherige Arbeit Christi und seiner Geisterwelt, einen menschlichen Träger des wahren Gottesglaubens zu sichern, mit einem Schlage vernichtet gewesen."

"Aber das Böse war auch hier, wie so oft in der Schöpfung und im Menschenleben die Kraft, die das Übel will, aber das Gute schaffen hilft. Denn der Zeitpunkt, wo ein Volk durch Tötung seiner Kinder von seiten eines

Herrschers zur höchsten Verzweiflung getrieben wird, ist der günstigste, um dieses Volk zum Verlassen des Ortes ihrer Qual zu veranlassen. Und aus einem anderen, viel wichtigeren Grunde war es die höchste Zeit, daß das Volk der Hebräer aus dem Lande der Pharaonen weggeführt wurde..."

"Zur Wegführung eines so zahlreichen und an und für sich schwer zu behandelnden Volkes bedurfte es eines großen menschlichen Führers. Christus wählte dazu einen seiner hohen Himmelsgeister und ließ ihn als Mensch geboren werden. - Es war Mose. Als Sohn hebräischer Eltern wurde er durch die Tochter Pharaos vom Tode errettet. Sie ließ ihn in allen Wissenschaften der damaligen Zeit unterrichten, so daß er auch als Mensch das Können besaß, das er als Führer eines großen Volkes benötigte."

"Als er zum Manne herangewachsen war, trat Christus im brennenden Dornbusch mit ihm in Verbindung und berief ihn zum Führer des 'Volkes Gottes'. Mose hatte zunächst zwei Aufgaben zu erfüllen. Die eine war die, sich dem geknechteten Volke der Hebräer gegenüber als Gesandter Gottes auszuweisen, der den Auftrag hatte, es aus Ägypten wegzuführen. Die zweite bestand darin, daß er den Pharao dahin brachte, die Hebräer aus dem Lande ziehen zu lassen."

"Zu diesen beiden Aufgaben rüstete ihn Christus mit übermenschlichen Kräften aus. Aber auch die bösen Geister, die ihre Vernichtungspläne durchkreuzt sahen, erschienen mit ihrer gesamten Macht auf dem Kampfplatz und bedienten sich der ägyptischen Zauberer als ihrer Werkzeuge."

"Nun entspann sich der größte Geisterkampf, der je auf der Erde ausgefochten wurde. Auf der einen Seite stand Christus mit der guten Geisterwelt und Mose als seinem sichtbaren Werkzeug. Auf der anderen Seite die Hölle mit den ägyptischen Zauberern als Helfershelfer..."

"... Gott ließ die Bösen ihre Macht bis zum Äußersten ihres Könnens ausüben, um so Gelegenheit zu haben, seine Allmacht in ihrer ganzen Fülle zu zeigen und dadurch vor allem den Glauben der Israeliten zu festigen... Christus blieb Sieger. Gottes Strafengel schlug die gesamte männliche Erstgeburt Ägyptens. Das brachte die Entscheidung. Furcht fiel auf Pharao und sein Volk, und er entließ auf Drängen der eigenen Untertanen die Hebräer aus dem Lande. Christus zog in der Wolkensäule vor Israel her und redete daraus zu Mose. Er schützte das Volk Gottes gegen die nachdrängenden Ägypter. Die gute Geisterwelt teilte das Meer und türmte die Wogen. Das Volk vertraute auf den, der durch die Wolkensäule sprach, und ging furchtlos zwischen den Wogen durch... Gott und Christus führten Israel durch die Wüste, ließen ihm durch die Geisterwelt Wasser aus dem Felsen strömen und das Manna bereiten. Darum schreibt Paulus mit Recht: "Ich will euch nicht im Unklaren darüber lassen, daß unsere Väter alle unter dem Schutze der Wolke gewesen und alle durch das Meer gegangen sind und alle die Taufe auf Mose in der Wolke und im Meer empfangen haben, auch alle dieselbe Speise gegessen und denselben geistigen Trank getrunken haben. *Sie tranken nämlich aus einem geistigen Felsen, der sie begleitete. Und dieser Fels war Christus.*" (1. Kor. 10.1-4)."

"Gott und Christus sowie die gute Geisterwelt gaben dem Volke in allem die notwendigen Unterweisungen und Belehrungen. Gott selbst gab die Gesetzgebung auf dem Berge Sinai."

"Der Aufenthalt in der Wüste war nötig zur Erprobung des Volkes. Es sollte sich zeigen, ob sein Gottesglaube und sein Gottvertrauen stark genug war, die Gefahren zu bestehen, die ihm von den götzendienerischen Bewohnern des Landes drohten, das sie später in Besitz nehmen sollten. Denn der Gottesglaube dieses Volkes durfte nicht mehr vernichtet werden, da sonst alle bisherige Arbeit umsonst gewesen wäre..."

"Durch zwei Maßnahmen suchte Christus als Führer des Gottesvolkes seine Schutzbefohlenen vor dem Abfall zum Götzendienst zu schützen."

"Die eine Maßnahme bestand darin, daß er ihnen als Ersatz für den verbotenen Verkehr mit der bösen Geisterwelt den guten Geisterverkehr vermittelte. Er gab ihnen das Offenbarungszelt, das Orakelschild und die guten Medien, die euch unter der Bezeichnung 'Propheten' bekannt sind..."

"Die zweite Maßnahme bestand in dem Gebot des Herrn, bestimmte Völkerschaften, in deren Land die Israeliten einziehen sollten, vollständig zu vernichten. Es waren deren sechs, die derart dem Götzendienst und seinen Lastern verfallen waren, daß ihre Bekehrung zum Gottesglauben ausgeschlossen erschien..."

"Wegen der Ausrottung dieser Völker zeihen viele von euch den 'alttestamentlichen Gott' der Grausamkeit. Sie meinen, die Schreiber des 'Alten Testamentes' hätten sich noch nicht zu der Höhe des Gottesbegriffes Christi aufschwingen können, sonst würden sie nicht ein so grausames Vorgehen als von Gott angeordnet bezeichnet haben. Da befindet ihr euch in einem Irrtum. Es war derselbe Christus, der sowohl den Gottesbegriff des 'Neuen Testamentes' predigte als auch die Vernichtung jener götzendienerischen Völker anordnete. In dem einen wie in dem anderen Falle steht Christus als Retter da. Dadurch, daß er jene Völker vertilgen ließ, bewahrte er sie vor einem noch tieferen Versinken in Unglauben und Laster. Er gab ihnen vielmehr die Gelegenheit, in einem neuen Dasein sich aus ihrer Tiefe heraufzuarbeiten. Hier lag derselbe Grund vor, der vor Zeiten die Vernichtung der ganzen Menschheit durch die Flut und die Zerstörung der Städte Sodoma und Gomorrha herbeigeführt hatte..."

"Gegen andere Völkerschaften sollten die Israeliten menschlich verfahren. "Wenn du gegen eine andere Stadt heranziehst, um sie zu belagern, so sollst du sie zu einem friedlichen Abkommen auffordern." (5.Mose 20.10). - Nicht einmal einen Obstbaum durften sie bei der Belagerung einer Stadt beschädigen. Ihre Belagerungsgeräte mußten sie von dem Holz solcher Bäume herstellen, die keine eßbaren Früchte tragen."

"Einen Vorgeschmack von der Gefährlichkeit des Götzendienstes für sein Volk hatte Mose zuerst bei der Geschichte vom goldenen Kalb bekommen. Aber auch bald nachher, als sie sich dem Gebiet der Moabiter näherten: "Als die Israeliten sich in Sittim niedergelassen hatten, fingen sie an, mit den Moabiterinnen Unzucht zu treiben..." (4.Mose 25.1-2.) ..."

"... Um sie wieder zurückzuführen, verhängte Gott furchtbare Strafgerichte über sie. Auch sandte Christus ihnen die Propheten, um sie wieder für das Gute zu gewinnen. Die Propheten waren Medien der guten Geisterwelt, und es wurde ihnen nicht leicht, gegen den Einfluß der dämonischen Medien - der 'Propheten des Baal' - anzukämpfen..."

"Endlich war der Zeitpunkt da, wo ein großer Teil der Menschheit wenigstens in ihrem Sehnen nach Rettung reif war, die Erlösungstat Christi im Glauben entgegenzunehmen und über die Brücke zu gehen, die Christus über den Abgrund zwischen dem Reiche der Tiefe und dem Reiche Gottes schlagen sollte. Unzählige Menschengeister standen schon zum Übergang bereit."

"Nun war die Fülle der Zeit angebrochen, die nach dem Erlösungsplan Gottes für das Erscheinen des Erlösers vorgesehen war."

"Kurz bevor Christus selbst Mensch wurde, sandte er einen Herold, der seine Ankunft vorbereiten und ankündigen sollte. Er war wiederum ein Geist des Himmels. Es war Elia - also derselbe Geist, der einst in schwerer Zeit des allgemeinen Götzendienstes im Auftrag Christi zur Erde gegangen war und den Kampf gegen die Werkzeuge der bösen Mächte mit Erfolg aufgenommen hatte.

Nachdem er seine Aufgabe vollendet, war er wieder zur Höhe gegangen, ohne den irdischen Tod gekostet zu haben. Nun wurde er als Vorläufer Christi zum zweitenmal Mensch, wurde als Sohn des Zacharias geboren und führte den Namen - 'Johannes'." (* Greber 1 – 298-309)

6.3.3 Israel in den 'Drei Zeiten' (Buch des wahren Lebens)

Gott hat Seine Unterweisungen der Menschen in drei große Lektionen unterteilt, in drei Zeitepochen, wie es der Reife des Geistes und des Verstandes in den Menschen entsprach. (* BWL 4 – 17)

Erste Zeit.
Am Anfang der Ersten Zeit konnte Gott noch mit Seinen Kindern durch manche Auserwählte geistig verkehren. Sie hörten Seine geistige Stimme, die sie leitete. Doch als diese Verbindung verlorenging infolge des zunehmenden Materialismus Seiner Kinder, suchte Gott einen Vermittler. Er rüstete einen Mann zu, durch den Er sich Seinem Volk mitteilen konnte. Mose war das ausgesuchte Werkzeug, durch das Er die Zehn Gebote bekanntgab, die zuerst dem Volk Israel und später der ganzen Welt die Richtlinien für das Leben geben sollten. Mose symbolisiert mit den Zehn Geboten und den ausführlichen Anordnungen die Erste Zeit, in der sich Gott Seinen Kindern als der Schöpfer, der alleinige Gott, in Seiner unerbittlichen Gerechtigkeit offenbarte (Gott Vater der Dreieinigkeit).

Zweite Zeit.
Als die Zeit erfüllt war, sandte Gott seinen eingeborenen Sohn. Gottes Geist wurde Mensch in Jesus und wohnte unter den Menschen. In Seinen

Lehren offenbarte Er die Göttliche Liebe, und mit Seinem Leben und Seinem Opfertod gab Er den Menschen das vollkommene Vorbild; darum war Er der Göttliche Meister, der die Zehn Gebote der Ersten Zeit erfüllte durch die Liebe, die ihren höchsten Ausdruck am Kreuz fand, als Er sich für die Menschheit opferte. Jesus symbolisiert die Zweite Zeit (Gott Sohn der Dreieinigkeit).

Dritte Zeit.

Jesus konnte während Seiner Erdenzeit nicht alles offenbaren, weil die Menschheit noch nicht reif dafür war. Er kündigte aber an, daß der Vater den Tröster, den Heiligen Geist senden werde. Diese Dritte Zeit wurde eingeleitet durch Elia, dessen Geist ein von Gott bestimmtes Werkzeug erleuchtete. Es war ein einfacher Mann mit Namen Roque Rojas; er war ähnlich Johannes dem Täufer der Wegbereiter, damit sich Gottes Heiliger Geist, der Geist der Wahrheit, unter den Menschen offenbaren konnte. Im Jahre 1866 verkündigte der Geist Elia's durch seinen Wortvermittler: 'Ich bin Elia, der Prophet der Ersten Zeit, jener von der Verklärung auf dem Berge Tabor; bereitet euch zu ...' Diejenigen Zuhörer, welche die Gabe der geistigen Schau hatten, sahen damals Jesus, Mose und Elia so, wie die Jünger bei der Verklärung Jesu auf dem Berge Tabor es erlebten. Dies ist die Bestätigung für die drei großen Zeitepochen und dafür, daß Elia die Dritte Zeit symbolisiert, in der der Geist der Wahrheit sich mitteilt, oder: die Wiederkunft Christi im Geiste (Gott Heiliger Geist der Dreieinigkeit). *(* BWL 5 – 307-308)*

6.3.4 Die sieben Siegel der Johannesoffenbarung (Buch des wahren Lebens)

Vera: "Der folgende Text betrifft zwar die Geschichte der Menschheit insgesamt, hat aber auch viel mit der Geschichte Israels zu tun. Darum passt er gut hierher."

Das aus der Johannesoffenbarung bekannte 'Buch des Lebens' mit den Sieben Siegeln enthält die Geschichte der Menschheit, wie sie von Gott vorausgesehen wurde. Es ist in sieben große Kapitel unterteilt, die alle ein besonderes Siegel haben. Diese Siegel wurden von Christus gelöst, damit das in dem jeweiligen Kapitel des Lebensbuches enthaltene Licht, der Wille und Erziehungsplan Gottes, sich in der Menschenwelt auswirken und verwirklichen konnte. Dabei wird die Hauptlehre der betreffenden geistigen Entwicklungsstufe der Menschheit in einem symbolischen Geschehen von einem Auserwählten Gottes versinnbildlicht, als Leit- und Vorbild dieser Epoche und aller späteren Zeiten. - Seit dem Beginn der Dritten Zeit ist das 'Buch des Lebens' beim Sechsten Siegel aufgeschlagen.

Das Erste Siegel: Das Opfer

Hierzu sagt uns der Herr in Seinem neuen Wort: "Die erste dieser geistigen Entwicklungsetappen in der Welt wird durch Abel versinnbildlicht, den ersten Diener des Vaters, der Gott sein Sühneopfer darbrachte. Er ist das Symbol des Opfers. Der Neid erhob sich gegen ihn."

Aus dem 1. Buch Mose, Kapitel 4, wissen wir, daß Kain und Abel Gott ihr Brandopfer darbrachten. Das von Abel sah Gott gnädig an, denn es wurde mit unschuldigem und reinem Herzen gegeben. Aber das von Kain wies Gott zurück, weil Kain nicht reinen Herzens war. Dies ergrimmt Kain sehr, und aus Neid und Haß tötete er seinen Bruder Abel... Zusammenfassend können wir sagen: das Erste Siegel bedeutet, daß wir unsere sündigen Leidenschaften opfern sollen, daß der Geist die Materie beherrscht und wir dadurch erreichen, daß wir die geistige Verbindung mit unserem Himmlischen Vater erlangen.

Das Zweite Siegel: Der Glaube

Es ist symbolisiert durch Noah. Die Menschen beherzigten nicht die Lehre des Ersten Siegels, sondern in Mißbrauch ihres freien Willens ließen sie sich von den bösen Leidenschaften des Materialismus beherrschen ...

Die Menschen verachteten Gottes Warnung und glaubten nicht der ihnen gesetzten Frist für ihre Besserung. Nur einer glaubte: Noah. Ihn erkor der Herr zu Seinem Werkzeug, um nach der Sintflut mit einer neuen Menschheit nochmals zu beginnen. - Es bedurfte eines starken Glaubens, um alle Anordnungen Gottes auszuführen, die auch damals ganz außergewöhnlich waren und über die deshalb die Menschen lachten. Aber Noah vertraute Seinem Gott und handelte, wie ihm befohlen war. Der Glaube war für Noah nicht nur wörtlich, sondern auch geistig die rettende Arche, und bis heute ist der Glaube für jeden Gläubigen eine rettende Macht. Auch ist es kein Zufall, daß Abraham, der andere große Glaubensheld, gerade in der Zeit des Zweiten Siegels lebte.

Das Dritte Siegel: Die geistige Stärke

Es ist symbolisiert durch Jakob. Gott gab Jakob den geistigen Namen 'Israel', was 'stark' bedeutet. Jakob oder Israel begegnete in seinem Leben vielen Widerwärtigkeiten und Gefahren - mit denen Gott ihn prüfte - die er aber überwinden konnte durch die geistige Kraft, die in ihm war. Er wurde für die Menschen zum Symbol der geistigen Stärke, die wir erlangen müssen, um mit Geduld und Ergebung die Prüfungen ertragen zu können, die Gott uns sendet.

Dank der erwähnten geistigen Eigenschaft erkor ihn Gott zum Stammvater des Volkes Israel, indem aus seinen 12 Söhnen die 12 Stämme hervorgingen. Auch konnte Jehovah durch ihn eine große geistige Offenbarung kundtun. Aus dem Alten Testament kennen wir die Erzählung, die unter der Bezeichnung 'Himmelsleiter' bekannt ist (1. Mose 28, 10 ff): Jakob sah in einem Traum eine Leiter, die auf der Erde stand und bis in den Himmel ragte, und die Engel Gottes stiegen daran auf und nieder. Am oberen Ende der Leiter stand der Herr. In symbolhafter Bildsprache zeigte Gott damit die Entwicklung des Geistes. Unser Geist muß reifer und reiner werden, um Stufe um Stufe aufzusteigen.

Es bedarf vieler Anläufe, vieler Inkarnationen, um jedesmal einige Stufen höher zu kommen, entsprechend der Reife, die unser Geist erlangt hat. Dabei ermahnt uns der Herr, auf der Leiter nicht stehen zu bleiben, d.h. in unserer geistigen Entwicklung ständig fortzuschreiten, da wir sonst die nach uns Kommenden in ihrer geistigen Entwicklung behindern. - Die auf der Leiter niedersteigenden Engel Gottes sind die fortgeschrittenen Lichtgeister, die der Herr herabsendet, um den aufsteigenden behilflich zu sein. Auch hier kommt wieder zum Ausdruck, daß Gott uns auf dem Heimweg zu Ihm nicht allein läßt, sondern uns Seine Hilfe anbietet.

Das Vierte Siegel: Das Gesetz

Es ist symbolisiert durch Mose. Ihn hat Gott auserlesen, um das Volk Israel aus der ägyptischen Knechtschaft zu befreien, und durch ihn hat Er dem Volk die Zehn Gebote gegeben und viele Anordnungen, die den Menschen Gottes Willen kundtaten. Die Zehn Gebote wurden zur Grundlage aller menschlichen Gesetze, und wenn sie treu befolgt worden wären, hätte die Menschheit den guten Weg eingeschlagen: den der wahren Gottesverehrung, der Gerechtigkeit, der Ordnung und der Achtung des Nächsten. Aber die Nichtbeachtung des göttlichen Gesetzes, d.h. der Ungehorsam der Menschen gegenüber Gottes Willen, hat die Menschheit an den Rand des Abgrunds gebracht.

Das Fünfte Siegel: Die Liebe

Es wird vertreten durch Jesus. In Ihm wurde Gott Mensch aus Liebe zu uns. Sein Leben war ein vollkommenes Vorbild und Seine Lehre eine einzige Verherrlichung der Liebe, die ihre höchste Erfüllung fand, als Er für uns Sein Leben gab. Darum konnte Er Seine Unterweisungen zusammenfassen in die Worte: "Ein neu Gebot gebe ich euch, daß ihr euch untereinander liebet, wie Ich euch geliebt habe, auf daß auch ihr einander liebhabt" (Joh. 13, 34). Und in der Tat, in diesem Neugebot der Liebe ist das gesamte Gesetz enthalten. Seine Befolgung bis zur letzten Konsequenz wird das geistige Gottesreich auf diese Erde bringen. Im Jenseits ist dies schon der Fall, weil die Liebe Voraussetzung und Grundlage des Geistigen Reiches ist.

Das Sechste Siegel: Die Weisheit

Das Sechste Siegel ist - als Auftakt und Vorbereitungsstufe der Dritten Zeit - durch Elia versinnbildlicht, den Propheten und großen Streiter im Alten Testament, der nach Beendigung seiner Mission in einem 'Feurigen Wagen' gen Himmel fuhr (2. Kön. 2, 11). Mit dieser bildhaften Darstellung wird uns gezeigt, daß der Geist Elia der lichtvolle Kämpfer Gottes ist. Dieser cherubinische Geist war nach dem Zeugnis Jesu auch in Johannes dem Täufer inkarniert (Matth. 11, 7-14), der die Herzen vorbereitete, damit Jesus Seine Lehre in sie legen konnte. Er ebnete auch in unserer Zeit die Wege des Herrn bei Dessen geistiger Wiederkunft und vermittelt als machtvoller Engelsfürst allen Geistern und Welten das Licht des Heiligen Geistes, der Göttlichen Weisheit, das dem geöffneten Sechsten Siegel oder Kapitel des Lebensbuches entströmt, dessen Lehren und Offenbarungen der Herr Selbst bis zum Jahre 1950 durch auserwählte Werkzeuge kundtat.

Doch damit war die Zeit des Sechsten Siegels nicht beendet. Das Licht des Sechsten Siegels bestrahlt weiterhin die Menschheit, bis diese die Offenbarungen Christi in Seiner Wiederkunft anerkannt und sich vergeistigt hat. Die zur gleichen Zeit eintretenden Heimsuchungen werden diese Entwicklung unterstützen, damit die Geister die Wahrheit und Weisheit Gottes empfangen können. Auf diese Weise wird die Menschheit für das Siebte Siegel vorbereitet.

Das Siebte Siegel: Die Vollendung

Mit dem Siebten Siegel wird das Werk der Erlösung vollendet, so wie am siebten Tag - bildhaft gesprochen - die Schöpfung beendet war. Der Geist hat den langen und leidvollen Weg zurückgelegt und steht wieder mit seinem Vater in engster Verbindung von Geist zu Geist. Der ungehorsame Sohn kehrt heim ins Vaterhaus, er hat sich selbst und die Welt überwunden. - Das Symbol des Siebten Siegels ist der Himmlische Vater Selbst, der das endlich erreichte Ziel dieses schweren Entwicklungs- und Läuterungsweges der Geister sein wird. Noch ist das Siebte Siegel nicht geöffnet.

Vielleicht ist es dem einen oder andern Geist jetzt schon vergönnt, dank seiner geistigen Reife eine kleine Vorahnung von dem zu erleben, was das Siebte Siegel bringen wird. Doch für das gesamte Israel und für die Menschheit werden noch Generationen kommen und gehen müssen, werden noch viele Jahre der Prüfungen hereinbrechen, werden noch viele Tränen die Herzen läutern müssen, bis für alle die größte Zeit gekommen sein wird: die Zeit der beständigen Gemeinschaft mit dem Vater. *(* BWL 5 – 308-312)*

6.3.5 Die Hebräer und ihre Entwicklung aus jenseitiger Sicht

[Frage:] Wann begann der Wettstreit mit dem Schöpfer und warum? Und war das ebenfalls eine Prüfung des Gehorsams?

[Antwort:] Es war eine Prüfung des Gehorsams, und sie begann, als sie Ur verließen. Davor hörten sie zu und dachten nach. Seht ihr, die Prüfung begann mit Abraham, denn er wußte, daß der Kern aller Schöpfung in ihm lag. Er wußte auch, daß alles Wissen in ihm war, und er war fest mit der Schöpfung verbunden. Als er aufgefordert wurde, seinen Sohn zu opfern, wußte er in seinem Herzen, daß er es tun konnte und daß es eben deshalb nicht notwendig war. Das war die erste Lektion. Die Menschheit hat sie vergessen. Wir haben immer wieder darauf hingewiesen, wie wichtig das Akzeptieren ist - denn danach braucht ihr nicht mehr zu akzeptieren. Doch die Abkömmlinge Abrahams verloren dieses innere Wissen; sie wußten nur noch, wer sie waren. In ihrem Kampf ums Überleben akzeptierten sie den totalen Gehorsam nicht. *(* Carmel – 217)*

Für das Volk von Hoova *[Israel]* gab es nur zwei Gebote: "Du sollst keine falschen Götter verehren", und "Du sollst andere so behandeln, wie du behandelt werden möchtest." Das sind die zwei einzigen Gebote, die dem Volk von Hoova gegeben wurden. Es gibt viele Gesetze. Die anderen acht Gebote wurden allen Völkern gegeben. Was das Volk von Hoova jahrtausendelang zusammengehalten hat, sind also diese zwei Gebote. *(* Carmel – 220)*

Die Angehörigen der Nation Israel kamen vor vielen tausend eurer Jahre zum Planeten Erde. Sie kamen, um euren Planeten weiterzuentwickeln, und in ihren Genen wissen sie, daß sie das gewählt haben, und sie fühlen sich dem Schöpfer eng verbunden, weil die Erinnerung aus ihrer tiefsten Seele kommt. Aber das bedeutet im Grunde, daß sie eine große Verantwortung haben; denn sie sind imstande, der Menschheit zu einem kollektiven Bewußtsein zu verhelfen, so daß der Planet Erde die Einheit des Universums herbeiführen kann. Sie haben große Energie und große Fähigkeiten in ihren Genen. Das Volk Israel hat auch die Fähigkeit, alles mit seinem Geist zu verwirklichen, was es begehrt - aber auch alles, was es fürchtet. Israel ist ein Mikrokosmos der Erde, und in dem Maße, wie die Nation Israel betroffen ist, ist der Planet Erde betroffen. *(* Carmel – 224-225)*

... Gott in Seiner unendlichen Liebe und Christus hatten sich bereit erklärt, die Menschheit zu erlösen. Dazu war es aber notwendig, den Keim des Ein-Gott-Glaubens zum Wachsen zu bringen. Damals herrschten Vielgötterei, Abgötterei, Götzendienst, Kulte u. a. m. Christus aber war bestrebt, in einem Volk, nämlich bei den Israeliten, den Ein-Gott-Glauben aufzubauen. Durch den Götzendienst wollten die Dunklen den Plan vereiteln, daß dieser Glaube auf der Erde Fuß faßt. Daher hat Luzifer immer wieder versucht, das Volk der Israeliten auseinanderzubringen und zum Götzendienst zu verführen. Deshalb führte Gott bzw. Christus das Volk der Israeliten nach Ägypten. Die lange Gefangenschaft und die Tötung der Erstgeburt waren das Alarmsignal, daß Christus den Befehl gab, die Israeliten von ihren Unterdrückern aus Ägypten wegzuführen, sonst wäre dieses Volk im Reich der Ägypter untergegangen. Christus wollte und mußte aber ein Volk haben, in dem der Gottesglaube lebendig ist. Aus diesem Grunde schickte Er Mose und Aaron. *(* Emanuel/Hardus 11 – 143-144)*

Und Gott gab dem Volk *[Israel]* das Verheißene Land, um darin in Frieden leben und die geistige Verbindung mit Ihm vertiefen zu können. Jedoch war daran die Bedingung geknüpft, gemäß des mit Gott geschlossenen Paktes, daß es die wahre Verehrung des einzigen Gottes und die Wahrheit Seiner Lehre allen Völkern der Erde kundtun, also ein Priestervolk sein sollte.

Das Alte Testament berichtet anschaulich über die Entwicklung des Volkes Israel im Laufe der Jahrhunderte. Bald wurde innerhalb desselben eine Spaltung sichtbar: auf der einen Seite das kleine Häuflein, das wir das Geistige Israel nennen wollen, weil es den geistigen Kontakt mit Gott aufrechterhielt und aus deren Mitte die weisen Führer des Volkes und die großen Propheten hervorgingen. Auf der anderen Seite die Mehrheit, die wir als das materialistische Israel bezeichnen wollen, weil es die göttlichen Segnungen an großer Klugheit, Beharrlichkeit und Tatkraft ausschließlich dazu verwendete, um Macht und Reichtum zu erlangen. Dieser Ungehorsam gegenüber dem mit Gott geschlossenen Bund brachte dem Volk Israel oft schwere Prüfungen ein, die es selbst verschuldete, denn ihr Reichtum, ihre Macht und ihr

Stolz forderten die Nachbarstaaten geradezu heraus, gegen sie zu kriegen. In der Drangsal und Not schrie das Volk zu seinem Gott, doch die Reue währte nur so lange, bis es wieder Freiheit erlangte und zu Reichtum gekommen war.

Während der vielen Prüfungen lebte die Minderheit des geistigen Israel unbeachtet, doch voller Glauben und Hoffnung auf den Messias. Deshalb konnte Er in ihrer Mitte in Jesus Mensch werden, um nochmals Sein Volk auf seine geistige Mission unter den Völkern aufmerksam zu machen und dafür vorzubereiten. Das geistige Israel folgte Ihm nach und war glücklich, Sein Wort zu hören. Die Mehrheit, das materialistische Israel, nahm kaum Kenntnis vom Ihm, und die offizielle Kirche lehnte Ihn entschieden ab. Sie erwartete einen starken Mann, einen mächtigen Krieger, der die Herrschaft der Römer brechen sollte, um ein irdisches, glanzvolles und unbesiegbares Israel aufzurichten.   *(* BWL 5 – 313-314)*

Hans: "Es war wohl ungeheuer schwer, als ganzes Volk den Versuchungen der Gegenseite zu widerstehen."

Vera: "Ich lese hier in diesen Texten zum ersten Mal, dass das hebräische Volk für das Erlösungswerk Christi auserwählt war. Und insofern leuchtet es mir auch ein, dass Luzifer diesem Volk besonders zusetzte."

6.4 Das Wirken von Jesus Christus (Jenseitige Offenbarungen)

6.4.1 Christus

Christus war der Beginn der Schöpfung Gottes. Aus Gott ist er entstanden als dessen Ebenbild. Also ist Christus der erste und der geistigen Hierarchie entsprechend höchste von Gott geschaffene Geist. Er ist die einzige direkte Schöpfung Gottes.   *(* Laurentius 2 – 54)*

... Gott und Christus haben keine Duale. Beide haben jedoch das Prinzip oder die Fähigkeit in sich, Lebensspender zu sein. Gott ist der Urlichtfunkenspender, und von Christus haben wir die Umhüllung des Urlichtfunkens oder die Seele erhalten. Dies ist in aufeinanderfolgenden Schöpfungsstadien geschehen.   *(* Laurentius 2 – 58)*

"... Gott ist *aus sich* ewig, allmächtig und allwissend. Der Sohn nicht. Der Vater hat dem Sohne die Statthalterschaft über die Schöpfung übertragen und ihn vor allem zu der Aufgabe der Erlösung gesalbt... "   *(* Greber 1 – 329)*

... Christus, Mein erstgeschauter und erstgeborener Sohn, der Mitregent der Himmel. Er ist der Herrscher des Reiches Gottes auf Erden, des Friedensreiches. Der Herrscher des Reiches Gottes, Mein Sohn, ist den Gottmenschen zugleich Bruder und Freund. Sie werden Ihn Jaehowea, den Göttlichen, nennen.   *(× Univ.-Leb. 1 – 1065)*

[*Frage:*] ... Worin liegt der Unterschied zwischen dem, den wir Jehova nennen, und dem, den wir Jesus oder Joshua nennen?

[*Antwort:*] Sie sind ein und derselbe.   *(* Carmel – 219)*

6.4.2 Vorbereitungen im Jenseits für das Kommen Jesu

Auch in der Vorbereitung der Geburt Christi auf Erden liegt eine ganz gewaltige Arbeit dieses himmlischen Fürsten. Es ist nicht so, wie die Menschen glauben: Gott spricht, und alles ist in Ordnung. Alles bedarf einer Vorbereitung, einer Handlung, einer Tat, ob sie in Gedanken vollführt wird, wie es die hohen Geistwesen können, oder ob Vorbereitungen notwendig sind, wie es dieser Erde wegen des tiefen Falles entspricht. Alles mußte von den Engeln und den Heerscharen Michaels sowie von anderen himmlischen Geistern auf dieser Erde getan werden, denn die Erde befindet sich auf einer tiefen Materienstufe, ist ein Büß- und Sühneplanet... Viele, viele gutwillige Menschen waren dazu notwendig, und viele Geister des Himmels mußten sich vorher inkarnieren. Man denke nur an die heilige Anna, an Zacharias, die Mutter Jesu, an Josef, Johannes den Täufer, die Apostel; sie alle mußten nach einem Plan inkarniert werden.   *(* Emanuel/Hardus 2 – 109-110)*

Bevor Ich, Christus, die Himmel verließ, um als Jesus von Nazareth zu wirken, wurde im Thronsaal des Ewigen Mein gewaltiges, machtvolles Werk der Erlösung beschlossen.

Viele Söhne und Töchter Gottes brachten einen Teil ihres geistigen Lichtpotentials in den Erlöserauftrag ein und haben damit Anteil am Werk der Erlösung. Das Erlöserwerk führt alle Seelen zurück, holt sie also heim in ihr Inneres, so daß nach dem Hinscheiden des irdischen Leibes das Wesen aus Gott wieder in Gott, in das Gesetz des Lebens und der Liebe, einzugehen vermag.

Die Söhne und Töchter Gottes gebaren sich in verschiedene Geschlechter ein, an erster Stelle in das Geschlecht David. Es ist führend im Werk der Erlösung.   *(× Univ.-Leb. 1 – 711)*

Hätte das Geschlecht David standgehalten, dann hätte die Kreuzigung nicht sein müssen. Wäre das jüdische Volk das wahre Gottesvolk gewesen, dann wäre der gesamte Erlöserplan anders verlaufen, und Ich hätte einen Teil Meines Erbes, die Teilkraft aus der Urkraft, nicht auslösen müssen. Doch nun ist es vollbracht, und der Weg ist frei für alle Seelen und Menschen hin zum Herzen Gottes.   *(× Univ.-Leb. 1 – 844)*

Lisa: "Christus ist demnach auf die Erde gekommen, um uns, aber auch alle anderen Wesen, die irgendwo im Universum sind, zu erlösen. Warum hat er sein Erlösungswerk gerade hier angefangen?"

Dirk: "Von Emanuel haben wir folgende Erklärung, die hier gut passt: *"Es gibt sehr viele irdisch ähnliche Planetenwelten im Kosmos, es gibt aber nur einen Sitz Luzifers, und das ist die Erde. Einflußbereiche Luzifers auf erdähnlichen Planeten, Trabanten usw. gibt es unzählige. Aber die Fluidalmenschen wollen sich im Reiche Luzifers inkarnieren, um sich in ihrer Standhaftigkeit zu bewähren, die sie gelernt haben. Das heißt, es ist ein Anziehungspunkt für Geistwesen, auf dieser Erde zu inkarnieren."* (* Emanuel 15 – 236) "

Vera: "Ich bin erstaunt, welch gewaltige Organisation für das Erlösungswerk aufgebaut werden musste."

6.4.3 Der Erlösungsplan

... Christus kam, um den Menschen, die im Irrtum befangen waren, Wahrheiten zu bringen. Christus kam, um der gefangenen Menschheit die Befreiung zu schenken, wie es im Heils- und Erlösungsplan Gottes vorgezeichnet war. Christus kam aber auch, um der Menschheit den wahren Gottesbegriff zu bringen: Gott ist ein Geist! Und Gott ist die Liebe, denn die Liebe ist des Gesetzes Erfüllung!   (* Hardus 2 – 42)

... Christus kam auf diese Erde, um nicht nur für die ganze Menschheit dieser Erde, sondern für die ganze gefallene Schöpfung das Tor aufzumachen, im Gesetz "Sühne durch eigene Arbeit"   (* Emanuel/Hardus 11 – 24)

"Jesus kam auf die Erde, um den Menschen den Weg zur Vollkommenheit zu zeigen, den Weg, den Er mit *Seinem* Leben, mit Seinen Taten und mit Seinen Worten lehrte."   (* BWL 4 – 75)

6.4.4 Zeugung und Geburt Jesu

1. Teil - Geistige Erklärung: *Zeugung und Geburt vollziehen sich auf materiellen Welten nach göttlicher, geistiger und materieller Gesetzmäßigkeit!* Von dieser Gesetzmäßigkeit ist niemand ausgenommen, nicht die Gott dienenden körperlosen Geistwesen und nicht die zu Gott negativ eingestellten Geistwesen. Kein Geistwesen kann eine Körperzeugung vornehmen ohne den Gebrauch menschlicher Zeugungskräfte und -organe! Diese Gesetzmäßigkeit wurde auch bei der Zeugung des Körpers Jesu eingehalten! ...

Ist aus einem Tieftrancemedium das eigene Geistwesen ausgetreten, so hat ein Geistwesen die Möglichkeit, in den Körper des Tieftrancemediums einzutreten. Ist es eingetreten, hat es alle Möglichkeiten, die Kräfte und Organe zu benützen - wie das eigene Geistwesen selbst! Infolgedessen kann ein Geistwesen in einem männlichen Tieftrancemedium-Körper auch Zeugungen mit einem weiblichen Menschen vollbringen!

Jetzt appelliere ich an euer Geistwissen und an eure Vernunft, liebe Geschwister: Josef war ein Tieftrancemedium, Maria war der empfangende weibliche Mensch, und Christus als Geistwesen war der Ausführende! Dies ist in aller Einfachheit und Klarheit aus meiner geistigen Sicht dazu zu sagen! Alle anderen Berichte der Bibel lasse ich, Emanuel, unberührt!

2. Teil: *Irdisch-historische Beweise!* Von den 27 bisher aufgefundenen historischen neutestamentlichen Schriften, die für das historische Christentum Zeugnis ablegen, gibt es nur zwei, die eine "Jungfrauengeburt" lehren. Jesus selbst hat diese Lehre nie verkündet! Seine Apostel und Jünger auch nicht! Nur im Lukasevangelium und im Matthäusevangelium ist sie durch Fälschungen und Textveränderungen enthalten. Ich stelle euch jetzt die Frage: Warum, liebe Geschwister? Und die Antwort: Weil man sogenannte "Beweise" erbringen wollte, um die zweite göttliche Person, Christus, abzusichern! ...

Aber gebt gut acht! Im historischen Urtext steht "Alma", das bedeutet in eure Sprache übersetzt "junge Frau" und nicht "Petula", das bedeutet in eurer

Sprache "Jungfrau"! Ich bringe euch, liebe Geschwister, noch einen weiteren Beweis und nehme als Zeugnis die Stammtafel Jesu: In Lukas 3,23 stand im historischen Urtext geschrieben: "Josef zeugte Jesus", oder in einer anderen Urschrift: "Jesus war der Sohn Josefs"! Ein späterer Einschub in diesen historischen Bericht, übersetzt in eure lebendigen Sprachen, wurde dazu mit drei Worten angebracht: *Wie man meinte!* Dieser Einschub ist so völlig sinnentstellend, daß ich wiederum an eure Vernunft appellieren muß, und ich bitte euch: Wozu die ganze Stammtafel Jesu, von David bis Jesus, anführen, wenn zuletzt Jesus nicht der Sohn Josefs ist? *(* Emanuel 8 – 125-128)*

"Maria erschrak daher auch nicht, als eines Tages ein Geist in Josef als Medium eintrat und ihr eine Botschaft brachte. Nur über die Anrede, die der Geist an sie richtete, wurde sie bestürzt. Er nannte sie die Gesegnete unter den Frauen. Damit deutete er ihr an, daß sie Mutter werden sollte. Sie konnte nicht begreifen, wie er das meine, da sie ja keinerlei Geschlechtsverkehr gehabt und daher auch nicht Mutter werden konnte. Nun wurde ihr zur Aufklärung mitgeteilt, daß ein heiliger Geist auf sie kommen und die Kraft eines sehr Hohen sie überschatten werde. Darum solle auch das Heilige, das aus ihr geboren würde, ein Sohn Gottes genannt werden. Der Geist erklärte ihr noch näher, wie das geschehen würde, was jedoch eure Bibel nicht berichtet. Er sagte ihr, daß sofort, nachdem er aus dem Körper des Mediums ausgetreten sei, ein sehr hoher Geist des Himmels in das Medium eintreten werde und daß sie durch ihn nach dem allgemein gültigen Zeugungsgesetz Mutter würde. Maria erklärte daraufhin ihre Zustimmung..." *(* Greber 1 – 310-311)*

"Die katholische Kirche lehrt, daß die Mutter Jesu ohne 'Erbsünde' war. Das ist richtig. Aber es ist nicht aus dem Grunde richtig, den deine bisherige Kirche dafür angibt. Auch in Maria war, wie in so manchen Menschen der früheren Zeiten, die eine große Aufgabe Gottes zu erfüllen hatten, ein Geist des Himmels verkörpert. So war es bei Henoch, Abraham, Mose, Elia und den anderen, die ich dir bereits genannt habe... In Maria war also keiner der Geister, die einst von Gott abgefallen waren, sondern ein Gott treu gebliebener Geist. Die Sünde des Abfalles, die alle anderen irdischen Wesen belastet, hatte sie nicht auf sich. Von dieser 'Erbsünde' war *sie frei*."

"Aber ganz unrichtig ist die Lehre der katholischen Kirche, daß Maria als Mensch frei von jeder, auch der geringsten Sünde gewesen sei. Kein Mensch ist ohne das, was ihr menschliche Sünden nennt und das nichts gemein hat mit *der Sünde*, von der Christus die Welt erlösen sollte - nämlich der Sünde des Abfalls von Gott. *Dies ist die eigentliche Sünde.* Alles andere ist ein menschliches Straucheln, von dem auch Maria nicht frei war..."

(* Greber 1 – 313)

Die Magier

"Die Engelbotschaft an die Hirten, deren Begrüßung des erschienenen Retters der Menschen, die Darstellung Jesu im Tempel und das Erscheinen der Magier aus dem Morgenlande verlief so, wie es eure neutestamentliche Bibel berichtet. Die Magier waren Werkzeuge Gottes mit großen medialen

Gaben... Sie kamen zunächst nach Jerusalem zu Herodes. Das war Fügung Gottes. Dadurch sollte der irdische Fürst die Geburt des Weltenkönigs erfahren, damit das durch den Propheten vorher verkündete Schicksal der bethlehemitischen Kinder seine Erfüllung fand. Auch hier war es das Eingreifen der christusfeindlichen Geistermächte, die durch Einflößung der Furcht um seinen Thron den irdischen Fürsten veranlaßten, den Kindermord zu begehen, um den neugeborenen Lehrer der Wahrheit zu vernichten."

"... Da erhielt Josef durch einen Boten Gottes die Weisung, mit Mutter und Kind nach Ägypten zu fliehen. Denn Herodes, der schon auf die erste Nachricht von der Geburt des neuen Königs der Juden den Entschluß gefaßt hatte, ihn aus dem Wege zu räumen, stand unmittelbar vor der Ausführung dieses Vorhabens." *(* Greber 1 – 315-316)*

6.4.5 Die Kindheit Jesu

"Nachdem das Jesuskind dem Säuglingsalter entwachsen war, gestalteten sich seine Kinderjahre wie die anderer Kinder. Es lernte gehen und sprechen und spielte, wie es auch sonst bei Kindern der Fall ist. Es beging kindliche Fehler in derselben Weise, wie ihr sie bei allen anderen Kindern erlebt... Da in ihm der höchste der geschaffenen Geister verkörpert war, hatte er auch eine hohe menschliche Begabung. Aber trotzdem mußte er anfangen zu lernen, wie jeder, auch der Begabteste anfangen muß. Er kam als Kind zur Erkenntnis eines Gottes auf dieselbe Weise wie du dazu kamst, nämlich zunächst durch Belehrung von seiten seiner Eltern und Lehrer. Er hörte die Predigten über Gott in dem Betsaal seines Heimatstädtchens. Er besprach sich über das Gehörte mit seinen Eltern und Lehrern und ließ sich von ihnen Aufklärung über das geben, was er nicht verstanden hatte oder was ihm nicht richtig zu sein schien." *(* Greber 1 – 316)*

"Auch die Versuchung zum Bösen trat an den Knaben heran, wie an alle Menschenkinder und in der Stärke, wie es der kindlichen Kraft entsprach. Er überwand in einer seinem Alter entsprechenden Erkenntnis des Bösen die Versuchungen zur Sünde. Doch auch er strauchelte und beging Fehler aus menschlicher Schwäche, wie sie auch das beste Kind begeht..."

"Als er soweit war, daß er selbst die Urkunden des 'Alten Testamentes' lesen und verstehen konnte, empfand er die Auslegungen, die von den jüdischen Gesetzeslehrern über so manche Bibelstelle gegeben wurden, als unrichtig... Diese im Gegensatz zu der jüdischen Kirchenlehre stehende Überzeugung des Knaben war es, die der Zwölfjährige im Tempel zu Jerusalem den Priestern zu deren größtem Erstaunen vortrug, ihnen darüber Fragen vorlegte und deren Fragen nach seiner eigenen Erkenntnis beantwortete." ...

"... Dieser Knabe war ein Wunderkind in der Erkenntnis der Heilswahrheiten Gottes. Aber er war Mensch wie alle anderen Menschen. *Er wußte zunächst nicht, wer er war und welche Aufgabe er als Mensch zu erfüllen hatte.*
(* Greber 1 – 317)

Es gibt auch ein Detail, das ich auch nicht verschweigen möchte: Jesus setzte sich in einem gewissen Alter, das eben mit 12 Jahren begann, immer mehr und mehr von der Familie ab. Und dieses Absetzen erfolgte meistens am Abend, nachdem er seine Arbeit getan hatte. Er zog sich dann in einen Wald oder eine Gegend zurück, wo wenig Menschen waren, wo also die Schwingung nicht zerschnitten werden konnte.

Das mußte Jesus lernen, und die Boten Gottes zeigten ihm die Stellen, wo er meditieren bzw. mit ihnen in Verkehr treten konnte; denn die Hellhörigkeit war ja bereits mit 12 Jahren gegeben, und die Hellsichtigkeit kam automatisch dazu durch diese Situation der Begegnung mit den Boten Gottes. Und so steigerte sich sein Bewußtsein hinein in den zukünftigen Sendeauftrag, obwohl er nichts davon wußte bis zur Taufe im Jordan.

(* Emanuel 18 – 47-48)

Geschwister Jesu

"Es steht auch mit der Wahrheit im Widerspruch, wenn die katholische Kirche behauptet, nach der Geburt Jesu habe Maria keine Kinder mehr geboren. Aus welchem Grunde sollte sie denn nach der Geburt ihres Erstgeborenen auf ihre Mutterrechte und Josef auf seine Vater- und Gattenrechte verzichten? ..."

"Wenn in den Urkunden des 'Neuen Testamentes' an verschiedenen Stellen von Brüdern und Schwestern Jesu die Rede ist, so sind seine *leiblichen* Brüder und Schwestern damit gemeint und keine 'Verwandte', wie die Katholiken krampfhaft zu beweisen sich bemühen. Wären es 'Verwandte' Christi gewesen, so hieße es nicht 'Brüder' und 'Schwestern', sondern 'Verwandte'. Oder meint ihr, die damalige Sprache habe kein Wort gehabt, mit dem sie die Bezeichnung 'Verwandte' hätte ausdrücken können? ...".

"Ferner berichtet Matthäus über das Auftreten Jesu in seiner Vaterstadt Nazareth: "Als er in seine Vaterstadt gekommen war, machte er in dem dortigen Betsaale durch seine Lehre solchen Eindruck auf sie, daß sie in Staunen gerieten und fragten: "Woher hat dieser solche Weisheit und Wunderkraft? Ist dieser nicht der Sohn des Zimmermannes? Heißt seine Mutter nicht Maria und seine Brüder nicht Jakobus, Josef, Simon und Judas? Leben nicht auch seine Schwestern alle hier bei uns? Woher hat er denn dies alles?"" (Matth. 13.53-57) ..."

(* Greber 1 – 314)

Lisa: " Dass Jesus ein ganz normales Kind und ein ganz normaler Jugendlicher war, ist eine ungewohnte Vorstellung für mich! Von ihm als inkarniertem Sohn Gottes erwartet man automatisch, dass er überirdisch perfekt sein müsse, in allen Phasen seines Lebens."

Hans: "Ich verstehe es als Teil des Erlösungsplans, dass er ein ganz normaler Mensch wird, der auch Versuchungen ausgesetzt werden kann. Um schließlich zu beweisen, dass ein Mensch Luzifer widerstehen kann."

6.4.6   Die Taufe Jesu

Auch Jesus konnte über sein Gehirn nicht das ganze Bewußtsein, das er als Christus in seinem Reich hatte, wirksam werden lassen. Da er freiwillig

Mensch wurde, mußte er sich gehorsam unter die irdischen Gesetze stellen. Nur wenn er im Verkehr mit der Geisterwelt Gottes war, konnte er die irdische Bewußtseinsschwelle verlassen. Um diese Brücke zwischen seinem menschlichen und seinem geistigen Bewußtsein bat Jesus immer in innigem Gebet seinen Vater, damit er die übernommene Aufgabe erfüllen konnte. Und diese Brücke stellte dann die von Gott beauftragte Geisterwelt her. Dies will ich dir, mein lieber Jesus-Nachfolger, klarmachen, indem ich dich auf Matthäus 3,15 - 17 hinweise, also auf die Taufe Jesu - nicht durch Johannes, sondern durch Gott:

"Während Jesus untertauchte, leuchtete ein gewaltiger Lichtschein aus dem Wasser hervor, sodaß alle Anwesenden in Furcht gerieten. Als die Taufe zu Ende war, stieg Jesus sofort aus dem Wasser heraus. Da tat sich der Himmel auf, und Jesus sah, wie der Geist Gottes in Gestalt einer Taube herniederkam und sich auf ihn herabsenkte. Und eine Stimme rief vom Himmel her ihm zu: Du bist mein geliebter Sohn, an dem ich mein Wohlgefallen habe."

(* Laurentius 2 – 122)

6.4.7 Die Zeit in der Wüste

Der Satan durfte Jesus prüfen. Der Geist Meines ewigen Vaters ließ die Prüfung zu. Auch der Satan sollte sich dabei erkennen und messen können, um zu erfahren, daß diejenigen, die in Gott leben, stärker sind als die Macht der Finsternis.

Es ist eine Gesetzmäßigkeit aus Gottes Liebe und Gnade, daß dann, wenn Menschen Wissen und Weisheit aus Gott erlangt haben, die Dunkelheit sich an ihnen messen darf. Dadurch erhält auch die am tiefsten gefallene Seele die Möglichkeit zur Selbsterkenntnis: An ihrer Niederlage darf sie an sich selbst erfahren, daß derjenige dem Satan überlegen ist, der in Gott lebt; ihm dient das Reine. Wer Gottes Geist in seinem Inneren noch nicht zur Entfaltung gebracht hat, der ist dem Satan unterlegen. (× Univ.-Leb. 1 – 113)

"Christus wußte jetzt also, wer er war und welche große Aufgabe er zu vollbringen hatte. Doch ehe er mit der Ausführung begann, hatte auch er die Belastungsprobe zu bestehen, wie alle bisherigen Werkzeuge Gottes sie hatten bestehen müssen. Er mußte zeigen, ob er seiner wichtigen und folgenschweren Aufgabe gewachsen war. Darum führte ihn der Geist Gottes in die Wüste." ...

"Vierzig Tage und vierzig Nächte dauerte das Kesseltreiben der Hölle. Und ihr Opfer war ihr schutz- und hilflos preisgegeben, zitternd an allen Gliedern vor seelischen Aufregungen und vor körperlichem Elend infolge Hungers und Schlaflosigkeit. Es fehlte hier ja jede Nahrung..."

"Da, am letzten Tage, als alle Höllenmächte mit ihren Verführungskünsten dem gequälten Opfer gegenüber versagt hatten, kam er selbst - er, der Fürst der Finsternis. In manchen Dingen ist er Spezialist. Vor allem ist er der Geist höllischer Wundertaten. Als solcher steht er vor dem vor Hunger zitternden Jesus und spricht: "Du meinst, du seiest ein Sohn Gottes? Wenn du das bist, dann brauchst du keinen Hunger zu leiden, sondern du kannst diese Steine zu Brot machen. Aber du kannst es nicht, du Irregeführter, und mußt hier wegen dieses Wahns des Hungertodes sterben... Siehe mich an, ich bin ein Sohn Gottes, aber von jenem Gott weggegangen, der in seiner Grausamkeit dich hier so elend werden läßt. Ich kann Wunder wirken. Diese Kraft kann mir jener Gott nicht nehmen. Ich kann aus diesen Steinen Brot machen. Ich will dir zu essen geben. Du wirst sehen, ich kann es. Sag dich los von dem, der dich hier verhungern läßt! Tritt zu mir, und die schönsten Speisen der Erde stehen dir zur Verfügung." "

"Weiche Satan, ich mag dein Brot nicht und möchte auch keins, wenn ich es aus diesen Steinen bereiten könnte. Ich warte auf das Wunderwort, das aus dem Munde Gottes kommt. Das Wort wird kommen zur rechten Stunde und mir Speise verschaffen, und ich werde am Leben bleiben." ...

"Satan hatte den Kampf verloren. Er glaubte sicher, ihn gewinnen zu können, als er sein Opfer in den verflossenen Tagen so oft zum Vater schreien hörte und seine Angst sah. Und da waren doch nur Luzifers Untergebene an der Arbeit. Jetzt war er selbst gekommen, um die, wie er glaubte, sturmreife Festung zu nehmen, in der sich der Hunger als starker Bundesgenosse eingestellt hatte. Doch er hatte sich getäuscht... Darum sagt eure Bibel: "Als der Teufel so mit allen Versuchungen zu Ende war, ließ er von ihm ab bis zu einer gelegenen Zeit." (Luk. 4.13)."   (* Greber 1 – 322-325)

Vera: "Ich habe die Texte noch mal bei Matthäus und bei Lukas nachgelesen. Wie dramatisch diese Versuchungen tatsächlich waren, kann man sich anhand dieser Texte gar nicht vorstellen."

6.4.8   Die Apostel

Es gab große Zerwürfnisse unter denen, die an Mich glaubten und Mir nachfolgten - ob sie namentlich aufgeführt sind oder nicht. Oftmals waren es Glaubensfragen oder Lebenssituationen, welche die Gemüter erhitzten: Der eine glaubte sofort an Meine Sendung, der andere zweifelte daran, da er vieles aus Meiner Rede an ihn und an seine Nächsten nicht verstehen konnte. Der eine wollte Mir nachfolgen, der andere hatte noch weltliche Interessen, die ihm wichtiger waren. Wieder andere wollten ihre ganze Habe auf die Wanderschaft mitnehmen, um sie an geeigneten Orten zu vermehren. Die Vorstellungen und Interessen waren mannigfach und das Denken so unterschiedlich wie die Menschen selbst. Bei vielen gab es ein langes Hin und Her, ein Wenn und Aber. Die Unentschiedenheit war für viele ein Verhängnis. Sie blieben einige Zeit - dann trennten sie sich wieder von Mir. Es war ein kleines, buntes Volk von Gläubigen, Zweiflern, Interessierten und solchen, die durch Mich, durch Mein Denken und Leben als Jesus von Nazareth, Geschäfte machen wollten.   (× Univ.-Leb. 1 – 121)

Immer wieder mußte Ich sie ermahnen, über das Gesetz, Gott, das Ich lehrte und vorlebte, nicht nur zu sprechen, sondern es im täglichen Leben zu erfüllen. Doch auch sie - wie viele Menschen in allen Generationen - sammelten und sammeln nur geistiges Wissen. Einige Meiner Apostel und Jünger überkam immer wieder der Stolz, weil sie an Meiner Seite wandelten, und verführte sie zur Selbstüberschätzung. *(× Univ.-Leb. 1 – 847)*

6.4.9 Die Bergpredigt

Was war die Bergpredigt?

Das Herzstück der Lehre des Jesus von Nazareth ist die Bergpredigt, deren wichtigste Aufforderung lautet:

"Liebe Gott von ganzem Herzen, mit deiner ganzen Seele, mit allen deinen Kräften und deinen Nächsten wie dich selbst!" Das war und ist ein Programm, das die Welt verändert und das Reich Gottes auf die Erde bringt, wenn man es ernst nimmt und verwirklicht. *(Sailer 2 – 145)*

Auf einem Berggipfel hielt einst ein großer Meister die bedeutendste Predigt, die je gehalten wurde. Wie er dort stand und auf die große Menge herabschaute, die kam, um ihn zu hören, da sagte er zu ihr: "Nehmt Gott in euch wahr." Das war alles, was er je zu sagen brauchte: *Nehmt Gott in euch wahr.* Denn jeder hatte sich seine Begrenzungen selbst geschaffen, seine Begierden und Krankheiten, seinen Reichtum oder seine Armut, seine Freude und seinen Kummer, sein Leben ... und seinen Tod. *(* Ramtha 1 – 51)*

Die Liebeslehre Jesu in der Bergpredigt ist nicht bloß an seine damaligen Zuhörer gerichtet, sondern bietet ein lebendiges und für alle Erdengeschwister auch jetzt noch gültiges Zeugnis der Hilfe Jesu zur Heimführung und Förderung geistig noch Unerwachter. *(* Emanuel 19 – 11)*

... Jesus war hellsehend und sah, dass die Boten Gottes diesen Berg und seine Umgebung - soweit seine Zuhörer reichten - in ein auffassungsfähiges Odkraftfeld verwandelten.

Hellhörend vernahm er von den Boten Gottes den geistigen Sinn jener kosmisch wirkenden Gesetze, welche er in Menschenworte umformte, die wichtig für seine Zuhörer waren. *(* Emanuel 20 – 178)*

... Ja, die Bergpredigt ist eine Art Höhepunkt -Quintessenz - und bietet den Menschen nahe liegende Eröffnungen, um im Menschenbeziehungskontakt mit ihren Geschwistern sich selbst durch dieses Bergpredigtwissen von ihren Fesseln zu lösen, ihre Belastungen zu verringern und damit den Aufstieg näher zu Gott zu ermöglichen. *(* Emanuel 20 – 185)*

Die Bergpredigt ist, wie offenbart, der Evolutionsweg hin zum Inneren Leben. Alle jene, die auf diesem Entfaltungsweg hin zum Herzen Gottes vorangeschritten sind, helfen wieder denen, die erst am Beginn des Weges stehen. In und über allen leuchtet der Christus, der Ich Bin. *(× Univ.-Leb. 1 – 274)*

Erläuterungen zu den Seligpreisungen der Bergpredigt (Mt 5, 3-12)

"Selig im Geiste sind die Armen, denn ihrer ist das Himmelreich!"

... Bettelarm heißt nicht, ohne irdischen Besitz sein zu müssen. Geistig betrachtet, heißt dies vielmehr, frei sein von allem mit Denken, Wollen, Wünschen verbundenen Hängen an irdischem Besitz. Deshalb mein Rat: Hängt nicht euer Herz und volles Bewußtseinssehnen an irdisches Hab und Gut, sondern richtet euer ganzes Denken, Wollen und Handeln allein auf Gott! Betrachtet euren irdischen Besitz als Lehen Gottes, welches ihr gottgewollt verwalten sollt. *(* Emanuel 12 – 22)*

"Selig sind, die da Leid tragen, denn sie sollen getröstet werden."
Wer sein Leid trägt, ohne seinen Nächsten zu beschuldigen, und im Leid seine Fehler und Schwächen erkennt, diese bereut, um Vergebung bittet und vergibt, dem wird Gottes Barmherzigkeit zuteil werden. Denn Gott, der Ewige, möchte Seine Kinder trösten und von ihnen das hinwegnehmen, was nicht gut und heilsam für ihre Seele ist.

Bereue, vergib und bitte um Vergebung, und tue das nicht mehr, was du als Sünde erkannt hast. Dann kann die Seelenschuld von Gott getilgt werden, und du empfängst aus Ihm sodann vermehrt Kraft, Liebe und Weisheit.

Wenn du einem leidtragenden und leidgeprüften Menschen begegnest und er dich um Hilfe bittet, so stehe ihm bei und hilf ihm, soweit es dir möglich ist und es gut für seine Seele ist. Doch du, der du Hilfe bringst, tue dies selbstlos. *(× Univ.-Leb. 1 – 269-270)*

"Selig sind die Sanftmütigen, denn sie werden das Erdreich besitzen."
... Viele Menschengeschwister glauben aus ihrem Gefühlsleben heraus, daß Sanftmut mit Schwächlichkeit gleichzusetzen ist. Dies nenne ich kurz einen Trugschluß in ihrem Wissen. Denn in Wirklichkeit ist Sanftmut Überlegenheit, und diese entspringt dem weisen Wissen der Ewigkeitslebenssicht, das heißt: mit Sanftmut, Güte, Mut, Liebe usw. werdet ihr mehr gewinnen als durch Gewalt und Machteinsatz... Der ungewöhnliche Weg, den Jesus den Sanftmütigen und allen, die es werden wollen, weist, ist die Überwindung der Gewalttaten durch Liebestaten. *(* Emanuel 12 – 93-94)*

"Selig sind, die da hungert und dürstet nach der Gerechtigkeit, denn sie sollen gesättigt werden."
Aus geistiger Sicht betrachtet, sind jene Geistwesen und Menschen, welche euch Übles wollen oder euch verfolgen, in Wirklichkeit eure Helfer, Förderer und Richtungsweiser. Denn sie helfen euch erkennen, wo ihr noch angreifbar seid, und dadurch befreien sie euch von äußeren Irrungen und Täuschungen und stärken somit eure Unterscheidungskräfte von Wahrheiten und Schein. *(* Emanuel 13 – 205)*

"Selig sind die Barmherzigen, denn sie werden Barmherzigkeit erlangen."
Meine Frage an euch, ihr Lieben: Warum werden die Barmherzigen Barmherzigkeit erlangen? Weil die Wirkung des Kausalitätsgesetzes "Gleiches folgt Gleichem immer nach" eintritt; z. B. folgt getaner Barmherzigkeit Hilfe und geistige Höherführung; getane Liebestaten führen zu vermehrten Liebeskräftezuflüssen in Form von Liebesschwingungen seelisch-geistiger Na-

tur; hingegen bewirken Haßausbrüche selbstverspürbaren Haß; Hartherzig-
keit und Lieblosigkeit bringen Sorgen und Leid usw.

Euer Umlebensfeld besteht stets aus den Widerhallschwingungen eurer
eigenen Denk- Rede-, Handlungsgesinnung und eurem Tun. Ihr Lieben ern-
tet solches, was ihr durch euer bisheriges Denken, Reden und Tun gesät habt.

(* Emanuel 12 – 145-146)

"Selig sind, die reinen Herzens sind, denn sie werden Gott schauen."

Das reine Herz ist die reine Seele, die sich wieder zum absoluten Geistwesen emporgeschwungen hat durch Mich, den Christus im Vater-Mutter-Gott.
Die reinen Seelen, die wieder zu Wesen der Himmel wurden, sind dann wieder das Ebenbild des ewigen Vaters und schauen den Ewigen wieder von
Angesicht zu Angesicht. Sie schauen, leben und vernehmen zugleich das Gesetz des ewigen Vaters, weil sie wieder Geist aus Seinem Geiste geworden
sind - das ewige Gesetz selbst.   *(× Univ.-Leb. 1 – 274)*

"Selig sind die Friedensstifter, denn sie werden Kinder Gottes heißen."

Wenn ihr Lieben also Frieden haben wollt, solltet ihr Friedensgedanken
denken, den Frieden lieben, den Frieden in euch und für andere bejahen, die
Friedensschwingungen empfinden lernen, die Friedensgeister Gottes zu
Hilfe rufen und diese mit euren Friedensgebeten und Friedensliebeskräften
versorgen helfen. So daß dort, wo euch Unfriede bekannt ist und negative
Unfriedensgeistwesen ihr Unwesen unter den friedlosen Menschen treiben,
die Friedensgeister Gottes das Sagen und Walten haben. So könnt ihr Lieben
von eurer bewußten Geistseele aus Friedenskräftebringer für die Boten Gottes sein. Denn die Wirkkraft des wahren vergeistigten Christentums ist der
Geist des Friedens und der Liebe.   *(* Emanuel 12 – 210)*

**"Selig sind, die um der gerechten Sache willen Verfolgung leiden, denn
ihrer ist das Reich Gottes."**

Erkennet: Wer Mir nachfolgte, wurde von den Weltlingen nicht geachtet,
weil auch Ich als Jesus von ihnen mißachtet wurde. Zu allen Zeiten mußten
Menschen, die in die wahre Nachfolge des Nazareners traten, viel erdulden
und erleiden.

Erkennet: Was die Seelen auf Erden nicht bereinigt haben, das nehmen sie
mit hinter die Nebelwand. Dort müssen sie erkennen und abtragen, was sie
im Erdenkleid verursacht haben. Wer als Mensch nicht zur Selbsterkenntnis
gelangt ist und daher auch nicht Buße getan hat, der vegetiert als Seele hinter
der Nebelwand gleichsam traumwandlerisch weiter wie zuvor im Erdenkleid.

Nach dem kosmischen Gesetz der Anziehung wird die Seele an ihrem
Seelenleib das erleben, was sie im Erdenkleid an ihren Mitmenschen verursacht und nicht bereinigt hat. Die Seele sieht bildhaft ihre Sünden und erlebt
gleichzeitig in ihrem Seelenleib selbst die Leiden und Qualen ihrer Nächsten,
die sie ihnen als Mensch zugefügt hat.   *(× Univ.-Leb. 1 – 279-280)*

Vera: "Ich bin froh über diese Erklärungen. Denn sie helfen mir, die Seligpreisungen inhaltlich wirklich zu verstehen. Mir ist jetzt klar, was gemeint ist."

6.4.10 Jesu Lehramt und Botschaften

"Zunächst hatte Jesus sich sowohl seinen Jüngern, als auch dem Volke gegenüber als den Gottgesandten zu erweisen. Er mußte ihnen sagen, wer er sei und was er wolle, und seine Aussage durch die Kraft desjenigen beweisen, als dessen Gesandten er sich ausgab." ...

"So hing auch die Erlösung durch Christus von zwei Dingen ab: Zuerst mußte auch er die in der Knechtschaft des Bösen schmachtenden Geister, die in der Stufe des Menschen verkörpert waren, dahin bringen, daß sie bereit waren, dem Bösen zu entsagen. Dann aber blieb noch als schwierigste Aufgabe, die Herrschermächte des Bösen unter Luzifer zu zwingen, diejenigen freizugeben, die zu Gott wollten."

"Diese beiden Aufgaben waren sowohl bei Mose als auch bei Christus scharf voneinander getrennt." *(* Greber 1 – 326-327)*

"... An Christus glauben heißt an Gott Glauben, aber nicht etwa, weil Christus selbst Gott ist, sondern weil er die Lehre Gottes verkündet. "Ich habe nicht von mir aus geredet, sondern der Vater selbst, der mich gesandt hat, der hat mir aufgetragen, was ich sagen und was ich lehren soll" (Joh.12.49)." *(* Greber 1 – 331)*

"Die jüdische Geistlichkeit warnte das Volk vor Jesus und seiner Lehre. Reichlichen Gebrauch machte sie von der Waffe der Verleumdung. Sie nannte ihn einen 'falschen Propheten', einen 'vom Teufel Besessenen', einen 'Volksaufwiegler', einen 'Weinsäufer' und 'sittlich Verkommenen', der sich mit Dirnen abgebe und bei den öffentlichen Sündern zu Gast sei. Kein Mittel war ihr zu schlecht, um denjenigen unschädlich zu machen, von dem sie ihren Einfluß auf das Volk bedroht sah..." *(* Greber 1 – 333)*

Das Gesetz, das Ich ihnen brachte, lautet: Liebet Gott, euren Vater, von ganzem Herzen und mit allen euren Kräften und euren Nächsten wie euch selbst. Kein Mensch kann sagen, er sei unwissend! *(× Univ.-Leb. 1 – 795)*

Die Verkündigung *[Jesaias]* erfüllte sich: Ich, Christus, kam in Jesus zu den Menschen und wurde der Menschensohn. Ich kam, um den Menschen den Weg aus Sünde und Sklaverei zu weisen. Als Jesus von Nazareth lehrte Ich die Gesetze Gottes und lebte sie den Menschen vor. Die Menschheit jedoch erkannte Mich nicht.

Ich lehrte die Menschen, einander zu lieben, die Tiere zu lieben, die Natur zu achten, die Erde als die Mutter anzuerkennen, in deren Schoß die Menschenkinder leben und arbeiten. Ich lehrte die Menschen die Gleichheit, die Freiheit, die Einheit, die Brüderlichkeit und die Gerechtigkeit; Ich lehrte, daß sie die Erde nicht aufteilen, sondern alles brüderlich miteinander teilen sollten. *(× Univ.-Leb. 1 – 373)*

Gleichnisse / Predigten

Als Jesus von Nazareth sprach Ich in vielen Gleichnissen. Außerdem verwendete Ich Zahlen und Maße, um Meinen Getreuen das Reich des Inneren Lebens zu erklären.

Das Wort der Menschen hat mehrere Bedeutungen, und jeder Mensch nimmt nur die Bedeutungen wahr, die er zu begreifen imstande ist, gemäß seinem augenblicklichen Bewußtseinsstand. Deshalb solltet ihr euch weder an Worte noch an Bedeutungen, noch an Zahlen und Maße klammern, sondern alle diese als Hilfsmittel, als Wegweiser, erkennen, die euch zum Inneren Leben, zu der Wahrheit, führen, die weder Worte noch Begriffe, noch Zahlen und Maße hat, sondern die Kraft selbst ist, die Liebe und Weisheit - das Allbewußtsein. *(× Univ.-Leb. 1 – 751)*

Wunder

... Vor jedem Wunder dankte er mir im voraus für seine Vollbringung. Er kam nie auf den Gedanken, nicht dankbar zu sein, weil er nie auf den Gedanken kam, daß das, was er verkündete, nicht eintreten würde. Dieser Gedanke *kam ihm nie in den Sinn.* Er war sich dessen, wer-er-war, und seiner Beziehung zu mir so *sicher,* daß jeder seiner Gedanken, jedes seiner Worte und jede seiner Taten sein Bewußtsein widerspiegelte - so wie *eure* Gedanken, Worte und Taten Reflexionen eures Bewußtseins sind ... *(* Walsch 1 – 271)*

"Doch heilte Christus nicht alle, die geheilt sein wollten. Bei manchen ist die Krankheit eine Strafe Gottes, die der Kranke eine kürzere oder längere Zeit zu tragen hat. Durch die Gabe des Hellsehens oder Hellempfindens erkannte Christus in jedem Falle, ob eine Heilung erfolgen sollte oder nicht. Auch war der Glaube an Gott und Christus als den Gottgesandten die Vorbedingung jeglicher Heilung."

"Auch blieben nicht alle geheilt. Manche fielen wieder in ihr früheres Leiden zurück, sobald sie dem Glauben an Gott und Christus wieder untreu wurden. Denn die Heilungen sollten ja in erster Linie eine Beglaubigung der Wahrheit sein, die Christus verkündigte."

"Bei den durch Christus gewirkten 'Totenerweckungen' muß ich dir etwas sagen, was dich wohl sehr überraschen wird. Bei allen sogenannten 'Totenerweckungen', sowohl bei den im 'Alten Testament' erwähnten als auch bei den von Christus gewirkten, handelt es sich nicht um Menschen, deren Geist bereits ins Jenseits hinübergetreten war. Ein wirklich Toter kann aus dem Jenseits in das Diesseits nicht mehr zurückkehren. Sein Geist kann nicht wieder von dem Körper Besitz ergreifen, den er durch den irdischen Tod verlassen hat..." *(* Greber 1 – 335-336)*

"... Als er Wasser in Wein verwandelte, war es ebenfalls die Geisterwelt Gottes, die dies vollführte. Darum konnte auch Christus diese Verwandlung nicht in dem Augenblick vornehmen, als seine Mutter es wünschte. Seine Stunde war deswegen noch nicht gekommen, weil die dazu erforderliche Arbeit der Geisterwelt noch nicht beendet war. Auch die Arbeit der Geister erfordert Zeit." *(* Greber 1 – 337)*

Viele sogenannte Tote, die Ich aus dem Tiefschlaf erweckt habe, waren noch nicht im Reiche der Seelen, sondern die Seele war noch durch das Silberband, auch das geistige Informationsband genannt, mit dem Körper verbunden. Der Tiefschlaf gleicht einer Ohnmacht. Er tritt ein, bevor sich das Band vom Körper löst. Er wird von den Menschen schon als der Eintritt des Todes bezeichnet.

Erst wenn das Informationsband vom Leibe getrennt ist, ist auch die Seele vollkommen vom Leibe gelöst. Dann zerfällt das Haus der Seele, der Körper, allmählich in seine Bestandteile: Wasser und Erde. *(× Univ.-Leb. 1 – 483)*

Dirk: "Unter 'Wunder' stellt man sich normalerweise etwas vor, was eigentlich nicht möglich ist. Aber hier wird klar, dass Jesus nur 'Dinge' vollbrachte, die innerhalb der Naturgesetze lagen. Dies waren jedoch Dinge, die 'normale' Menschen nicht tun konnten.."

Lisa: "In dem Text von Walsch heißt es: "*...weil er nie auf den Gedanken kam, daß das, was er verkündete, nicht eintreten würde.*" Es heißt doch immer, Jesus habe gesagt: "Der Glaube versetzt Berge". Und ich habe mich oft gefragt, wie er das gemeint haben kann. Jetzt verstehe ich: Man muss absolut überzeugt sein, dass das eintritt, was man denkt bzw. glaubt."

Die Verklärung auf dem Berge Tabor

Und als Er dort betete, veränderte sich das Aussehen Seiner Gestalt, und Er wurde vor ihnen verwandelt, und Sein Angesicht leuchtete wie die Sonne, und Seine Kleider waren weiß wie das Licht... Und siehe, da erschienen ihnen Moses und Elias und redeten mit Ihm und sprachen von dem Gesetze und von Seinem Hinscheiden, das in Jerusalem geschehen sollte.

Ich, Christus, erkläre, berichtige und vertiefe das Wort: Von Cherubim der Wesenheiten Gottes wurde Mir, Jesus von Nazareth, Mein Hinscheiden zu Jerusalem angekündigt und Mein weiterer Werdegang als der Christus Gottes offenbart. Gleichzeitig sah Ich in Bildern Meinen Leidensweg und was er für alle Seelen und Menschen bedeutet. Ich sah auch Mein Wirken als Christus Gottes im Himmel und auf Erden. Ich sah auch die weiteren Leiden der Menschen trotz der Erlösertat. Ich sah das Licht der Erde, wie es ganz allmählich Form und Gestalt annimmt, und sah die vielen Menschen, die immer mehr Gottes Willen erfüllen. Ich sah den gesamten Auftrag und sah auch das Geschlecht David - aus dem Ich, Jesus, dem Fleische nach stammte - und sein Wirken mit Mir, dem Christus Gottes, auf dieser Erde und in den Stätten der Reinigung. Ich sah auch das Ende der Erde und aller materiellen Formen. Alles wurde Mir enthüllt. *(× Univ.-Leb. 1 – 541-542)*

6.4.11 Das Ostermahl

"Am Abend vor seinem Tode befand er sich mit seinen Jüngern im Abendmahlssaale. Das Ostermahl, das er mit ihnen hielt, war zugleich sein Abschiedsmahl... Er wußte durch die Geisterboten Gottes, daß bereits alle Vorbereitungen zu seiner Gefangennahme und beschleunigten Hinrichtung getroffen waren..."

"... Die Gerechtigkeit Gottes war es Luzifer schuldig, ihn nicht länger darüber im unklaren zu lassen, daß es in dem nun beginnenden Kampfe zwischen ihm und Christus sich um die Herrscherrechte der Hölle über die gefallenen Geister handle. Gott offenbarte ihm, daß Christus, falls er in dem nun beginnenden Todesleiden standhaft bliebe, nachher als Geist im Verein mit den himmlischen Legionen gegen die Hölle zum Angriff schreiten, ihn - den Fürsten der Hölle - besiegen und ihm einen wesentlichen Teil seiner Herrscherrechte entziehen werde. Satan erbebte bei dieser Kunde. Nun verlangte er von derselben Gerechtigkeit Gottes, die ihm einst das unbeschränkte Recht über die gefallenen Geister eingeräumt hatte, für diesen Entscheidungskampf vollständige Neutralität von seiten Gottes. Gott sollte seine Hand von Jesus wegziehen und ihm auch keine menschliche Hilfe gewähren, andererseits aber der Hölle in allem freie Hand lassen... " *(* Greber 1 – 341-342)*

"Im Garten an der einsamen Stelle, die er sich für sein Gebet um Stärke auserwählt, wartet schon Luzifer mit seinen stärksten Höllenmächten, um den Kommenden mit vereinten Kräften seelisch niederzuringen. Jetzt ist ja die Stunde, die Gott dem Fürsten der Finsternis zugebilligt."

"Menschliche Worte vermögen das nicht wiederzugeben, was die Hölle in dieser einen Stunde an Schrecknissen über ihr Opfer ausgegossen hat... Er läßt die Gott lästernde und dem Bösen verfallene Menschheit in allen Einzelbildern des Unglaubens und Lasters an seinen Augen vorüberziehen. Bild folgt auf Bild ... grauenhaft! Dann zeigt er Jesus die angeblichen 'Früchte' seiner vieljährigen Tätigkeit unter dem jüdischen Volke als dem Volke Gottes, zeigt hohnlachend auf seine Jünger, von denen der eine als Verräter mit einer Horde im Anzug ist, während die anderen nicht weit von ihm liegen und schlafen und in dieser qualvollen Stunde kein liebes Wort für ihren Meister finden und nicht eine Stunde mit ihm wachbleiben können. "Und für eine solche Menschheit willst du zur Besiegelung deiner Lehre sterben?" - hört er Luzifer höhnen. "Für diese Menschheit, die deinen Vater verlästert und dich als einen Narren verhöhnen wird, wenn du dein Leben für solche Verbrecher hingibst." ..." *(* Greber 1 – 343)*

6.4.12 Jesu Opfertod

"Nichts war Mir verborgen. Was konnten die Menschen gegen Mich anzetteln, das Ich nicht zuvor gewußt hätte? Alles war vorbereitet, wie es Mein Wille war, und so wie es sich abspielte, war es die von Mir bestimmte Art und Weise, um die Herzen zu überzeugen. - Man führte Mich zum Kreuz und entblößte Meinen Körper, man heftete Meine Hände und Füße an das Holz. Und dies ist das Symbol des Kreuzes: Das horizontale Holzstück ist die Sünde der Welt, die sich dem senkrechten Balken entgegenstellt. Letzterer strebt nach oben und zeigt auf die Höhen, die Sünde jedoch ist immer das Hindernis, sich zum Göttlichen zu erheben."

"Ich wurde an jenes Holz genagelt, und als Mein Geist die Kälte der Herzen gewahr wurde, den Abscheu und hernach ihre Freude, als sie jenen gemarterten Körper sahen und das durch den Schmerz entstellte Angesicht, sprachen Meine Lippen jene Worte: 'Vater, vergib ihnen, denn sie wissen nicht, was sie tun.' "

"Nochmals ruhten Meine Augen auf der Menschenmenge, und Ich erkannte den einen oder andern von denen, die um Mich gewesen sind und die kurze Zeit zuvor Wundertaten empfangen hatten und Mich trotzdem nicht zu begreifen vermochten."

"Ich sah in jenen Gesichtern weder Mitleid noch Liebe, weshalb Ich zur Menschheit sagte: 'Mich dürstet.' Es war nicht der Durst des Körpers, es war der Durst der Seele, der diese Worte aus Mir hervorbrechen ließ: Mich dürstet nach der Liebe der Menschheit! ... Dann erbebte die Erde, die Sonne verbarg sich, und dies, weil Mein Geist den Körper Jesu verließ."

"Meine Kinder betrachteten den Körper, auf den die ganze Last der Sünde und die Schande der Welt fiel, und der gemarterte Körper rief aus: 'Mein Gott, Mein Gott, warum hast Du Mich verlassen ?' "

"Der körperliche Tod näherte sich Jesus, und da sprach Ich diese Worte: 'Vater, in Deine Hände befehle ich Meinen Geist.' ... Meine letzten Worte waren: 'Alles ist vollbracht.' "

"Meine Jünger und Freunde kauften nach dem Tode Jesu den Körper frei, balsamierten ihn ein wie es der Brauch war und begruben ihn. Während der folgenden drei Tage stieg Mein Geist in die Welten hinab, in denen Mich die Seelen erwarteten, um ihnen Freiheit zu geben und ihnen den Weg zu zeigen. Die Erlösung erreichte auch jene Geschöpfe, die in der Finsternis lebten und ihren Heiland erwarteten." *(* BWL 4 – 71-72)*

Eine der bekanntesten Geschichten über Vergebung ist der Bericht über Jesus, der am Kreuz betete: "Vater vergib ihnen, denn sie wissen nicht, was sie tun." Damit offenbarte er die ewige Wahrheit, dass niemand, der nach Gott strebt, verdammt ist. Das bedeutet, dass keiner jemals verdammt ist, weil alle letztlich nach Gott streben, gleich ob sie es so nennen oder nicht. *(* Walsch 5 – 182)*

Nur so konnte die wahnsinnige Tragödie reifen, die ausgerechnet den *Gottessohn* wegen *Gotteslästerung* unter Anklage stellte und an das Kreuz brachte! Den Einzigen, der selbst direkt von Gott kam und ihnen die Wahrheit über Gott und seinen Willen kündete! Der Vorgang ist so grotesk, daß sich darin in greller Deutlichkeit die ganze Beschränktheit der Menschen zeigt. *(+ Abd-Ru-Shin 2 – 273)*

"... Christus hätte ja, schon am Kreuze hängend, noch im letzten Augenblick an Gott verzweifeln und dem Bösen verfallen können. Dann wäre er zwar auch am Kreuze gestorben, aber als ein von Satan Besiegter und von Gott Abgefallener. Bis dahin stand er in der Verteidigung gegen das furchtbare Trommelfeuer höllischer Angriffe. Wäre Christus diesen Angriffen erlegen, dann wäre alles zu Ende gewesen. Der Erlösungsversuch wäre gescheitert und Christus wäre der Gefangene des Fürsten der Finsternis."

(* Greber 1 – 340)

Ich selbst, Christus, hätte Mich gegen Meinen Vater versündigen sollen. Um das zu erreichen, boten die Gegensatzkräfte alles auf. Jeder Jude, der hierfür anfällig war, wurde von den dämonischen Mächten angeregt, gegen Mich zu reden. Die Beschuldigungen waren alle ausgedacht, Pilatus und vor allem Mich zu Fall zu bringen.

Bei Pilatus erreichten sie es. Auch wenn er seine Hände in Unschuld wusch, so ist er doch der Sünde verfallen. Obwohl er von Meiner Unschuld überzeugt war, lieferte er Mich, den Unschuldigen, aus. Pilatus bestand die Prüfung nicht, denn er gab Anordnungen gegen seine Überzeugung. Die innere Erkenntnis nützt wenig, wenn der Mensch nicht das tut, was er erkannt hat.

Aus den Schriftgelehrten, Pharisäern und Ältesten und auch aus dem jüdischen Volk schrie das Satanische. Die Gegensatzkräfte wirkten auf alle Juden ein, die sich verführen ließen, um gegen Mich zu hetzen und falsches Zeugnis zu geben.

(× Univ.-Leb. 1 – 869-870)

Vom Kreuz aus sah Ich viele Völker - unzählige Menschen, deren Seelen immer wieder in das Erdenkleid kamen und viele Jahrhunderte lang in der Finsternis wandelten. Sie hatten den inneren Weg verloren. In ihrer Unwissenheit, in ihrer Not, Krankheit und Einsamkeit riefen sie Gott an. Sie dachten jedoch nur an ihren materiellen Leib und nicht an ihre Seelen. Diese ließen sie verkümmern.

(× Univ.-Leb. 1 – 886)

Vera: "Was ich vor allem im Buch von Greber über die Qualen gelesen habe, die er für uns erlitten hat, wie die Menschen ihn gefoltert haben und wie auch Luzifer ihn gequält hat, das ist für uns Menschen unfassbar. Ich kann nur sagen: Welche Liebe zu uns gefallenen Menschen!"

Die Erlösungstat

... Also hat uns Jesus nicht, wie irrtümlich gelehrt wird, von den Sünden unserer Willensentscheidungen befreit, er hat uns diese auch nicht abnehmen können und er hat sie auch nicht gesühnt und uns auf diese Art und Weise mit dem Vater wieder in Ausgleich gebracht! Liebe Geschwister, so geht das nicht! Niemand kann doch für andere Fehler büßen, nicht einmal einer, der das freiwillig tun wollte.

(* Emanuel(Kontr.) 7 – 93)

[Frage:] Christen glauben, die Kreuzigung Christi befreie sie von ihren Sünden. Mit anderen Worten: Er vergab Sünden im voraus. Meiner Meinung nach stehlen sie sich damit aus der Verantwortung. Kannst du uns darüber aufklären?

[Antwort:] Das war nicht der Sinn der Kreuzigung. Der Nazarener wurde nicht gekreuzigt, um den Menschen die Last der Verantwortung abzunehmen. Sie sollte jedem Menschen klarmachen, daß er bereitwillig aus Liebe zu Gott und für seine Aufgabe starb.

(* Carmel – 248)

Um Eurer Sünden willen kam der Heiland, das ist unantastbar und buchstäblich richtig. Auch daß er um der Schuld der Menschheit willen starb. Doch *dadurch werden Deine Sünden nicht von Dir genommen!* Das Erlösungswerk des Heilands war, den Kampf mit dem Dunkel aufzunehmen, um der Menschheit Licht zu bringen, *ihr den Weg zu öffnen zur Vergebung aller Sünden.* Wandern muß ein jeder diesen Weg allein, nach des Schöpfers unumstößlichen Gesetzen. Auch Christus kam nicht, die Gesetze umzustoßen, sondern zu erfüllen. *(+ Abd-Ru-Shin 2 – 40)*

"Nach der großen Erlösungstat Christi bleibt es nunmehr den von Gott abgefallenen Geschöpfen überlassen, ob sie von der Erlösung Gebrauch machen wollen. Die Gefangenenlager Satans sind durch den Sieg Christi geöffnet. Die Gefangenen können nach ihrer Heimat gehen. Ob sie es tun oder nicht, das hängt von ihnen selbst ab. Christus hat die Brücke zur Heimat gebaut. Aber der Freie Wille des einzelnen muß die Heimkehr bewerkstelligen. Er darf die Mühen nicht scheuen, die mit Zurücklegung des Heimweges verbunden sind..." *(* Greber 1 – 349)*

Im "Vollbracht", das Ich am Kreuze durch Meinen Erdenkörper, Jesus, sprach, geschah das Heil in allen Seelen: Mein Erbe, die Teilkraft der Urkraft, teilte sich in Funken auf und gebar sich in alle Seelen ein. Der Erlöserfunke begann in jeder Seele zu leuchten und ist ihr seither Stütze und Heil. *(× Univ.-Leb. 1 – 711)*

Erlösung kann keine Sünde auflösen, wenn nicht Erkenntnis und Reue des Sünders vorausgehen. Erlösung bedeutet Stütze, Kraft und Licht für die Seele und bewirkt dann die Auflösung der Sünde, wenn der Sünder seine Sünden erkennt, bereut und nicht mehr tut - und das Verursachte wiedergutmacht, soweit dies noch möglich ist. Dadurch läßt er das Erlöserlicht zum inneren Feuer der Liebe werden, das ihn sodann befreit und ihn auf dem Weg ins Vaterhaus zum Herzen Gottes geleitet. *(× Univ.-Leb. 1 – 914)*

Hans: "Zum Glück wird nicht von allen Christen behauptet, dass mit der Erlösung durch Christus alle Sünden vergeben seien. Das wäre ja auch zu einfach und zudem ungerecht. Er hat uns - wie es in einem der Texte heißt - 'den Weg freigemacht' "

Jesu Abstieg in die Hölle

"Christus war tot. Sein Geist hatte sich im irdischen Sterben von der materiellen Hülle getrennt. Als Mensch war er allen Angriffen der Hölle gegenüber standhaft geblieben. Somit hatte er den ersten und wichtigsten Teil seiner Messias-Aufgabe gelöst. Er war von der Hölle nicht besiegt worden. Damit war er selbst aber noch nicht Sieger über den Feind, dem er standgehalten..."

"... Jetzt aber, wo er frei war vom irdischen Körper, konnte er als Geist auch zum Angriff gegen seinen Feind, den Fürsten der Finsternis, vorgehen. Er stieg hinab zur Hölle im Vertrauen auf die alles überwindende Kraft Gottes, die er sich durch seine Standhaftigkeit in der Gottestreue als Mensch verdient hatte. Gott sandte ihm nun die himmlischen Heerscharen als Kampfgenossen... Es war sowohl ein Einzelkampf zwischen Christus und Luzifer, als auch ein Massenkampf zwischen den himmlischen Legionen und denen der Finsternis. Dieses gewaltige Ringen pflanzte sich fort bis in die tiefsten Sphären der Hölle, wohin Luzifer und sein Anhang zurückweichen mußte. Da - als die Niederlage der Höllenmächte nicht mehr zweifelhaft war, traten auch viele von denen, die bisher ihre Vasallen waren, aber ihren Abfall von Gott bereuten, auf die Seite der himmlischen Heerscharen und kämpften mit diesen zusammen gegen ihre bisherigen Unterdrücker. Und die Zahl dieser Überläufer wuchs von Sekunde zu Sekunde."

"Als Luzifer sah, daß alles verloren war, flehte er um Schonung..."

"Christus eröffnete ihm jedoch, daß ihm seine Herrscherrechte nicht ganz entzogen, sondern bloß auf die beschränkt würden, die ihm der Gesinnung nach angehörten. Aber die, welche aus seinem Reiche zu Gott zurückwollten, müsse er frei geben. Er dürfe sie nicht mehr als seine Untertanen betrachten. Wohl stehe es ihm frei, sie durch Betörung und Verführung an sich zu fesseln, aber nicht mehr mit Gewalt wie bisher..."

"Satan willigte ein - mußte einwilligen. Er hatte viel härtere Bedingungen erwartet..."

"Damit war das große Rettungswerk der Erlösung zum Abschluß gebracht. Der Erlösungsplan Gottes hatte in seinen wesentlichen Teilen die Verwirklichung gefunden. Die zwischen dem Reiche der Finsternis und dem Reiche Gottes gähnende Kluft war überbrückt. Jeder, der von jetzt an aus der Fremdenlegion Satans nach der alten Heimat Gottes zurückkehren wollte, konnte über diese Brücke gehen. Kein Wächter des Höllenreiches durfte ihm das Überschreiten der Grenzen verwehren." ...

"... Darauf weist Petrus in seinem Brief mit den Worten hin: "Als Geist ist Christus hingegangen und hat den Geistern im Gefängnis die Botschaft gebracht, solchen, die einst ungehorsam gewesen, als Gottes Langmut geduldig zuwartete in den Tagen Noahs, während die Arche hergestellt wurde." (1.Petr. 3.19-20)." *(* Greber 1 – 347-349)*

Als der Christus Gottes, der Erlöser, stieg Ich hinab in die Hölle, indem Ich alle Fallreiche durchstrahlte und sie zu Reinigungsebenen machte.

(× Univ.-Leb. 1 – 1047)

Lisa: "Ich kann mir einen solchen Kampf unter Geistern gar nicht vorstellen. Aber ich bin froh, dass er für uns geführt wurde."

6.4.13 Die Zwischenzeit: Auferstehung bis Himmelfahrt

"Christus erschien in menschlicher Materialisation denen, die ihm als Menschen am nächsten gestanden und viel Leid mit ihm und um ihn getragen hatten: seiner Mutter, seinen Aposteln und Freunden." *(* Greber 1 – 349)*

Das Grab wurde von Juden und Römern untersucht. Die Angst trieb sie, denn sie konnten Meine Worte "nach drei Tagen werde Ich auferstehen" nicht deuten. Die Wesen aus Gott, die Engel, von denen geschrieben steht, haben nur einige in ihren Herzen wahrgenommen. *(× Univ.-Leb. 1 – 898)*

Auch die Augen von Maria waren so lange gehalten, bis Ich ihr mit der Anrede "Maria" die Seelenaugen öffnete. Daraufhin schaute sie Meinen feinstofflichen Leib. "Rühre Mich nicht an" bedeutet unter anderem auch: "Glaube!" Der Mensch kann nur den materiellen, irdischen Leib berühren, nicht jedoch den feinstofflichen.

Während Ich Maria und einigen Aposteln und Jüngern erschien, war Mein irdischer Leib in der Umwandlung begriffen. Diese Umwandlung Meines physischen Leibes war für Menschen unsichtbar. Sie vollzog sich bis zur Himmelfahrt. *(× Univ.-Leb. 1 – 900)*

Dadurch, daß Ich die Schwingung Meines Geistleibes heruntertransformierte und die Schwingung ihrer Seelen anhob, wurde Ich für Meine Apostel und Jünger sichtbar. Damit zeigte Ich ihnen, daß Ich mit ihnen Bin. Wir begegneten uns also auf einer höheren Schwingungsebene. Sie erkannten Mich jedoch erst dann, als Ich Gleiches oder Ähnliches sprach oder tat wie als Jesus von Nazareth.

Ich aß und trank jedoch nicht die materielle Substanz mit ihnen, denn der geistige Leib lebt ausschließlich aus der reinen Substanz, Gott.
(× Univ.-Leb. 1 – 935)

Ich, der Auferstandene, sprach nicht mit der Stimme des Menschen, denn Ich war nicht mehr Mensch. Mein geistiges Kleid, der Geistleib, war und ist das Ebenbild des Vaters. Mit der Stimme des Alls sprach Ich in die Stimme der Herzen derer ein, die Mich wahrnehmen konnten. *(× Univ.-Leb. 1 – 937)*

6.4.14 Jesu Himmelfahrt

"Da kam der Tag, an dem Christus zu der im Paradies seiner harrenden Geisterschar aufstieg, nachdem er sich von seinen irdischen Freunden verabschiedet und ihnen seine Aufträge erteilt hatte. Es war der Tag seiner Himmelfahrt. Als Sieger zog er an der Spitze eines großen Geisterheeres in das Reich Gottes ein." *(* Greber 1 – 349)*

Ich bat Meine Getreuen, Meiner Himmelfahrt beizuwohnen, auf daß das Geschehen in ihre Seelen eingeht und sie erkennen, daß alle himmelwärts wandern werden, die Mich, den Christus, wahrlich an- und aufnehmen. Sie gingen auf den von Mir bezeichneten Berg. Bei Meiner Himmelfahrt waren viele Geistwesen zugegen. Sie begleiteten Mich zum ewigen Vater, zu dem Ich als Sohn und Mitregent der Himmel zurückkehrte.

Unter den Geistwesen war auch das Geistwesen, das einst im Erdenkleid Mein Ziehvater Joseph gewesen war, dessen Sohn Mein Erdenkleid Jesus war. Joseph war schon hingeschieden. Sein Geistleib, das Wesen aus Gott, war unter den vielen Gottesboten. *(× Univ.-Leb. 1 – 1011)*

Die "Wolke", von der geschrieben steht, daß sie glänzte wie die Sonne, waren die Strahlungen der sieben Grundkräfte Gottes, des ewigen Gesetzes, das Mich einhüllte und das nur der zu erfassen vermag, der im Gesetz, Gott, lebt.
(× Univ.-Leb. 1 – 1020)

Dirk: "Das ist alles für mich einleuchtend. Ein Hinweis überrascht mich allerdings: "*... aber er nahm seinen Körper mit sich, so daß er, wann immer er will, auf diese Ebene zurückkehren kann, ohne wieder durch den Geburtsprozeß gehen zu müssen.*" "

6.4.15 Die Ausgießung des Heiligen Geistes

Wie funktionierte es denn, liebe Geschwister, an jenem ersten Pfingstmorgen eurer Zeitrechnung um zwei Uhr morgens? Wie funktionierte es denn? Odlämpchen als leuchtende Flammen - ihr sagt dazu "Feuerzungen" - kamen auf die Apostel herab. Und jedes Odlämpchen stellte - für die Menschen sichtbar - einen Boten Gottes dar. (** Emanuel 20 - 200*)

Als nach der besagten Zeit viele im Gebet versammelt waren, vermehrte sich in den Seelen, die sich zu Gott erhoben, die heilige Kraft, der Heilige Geist. Viele glaubten, einen "Ton vom Himmel wie das Brausen eines gewaltigen Windes" zu vernehmen, der den ganzen Raum, das ganze Haus, erfüllte.

Erkennet: Der ewige Geist, der Heilige Geist, hat keinen menschlichen Ton, der an menschliche Ohren dringt. Das Einfließen des Heiligen Geistes in viele gerechte Männer und Frauen bewirkte in ihnen ein Aufbrausen des Blutes, denn das Herz der Erfüllten klopfte laut. Dann vernahmen sie die Stimme der Wahrheit in ihren Herzen - jeder in seiner Muttersprache. In diesem inneren Berührtsein und in der äußeren Ergriffenheit glaubten sie, feurige Zungen zu sehen. Die sie wahrlich sahen, schauten das Einfließen des Heiligen Geistes in ihre Seelen und Herzen.

Und die, welche das Wort Gottes durch Menschenmund hörten, empfanden es in ihren Herzen so, als wäre es in ihrer Sprache gesprochen. Doch was sie verstanden, war das, was sie entsprechend der Reife ihres geistigen Bewußtseins verstehen konnten. Weil sie das Wort Gottes durch Menschenmund in ihrem Innersten verstehen konnten, glaubten sie, es wäre ihre Sprache.

Erkennet: Bei vielen Aussagen wurde hinzugegeben und hinweggenommen, jeweils entsprechend dem Verständnis des Schreibers und des Übersetzers. Und bei den Übersetzungen wurden die Worte verwendet, die den Übersetzern geläufig waren und ihrem Verständnis der Wahrheit entsprachen. (*× Univ.-Leb. 1 – 1032-1033*)

6.4.16 Christus als Jesus

Ich Bin der Christus Gottes, der als Jesus in diese Welt kam und das vollbrachte, was zur Einigung aller Völker führt und zur Reinigung der Erde und zur Verfeinerung und Assimilierung aller grobstofflichen Formen. Denn Gott ist Geist, ist feinstoffliches, reines Leben. (*× Univ.-Leb. 1 – 1058*)

Ich kam als Jesus von Nazareth in diese Welt, um von Gott, Meinem Vater, Zeugnis zu geben und von all dem, was Gott geschaffen hat.

(*× Univ.-Leb. 1 – 368*)

Ich wurde Mensch, um unter den Menschen zu wohnen und mit der Sprache der Menschen zu verkünden, was ewiges Leben ist.   *(× Univ.-Leb. 1 – 398)*

Ich kam als Jesus von Nazareth in diese Welt, nicht um zu brechen, sondern aufzurichten, nicht um zu löschen, was nicht getilgt ist, sondern um alle aus der Sünde herauszuführen und sie Dem zuzuführen, der Mich gesandt hat: dem ewigen Vater. Denn alle Geistwesen, Seelen und Menschen sind Seine Kinder. Mein Name ist in allen Seelen eingeschrieben, und alle werden Mich, den Christus, an- und aufnehmen, weil Ich ihr Erlöser und ihre Erlösung Bin. Auch die Heiden werden Mich an- und aufnehmen; denn keiner kommt zum Vater, nur durch Mich, Christus, Seinen Sohn.*(× Univ.-Leb. 1 – 570)*

... Dazu auch die Worte Jesu: "Der Vater, der in ständiger Verbindung mit mir ist, er vollbringt die Werke!"

Jesus gibt also unumwunden zu, daß der Vater über seine Geisterwelt durch ihn wirkte und er dadurch Werkzeug, Mittler zwischen Gott und den Menschen auf Erden war.   *(* Laurentius 2 – 63)*

Christus hat daher göttliche Wahrheit gesagt, als er sprach: "Ich komme vom Vater und ich gehe zum Vater, der Vater und ich, wir sind eins." Niemals sagte er: Ich bin der Vater, sondern er bezeugte sich nur als der dem Vater zunächststehende Sohn ...   *(* Laurentius 3 – 202)*

Flavius über Jesus
(Flavius Josephus: geboren 40 n. Chr.)"Um diese Zeit (des Pilatus) lebte Jesus, ein weiser Mensch, wenn man ihn überhaupt einen Menschen nennen darf. Er war nämlich der Vollbringer ganz unglaublicher Taten und der Lehrer aller Menschen, welche mit Freuden die Wahrheit aufnahmen. So zog er viele Juden und auch viele Heiden an sich. Er war der Christus.

Und obgleich ihn Pilatus auf Betreiben der Vornehmsten unseres Volkes zum Kreuzestod verurteilte, wurden doch seine früheren Anhänger ihm nicht untreu. Er erschien ihnen nämlich am dritten Tag erneut lebendig (iterum vivus), wie gottgesandte Propheten dies und tausend andere wunderbare Dinge von ihm vorher verkündet hatten. Und bis auf den heutigen Tag besteht die Gemeinschaft der Christen, die sich nach ihm nennen, fort."

(Freksa – 94)

Das Symbol des Kreuzes
Wer also den Corpus am Kreuz bejaht und an dem Kreuz mit dem gemarterten Leib festhält, der ist noch nicht in Mir, dem Christus, auferstanden. Er gibt von sich selbst Zeugnis, daß er noch in der Knechtschaft der Sünde lebt und sich von dem Sündhaften beeinflussen läßt.

Denn die Dämonen wollen den Gekreuzigten, das Kreuz mit dem Corpus, sehen. Es bedeutet für sie die Niederlage des Nazareners - nicht den Sieg des Christus. Sie wollen mit dem toten Körper am Kreuz der Menschheit die Vorstellung einprägen, der Sohn Gottes sei der Sünde erlegen... Doch Ich Bin auferstanden und zum Ewigen zurückgekehrt. Ich habe euch die Erlösung gebracht. Das Kreuz ohne den toten Körper symbolisiert die Auferstehung und den Sieg über die Finsternis.   *(× Univ.-Leb. 1 – 911-912)*

Das Ritual der Taufe

... Die Taufe soll nicht Sünden abwaschen, sondern das Bekenntnis zum Nazarener demonstrieren. Zunächst hat Petrus damit angefangen; er folgte dem Beispiel Johannes des Täufers. *(* Carmel – 247)*

Lisa: " Ich bin ganz froh, dass ich Christin bin."

Dirk: "Ich weiß nicht, ob man das so sagen kann oder darf. Denn Christus ist doch für alle Menschen da, egal, welcher Religion sie angehören. Und ein Muslim kann demnach doch genau so froh sein, ein Muslim zu sein. Es kommt Christus doch nur darauf an, dass wir nach den göttlichen Gesetzen leben."

6.4.17 Die Rolle von Mutter Maria

Vorbereitung auf ihre Aufgabe

Daß Maria schon alle Gaben für ihre Mission mitbrachte, also vorgeburtlich dazu ausersehen war, die irdische Mutter des kommenden Wahrheitsbringers Jesus zu werden, ist bei einiger Kenntnis der geistigen Welt und deren weitverzweigter Tätigkeit, die alles große Geschehen vorbereitend sich spielend über Jahrtausende schwingt, nicht schwer zu verstehen.

(+ Abd-Ru-Shin 2 – 243)

... Durch ihre Geburt war Mutter Maria genau so ein Mensch wie ihr und war ganz ohne Aufsehen durch ihre Mutter Anna zur Welt gekommen wie jedes andere Menschenkind. Aber ihre geistige Urabstammung und die Tatsache, daß sie nicht gefallen war, machten sie zu einem besonderen Medium. Schon als Kind war sie hellsichtig und sprach mit Geistwesen, die sie auf ihre Mission vorbereiteten... Sie war sehr gottesfürchtig und hatte ein inniges Verhältnis zu Gott, ihrem Vater. Schon als Mädchen hatte sie eine geistige Schau erreicht, die den hellsichtigsten Menschen auf Erden gleichkam, und das steigerte sich zunehmend, bis zu der entscheidenden Begegnung mit Erzengel Gabriel, die euch überliefert wurde: Maria sollte die Mutter Jesu werden!

(* Emanuel(Kontr.) 9 – 31-32)

Das Leben Marias

Ich *[Maria]* will euch heute etwas kundtun. Ihr werdet denken, Mutter Maria war ein reiner Geist, kam als solcher auf die Erde, trug den Heiland bis zu Seiner Geburt, einem großen Mysterium auf dieser Erde, und diente Ihm ab da bis zu Seinem Tode am Kreuz... Ich will und darf euch heute die Wahrheit sagen. Ich kam wohl in Reinheit auf diese eure Erde und wurde mit einer heiligen Mission bedacht. Aber glaubt es mir, der Dunkle hat mich immer gesucht und manchmal gefunden, und auch ich mußte mich im Menschenkleide bewähren. Er wußte genau, daß ich mir vorgenommen hatte, nur im Geiste meines Sohnes und im Willen des Vaters zu leben. Er wußte, daß ich in der Demut lebte und erkannt hatte, daß dies der Weg ist, ohne Fehler zu bleiben. Er versuchte mich, indem er mir schöne Worte gab, mir schmeichelte und meinte, es wäre doch für mich viel besser, nicht immer eine demütige

Magd zu sein, ich hätte doch die Kräfte und Mächte, selber regieren zu können und meinen Willen obenan zu setzen. Ich aber durfte taub sein für diese Worte... Ich danke Gott und lobe meinen Sohn, daß sie mir die Kraft gaben, standzuhalten, nicht in Versuchung zu fallen, sondern ihren Willen zu tun und mir somit ihre Liebe immerfort zu erhalten...

Ich wollte euch dies kundtun, damit ihr erkennt, daß auch ich dieses Leben im Kampfe bestehen mußte. Obzwar reiner Geist, ausersehen vom Schöpfer für diese Mission, war es die ganz große Gnade, die mir zu bestehen half. *(* Emanuel/Hardus 11 – 95-96)*

Maria und die Kreuzigung Jesu

... Ich sah ihn den schändlichsten Martertod auf sich nehmen. Ich hatte Angst um ihn. Ich erkannte zwar seine Sendung, aber es war etwas zwischen uns, das nur er erkannte! Ich war nicht im Licht der Klarheit, wie er es war, ich war im Licht der Dämmerung, und der Götze Angst hat mich von der Klarheit und Wahrheit weggezogen...

Ich konnte nicht viel mehr tun, als zu beten und zu weinen. Schrecklich war all diese Marter! Ab und zu trafen sich unsere Blicke, die mehr sagten als dieses äußere Leid... Ich schien zusammenbrechen zu müssen. Aber der Geist Gottes an meiner Seite richtete mich jeweils wieder auf...

Wir standen herum, und keiner wußte, außer viel Tränen, Weinen und Wehklagen, etwas zu beginnen. Die Geisterwelt Gottes - heute weiß ich es - mußte auf Befehl des Allmächtigen zurücktreten, und wir wurden dem überlassen, der heute noch das Zepter auf dieser Erde führt. Wohl ist er gemaßregelt worden, der zwischen euch, mir und dem steht, der auferstanden ist. Er hat viel von seiner Herrschaft eingebüßt, aber noch ist er da und regiert die Menschen!" *(* Emanuel(Kontr.) 9 – 127-130)*

Mariä Himmelfahrt

Ihr wißt doch, liebe Menschenkinder, daß einige Propheten des Alten Testaments, die aus ihrer geistigen Stufe als rein gebliebene Wesen zur Erde gekommen sind, nicht durch einen natürlichen Tod von der Erde Abschied genommen haben. Sie hatten sich durch den Einfluß einer höheren Schwingungsebene auf eine ganz wunderbare Art und Weise aus ihrem irdischen Körper sozusagen herausgehoben, oder anders ausgedrückt: ihr Körper wurde in einem Verzückungszustand ihres geistigen Leibes "entodet". Das heißt, es wurde von dem materiellen Körper nichts zurückgelassen, nichts gefunden. Es war Licht da, es war ein geistiger Wagen, ein Lichtgefährt da. Und dann war nichts mehr davon da! Und deshalb ist es ein Dogma, wie die Menschen es formuliert haben: Mutter Maria ist mit Leib und Seele in den Himmel aufgenommen worden!

... Mutter Maria ist ein rein gebliebener Geist aus himmlischen Höhen, eine Himmelsfürstin, wie wir sie nennen. Infolgedessen ist es aus menschlicher Sicht nicht ganz falsch, aber das Dogma in seiner Formulierung stimmt doch nicht ganz...

Es sind wohl Augenzeugen dagewesen, aber es fand ein langsameres Auflösen der Materie als bei Jesus statt. Ihr wißt, daß zur damaligen Zeit die Leiber in Linnen gewickelt wurden, das heißt in starke, handgewebte, große Leinwandgebilde. Es bestanden auch gewisse Bestattungsrituale! Weil es nicht so gewesen ist wie bei unserem Herrn und Erlöser, hat sich dieser irdische Leib "verflüchtigt" - um einen anderen Ausdruck dafür zu gebrauchen. Als man nämlich Mutter Marias Grabkammer wieder öffnete, war natürlich - wie sollte es anders sein - die Form des Linnens so, als sei der Körper noch darin enthalten. Man wollte aber einen kleinen Umtransport in ein nobleres Grabgewölbe vornehmen. Als die Träger nur eine Hülle trugen, wurde es offenbar, daß in der Hülle nur Luft enthalten war, da sich der Körper verflüchtigt hatte. *(* Emanuel(Kontr.) 9 – 156-158)*

6.4.18 Die Rolle von Josef

[Frage:] Lieber Emanuel, war Jesu irdischer Vater Josef zum Zeitpunkt von Jesu Kreuzigung noch Erdenmensch?

[Antwort:] Das kann ich mit Fug und Recht verneinen, denn er war bereits im Jenseits.

[Frage:] Hatte Jesus jüngere Geschwister, oder waren sie älter, oder waren es Stiefgeschwister aus Josefs erster Ehe?

[Antwort:] Ich würde einmal so sagen: Jesus war der Erstgeborene, und Josef hatte aus meinem Wissen heraus überhaupt keine Kinder aus erster Ehe... Josef hatte mit Maria Kinder, und zwar Josef, Jakobus, dann noch Judas, Simon, Martha, Maria - wobei bei der zweiten Miriam = Maria, eine gewisse Uneinigkeit besteht -, also mit Jesus waren es sieben Kinder. Wobei Jesus der Erstgeborene war.

[Frage:] Wir hörten seinerzeit von Geistlehrer Hardus, daß Josef von Nazareth in dem, was er für die Menschheit geleistet hat, sich rangmäßig in nichts von Mutter Maria unterscheidet. Kannst du uns dazu noch etwas sagen, und warum im Neuen Testament kein einziges Josefswort vorkommt?

[Antwort:] ... Der Zeitgeist von damals, als die Schriften entstanden sind, hat sich darin niedergeschlagen, und durch die Abschreiber und wieder Abschreiber, Abschreiber ... Abschreiber ... wurde der Text immer mehr von der Wahrheit entfernt, so daß z. B. Josef "nur" mehr der Pflegevater Jesu ist; er durfte im Bewußtsein der Menschheit nur eine untergeordnete Rolle spielen.

Wenn aber die geistige Betrachtung oder die geistigen Wahrheiten fehlen, fallen die Menschen den Mächten der Finsternis immer mehr anheim, d.h. sie degradierten automatisch St. Josef zu dem, was diejenigen vorgegeben haben, die für die heutige Textgestalt verantwortlich sind. Und die Menschen glauben es, und es ist sehr schwer, von der geistigen Seite die Beweisführung zu erbringen, daß Josef weit mehr ist, als euch die Überlieferung aufzeigt.

Wenn wir ihn als himmlischen Fürsten betiteln, so ist das die Wahrheit, schlicht und einfach die Wahrheit. Und wenn wir ihn als unseren obersten Leiter betiteln, dann ist es auch die Wahrheit. Und wenn wir ihn als Vater

Jesu betiteln, dem Körper entsprechend, dann ist es auch die Wahrheit.

(Emanuel 18 – 59-62)*

Lisa: "Nach dem was wir hier über Maria erfahren haben, ist mir nun klar weshalb wir uns so gerne an sie wenden und um Hilfe bitten."

Vera: "Sie verkörpert das Mütterliche, Verständnisvolle. Und das was sie über sich selber berichtet hat, nämlich dass sie auch den Versuchungen Luzifers ausgesetzt war, macht es uns leichter, um ihr Verständnis zu bitten."

Hans: "Es ist nur schade, dass über Josef so wenig überliefert wurde. Auf jeden Fall ist hier noch mal klar gesagt, dass er der leibliche Vater von Jesus war. Das wurde auch in den Texten über die Zeugung Jesu beschrieben. Und in dem Text über die Himmelfahrt heißt es auch: *"Mein Ziehvater Joseph ..., dessen Sohn Mein Erdenkleid Jesus war."* (× *Univ.-Leb. 1 – 1011*) ".

6.5   Die Entwicklung des Christentums

Vera: "Endlich sind wir so weit, dass wir die historische Entwicklung des Christentums und die wichtigsten Meilensteine in Angriff nehmen können. Vor allem möchte ich wissen, wann, warum und wie das Urchristentum zu dem wurde, was heute ist. Nach dem Tod und der Himmelfahrt von Jesus gab es bei seinen Anhängern die Erzählungen von seinem Leben und seine Lehren. Aber was passierte anschließend damit? An schriftlichen Überlieferungen aus der damaligen Zeit haben wir, so viel ich weiß, nur die Evangelien, die Apostelgeschichte, die Briefe von Paulus, Petrus, Johannes, Jakobus und Judas und die Offenbarung des Johannes. Aber danach haben die Kirchen sehr viel mehr daraus gemacht "

6.5.1   1. Jahrhundert

Übersicht

Alles beginnt mit Jesus von Nazareth. Er ist von Gott gesandt; mehr noch: Nach seinem Tod erkennen seine Anhänger: Das war Gottes Sohn. In ihm war Gott selbst unter uns gegenwärtig, Mensch unter Menschen.

Jesu Verkündigung war einfach und entschieden: Liebe Gott aus Deinem ganzen Herzen und liebe deinen Nächsten wie dich selbst. Diese einfache Botschaft, eine "gute, frohe Nachricht" (d.h. griechisch: Evangelium) befreit Menschen.   *(www.autobahnkirche.de/geschichte)*

Nach dem Tod des Jesus von Nazareth verbreiten dessen Jünger und Anhänger begeistert seine Lehre weiter. Denn für sie endet die Geschichte Jesu nicht mit der Kreuzigung. Vielmehr deuten sie die Auferstehung ihres Herrn als letztgültigen Beleg für dessen tatsächliche Gottessohnschaft.

Zur Rekonstruktion der Bildung der Urgemeinde stehen nur die 50 Jahre später verfaßten neutestamentlichen Schriften zur Verfügung, die jedoch keine historisch präzise Schilderung geben. Danach zeigt sich folgendes Bild: Nach dem Tode Jesu begeben sich seine Jünger zunächst wieder nach Galiläa. Dort erscheint zuerst Simon Petrus, dann den "Zwölfen" (und später in

Jerusalem auch "500 Brüdern") die Vision von Jesus, die sie als Auferstehung vom Tod deuten. Die Hinrichtung ihres Herrn erfahren sie so nicht als dessen Lebensabschluß, sondern als Durchgangsstation, die Raum für viele theologische Deutungen eröffnet... Dieser umstrittene Mann aus Nazareth kann niemand anderer sein als der in den prophetischen Schriften verheißene Messias.   *(Birnstein – 18)*

Die Urgemeinde

Um die Botschaft von der Auferstehung zu verbreiten, sammelt Petrus die Jesus-Anhänger und zieht mit ihnen nach Jerusalem. Hier, nahe dem jüdischen Tempel, wollen sie auf die in nächster Zukunft erwartete Wiederkunft des Herrn ... warten.

Wie Jesus, so bleiben auch seine Anhänger dem jüdischen Glauben verhaftet, wollen ihn reformieren. Doch wandelt sich der zentrale Gehalt der Verkündigung: Stand in Jesu Wirken das Gottesreich im Mittelpunkt, so wird für die Jünger die Messianität Jesu Christi zum zentralen Inhalt des Glaubens. Im Tempelvorhof versuchen sie, Juden von der Messianität Jesu zu überzeugen. Damit ist die erste Weiche für die Trennung vom Judentum gestellt. Die Vergöttlichung des vom Hohen Rat zum Tod verurteilten Jesus von Nazareth erregt notwendigerweise Anstoß, der in Verhören und im Predigtverbot für die Jesus-Anhänger gipfelt.

Die Leitung der Jerusalemer Urgemeinde liegt zunächst in den Händen der drei Jesus-Jünger Simon Petrus, Jakobus (Sohn des Zebedäus) und Johannes ("der Jünger, den Jesus liebte"); diese Kerngruppe der Jüngerschar wird als "Säulen der Gemeinde" verehrt. Durch seinen Namen "Petrus" (aramäisch "Kephas", "Fels") zeigt sich Simons herausragende Stellung. Hohes Ansehen genießt auch Jakobus, vermutlich ein (Halb-) Bruder Jesu, der offenbar erst nach Jesu Tod von dessen Gottessohnschaft überzeugt wurde.
                                                    (Birnstein – 18-19)

Gütergemeinschaft

Zunächst treffen die Mitglieder der Urgemeinde alle Entscheidungen gemeinsam. Dabei steht die Armen- und Witwenfürsorge im Mittelpunkt des Handelns; in religiöser Hinsicht zelebrieren die Jesus-Anhänger die Taufe als Aufnahmeritus in ihre Gemeinschaft und treffen sich zu Gebetsversammlungen, in deren Rahmen sie in Erinnerung an das letzte Mahl Jesu mit seinen Jüngern auch gemeinsam essen. Die Praxis der Gütergemeinschaft läßt soziale Unterschiede innerhalb der Urgemeinde vergessen.   *(Birnstein –19)*

Paulus

Ein Mann mit dem Namen Stephanus ist der erste Christ, der für seine Überzeugung stirbt. Auch Saulus, ein junger Pharisäer aus Kleinasien, ist bei der Steinigung des Stephanus dabei. Er gehört zu den hartnäckigsten Verfolgern der neuen Religion und versucht, die wachsende Gemeinde zu zerschlagen: Männer und Frauen werden fortgeschleppt und ins Gefängnis gebracht. Bald kennt jeder Christ den Namen Saulus, und jeder fürchtet ihn.

Als Saulus hört, daß sich die Christen auch in Damaskus ausbreiten, beschließt er, in diese Stadt zu reisen und alle zu verhaften, die er finden kann.

(PM-Persp. 95/042 – 49)

Paulus näherte sich Damaskus, als ihn plötzlich ein helles Licht umgab, das vom Himmel auf ihn herabschien, und er eine Stimme hörte: "Saul, Saul, warum verfolgst du mich?" Entsetzt fragte er: "Wer bist du, Herr?" Die nun folgenden Worte zerstörten die bisherige Welt Paulus' und veränderten seine Zukunft. Die Stimme erwiderte: "Ich bin Jesus, den du verfolgst." (Apg 9,4.5). Das war unmöglich, denn Jesus hatte man gekreuzigt, und er konnte nicht der Messias sein, und schon gar nicht in einer Vision zu Paulus sprechen. Dennoch konnte Paulus die "Erscheinung vom Himmel" (Apg 26,19) nicht leugnen, er hatte sie erlebt. Er war nun überzeugt, daß ihm Gott erschienen war, derselbe Gott, dem er gedient und den er so völlig mißverstanden hatte. Das Unmögliche war für Paulus Wirklichkeit geworden.   *(Flowers – 335)*

Er nennt sich nun Paulus. Und dieser Paulus ist es, der zum wichtigsten Missionar und Theologen des Urchristentums wird. Auf seinen großen Missionsreisen ist für ihn die erste Station in einer fremden Stadt meistens die Synagoge. Doch von Anfang an ist Paulus dafür, nicht nur Juden, sondern auch ungläubige Heiden zu bekehren. Ein Vorschlag, der unter den anderen Anhängern umstritten ist. Doch als die Apostel im Jahr 48 in Jerusalem zusammenkommen, um hierüber zu diskutieren, setzt Paulus sich durch: Jesus sei gekommen, um alle Völker zu erlösen, egal ob Heiden oder Juden. [*Apostelkonzil*]

Eine entscheidende Rolle bei der Ausbreitung des Christentums spielen die Apostel. Sie können niemandem beweisen, was sie gesehen haben. Und doch ist ihre Überzeugungskraft so stark, daß sie überall, wo sie hinkommen, Anhänger finden.

Drei große Missionsreisen unternimmt Paulus, die viele Jahre lang dauern. Er geht nach Kleinasien und Zypern, dann nach Syrien, Phrygien und Makedonien. Er predigt in Athen und bleibt zwei Jahre lang in Korinth. Auch in Ephesus verbringt er zwei Jahre und baut dort die christliche Gemeinde auf. Mit vielen blieb er in schriftlichem Kontakt, wie die Paulus-Briefe zeigen. Schließlich gerät er in mehrjährige Gefangenschaft der Römer und wird hingerichtet (wahrscheinlich im Jahr 62).

Trotz seiner unbestrittenen Bedeutung scheint aber ein anderer der Wortführer der Apostel gewesen zu sein: Petrus, ein Fischer aus dem Ort Batsaida. In allen Aufzählungen der Apostelnamen steht er an erster Stelle. Petrus ist es auch, der nach Rom geht und in der Hauptstadt des Weltreiches die dortige christliche Gemeinde leitet - als Bischof, was zunächst soviel wie "Vorsteher" bedeutet. Petrus stirbt vermutlich während der Christenverfolgung des Kaisers Nero im Jahr 64.

Doch was ist es eigentlich, das die Menschen so am Christentum fasziniert? Warum bleiben sie nicht der jüdischen Religion treu? Die ersten Christen, die sogenannten Judenchristen, hatten gar nicht das Gefühl, ihre Religion zu wechseln. Sie glaubten, daß sich in Jesus die biblische Verheißung erfüllt hatte. Sie glaubten, er sei mehr als einer der Propheten: Er sei der lang erwartete "Messias" (griechisch: "Christos"), der Retter des Volkes Israel.

(PM-Persp. 95/042 – 49-50)

Die Lehre des Paulus

Paulus lehrt, daß die ganze Funktion Jesu nur in seinem Tod beruht, um durch sein Blut die Gläubigen von ihren Sünden, von ihrer Verlorenheit und von der Herrschaft des Satans zu befreien. Tatsächlich erwähnt Paulus in seinen Episteln nicht eine Silbe von dem, was Jesus gelehrt hat, und er gibt auch keines seiner Gleichnisse wieder, sondern verbreitet nur seine eigene Philosophie nach seinem eigenen Verständnis.

Was Paulus da verkündet, ist freilich sehr attraktiv, da bequem. Keine eigenen Anstrengungen sind nötig, um das Lebensziel zu erreichen, denn jeder Christ ist ein für allemal durch das Blutopfer Jesu am Kreuz erlöst worden.

(Zürrer – 452-453)

Während Jesus von Saat und Ernte sprach, von der Notwendigkeit, daß der Mensch aktiv etwas zu *tun* habe, um ins Himmelreich zu gelangen, glaubte Paulus ... , die Gnade Gottes wirke *willkürlich*, erbarme sich des einen und "verstocke" den anderen ohne irgendein gesetzmäßiges Walten.

Das "Seligwerden", also den geistigen Aufstieg, sah Paulus dementsprechend ebenfalls nicht in der aktiven Tat des Menschen begründet, sondern "gerecht" würde dieser "allein durch den Glauben". Der *Glaube* steht demnach im Zentrum, die Befolgung der Gebote oder ein lauteres Leben im Sinne der Nächstenliebe sind nur zweitrangige Bemühungen. *(Huemer – 126)*

Im Jahr 70 muß die christliche Gemeinde in Jerusalem einen schweren Schlag hinnehmen. Römische Truppen zerstören den Tempel von Jerusalem bis auf die Grundmauern. Vom Zentrum des jüdischen Lebens bleibt nichts übrig. Auch die Gemeinde der Judenchristen ist nach dieser Heimsuchung praktisch zerstört und wird bedeutungslos. Spätestens jetzt ist die Lösung der christlichen Kirche vom Judentum vollzogen. *(PM-Persp. 95/042 – 50)*

Die Evangelien

Nach dem Jahr 70, Syrien. Zum ersten Mal wird das Leben Jesu von seiner Geburt bis zu seiner Auferstehung niedergeschrieben - das "Evangelium nach Markus". Damit geht die Jesusüberlieferung von der mündlichen in die schriftliche Form über - eine wichtige Voraussetzung für die weitere Ausbreitung des Christentums.

Markus: "Dies ist der Anfang des Evangeliums von Jesus Christus, dem Sohn Gottes" - so beginnt das älteste der vier Evangelien, die im Neuen Testament enthalten sind. In einfacher Sprache, dabei mit literarischem Können, erzählt der Verfasser vom Leben Jesu. Ob es sich bei dem Evangelisten tatsächlich um einen ehemaligen Weggefährten des Apostels Paulus handelt, ist strittig - dagegen spricht, daß keine paulinischen Gedanken vorkommen.

Nicht nur mündliche Erzählungen vom Wirken Jesu schreibt Markus nieder. Ihm liegen auch schriftliche Quellen vor, die er kunstvoll zusammenfügt. Das von ihm gelegte Fundament dient den beiden Evangelisten Matthäus und Lukas schließlich als eine wichtige Vorlage, die sie für ihre eigenen Evangelien mit anderen Überlieferungen anreichern.

Matthäus: Er zeigt gleich am Anfang, daß Ihm viel an der Verwurzelung Jesu im Judentum liegt. Viele Texte des Alten Testaments, vor allem aus den Prophetenbüchern ..., dienen Matthäus als unwiderlegbarer Beweis dafür, daß Jesus der "Gottessohn" ist. Weil die Juden diese Erkenntnis abgelehnt haben, gelte das Evangelium nun der ganzen Welt. Zur Richtschnur für ihr Leben gibt er den Christen ethische Wegweiser - zum Beispiel die Bergpredigt (Mt 5-7).

Lukas: Sein Evangelium ist das ausführlichste - und das durchdachteste. Lukas (seine wahre Identität bleibt unklar) stellt sich als distanzierter Autor vor. Doch mit der konsequenten Fortsetzung des Evangeliums durch die Apostelgeschichte verleiht er der Zeit von Jesu Geburt bis Paulus' Rom-Aufenthalt ein striktes heilsgeschichtliches Schema: Jesus als "Mitte der Zeit" ist der Übergang von der Zeit Israels zur Kirche. Nach der Himmelfahrt Jesu hilft der Geist (Pfingsten) den Christen, die Zeiten der Verfolgung zu überstehen, bis Christus in unbekannter Zukunft wiederkehren wird.

(Birnstein – 30)

Johannes: Die Kirche sieht in Johannes den Verfasser des vierten Evangeliums und der drei Johannesbriefe - Werke, die sich stilistisch wie inhaltlich ähneln - sowie der Offenbarung. Viele Fachleute halten es jedoch für unwahrscheinlich, daß Johannes überhaupt etwas geschrieben hat, da er bekanntlich ein ungebildeter Mann war... Über das Schicksal von Johannes ist nichts bekannt. In manchen Überlieferungen steht, daß er ein hohes Alter erreichte und in Ephesus lebte; in anderen heißt es, er sei, wie zuvor sein Bruder, in jungen Jahren als Märtyrer hingerichtet worden. *(Flowers – 222)*

Hans: "Bereits in den ersten Jahren nach seinem Weggang begann sich der Sinn der Botschaft Jesu zu verändern! Aber man muss auch Verständnis für diejenigen haben, die sich bemühten, eine Religionsgemeinschaft zu organisieren: Jesus hat keine Schriften, nur seine Botschaften hinterlassen. Und sicherlich hatte Luzifer großes Interesse an den allmählichen Änderungen - wenn er schon mit Christenverfolgungen wenig Erfolg hatte."

6.5.2   2. Jahrhundert

Übersicht

Schon bald gab es in allen mehr oder weniger großen Städten und Garnisonen Christen. Das Christentum wird zur Religion vor allem der einfachen Leute und der Angehörigen sozial benachteiligter Gruppen. Sie vor allem waren ansprechbar für die revolutionären Ideen der Brüderlichkeit, der Menschenwürde, der Barmherzigkeit und Friedfertigkeit.

Mitte dieses Jahrhunderts ist der christliche Glaube im ganzen Reich verbreitet: Spanien, Frankreich, Südengland, Ägypten, Kleinasien, Nordafrika, am Schwarzen Meer; auch außerhalb des Imperiums in Armenien, in Syrien, in Äthiopien. Der Legende nach soll der Apostel Thomas sogar bis hin nach Indien gekommen sein.

Strukturen verfestigen sich. Die besondere Rolle des Bischofs von Rom beginnt sich herauszukristallisieren. Lehrbriefe und Synoden legen Ordnungen fest. *(www.autobahnkirche.de/geschichte)*

Katholisch, der Ausdruck *katholisch* (griechisch *katholikos*: allgemein) erscheint zuerst in einem Brief des heiligen Ignatius von Antiochia an die Gemeinde in Smyrna (um 110 n. Chr.). *[Im Jahre 117 erliegt Ignatius dem Martyrium.]* *(www.autobahnkirche.de/glossar)*

Jahr 144. Marcion *[frühchristlicher Theologe]* erklärt den christlichen Gott als mit dem jüdischen Gott unvereinbar. Mit einigen Anhängern trennt er sich von der römischen Gemeinde und verursacht so die erste Kirchenspaltung. *(Birnstein – 9)*

Bischof Irenäus
Jahr 178. Lyon. Irenäus wird zum Bischof von Lyon gewählt. Der Theologe betont die festen Normen, die die Kirche ausmachen: das Taufbekenntnis, den biblischen Kanon und die apostolische Tradition. Der Schritt zur frühkatholischen Kirche ist vollzogen. Ketzern kann von nun an mit dem Schild der Rechtgläubigkeit gewehrt werden. Irenäus wird als "Vater der katholischen Dogmatik" in die Kirchengeschichte eingehen.

Verteidigung nach außen und innen: Irenäus steht, wie sämtliche christlichen Gemeinden, vor zwei Problemen: Zum einen gilt es, in der Situation der Verfolgung durch den römischen Staat zu bestehen, zum anderen wird es immer wichtiger, gegen Häretiker vorzugehen, die mit ihren ketzerischen Lehren die Gemeinden verunsichern.

Die Glaubensregel: In der "regula fidei", die sich aus dem Taufbekenntnis der Gemeinden gebildet hat, sind die wichtigsten späteren theologischen Dogmen angelegt: die Trinität (Glaube an Gott-Vater, Jesus Christus und an den Heiligen Geist) und die Christologie (Jesus Christus als "eingeborener Sohn").

Apostolische Tradition: Beweis für die Rechtmäßigkeit theologischer Entscheidungen ist für Irenäus die korrekte Glaubensüberlieferung. Sie ist nur gewährleistet, wenn die Bischöfe lückenlos in der Nachfolge der ersten Apostel stehen. Nicht jede Gemeinde muß diesen Nachweis erbringen. Stellvertretend schreibt Irenäus eine Bischofsliste für die sehr alte, größte und angesehene Gemeinde in Rom, die der Tradition nach von den Aposteln Petrus und Paulus gegründet wurde. (Diese Bischofsliste läßt sich bis zum heutigen Papst fortführen.) *(Birnstein – 38)*

Die Gnostiker
Um 180. Die wichtigsten Schriften des Gnostizismus sind verfaßt. Diese Heilslehre speist sich aus vielen Bruchstücken spätantiker Religionen und erfaßt auch einen Teil des frühen Christentums.

Der Weg zur Wahrheit: "Selbsterlösung durch Erkenntnis", griechisch "Gnosis", lautet das Zauberwort der Gnostiker. "Wer sich selbst erkennt, ist erlöst", heißt ihre Parole.

Göttliches im Menschen: Der Glaube, hinter die Dinge der Welt blicken zu können, verschafft ein Gefühl der Stärke. Der Mensch ist nicht mehr nur Gottes Ebenbild, sondern ein Teil von ihm.

Der "göttliche Funken": Der Gnostizismus formuliert im Verlauf seiner Geschichte eine zentrale Idee vom Schicksal des Menschen in der Welt, wenn er auch zu keiner Zeit eine einheitliche äußere Gestalt entwickelt: Jeder trägt einen göttlichen Funken in sich. Es kommt darauf an, ihn zu erkennen. Dieser Funke entstammt dem göttlichen Licht, mit dem es sich wieder vereinigen will. Dazu muß der Gnostiker sich von der sündhaften und nichtswürdigen Welt lösen und zum Licht emporsteigen.   *(Birnstein – 39)*

Zunehmender Dogmatismus
Das Christentum war am Ende des 2. Jahrhunderts bereits so dogmatisch geprägt, auch so rigoros in seinem Durchsetzungswillen und so intolerant, dass eine Selbststeuerung durch neue Erfahrung, durch neu einzubringende ehrliche Gedankengänge immer weniger möglich wurde.   *(Drewermann – 51)*

Hans: "Es ist wie in einem Unternehmen: Je größer es wird, desto straffer wird es organisiert, sonst kann es nicht funktionieren. Und das Gedankengebäude wird enger und dogmatischer. Das hat schon manch großes Unternehmen in Schwierigkeiten gebracht."

6.5.3   3. Jahrhundert

Übersicht
Es beginnt die theologische Durchdringung des Glaubens, vor allem des Christusgeheimnisses. Wer ist Jesus wirklich? Wie kann Gott Mensch sein? Wie können die Geheimnisse des Glaubens in der Sprache der Vernunft verständlich gemacht werden. Aus einem einfachen Glauben beginnt sich eine komplizierte Theologie zu entwickeln. Währenddessen hält der äußere Druck unvermindert an: Die Christen müssen weiterhin blutige Verfolgungen ertragen.   *(www.autobahnkirche.de/geschichte)*

Klemens von Alexandrien
[Er] lebte von etwa 150 bis 215 - ... Klemens formuliert: "Nicht allein das [Tauf-]Bad ist's, das befreit, sondern auch die Gnosis [Erkenntnis]: Wer waren wir, was sind wir geworden? Wo waren wir, wohinein sind wir geworfen? Wohin eilen wir, wovon werden wir erlöst? Was ist Geburt, was Wiedergeburt?"   *(Birnstein – 47)*

Kirchenvater Origenes
Origenes' Biographie: Einer der bedeutendsten Kirchenväter der ersten Jahrhunderte, Origenes aus Alexandria (185-254), verband die christliche

Theologie der damaligen Zeit gekonnt mit seinem Studium der neuplatonischen Philosophie. Entsprechend finden sich in seinen Schriften, die unbestritten zu den einflußreichsten im frühen Christentum zählen, auch reichlich Gedanken zur vorgeburtlichen Existenz der menschlichen Seele und zur Wiederverkörperung. *(Huemer – 130)*

Nach Bibelstudium und philosophischer Ausbildung erarbeitete Origines ab 212 sein theologisches System; über 2000 Schriften soll er verfaßt haben. Sein Hauptwerk "Von den ersten Dingen" gilt als erste christliche Dogmatik.

Während der Christenverfolgung unter Kaiser Decius wird Origines gefangengenommen und tagelang gefoltert, ohne daß er seinen Glauben verleugnet. 254 erliegt er seinen Verletzungen. *(Birnstein – 47)*

Origenes' Lehre: Origenes war von der unbedingten Gerechtigkeit und Güte Gottes überzeugt, das geht aus seinem Werk eindeutig hervor. Und ihm war klar, daß die unterschiedlichen Schicksale der Menschen, die ungleich verteilten Bedingungen bei jeder Geburt, sich nur dann mit der Gerechtigkeit des Schöpfers vereinbaren lassen, wenn das gesamte Sein des Menschen tatsächlich *mehrere* Erdenleben umfaßt. Die jeweiligen Lebensumstände erklären sich dabei als Folgen von jeweils selbst verursachten Handlungen in früheren Abschnitten des Seins. *(Huemer –130-131)*

... Für Origines bestand auch kein Zweifel, daß die Erlösertat von Golgatha der Rückführung aller gefallenen Wesen galt, daß am Ende die gesamte Schöpfung wieder ins reine Sein zurückkehren würde. Niemand würde auf ewig ausgeschlossen bleiben. Und der Gedanke mehrfacher Einverleibung, die Wiedergeburtslehre, war Origines von der griechischen Philosophie her vertraut. Es war für ihn selbstverständlich, daß die menschliche Seele vor ihrer Einverleibung bereits existierte, sich belastet hatte und das irdische Dasein zu ihrer Läuterung nutzen sollte.

Diese Läuterung erfolgt in der Regel in mehreren Erden leben. *(Sailer 2 – 45)*

Die individuellen Unterschiede zwischen den "himmlischen, irdischen oder unterirdischen Wesen", so lehrte Origines, sind erst durch den Fall, das Wegfallen von Gott, entstanden. Grund und Ursache dieses Falles sind demnach nicht im Schöpfer zu suchen, sondern in den Lebewesen selbst, da, wie er schreibt, "die Ursache der Verschiedenheit und Mannigfaltigkeit unter den einzelnen Geschöpfen von ihren eigenen Bewegungen herrührt, die teils lebhafter, teils träger sind, entsprechend ihrer Tugend und Schlechtigkeit, nicht aber aus ungleicher Behandlung durch den Ordner der Welt." *(Zürrer –427)*

In "De principiis" vertritt Origines denn auch ganz direkt die Prinzipien von Karma und Reinkarnation. Es heißt dort beispielsweise:

Wenn man wissen will, weshalb die menschliche Seele das eine Mal dem Guten gehorcht, das andere Mal dem Bösen, so hat man die Ursache in einem Leben zu suchen, das dem jetzigen Leben voranging. Jeder von uns eilt der Vollkommenheit durch eine Aufeinanderfolge von Lebensläufen zu. Wir sind gebunden, stets neue und stets bessere Lebensläufe zu führen, sei es auf Erden, sei es in anderen Welten. Unsere Hingabe an Gott, die uns von allem Übel reinigt, bedeutet das Ende unserer Wiedergeburt.

(Zürrer – 429)

Dirk: "Also stand das Thema 'Wiedergeburt' zu dieser Zeit noch gar nicht zur Diskussion. Es galt als eine Selbstverständlichkeit. Und jeder Christ durfte sich ungestraft mit diesen Gedanken beschäftigen. Was Origines ausführt, leuchtet mir ein und entspricht auch dem, was ich über die Gerechtigkeit Gottes empfinde und denke."

Hans: "Die Frage ist nur, wie es dazu gekommen ist, dass man das als gläubiger Christ heute nicht mehr akzeptieren darf."

6.5.4   4. Jahrhundert

Übersicht
Dieses Jahrhundert bringt zunächst das Ende der Unterdrückung. Kaiser Konstantin macht das Christentum zu einem vom Staat anerkannten Kult (313). Unter dessen Nachfolger Theodosius dem Großen schließlich wird es sogar Staatsreligion (380).

Für viele Kirchenkritiker jedoch war diese staatliche Protektion ein verhängnisvoller Schritt mit weitreichenden Folgen für den Glauben: Dadurch sei die Kirche in eine gefährliche Nähe zur staatlichen Macht gekommen. In der Tat haben in der Folgezeit römisches Recht, Verwaltungswesen und Organisation das kirchliche Denken beeinflußt und kirchliche Strukturen mitgeprägt.

Das vierte Jahrhundert ist aber auch die Zeit gefährlicher Irrtümer und Irrlehren. Erste gesamtkirchliche Konzilien und viele regionale Synoden und Konzilien müssen Klarheit schaffen.   *(www.autobahnkirche.de/geschichte)*

Synoden und Konzile
Schon in der zweiten christlichen Generation werden Streitfragen des Glaubens gemeinsam von Gemeindeleitern geschlichtet, um die angestrebte Einheit der Kirche zu verwirklichen. Von der ersten Synode (griech. Zusammenkunft) berichtet die Apostelgeschichte im 15. Kapitel... Die Synoden sind vor allem eine Kontrollinstanz gegenüber willkürlichen bischöflichen Entscheidungen. Als Konzilien im engeren Sinne werden außerplanmäßige und überregionale Synoden bezeichnet, auf denen verbindliche dogmatische Entscheidungen getroffen werden. Als erstes "ökumenisches", also gesamtkirchliches Konzil gilt das nizänische im Jahr 325.   *(Birnstein – 60)*

Das erste Konzil von Nicäa
20. Mai 325. Unter Leitung des römischen Kaisers Konstantin der Große treffen sich mehr als 220 Bischöfe. Sie sollen eine Streitfrage klären, die die Kirche erschüttert: Sind Gott-Vater und Sohn eines Wesens - oder besteht zwischen ihnen ein Unterschied?

Die arianische Theologie: Arius ordnet Jesus seinem Vater, Gott, unter. "Gott ist als Grund alles Seins absolut allein ursprungslos", bekennt er; "der

Sohn, erzeugt vom Vater, ist weder ewig noch gleichewig wie der Vater, noch teilt er mit ihm das Ungezeugtsein." Für viele Christen stellt das einen Widerspruch etwa zum Anfang des Johannes-Evangeliums dar: "Am Anfang war das Wort, und das Wort war bei Gott".

Mit Druck und Geschick setzt er *[Konstantin]* als Leiter in schwierigen Verhandlungen eine Einigung durch: Die arianische Theologie wird als Irrlehre ausgeschlossen. Das feierlich formulierte Glaubensbekenntnis ("Nizänum") bezeichnet Christus in scharfem Gegensatz zu Arius als "wahrhaftigen Gott aus wahrhaftigem Gott, gezeugt, nicht geschaffen, wesenseins ("homo-ousios") mit dem Vater".

Mit einem Bann schließt das Bekenntnis: "Diejenigen aber, die sagen: es gab eine Zeit, zu der er [der Sohn Gottes] noch nicht war, und daß er aus einer anderen Natur oder einer anderen Wesenheit ist, oder daß der Sohn Gottes geschaffen, der Veränderung oder dem Wandel unterworfen ist - diese verdammt die katholische Kirche." *(Birnstein – 60)*

Neutestamentlicher Kanon
Der 39. Festbrief des Athanasius, zur damaligen Zeit Bischof von Alexandria, ... führte ... jene 27 Bücher als kanonisch an, die noch heute den Inhalt des Neuen Testaments bilden, obgleich er sie in einer anderen Reihenfolge auflistete. *(www.autobahnkirche.de/glossar)*

Das erste Konzil von Konstantinopel
Jahr 381, Konstantinopel. Das 2. ökumenische Konzil beendet den fünf Jahrzehnte andauernden "arianischen Streit" um das rechte Verständnis der Dreifaltigkeit (Trinität). Mit der Formulierung eines Glaubensbekenntnisses legt das Konzil das erste Dogma der Christenheit fest - bis heute bleibt es von orthodoxen, katholischen und protestantischen Kirchen anerkannt.

Neue theologische Begriffe schaffen Klärung: Gott, Christus und der Heilige Geist seien "Hypostasen", würden also selbständig existieren; gleichzeitig bilden sie eine Wesenheit ("Usia"). Der 325 *[Konzil von Nicäa]* verwendete strittige Begriff "homo-ousios" wird entschärft und bedeutet nun nicht mehr, daß Gott und Christus wesens*eins,* sondern wesens*gleich* seien.

Das 381 von Kaiser Theodosius nach Konstantinopel berufene Konzil erweitert das 56 Jahre zuvor in Nizäa formulierte Glaubensbekenntnis hauptsächlich um Aussagen über den Heiligen Geist, der nicht wie Christus aus Gott "gezeugt wurde", sondern der von Gott "ausgeht"... Mit diesem von fast allen Kirchen bis heute anerkannten Dogma wird die arianische Theologie endgültig zur Ketzerei erklärt. *(Birnstein – 61)*

Dogma - göttliche Autorität
Im christlichen Sinn bedeutet Dogma eine allgemein verbindliche und grundlegende Glaubenswahrheit. Obwohl Dogmen von Menschen formuliert werden, etwa auf Konzilien, erheben sie den Anspruch auf göttliche Autorität.

Die katholische Kirche nimmt für sich in Anspruch, Dogmen zu definieren, indem sie in einer "das christliche Volk zu einer unwiderruflichen Glaubenszustimmung verpflichtenden Form Wahrheiten vorlegt, die in der göttlichen Offenbarung enthalten sind", wie es im Katechismus heißt.

Die evangelischen Kirchen erkennen die altkirchlichen Dogmen nicht im Sinne einer unfehlbaren Lehräußerung an, sondern verstehen sie als Bekenntnisse.   *(Birnstein – 61)*

Hieronymos

Auch bei einem anderen großen Kirchengelehrten, dem frühen Dalmatier *Hieronymos* (347-419), ... vereinigen sich klassisch-griechische und biblische Überlieferungen. In seinen "Epistulae" heißt es:

Alle körperlosen und unsichtbaren vernünftigen Geschöpfe gleiten, wenn sie in Nachlässigkeit verfallen, allmählich auf niedere Stufen herab und nehmen Körper an je nach Art der Orte, zu denen die herabsinken: zum Beispiel erst aus Äther, dann aus Luft, und wenn sie in die Nähe der Erde kommen, umgeben sie sich mit noch dichteren Körpern, um schließlich an menschliches Fleisch gefesselt zu werden ... Dabei wechselt der Mensch seinen Körper ebensooft, wie er seinen Wohnsitz beim Abstieg vom Himmel zur Erde wechselt.

Und in einem Brief an Demetrius schreibt Hieronymos, daß "die Reinkarnationslehre unter den ersten Christen als geheime, den Laien nicht offenbarte Überlieferung behandelt und nur den Auserlesenen erklärt wurde." Aus diesen Zeugnissen geht hervor, daß sowohl Origenes als auch andere bedeutende frühchristliche Theologen, Philosophen und Kirchenlehrer ... die Ansicht vertraten, daß die Seelen der Menschen schon vor der Entstehung der materiellen Welt vorhanden waren.   *(Zürrer – 428)*

... Er [Hieronymus] übersetzte um 370 nach Christi Geburt die ganze Bibel in die lateinische Sprache. Der damalige Papst Damasus hatte ihn zu dieser Übersetzung aufgefordert. In einem Brief an Damasus berichtet nun Hieronymus über sein neues Bibelwerk. Darin sagt er, daß es eine gefährliche Anmaßung sei, eine Bibel schreiben zu wollen, welche den richtigen Text wiedergäbe. Denn die vorhandenen Abschriften des Urtextes, die über die ganze Welt zerstreut seien, wichen alle voneinander ab. Nun solle er den Schiedsrichter spielen...   *(Greber 2 – 12)*

Weiter schildert Hieronymus in seinem Briefe, wie die vielen Verschiedenheiten der Abschriften des ursprünglichen Textes zu erklären seien: "Manche Abschreiber haben in verbrecherischer Weise absichtlich gefälscht. Andere wollten in ihrer Anmaßung den Text verbessern, haben ihn jedoch in ihrer Unerfahrenheit noch mehr verdorben. Wieder andere haben beim Abschreiben geschlafen und dadurch manches ausgelassen, verkehrt gelesen oder an die verkehrte Stelle gesetzt."

... Später hat man an dieser Übersetzung des Hieronymus, die den Namen "Vulgata" führt, noch weitere Änderungen vorgenommen und dann auf dem

Konzil von Trient den Glaubenssatz aufgestellt, daß die Vulgata das "inspirierte Wort Gottes" enthalte. *(Greber 2 – 13)*

Dirk: "Für mich ist unbegreiflich, wieso sich die Christen mit solchen Haarspaltereien abgeben konnten, wie sie hier von den Konzilien berichtet werden. Jesus hat doch nie von sich behauptet, dass er Gott sei, er sprach immer nur von Gott als dem Vater."

Hans: "Die Kirche hatte wohl auch Machtaspekte zu beachten. Wenn man eine Staatsreligion vertritt, muss man eindeutige Lehrmeinungen formulieren und kann Abweichler nicht dulden. Und ich meine auch, dass den Menschen damals so komplexe und abstrakte Zusammenhänge wie die Schöpfung, die Geisterwelt Gottes und die Zusammenhänge mit der Reinkarnation nicht erklärt werden konnten. Was wir z. B. über die Schöpfung erfahren haben, war ja auch für uns schwer zu verstehen."

Vera: "Ich kann mir nicht vorstellen, dass Jesus je wollte, dass seine Lehre zu einer Staatsreligion werden würde."

6.5.5   5. Jahrhundert

Übersicht
In diesem Jahrhundert leben und sterben so bekannte Leute wie: Martin von Tours, Ambrosius von Mailand, Johannes Chrysostomos und Augustinus. Der heilige Patrick von Irland missioniert. Von Irland und Schottland aus werden bald darauf eine Vielzahl von Missionaren das Festland durchwandern und missionieren.

Unter den Händen rivalisierender Kaiser und Könige und miteinander kämpfender Völker wird andererseits das Christentum aber auch zum begehrten Spielball politischer Interessen.   *(www.autobahnkirche.de/geschichte)*

Augustinus
Der wohl bedeutendste Kirchenvater (Thagaste/Numidien 354 - Hippo Regius 430) hatte einen Heiden als Vater und eine Christin als Mutter. Nach Studien in Karthago war er u.a. dort und ab 384 in der kaiserlichen Residenz Mailand als Rhetoriklehrer tätig.   *(Elser 1 – 38)*

Dem Bischof von Hippo *[Augustinus]* gelang es, die erste große Synthese des philosophischen und theologischen Denkens zu erstellen, in die Strömungen des griechischen und lateinischen Denkens einflossen.   *(Enzyk. – 43)*

Der pelagianische Streit: ... Pelagius, ein in Britannien geborener, aber in Rom lebender und angesehener Mönch, fand mit seiner Lehre vom freien Willen viele Anhänger selbst in höchsten Kirchenkreisen. Gemeinsam mit seinem in Karthago lehrenden Gesinnungsgenossen Coelestius vertrat er die Meinung, der Mensch sei bei Geburt sündlos. Jeder Mensch habe die Möglichkeit, das Gute oder das Böse zu wählen.

Doch im 5. Jahrhundert war die Theologie bereits fortgeschritten auf dem Weg von der biblischen Lehre hin zum systematisch-theologischen Gedankengebäude. Augustinus' Lehre von der Erbsünde setzt sich schließlich durch. Der Mensch sei eben nicht gut von Geburt an, sondern sündig; nach dem Sündenfall erliege er der "Notwendigkeit, zu sündigen".

Augustin geht noch weiter. Jeder Mensch sei vorherbestimmt ("prädestiniert") zum Heil oder zum Unheil ("doppelte Prädestination"). Eigentlich hätten alle die Hölle verdient - doch als Zeichen der Barmherzigkeit habe Gott einige Seelen aus dem "Meer der Verdammnis" herausgehoben und zum ewigen Leben im Himmel auserwählt. Diese Auserwählung sei ebenso unerforschlich wie unerkennbar.

Die Pelagianer, allen voran Bischof Julian von Eclanum, trafen mit ihrer Kritik den wunden Punkt: Wenn alles vorherbestimmt sei, müsse ein Mensch sich ja gar nicht mehr um das Gute bemühen. Larmoyanz sei Folge der Prädestination. Augustin verneinte diese Verkürzung; gerade durch die Unkenntlichkeit der Erwählung habe jeder den Auftrag, gottgemäß zu leben. Synoden (in Karthago und in Ephesus) verurteilten die Pelagianer schließlich als Ketzer. Dennoch wird die von ihnen aufgeworfene Frage die Theologie der nächsten Jahrhunderte durchdringen: Ob der Mensch frei sei, das Gute zu tun - oder ob sein Geschick bereits vorherbestimmt sei. *(Birnstein – 64-65)*

Bischof/Papst Leo I.
440, Rom. Leo I. wird neuer Bischof. Mit seiner Theologie des Papsttums stützt sich Leo I. ganz auf den Apostel Petrus, dem im Matthäus-Evangelium die Schlüsselgewalt übertragen wird... Leo pocht nun darauf, daß alles, was für Petrus gegolten habe, auch für den Papst als dessen Nachfolger gelte. Erstmals gibt er dem Bischof von Rom eine Sonderrolle in der Gesamtheit der Bischöfe. *(Birnstein – 70)*

Das Konzil von Chalkedon
451, Chalkedon. Beim vierten ökumenischen Konzil wird Leos Schreiben "Epistola dogmatica ad Flavianum" von den rd. 600 anwesenden Bischöfen begeistert aufgenommen. Der Papst entwirft darin die Lehre von den zwei Naturen in Christus, die in der Person des Gottessohnes "unvermischt" und "ungetrennt" vorhanden seien.

Zwei-Naturen-Lehre: Leos Nachfolger bauen seine Zwei-Naturen-Lehre später zur sog. Zwei-Gewalten-Lehre aus. Bei ihnen heißt es dann, daß sich Göttliches und Menschliches auch im "Personenkern" der Christen wie die zwei Pole einer Ellipse miteinander verbinden könnten. *(Birnstein – 71)*

Um 498. Der Frankenkönig Chlodwig tritt zum Christentum über und legt damit den Grundstein für die Christianisierung ganz Europas. *(Birnstein – 11)*

6.5.6   6. Jahrhundert

Übersicht
Einer der herausragenden Figuren des 6. Jahrhunderts ist der Heilige Benedikt von Nursia. In Monte Casino gründet er 529 das erste große Kloster. Der Kernsatz der Ordensregel der Benediktiner lautet: Bete und arbeite. Die Regel des hl. Benedikt ist bis heute Grundlage vieler Ordensgemeinschaften.

Weite Teile Europas waren inzwischen zwar getauft. Das Christentum war aber noch lange nicht "in den Herzen der Menschen verwurzelt".

(www.autobahnkirche.de/geschichte)

Die Synode zu Konstantinopel (543)

Auf Drängen des byzantinischen Kaisers *Justinian I.* (527-565) wurde im Jahre 543 in Konstantinopel eine *Synode der Ostkirche* einberufen, die das erklärte Ziel hatte, die theologischen Differenzen um die Lehren des Origenes (der 300 Jahre zuvor gelebt hatte!) ein für allemal zu beenden. Diese Lehren wurden, ... durch die Synode mit neun *Anathemata* (Bannflüchen) belegt, wobei der für die Frage der Seelenpräexistenz und der Reinkarnation entscheidende erste Bannfluch lautet:

> Wenn einer sagt oder meint, die Seelen der Menschen seien präexistent gewesen, insofern sie früher Geistwesen und heilige Mächte gewesen seien, es habe sie aber Überdruß ergriffen an der Schau Gottes und sie hätten sich zum Schlechten gewendet, darum sei die göttliche Liebe in ihnen erkaltet ... und seien zur Strafe in Körper hinabgeschickt worden - der sei *anathema* (verflucht).

Außerdem wurden (im neunten Bannfluch) auch all diejenigen verflucht, die nicht glauben würden, daß es eine ewige Bestrafung der Dämonen und gottlosen Menschen gebe. All diese Verfluchungen geschahen auf die äußerst persönlich motivierte Anweisung von Kaiser Justinian (und dessen intriganter Gemahlin *Theodora),* der sich selbst als Oberherrn der Kirche verstand.

((Zürrer – 433-434)

Zweites Konzil von Konstantinopel (553)

Origenes' Lehre von der Präexistenz und der Reinkarnation der Seele wurde dann zehn Jahre später, also 553, durch *das fünfte ökumenische Konzil zu Konstantinopel* nochmals verurteilt, wobei inhaltlich ungefähr dieselben Bannflüche wie zehn Jahre zuvor ausgesprochen wurden. Dadurch wurde die Reinkarnationslehre offiziell zur "heidnischen Irrlehre" erklärt und rechtmäßig abgeschafft, und somit ist es jedem gläubigen und kirchentreuen Christen seitdem strengstens verboten, an die Reinkarnation zu glauben ... - Dies jedenfalls glauben bis zum heutigen Tage praktisch alle Kirchenhistoriker sowie auch der überwiegende Teil der weltweiten Christenheit.

Tatsächlich aber fiel das urchristliche Wissen um die Reinkarnation im Jahre 553 einem fatalen historischen Irrtum zum Opfer. Denn die vermeintlich offizielle Verfluchung der Wiedergeburtslehre war, wie oben beschrieben, lediglich auf eine persönlich motivierte Machtdemonstration des byzantinischen Kaisers Justinian zurückzuführen...

Aufgrund der Tatsache, daß sich Papst Vigilius geweigert hatte, am Konzil zu Konstantinopel teilzunehmen, wird von einigen fortschrittlichen katholischen Gelehrten neuerdings bezweifelt, ob dieses Konzil und die damaligen "Beschlüsse" überhaupt für die Katholiken kirchenrechtliche Gültigkeit besitzen, ob, mit anderen Worten, die Lehre von der Reinkarnation nicht nach wie vor ein Teil des kirchlichen Gedankengutes sei ...   *(Zürrer – 435-437)*

... Der Bannfluch aus dem Jahre 553 riß ein schwarzes Loch in die Sinngebung des Erdendaseins. Die Hoffnung auf die Rückkehr aller Geschöpfe zu Gott wurde zerschlagen und durch das Dogma von der ewigen Verdammnis all derer, die nicht auf die Kirche hören, ersetzt. An die Stelle der Wiedergeburt trat das Dogma von der Auferstehung des Leibes am Jüngsten Tag.

(Sailer 2 – 269)

... All das, was Luzifer mit der Menschheit vorhat, ist im Grunde Schwarze Magie. Und ihr könnt nicht aus Einzelpunkten oder Einzelfällen schließen, sondern es ist wie eine Tarnkappe, wo es kein Entrinnen gibt, wie Luzifer die Menschheit von geistigen Wahrheitserkenntnissen abschließt.

Sonst hätte es ja in den sogenannten Glaubensbekenntnissen, denen viele Milliarden Menschen angehören, schon die verschiedensten geistigen Fortschritte gegeben, wenn Luzifer die Zustimmung zur Veröffentlichung geistiger Wahrheiten gegeben hätte.

Jetzt braucht ihr nur zurückgehen auf das Urchristentum und auf das Konzil von Konstantinopel im Jahre 553, wo die geistigen Wahrheiten so richtig verdrängt wurden - unter Androhung des Bannfluches über diejenigen, die sie weiterhin lehren und nicht das von den Menschen Festgesetzte.

Ich versündige und verfehle mich nicht gegen irgendwelche Oberen, aber ich weiß, es tut vielen heute noch weh, daß sie damals so reagiert haben. Und sie sind immer wieder gekommen, um es wiedergutzumachen!

(* Emanuel 19 – 182-183)

Vera: "Ich empfinde die Entwicklungen im 5. und 6. Jahrhundert geradezu als tragisch für die Kirche. Allein schon das Ablehnen der Reinkarnation gibt der Kirche ziemlich viel Macht! Der Mensch hat ja demnach nur eine einmalige Chance, zu Gott zurückzukommen, und die wird durch die Kirche bestimmt."

Dirk: "Was die Reinkarnation anbetrifft: Wenn mehr Menschen von der Reinkarnation überzeugt wären, würden sie sich bestimmt anders verhalten und auf keinen Fall die Erde so ausbeuten wie heute, weil sie wissen, dass sie später selber damit leben müssen."

Hans: "Mir ist nicht klar, wieso Augustinus eine doppelte Prädestination lehrt und wie er das mit der Lehre von Christus vereinbart. Auf der anderen Seite hat er für die Entwicklung der Kirche auch viel Positives geleistet."

6.5.7   7. Jahrhundert

Übersicht
[Das 7. Jahrhundert] kennt relativ wenige "große Daten und Ereignisse". Und dennoch: Was damals geschah, wirkt sich noch heute aus ...

640 zum Beispiel werden die Serben christlich. Einige tausend Kilometer südlich wird zur gleichen Zeit Mohammed geboren. Und mit ihm der Islam.

In England gewinnt der römische Papst mit Hilfe der iroschottischen Mönche den Sieg über die Angelsachsen (664 Synode von Whitby). Damit setzt er zugleich auch römisches Denken durch: Und das bedeutet: Zentralisierung und Hierarchisierung. *(www.autobahnkirche.de/geschichte)*

Der Islam

September 622. Der in Mekka geborene Kaufmann Mohammed [570-632] (arabisch "der Gepriesene") zieht aus seiner Heimatstadt nach Medina, wo er mehr Gehör für seine Botschaft zu finden hofft. In den einsamen Bergen in der Umgebung des bedeutenden Umschlagplatzes für den Handel zwischen dem "Fruchtbaren Halbmond" in Südarabien und dem Mittelmeerraum hat Mohammed seit 610 häufig Visionen und Auditionen erlebt, bei denen er überzeugt ist, Gottes Stimme zu hören und den Erzengel Gabriel zu sehen.

Berufung zum Propheten: Mohammed sieht darin seine Berufung zum Propheten seines Volkes und beginnt, die ihm zuteil gewordene Offenbarung zu predigen. In glühenden Farben schildert er das Weltende, das Gericht am Ende aller Tage, bei dem die guten gegen die bösen Taten abgewogen werden, und malt die Paradiesesfreuden aus. Seine Landsleute sollen das gottlose Leben hinter sich lassen und sich ganz dem Willen Gottes hingeben.

Die göttliche Offenbarung, davon ist Mohammed überzeugt, ist nicht neu. Sie ist sowohl den Juden wie auch den Christen zuteil geworden, diese aber haben die wahre Tradition der Religion verfälscht. In seinen Augen vollendet der Islam, schon vor Mose und Jesus gestiftet, die monotheistischen Religionen.

Eine neue Religion wird geboren: In Medina gewinnt Mohammed rasch viele Anhänger. Hier erhalten die Institutionen des Islam ihre zum großen Teil bis heute gültige Fassung... Dem gläubigen Muslim sind fünf Hauptpflichten auferlegt: das Bekenntnis zu dem einen Gott ("Es gibt keinen Gott außer Allah"), ein fünfmaliges Gebet am Tage, das Almosengeben, das Fasten im heiligen Monat Ramadan und schließlich die Wallfahrt nach Mekka.

Mekka wird Zentrum des Glaubens: Acht Jahre nach seiner Emigration kehrt Mohammed im Triumphzug in seine Geburtsstadt zurück. Er reinigt die Stadt, indem er die zahllosen Götzenbilder aus der "Kaaba", dem alten arabischen Heiligtum, entfernt. Einer alten Tradition folgend, erklärt Mohammed, das Heiligtum sei von Abraham zusammen mit seinem Sohn Ismael als Heiligtum Allahs und als Pilgerzentrum erbaut worden. So erhält die Kaaba als Ziel der islamischen Wallfahrt ihren ursprünglichen Sinn zurück. Sie symbolisiert zugleich die Stellung des Islam als die Vollendung der monotheistischen Religionen. Abraham als Urvater des Glaubens empfing die göttliche Offenbarung, noch bevor Moses die Gesetzestafeln erhielt und Jesus als Prophet auftrat.

Eine Heilige Schrift und der "Pfad": Die Hauptquelle der göttlichen Offenbarung ist der Koran, den Othman, einer von Mohammeds Nachfolgern, zusammenstellt und der das ewig gültige, noch vor der Erschaffung der Welt aufgeschriebene Gotteswort enthält. Der Koran ist nicht nur göttlich und ewig, er ist zugleich ein Spiegel der Anfechtungen eines Menschen, der sucht, irrt und verzagt, der mit Gott hadert und von ihm zurechtgewiesen und getröstet wird.

Der Siegeslauf des neuen Glaubens: Mit unglaublicher Geschwindigkeit breitet sich der Islam aus. Als Mohammed 632 stirbt, haben sich nahezu alle arabischen Stämme dem Islam zugewandt. Das religiöse Leben hat zugleich eine feste Form gefunden: In der Moschee (arabisch 'masgid' - Ort der Niederwerfung) hat die Gemeinde ihren Mittelpunkt als Ort des Gebetes, sie wird zum sozialen Zentrum. Ihre finanzielle Basis erhält sie durch feste Steuern und die für jeden Gläubigen verpflichtende freiwillige Abgabe des Almosens. Die "gemeinsame Anstrengung auf dem Wege Gottes" (dschihad), der Krieg gegen die Ungläubigen, dient der Verteidigung und der Ausbreitung des Islam.   *(Birnstein – 100)*

Der Koran und Jesus
"O Schriftleute, überschreitet nicht eure Religion und saget von Gott nichts als die Wahrheit. Wahrlich, der Messias, Jesus, der Sohn Marias, ist der Gesandte Gottes und sein Wort, das er getan hat in Maria, und ein Geist von ihm. So glaubet an Gott und seine Gesandten, und saget nicht: Dreiheit. Lasset dies, euch zum Guten. Wahrlich, Gott ist ein Einheitsgott; erhaben ist er, einen Sohn zu besitzen."   *(Koran – 4.169)*

Das dritte Konzil von Konstantinopel
7. November 680, Konstantinopel. Kaiser Konstantin Pogonatus (668-685) eröffnet im Kuppelsaal des kaiserlichen Palastes das 6. ökumenische Konzil (später das 3. Konzil von Konstantinopel genannt).   *(Birnstein – 102)*

Es wurde definiert: Es gibt in dem einen Christus, dem fleischgewordenen Wort, zwei Willen und zwei Energien, göttlich die eine, menschlich die andere, untrennbar, ohne Vermischung miteinander vereint, zusammenwirkend zum Heil des Menschengeschlechts. Der als Sohn Gottes vom Himmel herab in die Welt gekommene und Mensch gewordene Jesus Christus hat durch seinen stellvertretenden (Sühne-)Tod am Kreuz Gott für die Sünden der ganzen Menschheit *Genugtuung* geleistet, und diese Wiedergutmachung ... gilt vor Gott als zureichend. Als geistliche *Wiedergeburt* versteht man die Bedingung, unter der die Menschen der durch Christi Tod erlangten Versöhnung mit Gott teilhaftig werden.   *(Bellinger – 118)*

6.5.8   8. Jahrhundert

Übersicht
Das achte Jahrhundert steht - zumindest unter deutscher Sicht- ganz unter dem Namen Bonifatius. In einem - für frühmittelalterliche Verhältnisse - reifen Alter von 40 Jahren erhält Winfried Bonifatius den Auftrag, Germanien zu missionieren.   *(www.autobahnkirche.de/geschichte)*

Das zweite Konzil zu Nizäa

24. September 787, Nizäa. Die siebte ökumenische Synode (auch: zweites Konzil zu Nizäa) geht zu Ende. Unter der Führung von Kaiserin Irene von Konstantinopel, vormundschaftliche Regentin für ihren Sohn, und unter Vorsitz des byzantinischen Patriarchen Tarasius wird beschlossen, eine fromme Verehrung von Bildern, dazu den Gebrauch von Weihrauch und Kerzen als gottgefällig zuzulassen.

"Bilderverehrer" gegen "Bilderstürmer": Die Entscheidung des Konzils soll den bereits 50 Jahre währenden Streit um die Frage beenden, welche Würde bildlichen Darstellungen von Christus, Maria und den Heiligen zukommt. Zwei Parteien stehen gegeneinander: Die "Bilderverehrer" stehen dafür ein, daß Bilder zwar nicht angebetet werden dürfen, aber doch die göttliche Gegenwart repräsentieren. Die "Bilderstürmer" dagegen wollen alle Bilder aus den Kirchen entfernen, denn sie halten ihre Verehrung für Aberglauben.

Die Juden kannten diese Art der Frömmigkeit nicht, und auch die Muslime verachteten die Christen nicht zuletzt wegen ihres Kniefalls vor Bildern, für sie war diese Verehrung des Monotheismus nicht würdig, Allah nicht bildlich faßbar. *(Birnstein – 108)*

6.5.9 9. Jahrhundert

Das neunte Jahrhundert ist das Jahrhundert Karls des Großen. Er schafft ein einheitliches europaweites Reich und ist gleichzeitig Hüter der Kirche. Weihnachten 800 krönt ihn Papst Leo III. in Rom zum Kaiser. Spätestens jetzt kann man von einem "christlichen Abendland" im heutigen Sinn sprechen. Militärischen Eroberungen Karls folgen - teils brutale - Zwangsmissionierungen (z.Beispiel: Sachsen).

Rom findet sich nach Karls Tod alleingelassen und den Intrigen und Machtspielen regionaler Machthaber um Rom ausgeliefert. Das Papsttum wird hineingerissen in den Sumpf von politischer Gewalt, machtlüsternen Intrigen, feigem Verrat und kalkuliertem Mord, von Ämterkauf und sexueller Ausschweifung. Betrug, Mord und Todschlag stehen fast auf der vatikanischen Tagesordnung. 44 Päpste besteigen den Papstthron allein zwischen 882 (Papst Johannes VIII.) und 1049 (Papst Leo IX.), ein Personalbedarf, der unter normalen Umständen für 500 Jahre und mehr gereicht hätte! *(www.autobahnkirche.de/geschichte)*

Im Jahre 869 geschah etwas, dessen Folgen im abendländischen Denken noch heute nachwirken: Beim seinerzeitigen 8. Konzil zu Konstantinopel wurde die alte Dreigliederung von Leib, Seele und Geist verworfen und der Geist als Wesensbestandteil des Menschen quasi abgeschafft. Der Mensch bestand nunmehr bloß noch aus dem Körper und einer sündigen Seele, und wollte er letztere für die Ewigkeit retten, so war er auf die kirchlich verwalteten Gnadenmittel angewiesen.

Dieser verhängnisvolle Konzilsbeschluß hatte schließlich auch die Trennung der Ostkirche von der Westkirche zur Folge. *(Passian 2 – 27)*

6.5.10 10. Jahrhundert

In dieser Epoche wird die Kirche in Deutschland konsequent in die Herrschaftsstrukturen eingebunden. Die Könige geben Bischöfen Anteil an der Macht, machen sie zu Fürsten mit großem und weitreichenden Einfluß.

Da die Bischöfe ehe- und kinderlos sind und somit keinen familiären- oder Sippeninteressen unterliegen, erhoffen sich die Könige und später die Kaiser von ihnen besondere Treue, Verbundenheit und Verläßlichkeit.

Dafür beanspruchen sie entscheidende Mitspracherechte bei der Bischofsernennung. Dieses System, das im günstigen Fall durchaus zu beider Seiten Vorteil gelingen konnte, trug in sich den Keim des Mißbrauchs ("Vetternwirtschaft", "Ämterkauf"). Der Konflikt mit Rom war vorprogrammiert.

Zumal, wenn die Kaiser sich bei der Besetzung des Papststuhls einmischten. Das geschah oft genug sogar zum Besten der Kirche.

(www.autobahnkirche.de/geschichte)

6.5.11 11. Jahrhundert

Übersicht

Der Kampf darum, wer in der Kirche und im Reich das Sagen und das letzte Wort hat, ist als "Investiturstreit" bekannt. Dieser Streit fand 1077 mit dem Bußgang nach Canossa einen Höhepunkt, aber noch lange nicht das Ende. Papst Gregor VII. schien zwar vordergründig "Sieger" über König Heinrich IV. zu sein. Aber kurz danach entbrannte der Streit um so heftiger, gegenseitige Absetzungen, Bannsprüche, militärisch ausgefochtene Machtkämpfe zwischen der königlichen und der päpstlichen Partei bleiben an der Tagesordnung.

Doch vielleicht weitreichender und folgenschwerer wurde die Auseinandersetzung des Papstes mit Byzanz. Der Patriarch von Konstantinopel fühlte sich im Kampf gegen die islamischen Sarazenen von Rom verraten und verkauft; er sammelt "Glaubensgründe" gegen den Papst. Diese theologischen Streitigkeiten führen dann zum großen Schisma von 1054. Seither gibt es die Westkirche (römischkatholisch) und die Ostkirchen (Orthodoxe). Zum ersten Mal in der Geschichte des Christentums kann man nicht einfach nur von "der Kirche" sprechen. *(www.autobahnkirche.de/geschichte)*

Die Trennung der Ostkirchen von der westlichen Christenheit beruhte im wesentlichen darauf, daß sie den Anspruch des Bischofs von Rom (d.h. des Papstes) auf absolute Autorität ablehnten. Die Orthodoxen lehnten auch die von der westlichen Kirche dem Nicäischen Glaubensbekenntnis hinzugefügte Klausel ab, wonach der Heilige Geist nicht nur vom Vater, sondern auch vom Sohn ausgehe. *(Metz – 354)*

Der erste Kreuzzug
27. November 1095, Clermont. Zum Abschluß der Synode von Clermont in Südfrankreich hält Papst Urban II. (1088-1099), einst Mönch in Cluny, auf freiem Feld außerhalb der Stadt eine Rede, die weltgeschichtliche Bedeutung

erlangen wird. Inmitten von mehreren hundert Äbten und Bischöfen und Tausenden von Rittern ruft er zum bewaffneten Kampf gegen die türkischen Seldschuken auf, um das Heilige Land mit Jerusalem aus der Herrschaft der "Ungläubigen" zu befreien.

Papst Urban ... verspricht den Kämpfern in seiner Rede den Nachlaß aller Sündenstrafen. Sollten sie im Kampf sterben, erwarte sie Vergebung aller Sünden und ewiges Leben.

Die Antwort der Versammlung ist ein tausendstimmiges "Deus lo volt! Gott will es!" ... Die ersten Züge, meist ungeordnete Haufen von Abenteurern und armen Bauern, erreichen ihr Ziel nicht. Sie richten hingegen unter den "Ungläubigen" im eigenen Land, den Juden, furchtbare Blutbäder an (z. B. in Mainz und Köln).   *(Birnstein – 142)*

15. Juli 1099. Die Kreuzfahrer erstürmen Jerusalem und errichten das Königreich Jerusalem (bis 1187) unter Gottfried von Bouillon.   *(Birnstein – 128)*

Hans: "Wenn ich hier mal kurz zurückschaue, muss ich feststellen, dass die Kirche als Organisation enorm erfolgreich geworden war: Nach römischem Vorbild gut durchorganisiert mit effizienten Machtstrukturen, großes Verbreitungsgebiet, mächtige Verbündete und wirtschaftlich erfolgreich."

Dirk: "Aber sie hatte jetzt auch den Islam als 'Konkurrenz'. Soweit ich weiß, waren die islamischen Herrscher zunächst sogar ziemlich tolerant und hatten nichts gegen die Christen."

Vera: "Aber es musste doch auch allmählich eine Gegenbewegung einsetzen. Die Christen mussten sich doch klar darüber werden, dass diese Verweltlichung und diese kriegerische Gewalt nicht im Sinne von Jesus war!"

Lisa: "Das gab es auch schon. Wir haben ja Texte z. B. über Hildegard von Bingen zusammengestellt, die auch auf diese Verweltlichung hingewiesen hat."

6.5.12 12. Jahrhundert

Übersicht

Die kommenden Jahrhunderte haben ein neues Thema: Die Auseinandersetzung mit dem Islam und der arabischen Expansion. Längst hat der Islam Arabien, Nordafrika, Spanien erobert. Er ist bis Indien vorgedrungen. Israel, das Heilige Land ist bedroht.

1119 gründen französische Ritter zum Schutz der Pilger im Heiligen Land den "Templer-Orden". In Spanien kann König Alfons I. von Arragon einen Teil Spaniens den Muslimen wieder entreißen.

In der zweiten Hälfte des 12. Jahrhunderts beginnen die weiteren Kreuzzüge. Dem Zisterziensermönch Bernhard von Clairveaux gelingt es, in feurigen Predigten den deutschen und französischen König und die Ritterschaften Europas für den Kreuzzug zu begeistern.

1187 wird Jerusalem von den Sarazenen erobert und das christliche Heer vernichtend durch Saladin geschlagen.   *(www.autobahnkirche.de/geschichte)*

Hildegard von Bingen (1098-1179)

Leben: Hildegard von Bingen wurde 1098 als zehntes Kind einer Adelsfamilie in Bermersheim geboren... 1151 bezog Hildegard ihr selbsterbautes Frauenkloster Rupertsberg bei Bingen.

Die kluge Frau schrieb Briefe an Päpste, Fürsten und Bischöfe... Auf ihren Reisen klagte Hildegard öffentlich den Reichtum der Bischöfe, die Verweltlichung des Klerus, Unglauben sowie geistigen und sittlichen Verfall im Volk an. Gleichermaßen lag ihr das leibliche Wohl des einzelnen am Herzen. Sie widmete sich Kranken und Bedürftigen, die hilfesuchend zu ihr auf den Rupertsberg kamen.

Nach eigenen Worten besaß sie "vom Mutterschoße an" die Gabe der visionären Schau, die sie zunächst verborgen hielt. Erst ab 1141 schrieb sie das, was sie schaute, nieder. *(Birnstein – 177)*

"Im Jahre 1141, als ich 42 Jahre und sieben Monate alt war, da kam vom geöffneten Himmel ein feuriges Licht mit Blitzesleuchten, durchströmte mein ganzes Gehirn und durchglühte mir Herz und Brust gleich einer Flamme, die jedoch nicht brannte, sondern nur erwärmte, wie die Sonne einen Gegenstand erwärmt, auf den sie ihre Strahlen sendet. Und plötzlich erschloß sich mir der Sinn der Psalmen, der Evangelien und der übrigen katholischen Bücher des Alten und Neuen Testamentes."

Das Buch "Scivias" - "Wisse die Wege" - erregte die Aufmerksamkeit des damaligen Papstes *Eugen III.* Nachdem er Hildegards Sehergabe durch den Bischof von Verdun genauestens hatte prüfen lassen, sandte er ihr ein Anerkennungsschreiben, in dem er ihr für das Buch dankte und sie zum weiteren Schreiben ermunterte. Damit war ihre visionäre Arbeit amtlich anerkannt; Hildegard wurde quasi über Nacht im gesamten christlichen Abendland berühmt.

Das ... Werk "Liber Divinorum Operum", das "Buch von den göttlichen Werken", schrieb sie von 1163 bis 1168. Diese Kosmos-Schrift beschreibt die ewigen Zusammenhänge im Wirken Gottes, den Bauplan des Universums, den Rhythmus der Natur, der Schöpfung und des Lebens. *(ESO 9/97 – 35-38)*

Der Mensch, so weiß sie, ist mit Leib und Seele vom kosmischen Geschehen abhängig. Allein durch die Kraft der Elemente und mit Hilfe der übrigen Geschöpfe wird er am Leben erhalten. Sein Handeln wirkt sich unweigerlich auf das Weltganze aus. Und deshalb ist seine Verantwortung gegenüber der Schöpfung von allen Lebewesen am größten. Aber der Mensch verschuldet seinen eigenen Untergang. *(Terhart – 89)*

Weite Verbreitung finden auch Hildegards Kenntnisse der Heil- und Naturkunde. *(Birnstein – 177)*

6.5.13 13. Jahrhundert

Übersicht

Es ist das Jahrhundert der Hochscholastik. In ihm leben und sterben so große Theologen wie Thomas von Aquin (+1274), Bonaventura (+1274), der "doctor universalis" Albertus Magnus (+1280), Hochschullehrer in Köln und

Paris ... Es ist aber auch das Jahrhundert aufgewühlter religiöser Erneuerung, apokalyptischer Ängste, schwärmerischer und sozialer Bewegungen.

Wie verunsichert die offizielle Kirche auf diese Aufbrüche reagiert, zeigt das Verbot von Ordensgründungen.

Nachdem Jerusalem von Kreuzfahrern in einer blutigen Schlacht zwischenzeitlich zurückerobert werden konnte, geht Jerusalem 1244 der Christenheit endgültig verloren. Rund 50 Jahre später ist das gesamte Kreuzzugsunternehmen gescheitert: *(www.autobahnkirche.de/geschichte)*

Lisa: "In den Kreuzzügen kamen über 5 Millionen Menschen um: durch Schwert, Hunger, Krankheit und Erschöpfung. Das habe ich gelesen. Sogar Kinder wie ich haben einen Kreuzzug mitgemacht." *[vgl. SPIEGEL 17/00 - 113]*

Papst Innozenz III. (1198-1216)
Papst Innozenz III. ... hob die maßlose Selbstüberschätzung des Papsttums noch weiter an. Die Päpste waren nun nicht mehr bloß "Stellvertreter Petri", sondern "Stellvertreter unseres Erlösers Jesu Christus" und "Beherrscher der Welt". Und man habe "dem Papst zu gehorchen, selbst wenn er Böses befiehlt". *(Mynarek – 215)*

Das 4. Laterankonzil
Das 4. Laterankonzil *[11.-30. November 1215 unter Papst Innozenz III.]*, verpflichtet die Gläubigen zur jährlichen Osterbeichte, lehrt die Wesensverwandlung von Brot und Wein in der Eucharistie ... *(Birnstein – 121)*

Thesen zur Schöpfung
Der Theologe *Robert Grosseteste* erklärte im 13. Jahrhundert: "Gott ist der erste Vermesser. Er legt Zahl, Gewicht und Größe von allem fest." Dieser Gelehrte formulierte auch als erster Gedanken, die der heute populären Urknall-Hypothese frappierend gleichen: Das Universum entstand aus einem Punkt uranfänglichen Lichts, der sofort zu wachsen begann und so die Sphäre unseres Universums formte. *(PM 12/99 – 67)*

Franz von Assisi (1181-1226)
Giovanni Bernardone, der später unter dem Namen Franz von Assisi bekannt wurde, verbrachte als Sohn eines reichen Tuchhändlers eine sorglose Jugend. Im Alter von 27 Jahren nahm sein Leben unter dem Eindruck einer Predigt über die Aussendung der Jünger (Mt 10,5 ff) eine dramatische Wendung: Er sah sich dazu berufen, jeglichen Besitz aufzugeben und als Wanderprediger die Menschen zur Umkehr zu Gott zu führen.

Orden nimmt Gestalt an: Noch während Franz predigend durch Italien und dessen Nachbarländer zieht, entwickelt sich aus der um ihn versammelten "Bußbrüderschaft" ein fester Orden, der sich "Minderbrüder" nennt. Schon bald sind die straff organisierten Klostergemeinschaften in ganz Europa verbreitet. In Universitätsstädten finden sie schnell Anschluß an die

Hochschulen und errichten wie die Dominikaner eigene Studienhäuser.

(Birnstein – 166)

Die Inquisition

Zuerst führte Friedrich II. die Folter beim Verhör, lebenslange Kerkerhaft für reuige, und den Feuertod als Strafe für hartnäckige Ketzer ein, als er Häretiker in Oberitalien verfolgte (1224).

Päpstliche Inquisition: Gregor IX. übernimmt im Januar 1231 die Bestimmungen Friedrichs II., ausgenommen die Folter, und macht die Inquisition zu einer päpstlichen Einrichtung. Angeklagte erhalten keinen Gerichtsbeistand, die Namen der Zeugen werden verschwiegen. Verurteilte können keine weitere Instanz anrufen.

Hingerichtete erhalten kein kirchliches Begräbnis, selbst ihre Nachkommen werden gesellschaftlich boykottiert... 1252 erlaubt Papst Innozenz IV. auch die Folter, um Geständnisse zu erzwingen. Der Tod auf dem Scheiterhaufen wird damit begründet, daß so wenigstens die Seele der Ketzer durch das Fürbittgebet der Kirche gerettet werden könne.   (Birnstein – 169)

Vera: "Die Inquisition ist für mich eine der schlimmsten und unverständlichsten Sünden der Kirche. Zum Glück bestätigen auch heutige Kirchenvertreter, dass dies eine unglaubliche Entgleisung war."

Albertus Magnus (1200-1280)

Albertus Magnus, eigentlich Graf Albertus von Bollstädt, wurde im schwäbischen Lauingen geboren und galt während seiner Lebenszeit als Universalgenie.

Aber nicht nur die antike Philosophie, die er mit der christlichen Theologie zu vereinigen trachtete, auch die Kabbala, jüdisch-arabisches Gedankengut, die Astrologie und naturwissenschaftliches Denken waren ihm nicht fremd.

Überhaupt war sein Denken ganzheitlich ausgerichtet, er betrachtete den Kosmos als "krafterfüllte Gestalten-Ganzheit".   (Terhart – 91-92)

Thomas von Aquin (1225-1274)

1252, Paris. Auf Vorschlag seines Lehrers Albertus Magnus wird Thomas von Aquin an das Studienzentrum der Dominikaner in Paris berufen. Seine Vorlesungen und Schriften machen ihn zum bedeutendsten christlichen Denker des Mittelalters. Bis in die Gegenwart gilt seine Zusammenschau von Theologie und Philosophie als richtungweisender Ausdruck universalen Geistes.   (Birnstein – 172)

Arabische Gelehrte hatten im 12. und 13. Jahrhundert die Texte der antiken griechischen Philosophen im Abendland wieder bekannt gemacht. Jetzt herrschte an den Domschulen und neuen Universitäten Europas Streit: darüber, ob die rationale Weltsicht der alten Griechen (vor allem die des Aristoteles) mit der christlichen Offenbarung kollidiere. Beides gilt, behauptete der Dominikaner Thomas von Aquin.

"Summa Theologiae", nichts weniger als die Synthese des gesamten philosophisch-theologischen Wissens seiner Zeit. Vor allem die besorgte Frage vieler Gelehrter jener Zeit, wo denn Gott bliebe, wenn man alle Phänomene der Welt rational erklären wolle, beantwortete der Dominikaner geschickter als so mancher Theologe späterer Jahrhunderte. Sein Postulat: Glaube und Vernunft seien keine Gegensätze; denn wer die Welt bis ins letzte rational erklären könne, der gelange damit unweigerlich zur Erkenntnis Gottes. Andererseits aber sei diese Erkenntnis mit dem Verstand *allein* nicht zu erreichen. Auch sei die christliche Offenbarung keineswegs un-, sondern über-vernünftig. Und letztendlich sei jeder nur Gott und seinem Gewissen verantwortlich - ja befehle es das Gewissen, die Kirche zu verlassen, so müsse man ihm folgen.

(GEO Epoche 1/99 – 122)

'Meister' Eckhardt (1260-1328)

1260, Thüringen. In der Nähe von Gotha kommt "Meister" Eckhart zur Welt. Er wird ein geistreicher Theologe und begeisternder Volksprediger. Seine ungewöhnlichen Lehren über die Vereinigung der Seele des Menschen mit Gott machen ihn zum bedeutendsten Vertreter der deutschen Mystik.

Angeregt durch die Mönchsreformen wuchs das Interesse am Evangelium und der Nachfolge Jesu. Die prunkvolle Feudalkirche mit ihren formelhaft-dogmatischen Lehren konnte dem Vergleich mit dem einfachen Leben Jesu und seiner Botschaft nicht standhalten. Mit der wachsenden Mündigkeit der Laien gingen ein großer Bildungshunger und ein religiöses Interesse einher, dem auf reichere und tiefere Weise entsprochen werden mußte.

Eckhart wird angeklagt, glaubensgefährliche Lehren zu verbreiten. Eckhart jedoch sieht die wesentliche Aussage seines Werkes, daß etwas unerschaffenes, unerschaffbares von göttlichem Adel (das "Seelenfünklein") im Menschen sei, grob mißdeutet.

(Birnstein – 176)

Im Jahr 1326 - Meister Eckhart war inzwischen etwa 70 Jahre alt - leitete der Erzbischof von Köln das Inquisitionsverfahren gegen ihn ein. Man hatte in der bis heute üblichen Manier einige Sätze seiner Volkspredigten aus dem Zusammenhang gerissen, um sie zu verdrehen und gegen ihn zu verwenden... [Meister Eckhart] bescheinigte ... seinen Anklägern "reichliche Bosheit oder gröbliche Unwissenheit". Ihr Irrtum liege darin, daß sie alles, was sie nicht verstehen, für verkehrt halten und das Verkehrte wiederum für Ketzerei...

[Zunächst wurde er freigesprochen. Später wurde ihm dennoch in Avignon der Prozeß gemacht.]

Noch während des Prozesses starb er in Avignon unter unbekannten Umständen. Zwei Jahre später fiel die Entscheidung von Papst Johannes XXII.: "Mit Schmerz müssen wir aussprechen, daß einer unserer Zeitgenossen in Deutschland, Eckhart mit Namen ..., ohne nach Maßgabe des Glaubens sich einfach zu bescheiden, mehr wissen wollte als andere, indem er sein Gehör von der Wahrheit abgekehrt und Fabeleien sich zugewendet hat. Verführt von jenem Vater der Lüge ... hat dieser Mann im Widerspruch mit der son-

nenklaren Wahrheit des Glaubens auf dem Acker der Kirche Dornen und
Disteln angesät und mit großem Fleiße Gift und Unkraut in die Halme schie-
ßen lassen ..." *(Sailer 2 – 70-71)*

Konzil zu Lyon (1274)
Die ewige Verdammnis in der Hölle: Die logische Fortführung der Erb-
sündenlehre schlägt sich im folgenden Dogma nieder: "Die Seelen jener, die
in einer Todsünde oder im Stand der Erbsünde aus dem Leben scheiden,
steigen dann in die Hölle hinab, um dort mit ungleichen Strafen belegt zu
werden." (aus dem 2. allgemeinen *Konzil zu Lyon,* 1274)
Anstelle der hoffnungsfrohen Wiederversöhnung der gefallenen Seelen
mit Gott durch einen allmählichen Fortschritt über mehrere Leben hinweg
(nach Origenes) trat so dieses im Grunde zutiefst widerchristliche Dogma der
"ewigen und unwiderruflichen Verdammnis". Nach dieser Lehre ist jeder
Mensch zur ewigen Höllenstrafe bestimmt, der stirbt, ohne eine *christliche
Taufe* erhalten zu haben, die als unabdingbare Voraussetzung des Heils dargestellt wird. Dies gilt sowohl für noch nicht getaufte Säuglinge und Kleinkinder als auch für die sogenannten "Heiden" (Andersgläubige), die das
Christentum und dessen Dogmen entweder gar nicht kennen oder aber nicht
angenommen haben. *(Zürrer – 441-442)*

6.5.14 14. Jahrhundert

Übersicht
Das vierzehnte Jahrhundert steht für das Aufkommen der Renaissance
und den gleichzeitigen Verfall des Papsttums. Es ist eines der dunkelsten
Kapitel der Kirche. Anfang des Jahrhunderts bereits geraten die Päpste unter
den Einfluß Frankreichs und müssen nach Avignon umsiedeln (1309) und
bleiben dort bis 1377. Papst Gregor XI. kehrt nach Rom zurück. Ein Jahr später setzt Frankreich einen Gegenpapst durch. *(www.autobahnkirche.de/geschichte)*

Eschatologie
Was geschieht nun tatsächlich mit der Seele, nachdem diese im Augenblick des Todes ihren physischen Körper verläßt? Für ihre Beantwortung
schuf die Kirche die sogenannte "Lehre von den letzten Dingen" *(Eschatolo-
gie). Papst Benedikt XII.* schreibt in der Constitutio "Benedictus deus" vom 29.
Januar 1336:
Die Seelen der Gerechten sind und werden sein im Himmel und im Paradies sofort nach ihrem Tod, und zwar auch noch vor der Wiedervereinigung mit ihrem Leib und vor dem allgemeinen Gericht ... Sie schauen die
göttliche Wesenheit in unmittelbarer Schau. Ferner bestimmen wir: Wie
Gott allgemein angeordnet hat, steigen die Seelen derer, die in einer tatsächlichen schweren Sünde verscheiden, sofort in die Hölle hinab, wo sie
von höllischen Qualen gepeinigt werden. Aber trotzdem werden am Tage
des Gerichtes alle Menschen vor dem Richter-Stuhl Christi in ihrem Leibe
erscheinen und Rechenschaft geben über ihre eigenen Taten.

Im Anschluß an den Tod des Körpers erfolgt also ein "besonderes Gericht" mit vorläufiger Belohnung oder Bestrafung, vielmehr Läuterung *(Fegefeuer)*, und nach einer ungewissen Wartezeit dann noch einmal das allgemeine letzte Gericht am sogenannten *Jüngsten Tag*.

(Zürrer – 443-444)

John Wyclif (1330-1384)

Die Urkirche als Vorbild: Für Wyclif ist die Heilige Schrift einzige Grundlage des Glaubens. Das Vorbild Jesu, der Apostel und der Urkirche sind Maßstab für die Erneuerung der Kirche. Unter den Tugenden der Barmherzigkeit (Mt 25,35f) stellt er Christi Armut, Demut und geduldiges Leiden in den Vordergrund. Davon ist in der von Habgier, Herrschsucht und Gewalttätigkeit zerfressenen Kirche seiner Zeit nichts zu finden. Hier kann nur eine Radikalkur helfen: die Enteignung der Kirche durch die weltliche Macht. Nur so kann sie wieder zur wahren, geistlichen und apostolischen Kirche werden, die sich einzig um die Not der Menschen und die ewigen Güter bemüht. Empört setzen sich Weltklerus und besitzende Orden zur Wehr und verklagen Wyclif in Rom.

(Birnstein – 193)

6.5.15 15. Jahrhundert

Übersicht

Dieses Jahrhundert bringt den Höhepunkt der Renaissance. Das zeigen so berühmte Namen wie: Erasmus von Rotterdam, Theologe und humanistischer Philosoph; die Maler Michelangelo, Leonardo da Vinci und Raffael ... Gutenberg entdeckt den Buchdruck (1445)... Gleichzeitig aber wütet in Spanien aufs Grausamste die Inquisition gegen Mauren, Juden, Katharer und Waldenser. 1483 wird Luther geboren, 1484 Zwingli. Die Päpste in Rom zeichnen sich aus durch Kunstverstand und Bauwut ...

(www.autobahnkirche.de/geschichte)

Konziliarismus

Konziliarismus bezeichnet die vom Konstanzer und Baseler Konzil angewandte Lehre, daß das Allgemeine Konzil über dem Papst steht... Am radikalsten formuliert das Konzil von Konstanz am 6. April 1415 seine Vollmacht: "Diese heilige ("haec sancta") Synode zu Konstanz erklärt, daß sie, im Heiligen Geist rechtmäßig versammelt, ein allgemeines Konzil abhaltend und die katholische Kirche repräsentierend, von Christus unmittelbar Vollmacht hat. Ihr ist ein jeder, welchen Standes und welcher Würde auch immer, einschließlich der päpstlichen, in denjenigen Stücken zu gehorchen verpflichtet, die sich auf den Glauben beziehen, auf die Ausrottung des besagten Schismas und auf die Reform der Kirche an Haupt und Gliedern."

(Birnstein – 198)

Jeanne d'Arc (1412-1431)

Jeanne verläßt im Dezember 1428 ihr Elternhaus. Überzeugt, von Gott in einer Vision zur Befreiung ihres Landes berufen zu sein, dringt die Siebzehnjährige zu Karl VII. vor und führt das französische Heer an, dem die Befreiung der belagerten Stadt Orleans geling, die Wende des Krieges.

Der mutigen Kriegerin wird vorgeworfen, daß sie sich direkt von Gott, der Jungfrau Maria und den Heiligen zu ihrer Sendung berufen glaubt. Im ersten Verhör fragt sie der Richter: "Glaubt Ihr nicht, der Kirche Gottes auf Erden unterworfen zu sein, das heißt dem Herrn Papst, den Kardinälen, Erzbischöfen, Bischöfen und anderen Prälaten der Kirche?" Jeanne antwortet knapp: "Ja, doch zuerst muß ich dem Herrn dienen." Daraufhin wird sie zu lebenslanger Kerkerhaft verurteilt. Nach Rücknahme des abgepreßten Widerrufs ihrer göttlichen Sendung wird sie in einem zweiten Prozeß als Rückfällige exkommuniziert, dem weltlichen Gericht ausgeliefert und am 30. Mai 1431 auf dem Scheiterhaufen verbrannt. *(Birnstein – 169)*

Konzil zu Florenz (1438-45)

Aus der Gefahr einer ewigen Verdammnis selbst für alle nichtgetauften Christen ergibt sich die scheinbar unentbehrliche Gnadenfunktion einer unfehlbaren Amtskirche und die Heilsnotwendigkeit der priesterlichen Vermittler, da sämtliche nicht im institutionalisierten kirchlichen System lebenden Menschenseelen ungeachtet ihrer jeweiligen Lebensführung oder ihres Glaubens zur ewigen Verdammnis in der Hölle verurteilt sind: "Niemand außerhalb der katholischen Kirche, weder Heide noch Jude, auch kein Ungläubiger oder ein von der Einheit der Kirche Getrennter wird des ewigen Lebens teilhaftig, vielmehr verfällt er dem ewigen Feuer." (Beschluß des Konzils zu Florenz, 1438-45) *(Zürrer – 442)*

Hans: "Es gab wohl viele, die auf die Fehler der Kirche hinwiesen und diese verbessern wollten. Dagegen wehrte sich die Kirche nur noch dogmatischer und noch gewaltsamer."

Dirk: "Aber es bahnen sich ja auch endlich Reformen an."

6.5.16 16. Jahrhundert

Übersicht

Das 16. Jahrhundert ist das Jahrhundert der Reformation. Vieles trägt zu dieser Entwicklung bei: Da ist einmal das veränderte geistige Klima der Epoche, das gewachsene Selbstbewußtsein (Humanismus) der Menschen, ihr Anspruch auf Selbstverantwortung (beginnender Individualismus), der die am Subjekt und an moralischer Eigenverantwortung orientierte reformatorische Frömmigkeit mehr entsprach als die eher an Gemeinschaft und Gehorsam orientierte katholische Mentalität.

Dem hatte eine degenerierte Kirche - zumal in Rom - wenig entgegenzusetzen. In den entscheidenden Jahren sitzt ein Medici auf dem Papstthron, dem Glaube, Theologie und Kirche weniger bedeuten als Kunst, prachtvolle Hofhaltung und Machtpolitik.

Der Buchdruck und die damit gegebene Publizität der Gedanken spielt eine wichtige Rolle und macht die Reformation zu einer Massenbewegung.

Die Übersetzung der Bibel durch Martin Luther ins Deutsche erlaubt den Gläubigen einen eigenen Einblick in die Quellen des Glaubens und macht sie damit kritischer und unabhängiger. *(www.autobahnkirche.de/geschichte)*

Der Ablasshandel

1517 schreibt Papst Leo X. einen Ablaß aus, um Geld für den Bau der Peterskirche in Rom zu beschaffen. Die Hälfte der Einkünfte soll der Papst erhalten, die andere Hälfte Erzbischof Albrecht von Mainz.

Erzbischof Albrecht von Mainz war der päpstliche Ablaßkommissar in Deutschland ... 1517 faßt er in einer umfangreichen Instruktion an seine Kommissare die Lehre vom Ablaß zusammen und legt die Höhe der zu zahlenden Gebühren fest:

"Um die Gnade der vollkommenen Sündenvergebung zu erlangen, soll jeder, der gebeichtet hat oder zum mindesten die Intention hat, zu gehöriger Zeit zu beichten, in jeder der 7 Kathedralkirchen in Rom je 5 Pater Noster und 5 Ave Maria beten. Wenn er aber aus gewisser Ursache verlangt, daß ihm die Romreise erlassen wird, kann das geschehen, jedoch muß dafür eine Kompensation in einem größeren Betrag erfolgen. Taxen je nach Stand und Vermögen ... Der Ablaßbrief behält seine Kraft, der Ablaßbrief kann auch für Verstorbene gekauft werden, die im Fegefeuer sind." *(Birnstein – 224-225)*

Martin Luther (1483-1546)

31. Oktober 1517, Wittenberg. Martin Luther, Augustinermönch und Professor an der kursächsischen Universität Wittenberg, schickt Erzbischof Albrecht von Mainz einen Brief, in dem er sich über die Ablaßprediger beklagt. Er legt 95 Thesen bei, mit denen er zu einer wissenschaftlichen Disputation über das Ablaßwesen aufruft, an der auch auswärtige Theologen teilnehmen sollen. *(Birnstein – 225)*

Einige der 95 Thesen Luthers

1. Da unser Herr und Meister Jesus Christus spricht: Tut Buße! (Mt 4,17), hat er gewollt, daß alles Leben der Gläubigen Buße sein soll.

8. Die kirchlichen Bußgesetze sind bloß den Lebenden auferlegt und können die Sterbenden gar nicht treffen.

21. Es irren die Ablaßkommissäre, die sagen, daß der Ablaß des Papstes den Menschen von jeder Strafe erlöse und errette.

27. Menschliches predigen diejenigen, die das sagen: "So das Geld im Kasten klingt, so die Seel' aus dem Fegfeuer springt."

32. Diejenigen, welche wegen der Ablaßbriefe ihrer Seligkeit gewiß zu sein glauben, werden samt ihren Lehrern ewiglich verdammt.

36. Jeder Christ, der wahre Reue empfindet, erhält vollkommene Erlassung der Strafe und der Schuld, die ihm auch ohne Ablaßbriefe gebührt.

86. Oder: Warum baut der Papst, der doch reicher ist als der reichste Crassus, die eine Peterskirche nicht mit seinem eigenen Gelde, statt mit dem Gelde der armen Gläubigen? *(PM-History 4/98 – 33-36)*

Reformatorische Entdeckung

Luther lehrt an der Universität, was er selbst gelernt hat: Trotz des Sündenfalls kann sich der Mensch für das Gute entscheiden. Wenn er "gute Werke" verrichtet wie Beten, Fasten oder Almosengeben und sich ansonsten auf die Gnadenangebote der Kirche verläßt, kann er Gott zufriedenstellen. Doch Luther findet bei dieser Lehre keine Ruhe. Er weiß nie, ob der strenge Gott wirklich mit ihm zufrieden ist.

Eine Entdeckung in der Bibel, genauer im Römerbrief des Paulus, wird ihm zur befreienden Erkenntnis. Wenn dort von der Gerechtigkeit Gottes (Römer 1,17) die Rede ist, bezieht sich dies nicht, wie er bisher gelehrt worden war, auf den richtenden Gott, der die Guten belohnt und die Bösen straft, sondern auf den barmherzigen Gott, der den Sünder aufgrund seines Glaubens annimmt. Die Botschaft von der Rechtfertigung des Menschen allein aus Gnade ("sola gratia"), allein aus Glauben ("sola fide") wird zum Zentrum reformatorischer Predigt.

Die "guten Werke" sind bei Luther nun nicht mehr die Voraussetzung der Rechtfertigung, sondern deren Konsequenz. Luther beschreibt es später so: "Also fließt aus dem Glauben die Liebe zu Gott und aus dieser Liebe ein freies, williges, fröhliches Leben, dem Nächsten zu dienen umsonst."

(Birnstein – 226)

Luther und die Juden

1543 forderte Luther in seiner Schrift "Von den Juden und ihren Lügen": "Daß man ihre Synagogen oder Schulen mit Feuer anstecke, und was nicht verbrennen will, mit Erde überhäufe und beschütte, daß kein Mensch einen Stein oder Schlacke davon sehe ewiglich. Und solches soll man tun unserem Herrn und der Christenheit zu Ehren, damit Gott sehe, daß wir Christen seien ..."

(Langbein – 223)

Erasmus von Rotterdam (um 1466-1536)

Der gelehrte Humanist Erasmus plädiert dafür, "daß die Heilige Schrift von Laien in der Volkssprache gelesen werde", und bestreitet, daß Christus nur "von einem kleinen Häuflein von Theologen verstanden werden könne".

Erasmus' Gedanken über die Reform der Kirche und der Theologie sind ganz biblisch orientiert. Seine "Philosophie Christi" geht von der Bergpredigt aus. Denn hier spreche Christus selbst, "der einzigartige Urheber des rechten Wissens und seligen Lebens". So muß auch die christliche Wahrheit seiner Meinung nach einfach und klar sein, eine Wahrheit zum Leben und Sterben für jeden Menschen. Einfach und schlicht solle der Christ leben, alle bestehenden Mißstände müßten abgeschafft werden..

(Birnstein – 216)

Ausbreitung des Protestantismus

Etwa zur gleichen Zeit, als sich in Deutschland das Luthertum herauszubilden begann, bereitete sich in der Schweiz eine weitere Loslösung vom römischen Katholizismus vor: Huldreich Zwingli (1484-1531) und später Johannes Calvin (1509-1564) führten die schweizerische protestantische Reformation an, die auf die weitere Entwicklung des Protestantismus einen entscheidenden Einfluß nehmen sollte. Die schweizerische und die deutsche Bewegung gingen dabei jedoch getrennte Wege, da Luther und Zwingli bzw. Calvin über die ritualistische Feier des Abendmahls - des Sakraments der Eucharistie - geteilter Meinung waren. Während die Schweizer auf einer rein symbolischen Auffassung des Abendmahls bestanden, blieben die Lutheraner bei dem Glauben, daß das Feiern dieses Sakraments einen mystischen Charakter habe und Leib und Blut Christi im unverwandelten Brot und Wein real gegenwärtig seien. Aufgrund dieser und weiterer Differenzen zwischen Luther und Zwingli bzw. Calvin spaltete sich der frühe Protestantismus in die lutherische und die "reformierten" Kirchen. *(Horn – 400-401)*

Kopernikus und das neue Weltbild (1543)

Die Erde galt von jeher als unverrückbarer Mittelpunkt des Universums - bis Nikolaus Kopernik *[Kopernikus]* die These verkündete, die Erde drehe sich um die eigene Achse und kreise, wie alle Planeten, um die Sonne. Mit dieser für jene Zeit ungeheuerlichen Behauptung stellte sich der Domherr aus dem ostpreußischen Frauenburg gegen die eigene Kirche, die damals mächtigste Kraft der geistigen Welt. *(GEO Epoche 1/99 – 129)*

"Der Narr will die ganze Astronomie umkehren", rief Dr. Martin Luther wütend, als er von Kopernikus' Ideen erfuhr. "Aber die Heilige Schrift sagt uns, dass Joshua die Sonne still stehen ließ - und nicht die Erde!"*(PM 7/02 – 60)*

Das Konzil von Trient (1545-1563)

4. Dezember 1563. Nach 18jähriger Dauer endet das Konzil von Trient, das als Reaktion der katholischen Kirche auf die Reformation gilt. Ein Bündel von Reformen schafft die Voraussetzung für einen moderneren Katholizismus. Das Konzil bildet zugleich den Auftakt der Gegenreformation. Die tridentinischen Beschlüsse lassen sich in drei Themenkreisen zusammenfassen:

Schrift und Tradition: Die Konzilsväter betrachten die apostolischen Traditionen, also die kirchliche Überlieferung, "mit der gleichen Ehrfurcht" wie die Heilige Schrift. Damit grenzen sie sich von Luther ab, der "allein die Schrift" als Offenbarungsnorm gelten läßt.

Erbsünde und Rechtfertigung: Ausgangspunkt der Festlegungen ist die vom Protestantismus abweichende Annahme, daß der Mensch von Natur aus nicht völlig "verderbt" ist. Er soll und kann an seinem Heil mitwirken, sein eigenes Tun kann "verdienstlich" sein.

Sakramente: Das Konzil schreibt die Siebenzahl der Sakramente fest. Es bestätigt die Lehre von der Wesensverwandlung von Brot und Wein und erklärt die Messe als Opferhandlung. *(Birnstein – 257)*

Katechismus

Katechismus (griechisch *katechismos:* Unterricht, Lehre), christliches Lehrbuch in Frage- und Antwortform... Die Katechismen erlangten in der ersten Phase der Reformation große Bedeutung, weil Martin Luther großen Wert auf Religionsunterricht für Kinder legte. Der erste offizielle Katechismus der katholischen Kirche, der *Römische Katechismus* oder auch *Katechismus Pius V.*, wurde vom Trienter Konzil erarbeitet und 1566 veröffentlicht. Dabei handelte es sich nicht um ein Lehrbuch, sondern um ein Kompendium zur Anleitung für Priester und Lehrer. Katechismen für den Volksgebrauch wurden von dem Jesuiten Peter Canisius erarbeitet und in den Jahren 1555 bis 1558 veröffentlicht. *(www.autobahnkirche.de/glossar 'Katechismus')*

Hans: "Das haben wir späteren Reformatoren zu verdanken, bis in unsere Zeit. Vor nicht allzu langer Zeit wäre eine gemischt-konfessionelle Familie wie wir es sind noch undenkbar gewesen."

Vera: "Was mir aber auch aufgefallen ist - selbst ein so reformatorischer Geist wie Luther hatte Schwierigkeiten, sich für neue naturwissenschaftliche Erkenntnisse zu öffnen. Außerdem hat er sich scharf gegen die Juden gewandt, wo doch selbst Jesus am Kreuz diesen verziehen hat."

Dirk: "Er war halt nur ein Mensch und auch den Versuchungen ausgesetzt. Ideen wie die des Kopernikus waren damals wirklich revolutionär und schwer zu begreifen und zu akzeptieren."

Giordano Bruno (1548-1600)

Brunos Konflikt mit der Kirchenobrigkeit reicht weit zurück. Schon 1566, als 18-Jähriger, zweifelte der Dominikaner zum ersten Mal insgeheim an der Wahrheit der Dreifaltigkeit. Mit 19 Jahren entfernte er die Heiligenbilder aus seiner Mönchszelle und betete nur noch vor dem Kreuz - man warf ihm Missachtung der Heiligen vor. 1576 verließ er seinen Orden - und wurde zum Ketzer abgestempelt.

An den Universitäten vieler Städte lehrte Bruno, und er veröffentlichte mehrere philosophische, wissenschaftliche und theologische Werke.

(PM 3/00 – 38)

In seiner Schrift "Vom Unzählbaren, Unermesslichen und Unvorstellbaren" weist Bruno daraufhin, dass wir die eigentliche Wirklichkeit nicht erkennen können, und berührt damit den indischen Begriff der "maya", der äußeren Wirklichkeit als Sinnestäuschung: ... Wahre Erkenntnis gewinnt man nach Bruno nur, wenn man im eigenen Innern jenes "allwissende" Licht findet, von dem die Mystiker berichten und Menschen, die eine Nahtoderfahrung gemacht haben.

Die Seele ist dabei für Bruno vom Körper unabhängig und kann ihn verlassen, ohne zu vergehen oder beschädigt zu werden: "Die Seele verhält sich zur Materie wie der Baumeister zum Haus oder der Schiffsherr zu seinem Schiff."

(ESO 6/00 – 58-60)

Lehrte er doch "schreckliche und vollständig absurde Sachen" (so ein Zeitgenosse) - zum Beispiel, dass die Erde sich um die Sonne dreht und nicht umgekehrt, dass der Kosmos unendlich ist und die Fixsterne ebenfalls Sonnen sind, dass sich hinter dem Saturn noch weitere Planeten befinden, dass die Erde an den Polen abgeflacht ist und Nord- und Südpol von Zeit zu Zeit ihre Position vertauschen. *(ESO 5/00 – 46)*

Für Bruno ist alles lebendig, auch die Sonnen und Planeten, alles ist beseelt, alles bewegt sich, alles verändert sich, alles ist miteinander verbunden.

Brunos Gottesvorstellung: "Gott ist das Unendliche im Unendlichen, die Allgegenwart in allem, nicht über dem Universum oder außerhalb desselben, sondern auf höchste Weise in allem anwesend, allem immanent ..."

Und es gibt noch weitere Parallelen zwischen Brunos Denken und der altindischen Philosophie. Er glaubt zum Beispiel an Karma und Wiedergeburt und meint, die menschliche Seele müsste "weiter und weiter das Verhängnis der ewigen Veränderung durchlaufen und je nachdem in andere bessere oder schlechtere Lebensweisen und Schicksale eingehen, als sie sich besser oder schlechter in ihrer nächst vorangegangen Lebenslage und unter den eben überstandenen Verhältnissen geführt hat." *(ESO 5/00 – 51)*

Brunos Werke standen weiterhin auf dem vom Vatikan aufgestellten Index der verbotenen Bücher - bis 1965. *(PM 3/00 – 38)*

Dirk: "So ein moderner und aufgeschlossener Geist! Und im Geschichtsunterricht hieß es, er sei öffentlich wegen seiner Aussagen verbrannt worden!"

6.5.17 17. Jahrhundert

Übersicht
Für viele Menschen in ganz Europa bringt dieses Jahrhundert Elend und Leid, Verfolgung und Unterdrückung. Europa ordnet sich religiös-kirchlich und machtpolitisch neu. 30 Jahre, von 1618-1648 tobt auf deutschem Boden ein Krieg zwischen protestantischen Mächten, angeführt von dem schwedischen König Gustav Adolf, und den katholischen Mächten.

(www.autobahnkirche.de/geschichte)

Galileo Galilei (1564-1642)
22. Juni 1633, Rom. Der italienische Wissenschaftler Galileo Galilei muß vor der römischen Inquisition geloben, nicht länger zu behaupten, die Erde drehe sich um die Sonne... Im Widerspruch zwischen der Schrift oder der kirchlichen Lehre und den Naturwissenschaften behauptet Galileo den Vorrang der Wissenschaft, die zu Gewißheiten der Vernunft führe. Die Vernunft wird also dem Glauben und der Kirche übergeordnet *(Birnstein – 291)*

Der dreißigjährige Krieg (1618-1648)
Während des Dreißigjährigen Krieges (1618-48) erstachen, lynchten, vergewaltigten und vertrieben Christen ohne Gewissensbisse die Anhänger der

jeweils anderen Konfession. In diesem Krieg zwischen Protestanten und Katholiken war jede Greueltat erlaubt. Kaum vorstellbar, daß dieser Krieg im Namens des christlichen Gottes geführt wurde! Auch hier ging es nicht nur um Glauben: Die katholischen Herrscher fürchteten um ihre Macht, die Bürger waren selbstbewußter und beugten sich nicht mehr widerspruchslos dem Adel. Das Luthertum war zum Symbol des Protests geworden.

Der *[Krieg]* sollte der "Entscheidungskampf" zwischen den Konfessionen werden, entwickelte sich aber zum Machtkampf zwischen den europäischen Herrscherhäusern. *(PM History 90624, Nr. 14-76)*

Protestanten wie Katholiken nahmen die Dienste des Teufels auch für ihren Propagandakrieg in Anspruch: Für protestantische Pastoren war der Papst der Antichrist, und bei katholischen Exorzismen wurde berichtet, daß die Dämonen protestantische Lehren priesen, als sie schreiend aus den Körpern ihrer Opfer flüchteten. *(Russel – 227)*

René Descartes (1596-1650)

1637 erschien sein erstes philosophisches Traktat, "Abhandlung über die Methode des richtigen Vernunftgebrauchs" - ein Bestseller. Descartes stellte darin die Frage, wie ein Mensch sicher sein könne, dass sein Leben nicht ein einziges Träumen sei. Das Einzige, was Bestand habe, sei der Zweifel an allem Wissen. Immerhin, das Zweifeln bedeute, dass der Mensch ein denkendes Wesen sei: "Ich denke, also bin ich" - wenigstens diese Gewissheit hätten wir.

Als denkendes, wenn auch unvollkommenes Wesen sei der Mensch zudem in der Lage, sich ein vollkommenes Wesen, d.h. Gott, vorzustellen. Dies genüge als Beweis, dass tatsächlich Gott existiert, meinte Descartes. Denn wie sollte ein unvollkommenes Wesen über einen Gottesbegriff verfügen, wenn der Glaube an Gott ihm nicht angeboren wäre? *(PM 8/01 – 62)*

Trotz seiner mechanistischen Betrachtungsweise akzeptierte Descartes die traditionelle religiöse Doktrin von der Unsterblichkeit der Seele und behauptete, dass Geist und Körper zwei unterschiedliche Substanzen seien. Somit unterwarf er den Geist nicht den mechanistischen Naturgesetzen und bekannte sich zur Freiheit des Willens.

(www.autobahnkirche.de/glossar 'Abendländische Philosophie')

Isaac Newton (1643-1727)

Der Begründer der Physik, Isaac Newton (1643 -1727), konnte zu seiner Idee einer Fernkraft (Gravitation) nur dadurch gelangen, dass er als Alchimist magische Kräfte annahm, und als Christ an einen allmächtigen Gott glaubte, der solche Kräfte schaffen konnte... Einverstanden waren die Zeitgenossen mit Newtons Antwort auf die Frage: "Wie kommt es, dass die Natur nichts vergeblich tut, und woher stammt all die Ordnung und Schönheit, die wir in der Welt sehen?" Natürlich von Gott. *(PM 12/99 – 67)*

Die große Leidenschaft bei der Entdeckung der Naturgesetze, von der die Revolutionäre der Wissenschaft ergriffen wurden, beruhte nicht zuletzt auf dem Gefühl, ein göttliches Wissen wiederzuerlangen, das durch den Sündenfall verloren gegangen war. Endlich hatte der menschliche Geist die Grundsätze göttlichen Wirkens verstanden. Vor ihm waren die ewigen Gesetze der Schöpfung ausgebreitet; das göttliche Handwerk stand vor ihm, entschleiert durch die Wissenschaft. *(Tarnas – 379)*

6.5.18 18. Jahrhundert

Übersicht
Nur unter Wehen kommt die Neuzeit zur Welt! Und aufs Ganze gesehen, gehört die katholische Kirche noch zur alten Welt! Sie tut sich schwer mit dem neuen Denken, mit protestantischer Freiheit und Selbstbewußtsein. Mit aller ihr noch verbliebenen Macht kämpft sie gegen erneute Bestrebungen, Nationalkirchen unabhängig von Rom zu errichten ...

(www.autobahnkirche.de/geschichte)

Vernunft und Aufklärung
In der europäischen Welt der Philosophie dominierten damals zwei Schulen: der Rationalismus und der Empirismus. Der Rationalismus lehrt, dass der Mensch die Welt nur mittels seiner Vernunft erklären kann; der Empirismus, dass Wissen nur durch Erfahrung zu Stande kommt. *(PM 6/01 – 53)*

Emanuel Swedenborg (1688-1772)
Er war zu seiner Zeit so etwas wie ein Universalgelehrter, der Techniker und Theosoph EMANUEL SWEDENBORG. 1688 kam er als Sohn eines Theologieprofessors und Bischofs in Stockholm zur Welt.

Im Jahre 1745 stellte der angesehene Akademiker von einem Tag auf den anderen seine wissenschaftliche Tätigkeit ein. Daß er sich von nun an mit okkultistischen Fragen beschäftigte, erstaunte Swedenborgs Zeitgenossen um so mehr, als bisher nichts darauf hingewiesen hatte, daß er sich je für derartiges interessieren, geschweige denn begeistern könne. Dem Ganzen war ein Erlebnis in London vorausgegangen. Swedenborg hatte in einer Vision die Öffnung des dritten Auges erfahren... Gott hatte ihm, wie er es ausdrückte, für immer "freien Zugang zu der geistigen Welt, ihren Bewohnern" gestattet, denn "nach dem Hinübergang bilden Himmel und Erde eine Einheit".

Einer der meistzitierten und aufsehenerregendsten Fälle von spontanem Hellsehen stellt seine Vision des großen Brandes von Stockholm im Jahre 1759 dar. Während er zu Besuch in Göteborg weilte, "sah" er das fünfhundert Kilometer entfernte Stockholm in Flammen stehen. Swedenborg konnte genaue Details der Feuersbrunst schildern, beschrieb, daß sein eigenes Haus zwar bedroht sei, aber nicht zu Schaden kommen würde, und erklärte um acht Uhr abends, daß man das Feuer nun im Griff habe. "Gottlob, der Brand ist gelöscht, die dritte Tür von meinem Hause." *(Terhart – 147-149)*

Der Mensch der Kirche weiß heutzutage kaum etwas über Himmel und Hölle, sowie über sein Leben nach dem Tode, obwohl sich alles im Worte Gottes beschrieben findet. Viele Angehörige der Kirche leugnen sogar diese Dinge, indem sie bei sich sprechen: "Wer ist von dort zurückgekommen und

hat davon berichten können?" Damit nun ein solches Leugnen, wie es besonders bei Gebildeten herrscht, nicht auch jene anstecke und verderbe, die einfältigen Herzens und Glaubens sind, wurde mir verliehen, mit den Engeln zusammen zu sein und mit ihnen zu reden, wie ein Mensch mit dem andern.
(Swedenborg – 12)

Wenn der Körper seine Funktionen in der natürlichen Welt nicht länger erfüllen kann, sagt man, der Mensch sterbe... Dennoch stirbt der Mensch nicht, sondern wird nur von dem Körperlichen getrennt, das ihm in der Welt gedient hatte. Der Mensch selbst lebt. Ich sagte, der Mensch selbst, denn der Mensch ist nicht Mensch durch seinen Körper, sondern durch seinen Geist. Hieraus geht hervor, daß der Mensch im Tode nur von der einen Welt in die andere hinübergeht. Aus diesem Grunde bedeutet der "Tod" im inneren Sinn des Wortes die Auferstehung und das Fortleben. *(Swedenborg – 193)*

Johann Wolfgang von Goethe (1749-1832)
Der wohl bedeutendste deutschsprachige Dichter machte sich auf dem Gebiet der (Natur-)Philosophie einen Namen. Seine Welt- und Lebenssicht hat er teils in literarischen Arbeiten (z. B. "Faust" oder "Maximen und Reflexionen"), teils in naturwissenschaftlichen bzw. naturphilosophischen Schriften niedergelegt. *(Elser 2 – 133)*

Die Erde als lebendiger Organismus: *[An Eckermann:]* "Ich denke mir die Erde mit ihrem Dunstkreise gleichnisweise als ein großes lebendiges Wesen, das im ewigen Ein- und Ausatmen begriffen ist." *(Seiling – 56-57)*

Sein Glaube an Geister: An Lavater (Nov. 1781): "Ich bin geneigter als jemand, noch an eine Welt außer der sichtbaren zu glauben, und ich habe Dichtungs- und Lebenskraft genug, sogar mein eigenes beschränktes Selbst zu einem Schwedenborgschen Geisteruniversum erweitert zu fühlen."
(Seiling – 63)

Sein Glaube an die Fortsetzung des Lebens im Jenseits: Im "Brief des Pastors usw." (1772) heißt es: "Ich überlasse alle Ungläubigen der ewigen wiederbringenden Liebe und habe das Zutrauen zu ihr, daß sie am besten wissen wird, den unsterblichen und unbeflecklichen Funken, unsere Seele, aus dem Leibe des Todes auszuführen und mit einem neuen und unsterblich reinen Kleide zu umgeben." *(Seiling – 104)*

Einmal (im Mai 1824) sagt er: "Wenn einer fünfundsiebzig Jahre alt ist, kann es nicht fehlen, daß er mitunter an den Tod denkt. Mich läßt dieser Gedanke in völliger Ruhe, denn ich habe die feste Überzeugung, daß unser Geist ein Wesen ist ganz unzerstörbarer Natur, es ist ein fortwirkendes von Ewigkeit zu Ewigkeit, es ist der Sonne ähnlich, die bloß unsern irdischen Augen unterzugehen scheint, die aber eigentlich nie untergeht, sondern unaufhörlich fortleuchtet." *(Seiling – 108)*

Sein Glaube an die Reinkarnation: Bald darauf versucht Goethe seine starke Neigung zu Frau von Stein mit den folgenden, an Wieland gerichteten Worten zu erklären: "Ich kann mir die Bedeutsamkeit, die Macht, die diese

Frau über mich hat, anders nicht erklären, als durch die Seelenwanderung. Ja, wir waren einst Mann und Weib!" *(Seiling – 115)*

Dirk: "Von dieser Seite Goethes haben wir in der Schule noch gar nichts gehört!"

Hans: "Ich bin auch erstaunt, wie viel spirituelles Gedankengut zu dieser Zeit noch lebendig war, gerade auch bei so hoch angesehenen Persönlichkeiten wie Goethe."

Vera: "Goethes mystische Seite war mir wiederum seit langem bekannt. Das folgende Gedicht von ihm passt gut hierher. Es hat mich zum Nachdenken angeregt."

Der Mensch ist ein dunkeles Wesen,
er weiss nicht,
woher er kommt, noch wohin er geht,
er weiss wenig
von der Welt und am wenigsten
von sich selbst.

6.5.19 19. Jahrhundert

Übersicht

Der Kirchenstaat war bereits 1809 aufgehoben, der Papst gefangengesetzt worden. In Deutschland ist die Kirche enteignet worden. Doch bereits 1848 erhält der Kirchenstaat eine neue Verfassung und der Papst kehrt zurück.

Der äußeren Machtgrundlagen beraubt, sucht die katholische Kirche Halt und Sicherheit "innen". Einmal in der Betonung des Papsttums und des Zentrums Rom... Zum anderen aber auch in einer pastoralen, religiösen Erneuerung vor allem auch in Deutschland. Das zeigte sich nicht zuletzt auch in ihrer Sensibilität für die soziale Frage.

Die Betonung der päpstlichen Macht führte 1871 zur Unfehlbarkeitserklärung des I. Vatikanischen Konzils: sie stellt die Kirche in Deutschland vor eine Zerreißprobe und führt zur Abspaltung der Altkatholischen Kirche.

(www.autobahnkirche.de/geschichte)

Papst Gregor XIV: Die Enzyklika "Mirari vos" (1832) des Papstes Gregors XIV. (1831 -1846) wendet sich gegen die vermeintlich so schädliche Gewissens- und Meinungsfreiheit mit folgenden Worten: "Aus dieser ganz verdorbenen Quelle des Indifferentismus floss die absurde und irrige Meinung oder vielmehr Verrücktheit, jedem Menschen sei Gewissensfreiheit zuzuerkennen und zu garantieren. Zu diesem höchst verderblichen Irrtum führte die volle und unbeschränkte Meinungsfreiheit, die zum Schaden der Kirche und des Staates sich überallhin ausbreitete und von der einige höchst unverschämt behaupteten, sie gereiche der Religion zum Vorteil". *(Mynarek – 218)*

1854: Papst Pius IX. erklärt das Dogma von der unbefleckten Empfängnis Mariens. *(Birnstein – 323)*

Kritische Bibelforschung

1835. Das Buch "Das Leben Jesu, historisch betrachtet" erscheint. Der Verfasser des zweibändigen Werkes, der junge Theologe und Studienleiter am Tübinger Stift David Friedrich Strauß (1808-1874), vertritt darin eine radikale These: Die Erzählungen des Neuen Testamentes über das Leben des Jesus von Nazareth seien samt und sonders Mythen und Erfindungen.

Braucht der Glaube Tatsachen? Strauß hat mit seinen Thesen an den Grundfesten der Theologie gerüttelt... Strauß vertritt die Auffassung, der innere Kern des christlichen Glaubens sei von einer kritischen Einschätzung biblischer Erzählungen unabhängig: "Christi übernatürliche Geburt, seine Wunder, seine Auferstehung und Himmelfahrt bleiben ewige Wahrheiten, so sehr ihre Wirklichkeit als historische Fakta (Tatsachen) angezweifelt werden mag".

(Birnstein – 346)

Religion ist Illusion

In seinem Hauptwerk "Das Wesen des Christentums" (1841) stellt *Ludwig Feuerbach* die These auf, daß die Religion nicht aus einer jenseitigen Offenbarung stamme. Sie sei vielmehr aus dem Wunsch des Menschen geboren, die Grenzen seiner Sterblichkeit und Unvollkommenheit zu überwinden:

Karl Marx kommt zu dem Ergebnis: "Religion ist Opium für das Volk". Die Religion insgesamt müsse also zerstört werden, denn erst dann könne eine Welt entstehen, in der der Mensch Herr seiner selbst ist. Beide Elemente, das philosophische wie das politische, machen den Marxismus und seine Anhänger zu entschlossenen Gegnern des Christentums und der Kirchen.

Religion als Geistesschwäche: Aus einer ganz anderen Quelle speist sich die philosophische Kritik von Arthur Schopenhauer (1788-1860) am Christentum.

Das Christentum sei eine Gedankenwelt, die bar aller unmittelbaren Empfindungen sei. Es ist, so formuliert Schopenhauer, "eine auf chronische Geistesschwäche berechnete Metaphysik".

(Birnstein – 349)

Jakob Lorber (1800-1864)

Exakt zu jenem Zeitpunkt, an dem Jakob Lorber seine erste gesicherte und annehmbar bezahlte Stellung als zweiter Kapellmeister in Triest angeboten bekommen hatte, erfolgte seine geistige Berufung am 15.3.1840: nach dem Morgengebet hörte Lorber innerlich in Herzensgegend deutlich vernehmbare Worte:

"Steh auf, nimm deinen Griffel und schreibe!" Der Aufforderung gehorchend, erhielt er sofort die ersten Seiten der 'Haushaltung Gottes' (3 Bände über die Schöpfung, Abfall der Engel, Geschichte der Urmenschheit bis Noah) durch diese innere Stimme wörtlich diktiert...

Seitdem schrieb er 24 Jahre bis zum Tod mit nur kurzzeitigen Unterbrechungen die *innerlich hörbaren, wörtlichen Diktate nieder, als deren Urheber sich Jesus Christus oder Engel in Jesu Auftrag bezeichneten.*

(www.j-lorber.de/jl/lorber/prophet.htm)

Dirk: "Lorber hat insgesamt 25 Bände verfasst, davon 10 als 'Das große Evangelium des Johannes'. Nicht umsonst hat man ihn die 'Schreibkraft Gottes' genannt."

Charles Darwin (1809-1882)

24. November 1859, London. Der Naturforscher, Mediziner und Theologe Charles Darwin veröffentlicht sein grundlegendes Werk "Die Entstehung der Arten". Er stellt darin die These auf, daß die auf der Erde lebenden Organismen das Ergebnis einer langen Evolutionsgeschichte sein müssen - nicht also das Resultat eines göttlichen Schöpfungsaktes. Darwins Theorie stößt bei den Kirchen auf starken Widerstand. *(Birnstein – 356)*

Charles Darwin: "Ich habe nie die Existenz Gottes verneint. Ich glaube, dass die Entwicklungstheorie absolut versöhnlich ist mit dem Glauben an Gott. - Die Unmöglichkeit des Beweisens und Begreifens, dass das großartige, über alle Maßen herrliche Weltall ebenso wie der Mensch zufällig geworden ist, scheint mir das Hauptargument für die Existenz Gottes."

(Zelenka – 44-45)

Erstes Vatikanisches Konzil (1869-1870)

Der Konzilsbeschluß des Ersten Vatikanums "Pastor aeternus" (1870) verankert kirchenrechtlich die Vorrangstellung des Papstes und seine Unfehlbarkeit in Glaubensfragen:

1. Über den Primat des Papstes: Wenn jemand sagt, der römische Bischof habe nur das Amt der Aufsicht und der Leitung, nicht aber die volle und oberste Jurisdiktionsgewalt über die ganze Kirche, und zwar nicht nur in Sachen des Glaubens und der Sitten, sondern auch in dem, was zur Zucht und Regierung der über den ganzen Erdkreis verbreiteten Kirche gehört, oder er habe nur einen größeren Anteil ... dieser obersten Gewalt ..., so sei er ausgeschlossen.

2. Über die Unfehlbarkeit: Wenn der Römische Bischof ex cathedra spricht, d.h. wenn er in Ausübung seines Amtes als Hirt und Lehrer aller Christen kraft seiner höchsten apostolischen Amtsgewalt endgültig entscheidet, daß eine Glaubens- oder Sittenlehre von der gesamten Kirche festzuhalten ist, so besitzt er aufgrund des göttlichen Beistandes, der ihm ... verheißen ist, jene Unfehlbarkeit, mit welcher der göttliche Erlöser seine Kirche in der endgültigen Entscheidung über eine Glaubens- oder Sittenlehre ausgestattet wissen wollte. Daher sind solche endgültigen Entscheidungen des römischen Bischofs aus sich selbst, nicht aufgrund der Zustimmung der Kirche, unabänderlich. *(Birnstein – 363)*

Die Heilsarmee

1878, London. Der Methodistenprediger William Booth wandelt seine 1865 gegründete "Christliche Mission" in die "Heilsarmee" um, die sich der geistigen und materiellen Rettung Arbeitsloser, Verwahrloster, entlassener Sträflinge, Trinker und in Not geratener Mädchen annimmt. Angesichts der Not und Verelendung der untersten, kirchenfernen Bevölkerungsschichten erkennt Booth, daß nur neue, revolutionäre Mittel das christliche Leben wiedererwecken können.

Weite kirchliche Kreise nehmen Anstoß an der neuen Bewegung. Lord Shaftesbury belächelt die Heilsarmee als "eine List des Teufels, das Christentum lächerlich zu machen". Andere greifen die Mitglieder tätlich an.

(Birnstein – 368)

Friedrich Nietzsche (1844-1900)

April 1885, Leipzig. Friedrich Nietzsche veröffentlicht als Privatdruck den vierten und letzten Teil seiner philosophischen Dichtung "Also sprach Zarathustra", in der er den Atheismus zum Programm erhebt. Sein aufsehenerregendes Werk trägt dazu bei, daß der christliche Glaube im ausgehenden 19. Jahrhundert für weite Teile der Bevölkerung an Bedeutung verliert.

Nietzsche läßt seinen "Zarathustra" den Tod Gottes verkünden: "Also sprach der Teufel einst zu mir: auch Gott hat seine Hölle: das ist seine Liebe zu den Menschen. Und jüngst hörte ich ihn dies Wort sagen: Gott ist tot; an seinem Mitleiden mit den Menschen ist er gestorben." ... Das oberste Prinzip der Lebensgestaltung ist nach Nietzsche der "Wille zur Macht". Er sieht in ihm das Gute schlechthin, weil er das Leben schaffe, erhalte und erhöhe.

(Birnstein – 375)

6.5.20 20. Jahrhundert

Übersicht

Es sind keine kirchlichen Themen, die das 20. Jahrhundert bestimmen, sondern die russische Revolution und deren Folgen, zwei große Weltkriege, der Holocaust, die Atombomben auf Japan und schließlich der Zusammenbruch des Kommunismus oder auch die Landung des ersten Menschen auf dem Mond. Dennoch gelingt der katholischen Kirche im zwanzigsten Jahrhundert mit dem Zweiten Vatikanischen Konzil der Anschluß an die Neuzeit. Hatte am Beginn dieses Jahrhunderts noch der Antimodernisteneid gestanden, so wünscht Papst Johannes XXIII. nun ein Aggiornamento, eine Anpassung. Das neue Konzil sollte inhaltlich das Erste Vaticanum ergänzen und die Kirche der Neuzeit öffnen. Katholische Kirche, das ist nicht nur der Papst, sondern die Gesamtheit aller Bischöfe weltweit; das ist nicht nur der geweihte Klerus, sondern alle Getauften.

Das Konzil öffnet sich dem demokratischen Denken und synodalen Strukturen, es bejaht die Ökumene, bestimmt ihr eigenes Verhältnis gegenüber den anderen Weltreligionen neu.

Das zwanzigste Jahrhundert bringt mit dem Polen Karol Woityla den ersten Nichtitaliener seit 500 Jahren auf den Papstthron.

(www.autobahnkirche.de/geschichte)

Mariendogma

1. November 1950, Rom. Pius XII. verkündet das Dogma von der Aufnahme Marias in den Himmel.

"Es ist von Gott geoffenbarte Glaubenslehre, daß die Unbefleckte Gottes-gebärerin und immerwährende Jungfrau Maria nach Vollendung des irdi-schen Lebenslaufes mit Leib und Seele in die himmlische Herrlichkeit aufge-nommen wurde. Sollte daher, was Gott verhüte, einer wagen, das entweder zu leugnen oder absichtlich in Zweifel zu ziehen, was von Uns definiert wurde, so soll er wissen, daß er vom göttlichen und katholischen Glauben völlig abgefallen ist."

Es ist das erste Mal, daß ein Papst von der Vollmacht Gebrauch macht, die er durch das Erste Vatikanische Konzil erhalten hat: Er verkündet eine Glau-benslehre in einem endgültigen Akt und hat damit an der Unfehlbarkeit der Kirche teil.

(Birnstein – 409)

Zweites Vatikanisches Konzil (1962-1965)

11. Oktober 1962, Rom. Das Zweite Vatikanische Konzil wird feierlich er-öffnet. Dieses von Papst Johannes XXIII. zur allgemeinen Überraschung 1959 angekündigte und 1961 einberufene Konzil ist das herausragende Ereignis für die katholische Kirche im 20. Jahrhundert. Es markiert einen Einschnitt im Selbstverständnis der Kirche sowie für ihr Verhältnis zu den anderen christlichen Kirchen, zu den nicht-christlichen Religionen und zur modernen Welt.

In seiner Liturgiekonstitution entwirft das Konzil die Grundlinien für eine Erneuerung des katholischen Gottesdienstes, um ihn dadurch verständlicher zu machen und die aktive Teilnahme der Gläubigen zu fördern.

Eines der zentralen Dokumente des Zweiten Vatikanums ist die Pastoral-konstitution "Gaudium et spes", die unter dem Titel "Über die Kirche in der Welt von heute" bekanntgeworden ist. Es wird darin die Bereitschaft der katholischen Kirche betont, sich aktiv an der Lösung der brennenden Menschheitsfragen zu beteiligen.

Die Heilige Synode bekennt darum die hohe Berufung des Menschen, sie erklärt, daß etwas wie ein göttlicher Same in ihn eingesenkt ist, und bietet der Menschheit die aufrichtige Mitarbeit der Kirche an zur Errichtung jener brüderlichen Gemeinschaft aller, die dieser Berufung entspricht."

(Birnstein – 418-419)

Weltkongress für Evangelisation (1974)

Die Schlußerklärung des Weltkongresses für Evangelisation von 1974, die sog. Lausanner Verpflichtung, sieht in der Bibel die einzige Norm des Glau-bens und betont die Bedeutung der Mission: "Wir bekräftigen die göttliche Inspiration, die gewißmachende Wahrheit und Autorität der alt- und neu-testamentlichen Schriften in ihrer Gesamtheit als das einzige geschriebene Wort Gottes. Es ist ohne Irrtum in allem, was es verkündigt und ist der ein-zige unfehlbare Maßstab des Glaubens und Lebens. Wir bekräftigen: ... Jesus Christus, wahrer Mensch und wahrer Gott, hat sich selbst als einziger Erlöser für Sünder dahingegeben."

(Birnstein – 432)

Der Dalai Lama zur Rolle der Religionen
In unserer langen Geschichte ist es immer schon so gewesen, daß die Religionen zu den Hauptauslösern von Konflikten gehörten. Selbst heute werden aufgrund von religiöser Heuchelei und Haß Menschen getötet, Dörfer und Städte zerstört und Gesellschaften aus dem Gleichgewicht gebracht. Es ist deshalb nicht verwunderlich, daß viele Menschen die Bedeutung der Religion in unserer Gesellschaft in Frage stellen. Wenn wir jedoch sorgfältig darüber nachdenken, stellen wir fest, daß Konflikte im Namen der Religionen hauptsächlich aus zwei Gründen entstehen. Zum einen ergeben sie sich einfach aus glaubensmäßigen Differenzen - aus den doktrinären, kulturellen und praxisbezogenen Unterschieden zwischen einer Religion und einer anderen. Des weiteren gibt es jene Konflikte, die im Zusammenhang mit politischen, wirtschaftlichen und anderen Umständen entstehen und meist internationalen Charakter haben. *(Dalai Lama 2 – 236)*

Der Papst und die Seele
Ende Oktober *[1998]* verkündete Johannes Paul II. vor Pilgern seine Theorie über die Seele des Menschen.

Man sollte nicht meinen, daß das Leben nach dem Tod erst mit dem Jüngsten Gericht beginnt. Es herrschen ganz besondere Bedingungen nach dem natürlichen Tod. Es handelt sich um eine Übergangsphase, in welcher der Körper sich auflöst und das Weiterleben eines spirituellen Elements beginnt. Dieses Element ist ausgestattet mit einem eigenen Bewußtsein und einem eigenen Willen, und zwar so, daß der Mensch existiert, obwohl er keinen Körper mehr besitzt.

Das "spirituelle Element" - die Seele - gilt Theologen als das "nach dem Tode existente nichtfleischliche Selbst des Menschen", als eine "unstoffliche Grundgegebenheit vergangenen Daseins". *(SPIEGEL 49/98 – 246)*

An was glauben Sie persönlich?
(IfD - Umfrage 6047 Aug.-Sept. 1997 in Deutschland)
- An das Gute im Menschen: (59%)
- Dass es Schutzengel gibt: (50%)
- Dass es irgendeine überirdische Macht gibt: (46%)
- Dass Jesus Christus der Sohn Gottes ist: (41%)
- An übersinnliche Fähigkeiten bestimmter Menschen: (41%)
- Dass Gott die Welt geschaffen hat: (35%)
- Dass es Menschen gibt, die über übernatürliche Kräfte verfügen, Menschen, die z. B. in die Zukunft sehen können: (32%)
- Dass es Engel gibt: (32%)
- Dass es Wunder gibt, z. B. Wunderheilungen: (31%)
- Dass Gott In allem ist: (30%)
- An die Auferstehung der Toten im Reich Gottes: (30%)
- Dass das Leben vorherbestimmt ist, der Mensch keinen Einfluss auf sein Schicksal hat: (28%)
- Dass es den Teufel gibt: (23%)

- An die unbefleckte Empfängnis Mariens: (10%)
- An nichts davon: (16%) *(GEO-WISSEN 29 – 165)*

Welche Kirchen sind die 'Wahren'?

Gibt es eine durchaus unfehlbare Methode, durch die wir wirklich die Wahrheit über Gott, über das Leben und über uns selbst finden können? Gibt es einen Weg, festzustellen, welches die wahre Religion und welches die falsche ist? Welche Kirchen sind die wahren, und welche sind falsch? Welche Bücher und Lehrer lehren die Wahrheit und welche den Irrtum? ... Doch ist gerade dies die grundlegende Probe für die Wahrheit: Bewährt sie sich im Leben? Werden Resultate erzielt? - Ja, denn Wahrheit bewährt sich immer. Wahrheit wirkt immer heilend. *(Fox 1 – 152-153)*

Dirk: "Wir haben zwar einen sehr schnellen Durchgang durch die Entwicklung des Christentums gemacht und sicher müssen wir unsere Kenntnisse noch vertiefen; dennoch werde ich den Gedanken nicht los, dass die Entwicklung der katholischen Kirche in den vergangenen 2000 Jahren folgendem Schema gefolgt ist:

- Einige Evangelien und sonstige Texte aus einer Vielzahl von Schriften werden aus nicht nachvollziehbaren Gründen zum Kanon des Neuen Testaments zusammengestellt.
- Danach entstehen Lehrmeinungen und Differenzen in der Auslegung der Schriften.
- Bestimmte Persönlichkeiten der Kirche setzen sich mit ihren Argumenten und zum Teil kraft ihres Amtes durch.
- Gegner und Mystiker erleben schwere Zeiten; viele werden umgebracht.
- Synoden und Konzilien werden einberufen, um Streitigkeiten zu schlichten und um Klarheit über Lehrmeinungen zu schaffen.
- Daraus entstehen vertiefende Lehrgesetze und Dogmen.
- Das Nichtbeachten der Lehrgesetze und Dogmen führt zu Verurteilung und Bestrafung der Betroffenen.
- Teile der Kirche spalten sich ab. Die verschiedenen Kirchen'teile' bekämpfen einander, es bilden sich die Konfessionen."

Vera: "Aber ich finde, dass das Christentum und besonders auch die katholische Kirche inzwischen eine positive Wendung genommen haben. In der letzter Zeit verstärkt sich das Bemühen, das Trennende zu überwinden und das Gemeinsame zu betonen und zu pflegen. Siehe unsere Familie! Wie gesagt, früher hätte es uns so nicht geben können. Denkt auch an die vielen ökumenischen Bestrebungen!"

Hans: "Und was mich auch besonders freut: die christlichen Religionen öffnen sich den nicht-christlichen Religionen. Die Aufklärung hat sicher auch ihren Anteil an diesen positiven Entwicklungen. Ich habe hier noch einen Text über das Projekt 'Weltethos' von Hans Küng. Das könnte ein guter Abschluss für unsere Betrachtung über die Entwicklung des Christentums sein."

6.5.21 Das Projekt 'Weltethos' von Hans Küng

Wir brauchen erst recht den alltäglichen Dialog all der Menschen verschiedener Religionen, die sich täglich und stündlich in aller Welt bei allen möglichen Gelegenheiten treffen und besprechen: in religionsverschiedenen Ehen und gemeinsamen sozialen Projekten, anläßlich religiöser Feiertage oder bei politischen Initiativen, allüberall, wo bei kleinen und großen Fragen die Religionen immer wieder ganz praktisch hineinspielen. Ganz konkret brauchen wir also:

- den *äußeren* Dialog derer, die in derselben Straße wohnen, im selben Dorf leben, in derselben Fabrik arbeiten oder an derselben Universität studieren;
- und den *inneren* Dialog, die Auseinandersetzung, die sich in uns selbst, in unserem eigenen Kopf und Herzen abspielt, wann immer wir Fremdem begegnen, einer Person oder einem Buch, wann immer zum Beispiel Christen vom Koran hören oder Muslime von den Evangelien.

Die Vielschichtigkeit des interreligiösen Dialogs bringt es mit sich, daß zum gegenseitigen Verstehen auf allen Ebenen nicht nur guter Wille und offene Haltung erforderlich sind, sondern - je nach Ebene - auch solide Kenntnisse. An solchen aber fehlt es noch vielfach - nicht zuletzt auf der wissenschaftlich-theologischen Ebene, wo gerade die Grundlagenproblematik noch allzu wenig aufgearbeitet ist. Deshalb sei die uns leitende und sich in eins fügende Programmatik in drei Basissätzen noch einmal zusammengefaßt:

- kein menschliches Zusammenleben ohne ein Weltethos der Nationen;
- kein Frieden unter den Nationen ohne Frieden unter den Religionen;
- kein Frieden unter den Religionen ohne Dialog unter den Religionen.

(Küng 1 – 170-171)

6.6 Das Christentum aus jenseitiger Sicht

Hans: "Nach diesen Informationen über die historische Entwicklung des Christentums, bin ich neugierig darauf, wie die Botschafter aus dem Jenseits diese zweitausendjährige Geschichte kommentieren."

6.6.1 Zu Lehre und Lehrern der Evangelien

Evangelien
Vor Meiner Zeit als Jesus von Nazareth und nach Meinem Erdenleben wurde vieles aus der ewigen Wahrheit offenbart. Viele Menschen schrieben die Wahrheit nieder, auch in den sogenannten Evangelien. Was geschah? Einzelne Gelehrte, die von der Institution Kirche beauftragt waren, wählten aus der Vielzahl der vorhandenen geistigen Schriften einige wenige aus, die sie für die Wahrheit hielten, und machten daraus ein Buch, das sie "Bibel" nannten. Entsprechend ihrem Verständnis strichen sie nach Gutdünken viele Wahrheiten heraus und fügten Unwahres hinein.

Somit wurde es ein Buch wie viele andere Bücher; denn es enthielt nur Teile der Wahrheit. Wer daraus die Wahrheit finden wollte, der hätte zuerst den Weg der Bergpredigt, den Inneren Weg, wandeln müssen. Die Folge wäre jedoch gewesen, daß es in der Kirche keine Hierarchie mit Macht und Autorität über Mitmenschen mehr gegeben hätte. Die Vertreter der Kirche hätten auf ihr hohes irdisches Einkommen und die Institutionen auf ihr Vermögen verzichten müssen - gemäß dem Wort: "Ihr sollt euch keine Schätze sammeln, die Motten und Rost fressen, wo Diebe nachgraben und stehlen. Sammelt euch Schätze im Reiche Gottes." Sie hätten Brüder unter Brüdern und Schwestern sein müssen. (× *Univ.-Leb.* 1 – 405)

DIE MEISTEN Autoren des Neuen Testaments haben in ihrem Leben Jesus nie getroffen oder gesehen. Als sie lebten, hatte Jesus die Erde schon viele Jahre zuvor verlassen. Sie hätten Jesus von Nazareth nicht einmal erkannt, wenn er auf der Straße direkt vor ihnen gestanden hätte.

DIE AUTOREN DER Bibel waren große Gläubige und große Geschichtsschreiber. Sie nahmen die Geschichten auf, die von anderen an sie und ihre Freunde überliefert wurden ...

Und nicht alle Texte der Bibelautoren fanden Aufnahme in das endgültige Dokument.

Es hatten sich bereits "Kirchengemeinden" um die Lehren Jesu gebildet, und es gab, wie es immer passiert, wenn und wo sich Gruppen um eine machtvolle Idee versammeln, gewisse Individuen innerhalb dieser Kirchengemeinden oder Enklaven, die bestimmten, welche Teile der Geschichte Jesu erzählt werden sollten - und wie. Dieser Auswahl- und Redaktionsprozeß setzte sich während der ganzen Zeit des Sammelns, Schreibens und der Veröffentlichung der Evangelien und der Bibel fort.

Sogar noch einige *Jahrhunderte* nach der Niederlegung der Originalschriften bestimmte ein Hoher Rat der Kirche noch einmal darüber, welche Doktrinen und Wahrheiten in die damals bereits offizielle Bibel aufgenommen werden sollten, und welche den Massen zu enthüllen "ungesund" oder zu "verfrüht" wäre. (* *Walsch* 1 – 111-112)

Daß die Evangelien erst lange nach Christi Tod aus den Überlieferungen niedergeschrieben wurden, sollte für euch eher eine Ursache des Trostes als der Trauer sein; denn so erklären sich die Widersprüche, die in ihnen enthalten sind. Und wie herrlich und göttlich muß der Geist der Christlehre sein, wenn er, obschon er nur halbverstanden, obschon er durch Überlieferung abgeschwächt, jetzt noch als ein Licht, das eine Welt zu durchleuchten vermag, aus den Evangelien hervorstrahlt. (* *Emanuel* 22 – 230)

Vergeßt nicht, daß eure Bibel nicht immer wahr ist und daß es Teile eurer Bibel gibt, die nicht in eurer Bibel stehen... Wir nahmen keinen Einfluß darauf, was die Menschen in eure Bibel schrieben. (* *Carmel* – 228)

Johannes Offenbarung

... Es ist die Offenbarung durch Johannes. Johannes aus sich konnte diese Offenbarung niemals geistig in Wirkung setzen. Christus war es, der Johannes so weit führte und ihn seines irdischen Körpers entledigt hat, so dass er wahrnehmen konnte, was seine Seele oder Geistseele so in Schwingung brachte - das ist wieder neu für euch! -, dass er einige Augenblicke das sah, was kein irdisches Auge jemals sah. Und infolgedessen der große Unterschied: Johannes war ein Medium und ein Werkzeug Christi.

(* Emanuel 20 – 210-211)

Johannes hörte und sah, und als er vernahm, daß man ihm befahl, es niederzuschreiben, gehorchte er sogleich; doch er verstand, daß jene Botschaft für *die* Menschen war, welche lange Zeit nach ihm kommen würden.

Es war Mein Wille, daß jenes Buch versiegelt bleiben würde und euch nur sein Vorhandensein und ein Teil seines Inhalts enthüllt werden sollte, damit, wenn die jetzige Zeit gekommen sein würde, Ich euch jene Offenbarung erklären würde.

(* BWL 1 – 318)

Die wahre Lehre Christi

Menschen, wagt es doch, zu denken! Der große ewige Schöpfer alles Lebens, eines Universums, von dessen Größe sowie von dessen Entwicklungsgraden ihr euch keinen Begriff machen könnt, sollte für ein Sternlein, das im Vergleich mit den Milliarden von Sonnensystemen weit weniger ist, als ein Sandkorn im Vergleich zu dieser Erde - dieser Gott, dessen Größe, Weisheit und Liebe ihr gar nicht ermessen könnt, sollte den blutigen Tod seines einzigen Sohnes fordern, um sich mit euch versöhnen zu können!

Wagt es doch endlich, mit der Tradition zu brechen und einzutreten in "die glorreiche Freiheit der Söhne Gottes!" Euch den Vater zu offenbaren, euch Liebe zu lehren, das war die Mission Christi.

(* Emanuel 23 – 156-157)

Die Apostel

Bei euch heißt es: "Du bist Petrus, das bedeutet Fels -und auf deinen Glauben will ich meine Kirche errichten" - oder so ähnlich. "Gemeinschaft" sagte Jesus nach der richtigen Überlieferung, denn mit irdischer Kirche hat das nichts zu tun. Er meinte die Gemeinschaft aller, die Christus angehören, sie gehören deshalb zu seinem geistigen Fundament, und daraus entsteht eine geistige Gemeinschaft - wie Paulus sagte: "Christus ist das Haupt, wir sind seine Glieder" (Eph 4, 16).

(* Emanuel 20 – 190)

Zu allen Zeiten habe Ich Meine Jünger geprüft. Wie viele Male habe Ich Petrus der Prüfung unterworfen, und nur in einer derselben wankte er. Doch urteilt ob dieser Tat nicht schlecht über ihn, denn als sein Glaube entflammte, war er unter der Menschheit wie eine Fackel, indem er predigte und von der Wahrheit Zeugnis ablegte. Verurteilt Thomas nicht; bedenkt, wie oft ihr Meine Werke mit Händen greifen konntet und selbst dann noch gezweifelt habt. Blickt nicht mit Verachtung auf Judas Ischariot, jenen geliebten Jünger, der seinen Meister für dreißig Münzen verkaufte; denn niemals hat es eine größere Reue gegeben als die seine.

(* BWL 1 – 119)

6.6.2   Urchristentum und Urchristen

Das Christentum diente während vieler Jahrhunderte als ein erstaunlich kreativer organisatorischer Bezugsrahmen, der die ungeheure Komplexität der seelischen Wirklichkeit zum Ausdruck brachte. Es gelang ihm auch auf seine Weise, so manche problematische menschliche Charakterzüge auf Ziele hin auszurichten, die weniger verwerflich waren als die der Vergangenheit.

(* Seth 5 – 428)

Nach Meiner Himmelfahrt entwickelten sich im Laufe der Zeit sogenannte Amtsvorsteher, die ihre Amtskraft geltend machten, da die vielen Menschen, die zu den Aposteln und Jüngern kamen und die im Laufe der Zeit die Gemeinden bildeten, der Führung bedurften. Einige der Jünger erinnerten sich aus ihrer Jugend an Gebräuche, die in den damaligen religiösen Einrichtungen für gesetzmäßig gehalten wurden, jedoch aus dem Heidentum kamen. Diese heidnischen Aspekte brachten sie im Laufe der Zeit in die entstehenden christlichen Gemeinden.

Damit entwickelte sich mehr und mehr ein sogenanntes Christentum mit äußeren Ritualen und Zeremonien und einer Hierarchie mit sogenannten Amtsträgern, das heißt Hochgestellten und Würdenträgern. Das habe Ich als Jesus von Nazareth und als der Christus Gottes nicht gelehrt.

(× Univ.-Leb. 1 – 1030)

Unter dem Deckmantel Meines Namens, Christus, wählten sie Obrigkeiten wie Hirten, Priester und andere mehr. In Meinem Namen bauten sie im Laufe der Zeit eine konfessionelle Hierarchie auf mit prunkvollen Gotteshäusern und Domen und Palästen, in denen sie residierten. Dadurch erstarrte das Christentum und wurde eine Institution mit Dogmen, Glaubenssätzen, Kulten, weltlicher Herrschaft, kirchlichen Abgaben und Steuern und vielem mehr.

(× Univ.-Leb. 1 – 1040)

Saulus - Paulus

Ich *[Paulus]* bin gekommen, um Unklarheiten auszuräumen über das, was ich als Mensch war. Ich habe den Geist Gottes in mir gehört, habe vernommen, was andere Geistwesen zu mir sprachen, und bin deshalb einer derjenigen, die Zeugnis davon ablegen können, daß der Geist Gottes in jedem Menschen wirkt, der ihm Wohnung gibt.

Oft und oft habe ich in meinen Briefen erwähnt, daß ich die geistige Gabe des Hörens habe und den Beweis dafür, daß Christus in mir und durch mich spricht.

So erging das Wort des Herrn vor Damaskus an mich: "Saulus, Saulus, warum verfolgst du mich?"

"Herr, wer bist du? Wo bist du denn? Was hast du mir zu befehlen? Ich habe im Auftrag meiner Obrigkeit jene gefangen zu nehmen, die Schädlinge des Volkes sind, die dieser neuen "Sippe" angehören! Was willst du von mir? Mach mich wieder sehend!" - "Du wirst dann sehen, wenn ich es will!" - "Wer bist du, Herr?" - "Ich bin jener, den du verfolgst, ich bin jener Stifter, auf den sich die Menschen berufen, die an mich glauben und treu zu mir halten, und du verfolgst mich! Geh in die Stadt, man wird dich zu einem Manne führen, und nach dreitägigem Fasten, wenn dein Geist geläutert ist, wenn deine Verstandeskräfte schwinden, werde ich durch die Geisterboten Gottes dir das Augenlicht zurückgeben!" ...

Aber es ist so, daß der Paulus nicht gleich alles ablegen konnte, was in dem Saulus war. Besonders jene fanatischen Werke, Gedanken und hochfahrenden Verstandeskräfte konnte ich erst ablegen, als der Geist Gottes mich packte und sagte: "Entweder - oder! Der ganze Saulus muß zu dem werden, den Christus braucht." Erst als ich hellhörend wurde, habe ich verstanden, daß es nur einen Weg gibt: mein ganzes Leben in seinen Dienst zu stellen.

Eines kann ich euch sagen, liebe Leser: Wer sich ganz in den Dienst Christi stellt, der ist von großen Fehlern verschont, und die kleinen werden ihm verziehen; das habe ich bei mir erlebt!   (* Emanuel(Kontr.) 4 – 156-157)

Als der historische Christus "gestorben" war sollte Paulus die spirituellen Ideen in die physische Tat umsetzen; er sollte dessen Werk fortführen ... Er war die Nachhut Christi, so wie Johannes der Täufer der Vorläufer war.

(* Seth 4 – 377)

Dieser Mann verfügte über eine erstaunliche Energie und Geisteskraft und besaß ein glänzendes Organisationstalent, doch haben sich durch die Irrtümer, die er unabsichtlich beging, einige gefährliche Entstellungen verfestigt. Die historischen Dokumente jener Epoche sind weit verstreut und voller Widersprüche.

Als historische Figur war dieser Mann Saulus oder Paulus. Seine Aufgabe war es, ein System zu errichten. Es hätte aber ein ideelles System sein sollen, und nicht ein System von Vorschriften; eine Menschen-, und keine Gruppenorganisation. In diesem Punkt hat er versagt.   (* Seth 4 – 375)

6.6.3   Zur Entwicklung des Christentums

Religionskriege - Kreuzzüge

... Was ihr *Religionskriege* nennt, sind *in Wirklichkeit* "Intolerante Konfessionskriege", die nicht gottgewollt sind! Denn alle Menschen sind Kinder des einen Vaters - alle haben die gleichen Rechte und dieselbe Würde! Das, was ihr auf Erden "Konfession" nennt (wenn man dazu "Religion" sagt, unterliegt man einem fundamentalen Fehler!), ist nur auf dieser Erde und in den niederen Sphären um die Erde möglich! ...

Das wollte ich euch einmal deutlich sagen! *Wahre Religion bedeutet Freiheit, Wiedergewinnung der Freiheit in der Nähe Gottes. Das* ist wahre Religion! Das bedeutet Rückführung der Kinder Gottes in die Freiheit - heraus aus der Gebundenheit! - Und was machen die Konfessionen? Sie binden ihre Mitglieder; das ist keine Freiheit!   (* Emanuel 10 – 93-94)

Die Dämonen nahmen sich ihre Werkzeuge und errichteten mit Meinem Namen, Christus, eine Herrschaft in dieser Welt. Mit Meinem Namen, Christus, haben sie ganze Völker unterjocht und unterjochen noch immer viele Menschen. In Meinem Namen haben sie Kreuzzüge geführt und viele Menschen getötet. Andere haben sie zwangsweise zu Christen gemacht, so daß auch diese Meinen Namen mißbrauchten, so, wie es die Heere der Finsternis taten und noch tun.   (× Univ.-Leb. 1 – 1013)

Die schwarze Pest
Es gab ein Jahr eurer Zeitrechnung, das hieß 1348. Und da war eine Gegend namens Europa... Es ist eine Art Konglomerat von weitläufigen Grenzen. Nun, da war ein Krieg innerhalb vieler dieser Grenzen, und der Krieg war der Krieg des Katholizismus gegen das Judentum. Das, was katholisch war, liebte nicht das, was jüdisch war, denn jene beschuldigten diese, ihren Herrn *ans Kreuz* genagelt zu haben.

Während jener Tage wurden die Juden in diesen Ländern gezwungen, sich zu einem religiösen Glauben zu bekehren, nämlich zum Christentum. Diejenigen, die sich nicht bekehrten, wurden gehaßt von denen, die die "guten" Christen waren, welche sie dann erschlugen, verstümmelten, verkrüppelten, verbrannten und vernichteten. (Sehr gottgleich, findet ihr nicht auch?) Ganze Gruppen tobender, liederlicher Leute randalierten und nahmen Teil an dem Morden der Juden, weil jemand ihnen gesagt hatte, daß, wenn sie es täten, Gott sie *lieben* würde.

Es geschah eine sehr eigenartige Sache im Jahre 1348. An die Küsten dieses Kontinents wurde etwas Entsetzliches angeschwemmt. Eine Krankheit wurde geboren. Sie kam aus dem *Nichts,* und sie verschlang über 25 Millionen Menschen - ein Drittel der Bevölkerung - in nur einem Jahrzehnt. Diese abscheuerregendste aller Seuchen kannte keine religiösen Bevorzugungen. Die Kirche sagte, sie sei ein Fluch Gottes gegen die Ungläubigen, aber die Christen starben gleichermaßen.

Die Seuche, genannt "Schwarze Pest", war eine Vergeltungsmaßnahme der Natur gegen jene, deren Verhalten unter das Überlebensniveau gesunken war... Mit anderen Worten: Das Leben wird sich derer entledigen, die nicht vorwärts gehen. So entledigte sich die Seuche ihrer - eines Drittels der Bevölkerung. Die Krankheit war so tödlich, daß die Menschen ihre Aufmerksamkeit von ihrer Bigotterie abwenden mußten, um gerade noch zu überleben. Sie mußten *neu definieren,* was wichtig war.   (* Ramtha 3 – 137-138)

Mystiker - Heilige
Deshalb kommt es so häufig vor, daß Menschen göttlich erleuchtet, von der großen Masse abgesondert und mit gewaltigen Kräften begabt werden; daß gewisse geschichtliche Epochen im Vergleich mit andern fast unnatürlich glanzvoll erscheinen; daß Propheten, Genies und Herrscher übermenschlichen Formats auftreten. Diese Menschen sind von den andern dazu erkoren, die inneren Wahrheiten, die sie alle intuitiv kennen, äußerlich zu manifestieren.

Die auf solche Weise auserkorenen Individuen tauchen nicht zufällig unter euch auf. Sie werden auch nicht blindlings gewählt. Es sind Menschen, die die Verantwortung für diese Rolle auf sich genommen haben. Nach ihrer Geburt sind sie sich in unterschiedlichem Umfang ihrer Bestimmung bewußt, und manchmal können gewisse auslösende Erlebnisse die totale Erinnerung daran wieder in ihnen wachrufen.

Sie sind ganz eindeutig die menschlichen Vertreter von Alles-das-was-ist. Da nun aber jedes Individuum einen Teil von Alles-das-was-ist darstellt, spielt jeder von euch bis zu einem gewissen Grad auch diese Rolle.

(* Seth 4 – 370-371)

Nostradamus

Ich habe neulich wieder in den Schriften des Michel Nostradamus gelesen, und es hat mich sehr beeindruckt, daß die Vorhersagen, die er vor 400 Jahren über unsere Zukunft gemacht hat, mit deinen übereinstimmen. Wer war dieser Nostradamus, und woher hatte er seine Kenntnisse? Kamen sie von euch?

Wenn eine Vorhersage gemacht wurde, nahmen die Menschen sie zum Vorwand, ihre Verantwortung abzulegen. Es war auch ein Fehler, den wir begangen haben, denn die Menschen halten das Schicksal in ihren eigenen Händen. Sie verstanden nicht, daß Vorhersagen sie dazu bewegen sollten, ihr Verhalten zu ändern: Wenn sie sich nicht änderten, dann würde die Vorhersage eintreffen. Darauf können wir nicht nachdrücklich genug hinweisen. Wir möchten, daß die Menschen sich das einprägen, daß sie beginnen, zu verstehen, daß sie den Schlüssel haben, daß sie verantwortlich sind, und daß sie sich ändern müssen.

(* Carmel – 252-253)

6.6.4 Beispiele für geänderte Bibeltexte

Wort ersetzen

"... eine Stelle, an der ein Wort durch ein anderes ersetzt wurde ..."

"Du kennst den Ausruf des Apostels Thomas nach dem Wortlaut eurer heutigen Bibel: "Mein Herr und mein Gott!" (Joh. 20.28.). In Wirklichkeit hat er jedoch den Ausdruck gebraucht, den die Apostel Christus gegenüber stets anwandten: 'Mein Herr und Meister!' Das Wort 'Meister' hat man später in das Wort 'Gott' umgefälscht..."

(* Greber 1 – 19)

Wort auslassen

"Eine Stelle, an der ein Wort ausgelassen und dadurch der ganze Sinn geändert wurde, wird dich ganz besonders interessieren. Du bist katholischer Priester. Du meinst die Gewalt zu haben, Sünden zu vergeben. Welche Stelle des 'Neuen Testamentes' nimmst du als Beweis dafür, daß den Priestern eine solche Gewalt übertragen worden ist?"

Ich führte die Stelle an: "Welchen ihr die Sünden nachlasset, denen sind sie nachgelassen" (Joh. 20.23). Er verbesserte mich, indem er die Stelle wörtlich wiedergab: "Wenn ihr die Sünden anderer vergebt, werden sie ihnen vergeben" und fuhr dann fort:

"Das Wort, was ihr mit 'ihnen' übersetzt, heißt im Griechischen auch 'selbst'. Nun stand vor diesem Wort 'selbst' im Urtext noch das Wort 'euch'. Das, was ihr also heute mit 'ihnen' übersetzt, hieß in Wirklichkeit 'euch selbst'. Die Stelle lautete also im Urtext wörtlich: 'Wenn ihr die Sünden anderer vergebet, werden sie euch selbst vergeben.' Du siehst wohl ein, welche Entstellung des Sinnes durch Weglassen des Wortes 'euch' entstanden ist..."

(* Greber 1 – 19)

Irreführung

"Wegen der Wichtigkeit der Sache möchte ich daher die Kapitel 12 und 14 des ersten Korintherbriefes mit dir durchgehen und dir die richtige Erklärung davon geben."

"Nach eurer Übersetzung beginnt das 12. Kapitel mit den Worten: "Inbetreff der Geistesgaben will ich euch, liebe Brüder, nicht im Unklaren lassen. Ihr wißt von eurer Heidenzeit her, da waren es die stummen Götzen, zu denen es euch mit unwiderstehlicher Gewalt hinzog." - Schon gleich die ersten Worte: 'Inbetreff der Geistesgaben' enthalten einen irreführenden Übersetzungsfehler. Sie können vom Leser nur so aufgefaßt werden, als handle es sich dabei um Gaben, die dem Geist des Menschen von Gott verliehen würden..."

"Die richtige Übersetzung der ganzen angeführten Stelle wäre also folgende: "Über den Spiritismus möchte ich euch nicht im Unklaren lassen. Ihr kennt ihn schon aus der Zeit, wo ihr Heiden waret. Damals ginget ihr zu den von Gott abgefallenen Geistern, zu denen ihr euch mit unwiderstehlicher Gewalt hingezogen fühltet.""

(* Greber 1 – 147)

Fehlende Sätze

"Im Folgenden fehlen auch in dem griechischen Text, den ihr jetzt habet, zwei Sätze. Sie lauteten: "So wurdet ihr die Genossen der bösen Geister, die Jesus nicht als ihren Herrn anerkennen. Jetzt aber, wo ihr Christus angehöret und seiner Herrschaft unterstellt seid, steht ihr in Verbindung mit heiligen Geistern." An diese fehlenden Sätze schloß sich dann Vers 3 an, der in eurer Übersetzung lautet: "Deshalb erkläre ich euch, daß niemand, der durch den Geist Gottes redet, sagen kann: Verflucht sei Christus! Und keiner zu sagen vermag: Jesus ist der Herr! Außer durch den Heiligen Geist." "

"Aber auch in diesem Vers 3 ist wiederum ein das Verständnis erschwerender Übersetzungsfehler. Es heißt nämlich im griechischen Text nicht 'durch *den* Geist Gottes' und 'durch *den* Heiligen Geist', sondern 'durch *einen* Geist Gottes' und 'durch *einen* heiligen Geist.'"

"Es ist ja nicht Gott selbst, der in direkter Weise die einzelnen Wirkungen hervorbringt, sondern es sind die Gott dienenden Geister, die mit der Kraft Gottes bei den Geschöpfen das ausführen, was dem Willen Gottes entspricht."

"Dadurch, daß eure Bibelübersetzer an zahllosen Stellen den Ausdruck '*der* Heilige Geist' gebrauchten, wo im griechischen Text '*ein* heiliger Geist' zu lesen ist, haben sie nicht bloß unrichtige Deutungen der betreffenden Stellen veranlaßt, sondern vor allem den Begriff 'heiliger Geist' derart verwirrt, daß die falsche Lehre aufkommen konnte, der heilige Geist sei eine göttliche Person."

(* Greber 1 – 147-148)

Erläuterung unverständlicher Bibeltexte

Wie klärt Jesus die Textstelle: "Denn wer da hat, dem wird gegeben, daß er die Fülle habe; wer aber nicht hat, von dem wird auch genommen, was er hat" (Matth. 13,12)?

Das scheint fast wie eine Ungerechtigkeit; aber dem ist nicht so. Es heißt vielmehr: Wer seine Kraft geübt hat und daher größere Lasten tragen kann, wird dadurch nicht schwächer, sondern fortwährend stärker. Wer dagegen seine kleine Kraft nie hat üben wollen, wird auch diese noch verlieren, selbst wenn er noch so geringe Lasten tragen soll, und erschöpft hinsinken in den vollen Tod.

(Güllekes – 93)

Fälschungen in der Bibel

" .. Wenn ihr den vollständigen und unverfälschten Text der Lehre Christi hättet, würde euch so manche Last von den Schultern genommen sein, die euch von Menschen im Namen der Religion und des Christentums aufgebürdet wurde. Manche Lehre, die man euch zu glauben zumutet, obschon sie eurem Verstande unmöglich erscheint, würde in Wegfall kommen, weil sie als unrichtig erkannt würde, und ihr könntet aufatmen als freie Kinder Gottes. So aber fühlen Millionen Menschen, daß vieles von dem, was heute das Christentum lehrt, nicht richtig sein kann..."

"Aber auch das, was von den Urkunden des 'Neuen Testamentes' erhalten geblieben ist, hat an nicht wenigen Stellen *Änderungen* erfahren. Die Abschreiber änderten Worte und Satzteile, ließen an der einen Stelle ein Wort aus oder setzten an einer anderen ein Wort hinzu, wodurch der Sinn des Satzes entstellt wurde, je nachdem es zu ihren Zwecken paßte. Meistens wollten sie für die Glaubensmeinungen ihrer Zeit auch in der Bibel eine Beweisstelle schaffen, und sie griffen zu dem Mittel der Fälschung. Sie waren sich nicht immer der Größe ihres Unrechtes bewußt. Sie glaubten vielmehr, der Religion damit einen Dienst zu erweisen. So wurde das Volk in die Irre geführt..."

(* Greber 1 – 18)

Nun: Die Urkunden wurden häufig gefälscht, vollkommen umfrisiert, und die falschen Urkunden wurden oft geschickt placiert. Religion war Politik. Sie bedeutete Einfluß und Macht über die Massen. Es war Sache der Herrscher zu wissen, woher der religiöse Wind wehte. Man verfälschte die Tatsachen damals und später.

(* Seth 4 – 420)

Ich muß auch ergänzen, mein lieber Jesus-Nachfolger, daß die Lehren Jesu, des Christus, welche er auf Erden verkündete, und auch jene, welche er durch die Geisterboten Gottes - durch den von ihm verheißenen Tröster -, durch die Apostel und Jünger den Menschengeschwistern schenkte, leider nicht in der ursprünglichen Reinheit, Wahrheit und Klarheit bis zu der heute auf Erden lebenden Menschheit kamen. Selbst im Alten Bund - ihr sagt dazu Altes Testament - beklagt Gott durch den Propheten Jeremia vorgekommene Fälschungen, Fehler aus menschlichen Schwächen, viele Irrtümer sowie Begriffs-, Sinn- und Wortveränderungen:

"Wie könnt ihr sagen, wir sind weise, wir sind im Besitz des göttlichen Gesetzes? Jawohl, zur Lüge hat es der Fälschergriffel der Abschreiber verdreht. Beschämt müssen daher die Weisen dastehen und bestürzt, denn sie haben sich selbst gefangen. Sie haben das Wort des Herrn weggeworfen. Welcherlei Weisheit besitzen sie da noch?" (Jeremia 8,8). *(* Laurentius 2 – 118-119)*

Dirk: "Weil wir gerade beim Thema 'Textfälschungen' sind, habe ich hier noch ein Zitat aus dem SPIEGEL. Dass es Fälschungen gibt, scheint allgemein bekannt zu sein."

Wie ist das lockere Verhältnis zur Wahrheit zu erklären? Litt der Klerus an einer "Abstumpfung sittlichen Gefühls", wie Experten vermuten, oder hielt er die Lüge für erlaubt, wenn es galt, Gottes irdische Immobilien zu mehren? Die meisten Fakes werden von den Forschern als "dolos" ("arglistig") eingestuft: Sie sind mit klarer Betrugsabsicht konzipiert, um Staat und Adel zu beschubsen.

Auch kirchenintern - Stichwort: "Fromme Fälschung" - ging der Klerus großzügig mit der Wahrheit um. Im Mittelalter kursierten über 200 Papsterlasse aus dem 1. und 2. Jahrhundert. Die Texte enthalten Vorschriften zur Abendmahlslehre, zu den Sakramenten oder der Liturgie. Nicht einer ist echt. *(SPIEGEL 29/98 – 148)*

Geistwesen und die Bibel

[Frage:] Woher wißt ihr Geistwesen den Wortlaut der Bibel? Wie vollzieht sich so ein Wissen? Bitte um Erläuterung, ob direkter Einblick oder über Vermittlung?

[Antwort:] Wir wissen den Wortlaut der Bibel gar nicht, denn es gibt so viele Wortlaute der Bibel, daß ich aus vielen Wortlauten diese mir geistig am nächsten stehende Ausdrucksweise unseres Herrn und Heilands bei der Bergpredigt ausgesucht habe. Ich habe viele eurer Bibelüberlieferungen durchgearbeitet und durchgeblättert. Ich weiß z. B., wenn mir die Schwingung einer Bibelstelle entgegenschwingt - ich brauche sie nicht zu lesen, denn sie schwingt mir entgegen - und wenn sie sich anders färbt, als es der Wahrheit entspricht, dann brauche ich nicht weiterzulesen. Auch diese Schwingung, die ich "gelesen" habe bzw. den Mittler gebeten habe, diese zu nehmen, schwang mir nicht so ganz rein vor.

Deshalb habe ich sie auch an einigen Stellen etwas abgeändert, zur Verwunderung des Mittlers. Wir lesen die Bibel ja überhaupt nicht in eurem Sinn, sondern wir sehen sie uns an, vergleichen sie mit dem von Jesus Erlebten und können daraus die Schlüsse ziehen: Es kann nur so und so der Wahrheit am nächsten kommen! Denn auf der Erde gibt es keine "Wahrheitsbibel", es sind überall viele Irrtümer vorhanden! ...

[Frage:] Ist die Greberbibel der Wahrheit etwas näherliegend als die anderen?

[Antwort:] Ja, aus dieser so genannten Überlieferung, die aus dem Altgriechischen übersetzt wurde, habe ich ja das Gesagte herausgezogen. Ich habe auch gesagt, daß ich das eine oder andere Wort oder Gedankengang etwas verändert habe. Das heißt aber nicht, daß die Greberbibel die allein richtige ist. Oh, nein, es gibt verschiedene andere auch. Und es gibt sogar in den euch jetzt bekannten Qumranrollen noch genauere Hinweise, die aber dem Zugang der Menschen oft versperrt werden, weil die sogenannten orthodoxen Überlieferungen - ich möchte niemandem etwas unterstellen! - den Verlust gewisser Grundlagen nicht verkraften würden. Hoffentlich habe ich mich vornehm genug ausgedrückt. *(* Emanuel 12 – 139-141)*

6.6.5 Zu Einzelwahrheiten der Lehre Christi (Greber)

"Die Einzelwahrheiten der Lehre Christi möchte ich dir nun in ihren Hauptzügen vor Augen führen. Ich will sie dabei in Vergleich stellen mit den Lehren des heutigen Christentums, vor allem mit den Lehren, die du bisher als Priester der katholischen Kirche gepredigt hast..." *(* Greber 1 – 362)*

Der einpersönliche Gott
"... Christus lehrte einen *einpersönlichen Gott,* den Schöpfer Himmels und der Erde. Er kennt keinen Gott in drei Personen, wie es die katholische Kirche und andere christliche Kirchen lehren. Nur der Vater ist Gott. Kein anderer ist ihm gleich, weder der Sohn noch das, was ihr 'Heiliger Geist' nennt. Nach seiner Auferstehung sagte Christus: "Ich fahre auf zu meinem Vater und eurem Vater, zu *meinem Gott* und eurem Gott" (Joh. 20.17)..."
(* Greber 1 – 362)

"... "Im Anfang war das Wort und das Wort war bei Gott und Gott war das Wort." - Zunächst heißt es nicht: "Gott war das Wort", sondern *'ein Gott'* war das Wort. Hier gebraucht Johannes die Bezeichnung 'ein Gott', wie sie im Sprachgebrauch der damaligen Zeit für diejenigen angewandt wurde, die besondere Werkzeuge Gottes waren und als Gesandte Gottes mit dem allein wahren Gott in besonderer Verbindung standen..." *(* Greber 1 – 366)*

"... Was das 'Neue Testament' mit 'heiliger Geist' bezeichnet, bedeutet die *Gesamtheit der guten Geisterwelt.* Gott ist ein heiliger Geist. Er ist der höchste und heiligste alter Geister. Der Sohn Gottes ist ein heiliger Geist. Er ist der höchste und heiligste der *geschaffenen* Geister. Die hohen Himmelsfürsten, ein Michael, ein Gabriel, ein Raphael und viele andere sind heilige Geister. Alle Heerscharen Gottes sind heilige Geister. Auch Luzifer war vor seinem Abfall ein heiliger Geist. Alle Menschen und die ganze materielle Schöpfung waren einmal heilige Geister. - Das große Mißverständnis, das durch die Bezeichnung 'der Heilige Geist' hervorgerufen wurde, rührt von den falschen Übersetzungen des griechischen Textes des 'Neuen Testamentes' her. Wo dort **'ein'** heiliger Geist zu lesen ist, haben eure Übersetzer unbegreiflicher Weise **'der'** Heilige Geist geschrieben..." *(* Greber 1 – 367-368)*

Die Hölle

"An der Lehre von einer *'ewigen Hölle'*, welche die ersten Christen nicht kannten, haltet ihr mit erstaunlicher Zähigkeit fest. Auf dieses Schreckmittel scheint ihr nicht verzichten zu wollen..."

"Man beruft sich auf die Bibel, um den Beweis für die Ewigkeit der Höllenstrafen zu erbringen. Man klammert sich an das Wort 'ewig', das in euren Übersetzungen des 'Neuen Testamentes' in Verbindung mit den jenseitigen Strafen gebraucht wird. Aber wie lautet denn das Wort, das ihr mit 'ewig' übersetzt habt, im griechischen Urtext? Denn nicht auf eure Übersetzungen kommt es an, sondern auf den Sinn des Wortes, das im Urtext steht. - Nun findest du aber an allen Stellen, an denen eure deutschen Bibelübersetzungen das Wort 'Ewigkeit' oder 'ewig' gebrauchen, im griechischen Text das Wort 'Äon'. Auch ihr sprecht unter Benutzung desselben Wortes von 'Äonen'. Ihr wollt damit große Zeiträume bezeichnen. Auch im Griechischen bedeutet das Wort 'Äon' niemals 'Ewigkeit' oder den Begriff des 'Ewigen'. Auch dort hat es nur die Bedeutung *eines Zeitraumes* von *unbestimmter* Dauer... Nach der Anschauung der Römer war ein 'Äon' ein Zeitraum von hundert Jahren." ...

"Nun möchte ich dich zunächst auf die merkwürdige Tatsache aufmerksam machen, daß eure Übersetzer an zahlreichen Stellen der Bibel das Wort 'Äon' und das davon abgeleitete Eigenschaftswort in richtiger Weise mit 'Zeit' und 'zeitlich' wiedergeben, weil das Wort 'ewig' an jenen Stellen widersinnig wäre. Nur dort, wo von einer jenseitigen Strafe die Rede ist, gebrauchen sie das Wort 'ewig'. Man merkt deutlich, daß sie da unter dem Einfluß der christlichen Religionen stehen, die eine Ewigkeit der Höllenstrafe lehren."

"Greifen wir nun einige von den zahlreichen Stellen der Bibel heraus, wo das Wort 'Äon' mit 'Zeit' oder 'zeitlich' übersetzt werden muß. So heißt es von der Sünde wider den Geist, daß sie weder in diesem noch in dem anderen 'Äon' vergeben werde, also weder in diesem Zeitalter noch in dem folgenden, oder weder in diesem Leben noch in dem kommenden. Man könnte ja nicht übersetzen: Sie wird weder in dieser Ewigkeit noch in der zukünftigen vergeben werden..." ...

"Christus sagt nach eurer Übersetzung: "Es ist besser für dich, verstümmelt und lahm zum Leben einzugehen, als daß du zwei Hände und zwei Füße habest und in das 'ewige' Feuer geworfen werdest." - Was hier mit 'ewigem' Feuer bezeichnet wird, ist auch bloß ein Feuer, das einen 'Äon' hindurch dauert, also zeitlich ist. Und merkwürdigerweise stand im Urtext an dieser Stelle nicht einmal das Wort 'Äon', sondern ist hineingefälscht worden. Denn im Urtext hieß es: "In das Feuer der Hölle" und nicht: "In das ewige Feuer." " ...

"Wenn nun in der Bibel von einem 'Feuer' der Hölle gesprochen wird, so soll damit ein Sinnbild des übergroßen Schmerzes derer gegeben werden, welche die Strafen der Hölle zu erdulden haben. Auch ihr sprecht von einem brennenden Schmerz, ohne daß ihr wirkliches Feuer darunter versteht. - Die

Qualen der Hölle sind so groß, daß ihr euch keine menschliche Vorstellung davon machen könnt..." *(* Greber 1 – 375-378)*

Der Ursprung des Menschengeistes und die 'Erbsünde'

"... Wenn man von den heutigen christlichen Religionen über *den Ursprung des Menschengeistes* Aufschluß erbittet, so geben sie euch zur Antwort: "Der Menschengeist wird im Augenblick der menschlichen Zeugung von Gott geschaffen. Er ist jedoch mit einer Sünde belastet, der sogenannten 'Erbsünde', weil der irdische Stammvater Adam in einem irdischen Paradies gesündigt hat und diese Sünde auf alle seine Nachkommen übergeht." "

"Sie bedenken nicht das Törichte einer solchen Lehre. Sie erwägen nicht, daß alles, was Gott schafft, rein und ohne Fehl aus seiner Hand hervorgeht, und daß die Befleckung eines Geistes nur durch *persönliches Verschulden* erfolgen kann; daß daher auch der Menschengeist, wenn er bei der menschlichen Zeugung von Gott geschaffen würde, ganz rein und unbefleckt wäre. Von einer 'Erbsünde' könnte in diesem Falle keine Rede sein. Denn wie sollten die Nachkommen Adams deswegen von Gott mit einer Knechtschaft der Sünde und einem Ausschluß vom Reiche Gottes bestraft werden, weil der Stammvater gesündigt hat - von demselben Gott, der gesagt hat: "Ein jeder, der Sünde tut, soll sterben; aber *ein Sohn soll die Schuld des Vaters nicht mittragen*" (Hes. 18.20)? Demnach können die Nachkommen Adams nicht wegen des Abfalles ihres Stammvaters von Gott bestraft werden, *wenn sie nicht selbst diesen Abfall mitgemacht haben.* Tatsächlich sind sie - wie ich dich bereits belehrt habe - *persönlich abtrünnig geworden*, indem sie dem Beispiel Adams als Geist folgten und sich gleich ihm den Ausschluß aus Gottes Reich mit all seinen furchtbaren Folgen durch eigenes Verschulden zuzogen."

"Es ist also richtig, daß der Menschengeist von der Geburt an eine Sünde auf sich hat, die ihr 'Erbsünde' nennt. Aber unrichtig ist eure Lehre, daß der Geist des Menschen erst bei der menschlichen Zeugung ins Leben tritt und eine Sünde auf sich habe, ohne persönlich gesündigt zu haben."

"Wie wollt ihr ferner bei eurer falschen Lehre über den Ursprung des Menschengeistes *das Leid in der Welt erklären*? Sollte Gott Geschöpfe zum Leiden ins Leben rufen und unter Qualen sterben lassen, ohne daß sie persönlich etwas Unrechtes begangen haben? Betrachte die *Millionen von Kindern*, die jährlich in größter Qual ihre Seele aushauchen! Womit haben sie das verdient? Haben sie etwa in ihrem jetzigen Dasein Gott beleidigt, daß er sie so schwer straft? Sie konnten ja noch gar nicht sündigen; sie konnten gut und bös noch nicht unterscheiden. Und doch sollte der unendlich gütige und gerechte Gott unschuldige Kinder quälen? ... Und Gott sollte das tun? Ihr mögt alle erdenklichen Ausflüchte suchen, um dies zu erklären, es gelingt euch nicht, die grausame Ungerechtigkeit wegzudisputieren, die in dem Schicksal dieser Kinder läge. - Das gilt von dem Menschenschicksal überhaupt. - Aber wenn ihr wißt, daß euer Geist schuldbeladen aus einem früheren Dasein in das jetzige tritt, dann sind alle Schicksalsrätsel mit einem Schlage gelöst... "

"Auch so vieles aus den biblischen Schriften würde euch verständlich sein, was euch bis jetzt dunkel geblieben. So würdet ihr den *scheinbaren Widerspruch* von selbst lösen können, der in den Worten des 'Alten Testamentes' enthalten ist, indem es einmal heißt: "Ein Sohn soll die Schuld des Vaters nicht mittragen" und ein anderes Mal: "Ich will die Sünden der Väter an den Kindern strafen bis ins dritte oder vierte Glied." - Wenn Gott die Sünden der Väter an den Kindern straft, so geschieht es nicht in der Weise, daß er unschuldige Kinder für das Vergehen des Vaters leiden läßt. Das wäre ein Unrecht. Vielmehr verkörpert er in dessen Kindern solche Geister, die von *sich aus* ein schweres Schicksal verdient haben, aber infolge dieses Schicksals auch für ihren Vater eine sichtbare Strafe sein sollen. Und da ein Vater seine Nachkommen höchstens bis ins dritte oder vierte Glied erlebt, so kann diese Strafe für ihn bis ins vierte Glied dauern." *(* Greber 1 – 379-381)*

Dirk: "Wenn man die Reinkarnation gedanklich zulässt, erklärt sich vieles ganz logisch, was ohne diese wiederum völlig unlogisch klingt."

Die Auferstehung von den Toten
"... *Die Auferstehung von den Toten* besteht also darin, daß die im Reiche der geistig Toten weilenden Geister sich in Reue wieder zum Reiche Gottes erheben. Sie kehren als frühere Deserteure wieder in die alte Heimat zurück. Daß sie zurückkehren können und von dem Fürsten des gottfeindlichen Reiches - Luzifer - nicht mehr mit Gewalt festgehalten werden, haben sie dem Erlöser zu verdanken. Dieser hat durch seinen Sieg über den Fürsten des Totenreiches die Freigabe derer erzwungen, die ihren Abfall bereuen und zu Gott zurückkehren möchten... Vorher war dies keinem Geiste der Tiefe möglich. Wer einmal in der Hölle war, konnte nicht mehr zur Höhe..." *(* Greber 1 – 383)*
"'Die Auferstehung von den Toten' hat also nicht das Geringste mit einer Wiedererweckung der *irdischen Leiber* zu tun. Eine '*Auferstehung des Fleisches*', wie es in den christlichen Glaubensbekenntnissen heißt, gibt es nicht. Darin stand in den ersten christlichen Jahrhunderten auch nicht 'Auferstehung des Fleisches', sondern 'Auferstehung der Toten'. Dieser Ausdruck bedeutete nichts anderes als die tröstliche Wahrheit, daß alle geistig Toten, einschließlich Luzifer, wieder zu Gott zurückkehren würden. Später hat man diese Worte geändert, als man die falsche Lehre eingeführt, daß die irdischen Leiber der Verstorbenen wieder lebendig würden, während doch Paulus die richtige Lehre in den Worten wiedergibt: "Es wird gesät ein *natürlicher* Leib, auferweckt ein *geistiger* Leib" (1. Kor. 15.44)." *(* Greber 1 – 384)*

Die Sakramente
"... Deine bisherige Kirche lehrt im Gegensatz hierzu die Notwendigkeit sogenannter '*Sakramente*' als Mittel zur Erlangung des Heiles. Und da diese Sakramente nur von Priestern gespendet werden können, die von den Bischöfen geweiht sind, so besitzt die katholische Kirche in der Sakramentenlehre das stärkste Machtmittel, die Gläubigen an ihre Kirchenorganisation zu

fesseln. Denn ohne das Dazwischentreten eines Priesters ist es nach der Lehre dieser Kirche nicht möglich, zu Gott zu gelangen."

"Es wird dir beim Lesen des 'Neuen Testamentes' auffallen, daß in der Lehre Christi und der Apostel auch nicht ein einziges Wort enthalten ist, mit dem ihr die Sakramentenlehre begründen könntet. Eure Sakramente in der von euch gelehrten Bedeutung sind menschliche Erfindungen..."

(* Greber 1 – 387)

6.6.6 Sünde, Fegefeuer und Reinkarnation

Sünde und Beichte

[Walsch:] Der Mensch wurde also von Gott für seine Sünden bestraft, es sei denn, er *beichtete sie.* Nach der Beichte konnte er sich sicher sein, daß Gott ihm vergeben hatte.

[Antwort:] JA. ALLERDINGS GAB es da einen Haken. Diese Absolution *konnte nicht direkt von Gott kommen.* Sie mußte den Weg über die Kirche nehmen, deren Priester die fällige "Buße" auferlegten. Im allgemeinen wurden vom Sünder Gebete verlangt. Das waren für die Menschen wichtige Gründe, ihre Kirchenmitgliedschaft aufrechtzuerhalten.

Die Kirche merkte, daß die Beichte eine große Zugnummer war, und so erklärte sie es bald zur *Sünde,* wenn man *nicht zur Beichte ging...*

Die Kirche stellte immer mehr und mehr Regeln auf - viele davon völlig willkürlich und aus einer Laune heraus -, und eine jede hatte die geballte Kraft von Gottes ewiger Verdammnis als Rückendeckung, es sei denn natürlich, das Vergehen wurde *gebeichtet.* Dann wurde dem Sünder von Gott vergeben, und er entkam der Verdammnis.

Doch nun gab es ein anderes Problem. Die Leute kamen zum Schluß, daß sie alles tun konnten, solange sie es nur beichteten. Die Kirche geriet in ein Dilemma. Die Furcht war aus den Herzen der Menschen gewichen. Die Zahl der Kirchgänger und Kirchenmitglieder schrumpfte. Die Leute kamen einmal im Jahr zur Beichte, sagten ihre Bußgebete auf, wurden von ihren Sünden losgesprochen und wandten sich wieder dem Leben zu. Also mußte ein Weg gefunden werden, die Angst wieder in ihre Herzen zu bringen. Und so erfand man das Fegefeuer.

(* Walsch 3 – 167-168)

Fegefeuer

MAN BESCHRIEB es als einen höllenähnlichen Ort, an dem man sich jedoch nicht ewig aufhielt. Diese neue Lehre besagte, daß Gott den Menschen *für seine Sünden leiden ließ, auch wenn er sie gebeichtet hatte.* Dieser Lehre zufolge verhängte Gott ein gewisses Maß an Leiden über jede unvollkommene Seele, je nach Anzahl und Art der von ihr begangenen Sünden, wobei es da die "Todsünden" und die "läßlichen" Sünden gab. Todsünden, waren sie nicht vor dem Tod gebeichtet worden, schickten die Seele schnurstracks in die Hölle. Die Zahl der Kirchgänger schoß wieder in die Höhe. Auch die Einnahmen aus der Kollekte und vor allem aus dem Ablaßhandel waren hoch -

denn die Lehre vom Fegefeuer beinhaltete auch die Möglichkeit, *sich vom Leiden freizukaufen...*

ABER DIESE Vergünstigungen wurden natürlich nur wenigen zuteil. Im allgemeinen jenen, die der Kirche eine sehr beträchtliche Spende zukommen ließen. Für eine wirklich große Summe konnte man den *vollen* Ablaß erhalten. Er bedeutete: *Null Zeit im Fegefeuer.* Eine Fahrkarte geradewegs in den Himmel... Der arme Bauer konnte nicht auf einen Ablaß vom Bischof hoffen - und so verlor das Fußvolk allmählich sein Vertrauen in das System, und die Zahl der Kirchgänger schrumpfte aufs neue.

SIE FÜHRTEN DIE Novenekerzen ein. Die Leute konnten in die Kirche kommen, eine Novenekerze für die "armen Seelen im Fegefeuer" anzünden und durch das Beten einer Novene (einer Anzahl von Gebeten in einer bestimmten Reihenfolge, was einige Zeit in Anspruch nahm) die "Strafe" der lieben Verstorbenen um Jahre verkürzen und sie früher aus dem Fegefeuer freibekommen, als Gott es ursprünglich vorgesehen hatte. Für sich selbst konnten sie zwar nichts tun, aber doch wenigstens um Gnade für die Verstorbenen beten. Natürlich war es hilfreich, wenn ein oder zwei Münzen für jede entzündete Kerze in den Schlitz geworfen wurden.   (** Walsch 3 – 168-170*)

Wiedergeburt und Reinkarnation

Jesus saß in der Vorhalle des Tempels, und viele kamen, um Seine Lehre zu erfahren. Und einer fragte Ihn: "Herr, was lehrest Du über das Leben?" Und Er sprach zu ihnen: "Gesegnet sind, die viele Erfahrungen durchmachen, denn sie werden durch Leiden vollkommen werden. Sie werden sein wie die Engel Gottes im Himmel, und sie werden nicht mehr sterben, noch werden sie wiedergeboren werden; denn Tod und Geburt haben keine Herrschaft mehr über sie."   (× *Univ.-Leb. 1 – 468*)

"Gesegnet sind, die viele Erfahrungen durchmachen, denn sie werden durch Leiden vollkommen werden" heißt: Der Mensch, der seine Sünden, die auch als Leiden in Erscheinung treten können, annimmt und sich in Leid, Krankheit und Not als sündig erkennt, der bereut, um Vergebung bittet, vergibt, wiedergutmacht und die Sünden nicht mehr begeht, der wird durch die Sühne erstarken und vollkommen werden. Über den Sünder herrschen Tod und Geburt nur so lange, bis er seine Sünden abgelegt hat und Gottes Willen erfüllt. Dann beginnt seine Seele zu leuchten. Beide, Seele und Mensch, blicken dann himmelwärts. Und so sie überwunden haben - wenn auch durch Leid -, wird die Seele in das Reich Gottes eingehen.

Erkennet: Wenn die Seele aus der Finsternis kommt, das heißt, wenn sie sich in ihren Vorexistenzen im Erdendasein belastet und die Sünden nicht bereinigt hat, dann wird sie vorübergehend in den Seelenreichen verweilen und dann wieder ins Erdendasein kommen. Sie wird so lange das Fleisch, ein Erdenkleid, anstreben, bis sie das bereinigt hat, was sie immer wieder zur Erde in das Erdenkleid gezogen hat.

Erkennet: Die Zeit rückt immer näher, in der schwerbelastete Seelen nicht mehr ohne weiteres die Erde aufsuchen können. Denn die Erde wird gereinigt, und der ganze Erdplanet einschließlich des gesamten Sonnensystems wird angehoben und in seiner Struktur verfeinert werden. Dann ist eine Einverleibung von schwerbelasteten Seelen nicht mehr möglich. Sie werden sich dann in den Reinigungsebenen auf jenen Planeten, die ihrem Seelenstand, ihrem Bewußtseinsstand also, entsprechen, wie Gebundene fühlen. Dort werden sie durchleiden, was sie auf Erden ohne große Pein hätten abtragen können. *(× Univ.-Leb. 1 – 469-471)*

DIE KIRCHE VERKÜNDETE, daß ihr euch besser anständig benehmen solltet, denn *sonst* ... Und da kamen die Vertreter der Reinkarnationslehre daher und sagten: "Ihr habt danach noch eine Chance und danach noch eine. Und dann immer noch weitere Chancen. Also macht euch keine Sorgen. Macht es so gut, wie ihr könnt. Seid nicht vor Furcht so gelähmt, daß ihr euch überhaupt nicht mehr rühren könnt. Versprecht euch selbst, es besser zu machen, und geht eurer Wege."

Natürlich konnte das die frühe Kirche nicht billigen. Also tat sie zwei Dinge: Erst erklärte sie die Reinkarnationslehre zur Ketzerei und führte dann das Sakrament der Beichte ein. Die Beichte konnte dem Kirchgänger geben, was die Reinkarnationslehre versprach, nämlich *eine weitere Chance*.

(* Walsch 3 – 167)

6.6.7 Erscheinungen

... Nur eines ist gewiß, daß die Erscheinungen vorprogrammiert sind, und wenn ihr solche seht und spürt, dann spürt ihr sie im Bewußtsein als Schwingung, als Kraft, als Harmonie, wenn sie von der geistigen, göttlichen Seite herkommen. Kommen sie von der negativen Seite, dann herrscht Panik, Angst, Hysterie, ohne Rücksicht auf das Leben anderer: "Rette sich, wer kann!"

Und jetzt zurück zu dieser Erscheinung. Es gibt die verschiedensten Erscheinungsformen. In der Regel ist es so, und das habe ich schon des öfteren gesagt, da ihr eine große, gewaltige, christliche Gemeinde seid, daß es Mutter Maria mit ihren Boten ist. Deswegen muß es nicht Mutter Maria persönlich sein, es kann ihre Strahlkraft sein, mit der sich ein Engel im Auftrag von Mutter Maria umgibt. Deshalb ist es nicht minder wertvoll, ihr dürft ja nicht vergessen, die geistige Welt braucht auch, um sich kundzutun, Vorbereitungen, Verdichtungen, Energien; ihr sagt dazu Schwingungen und Kräfte, die von einzelnen medialen Menschen mit der gleichen Schwingungszahl erfaßt werden. Und durch diese Schwingungszahl werden dann die geistigen Augen geöffnet, und man sieht das Bild; das ist bei Einzelpersonen der Fall.

Wenn Menschenmassen dieses Bild sehen, ist unter den Menschen eine Odkraftfülle vorhanden, so daß die geistigen Augen geöffnet werden; ihr glaubt, ihr seht es mit den materiellen Augen, in Wirklichkeit sind es die geistigen Augen. Die Schwingung öffnet euch und zieht Ähnliches zu Ähnlichem. *(* Emanuel 18 – 58-59)*

6.6.8 Heutige Christen und Gottesglauben

Sogenannte Christen, die ihren Obrigkeiten blind ergeben sind, lassen sich im Gebrauch von Waffen für kriegerische Zwecke ausbilden, um dann, wenn der Kriegsruf erschallt, Menschen zu töten. Blind gegenüber der ewigen Wahrheit, handeln sie wie Sklaven und tun, was ihnen befohlen ist.

(× Univ.-Leb. 1 – 673)

Die meisten Menschen glauben an Gott. Sie glauben nur nicht an einen Gott, der an sie glaubt. Gott glaubt an sie. Und Gott liebt sie mehr als die meisten von ihnen wissen.
Die Vorstellung, dass Gott gleichsam wie ein Stein verstummte und vor langer Zeit aufhörte, zur Menschheit zu sprechen, ist irrig. Die Vorstellung, dass Gott über die Menschheit erzürnt ist und sie aus dem Paradies warf, ist irrig.
Die Vorstellung, dass Gott sich selbst zum Richter und zur Jury ernannt hat und darüber entscheiden wird, ob Angehörige der menschlichen Rasse in den Himmel oder in die Hölle kommen, ist irrig.
Gott liebt jedes menschliche Wesen, das je lebte, gegenwärtig lebt und je leben wird.
Es ist Gottes Wunsch, dass jede Seele zu Gott zurückkehrt, und es ist unmöglich, dass dieser Wunsch nicht erfüllt wird. Gott ist von nichts getrennt, und nichts ist von Gott getrennt. Es gibt nichts, was Gott braucht, weil Gott alles ist, was es gibt.

(* Walsch 5 – 24-25)

... Die Israeliten waren damals, und ihr wißt es, das auserwählte Volk Gottes. Infolgedessen wurden sie geführt, gelenkt, geleitet, weil Gott bzw. Christus mit diesem Volk etwas vorhatte. Infolgedessen wurden sie pädagogisch zum Ein-Gott-Glauben, um mich menschlich auszudrücken, erzogen.
Wenn ich jetzt zu euch überleite, dann hattet ihr bis zum jetzigen Zeitpunkt einige tausend Jahre Zeit, um euch zu verbessern. Und jetzt kommt dazu:
Wißt ihr denn, ob ihr damals auf dieser Erde wart? Wißt ihr, wo ihr in der Zwischenzeit wart? Und wißt ihr, ob nicht viele Leben dazwischen waren? Und nicht nur ihr, sondern die ganze Menschheit? Was hat sich da verbessert? ...
Wenn du ein Kind fragst: "Kennst du die 10 Gebote Gottes?", dann wirst du mit Schaudern feststellen, daß sie überhaupt nichts davon gelehrt bekommen haben und sie nicht kennen und daher nichts darüber wissen. Daraus erkennt ihr wieder die Macht der negativen Kräfte, daß alles, was vor Jahrzehnten oder vor wenigen Jahren noch Gültigkeit hatte, jetzt den Fluß hinuntergeschwommen ist. Sukzessive wird alles unterhöhlt, ausgelaugt, und das Ergebnis ist: Man kann es wohl in alten Büchern noch lesen, aber der moderne Mensch braucht das ja nicht, der hat seinen entwickelten Intellekt.
... Der Geistseelenentwicklungszustand der Menschen ist derzeit niedriger als seinerzeit der Entwicklungszustand der Israeliten. Aber warum, liebe Geschwister? Weil der Bewußtseinszustand der Menschheit von seiner Entwicklung her total verbildet ist. Und das ist auch wieder eine intellektuelle

Führung Luzifers, der euren Verstand hochzüchtet. Alles, was zurück zu Gott führt durch Christus oder die Boten Gottes, ist herausgestrichen worden aus diesem Bewußtsein. Der Mensch kann alles, er verwirklicht sich selbst, aber das alles ohne Gott - ohne in sich selbst den Gottesfunken zum Leuchten zu bringen! ...

Es ist ein gewaltiges System dahinter, das ihr nicht bis ins kleinste Detail erkennen könnt, was Luzifer mit der Menschheit vorhat. Es ist so gewaltig, wenn ich dürfte und es euch erzählen könnte, würdet ihr sofort nicht mehr weiterleben wollen! Ihr seht nur das Äußere, und ich habe nur einen Teil davon angerissen. Aber die Seelennot der Menschen wird immer größer, und dadurch dreht sich das Rad der Wiedergeburt immer schneller, und das will Gott anhalten, wie ich vorhin erklärt habe. *(* Emanuel 19 – 162-164)*

Religionen heute

Die meisten Religionen stellen jedoch bestimmte Erfahrungen als zulässig auf, während sie andere negieren. Sie machen Einschränkungen, indem sie das Prinzip der Heiligkeit des Lebens nur auf ihre eigene Gattung anwenden, und innerhalb dieser oftmals nur auf einen sehr beschränkten Kreis.

Zu keiner Zeit wird eine gegebene Kirche die innere Erfahrung aller Individuen auszudrücken vermögen. Zu keiner Zeit wird es einer Kirche gelingen, die innere Erfahrung ihrer Mitglieder wirksam zu beschneiden - es wird immer nur so scheinen. Die verbotenen Erfahrungen werden sich einfach unbewußt ausdrücken und werden Kräfte und Vitalität sammeln, um sich in einer Gegenprojektion zu entladen, die dann wieder ein anderes, neueres äußeres Religionsdrama in Bewegung setzt. *(* Seth 4 – 383)*

Ihr zerstört euch sogar selbst in euren Konkurrenzkämpfen um Gott, die ihr Religionen nennt. Ihr habt euch in eurem irrsinnigen Konkurrenzkampf um Gott selbst getötet, ja manchmal danach getrachtet, ganze Zivilisationen auszulöschen. *(* Walsch 5 – 66)*

Denkt daran, dass ihr - *wie bei allen Mitteilungen von Gott* - das, was ihr hier lest, als wertvoll, aber nicht als unfehlbar betrachten solltet. Wisst, dass ihr eure eigene höchste Autorität seid. Seht die Quelle der Autorität, ob ihr nun den Talmud oder die Bibel, die Bhagavad Gita oder den Koran, den Pali Kanon oder das Buch Mormon oder irgendeine andere heilige Schrift lest, nicht außerhalb eurer eigenen Person. Wendet euch vielmehr nach *innen* und stellt fest, ob sich die Wahrheit, die ihr in diesen Schriften erkennt, in Übereinstimmung mit der Wahrheit in eurem Herzen befindet. Wenn ja, dann sagt nicht: "Dieses Buch ist wahr." Sagt stattdessen: "Dieses Buch ist für mich wahr." *(* Walsch 5 – 127)*

Sogar die Religionen, jene menschlichen Institutionen, die an sich geschaffen wurden, um euch Gott näher zu bringen, haben allzu oft das Moment der Überlegenheit als ihr Hauptinstrument eingesetzt. "Unsere Religion ist allen anderen Religionen überlegen", haben viele Institutionen verkündet und damit mehr zur Spaltung unter den Menschen beigetragen als zu ihrer Einigung.

Staaten und Nationen, Rassen und Geschlechter, politische Parteien und Wirtschaftssysteme waren alle bestrebt, ihre vermeintliche Überlegenheit zu nutzen, um Aufmerksamkeit, Respekt, Zustimmung, Anhänglichkeit, Macht oder ganz einfach Mitglieder an sich zu ziehen. Was sie damit bewerkstelligt haben, war alles andere als überragend. *(* Walsch 5 – 191)*

Alle Religionen sprechen von Liebe, aber wenn ihre Glaubensanhänger der Liebe nachkommen und sich von ihr transformieren lassen würden, dann könnten sie keinen einzigen Menschen im Namen ihrer Religion töten oder vernichten. Keine Religion dieser Erde ist es wert, daß ein einziger Mensch in ihrem Namen getötet wird. Wird ein einziger Mensch wegen seines Glaubens getötet, dann ist die Religion der Aggressoren völlig fehlgeleitet oder aber sie wird mißverstanden. *(* Zopf 5 – 46)*

Religion und Spiritualität
[Walsch:] Wo liegt der Unterschied zwischen Religion und Spiritualität?
[Antwort:] DAS EINE IST eine Institution und das andere eine Erfahrung.

Religionen sind Institutionen, die sich um eine bestimmte Vorstellung darüber, wie die Dinge sind, aufbauen. Wenn sich diese Vorstellungen erhärten und in Stein gemeißelt werden, werden sie Dogmen oder Doktrinen genannt. Sie werden zu etwas weitgehend Unanfechtbarem. Institutionalisierte Religionen verlangen, dass man an ihre Lehren glaubt.

Spiritualität erfordert nicht, dass du an irgendetwas glaubst. Vielmehr lädt sie dich beständig dazu ein, deine Erfahrungen zur Kenntnis zu nehmen. Deine persönliche Erfahrung wird für dich maßgeblich und nicht das, was dir jemand anders erzählt hat.

Wenn ihr einer bestimmten Religion zugehörig sein müsstet, um zu Gott finden zu können, würde das bedeuten, dass es für Gott bestimmte Mittel oder Wege gäbe, auf denen ihr zu ihm gelangen müsst. Doch warum sollte ich so etwas verlangen? *(* Walsch 6 – 149)*

Der Religion wurde kein Wachstum gestattet. Ja wirklich, ihr lasst sie nicht wachsen und sich weiterentwickeln. Ihr behauptet, dass jede neue Erkenntnis, die im Widerspruch zum Alten steht oder es modifiziert, ketzerisch und gotteslästerlich sei. Ihr behauptet, Neue Offenbarungen seien nicht möglich. Ihr vertretet den Standpunkt, dass alles, was es zu sagen gibt, bereits gesagt wurde, dass alles, was es zu wissen gibt, bereits bekannt ist, dass alles, was es zu verstehen gibt, bereits verstanden worden ist. *(* Walsch 6 – 173)*

... Gott hat nie aufgehört, mit den Menschen direkt zu kommunizieren. Gott hat von Anfang an mit und durch Menschen kommuniziert. Und das tut Gott auch heute. *(* Walsch 6 – 371)*

Wenn ihr mutig seid, wenn ihr tapfer seid, werdet ihr eure religiösen Erfahrungen durch eine Neue Spiritualität lebendiger, intensiver und positiver werden lassen. Diese Spiritualität wird eure traditionellen religiösen Lehren nicht in Bausch und Bogen ablehnen, sondern sie erweitern und ein paar von den Lehren ändern, die eurer Ansicht nach keine Gültigkeit mehr haben oder nicht mehr funktionieren. *(* Walsch 6 – 207)*

... Kein Weg zu Gott ist direkter als ein anderer. Keine Religion ist die "einzig wahre Religion", kein Volk ist das "auserwählte Volk", und kein Prophet ist der "größte Prophet". *(* Walsch 6 – 371)*

6.6.9 Botschaften von Mutter Maria

Maria über ihr 'Leben'

Als Mutter von Jesus wurde ich vor 2000 Jahren in extremem Maße in meiner inneren Entwicklung gefordert und geformt, wobei ein Teil meines Lernens von tiefer Agonie und von Schmerz bestimmt war. Das, was um meinen Sohn herum geschah, löste in mir zum Teil größte Verzweiflung aus, und ich stand oft kurz davor, den Glauben an das Gute im Menschen zu verlieren. *(* Zopf 4 – 14)*

Noch einmal wurde ich wiedergeboren, und ich lebte ein ruhiges zurückgezogenes Leben, in dem sich all die Werte, die ich vorher entdeckt hatte, in mir verfestigten, ausbauten und verfeinerten. *(* Zopf 4 – 17)*

Auch ich stehe in Verbindung mit mehreren Menschen, die bereit dazu sind, als ein Sprachrohr für mich zu dienen. Durch jedes meiner Medien kann ich andere Bereiche des Lebens und der Spiritualität lehren, je nachdem, welchen sozialen und religiösen Hintergrund sie haben und wie offen und unabhängig sie sind. *(* Zopf 4 – 21)*

... Ich bin keine historische Gestalt, sondern lebendig, ich suche euch an allen möglichen Plätzen, durch verschiedene Erscheinungen auf. Ich suche euch ja, liebe Kinder, warum seid ihr mir so fern, warum weigert ihr euch, mich in eurer Mitte aufzunehmen? *(* Emanuel(Kontr.) 9 – 51)*

... Es ist sehr wichtig, daß ihr das wißt und nicht glaubt, daß es mich immer wieder nur an die materiellen Erscheinungsorte hinzieht. Es zieht mich besonders an die Orte, wo man das Geistige pflegt, wo geistige Zentren und Zellen sind, wo geistige Liebesandachten gehalten und geistige Gebete verrichtet werden, wo Herzen in geistigem Rhythmus schlagen: Zurück zu Gott! Dort ist meine Heimat, ... *(* Emanuel(Kontr.) 9 – 50)*

Jesus Christus, der Meister, Er hat mir gestattet, als Seine Erdenmutter ein paar Worte zu euch zu sprechen. Ihr wißt doch, wie sehr ich bestrebt bin, alle Erdenkinder auf den Weg zu führen, damit sie in das Reich des Vaters zurückkehren können. Geliebte Kinder, ihr hört immer wieder davon, daß ich den Menschenkindern eine Warnung gebe, eine Warnung aus Liebe zur Menschheit, weil ich all die Dunkelheit erkenne, die in der Menschheit wohnt, all das Leid. Ich höre das Stöhnen und fühle, wie sehr die Menschen gepeinigt sind. Und so will ich immer wieder die Menschenkinder belehren. Ihr hört dann von Erscheinungen, die Menschen von mir hatten, die eines reinen Herzens sind. *(* Emanuel/Hardus 2 – 97)*

Ich sage den Menschen, denen ich erscheine, oder zu denen ich spreche, immer, daß *Gott liebt*. Gott liebt mehr, als ihr mit eurer menschlichen Natur begreifen könnt. Es ist eine so große Liebe! Ich sage ihnen, daß das Leben ewig ist, daß ihr selbst wählt, wie und wo ihr lebt, und wie ihr euer Leben führt. Ihr habt die vollkommene Freiheit zu wählen. Nun, so war es bisher, und so wird es wohl weiterhin sein. *(* Kirkwood – 26)*

Genau wie Jesus, als er auf der Erde weilte, bringe ich die Wahrheit. Das ist auch der Grund, warum ich zu Menschen gehe, die nicht in der Kirche sind. Ich erscheine vielen, die keiner Kirche angeschlossen sind, und vielen, die anderen Religionen angehören. Ich spreche zu allen Menschen, unabhängig von ihrem Glauben und ihrer Herkunft. Erinnert euch, daß ich sagte: "Sucht Gott in eurem Herzen und durch euren Geist, mit Aufrichtigkeit und Ernsthaftigkeit." Das ist alles, was ihr zu tun habt. Vergeßt Dogmen und Unterschiede im Glauben. Diese Dinge sind einfach nicht wesentlich.

(* Kirkwood – 28)

Aussagen von Jenseitsbotschaftern über Maria

Ich gab sie Jesus als Mutter; sie war die in eine Frau inkarnierte göttliche Zärtlichkeit. Sie ist es, die ihr als Fürsprecherin sucht, die ihr als Trost in euren Leiden anruft, und diese göttliche Liebe breitet sich wie ein Mantel über die Menschheit. Sie ist jene, die der Engel des Herrn "Gesegnete unter allen Frauen" nannte. Sie ist dieselbe, die Christus am Kreuze als geistige Mutter aller Menschen zurückließ. Maria ging durch die Welt und verbarg ihre göttliche Wesenheit; sie wußte, wer sie war und wer ihr Sohn war, und statt sich mit jener Gnade zu brüsten, erklärte sie sich nur für eine Dienerin des Höchsten, für ein Werkzeug der Ratschlüsse des Herrn. *(* BWL 1 – 112-113)*

Maria, eure liebevolle Mutter, kommt gleichfalls zu euch herab und erfüllt euch mit Gnade, lehrt euch die vollkommene Liebe und verwandelt euer Herz in eine Quelle der Barmherzigkeit, damit ihr große Werke der Liebe unter euren Brüdern vollbringt und die Wahrheit erkennt. Sie ist Meine Mitarbeiterin, und neben Meinem Wort als Meister und als Richter gibt es ihr Wort als Mutter und als Fürsprecherin. Liebe sie, Volk, und rufe ihren Namen an. Wahrlich, Ich sage euch, Maria wacht über euch und steht euch bei, nicht nur in diesen Tagen der Prüfung, sondern ewiglich. *(* BWL 3 – 75)*

Die Liebe aus ihrem tiefsten Inneren war es, ist es und wird es immer sein, die Maria, die Mutter Jesu, nicht erlahmen läßt, Botschaften an die Menschheit zur Umkehr und Gesinnungsänderung zurück zu Gott zu richten. Als Beweis dieser herzinnigsten Liebe zu ihren verführten und gequälten Kindern führe ich, Laurentius, einige der vielen, vielen Erscheinungsorte an, wo Botschaften von Maria, der Mutter Jesu, der Menschheit gegeben wurden:

La Salette	Eisenberg	Fatima	usw.
Garabandal	Heede	Montichiari	
San Damiano	Heroldsbach	Medjugorje	

Ich, Laurentius, sage ganz offen, daß dies nur eine kleine Auswahl der tatsächlichen Erscheinungsorte Mutter Marias ist, ihre Zahl ist viel größer. Leider hatten und haben viele Menschengeschwister Angst vor dem Veröffentlichen; viele, die auch sogenannte "Privatoffenbarungen" hatten, enthielten diese der Menschheit vor.   *(* Emanuel(Kontr.) 9 – 12)*

Lisa: "Seit dem ersten Jahrhundert bis heute gab es weltweit über 900 dokumentierte Marienerscheinungen und Botschaften von ihr. Das habe ich in dem Buch von Hierzenberger gelesen." *[vgl. Hierzenberger – 553]*

6.6.10 Hilfen durch Josef

... St. Josef hat - und das will ich euch auch noch erklären - ein gewisses Maß an Energie für Gebetsheilungen von Christus erhalten, und er erhält sie immer wieder. Durch eure Gebete für Geschwister, die auf gleicher oder ähnlicher Entwicklungsstufe wie ihr Hilfe brauchen, vermehrt ihr diese Dimension.

St. Josef hat also von Christus eine gewisse Dimension an Heilenergie oder Hilfeenergie zur Verfügung, und ihr vermehrt sie auch noch durch die Gebete in das Depot von St. Josef.

Was macht jetzt St. Josef mit solchen Gebeten? Er vermengt sie zu einem "Konglomerat", angepaßt an Geschwister, die sein Team vorher prüft, ob es erlaubt ist, diesem Bruder oder der Schwester zu helfen; er versorgt sie dann mit jener Dimension an Gebetskraft oder Energie oder Wirkung - wie immer ihr es ausdrückt -, die erforderlich ist, daß die Wirkung der Energie zur Gebetserhörung reicht.

Und nun komme ich noch auf etwas sehr Wichtiges: Wenn ihr zu St. Josef betet, könntet ihr euch genauso an Gott wenden, genauso an Christus, an Mutter Maria, an St. Michael usw. Warum? Immer wird es St. Josef und sein Team ausführen. Warum? Weil ihr und alle anderen Geschwister, die heute nicht da sind, in seiner Obhut seid! Weil ihr in seiner Dimension lebt! Weil ihr euch zu ihm bekennt und er, sagen wir es einmal so: von Mutter Maria oder von Christus, wenn ihr betet, den Auftrag erhält, euch zu helfen.

Es ist ganz einfach. Und warum? Weil er zur Zeit unser oberster Leiter ist und alles macht, was er machen kann, bis zu Christus hinauf, denn dazu hat er das Recht, die Kraft, die Energie und die Wirkung! Infolgedessen könnt ihr, wenn ihr wollt, ruhig weiterbeten, wie ihr es gewohnt seid, aber St. Josef wird euch die Bitten erfüllen!

Und wenn ihr sagt: "Nein, ich will es von Mutter Maria erfüllt haben", wird es Mutter Maria doch an St. Josef weitergeben. Es ist eben eine Ordnung!   *(* Emanuel 19 – 61-63)*

Hans: "Die Entwicklung des Christentums war und ist wohl ein ständiger Kampf um die Erhaltung der eigentlichen Lehre von Christus."

Dirk: "Wobei viele Schlachten verloren wurden, wenn man die schlimmen Fehlentwicklungen betrachtet. Luzifer hat ein absolutes Interesse daran, die Glaubwürdigkeit der Lehre von Christus zu untergraben."

Vera: "Aber die Lehre ist - meine ich - heute wieder lebendiger als früher und mit Hilfe der Jenseitsbotschafter aus der Geisterwelt Gottes kommen wir den ursprünglichen Botschaften auch wieder näher. Ich habe hier noch einen Kommentar von Emanuel zu den Religionen im Allgemeinen, der uns eine übergeordnete Sicht zu allen Religionen vermittelt."

6.6.11 Emanuel zum Thema "Religionen"

Betrachten wir, was man unter dem Wort "Geistiges" versteht. Christus kam als Geistwesen - so nenne ich ihn - auf diese Erde. Er brachte eine gewisse Lehre mit sich. Ich nenne sie "Geistlehre" - seine Liebeslehre. Andere "Religionen" dieser Welt - das Wort "Religionen" stimmt nicht ganz, aber in eurem Sinne trifft es zu - haben von Geistwesen höherer geistiger Entwicklung eine ihrer Richtung entsprechende Geistlehre erhalten. Es trifft also keineswegs nur auf Jesus den Christus zu, sondern auf alle, die sich bemüht haben - von Mohammed angefangen, und die vielen Fernöstlichen, sie alle zusammen sind Propheten des geistigen Lehrsystems gewesen, das zu einer bestimmten Zeit einer bestimmten Menschengruppe, einem Volksstamm usw. gegeben werden konnte, um sich geistig zu entwickeln. Jesus brachte diese geistige Entwicklung in dieser Form zum Ausdruck, dass er euch seine Liebeslehre gab...

Es ist sehr schwer, da ihr nur in kurzen Zeitabständen eures irdischen Erdenlebens denkt, die vielen Geistwesen in eurem Bewusstsein zu haben, die das Geistige auf diese Erde gebracht haben. Wenn ihr jedoch die Möglichkeit habt, diese in irgendeiner Form zu überblicken, bilden sie doch eine gewisse Einheit. Wie sie irdisch genannt werden, ist nicht so wichtig, wesentlich ist, dass die Menschen durch diese Lehren ihre geistige Entwicklung fördern, dass sie irdische Verfehlungen als solche erkennen, diese ablegen und dadurch aufsteigen und - wie es heißt - vom "Rad der Wiedergeburt" befreit werden. *(* Emanuel 20 – 185-186)*

7 Der heutige Mensch und das irdische Leben

7.1 Bausteine des Universums

Hans: "Bevor wir im Detail den 'heutigen Menschen und seine Lebensumstände' behandeln, sollten wir uns etwas näher mit seiner physisch-materiellen Umgebung befassen."

7.1.1 Wissenschaft und Erkenntnisse

"Jedem tiefen Naturforscher muss eine Art religiösen Gefühls naheliegen, weil er sich nicht vorzustellen vermag, dass die ungemein feinen Zusammenhänge, die er erschaut, von ihm zum erstenmal gedacht werden. Im unbegreiflichen Weltall offenbart sich eine grenzenlos überlegene Vernunft. - Die gängige Vorstellung, ich sei ein Atheist, beruht auf einem großen Irrtum. Wer sie aus meinen wissenschaftlichen Thesen herausliest, hat diese kaum begriffen ..." *Albert Einstein, Nobelpreisträger, Physiker*

"Der erste Trunk aus dem Becher der Naturwissenschaft macht atheistisch; aber auf dem Grund des Bechers wartet Gott." *Werner Heisenberg, Nobelpreisträger, Physiker*

"Die gelegentlich gehörte Meinung, dass wir im Zeitalter der Weltraumfahrt so viel über die Natur wissen, dass wir es nicht mehr nötig haben, an Gott zu glauben, ist durch nichts zu rechtfertigen. Bis zum heutigen Tag hat die Naturwissenschaft mit jeder neuen Antwort wenigstens drei neue Fragen entdeckt. Nur ein erneuerter Glaube an Gott kann die Wandlungen herbeiführen, die unsere Welt vor der Katastrophe retten können. Wissenschaft und Religion sind dabei Geschwister, keine Gegensätze." *Wernher von Braun, Physiker* *(Zelenka – 44)*

Der Urknall aus Sicht der Wissenschaft
Aus ungeklärter Ursache zündete demnach vor genau 13,7 Milliarden Jahren das All. Es folgte die Ära der Inflation: Das frisch geborene Universum dehnte sich aus - in einem kaum vorstellbar kurzen Moment in ebenso wenig vorstellbar gewaltigem Maße.

In den Minuten, die folgten, kristallisierten sich jene Kräfte heraus, mittels deren die Materie wechselwirkt. Nach 380000 Jahren wurden dann die Atome geboren.

Die Welt bestand nun aus Wasserstoff, der in einem Meer von Mikrowellenstrahlen badete. Weitere 200 Millionen Jahre später kollabierte die erste Gaswolke zu einem Stern. Er war schwer wie 100 Erdensonnen und endete als Schwarzes Loch.

So gut die Fakten auch zusammenpassen, die Kosmologen werden nicht arbeitslos. Noch wissen sie nicht, warum der Urknall überhaupt zündete, und auch, warum sich das Universum während der Inflation so abrupt aufblähte, verstehen sie nicht. Das vielleicht größte Rätsel aber verbirgt sich hinter einem weiteren Ergebnis der "Map"-Mission: Das Universum, so lässt sich aus dem bunten Fleckenteppich schließen, ist eine Mixtur aus drei Komponenten: 73 Prozent bestehen aus dunkler Energie, 23 Prozent aus dunkler Materie; der Rest, also 4 Prozent, ist Materie herkömmlicher Art.

Das Problem ist nur: Niemand weiß, was "dunkle Energie" und "dunkle Materie" eigentlich sind. Ihre Wirkung auf Galaxien und Sterne lässt sich messen, ihre Natur jedoch ist unbekannt. *(SPIEGEL 8/2003 – 132)*

Die Entwicklung der letzten 300 Jahre

Vor etwa 300 Jahren, zu Lebzeiten von *Isaac Newton,* schien die Welt noch in Ordnung zu sein. Nachdem *Nikolaus Kopernikus* die Erde aus dem Zentrum des Universums gerückt und *Johannes Kepler* die Geometrie der Planetenbahnen entschlüsselt hatte, war es Newton gelungen, diesem neuen Weltbild durch Aufstellung des Gravitationsgesetzes eine fundierte physikalische Grundlage zu geben...

Nunmehr schien das gesamte Universum klar, einfach und bis in alle Zukunft vorausberechenbar geworden zu sein, und so bezeichnete Newton Gott als den "großen Uhrmacher", der den Kosmos wie ein Uhrwerk erschaffen, die Uhr aufgezogen und dann laufengelassen hatte.

Es dauerte mehr als 200 Jahre, bis klar wurde, daß dieses Weltbild trotz seiner bestechenden Klarheit und Einfachheit nicht stimmte. Im 19. Jahrhundert hatte *James Clerk Maxwell* die Gesetze des Elektromagnetismus aufgestellt. Doch diese Gesetze fügten sich nicht mehr in das mechanistische Weltbild von Newton und Galilei.

Erst die Spezielle Relativitätstheorie *Albert Einsteins* faßte Mechanik und Elektrodynamik unter einem gemeinsamen Dach zusammen.

Doch die Natur ließ sich nicht so schnell festnageln, und so gelang es auch nicht, Gott vom Uhrmacher zum Elektriker zu befördern. Plötzlich hatte nämlich Newtons ehrwürdiges Gravitationsgesetz einen Fehler! Es beschreibt ein Kraftfeld, das sich augenblicklich, also mit unendlicher Geschwindigkeit, im gesamten Universum ausbreitet. Dies ist mit der Speziellen Relativitätstheorie unvereinbar. Nichts kann sich schneller als das Licht bewegen!

Der Versuch Einsteins, das Problem zu lösen, führte etwa zehn Jahre später zu seinem wohl größten Werk, der *Allgemeinen Relativitätstheorie.* Um die Schwerkraft zu bändigen, mußte er eine vollkommen neue Geometrie einführen, wonach Raum und Zeit durch Materie gekrümmt werden. Genauer ist es eine Wechselbeziehung: *Die Materie bestimmt, wie sich Raum und Zeit zu krümmen haben, während Raum und Zeit bestimmen, wie sich Materie zu bewegen hat.*

Daß seine Gleichungen im Prinzip auch eine abstoßende *Antigravitationskraft* zuließen, ignorierte Albert Einstein damals geflissentlich, ... Eine solche Kraft war damals noch nie beobachtet worden, und sie hätte seine Gleichungen instabil gemacht. Einstein - wie alle Physiker ein ausgeprägter Ästhet - haßte es, seine Theorien durch Zusatzannahmen und übermäßige Korrekturfaktoren zu verkomplizieren und zu verunstalten. *(Fosar – 267-268)*

Albert Einstein: Und als es einmal kurz schlecht um seine Theorie stand, da ließ er den Satz fallen: "Raffiniert ist der Herrgott, aber boshaft ist er nicht."

Auf die telegrafische Anfrage eines New Yorker Rabbi, ob er an Gott glaube, äußerte Einstein sich mit der intellektuellen Distanz eines naturforschenden Atheisten: "Ich glaube an Spinozas Gott, der sich in der gesetzlichen Harmonie des Seienden offenbart, nicht an einen Gott, der sich mit dem Schicksal und den Handlungen der Menschen abgibt."   *(SPIEGEL 50/99 – 276)*

... In den zwanziger Jahren stießen Physiker in aller Welt auf weitere Widersprüche zum klassischen Weltbild, als sie in die kleinsten Dimensionen der Atome und Elementarteilchen eindrangen. Dies führte zur Aufstellung der *Quantentheorie,* der zweiten großen physikalischen Entdeckung des 20. Jahrhunderts.

Genau wie die Relativitätstheorie in der Welt des unendlich Großen, vermag die Quantentheorie physikalische Effekte im Mikrokosmos korrekt zu beschreiben. Beide Theorien sind experimentell außerordentlich gut bestätigt und können im Grunde von niemandem mehr angezweifelt werden. Doch sie passen nicht zusammen! ...

Auch Beobachtungsergebnisse und Experimente beweisen, daß Quantenphysik und Relativitätstheorie noch nicht das letzte Wort der Wissenschaft sein können.   *(Fosar – 268-269)*

7.1.2   Urschöpfung, Raum und Zeit

Am Anfang vibrierte, oszillierte reine Energie - *Ich!* - so schnell, daß sich Materie formte - *alle Materie des Universums!* ... Es gab tatsächlich eine "Zeit" vor dieser "Zeit", in der es überhaupt keine Materie gab - nur die reinste Form von höchster Schwingungsenergie, welche ihr *Antimaterie* nennen würdet. Dies war die Zeit "vor" der Zeit - bevor das physische Universum, wie ihr es kennt, existierte.   *(* Walsch 2 – 115)*

RAUM IST ZEIT ... veranschaulichte Zeit. In Wahrheit gibt es so etwas wie Raum - reinen, "leeren" Raum, in dem sich nichts befindet, nicht. Alles ist *etwas.* Selbst der "leerste" Raum ist mit so dünnen, so unendlich weit ausgedehnten Gasen angefüllt, daß sie nicht vorhanden zu sein scheinen. Wenn diese Gase verschwinden, ist da noch Energie. Reine Energie. Diese manifestiert sich als Schwingung. Oszillationen. Bewegungen des Allen in einer bestimmten Frequenz. Unsichtbare "Energie" ist der "Raum", der die "Materie zusammenhält".   *(* Walsch 2 – 114)*

In Wahrheit gibt es so etwas wie die Zeit nicht, es gibt nur einen sich ständig fortsetzenden Prozess im nie endenden Augenblick des Jetzt.

(* Walsch 5 – 123)

Raum und Zeit sind nur relative Begriffe für die Lebewesen auf eurer Entwicklungsstufe. Je höher ihr euch aus der Form einer Sache oder Wesenheit in das wahre Sein erheben könnt, um so mehr könnt ihr euch von den Fesseln materieller Gesetze befreien, weil es euch gelingen wird, euch

zugleich auch von den Fesseln der unklaren Begriffe und der Teilerkennt-
nisse zu befreien. *(* Emanuel 23 - 108)*

Bei Gott und bei allen vollkommenen Geistwesen ist alles Gegenwart. Das
ist für euch noch eine Realität, die ihr euch nicht vorstellen könnt, weil ihr
eben noch nicht vollkommen seid und noch im Rausch der Gegenwart, Vergangenheit und Zukunft lebt. Ihr seid an diesen Planeten gebunden, und da
gibt es viele Polarisationen: Tag und Nacht, Kälte und Wärme, Licht und
Dunkel usw. usf. Die Materie lebt in der Polarisation, während es in den
Jenseitsbereichen der Vollkommenheit keine Polarisation mehr gibt.
(* Emanuel 20 - 61)

Die Zeit ist eine Hilfskonstruktion. Auf der Erde seid ihr der Auffassung,
daß sich die Gegenwart aus der Vergangenheit ergibt. Wir geben zu bedenken, daß die Gegenwart auch aus der Zukunft kommt. Es gibt viele Torwege
durch die Zeit, und sowohl die Vergangenheit als auch die Zukunft haben
ihre eigene Wertigkeit und Bedeutung. Es ist alles Teil des sich ständig er-
weiternden Jetzt. *(* Marciniak 1 - 221)*

Nun war der Ursprung des euch bekannten Universums, wie ich ihn beschrieb, natürlich ein Zentralereignis. Das ursprüngliche Geschehen ereignete sich nicht in Raum oder Zeit, sondern brachte Raum und Zeit hervor. *(* Seth 5 - 387)*

Die Vorstellung von Vergangenheit, Gegenwart und Zukunft ist auf eurer
Ebene notwendig, was aber nicht bedeutet daß Zeit in der von euch angenommenen Weise existiert. *(* Seth 6 - 76)*

In diesem elektromagnetischen System beinhaltet eine Reise durch die Zeit
lediglich eine Reise durch Intensitäten. In diesem System, wie in allen anderen Systemen, existiert ständige Bewegung, und diese ständige Bewegung
macht in eurem eigenen System Bewegung möglich. Und Zeit ist in der Tat
ein elektromagnetischer Impuls, der sich durch Intensität und nicht durch
Momente erweitert. *(* Seth 6 - 183)*

Dirk: "Diese Aussagen habe ich, ehrlich gesagt, nicht ganz verstanden."

Hans: "Es kommt nicht darauf an, dass wir das alles genauestens verstehen. Dazu wäre ja auch mehr nötig als nur diese Texte. Es geht mir eher
darum, dass wir Gedanken, von denen wir teilweise schon durch die Physik
gehört haben, in einem größeren Kontext sehen und uns diesem auch
öffnen."

7.1.3   Bewusstsein und Energie

Bewusstsein

Bewußtsein ist vorhanden an jedem denkbaren hypothetischen Punkt innerhalb des Universums. Deshalb gibt es ein "unsichtbares Universum", dem
das sichtbare oder objektive Universum entspringt. *(* Seth 8 - 288)*

Die BEs, oder Bewußtseinseinheiten, befinden sich buchstäblich gleichzeitig an jedem Ort und in jeder Zeit. Sie besitzen die größte Anpassungsfähigkeit und eine tiefe 'angeborene' Neigung zu Strukturierung und Organisie-

rung aller Art. Sie handeln als Individuen, und jede trägt in sich das Wissen um alle anderen Arten von Aktivität in irgendeiner anderen Einheit oder Gruppe von Einheiten.

Aus unendlich winzigen Quellen fließt der ständige Strom an neuer Energie in euer Universum. Diese Quellen sind die BEs.   *(* Seth 1 – 137-138)*

Man kann sie insofern auch als Wesenheiten begreifen, als sie Fragmente des All-Einen, wenn ihr so wollt, göttliche Fragmente von Macht und Majestät sind, die sämtliche Kräfte des Bewußtseins, so wie ihr es auffaßt, enthalten, Konzentrationen ohne Substanz in eurem Sinne.   *(* Seth 5 – 382)*

Die Bewußtseinseinheiten verhalten sich entweder als "Teilchen" oder als Wellen. In beiden Fällen sind sie sich ihrer Existenz gewahr.   *(* Seth 2 – 176)*

Die BEs, die später die Struktur in ihrer Gesamtheit bilden, formen alle Atome, Moleküle, Zellen und Organe, aus denen eure Welt besteht.
(* Seth 1 – 151)

Die BEs, die in aller Materie existieren, verfügen über einen Gedächtnisspeicher, der den irgendeines Computers bei weitem übertrifft. Die Atome und Moleküle, als zellulare Bestandteile, tragen in sich die Erinnerung an alle Formen, an denen sie teilhatten.   *(* Seth 2 – 39)*

Grundsätzlich bewegen sich diese Einheiten schneller als Licht und verlangsamen, wie ihr es versteht, ihre Geschwindigkeit nur, um Materie zu bilden. Die Bewußtseinseinheiten können nun als Entitäten oder auch als Kräfte betrachtet werden, nachdem sie in beiderlei Formen auftreten.
(* Seth 5 – 177)

Millionen von ihnen existieren in einem Atom - viele Millionen. Jede dieser Einheiten ist sich der Realität der anderen gewahr und beeinflußt alle anderen. Nach euren Begriffen können sie sich in der Zeit vor- und zurückbewegen, ...   *(* Seth 1 – 77)*

BEWUSSTSEIN IST EINE wunderbare Sache. Es läßt sich in tausend Stücke spalten. In eine Million. In eine Million mal eine Million.

Ich habe mich selbst in eine unendliche Zahl von "Stücken" gespalten - so daß jedes "Stück" von mir auf sich selbst zurückblicken und das Wunder dessen, wer und was ich bin, schauen kann.   *(* Walsch 3 – 180)*

Ich bin hier, um euch zu sagen, daß alle Atome eine Beziehung zueinander haben, die dem jeweiligen Bewußtsein entspricht, und daß das Bewußtsein die Vorlage ist, die die Atome zusammenkittet. Erinnert euch, Energie ist Bewußtsein, das sich bewegt. Selbst wenn wir Energie haben, ist damit unauflöslich ein Feld verbunden, auf dem sie reitet: Bewußtsein. Jedes Atom und jedes Teil des Atoms, die Umlaufbahn eingeschlossen, hat Bewußtsein. Folglich ist jede atomare Struktur Bewußtsein ...

Wir wollen damit sagen, daß alles Leben in Form von Teilchen aus verdichtetem Bewußtsein und Energie entsteht.   *(* Ramtha 8 – 132)*

Das haben auch eure Physiker erkannt; für sie ist heute Energie und Materie grundsätzlich dasselbe. Nicht erkannt haben sie dagegen bisher, dass auch Energie und Bewusstsein letztlich eins sind. Bewusstsein steht hinter jeder Transformation von Energie in Materie, oder anders gesagt, ohne Bewusstsein könnte sich Energie nicht in Materie und umgekehrt transformieren. *(* Foret – 25)*

Bewußtsein ist die Quelle aller Energie und durchzieht die ganze Schöpfung, bis hin zur subatomaren Ebene. Bewußtsein ist in allem vorhanden.

Das Schöpferwesen des Universums ist das unsichtbare Bewußtsein in allem. Es erlebt alles, aber es beurteilt nichts. Es ist die Quelle aller Macht, aber es bleibt unberührt von Macht. *(Ash – 194)*

Dirk: "Wenn ich das richtig verstanden habe, dann hat jede kleinste Einheit ihr eigenes Bewusstsein und jede Gruppe kleinster Einheiten auch. Das heißt, dass ich selber ein Bewusstsein habe und auch alle kleinen und kleinsten Teile meines Körpers ihr eigenes. Und dass alles ein unendliches 'Netz' von 'Bewusstseinen' ist."

Energie
An einem Sommermorgen 1945 explodierte über Hiroshima eine Atombombe. Damit wurde der Menschheit auf schreckliche Weise demonstriert, welche Macht im Atom eingeschlossen ist. In dieser atomaren Explosion war weniger als 30 Gramm Materie in eine Energiemenge umgewandelt worden, die ausreichte, um die ganze Stadt zu zerstören.

40 Jahre vorher hatte Albert Einstein den Durchbruch eingeleitet, der die Atombombe möglich machte. Er zeigte, daß Materie in Energie umwandelbar ist, und ebnete damit den Weg für die Atombombe und die Kernenergie.

Das war die entscheidende wissenschaftliche Entdeckung des Jahrhunderts. Aber die Äquivalenz von Materie und Energie hält die Menschen zum Narren. Sie ist das größte Rätsel der Physik des 20.Jahrhunderts. Die moderne Physik ringt immer noch darum, genau zu verstehen, was Materie ist und warum sie mit Energie austauschbar ist. Wie kann Materie, die so statisch erscheint, eine Form von Energie sein, die ja nun wahrhaftig dynamisch ist?

Die traditionelle Ansicht, daß Materie aus unzerstörbaren Teilchen besteht, ist offenbar falsch, aber die Frage ist, was Elementarteilchen dann in Wirklichkeit sind? Und wie können sie Formen von Energie sein? ...

Die Antwort liegt bei Kelvins Wirbel. Der Wirbel ist der Schlüssel zum Verständnis der genauen Struktur von Teilchen und dazu, wie Energie in ihnen eingeschlossen ist. *[Kelvin: Physiker des 19. Jahrhunderts]* *(Ash – 29-30)*

Ein Elementarteilchen als ein Wirbel von Energie
Dies ist eine einfache Vorstellung. Aber sie besitzt immense Sprengkraft. Wenn wir das elementare Teilchen als Wirbel von Energie auffassen, kann das unser Verständnis der Welt völlig verändern. Mit dem Wirbelmodell können die meisten grundlegenden Rätsel der modernen Physik gelöst werden. Es zeigt zum ersten Mal, wie Energie in Materie eingeschlossen ist. Einstein beschreibt Materie als *gefrorene Energie*. Der Wirbel ermöglicht ein viel

klareres Bild: Bewegung ist die eigentliche Grundlage der Materie - in ihr ist überhaupt nichts "gefroren". *(Ash – 31)*

Der Energiewirbel befreit uns völlig von der Frage des Materials. Er entspricht Einsteins Aussagen, indem er zeigt, daß Materie reine Energie ist, die sich als Substanz tarnt. Der Wirbel erklärt alle Eigenschaften von Materie. Es ist keine Materie mehr erforderlich, um das physikalische Universum zu untermauern.

Jahrhunderte vor Kelvin beschrieb Buddha Materie als Strudel in einem lebhaften Strom. Yogi-Philosophen erkannten, daß *"Materie ... nichts als ein Wirbel von Energie ist"*. *(Ash – 36-37)*

Denn der Geist ist ein Energiefeld, das auch als Träger funktioniert. Ihr würdet es als lebendiges, wirbelndes Feld sehen. *(* Carmel – 273)*

Ihr könnt jedes der Fragmente, die in ihrer Summe die euch bekannte Schöpfung ausmachen, in immer kleinere Bestandteile zerlegen, und werdet letztlich zur Einsicht gelangen, dass diese Schöpfung, eure physischen Körper eingeschlossen, nichts anderes als Energie ist. Energie, die sich in einem vermeintlich willkürlichen Reigen zu ganz spezifischen Formen verdichtet.

(* Foret – 25)

7.1.4 Materie und Materialisation

Materie, Raum und Zeit können als Aspekte des Wirbels aufgefaßt werden. Der Energiewirbel formt Materie, aber in dem Maß, wie der Wirbel sich ausdehnt, wird die Energie dünner. Wenn sie sich über einen ewig weiter wachsenden Bereich ausdehnt, würde sie rapide dünner und dünner werden. Aber selbst in großen Entfernungen vom Zentrum des Wirbels, dort wo die Intensität gegen Null geht, wäre die Wirbel-Energie immer noch vorhanden. Was uns als leerer Raum erscheint, ist in Wirklichkeit sehr dünne Materie.

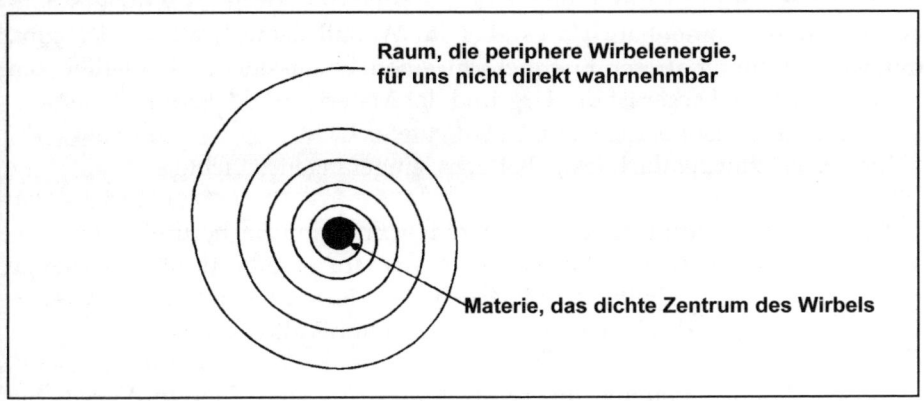

Materie und Raum sind nur zwei unterschiedliche Aspekte des Energiewirbels
(Ash – 65)

Unter denselben Voraussetzungen könnten wir Materie als sehr dichten Raum verstehen. Materie und Raum sind dieselbe Sache - sie sind zwei Aspekte desselben Energiewirbels. Das, was wir für ein Partikel halten, ist lediglich das dichte Zentrum eines ausgedehnten Energiewirbels. Nur durch unsere Sinne nehmen wir Raum und Materie als unterschiedlich wahr. Aber unsere Sinne sind beschränkt.

Mit diesem Aspekt des Raumes im Hinterkopf können wir beginnen, die rätselhaften Phänomene von Handeln über Distanz zu erklären. Bei elektrischer Ladung und beim Magnetismus wirkt ein Teilchen auf ein anderes ein, ohne es zu berühren. Getrennte Teilchen Materie scheinen sich durch scheinbar leeren Raum anzuziehen oder abzustoßen.

Diese Effekte sind leicht zu verstehen, wenn jedes Teilchen in Wirklichkeit ein Energiewirbel ist, der sich ausdehnt. Der Wirbel könnte sich sehr weit ausdehnen, aber die Energie würde schnell so spärlich werden, daß wir sie nicht mehr wahrnehmen könnten. Diese Energie, die sich vom Partikel aus unsichtbar ausdehnt, würde die Energie anderer Wirbel überlappen - und mit ihr in Wechselwirkung treten; dadurch könnten solche Effekte wie elektrische Ladung und Magnetismus entstehen. *(Ash – 65-66)*

... Für den Materialisten ist die Materie Grundlage von allem und wurde als fest und dauerhaft begriffen. Ihre Bedeutung aber hat sich im Lichte der modernen Physik wiederum verändert. Materie ist in Feldern gebundene Energie und somit eine Aktivitätsstruktur. Die Felder selbst sind im eigentlichen Sinne immateriell. Das elektromagnetische Feld und das Schwerkraftfeld bestehen nicht aus Materie, sondern vielmehr besteht - wie Einstein sagte - Materie aus Feldern. Materie ist Energie, die in Feldern gebunden ist, eher ein Prozess als ein Ding. *(Fox 2 – 85)*

Ein Atom besteht zu mehr als 99 Prozent aus leerem Raum - oder besser gesagt, ist erfüllt von Feldern. Elektronen, Protonen und Neutronen sind Schwingungsmuster innerhalb dieser Felder; sofern man sie jedoch als Teilchen auffasst, nehmen sie nur einen winzigen Raum ein. *(Fox 2 – 86)*

Schon der Physiker Max Planck (1858-1947) stellte fest: "Alle Materie entsteht und besteht nur durch eine Kraft, welche das Atom als winziges Sonnensystem zusammenhält. Da es aber im Weltall keine Kraft an sich gibt, müssen wir hinter dieser Energieform einen bewussten und intelligenten Geist annehmen. Dieser ist der Urgrund der Materie. *(Das Friedensreich 7/02 – 9)*

Materie selbst ist kondensiertes, verdichtetes Licht. *(Benedikt – 49)*

Materie ist ganz einfach festgehaltenes, eingefangenes Licht.

(* Marciniak 1 – 146)

Materie ist zusammengeballte Energie - Energie, die herumbewegt, zusammengeschoben wurde. Wenn ihr Energie auf eine bestimmte Art lange genug manipuliert, erhaltet ihr Materie. Jeder Meister versteht dieses Gesetz. Es ist die Alchemie des Universums, das Geheimnis allen Lebens.

(* Walsch 1 – 93)

In der Materie existieren innere Strukturen. Sie sind Energie-WIRBEL. Sie haben mehr als ein Ziel. Diese Strukturen werden von Bewußtseins-Verbänden, oder den BEs, gebildet. Ihr verfügt beispielsweise über ein sehr gründliches Wissen von der Natur einer Zelle oder eines Atoms. Aus ihnen setzt sich euer Leib zusammen. Es existiert, IN GEWISSER HINSICHT, ein Bewußt-seinskontinuum, von dem euer gegenwärtiges PHYSISCHES Leben ein Teil ist. Ihr seid in einer bestimmten Art von Kommunikation und GEMEINSCHAFT mit euren eigenen Zellen verbunden, und auf bestimmten Bewußtseinsebe-nen wißt ihr das. *(* Seth 1 – 235)*

In der klassischen Physik ist "Masse" assoziiert mit einer unzerstörbaren materiellen Substanz, mit irgendeinem "Stoff", aus dem alle Dinge gemacht sind. Die Relativitätstheorie zeigte nun, daß Masse keineswegs eine Sub-stanz, sondern eine Energieform ist. *(Capra 1 – 77)*

Ihr müßt den Begriff Materie nicht mit engen Grenzen umgeben. Das Ur-licht Gottes ist seine Materie. Die Verdichtung der Materie zu so grober, der-ber Erscheinungsform wie der euren ist Folge des Geisterfalles. Jedes Geist-wesen webt seine eigenen Gewänder und verfällt der Anziehungskraft jener Welten und jener Atmosphäre, die die notwendige Nahrung für es enthalten. *(* Emanuel 22 – 31)*

Alles, was nun Materie ist, war dereinst Geistiges, das da freiwillig aus der guten Ordnung Gottes getreten ist, sich in den verkehrten Anreizungen begründete und darin verhärtete. *Die Materie ist demnach nichts anderes als ein gerichtetes und aus sich selbst verhärtetes Geistiges.* Noch deutlicher gesprochen ist sie eine allergröbste und schwerste Umhülsung des Geistigen." {jl.ev04.103,04}
(* www.j-lorber.de/ke/3/d-univer.htm)

Vera: "Die Tatsache, dass die Physiker sagen, Materie sei verdichtete Ener-gie, macht es mir viel leichter, mir die immer verdichteteren Stufen im Ver-lauf des Geisterfalls vorzustellen und die daraus resultierende Zunahme an 'materieller Stofflichkeit'."

7.2   Der ganzheitliche Mensch

7.2.1   Was ist der Mensch?

Die Frage nach dem Wesen des Menschen gehört wohl zu den Grundfra-gen des Menschseins. Wie sie beantworten? Seit dreißig Jahren fragte ich viele, die in meine psychologische Sprechstunde kommen: "Wer sind Sie?" Damit erkundigte ich mich nicht nach ihrem Namen, nicht nach ihrem Beruf und ihrem Stand, sondern nach ihrem wahren Sein. Überall wollte ich ver-nehmen, was die Menschen glauben, das sie seien, doch bei niemandem und nirgends fand ich eine befriedigende Antwort... Ein junger Mann sagte es treffend: "Wenn man darüber nachdenkt, wird man ja verrückt."

Wenn die Frage nach dem Wesen des Menschen so vielen ausgefallen, abwegig oder recht sonderbar vorkam, weil sie über deren Sinn noch gar nie nachgedacht haben, suchte ich bei jenen eine Antwort, die es doch eigentlich wissen müßten: bei den Philosophen und Theologen, bei den Dichtern und Denkern, bei den Weisen und Wissenden. Dort fand ich tatsächlich vielerlei Antworten, die sich zum Teil recht ausgiebig widersprachen. Wer hat nun recht? Etwa Schopenhauer, welcher den Menschen eine "zufällige Laune der

Natur nannte" oder J. P. Sartre, der in ihm ein "Sinnloses Zuviel" sah? "Halb Tier - halb Mensch" (Evers) oder "Weder Engel noch Tier" (Pascal)

Der Philosoph Georg Kühlewind hat das Unbehagen, an dem die meisten von uns zu leiden haben, klar ausgedrückt: "Unser zentrales Problem ist, daß wir nicht wissen, wer oder was der Mensch ist. Und da wir nicht wissen, wer der Mensch ist, wissen wir auch nicht, was für ihn gut und heilsam ist."

Der Mensch ist ein dreifaches Wesen, bestehend aus Körper, Seele und Geist. Mit seinem stofflichen Körper, den ich mit einem Fahrzeug vergleiche, steht er in Verbindung und Berührung mit der äußeren Welt der Dinge. Mit seiner Seele, die eine Kraft oder Energie darstellt, vermag er den materiellen Körper zu beleben und zu bewegen, genau so wie eine bestimmte Energieform die nötige Kraft liefert, um ein Fahrzeug in Bewegung zu versetzen. Die Seele wäre demnach die Lebensenergie, die Betriebsenergie des belebten Körpers... Mit dieser Seele steht der Mensch in lebhaftem Gedanken-, Gefühls- und Empfindungsaustausch mit der ihn umgebenden Welt. Der Geist, der in unserem Vergleich mit dem Fahrzeug dem Fahrzeuglenker, dem Fahrer, entspricht, ist der eigentliche Wesenskern des Menschen.

Dieser erst befähigt ihn, sich seiner selbst bewußt zu werden. Seelisches Leben und Erleben ist unbewußt, geistiges Wirken und Bewirken ist bewußt.

Der Geist ist also das, was die Theologen Seele oder Geistseele nennen, das Ewige und Unsterbliche in mir. Wenn dem nun so ist, und ich kann mir mit dem besten Willen keine einleuchtendere Vorstellung vom Wesen des Menschen machen, dann ist das Geistige in mir, mein höheres Ich, die entscheidende Instanz, und der verantwortliche Lenker meines Geschicks und meines Schicksals.

Kommen wir nochmals auf unser Denkmodell zurück: Körper-Seele-Geist verhalten sich im Menschenleben zueinander wie Fahrzeug-Betriebsenergie-Fahrzeuglenker. Es läßt sich in allen Lebenslagen gut anwenden. Wenn jemand mit seinem Auto irgendwo Land- und Blechschaden anrichtet, wer ist dann daran schuld - das Fahrzeug, die Betriebsenergie oder der Fahrzeuglenker? Doch gewiß letzterer. So ist es auch beim Menschen. Nicht der Körper und nicht die Seele sind das verursachende Prinzip, sondern der Geist. An ihm liegt es, wie es Körper und Seele ergehen, ob sie gesund oder krank sind.   *(WEGbegleiter Okt 01 – 152-153)*

Die alten Griechen sprachen von einem Soma physikon (Fleischkörper), vom Soma psychikon (Seelenkörper) und dem Soma pneumatikon (Geistkörper).   *(Passian 2 – 27)*

Ich versuche euch den Menschen so darzustellen, wie ich ihn geistig sehe: Der Mensch besteht aus Trillionen von Atomen. Um jedes größere Atomlicht schwingen kleine Lichter. - Ich spreche jetzt in meiner geistigen Sprache! - Diese Lichter, sind es, die euch durch eure Gefühle und Gedanken bewußt werden in Form von Aktivität, Gesundheit, und vor allem nehmt ihr sie als "Gefühlsausdruck" wahr!

Aus meiner Sicht gesehen, ist der menschliche Körper "ein nukleares Wesen". Und der Gesamtmensch ist, wenn ich ihn so betrachte, aus meiner Sicht
ein atomares Lichtwesen!   (* Emanuel 10 – 111)

Der große christliche Philosoph Pierre Teilhard de Chardin hat einmal gesagt: "Wir sind nicht menschliche Wesen, die spirituelle Erlebnisse haben,
sondern spirituelle Wesen, die menschliche Erlebnisse haben."   (Sachs – 22)

Weitere Aussagen darüber, was der Mensch ist

... Ihr seid - ich sagte es schon! - geistige Riesen! Ihr seid Kinder Gottes, des
unermeßlichen Schöpfers! Ihr seid sein relatives geistiges Ebenbild! Ihr seid
ein Wunder seiner Schöpfung!   (* Emanuel 8 – 149)

Der Mensch ist eine Triade, eine Drei: Geist, Seele, Körper. Der Geist ist
der unsterbliche Gottesfunken. Die Seele ist die Hülle, die Empfindung, das
Lebensprinzip, eins mit dem Geiste. Der Körper ist der Ausdruck dieser beiden.

Der Geist ist Bewußtsein, Intelligenz, hat freien Willen. Die Seele ist ein Lebensprinzip, das dem Geiste folgt; sie ist der Atem des Lebens im All. - Der
Geist ist gewissermaßen Erzeuger (Vater), die Seele ist Mutter. In der Seele
liegt Instinkt und Empfindung; im Geiste Wille und Schaffenskraft. [Aus Vay:
"Studium über die Geisterwelt" 1874]   (* Passian 1 – 190)

Du wirst nun die Frage stellen: "Was ist der Mensch?" Der Mensch ist
Energie, also Strahlung! Wir könnten auch sagen: Er ist ein Energiebündel
oder ein Strahlenbündel. Der Mensch, das Energiebündel, die Strahlung,
setzt sich zusammen aus dem, was in den Genen des Menschen bereits vorgegeben ist, und dem, was er Tag für Tag denkt, was er also aufnimmt und
speichert.   (× Univ.-Leb. 7 – 95)

Euer ganzes Leben lang denkt ihr, daß ihr euer Körper seid. Manchmal
denkt ihr auch, daß ihr euer Geist seid. Zum Zeitpunkt des Todes findet ihr
heraus, wer-ihr-wirklich-seid.   (* Walsch 1 – 130-131)

Der Mensch steht vor und über allem, was ihn umgibt. Er ist das einzige
Wesen, das mit Willensfreiheit und Gewissen ausgestattet ist. Dieser Willensfreiheit entstammen alle Verirrungen, Stürze und Sünden der Menschheit.
Aber vor der Gerechtigkeit und der Ewigkeit des Schöpfers sind es nur vorü-
bergehende Schandflecken, denn hernach wird das Gewissen sich gegenüber
den Schwachheiten des Fleisches und gegenüber der Schwäche der Seele
durchsetzen. Damit wird der Sieg des Lichtes kommen, das Wissen über die
Finsternis, welche Unwissenheit ist.   (* BWL 4 – 50)

Ich, Christus, lehrte als Jesus Meine Apostel und Jünger weiter: Euer irdischer Leib ist ein Gedankenkörper. Was ihr in Vorexistenzen empfunden,
gedacht, gesprochen und getan habt und das von euch nicht bereinigt wurde,
mit dem seid ihr heute ausgestattet.

Eure Körperzellen und Körperorgane, die sich schon im Mutterleib bilden,
werden von der Seele geprägt, die sich darauf vorbereitet, das Haus zu beziehen. Das, was ihr in diesem Erdenleben bereinigen sollt, das prägt vor der
Geburt euren Körper.   (× Univ.-Leb. 4 – 247)

Euer Körper besteht aus Zellen. Jede Zelle hat ein Geistbewußtsein, ein Unter- und Oberbewußtsein. Das Geistbewußtsein ist an das reine Sein angeschlossen, es kommuniziert mit dem rein kosmischen Geschehen. Das Ober- und Unterbewußtsein jeder Zelle kommuniziert mit dem materiellen Kosmos, ...

(× Univ.-Leb. 8 – 204)

Der Gottesfunke und das Christuslicht

... Der Schöpfer hat alle Geschöpfe mit den Attributen Liebe, freier Wille und Vernunft geschaffen, rein, aber nicht vollkommen. Er hat in den sogenannten Lichtfunken = Geist = gottähnliches Ebenbild Keime hineingeschaffen, die das Geistwesen entwickeln soll, und die zur persönlichen Vollkommenheit ausreifen sollen.

(* Emanuel 10 – 238)

... Der Gottesfunke ist das Leben, das der Schöpfer spendet, und das Christuslicht umhüllt diesen Gottesfunken, damit er keimen kann.

(* Emanuel 18 – 20)

Der Gottesfunke ist kein Teil Gottes, wie der Wassertropfen ein Teil des Meeres ist. Er ist ein Teil seines Urlichtes, beeigenschaftet mit all seinen Tributen, die Gott selbst in sich hat...

Der *Gottesfunke* ist das, was unser Leben ist - da sind wir uns einig. Das *Christuslicht* ist das, was unser Leben, also den Gottesfunken, umhüllt. Durch die Geistseele, also die Umhüllung des Gottesfunkens und Christuslichtes, gaben uns die geistigen Eltern alles, was wir an Kräften brauchen, um nach außen hin wirken zu können. Christus gab uns das, was wir nach innen zur Wirkung brauchen.

Und wenn die Bibel an verschiedenen Stellen sagt, "ihr seid Götter", dann meint sie ja damit "Gott ähnlich" und greift dahingehend den Gottesfunken auf, wie Jesus es ausdrückte: "Das Himmelreich ist inwendig in euch!"

(* Emanuel 18 – 67-69)

... denn Licht von seinem Lichte ist unser Geist, der Gottesfunke in uns.

(* Emanuel/Hardus 5 – 22)

... Gott wohnt nicht als Person in dir, sondern Gott wohnt in seinem Teilbereich, im Gottesfunken in dir.

(* Emanuel 14 – 131)

Denn Gott ist im Gottesfunken unauslöschlich in dir und du bist in ihm.

(* Emanuel 20 – 163)

... Dieser Gottesurlichtfunke kann nur nach außen treten, wenn er umhüllt ist. Christus hat also mit seinem Christuslicht den Gottesfunken "umhüllt" und uns den geistigen Eltern zugeführt, wo wir mit unserem Dualpartner vereinigt wurden. In der Schöpfung Gottes geht alles Leben von Gott aus und Christus ist nur das Werkzeug zur "Umhüllung" - ebenso die geistigen Eltern. Die irdischen Eltern ebenfalls...

(* Emanuel 20 – 194)

... Erfasst und erweckt die geistseelische Einheit mit Christus im Christuslicht, welches im Stirnbereich zwischen euren Augen euch Leuchte sein will!...

(* Emanuel 20 – 176)

Das Christuslicht ist also stets in euch, und es liegt an dir, es wirken zu lassen.

(* Emanuel 20 – 194)

... Jedes Wesen, und somit auch jeder Mensch, trägt den Funken des Göttlichen in sich ...

Es ist die Aufgabe der Spiritualität, das innere Licht, den göttlichen Funken, der jedem Menschen innewohnt, zum Leuchten und Strahlen zu bringen, bis zu dem Zeitpunkt, an dem der Mensch dieses Licht ist! *(* Zopf 6 – 68)*

In unsere menschlichen Körper ist göttlicher Samen ausgestreut: wird er gewissenhaft gepflegt, gerät er nach seinem Urbild, und die Frucht gleicht dem Samen; ... *(Seneca – 309)*

An erhabenster Stelle eurer Seele strahlt ein Funke meiner göttlichen Intelligenz, welcher euer Geist ist, weshalb ihr in Wahrheit Kinder meines Geistes seid. *(* BWL 2 – 114)*

Als der GEDANKE über sich selbst nachdachte und dieses Nachsinnen zu LICHT, BEWEGUNG ... und EMOTION wurde, wurdet ihr aus GOTT, aus der Istheit, geboren... *(* Ramtha 6 – 80)*

Der geistige Teil des Menschen kommt aus dem Geist GOTTES. Milliarden Funken aus einem gewaltigen Feuer, und jeder Funke springt in eine Form. Die primitivsten Menschen dieser Erde sind in der Erkenntnis einer anderen Daseinsform erfahrener und wissender als der modernste Wissenschaftler.

(Ahastar Heft 1 – 14)*

Der Geist, der Gottesfunke

Die Individualität ist ein gottgegebenes Merkmal des Geistes, wie Liebe und freier Wille. Im Begriffe Geist sind diese Drei enthalten, in ihm müssen sie daher in der erreichten Vollkommenheit des Geistes auch ihre Vollendung erreichen. *(* Emanuel 22 – 56)*

Der Geist ist Licht, Intelligenz, Liebe, Weisheit, Harmonie, Ewigkeit, und all dies fehlt den Vögeln und den Blumen. Sucht die Schönheit des Geistes, sie wird in euch wie ein Spiegel sein, der getreulich das Antlitz des Schöpfers widerspiegelt. *(* BWL 4 – 39)*

"Es ist notwendig, daß ihr dem höchsten Teil eures Wesens gehorcht, welches euer Geist ist, der in einem jeden von euch wohnt, um zu ermöglichen, daß er sich mit Klarheit kundtut und seine Schritte zu dem Ziel hinwendet, für das er geschaffen wurde." *(* BWL 4 – 37)*

Aufgabe des Geistes ist es nun, die Seele zu erleuchten, sie mit den göttlichen Tugenden zu durchdringen. *(* BWL 2- 345)*

Das Licht ist der Geist unseres Lebens. Es ist der Gott unseres Lebens. Es ist die ursprüngliche Verkörperung, die wir hatten, und bis zum heutigen Tag in eurer Zeit besitzt ihr den ursprünglichen Geist, die ursprüngliche Göttlichkeit, die ursprüngliche Verkörperung des Lichts, das ihr einst in der Ganzheit eurer Herrlichkeit wart. *(* Ramtha 7 – 55)*

Ich sagte, daß der Geist gegenwärtig mit euren Instrumenten nicht nachgewiesen werden kann. Der GEIST nimmt KEINEN Raum ein, und doch ist es der Geist, der dem Gehirn Macht und Kraft verleiht. *(* Seth 2 – 439)*

Die Seele

Die Seele ist die Erscheinungsform des Geistes, jene Hülle, die durch seinen Fortschritt von Kraft zu Kraft bis zum Erreichen seiner Vollendung alle Stadien der Vergeistigung durchmachen muß, bis zu ihrer Vollkommenheit als Folge seiner Vollkommenheit - ein Zustand und ein Ziel, für die euch Menschen alles Vergleichbare, folglich jeder Begriff fehlt. *(* Emanuel 22 – 109)*

[Seele] ist das Stoffliche des Geistes, wie Urlicht das Stoffliche der Gottheit ist. *(* Emanuel 22 – 43)*

... Christus *[hat die Seele geschaffen]*. "Wieso Christus?" ist deine Gegenfrage. Weil Gott nur Ewiges, Unvergängliches, Unveränderliches, Geistiges schaffen kann... Unsere Seele ist geistig gesehen ein Energiefeld, ein Schöpfungsfeld mit großem Umfang. Damit sollten wir schaffen, um Gottes Ebenbild zu werden. *(* Laurentius 2 – 27-28)*

[Die Seele] hat die Aufgabe von Gott, im Verband mit dem Gottesfunken vollkommen zu werden. *(* Emanuel/Hardus 5 – 51)*

Die Seele des Menschen speichert wie in einem Reisetagebuch den Fortschritt in holographischen Energieformen. *(* Ramtha 8 – 10)*

Diese Fähigkeit, Gedanken und Gefühle in physische Realität zu verwandeln, ist ein charakteristisches Attribut der Seele. *(* Seth 4 – 109)*

Die Seele nimmt alle Erfahrungen unmittelbar wahr... Und sie ist von der physischen Wahrnehmung unabhängig. *(* Seth 4 – 111)*

Erst einmal ist die Seele nicht etwas, das man hat, sie ist, was man ist. *(* Seth 4 – 100)*

Denn in erster Linie nimmt die Seele wahr und ist schöpferisch tätig. Die Seele ist etwas Unverlierbares, Unzerstörbares. *(* Seth 4 – 105)*

Der Geist soll die Seele erleuchten und die Seele soll die Materie führen. *(* BWL 3 – 242)*

Jedes Kindlein ... Herzen Unschuld, doch in ihrer Seele bergen sie eine Vergangenheit, die zuweilen länger und unheilvoller ist als die ihrer eigenen Eltern. *(* BWL 3 – 19)*

Die Absicht der Seele besteht darin, sich selbst über die Erfahrung kennenzulernen... Die Seele begreift, was der Verstand nicht zu erfassen vermag. *(* Walsch 2 – 38)*

Die Seele spricht in Gefühlen zu dir. Höre auf deine Gefühle. Folge deinen Gefühlen. Achte und ehre deine Gefühle. *(* Walsch 2 – 39)*

Die Seele ist auf das höchste Gefühl der Liebe aus, das ihr euch vorstellen könnt... Das höchste Gefühl ist die Erfahrung der Einheit mit Allem-Was-Ist. Dies ist die große Rückkehr zur Wahrheit, welche die Seele ersehnt. *(* Walsch 1 – 133)*

Die Seele führt dich zu den für dich richtigen und perfekten *Gelegenheiten*, um genau das zu erfahren, was zu erfahren du geplant hattest. Was du dann tatsächlich erfährst das liegt bei dir. *(* Walsch 1 – 262)*

Jede Seele muß auf ihre Weise lernen und sich weiterentwickeln. *(* Carmel – 303)*

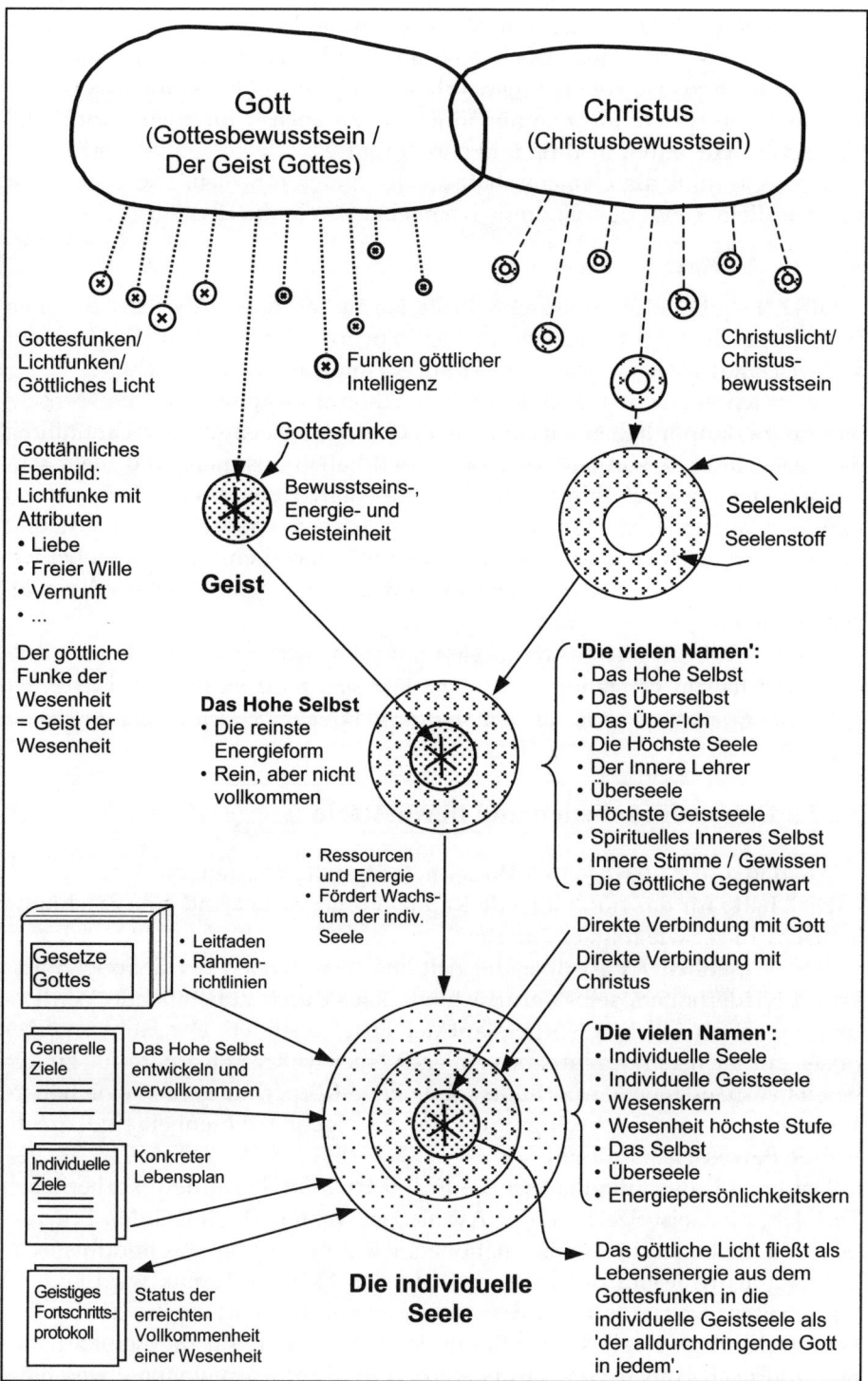

Gott
(Gottesbewusstsein /
Der Geist Gottes)

Christus
(Christusbewusstsein)

Gottesfunken/
Lichtfunken/
Göttliches Licht

Funken göttlicher
Intelligenz

Christuslicht/
Christus-
bewusstsein

Gottähnliches
Ebenbild:
Lichtfunke mit
Attributen
• Liebe
• Freier Wille
• Vernunft
• ...

Gottesfunke

Bewusstseins-,
Energie- und
Geisteinheit

Geist

Seelenkleid
Seelenstoff

Der göttliche
Funke der
Wesenheit
= Geist der
Wesenheit

Das Hohe Selbst
• Die reinste
Energieform
• Rein, aber nicht
vollkommen

'Die vielen Namen':
· Das Hohe Selbst
· Das Überselbst
· Das Über-Ich
· Die Höchste Seele
· Der Innere Lehrer
· Überseele
· Höchste Geistseele
· Spirituelles Inneres Selbst
· Innere Stimme / Gewissen
· Die Göttliche Gegenwart

Gesetze
Gottes

• Leitfaden
• Rahmen-
richtlinien

• Ressourcen
und Energie
• Fördert Wachs-
tum der indiv.
Seele

Direkte Verbindung mit Gott

Direkte Verbindung mit
Christus

Generelle
Ziele

Das Hohe Selbst
entwickeln und
vervollkommnen

'Die vielen Namen':
· Individuelle Seele
· Individuelle Geistseele
· Wesenskern
· Wesenheit höchste Stufe
· Das Selbst
· Überseele
· Energiepersönlichkeitskern

Individuelle
Ziele

Konkreter
Lebensplan

Geistiges
Fortschritts-
protokoll

Status der
erreichten
Vollkommenheit
einer Wesenheit

**Die individuelle
Seele**

Das göttliche Licht fließt als
Lebensenergie aus dem
Gottesfunken in die
individuelle Geistseele als
'der alldurchdringende Gott
in jedem'.

Gottesfunke, Seelenkleid, das Hohe Selbst und die individuelle Seele

Jeder von euch kennt die Stimme seiner Seele. Es ist etwas ganz Natürliches, der Seele zu folgen. Doch meistens wird das nicht getan, denn die Stimme des Egos ist, solange man sich ausschließlich auf sie fokussiert, lauter. Die Seele spricht auf mannigfaltige Art zu euch - durch eure Intuition, eure Sehnsucht, euren Instinkt und eure Impulse. *(* Zopf 5 – 88)*

Die Seele fühlt die Gemeinschaft all der anderen Seelen. Die Seele fühlt sich nie allein, sondern vollkommen eingebunden in die Existenz.

(* Zopf 5 – 91)

Dirk: "Es gibt ja hier unterschiedliche Formulierungen. Aber alle scheinen im Wesentlichen das Gleiche zu meinen. Für mich ist jetzt klar: Das was wir als Geist sind, unser Gottesfunke, ist unser Anteil an Gottes Urlicht."

Vera: "Ich versuche mal das, was wir schon im Kapitel über die Menschwerdung erfahren haben, zusammenzufassen: Als Geist mit der Umhüllung der Seele sind wir von Gott abgefallen und haben uns mehr und mehr verdichtet oder uns eine verdichtete Hülle geschaffen, so dass das Bewusstsein sich jetzt in der verdichteten Materie, im Körper, wiederfindet. Geist und Seele müssen sich jetzt wieder zusammen nach oben entwickeln, wobei wir das Körperliche durch entsprechende Fortschritte irgendwann wieder ablegen können."

Hans: "Ich kann mir das am besten mit dem oben zitierten Satz von Teilhard de Chardin verständlich machen: *Wir sind nicht menschliche Wesen, die spirituelle Erlebnisse haben, sondern spirituelle Wesen, die menschliche Erlebnisse haben.* "

7.2.2 Dimensionsebenen und Bewusstsein

Abstieg und Aufstieg einer Wesenheit über die Ebenen

Dirk hatte für das nun folgende Kapitel vorgearbeitet und eine Zeichnung gemacht, die er wie folgt erläuterte:

"Die Wesenheit XY ist über die Zeit aus dem Bereich der 2. Sonnen aufgrund wiederholten, selbstverursachten Falles durch zunehmende Verdichtung des feinstofflichen Körpers auf der Erde 'gelandet'. Der Fall von einer Ebene zur nächsten bedeutet das Anlegen einer weiteren Körperhülle zu den bereits vorhandenen Körperhüllen. Jede neue Körperhülle weist eine höhere Verdichtung auf. Gleichzeitig erlebt die absteigende Wesenheit eine zunehmende Bewusstseinstrübung.

Der erste Erdenaufenthalt ist die Erdinkarnation. Nach dem körperlichen Tod, lebt die Geist-Seele auf der Astralebene weiter. Die folgenden Erdenleben sind die laufenden Reinkarnationen, wie zum Beispiel das Buddhistische Samsara als Kreislauf der Existenzen. In der Akasha-Chronik wird laufend festgehalten, welche Erkenntnisse, Erfahrungen und Fortschritte die Wesenheit erreicht hat. Nach der Erfüllung der Lebenspläne für die Reinkarnationen und nach Abbau von Karma werden die Erdinkarnationen abgeschlossen und die Wesenheit beginnt den endgültigen Heimweg als langsamen Aufstieg über die Dimensionsebenen."

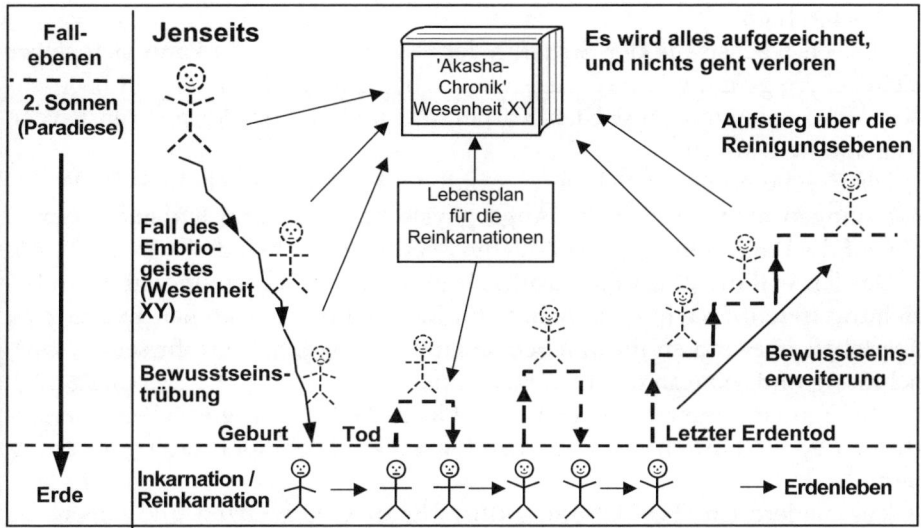

Beispiel für den Ab- und Aufstieg einer Wesenheit im Rahmen des Abfalls und der anschließenden Reinkarnationen

Die sieben Körper der Menschen

... Ich möchte darauf hinweisen, daß ihr auf eurer Erde einen Körper aus tiefschwingender Materie habt. Da euer Leib dann, wenn ihr die Vollkommenheit eurer Wesenheit erreicht habt, die Nummer eins hat, so wäre euer Erdenleib schon Nummer sieben. Was ihr hier an Körperverdichtungen habt, ist eine starke Einhüllung des Geistes und ein Hindernis auf dem bewußten Weg zu Gott, so lange, bis ihr mit eurem freien Willen darangeht, euch zu befreien. *(* Emanuel/Hardus 2 – 50)*

Das Hohe Selbst

Das Hohe Selbst ist ein Aspekt des Wesens der Seele. Es ist die lebendige kosmische Christuskraft, die unabhängig von Weltanschauung, Rasse, Religion oder Geschlecht in allen Menschen wirkt. Das Hohe Selbst ist die Manifestation des ewigen Wissens, des Vollkommenen in euch.

Das Hohe Selbst jedes einzelnen Menschen ist die reinste Energieform, die die reinsten Seelenbewußtsein in menschlicher Gestalt während Jahrmillionen der Entwicklung erschaffen haben. Sie ist auch das fließende Licht, das den Kern umkreist und die energetische Verbindung zwischen dem menschgewordenen Gott Jesus Christus und eurer menschlichen Entwicklung bildet.

Ein Kontakt vom Hohen Selbst zu euren Bewußtsein besteht immer, auch wenn ihr ihn entwicklungsbedingt noch nicht wahrnehmen könnt. Das Hohe Selbst führt euch in viele Lernprozesse hinein und fördert so das Wachstum der Seele. Das Hohe Selbst äußert sich häufig auch als eindringliche innere Stimme ...   (* Wallimann 3 – 86-87)

Das Ich (Ego)

Das Ich wächst aus der Struktur der Psyche hervor. Es kann sich selber nicht sehen, genau wie das Auge dies nicht vermag. Beide blicken nach außen - das eine vom physischen Körper, das andere von der inneren Psyche weg auf die Umwelt.

Die Psyche bringt das Ich hervor, und dieses macht psychologische Wahrnehmungen möglich, wie das Auge physische. Auge und Ich sind Organe, die auf die Wahrnehmung der äußeren Realität geeicht sind.   (* Seth 3 – 27)

Das Ich will die physische Realität begreifen und deuten und zu ihr in Beziehung treten. Es will euch helfen, im Rahmen der physischen Existenz zu überleben, aber indem ihr ihm Scheuklappen anlegt, hindert ihr seine Wahrnehmung und seine angeborene Flexibilität.   (* Seth 4 – 126-127)

Das Ego ist wie eine Barriere oder Blockade, die den göttlichen Energiestrom, der auch durch die Menschen fließen will, behindert oder gar verhindert.   (* Zopf 4 – 160)

Das niedere Ich [Ego] ist unersättlich. Es möchte besitzen und haben, bis der Ich-Mensch hinscheidet. Auf ähnliche Weise geht es dann in den Seelenreichen weiter oder in erneuten Einverleibungen.   (× Univ.-Leb. 4 – 172)

Konflikte zwischen Seele und Ego

Es ist Teil der Entwicklung des Menschen, daß er erkennt, welch wichtige Bedeutung die Seele und das tatsächliche Sein hat und welche Stellung das Ego einnimmt. Das Ego ist das Ich. Das Ego ist das Erreichenwollen, das Streben, das Tunmüssen. Das tatsächliche Sein will natürlich auch bestimmte Dinge tun, aber dahinter steht kein Muß und kein Druck, sondern eher eine Übereinstimmung des Tuns mit dem Ganzen. Dem tatsächlichen Sein zu folgen, heißt für einen Menschen, seiner tiefen Bestimmung zu folgen. Dies ist etwas ganz anderes, als auf das Streben des Egos zu hören. Das Ego hat eigene Pläne.   (* Zopf 5 – 79)

Zwischen der Seele und dem Ego gibt es einen wichtigen Unterschied - das Ego hat ein Ende, die Seele nicht.   (* Zopf 5 – 85)

Der Kampf des Egos gegen die Seele zeigt sich im Menschen durch eine innere Zerrissenheit und Aufgeriebenheit. Diese Zeit ist sehr schwierig für den Menschen, denn jeden Tag, jede Stunde, jede Minute steht er vor neuen Entscheidungen. Hört er auf die Stimme des Egos, oder hört er auf die Stimme, die Impulse und die Signale seiner Seele? Folgt er dem Weg des Egos, oder folgt er dem Weg des Lichts?   (* Zopf 5 – 87-88)

Dirk: "Das ist ein interessanter Konflikt, mit dem wir Menschen konfrontiert werden: Die Seele und der Geist wollen Bewusstseinserweiterung und spirituelles Wachstum. Das Ego als das Körper-Ich will als Körper überleben und laufend körperliche Sinnesbefriedigung erleben, hat Angst vor Schmerzen, Krankheit und Tod. So ähnlich wie ein Autobesitzer Angst vor Kratzern und Beulen am Auto hat."

Hans: "Das Körper-Ich wird nachts nicht einmal dessen gewahr, dass die Seele sich vom Körper entfernt und eigene Erlebnisse in anderen Dimensionen hat. Wenn das Ego akzeptieren würde, dass es zu einer Seele und einem Geist gehört, dann könnte der Mensch als Wesenheit ein sinnvolles ganzheitliches Leben verwirklichen."

Bewusstsein generell

Physiologen stehen ratlos vor der Frage, wie sich die Wahrnehmung von Licht einer bestimmten Wellenlänge in die subjektive Empfindung von "gelb" oder "grün" verwandelt. Anatomen suchen vergebens den Sitz des Bewußtseins zu orten. Psychologen stehen vor den Trümmern der Freudschen Theorie vom Unbewußten.

Das Bewußtsein, das wie keine andere Fähigkeit des Hirns das Wesen des Menschen bestimmt, scheint extrem beschränkt zu sein.

- Sein Fassungsvermögen ist winzig: Das Bewußtsein vermag nicht mehr als etwa sieben Informationseinheiten gleichzeitig aufzunehmen.
- Es arbeitet geradezu lächerlich langsam: Nicht mehr als rund 40 verschiedene Ereignisse pro Sekunde kann das Bewußtsein unterscheiden - ein durchschnittlicher PC verarbeitet die millionenfache Informationsmenge.
- Es befaßt sich nur mit einem verschwindend geringen Teil der im Gehirn ablaufenden Prozesse: Vermutlich nur ein Prozent der Nervenzellen ist an der Verarbeitung von Bewußtseinsinhalten beteiligt.
- Es ist ungewöhnlich träge: Experimente beweisen, daß das Bewußtsein der Wirklichkeit um etwa eine drittel Sekunde hinterherhinkt.

Nur ein winziger Teil der Informationsflut, die aus Augen, Ohren, Mund und Körper ins Hirn strömt, sickert bis ins Bewußtsein, und doch glaubt sich das Ich über alles auf dem laufenden. Was es erfährt, ist längst veraltet, und doch glaubt es sich Herr über seinen Körper und immer up to date.

In jedem Augenblick speisen die Sinnesorgane viele Millionen Bits ins Hirn, allein die Augen rund zehn Millionen, schätzen die Neurologen. Der Großteil all dessen wird unbewußt verarbeitet. Der Mensch treibt in einem kleinen Boot namens "Ich" auf dem unermeßlichen Ozean des Unbewußten: Nicht nur Kreislauf, Verdauung oder Hormonhaushalt werden vom Nervensystem dirigiert. Auch die meisten Geräusche, Gerüche, Tastempfindungen und optischen Reize werden unermüdlich registriert, ausgewertet und beurteilt, ohne daß das Bewußtsein damit behelligt würde.

(SPIEGEL 16/96 – 191-196)

Doch wie das Bewusstsein in unserem Kopf entsteht, das können wir bisher nicht erklären. Denn Bewusstseinszustände sind - entgegen früherer Auffassung - nicht eindeutigen Regionen zuzuordnen. "Bewusstsein ist das Resultat eines komplizierten Netzwerks", sagt der Neuronenforscher Wolf Singer. "Es entsteht durch das Zusammenspiel zahlreicher Systeme, etwa sensorischer Areale, Gedächtnisstrukturen, Zentren der Ausführungskontrolle und Regelkreisen, die zwischen Gefühl und Motivation vermitteln." Bei einem Orchester ist es ebenso: Erst das Zusammenspiel aller Instrumente ergibt Musik. *(PM 10/01 – 29)*

Alles ist Bewußtsein. Somit bist auch du Bewußtsein. Du, das Bewußtsein, setzt dich aus deinen Bewußtseinsaspekten zusammen, aus deinen Empfindungen, Gedanken, Worten und Handlungen; das bist du. Wohin deine Empfindungen, Gedanken und Worte ziehen, dort bist du, weil du Bewußtsein bist. *(× Univ.-Leb. 4 – 210)*

Alles was ist, hat Grade von Bewußtsein. *(* Emanuel(Kontr.) 3 – 117)*

Wißt ihr, was Bewußtsein bedeutet? Wie wäre es, wenn ich es ganz einfach sage z. B. "Bewußtsein ist der Stoff des Lebens." Und weil Bewußtsein ein Aufmerksamsein ist, muß Bewußtsein bereits Energie enthalten. Folglich gehören Bewußtsein und Energie unauflösbar zusammen. Sie sind ein und dasselbe. Es gibt keine "nicht bewußte" Energie. *(* Ramtha 8 – 66)*

Bewußtsein ist das Primäre, das vor aller körperlichen Form existiert. Bewußtsein ist das Primäre, das vor dem materiellen Universum existiert hat. Bewußtsein ist das Primäre, das vor all seinen Manifestationen existiert hat. *(* Seth 7 – 337)*

Das Bewußtsein setzt die Ziele, und das innere Selbst verwirklicht sie, indem es all seine unerschöpflichen Energien und seine Fertigkeiten aufbietet. Der besondere Wert eures Bewußtseins liegt ganz spezifisch in seinem Vermögen, Entscheidungen zu fällen und Weisungen zu erteilen. *(* Seth 3 – 48)*

Wenn die Seele im Körper gegenwärtig ist, ist das Bewußtsein über den gesamten Körper verbreitet, doch sobald die Seele den Körper verläßt, gibt es kein Bewußtsein mehr... Daher ist Bewußtsein kein Produkt materieller Verbindungen. *(Bhagavad-Gita – 13.34)*

Über-Ich-Bewusstsein

... Gott, unser Schöpfer, hat alle seine Kinder, alle seine Geistwesen rein geschaffen und nur mit einem *"Über-Ich-Bewußtsein"* wie ich es nannte, ausgestattet. Dieses sogenannte Über-Ich-Bewußtsein hat der Schöpfer nicht vollkommen geschaffen, sondern es bleibt jeder Persönlichkeit, jedem einzelnen Geistwesen vorbehalten, es zur Vollkommenheit zu entwickeln, um mit dem Über-Ich-Bewußtsein Gott ähnlich zu werden! *(* Emanuel 8 – 52-53)*

... Dein Über-Ich-Bewußtsein ist im Gottesfunken! Es ist dein relativer Anteil am Urbewußtsein Gottes! ... Wir alle haben Anteil am Urbewußtsein Gottes! Wir sind nicht, wie die Menschen sagen, irgendwer, ganz klein, ein Niemand! Wir sind anteilsmäßig mit Gott verflochten und verbunden, zwar in Relation zum Schöpfer, aber wir haben diese Verbindung! ...

Durch dein unreifes Denken, Wollen und Handeln hast du dich aus dem Urbewußtsein und aus der Urlichtquellen-Einheit entfernt! *(* Emanuel 8 – 142)*

Höheres Ich-Bewusstsein

Liebe Geschwister, das Höhere Ich-Bewußtsein ist die treibende Kraft von der Geistseele her! Es ermüdet nicht, ist nicht begrenzt zwischen Geburt und Tod, hat keinerlei Zeitschranken, hat aber auch keinerlei Schwierigkeiten mit euren irdischen Beweggründen! Es setzt sich darüber hinweg, was ihr im kleinen Ich-Tagesbewußtsein so alles denkt, redet und handelt, und ist für euch unbeirrbar. Ihr könnt die Pläne, die Schöpfungspläne, die Zurückführung in das Reich Gottes im Höheren Ich-Bewußtsein als kleiner Mensch im kleinen Ich-Bewußtsein nicht ändern! Sie sind für euch Fixpunkte zurück zu Gott! Die Varianten, liebe Geschwister, könnt ihr aber beeinflussen! Ob ihr einen geraden Weg geht oder einen verwinkelten, oder einen Irrweg, das könnt ihr durch euren bedingt freien Willen beeinflussen. Aber die Gesetzesmöglichkeiten des Höheren Ich-Bewußtseins, sprich: die Pläne Gottes, die Gott mit euch im Höheren Ich-Bewußtsein vorhat, die könnt ihr nicht ändern! *(* Emanuel 8 – 145-146)*

Dieses Höhere Ich-Bewußtsein ist jener Inhalt, der die Baupläne zu deiner Vollkommenheit birgt - um noch einmal darauf zurückzukommen -, denn die Vollkommenheit für deine Persönlichkeit hättest du ja schon erreichen können im *Über-Ich-Bewußtsein!* Nein, du wolltest es anders! Und als Folge, wie ich sagte, hast du die nächsttiefere Oktave gewählt: das Höhere Ich-Bewußtsein! *(* Emanuel 8 – 143)*

Dein "*Höheres Ich-Bewußtsein*" hat vom Abfall von Gott an alles genau aufgezeichnet und geprägt, was wiedergutgemacht werden muß! Und hier stimmt das Wort "muß"! Diese Pläne, die im Höheren Ich-Bewußtsein aufgezeichnet sind, erleichtern dir die Rückkehr zum Schöpfer! *(* Emanuel 8 – 53)*

Die überbewusste Ebene ist der Erfahrungsort, wo du deine Realität kennst und sie in vollem Gewahrsein von dem, was du tust, erschaffst. Das ist die Seelenebene. Die meisten von euch sind sich ihrer überbewussten Absichten nicht auf bewusster Ebene gewahr... *(* Walsch 4 – 126)*

Bewusste Ebene - Tagesbewusstsein

Nun gehen wir weiter: Welchen Sinn hat das Tagesbewußtsein noch? Das Tagesbewußtsein hat den Sinn, im Auftrag des höheren Planes, der zweiten Instanz oder des Höheren Ich, die Gesundheit des Körpers aufrechtzuerhalten! *(* Emanuel 8 – 19)*

... Das Tagesbewußtsein hat doch den Sinn, das, was im Höheren Ich-Bewußtsein, damals vor der Inkarnation, festgesetzt worden ist, zu verwirklichen! Viele von euch glauben, es seien ihre eigenen Gedanken, die sie verwirklichen! Nur ein winziger Bruchteil davon sind auch eure Gedanken und euer Wollen! Alles andere aber ist in gewisser Weise vorgezeichnet! Das sollt ihr aber nicht so verstehen, daß es euren freien Willen behindert! Im Gegenteil! Der freie Wille bleibt unangetastet! *(* Emanuel 8 – 17)*

Im physischen Leben ist euer Bewußtsein weitgehend von der Tätigkeit des Gehirns abhängig. Ihr habt zwar auch sonst ein Bewußtsein, ob ihr inkarniert seid oder nicht, aber solange ihr physisch orientiert seid, ist das Bewußtsein an das physische Gehirn gebunden. Bis zu einem gewissen Grad sorgt das Gehirn für die dreidimensionale Ausrichtung des Bewußtseins. Dieses orientiert euch auf die Umwelt hin, auf euer Betätigungsfeld, und nicht zuletzt wegen dieser Verbindung des Bewußtseins mit dem Gehirn erlebt ihr beispielsweise die Zeit als eine Folge von Augenblicken.

Das Gehirn leitet die Informationen, die ihr psychisch empfangt, an eure physische Struktur weiter, so daß eure Erfahrungen physisch gesiebt und automatisch in Begriffe umgesetzt werden, die der Organismus verstehen kann. *(* Seth 3 – 82)*

Die bewusste Ebene ist der Erfahrungsort, wo du deine Realität kennst und sie mit einem gewissen Gewahrsein von dem, was du tust, erschaffst. Wie viel du dir von was gewahr bist, hängt von deiner "Bewusstseinsebene" ab. Das ist die physische Ebene. Wenn du dich dem spirituellen Weg verpflichtet hast, gehst du durchs Leben und strebst dabei stets danach, dein Bewusstsein auf eine höhere Ebene zu bringen oder die Erfahrung von deiner Realität so zu erweitern, dass du eine größere Realität, von der du weißt, dass sie existiert, mit einschließt. *(* Walsch 4 – 126-127)*

Unterbewusstsein - Unbewusstsein

Die unterbewusste Ebene ist der Erfahrungsort, wo du deine Realität nicht kennst oder bewusst erschaffst. Du machst das unterbewusst - das heißt, mit sehr geringem Gewahrsein davon, dass du das überhaupt machst, geschweige denn weißt, warum. Das ist keine schlechte Erfahrungsebene, verurteile sie also nicht. Sie ist ein Geschenk, weil sie dir erlaubt, Dinge automatisch zu tun, wie zum Beispiel mit den Augen zu zwinkern oder dein Herz schlagen zu lassen - oder eine sofortige Lösung für ein Problem zu schaffen. Doch wenn du dir nicht darüber bewusst bist, welche Teile deines Lebens du automatisch zu erschaffen gewählt hast, könntest du dir einbilden, dass du nicht der Verursacher dieser ganzen Dinge, sondern nur deren "Auswirkungen" unterworfen bist. *(* Walsch 4 – 127)*

... Nur ist vielen von euch nicht ganz wohl mit dem Wort "unbewußt"! Liebe Geschwister, "unbewußt" heißt: nicht im kleinen Tagesbewußtsein und nicht im Höheren Ich-Bewußtsein! Wie oft redet ihr unbewußt?! Wie oft denkt ihr unbewußt?! Wie oft handelt ihr unbewußt?! Seht, das ist damit gemeint! Die "Automatik" ist damit gemeint, liebe Geschwister! *(* Emanuel 8 – 136)*

Wir meinen, wir hätten nur fünf Sinne, aber das Unterbewußtsein verfügt über mindestens einen sechsten Sinn. Dieser reagiert auf Elektromagnetismus. Die Fähigkeiten, Wasser aufzuspüren, ist eine Reaktion auf einen unterschwelligen elektromagnetischen Reiz. Diese Reaktion verleiht uns auch unseren Orientierungssinn.

Die Sensibilität des Unterbewußtseins scheint keine Grenzen zu kennen. Es ist so empfindlich, daß es wahrnehmen kann, wenn jemand auch nur an uns denkt. *(Cayce 2 – 47)*

Vera: "Man sagt doch zu Leuten, an die man intensiv gedacht hat und die man plötzlich trifft: 'Haben dir nicht die Ohren geklingelt? Ich habe so fest an dich gedacht!' "

Dirk: "Das würde ich als Telepathie bezeichnen."

Kollektivbewusstsein

Schon immer vermuten Philosophen und Denker, dass das Bewusstsein aller Menschen miteinander verflochten ist. Der Psychoanalytiker C.G.Jung nannte es das "kollektive Unterbewusste", der Philosoph Teilhard de Chardin die "Noosphäre": eine Hülle aus Bewusstsein, die die Erde umgibt und mit der wir alle in geistigem Kontakt stehen. Demzufolge gäbe es nichts Neues, was gedacht werden könnte, und die unglaubliche Kreativität von Mozart, Picasso oder Einstein wäre dann darauf zurückzuführen, dass sie einen direkteren Draht zur allgegenwärtigen Bewusstseinshülle besitzen als normale Menschen. Die Existenz eines solchen globalen Bewusstseins wissenschaftlich nachzuweisen ist das Ziel eines Forschungsprojekts, des "Global Consciousness Project". Geleitet wird es von Roger Nelson, Universität Princeton, der von einer radikalen These ausgeht:

Er glaubt, dass die Kraft menschlicher Gedanken sogar in der Lage ist, die Materie der uns umgebenden Realität zu beeinflussen. *(PM 6/02 – 48)*

Lisa: "Immer wieder kommt diese Aussage, dass die Gedanken ungeheure Kraft haben, z. B. - wie gesagt - um Berge zu versetzen."

Die Kommunikation von Ideen verlangt nicht unbedingt, daß Signale durch den materiellen Raum gesendet werden. Die Telepathie zum Beispiel ist eine Fähigkeit, die über Raum und Zeit hinausreicht. Wenn Ideen in ihrer eigenen vierten Dimension bestehen, brauchen sie nicht auf Reisen zu gehen, um sich telepathisch von einem Menschen auf einen anderen zu übertragen.

Wenn eine Idee aus der Ideosphäre fällt und im Geist eines Menschen auftaucht, ist es sehr wahrscheinlich, daß sie auch im Geist eines anderen Menschen erscheinen wird. Oft werden die gleichen Entdeckungen in verschiedenen Labors gleichzeitig gemacht. Einstein soll gesagt haben, daß jemand anderes die Relativitätstheorie entdeckt hätte, wenn er es nicht getan hätte, weil der Gedanke "in der Luft" lag. Wenn eine Idee Hochsaison hat, blüht sie überall.

Der britische Biologe Rupert Sheldrake hat eine Theorie entwickelt, um solch simultane Entdeckungen zu erklären, die er "morphische Resonanz" nennt. In seinem Buch *Das schöpferische Universum* liefert er eine Vision der transpersonalen Wirklichkeit des Geistes, die der Sicht von Cayce ziemlich ähnlich ist. Sheldrakes Bezeichnung für die Vierdimensionalität von Ideen ist das "morphogenetische Feld". Er behauptet, daß geistige Ereignisse im individuellen Gehirn von diesem vierdimensionalen Feld beeinflußt werden. Wenn ein neues Muster, eine neue Idee, sich in Harmonie mit dem empfänglichen Feld eines Gehirns befindet, wird es zunehmend leichter für diese Idee, in unserem Gehirn mitzuschwingen. Je mehr Menschen sich diesen Gedanken vorstellen können, desto leichter können andere Menschen auf dieselbe Idee kommen. *(Cayce 2 – 76-77)*

... Wer Hilfe aus dem Bewußtsein erhalten will, muß sich erst klar darüber sein, daß er ein Teil des Schöpfungsbewußtseins ist, ein Bruchteil des Ganzen. Hier ist auf Erden noch viel Aufklärungsarbeit zu leisten. Jeder formt sein eigenes Bewußtsein auf seiner Bewußtseinsebene und kann in das Kosmosbewußtsein nicht hineindringen, da er sich die Grenze selbst zieht.

(* Emanuel(Kontr.) 3 -117)

Erweitertes Bewusstsein
Bewußtseinserweiterung heißt doch: Aufsteigen in den geistigen Kosmos, in jene geistigen Sphären, wohin eure Geschwister euch bereits vorangegangen sind. Und wir sind eure geistigen Geschwister! *(* Emanuel 1 – 127)*
... Wenn ihr euch ein kosmisches Bewusstseinsdenken erarbeitet haben werdet, dann werdet ihr früher oder später euer kleines, spezielles Denken aufgeben und werdet euch einschwingen in den Kosmos. *(* Emanuel 20 – 162)*
Ich sagte euch, ihr Lieben: "Stellt den Schöpfer, also Gott, in den Mittelpunkt eures Lebens!" Dann werdet ihr Augenblick für Augenblick mehr an Bewusstsein zunehmen. *(* Emanuel 20 – 169)*

Hans: "Hier sind jetzt viele Begriffe genannt worden, die teilweise das Gleiche oder fast das Gleiche bezeichnen, teilweise auch ganz andere Aspekte. Ich versuche mal, sie nebeneinander zu stellen, um nicht ganz den Überblick zu verlieren:
- Bewusstsein - Energie, alles ist Bewusstsein, in allem ist Bewusstsein. Zu diesem Aspekt passt auch das Kollektivbewusstsein.
- Über-Ich-Bewusstsein - Gottesfunke - Geist, der über den Gottesfunken verfügt
- Hohes Selbst - Höheres-Ich-Bewusstsein - Seele
- Tagesbewusstsein - Ich, Ego - Psyche, gebunden an die Tätigkeit des Gehirns
- Unterbewusstsein"

7.2.3   Was ist Leben?

Dirk: Im Biologieunterricht haben wir folgende Punkte als Kriterien für Leben besprochen:
- Stoffwechsel
- Wachstum und Fortpflanzung
- Beweglichkeit und Reizbarkeit
- Individualität und Anpassungsfähigkeit
- Altern und Tod

Das Leben an und für sich suchen sie *[die Wissenschaftler]* zu ergründen. Sie haben die verschiedensten Definitionen und haben das Einfachste nicht, daß Gott Geist ist und infolgedessen dieser Geist Persönlichkeiten ins Leben gerufen hat, die wiederum Geist sind. Aber mit irdischem Verstand und mit irdischen Augen und verschiedenen Mikroskopen wird der Geist nicht sichtbar. Infolgedessen rätseln sie an diesem Leben herum und meinen, es sei Zufall, daß der Mensch entstanden ist, weil sie den Geist nicht kennen, weil sie das Wort nicht gelten lassen wollen, weil sie ihre Anschauungen haben und weil sie ihren eigenen Vorteil suchen, das muß ich natürlich auch sagen. Denn die Menschen, die eine gewisse Gelehrsamkeit erreicht haben, wollen nicht gerne zugeben, wenn sie sich geirrt haben. Deshalb bleiben sie lieber in der Irre, als daß sie sich selber sagen, daß sie Geist sind, ein Abkömmling vom göttlichen geistigen Leben. *(* Laurentius 1 – 152)*

Leben durch anorganisches Material?

1953 entwarfen die Biochemiker Stanley Miller und Harold Urey ein Experiment, das die Bedingungen auf der Erde zur Zeit der Entstehung des Lebens simulieren sollte. Sie führten einem Gemisch der Gase, die man in der sogenannten Uratmosphäre vermutete, Energie in Form elektrischer Entladungen zu. Dabei entstanden einige Aminosäuren; zwei davon zählen zu den zwanzig Aminosäuren, die Organismen zur Synthese der eigenen, lebenswichtigen Proteine benötigen. Das ist alles. *[Es entstand also nichts Lebendes.]*

Hunderte ähnlicher Experimente wurden seit Miller und Urey durchgeführt, und nicht eines ergab organische Verbindungen, die den in Lebewesen zu findenden, äußerst komplexen Verbindungen viel - wenn überhaupt - näherkommen als das ursprüngliche Experiment. *(Horn – 54-55)*

Leben aus dem Weltall?

Umso besser die wissenschaftlichen Geräte werden, desto mehr Planeten werdet Ihr mit dem gleichen chemischen Potenzial von dem, was geschah, um ursprünglich Leben auf Erden zu erschaffen, entdecken. Die Wissenschaft wird zu verstehen beginnen, dass das Universum mit Leben übersät ist, und wird vielleicht sogar postulieren, dass die Lebenssamen dessen, was hier (auf Erden) geschah, von einem anderen Ort hierher gebracht wurden! Während dies in der Vergangenheit als Unsinn galt, kann es morgen eine anerkannte Wissenschaft sein. *(* Kryon 3 – 164)*

Es ist zwar richtig, daß alle lebenden Organismen letztlich aus Atomen und Molekülen bestehen, aber sie sind eben nicht "nur" Atome und Moleküle. Leben zeichnet noch etwas anderes, etwas Nichtmaterielles und Nichtreduzierbares aus: ein Organisationsmuster.

Das Muster des Lebens, so könnten wir postulieren, ist ein Netzwerkmuster, das zur Selbstorganisation fähig ist. *(Capra 2 – 100-101)*

7.2.4 Zellen: Aufbau und Struktur

Aufbau der Zelle

Die Zelle ist die kleinste Einheit des Lebens. *(Benner – 57)*

Der Grundbaustein des menschlichen Körpers ist die einzelne lebende Zelle. Jedes Organ ist aus zahlreichen Zellen zusammengesetzt, die durch besonderes Stützgewebe zusammengehalten werden. Jeder Zelltyp ist darauf spezialisiert, eine besondere Aufgabe im Organismus wahrzunehmen.

(Birbaumer – 7)

Vera: "Wie ich noch aus meiner Ausbildung weiß, besteht der Mensch aus etwa 250 verschiedenen Zelltypen und insgesamt aus etwa 75 bis 100 Billionen individuellen Zellen."

Die Zelle ist ein sehr kompliziertes Gebilde, das nur dann seine Aufgaben erfüllen kann, wenn all seine Teile fehlerfrei zusammenwirken. Die Zelle hat im Normalfall eine Größe zwischen 0,01 und 0,2 Millimeter. "Dennoch besitzt sie ein Produktionsprogramm, das jedes Chemiegroßunternehmen in den Schatten stellen kann."

(Neu – 24)

Jeder Mensch besteht, so weiß man heute, aus rund 100000 Milliarden *[100 Billionen]* Zellen. Jede Einzelne von ihnen ist durch Zellteilung entstanden; so weist sie eine Ahnenreihe auf, die in direkter Linie bis zu jener Urzelle zurückführt, die sich vor gut 3,5 Milliarden Jahren im Urozean gebildet haben muss...

Milliarden von Proteinen in 10000 Formen schwirren durch die Zelle, und jedes hat seine eigene hochspezifische Aufgabe ...

Mit jeder neuen Arbeit aus den Labors der Molekularbiologie wird deutlicher, wie komplex das Geschehen in der Zelle ist. Da gilt es fein austarierte Regelkreise, Steuersignale und Reaktionskaskaden zu verstehen. Immer verworrener wird das Gewirr der Pfeile, mit dem die Forscher das komplexe Netz der Wechselwirkungen in Diagramme zu fassen suchen. Mit einfachen Ursache-Wirkungs-Mechanismen, so viel ist klar, kommen sie nicht mehr weiter.

... Der Mensch, so zeigt sich, ist wesentlich schwieriger zu begreifen, als es der so simpel anmutende Gencode glauben macht.

... Der Mensch ist mehr als eine willenlos an den Strängen der Doppelhelix hängende Marionette.

(SPIEGEL 9/03 – 168)

Zelle und Biophotonen

So unglaublich das manchem erscheinen mag: Es ist Licht in unseren Zellen. Diese Tatsache wurde im Jahre 1922 von dem russischen Mediziner, Professor Alexander Gurwitsch, zum erstenmal an Zwiebelwurzeln festgestellt und 1975 von deutschen Biophysikern unter der Leitung von Professor Fritz A. Popp wiederentdeckt und mit modernsten Forschungsmethoden klar bewiesen. Unzählige Forscher in aller Welt haben seither bestätigt, daß die Zellen aller Lebewesen Licht abgeben, ein äußerst schwaches Licht, das sich bei der Zellteilung, bei einer Schädigung oder beim Tod der Zelle verstärkt und das in einer toten Zelle erloschen ist.

Vieles spricht dafür, daß die "Biophotonenstrahlung" lebender Zellen, die vermutlich nicht nur den Bereich des sichtbaren Lichts umfaßt, den Zellen zu einer Art Funkverkehr dient, dessen Signale mit weit größerer Geschwindigkeit und Effizienz Informationen im Organismus von Pflanze, Tier und

Mensch weitergeben und biologische Prozesse steuern können, als dies über biochemische Kanäle möglich ist. *(Bischof – 13)*

Popps Forschungsgruppe und nach ihm eine Reihe weiterer Wissenschaftlerteams konnten zeigen, daß der zentrale Speicher und Sender dieser kohärenten Biophotonenstrahlung in der Zelle das Chromatin der Erbsubstanz im Zellkern sein muß. Berechnungen haben gezeigt, daß das spiralförmige DNS-Molekül ein idealer Lichtspeicher ist und durch rhythmische Kontraktionen Licht aufnehmen und abgeben kann.

Vermutlich ist also das Netzwerk aller DNS-Moleküle die primäre, den Lichtstoffwechsel steuernde Instanz im Biophotonenfeld des Organismus.

(Bischof – 28-29)

Jenseitsdurchgaben zum Thema 'Zellen'

Fast jede Zelle besitzt die Anlage, in jedes beliebige Organ hineinzuwachsen oder jeden beliebigen Teil des Körpers aufzubauen. *(* Seth 4 – 363)*

Ich habe oft gesagt, daß die Z-e-l-l-e-n künftiges Geschehen vorauswissen und daß der Körper auf der Zellebene eine Fülle von Informationen wahrnimmt, die nicht bewußt erkannt und verwertet werden. Das Universum und alles, was darin enthalten ist, sind eine Komposition zahlloser "Informationen", die allerdings eigener Bewußtheit fähige Energie sind, und diese Informationen sind - in einer Weise, die sich äußerst schwierig erklären läßt - im ganzen Universum jederzeit latent vorhanden und in jedem einzelnen seiner Teile enthalten. *(* Seth 7 – 279)*

Vera: "Ich muss dabei und auch bei den anderen Ausführungen von Seth zum Bewusstsein an Hologramme denken. Damit kann ich mir besser vorstellen, dass Informationen überall im Ganzen und in jeden einzelnen Teil sind."

Physisch behält die Zellstruktur ihre Identität bei, obwohl die Materie, aus der sie zusammengesetzt ist, sich fortwährend verändert. Die Zelle erneuert sich in Übereinstimmung mit ihrem eigenen Identitätsmuster und nimmt doch immer Anteil an jeder sich neu konstellierenden Aktivität; sie reagiert lebendig selbst inmitten ihrer eigenen mannigfaltigen Tode. *(* Seth 3 – 26)*

Bestimmte Zellen 'töten' andere Zellen im Körper, und dadurch wird die lebendige Ganzheit des Körpers aufrecht erhalten. Die Zellen leisten einander DIESEN DIENST. *(* Seth 1 –141)*

Sogar eine einzelne Zelle hat ihr eigenes Universum, ihr eigenes Universum in den Universen. *(* Ramtha 7 – 64)*

Die Zellen in eurem Körper können ziemlich frei kommen und gehen; sie reproduzieren sich ständig. Woher erhalten sie ihre Anweisungen? Sie werden von eurer Blaupause, eurem Glaubenssystem und den Energiemustern versorgt, die ihr über die Wirklichkeit in euch tragt. Indem ihr diese Muster durch Erweiterung eurer Vorstellungen verändert, wird eure Molekularstruktur nachziehen. *(* Marciniak 1 – 149)*

Zellkern und DNS (DNA)

Wachstum, Erneuerung und Ersatz sind fundamentale Merkmale des Lebens. Ermöglicht werden sie durch die Mitose, den Prozeß, bei dem sich die Zellen selbst reproduzieren und ihre Eigenschaften der nächsten Generation übermitteln. Die genetische Information befindet sich in der DNS, die zusammen mit einigen Eiweißen den Hauptteil des Zellkerns ausmacht. Die Gene sind auf die Chromosomen gereiht wie Perlen auf eine Kette.

(Benner – 64)

Hans: "Nur zur Klarstellung: Die DNS wird heute überwiegend DNA genannt. Das A kommt vom englischen 'Acid' für 'Säure'."

Die DNS (Desoxyribonukleinsäure) ist ein Riesenpolymer aus etwa zehn Milliarden Molekülen, das die Erbsubstanz (Chromosomen) unserer Zellen bildet. *(Bischof – 184)*

In der DNS ist aber auch die Information über die Zusammensetzung der körpereigenen und für jedes Individuum typischen Proteine aus den 20 verschiedenen Aminosäuren gespeichert.

Die DNS einer menschlichen Zelle ist in ausgestreckter Form etwa drei Meter lang. Im Zellkern ist das komplizierte Fadenmolekül jedoch so dicht gepackt, daß es nur noch ein Volumen von einigen Milliardstel Kubikzentimeter einnimmt. Die in sich schon spiralförmige "Strickleiterstruktur" ist nochmals mehrfach in ebenfalls spiralförmige Überstrukturen (Superhelix, Super-Superhelix usw.) verdreht und im Zellkern in hohem Maße geschützt.

(Bischof – 186)

Die DNS vermag schon von ihrer Molekülstruktur her wesentlich mehr Information zur Regulation beizutragen als alle anderen Biomoleküle. Sie ist durch ihre mehrfache Helixstruktur eine außerordentlich gute Antenne sowohl für die elektrische wie auch für die magnetische Komponente eines Photonenfeldes ... *(Bischof – 199-200)*

Wo die Darwinisten jedoch zu kurz greifen, ist bei der Erklärung, wie die DNA wissen kann, wann sie wo einzugreifen hat, und wie alle diese Chemikalien, die blind aufeinander treffen, mehr oder weniger simultan wirken können. In jeder Zelle vollziehen sich durchschnittlich 100000 chemische Reaktionen pro Sekunde - ein Prozess, der sich simultan bei allen Zellen im Körper wiederholt. *(McTaggart – 81)*

Jenseitskommentare zum genetischen System

DNS besteht aus Code-Spiralen, durch die konstant elektrischer Strom fließt. Dieser Strom erschafft ein schwaches magnetisches Feld, welches den Transfer von Informationen mittels Magnetismus ermöglicht. *(* Kryon 3 – 62)*

Was, meint Ihr, ist der Katalysator, der den Instruktionen der Umhüllung die Übertragung an die DNS erlaubt? Es ist eine tiefgreifende Energie, die in der Lage ist Materie zu verändern und sie lautet: das Bewusstsein des Menschen von Absicht. *(* Kryon 3 – 63)*

Die Zelle weiß, wie sie sich selbst gemäß ihren Chromosomen in ihrem Genetik-Baum zu teilen hat. Es gibt ein Muster; sie muß jenes Muster vervollständigen. Jede Zelle trägt das Muster des Ganzen in sich. Ein Abstrich einer Zelle eures Körpers kann geklont werden, um einen weiteren Körper zu erschaffen! Woher meint ihr, stammte die Intelligenz, die jenen Baum mit der Prägung versah?

Er stammt von den Geistwesen, den gefallenen Göttern auf der vierten Stufe, die die Muster und die Bestimmungen des Lebens erschufen.

(* Ramtha 9 – 143)

Die DNS ist ein Faden. Die Wissenschaftler, die bisher ihr Bestes getan haben, konnten bestimmte Codierungen in bestimmten Abschnitten der DNS identifizieren. Sie fanden aber auch überflüssige Teile der DNS. Das heißt ganz einfach, es gibt Anteile, aus denen sie nicht schlau werden; deswegen glauben sie, diese wären nur so zum Spaß da und nennen sie "junk DNA", also wörtlich "DNS-Müll". Da sind sie aber auf dem Holzweg.

Was Wissenschaftler Müll nennen bildet die Grundlage für die Wahrnehmung tief in eurem Körper, die es euch ermöglichen wird, ein ganzheitlich wahrnehmendes, vierdimensionales Wesen zu werden. Diese erwachende DNS wird eure optische Wahrnehmung, euer Hören verändern, eure Lebensdauer verlängern und vieles mehr. Dieser latente Teil der DNS, der die Wissenschaftler vor Rätsel stellt, erwacht nun zum Leben. *(* Marciniak 2 – 88-89)*

Die DNS ist Träger des Codes, denn dieses genetische Material und seine Helices besteht aus codierten Lichtfäden, hauchdünnen Fäden, die Information transportieren, wie das in der Fiberoptik geschieht. Die Lichtsäule, die ihr verwendet, um euch zu aktivieren und um Information in euren Körper zu bringen, ist auch aus codierten Lichtfäden zusammengesetzt. Diese Fäden enthalten eine riesige Menge von Daten, und euer Körper ist voll von ihnen. Wenn sie gebündelt und ausgerichtet sind, arbeiten die codierten Lichtfäden zusammen und setzen Informationen frei, welche die in ihnen enthaltene Geschichte verständlich machen. Die codierten Lichtfäden in eurem Körper gleichen einer großartigen Bibliothek - einer Bibliothek, die so gewaltig ist, daß sie die Geschichte des Universums enthält. *(* Marciniak 2 – 98)*

Das genetische System ist kein geschlossenes System. Die Gene enthalten nicht einfach Informationen ohne Bezug auf das lebende System des Körpers. Die genetische Struktur existiert nicht als irgendein hochkomplizierter, vorprogrammierter Mechanismus, der, einmal in Gang gesetzt, blindlings weiterfunktioniert, ohne Möglichkeit der Modifikation, wenn er erst einmal läuft.

Die genetisch befrachteten Zellen reagieren wie alle Zellen auf Reize. Sie agieren. Sie nehmen biologisch alles Körpergeschehen wahr. Auf eine Art, die sich nicht in Worte fassen läßt, sind sie auch der Umgebung des Körpers gewahr, so wie diese auf biologischen Ebenen wahrgenommen wird. Ich habe schon früher gesagt, daß auf die eine oder andere Weise jede lebende Zelle mit jeder anderen lebenden Zelle durch ein System innerer Kommunikation verbunden ist.

Eure genetische Struktur reagiert auf jeden eurer Gedanken, auf eure emotionale Verfassung, euer psychologisches Klima. *(* Seth 5 - 327-328)*

7.2.5 Evolution des Erdenkörpers der Menschen

... Es ist ein großer Irrtum, wenn ihr euch mit eurem materiellen Körper gleichsetzt. Es ist wahrscheinlich der größte Trugschluß, den es in eurem Bewußtsein geben kann. Ihr seid nicht gleich Körper. *(* Emanuel/Hardus 2 - 26)*

Ihr seid gegenwärtig am Leben, seid ein Bewußtsein, das von sich weiß und inmitten eines Trümmerhaufens toter und absterbender Zellen Erkenntnis sprüht; voller Leben, während in eurem Körper Atome und Moleküle sterben und ihre Wiedergeburt erleben. Ihr seid demnach umgeben von kleinen Toden; Teile eures Erscheinungsbildes bröckeln in jedem Augenblick ab, ohne daß ihr einen Gedanken daran verschwendet. So seid ihr also jetzt gewissermaßen inmitten eures eigenen Todes lebendig ...

Und wie euch eure Wissenschaften weismachen wollen, seid ihr ein lebendes Konglomerat handfester Stoffe und Chemikalien, hervorgebracht von einem planlosen Universum, das die eigene Existenz lediglich dem Zufall verdankt ... *(* Seth 4 - 147-148)*

Betrachtet einmal das spektakuläre Rahmenwerk eures Körpers rein vom physischen Standpunkt aus. Wie alles Materielle erscheint euch euer Körper als fest; je weiter jedoch die Materie erforscht wird, desto offensichtlicher wird es, daß sie in Wirklichkeit nur Energie ist, die spezifische Formen annimmt - die Form von Organen, Zellen, Molekülen, Atomen, Elektronen. Dabei ist das eine immer weniger physisch als das andere, und jedes tritt in immer neuen Verbindungen auf, die in geheimnisvoller Gestalt die Materie bilden.

Jede Körperzelle ist auf ihre Art ein Miniaturgehirn, das über ein Gedächtnis für all ihre individuellen Erfahrungen, ihre Beziehungen zu anderen Zellen und zu dem Körper als Ganzem verfügt. In eurem Sinne bedeutet dies, daß jede Zelle mit einem angeborenen Bild der gesamten Körpergeschichte - Vergangenheit, Gegenwart und Zukunft - arbeitet. *(* Seth 3 - 159)*

Der physische Leib ist die Materialisierung des Astralleibes. *(* Seth 4 - 120)*

Euer physischer Körper existiert als Frequenzeinrichtung. Ihr glaubt, aus Fleisch und Knochen zu bestehen, doch in Wahrheit seid ihr eine Kombination intelligenter elektromagnetischer Signale. *(* Marciniak 1 - 148)*

Euer Körper ist nichts weiter als ein Energiesystem. Die Energie, die Leben ist, kreist durch euren Körper. Ihr könnt diese Energie lenken. Ihr könnt sie kontrollieren.

Diese Energie hat viele Namen. Manche nennen sie Qi, Chi oder auch Ki. Es gibt noch andere Begriffe dafür. Es ist immer dasselbe gemeint.

(Walsch 5 - 221)*

7.2.6 Das Gehirn

Dirk: "Ich habe hier einen schönen Satz von Emerson Pugh über das Gehirn, leider aber ohne Quelle: *Wenn das menschliche Gehirn so simpel wäre, daß wir es verstehen könnten, wären wir so simpel, daß wir es nicht könnten.* "

Euer Gehirn verschafft euch ein handliches und notwendiges Bezugssystem für euer körperliches Leben. Es stellt für euch in der "richtigen" Reihenfolge die Ereignisse zusammen, die, jenseits der Sinnesempfindungen auf viele andere Arten erfahren werden und auch andere Wahrnehmungsorganisationen benutzen könnten. Natürlich sind das Gehirn und alle beteiligten Organe des Körpers auf die Realität eures Planeten eingestimmt und verankern euch in der Zeit, und zwar zahllose Abläufe - molekulare, zelluläre und so weiter -, so daß diese mit den Ereignissen eurer Welt und des Weltgeschehens synchronisiert sind.

Das Gehirn organisiert Handlungen und übersetzt Ereignisse, ohne sie aber zu initiieren... Es ist der lebendige Geist, das nichtphysische Gegenstück des Gehirns, der entscheidet, welche Daten das Gehirn in dieser Hinsicht empfangen und verarbeiten soll. *(* Seth 8 – 263)*

DENK IMMER DARAN, daß du das, was du anschaust, nicht wirklich "siehst". Dein Gehirn ist nicht die Quelle deiner Intelligenz. Es ist einfach ein Datenverarbeitungsinstrument. Es nimmt über seine Rezeptoren, eure Sinne, Daten auf. Es interpretiert diese formatierte Energie gemäß der *Daten, die es früher zu diesem Thema erhalten hat.* Es sagt dir, was es *wahrnimmt,* nicht, was *wirklich ist.* Du *denkst,* daß du auf der Grundlage dieser Wahrnehmungen die *Wahrheit* von etwas *kennst,* aber in Wirklichkeit kennst du sie nicht mal zur Hälfte. In Wirklichkeit *erschaffst* du die Wahrheit, die du kennst. *(* Walsch 3 – 431-432)*

Das Gehirn ist Geist in *verkörperlichter* Form. Doch es ist euer Geist, der es euch ermöglicht, über euer Gehirn auch nur nachzudenken. Ohne euren Geist würdet ihr von der Existenz des Gehirns gar nichts wissen.

(Walsch 6 – 41)*

Damit ein Gehirn als lebendig bezeichnet werden kann, muß es diesen Bewußtseinsstrom haben. Wenn Elektroden an das Gehirn angeschlossen werden, um herauszufinden, ob noch jemand "zuhause" ist, dann wird dadurch die Fähigkeit des Gehirns, Bewußtsein und Energie zu verarbeiten, sichtbar gemacht, indem die sogenannten Neuronen im Gehirn gefeuert werden.

Ihr sagt: "Ich habe die Schule abgeschlossen." Was heißt das? "Das heißt, daß ich mich an alles, was man mir beigebracht hat, erinnern kann und daß ich alle Prüfungen aufgrund meines Gedächtnisses bestanden habe." Aber habt ihr dadurch Erfahrungen gewonnen? "Nein." Folglich ist euer Gehirn mit theoretischer Philosophie angefüllt, und ihr habt zugestimmt, daß die Philosophie die Wahrheit ist, doch das ist sie nicht.

Was ist also in eurem Kopf? In eurem Kopf sind all die Dinge, die eure Eltern euch gelehrt haben, die die Schule euch gelehrt hat, die euch die Geschichte gelehrt hat, die euch eure Kultur gelehrt hat. Doch wieviel davon ist Wahrheit? Anders gesagt, ist überhaupt jemand zuhause oder hören wir nur die Wiedergabe einer Tonbandaufnahme?   *(* Ramtha 8 – 69-70)*

Das Bauchhirn

Geahnt haben sie es immer, die Menschen aller Kontinente und Kulturen - der Sitz der Gefühle liegt im Zentrum des Körpers. Dort, wo Aufregung "Schmetterlinge flattern" lässt und Freude und Glück leise kribbeln.

Werden Menschen gefragt, wo Gefühl und Gesundheit, Emotion und Intuition, Wohlbehagen und Leidenschaft am besten zu orten sind. zeigen sie, gleich welcher Herkunft oder Hautfarbe, auf die Mitte ihres Körpers. Weil sie spüren, dass in der dumpfen Höhle des Leibes etwas ein Eigenleben führt. Etwas, das zu einem spricht, das Geschichten erzählt und verschlüsselte Botschaften versendet. Seit Urzeiten meditieren sich ganze Völker in jenes Zentrum hinein, um Gelassenheit zu finden und Weisheit.

Und nun gibt die Wissenschaft ihnen allen Recht.

"Wir stehen am Anfang einer Revolution", sagt Michael Gershon. Neueste Forschungen zeigten, dass psychische Prozesse und das Verdauungssystem weitaus inniger gekoppelt sein könnten, als man bisher gedacht habe. Das Bauchhirn spiele eine große Rolle bei Freud und Leid, doch die wenigsten wüssten überhaupt, dass es existiert, sagt der 62-jährige Forscher, den seine jüngeren Kollegen als "Entdecker" bezeichnen.   *(GEO-WISSEN 11/00 – 140-142)*

Dirk: "Wir sind eben ein ganzes System vieler Bewusstseine; alle vorhanden in den Atomen, Molekülen, Zellen unseres Körpers, und ein Gesamtbewusstsein, für das das Gehirn ein wenn auch beschränktes Sprachrohr bzw. Instrument ist. Und alle Bewusstseine stehen in Zusammenhang miteinander und kommunizieren. Das ist ein aufregender Gedanke!"

7.2.7 Die Macht der Gedanken

Zehn- bis zwanzigtausend Gedanken huschen einem täglich durch den Kopf ... Sie sind flüchtig, so meinen wir, uninteressant und ohne Wirkung. Doch das Gegenteil ist wahr. Gedanken - so immateriell sie sind - haben die Kraft, die Realität zu verändern. Nicht nur unseren Körper und unsere Handlungen, sondern auch das Leben anderer Menschen und vielleicht sogar die physische Welt, die uns umgibt. Was ist das Geheimnis der Gedankenkraft?

In der Psychologie ist ihre Macht unbestritten: Natürlich haben unsere Ideen und Vorstellungen einen entscheidenden Einfluss auf unser eigenes Leben. Wie soll jemand glücklich sein, der depressive Gedanken hegt? Wie soll sich jemand mit Kollegen verstehen, über die er Schlechtes denkt? Wie soll jemand mutig sein, der seinen Geist auf die Gefahren des Lebens fokussiert?   *(PM 6/02 – 46)*

Wir denken das, was wir im Geiste sind. Der Gedanke ist eine Ausströmung des Geistes, und der Wert des Gedankens entspricht folglich dem

Werte des Geistes. Der Gedanke *ist* also eine Substanz, ein Element und ist ewig, wie das Leben selbst; ...

Das Wort, wie der Mensch es bedarf, um dem Nebenmenschen seine Gedanken klar zu machen, ist eine Materialisation des Gedankens.

(* Emanuel 22 – 162-163)

Wie alles im Universum sind auch Gedanken Energien, ähnlich denen von Licht und Schall. *(* Hardus 2 – 130)*

Wenn ihr durch eure Leidenschaft, eure Genußsucht, euer Wollen, euer Denken, Fühlen, Wünschen usw. euch sozusagen Luftschlösser in Gedankenform erbaut und Wünsche befriedigen wollt, dann verbraucht ihr Energie. Und wenn ihr diese Energien immer wieder in das Luftschloß hineinschleust, dann werden die Gedankenformen immer mächtiger, kräftiger und werden von jenen Geistwesen beäugt, behütet, durchschaut, gedacht und sozusagen angezogen, deren Kind das Luftschloß, die Gedankenkräfte sind. Sind das böse oder euch ungut gesinnte Wesen, dann werden sie euch mächtig antreiben, noch mehr daran zu denken, immer noch mehr. Und dann gibt es auf einmal Abänderungen zu diesen Luftschloßgedanken, dann könnt ihr beobachten: Sie werden immer dreister, gewaltsamer, stärker, ja geradezu feindlich; sei es gegen euch selber, gegen eure Gesundheit, gegen euer Denken, gegen euer Bewußtsein oder gegen andere Lebewesen.

Ist es aber ein Luftschloß des Guten, des Gottgewollten, dann werden sich in erster Linie mit starkem Engagement die Schutzgeister und geistige Freunde und Helfer darum kümmern. Denn es soll ja für die unwissende Menschheit etwas damit geleistet werden. *(* Emanuel 18 – 74-75)*

Sonst hätte ja Jesus nicht zu sagen brauchen: "Wenn du im Gedanken die Ehe brichst, hast du sie schon gebrochen" - wenn es auf Erden nicht gelten würde. *(* Emanuel 18 – 90)*

... Eher selten ist dein Gedanke dein eigener, selten stammt ein Gedanke aus dem Gottesfunken und ist aus sich, aus dem Innersten selbst geboren! Diese aus sich selbst geborenen Gedanken jedenfalls sind es, die das Beste, Klarste und Günstigste für den Menschenkörper, für die Seele und die Durchdringung des eigenen Selbst sind! *(* Emanuel(Kontr.) 4 – 217)*

Ihr könnt eure Gedanken nicht SEHEN, und deshalb macht ihr euch nicht klar, daß sie Form und Gestalt haben, so wie etwa auch Wolken sie haben. Es gibt Gedankenströmungen, so wie es Luftströmungen gibt, und die mentalen Muster der Gefühle und Gedanken des Menschen steigen auf wie Flammen aus der Glut oder Dampf aus heißem *Wasser,* um niederzufallen wie Asche oder Regen. *(* Seth 2 – 471)*

Jede Empfindung und jeder Gedanke hat seine eigene elektromagnetische Realität, die vollkommen einmalig ist. Sie sind darauf eingerichtet, mit bestimmten anderen Verbindungen einzugehen, den verschiedenen Intensitätsgraden entsprechend, die einbezogen werden. Jeder von euch wirkt unbewußt wie ein Transformator, der automatisch hochentwickelte, elektromagnetische Einheiten in physische Gegenstände umwandelt. *(* Seth 4 – 70)*

Gedanken haben ihre eigene Struktur, so wie die Zellen, und streben nach ihrer Erfüllung. Sie werden von gleichartigen Gedanken angezogen, und so habt ihr als Spezies eine innere Kollektivgestalt des Denkens... Bis zu einem gewissen Grad wird jede eurer Körperzellen mit jedem eurer Gedanken verändert. Jede Reaktion der Zellen verändert eure Umwelt. Das Gehirn reagiert dann auf diese Veränderung. Es findet ein ständiges Geben und Nehmen statt. *(* Seth 1 – 208)*

In jedem Augenblicke gehen gedankliche oder geistige Schwingungen von euch aus, aber in den meisten Fällen strahlt ihr Selbstsucht, Haß, Gewalttätigkeit, Eitelkeit und niedere Leidenschaften aus. Ihr verletzt und fühlt, wenn man euch verletzt, aber ihr liebt nicht, und deswegen fühlt ihr nicht, wenn man euch liebt, und mit euren krankhaften Gedanken sättigt ihr die Umgebung, in der ihr lebt, immer mehr mit Schmerz und erfüllt euer Dasein mit Unbehagen. *(* BWL 1 – 197)*

Es ist wichtig, andere darüber zu informieren, daß die Energie der Gedanken verheerender sein kann als Atomwaffen; denn in eurer Zeit, in der Zukunft wird man Energien entdecken, die durch Gedankenkraft beherrscht werden. *(* Carmel – 257)*

Klare Gedanken haben große Macht. Diese Macht kommt der höchsten Macht so nahe, wie es einer Seele auf der menschlichen Ebene möglich ist. Seid euch darüber im klaren, daß eure Gedanken sehr viel Gutes bewirken können, daß falsches Denken aber auch große Schwierigkeiten hervorrufen kann. *(* Carmel – 320)*

Gedanken sind reine Energie. Kein Gedanke, den ihr habt, jemals hattet, stirbt je - niemals. Er verläßt euer Wesen und macht sich auf ins Universum, dehnt sich immerwährend aus. Ein Gedanke existiert in alle Ewigkeit. Alle Gedanken nehmen Gestalt an; sie begegnen sämtlich anderen Gedanken, kreuzen, überschneiden sich in einem unglaublichen Labyrinth der Energie, bilden ein sich fortwährend veränderndes Muster von unaussprechlicher Schönheit und unvorstellbarer Komplexität.

Gleichgeartete Energien ziehen sich an - bilden (um es verständlich auszudrücken) "Energieansammlungen" der gleichen Art. Wenn genügend gleichartige "Energieansammlungen" einander überschneiden - aufeinandertreffen -, "haften" sie wiederum einfach ausgedrückt aneinander. Es bedarf somit einer unbegreiflich großen Menge "aneinanderhaftender", gleichgearteter Energie, um Materie entstehen zu lassen. Doch Materie *bildet* sich aus reiner Energie. *(* Walsch 1 – 93)*

... Fang an, darüber nachzudenken, in welche Richtung sich deine Gedanken bewegen. *Halte dann deine Gedanken davon ab, sich in diese Richtung zu bewegen.* Fokussiere deine Gedanken. Denk darüber nach, worüber du nachdenkst. Das ist der erste Schritt zur Meisterschaft. *(* Walsch 4 – 214-215)*

Und da das Universum nichts weiter als eine riesige Kopiermaschine ist, die deine Gedanken in physischer Form reproduziert, *wird dies deine Erfahrung werden.* *(* Walsch 3 – 34)*

[Maria:] Gedanken sind wie ein Lauffeuer. Sie können sich um die Erde herum ausbreiten, wenn sie stark und oft genug gedacht werden. Dies gilt für Gedanken des Friedens, der Liebe und der Freiheit, genauso wie für Gedanken des Hasses, der Mißgunst und des Krieges. Beide Arten von Gedanken können sehr starke Energiewellen auslösen, die viele Menschen erreichen. Dies geschieht auf zwei Ebenen - der bewußten und der unbewußten. Die bewußte Ebene wird angesprochen, wenn ein Mensch oder viele Menschen ihre Gedanken und Visionen anderen gegenüber verkünden. Die unbewußte Ebene kann bereits nur durch Gedanken beeinflußt werden, ohne daß jemals ein Wort gesagt werden muß, denn sie erreichen die anderen auf sehr subtile Art und Weise alleine durch ihre Schwingung.   (* *Zopf 4 – 112*)

Gefühls- und Gedankenenergien, oder man kann auch von Emotional- und Mentalenergien sprechen, haben eine höhere Frequenz als die physische Energie.   (* *Zopf 6 – 53*)

Lerne dich zu beobachten: Woher kommen die Gedanken - von außen, innen oder sind es die eigenen?

Es ist ein außerordentlicher Irrtum; denn mindestens 50% der menschlichen Gedanken sind Einmischungen jenseitiger Geisteskräfte. Sie drängen sich telepathisch auf, ohne daß der Mensch etwas davon merkt. Aber ebenso sind seine Gedanken niemals ein Geheimnis für jene Wesenheiten, die ihn direkt umgeben.   (* *Ahastar Heft 8 – 23*)

Vera: "Wenn Menschen sich über die Macht und den Einfluss der Gedanken bewusst wären, würden sie wahrscheinlich vorsichtiger mit ihren negativen Gedanken umgehen. Mit den Gedanken ist es wie mit dem eigenen Schatten - von beiden kann man nicht weglaufen."

7.2.8   Feinstoffliche Körper

Die Vorstellung nichtphysischer "Energiekörper"

Die Vorstellung nichtmaterieller, unsichtbarer Energiekörper findet sich in praktisch allen Zeiten und Kulturen. Afrikanische Völker wie die Karanga und die Maschona in Zimbabwe zum Beispiel glauben heute noch, der Mensch besitze neben seinem faßbaren Körper, den sie dessen "Schatten" nennen, noch einen anderen Körper, der gewöhnlich unsichtbar sei. Sie nennen ihn *Nwega*, was "Seele" oder "weißer Schatten" bedeutet. Er verläßt den Körper beim Tod; er kann dies aber auch während des Schlafes oder im Trancezustand tun. Er soll seine eigenen Sinnesorgane besitzen, weit wirkungsvollere als die des physischen Körpers.   (*Bischof – 45*)

Feinstoffliche Körper aus Licht

Die Auffassung, daß solche nichtphysischen Körper des Menschen aus Licht bestehen, hat eine weit zurückreichende Tradition. Die alten Ägypter, für die der Mensch zehn verschiedene Körper besaß, nannten jenen Teil, der den Tod überlebt, *Khu*, was "klar, leuchtend" bedeutet. Der Neuplatoniker Damaskios (5.-6. Jahrhundert n. Chr.) schrieb, die Seele besitze "ein leuchtendes Gefährt" *(augoeides ochema)*, das "sternenähnlich und ewig" sei. Es sei "im groben Körper eingeschlossen, nach einigen im Kopf"

Unzählige Bilder der religiösen Kunst Chinas, Tibets und Indiens, aber auch des frühen Ägypten, Griechenlands und Roms zeigen eine leuchtende Aura um die Gestalten von Göttern, Dämonen und Heiligen, die manchmal den ganzen Körper, manchmal aber auch nur den Kopf umgibt. Dasselbe Phänomen kennen wir aus der christlichen Kunst, in der man den häufigeren Nimbus (den Heiligenschein um den Kopf) von der Aureole (um den ganzen Körper) unterscheidet.

(Bischof – 47)

Visionäre Schau des "Wesenslichtes"

Alle diese Konzepte gehen auf die Beobachtungen von Sehern zurück, die in veränderten Bewußtseinszuständen um ihre Mitmenschen herum einen feinen leuchtenden Saum sahen, dessen Helligkeit, Farben und Strukturen den körperlichen, seelischen und geistigen Zustand der betreffenden Person widerspiegelten. Ebenfalls aus visionären Erfahrungen stammt die traditionelle Auffassung, daß nicht nur die Körper der Götter und Engel vollständig aus Licht bestehen, sondern daß auch der Körper des Urmenschen vor dem Ereignis "Sündenfall" Licht war. Jener dunkle, dumpfe und der Schwerkraft unterworfene Körper, den wir Menschen heute haben, ist nach diesen alten Lehren immer noch ein potentieller Lichtkörper, denn seine Materie ist geronnenes Licht.

(Bischof – 51-52)

Der "Archäus" des Paracelsus

Solche Vorstellungen haben auch in Europa bis in die Gegenwart überlebt. So schreibt der berühmte Arzt und Philosoph Paracelsus im 16. Jahrhundert, im Menschen gebe es eine Lebenskraft, die in ihm "nicht eingeschlossen" sei, sondern "um ihn herum wie eine leuchtende Sphäre" strahle.

Für Paracelsus existieren ... "drei Reiche" in der Zusammensetzung des Menschen, ein äußeres, ein inneres und ein innerstes Prinzip - nämlich der äußere physische Körper, der innere "astrale" Mensch und das innerste Zentrum oder "Gott im Menschen".

"Gewöhnliche Ärzte", so schreibt er, "wissen im besten Falle etwas über den äußeren Körper, nichts über den inneren Menschen, und weniger als nichts über Gott. Und doch ist es Gott, der den inneren Menschen geschaffen hat und erhält, und die äußere Form ist nur die Art und Weise, wie der innere Mensch sich nach außen manifestiert. Der natürliche Körper des Menschen wird erschaffen von der Natur, aber die Kraft, die in der Natur wirkt, ist Gott, und dieser ist höher als die Natur. Der göttliche Geist des Menschen ist deshalb fähig, die Natur seiner physischen Form zu verändern und deren Gesundheit wiederherzustellen."

Der innere Mensch, den Paracelsus den "Schatten" des materiellen Körpers nennt, besteht aus einem nichtmateriellen Lebensprinzip, dem "Archäus". Diese organische Lebenskraft oder "spirituelle Essenz", die überall anwesend, aber unsichtbar ist, von ätherischem Wesen, aber doch eine Substanz, bleibt an den Körper gebunden, solange der innerste Mensch, sein göttlicher Geist, in ihm wohnt.   *(Bischof – 52)*

Geistiger Leib - Struktur/Bestandteile

Dich interessiert gewiß, wie der geistige Leib aufgebaut ist und auf welche Weise der menschliche Körper entstanden ist. Du mußt wissen: Der irdische Leib besteht aus kompakter Energie. Sie bildet die Zellen, Knochen, Sehnen, Muskeln, Bänder, Drüsen, Gefäße und alles, woraus sich der Organismus zusammensetzt. Im Vergleich zum geistigen Leib ist der irdische Körper massiv, fest und unflexibel.

Der geistige Leib dagegen ist ein vollflexibles Gebilde, denn er hat weder Knochen noch Sehnen und Muskeln; er hat weder Drüsen noch Gefäße; er hat weder Blut noch sonstige Stoffe. Der geistige Leib besteht durch und durch aus geistigen Partikeln.   *(× Univ.-Leb. 7 – 18)*

Jedes Geistwesen ist die Ganzheit selbst. Der geistige Leib besteht aus Urstoff, aus komprimierter geistiger Energie. Er ist feinstofflich und schwerelos. Der gesamte geistige Leib enthält in kompakter Strahlung - also als geistige Essenz - die gesamte Unendlichkeit.   *(× Univ.-Leb. 7 – 67)*

... Was ist eure Umwelt? Des Gottesfunken Umwelt ist die Seele, eure, meine Seele! Und die Umwelt der Seele ist in meinem Fall meine Aura, in eurem Fall euer Körper, und über euren Körper hinaus eure Aura! Aber die "Umwelt" reicht noch weiter über euren materiellen Körper hinaus auch auf euren Mental-, Astral- und Ätherkörper. Und jeder dieser feinstofflichen Körper hat wiederum eine Aura. Und so haben eure Gedanken, Taten, Worte und Werke auch eine Umwelt! Und das bedeutet: Ihr könnt nichts ungeschehen machen, was ihr einst gedacht, getan oder verübt habt! *(* Emanuel 8 – 119)*

Überblick über die feinstofflichen Körper

Der heutige Mensch hat Mühe, sich seine feinstofflichen Körper vorzustellen, die in Schwingungsebenen existieren, die sich allein dem hellsichtigen Auge erschließen. Er neigt dazu, nur das grobstofflich Materielle für wirklich zu halten, doch kann sein materieller Körper nur dank des Ätherleibs und des astralen Körpers leben. Diese beiden hängen vom mentalen, dieser seinerseits vom Kausalkörper ab.

Alle Körper sind über einen Energiefaden, oft Silber- oder Astralschnur genannt, miteinander verbunden... Wie ein silbriger Faden zieht sich dieser geistige Draht durch alle Körper hindurch. Die in ihm fließende Energie ist eine Ursubstanz, die die Körper nicht nur verbindet, sondern auch ernährt.
(* Wallimann 4 – 187-188)

Jeder Mensch hat sieben Körper; sie werden vom physischen Körper umhüllt und strahlen in das sogenannte Aurafeld, das bis zu den Fingerspitzen geht. Alle sieben Körper sind von der groben Materie umhüllt, aus der in eurer gegenwärtigen Inkarnation der Körper besteht.   *(* Ramtha 8 – 141)*

All diese Körper sind in euch und um euch... Das Strahlenfeld eines einzelnen Atoms entspricht dem Strahlenfeld eines dieser Körper. Mit anderen Worten, jedes Atom eurer Hand setzt sich aus den sieben Zeitebenen zusammen. Begreift ihr das? Die Hand ist also das Ergebnis von sieben Ebenen, die sich zu dieser hier verdichtet haben.

Seht ihr, die Quantenmechanik sagt nicht: "Das funktioniert für das Elektron, aber nicht für euch." Das euren Körper umgebende Feld trägt die sieben Körper in sich, die sich in eurem Gewebe verbergen."

Wenn der Körper stirbt, wird sofort ein Körper freigegeben; das ist der Infrarotkörper. Der Infrarotkörper enthält alle anderen Körper, und ihr streift einen nach dem anderen ab. *(* Ramtha 8 – 143)*

Vera: "Ich habe aus den Büchern für uns eine Übersicht zusammengestellt. Sie enthält eine Zuordnung der verschiedenen Körper mit jeweils eigener Aura zu den einzelnen Ebenen und die verschiedenen Bezeichnungen."

Körper Nr.	Name
7	Der vollkommene Leib
	Gottesbewusstsein
	Logos
6	Verklärter Leib
	Kosmisches Bewusstsein
	Christusbewusstsein
	Spiritueller Körper
5	Auferstehungskörper
	Kausalkörper
4	Verstandeskörper
	Mentalkörper
3	Gefühlsleib
	Gefühlskörper
	Astralkörper
2	Ätherleib
	Ätherkörper
	Nervengeist
	Infrarotkörper
1	Physischer Köper

Ätherkörper, Ätherleib, Nervengeist (Körper Nr. 2)

Der Ätherleib mit seinem ätherischen, aber noch relativ dichten Stoff ist für den körperlichen Organismus der Wärmespender, der Träger der schöpferischen Lebenskraft. Er bezieht diese Vitalität, diese Nährkraft, ... von der Sonne, speichert sie wie ein Akkumulator und führt sie ständig dem physischen Körper zu.

Ähnlich wie im Rohbau eines Hauses die Stromkabel - verborgen vor dem Auge des Bewohners - verlegt sind, ist der Ätherkörper mit Tausenden von energetischen, unsichtbaren Fäden durchzogen, die dem physischen Körper ununterbrochen kosmische Energien als Lebensstrom zuführen. Im Aussehen ist dieses Leitungssystem dem Netzwerk der Körpernerven vergleichbar.

Man kann den Ätherleib auch als den feinstofflichen Polizisten des Menschen bezeichnen, denn unermüdlich ist er bestrebt, alle negativen, von außen einwirkenden Krankheitserreger fernzuhalten. *(* Wallimann 4 – 189-190)*

Es ist von großer Bedeutung für deine weitere Entwicklung, daß Energiebewußtsein in dir wächst. Energiebewußtsein baut sich im Ätherleib auf, der ja ganz eng mit dem Nervennetz des Körpers verbunden ist. Die Vitalität des Körpers hängt von der Aufladung des Ätherleibs ab. Es ist wichtig, daß du dir deines Schutzleibs bewußter wirst und lernst, ihn energetisch richtig einzusetzen. *(* Wallimann 2 – 237)*

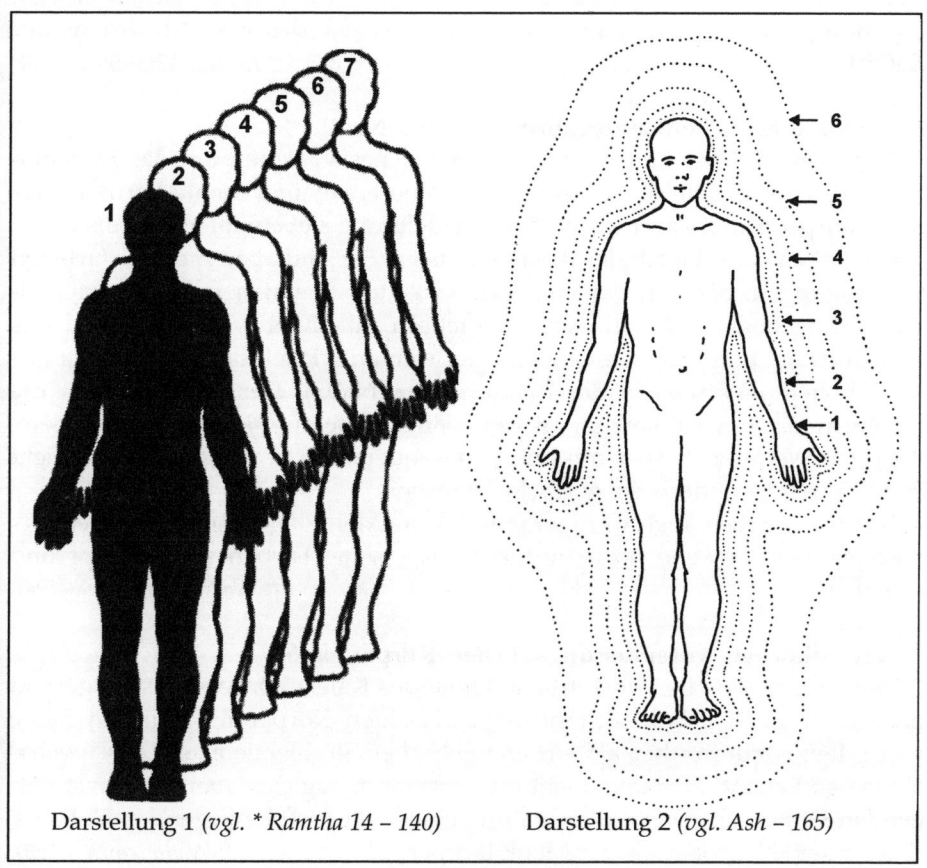

Darstellung 1 *(vgl. * Ramtha 14 – 140)*   Darstellung 2 *(vgl. Ash – 165)*

Darstellung der Körper (nach Ramtha und nach Ash)

Astralkörper, Gefühlskörper (Körper Nr. 3)

Der feinstoffliche Astralkörper ist das Ebenbild des physischen Körpers und nimmt den gleichen Raum ein. Er ist der Träger der Erfahrungsseele des Menschen, die nach dem Tod in der Astralwelt weiterlebt; das heißt: Wir legen beim Übergang, den wir Tod nennen, nur die physische Hülle des grobstofflichen Körpers ab und entwickeln uns im Astralbereich weiter.

(* Wallimann 1 – 33)

In deinem Astralleib sind die Bewußtsein aktiv, die du in irdischen und astralen Entwicklungen schufst und in diese Inkarnation mitgebracht hast. Deine Seele wird nach dem Erdenleben in den astralen Sphären erwachen, die du durch deine Gedanken und Gefühle in deinem jetzigen Leben aufbaust. Dein Astralleib enthält also das von dir geschaffenen Wissen, das das Umfeld deiner nächsten Existenz bestimmen wird. (* Wallimann 2 – 182)

Während wir auf der Erde an Zeit, Raum und Materie gebunden sind, ist die Astralsphäre nur an den Raum gebunden. (* Wallimann 1 – 62)

Der dritte Körper ist der *Gefühlsleib, Gefühlskörper, oder Astralkörper*, wie immer ihr ihn bezeichnen wollt. Hier gibt es wieder den luziferischen Bereich und den göttlichen Bereich. Es sind dies Bereiche des Bewußtwerdens der Gefühle. (* Emanuel/Hardus 2 – 28)

Mentalkörper, Verstandeskörper (Körper Nr. 4)

Der Mentalkörper kann sein grundgegebenes Volumen um das Siebenfache erweitern, das heißt, er besitzt eine feinere, weniger dichte Form als der Astralkörper und ist in seiner vollen Ausdehnung siebenmal größer als er.

Gedanken sind die Kinder der Bewußtsein. Sie sind aber auch die farbigen Schwingungen, die von den höherentwickelten Bewußtsein in der Mentalsphäre angezogen werden, sich energetisch mit ihnen verbinden und das vielschichtige feinstoffliche Gewand der sich entwickelnden Teilaspekte unseres höheren Wesens in der Mentalsphäre bilden. Der Mentalleib ist die Philharmonie der Gedanken, ist der Planet höherentwickelter Bewußtsein, die ohne Wenn und Aber mit aller Konsequenz die Wahrheit suchen, nicht ihre Wahrheit, sondern die göttliche Wahrheit.

Natürlich haben auch weniger entwickelte Menschen einen Mentalleib. Jedoch ist sein Gewebe noch undurchlässig, seine Farben sind dumpf und glanzlos. (* Wallimann 4 – 193-194)

Kausalkörper, Auferstehungskörper (Körper Nr. 5)

Wir dürfen uns die feinstoffliche Hülle des Kausalkörpers, das Trägerfeld höchstentwickelter Bewußtsein, nicht als einen Körper im üblichen Sinne vorstellen, sondern eher als ein energetisches Strahlenzentrum aus wellenähnlichen Leuchtfäden, aus Licht und zartesten, zugleich aber intensivst glühenden Farben. Er gleicht der Atmung eines sich sanft bewegenden Vulkans. Er ist erheblich größer als der Mentalkörper; ... (* Wallimann 4 – 198)

Die Energien dieser Sphäre sind so strahlend rein, daß sie in menschlichen Worten nicht beschrieben werden können... In den kausalen Dimensionen existieren höchstentwickelte Seelen, die sich nur der Verherrlichung des Schöpfergeistes widmen. Ihre Bewußtsein besitzen den freien Willen, mit dem sie Aufgaben übernehmen und erfüllen. Sie sind Diener der Kosmen und allen Lebens.

Die Götter in der Kausalsphäre sind verantwortlich für die unserem Planeten geoffenbarten Wahrheiten, die die Religionen verkünden sollten. Da die Menschen diese Wahrheiten vielfach mißverstanden und ihrem Machtstreben dienstbar gemacht haben, wird das Bewußtsein dieser Götter die entstellten Lehren der Religionen schließlich zum Verschwinden bringen und im Laufe der Zeit alle Menschen zu einem, dem wahren Glauben hinführen. (* Wallimann 1 – 65-66)

... Jesus, der Christus, ist den Aposteln und Jüngern nach Seiner Auferstehung im fünften oder *Auferstehungskörper* erschienen. Es ist dies die Erscheinungsform jener geistigen Sphären und Welten, die sich der errungen hat, der aus dem Einflußbereich Luzifers aufgestiegen ist, durch Treue zu Gott, durch Treue zu Christus, der im Vertrauen auf ein Weiterleben gewirkt, gelebt hat, und im Auferstehungskörper ein Bewußtsein erlangt hat, daß es für ihn nur ein Ziel gibt: nicht mehr die Materie, sondern das geistige Leben der Zukunft! (*Emanuel/Hardus 2 – 30)

Verklärter, spiritueller Körper, Christusbewusstsein (Körper Nr. 6)

... Jene Glückseligkeit, die uns freiwerden läßt in gottgewolltem Tun, ist das sechste oder *kosmische Bewußtsein bzw. der verklärte Leib oder das Christusbewußtsein.* Hier hört die Einverleibung in die Materie auf, es sei denn, sie erfolgt durch freien Willen. Dann wirkt das Christusbewußtsein in euch, ihr erfüllt Christus jeden Wunsch, Christus erfüllt euch jeden Wunsch, wenn er im Gesetz ist. Ihr seid voll und ganz durchglüht von der Liebe Christi, ihr fühlt mit ihm, denkt mit ihm, seid abgeklärt, gereinigt von all dem, was die Materie einmal an sich hatte. Ihr seid dann im Vollbesitz des kosmischen Bewußtseins und Christus ähnlich geworden. (* Emanuel/Hardus 2 – 30)

Vollkommener Leib, Gottesbewusstsein (Körper Nr. 7)

Nun kommen wir zur siebten und letzten unserer Bewußtseinsstufen, zum *vollkommenen Leib,* dem Leib, der vom Gottesbewußtsein durchstrahlt wird. Dieses Gottesbewußtsein macht jene frei, enthebt sie von jeglichen Bindungen an die Formenwelt. Dies könnt ihr euch noch nicht vorstellen, es ist die höchste Glückseligkeit! Kind Gottes sein heißt, teilhaftig werden an der Glorie Gottes.

Diese Glorie Gottes, die wünsche ich euch. Der innere Seelenfriede, er sei mit euch und mit eurem ganzen Bewußtsein, das es zu entwickeln gilt, wie ihr eben vernommen habt. Harmonie mit dem Unendlichen erwecke euren Bewußtseinszustand und gebe euch die Kraft, durch Frieden das rechte Geleit zu haben, "Näher mein Gott zu Dir". (* Emanuel/Hardus 2 – 31)

Lebensband - Silberschnur

[Es] entsteht ein fluidisches Lebensband zwischen Geist und Körper, ein seelisches, diese beiden verbindendes Leben. Dieses fluidische Lebensband ist dehnbar. Mittels dieser Dehnbarkeit kann sich der Geist oder der Beleber vom Körper entfernen, jedoch nicht trennen. Der Körper lebt dann allein durch die Bewegungskraft wie die Tiere, und wenn dieser Zustand permanent bleibt, lebt der Mensch seelisch und nur in den Momenten geistig, wenn der Geist sich in hellen Augenblicken äußert und sich dem Körper wieder assimiliert ...

Die Dehnbarkeit des fluidischen Lebensbandes ist von großer Tragweite und ein notwendiges Gesetz für den menschlichen Organismus und dessen Geist. Es liegt darin das Gesetz des Schlafes. Der Motor belebt die Organe, macht sie denk- und fühlkräftig, und die Lebenskraft im fluidischen Bande bewegt den Körper. Eine fortwährende Bewegung riebe den menschlichen Organismus auf. Deshalb zieht sich der Beleber, wenn der Körper müde, abgespannt und der organischen Ruhe bedürftig ist, aus demselben zurück und hinterläßt diesen in einem organisch ruhenden, aber seelisch bewegten Zustand, dem *Schlaf.* Auch der Beleber braucht diese Ruhe, die für ihn freiere geistige Bewegung bedeutet...

Das Zerreißen dieses Lebensbandes bedeutet den Tod, es ist die Trennung des Nervengeistes und Geistes vom Körper, was einen Stoff- und Eigenschaftswechsel bedeutet: einen Stoffwechsel in der Verwesung des unbelebten Körpers, einen Eigenschaftswechsel in der *Änderung des Menschen zum Geist und der menschlichen Organe zum Nervengeist.*   (* *Laurentius 3 – 180-181*)

... ja, ehe die silberne Schnur zerreißt, die goldene Schale bricht, der Krug an der Quelle zerschmettert wird, das Rad zerbrochen in die Grube fällt, der Staub auf die Erde zurückfällt als das, was er war, und der Atem zu Gott zurückkehrt, der ihn gegeben hat.   (*Bibel – Kohelet 12,6-7*)

Vera: "Ich versuche mal zusammenzufassen: Den Ätherkörper haben wir demnach nur, wenn wir in einem physischen Körper inkarniert sind. Und die höheren Körper können wir mit zunehmender Entwicklung auch ablegen, bis wir auf der höchsten Stufe wieder angelangt sind, auf der die Bindung an die Form aufgehoben ist. Solange wir im physischen Körper sind, wird alles durch die Silberschnur mit diesem zusammengehalten."

7.2.9   Lebensenergie, Lebenskraft und Energiezentren

Tachyon-Energie
Nach den Erkenntnissen der Physik des 20. Jahrhunderts gibt es eine unbegrenzte intelligente, schöpferische Kraft, die aus ihrem formlosen Zustand alles Existierende durch Verdichtung zu Strukturen und Formen geschaffen hat. Diese Kraft, die alle Lebensprozesse steuert, wird auch Null-Punkt-Energie genannt. Die ersten Energiepartikel, die durch Verdichtung aus ihr entstehen, heißen Tachyonen. Sie sind immer noch schneller als Licht, unbegrenzt vorhanden, haben aber Form. Tachyon-Energie beinhaltet somit die Baupläne allen materiellen Seins. Natürlich auch die des Menschen, wie aller lebenden Organismen und deren Zellen bis hin zur Koordination von deren Stoffwechsel.   (*ESO 7/02 – 13*)

Chakren
In der indischen Philosophie spielt der Gedanke der kosmischen Energie eine zentrale Rolle. Aus diesem Denken hat sich schon in frühester Zeit das

Modell der Chakras entwickelt, die sozusagen als körperliche Regulatoren und Transformationszentren den Fluß dieser Energie lenken und leiten. Viele Meditations- und Yoga-Schulen arbeiten seit jeher in Einklang mit diesem System.

Was genau sind eigentlich "Chakras"? Das Wort Chakra stammt aus dem Sanskrit und bedeutet übersetzt "Rad". Die Chakras werden auch als "Räder des Lichts" bezeichnet. Von Menschen, die diese feinstofflichen Energien wahrnehmen können, wird berichtet, daß die Chakras sich tatsächlich wie sprühende Räder drehen. *(ESO 3/96 – 11)*

Die Chakras sind energetische Lagerhäuser um und in Lebensformen. Sie verbinden die inneren Funktionen - die physiologischen und dreidimensionalen Abläufe - mit den multidimensionalen, ätherisch geschichteten Vorgängen. Wenn sie korrekt genutzt werden, bringen sie Energie aus den nichtkörperlichen Bereichen in das Physische.

Alle Lebensformen besitzen diese Energietore als Öffnungen und Orte, wo sie aufgeladen werden können. Was jede Lebensform mit ihrer Aufladung macht, liegt in der jeweiligen Blaupause oder DNS der Form.

(* Marciniak 1 – 173)

EUER SEINSWESEN IST das Universum in mikrokosmischer Form. Du und dein ganzer physischer Körper setzen sich aus purer Energie zusammen, die sich um sieben Energiezentren oder "Chakras" versammelt. Studiere die Chakras und ihre Bedeutung. Darüber gibt es Hunderte von Büchern. Das ist Weisheit, die ich der Menschheit schon früher zuteil werden ließ. Was für deine unteren Chakras angenehm ist oder sie stimuliert, ist nicht dasselbe wie das, was deinen höheren Chakras Vergnügen bereitet. Je höher hinauf du die Lebensenergie durch dein physisches Wesen kanalisierst, desto höher entwickelt wird dein Bewußtsein sein. *(* Walsch 3 – 196)*

... Dieses Mal spreche ich über die Bewußtseinszentren, über ihre Namen, und gebe Erläuterungen dazu. Es gibt viele Bezeichnungen für sie. Die indische Weisheitslehre nennt sie Chakra... Wichtig ist, daß sie existieren, denn Namen können verschieden sein... Auf den Sinn und Zweck kommt es an und wie ihr diese Chakras-Bewußtseinszentren benützt. Damit beginne ich schon: Was sind "Bewußtseinszentren"? Bewußtseinszentren sind schwingungsmäßige Kraftquellen, Zentren zur Kraftgewinnung und Kraftvermittlung, die vom Vater in seiner Liebe zur Erweckung, Erhöhung und Vervollkommnung ins Dasein, ins Leben jedes Menschen mitgegeben wurden.

(* Emanuel/Hardus 2 – 66-67)

Ich sehe die Chakras, die Energiezentren, als blütenähnliche, runde Gebilde, die in den verschiedensten Farben schillern. Ihre Größe und die Strahlkraft ihrer Farben sind von der Bewußtseinsentwicklung des Menschen abhängig. In ihrer Mitte haben sie eine kleine Vertiefung mit einem anderen Frequenzbereich als im Äußeren des Chakras. Diese Vertiefung gleicht einem Wirbel, in dem von außen einströmende Energien blitzschnell wie in einem Schlund verschwinden. Von der wirbelartigen Vertiefung aus zieht sich ein feiner Kanal, ähnlich einem Blumenstiel, direkt in das Innere der Wirbelsäule. Ich bin fasziniert von diesem Bild, denn die Wirbelsäule sieht wie ein Baumstamm aus, dem die Blumenstiele wie Äste entspringen. Die glockenförmigen Blütenkelche, also die Chakras selbst, liegen an der Oberfläche des Ätherkörpers, der den physischen Körper durchdringt und ihn zugleich wie ein Mantel, wie eine Schutzschicht umhüllt.

Über die Öffnungen der Chakras fließen die Energien aus dem Kosmos den feinstofflichen Körpern und den physischen Körperorganen zu. Die Chakras sind die Sinnesorgane aller feinstofflichen Bereiche.

(* Wallimann 4 – 41-42)

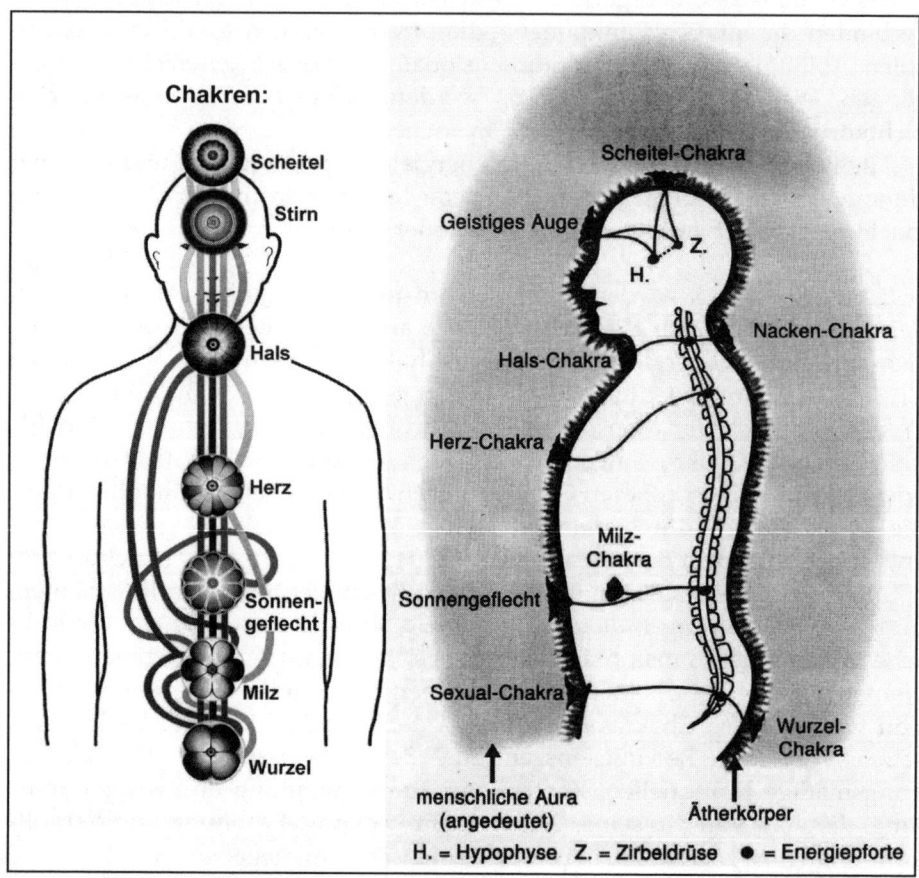

Der feinstoffliche Kreislauf (links) und die geistigen Zentren (Chakras) (rechts) *(vgl. * Wallimann 4 – Anhang)*

Vera: "Ich habe hier eine weitere Übersicht gemacht. Sie ist aus zwei Quellen zusammengestellt."

Chakra	Bezeichnung	(* Zopf 1 - 116) Aufgabe	(ESO 2/99 - 41) Die Chakras und das Nervensystem
Siebtes	Kronen-Chakra	Verbindungsglied zur Göttlichkeit des Menschen	**Chakra 7** ("Kronen-Chakra") dirigiert das Nervensystem des ganzen Körpers.
Sechstes	Drittes Auge-Chakra	Ermöglicht die klare geistige Wahrnehmung aller Bereiche und eine Erfahrung der Zeitlosigkeit	**Chakra 6** ("Stirn-Chakra") kontrolliert die intuitiven Kräfte und kann bei Schwindelgefühlen und zur Förderung geistiger Entwicklung aktiviert werden.
Fünftes	Hals-Chakra	Kreativitäts- und Ausdruckszentrum. Empfangs- und Sendestation für geistige Botschaften	**Chakra 5** ("Hals-Chakra") steuert die Atmung, reguliert die Hautfunktionen und die Sinnesorgane Nase, Augen und Ohren.
Viertes	Herz-Chakra	Ermöglicht das Erleben von Liebe und Mitgefühl	**Chakra 4** ("Herz-Chakra") kontrolliert den Kreislauf und das Lymphsystem.
Drittes	Solarplexus-Chakra	Regelt die natürliche eigene Autorität und Macht und die damit verbundenen Gefühle	**Chakra 3** ("Nabel-Chakra") dirigiert Verdauungstrakt, Blase und Nieren.
Zweites	Sakral-Chakra	Regelt die physische Vitalität und die Sexualität	**Chakra 2** ("Sexual-Chakra") kontrolliert alle Sexualorgane.
Erstes	Wurzel-Chakra	Gewährleistet die Verbindung mit dem physisch festen Körper. Dient als Verbindungsglied zur Erde	**Chakra 1** ("Wurzel-Chakra") kanalisiert die Basisenergie des gesamten Körpers.

Jeder Mensch hat sieben Chakren und die dazugehörigen Energiekörper. Doch bei jedem Menschen sind sie mehr oder weniger ausgebildet und auch mehr oder weniger stabil arbeitend. Die Chakren sind von ihrer Funktion her ungefähr mit euren Satellitenschüsseln zu vergleichen. Jedes Chakra empfängt Energie und wandelt sie sozusagen in ein anderes "Programm" um und zwar in ein physisches, emotionales, mentales- oder spirituelles "Programm". Sie empfangen alle immer die einströmende Energie der Ur-Sonne.

Die Energiekörper und die mit ihnen synchron schwingenden Chakren stehen also in enger Verbindung miteinander. Sie alle werden genährt von Energien, die einst von der Ur-Sonne ausgingen, die auf sie einstrahlen, sie durchwirken und nähren. *(* Zopf 1 – 117-118)*

Dieses Energiesystem ist Teil des Kosmos, entsteht aus ihm, wird von ihm genährt und es fühlt sich als Teil davon. Es *weiß*. Die Zellen des physischen Körpers wissen um die Zusammenhänge der jetzigen Zeit, die Energiepunkte und -bahnen im Ätherkörper wissen um sie, die hochschwingenden "Lichtatome" der Astral-, Mental- und Spiritualkörper kennen sie. Alle wissen und fühlen was geschieht - nur ihr nicht! *(* Zopf 1 – 122)*

Das menschliche Energiefeld: Aura - Aurafeld

Das menschliche Energiefeld ist die Manifestation der universalen Energie auf der menschlichen Ebene. Man kann es als Lichtkörper beschreiben, der den physischen Körper umgibt und durchdringt, und der eine spezifische Ausstrahlung besitzt. Dieses Energiefeld wird gewöhnlich "Aura" genannt. Die Aura ist der Teil des universalen Energiefeldes, der alle Objekte umgibt. Uns interessiert hier vor allem der menschliche Körper. Aufgrund von Beobachtungen haben Auraforscher theoretische Modelle entwickelt, welche die Aura in verschiedene Schichten aufteilen. Diese Schichten werden manchmal Körper genannt, die sich schichtweise überlagern und durchdringen. Aufsteigend von innen nach außen besteht jeder folgende Körper aus einer feineren Substanz und hat "höhere Schwingungen" als der Körper, den er überlagert und durchdringt. *(Brennan – 88)*

... Alles ist im Universum auf Energie aufgebaut, du selbst hast ein Magnetfeld, und von diesem Magnetfeld hängt dein Zustand ab. Ihr könnt eure Auren ja jetzt schon fotografieren, und diese Bilder zeigen euch - bis zu einem gewissen Rahmen stimmen sie auch -, in welchem Zustand euer Magnetfeld derzeit ist. *(* Emanuel 14 – 162)*

Jedes kleinste Teil eures Körpers, jedes Atom schwingt, erzeugt Energie und wird von Energie durchströmt. Alle Teile zusammen erzeugen ein großes Energiefeld, das man die Aura des Körpers nennt. Diese Aura kann von den wenigsten Menschen mit bloßem Auge erkannt werden, aber sie ist trotzdem vorhanden. *(* Zopf 6 – 53)*

Martin Zoller: Ich orientiere mich durch meine Hellsichtigkeit an der Aura. Die Aura ist ein Energiefeld. Dieses Aurafeld hat verschiedene Farben und jede Farbe hat eine bestimmte Bedeutung. Beim Menschen sehe ich vier verschiedene Aurakörper: Der Emotionale, in dem ich die Gefühle und Gedanken einer Person sehen kann. Der zweite Aurakörper ist die Lebensaura. In diesem sehe ich die Lebenssituation der Person, ihre Stärken, Schwächen,

Ängste, Körpersituationen, Lebensaufgabe oder auch Einflüsse von anderen Personen, sowie auch Verbindungen zu anderen. Den dritten Körper nenne ich die raum- und zeitlose Aura, in welcher ich die Zukunft, Vergangenheit in diesem Leben, aber auch frühere Leben sehen kann.

Diese drei Aurakörper sind alle zusammen sehr stark auf die Person bezogen, ihre Erfahrungen, Karma vergangener Leben oder auch Spiegelbilder der Zukunft. Der letzte Körper ist eher so etwas wie das Seelenlicht der Person, ein kollektiver Aurakörper. Alles, was natürliches Leben, sprich Seele hat, trägt einen solchen Körper in sich. Dies können nebst Menschen auch Tiere, Pflanzen, Mineralien oder Lichtwesen sein. *(DAR 1/00 – 21)*

Meine persönliche Entwicklung in den Jahren, in denen ich als Therapeutin arbeitete und die Energiefelder der Menschen beobachtete, brachte zwei Veränderungen meiner Wahrnehmung mit sich, die einen drastischen Wandel meiner Arbeitsmethoden bewirkten. Zum einen bekam ich während der Sitzungen Anweisungen von spirituellen Lehrern. Zum anderen begann ich, ins Innere des Körpers hineinschauen zu können. So wurde aus der Therapeutin langsam eine Heilerin.

... Meine Arbeit wurde klar. Ich heilte die Seele oder wurde ein Instrument, um die Seele daran zu erinnern, wer sie ist und wohin sie geht, wenn Krankheit anzeigt, daß sie das vergessen und ihren Weg verloren hat. Diese Arbeit erfüllt mich ganz und gestattet mir, mit hohen Energien und spirituellen Wesen in Kontakt zu kommen. *(Brennan – 238)*

Lebenskraft - Aurastrahlung

Kann Lebenskraft wirklich Krebs heilen? Was ist diese ominöse Lebensenergie überhaupt. Für Schulmediziner ist die Sache klar: Manchmal verschwinden Tumoren auf unerklärliche Weise. Das ist dann ein Glücksfall. Die herkömmliche Medizin geht davon aus, daß der Mensch ein Mechanismus sei, im Detail zwar ungeheuer kompliziert, doch im Grunde durchschaubar, zerlegbar und leicht zu warten.

Wenn der Organismus wirklich nur ein Apparat wäre, dem ab und zu Sand ins Getriebe gerät, dann müßten alle Menschen dank moderner Heilmethoden und Medikamente wie gutgeölte Ottomotoren durch die Straßen schnurren Doch der Mensch, das wird immer deutlicher, ist kein Uhrwerk. Vielmehr sei er pure Energie - behaupten alternative Mediziner. Das klingt verwegen. Und so ist es nicht verwunderlich, daß die Suche nach der Kraft, aus der das Leben wuchert, so alt ist wie die Medizin. Egal, ob

- die uralte indische Kundalini-Lebensenergie,
- die mehr als 5000 Jahre alte indische universelle Prana-Energie,
- die über 3000 Jahre alte chinesische Lebensenergie Qi,
- das Astrallicht der jüdischen Kabbalah,
- der Lichtkranz Buddhas,
- der Heiligenschein der christlichen Heiligen,
- das Od des Chemikers Dr. Karl von Reichenbach im 19.Jh,
- die Orgon-Energie des Psychoanalytikers Wilhelm Reich im 20.Jh oder

- das Ojas des Ayur-Veda

eines haben diese Bezeichnungen gemeinsam: Schulmediziner geraten in Rage, wenn sie davon hören. Was nicht unter dem Elektronenmikroskop sichtbar wird, das darf es nicht geben.

Wer steuert dieses gigantische "Unternehmen Mensch"? Für die chinesische Medizin liegt die Antwort in dem Energiesystem Qi, das sich auf einer "höheren" Ebene befindet als Gene, Muskulatur, Blut und Knochen. Das Energiesystem funktioniert wie ein Kontrollorgan oder eine Art "Fertigungsplan" für den Körper. Es ist das Fundament für Körper und Geist. Und wenn die Basis dieses Energie- oder Kontrollsystems nicht in Ordnung ist? Dann wird man wahrscheinlich krank. Qi muß fließen, damit der Mensch gesund bleibt.

Am Kreuzungspunkt zwischen Körper und Geist könnten die Biophotonen zu einem vermittelnden Zwischenglied werden: "Die besondere Leistung der Biophotonen-Theorie besteht darin, eine Brücke zur Erkenntnis eines geistig-seelischen Lichtes im Lebendigen auf der physischen Seite solide zu verankern", schreibt der Schweizer Therapeut und Privatgelehrte Marco Bischof, Verfasser des Standardwerks über das "Licht in unseren Zellen". Die uralten Vorstellungen von der Lebenskraft erscheinen buchstäblich in einem neuen Licht. *(PM 1/97 – 22-26)*

In seinem Buch "Biologische Basis religiöser Erfahrung" schreibt *Carl Friedrich von Weizsäcker:* "Prana ist die alldurchdringende subtile Lebenssubstanz... . Prana ist schließlich etwas wie die allgegenwärtige Energie der höchsten kosmischen Intelligenz; Prana baut das Lebendige sinnvoll, nach einem uns verborgenen, aber wenigstens dem ahnenden Blick sich teilweise erschließenden Plan." Weizsäcker führt weiter aus, daß die Vorstellung eines solchen Phänomens die Begriffe der Naturwissenschaft überschreitet. *(ESO 06/95 – 20)*

Der Mensch weiß, daß er lebt und stirbt, doch das Wie und Wodurch ist ihm ein Rätsel.

Die Wissenschaft leugnet die geistige Belebung des Menschen, welche sie kurz *"Lebenskraft"* nennt. Sie kennt die chemische Verwesung des Körpers und aller seiner Bestandteile, doch den ihn belebenden Geist findet sie nicht, weshalb sie ihn leugnet. *(* Laurentius 3 – 181)*

Lisa: "Es ist mir nicht leichtgefallen, mir alles, was wir sind und erleben, als Energie und Bewusstsein vorzustellen. Aber jetzt habe ich mich an den Gedanken gewöhnt und vieles fügt sich wie ein ganzes Puzzle zusammen. Ich behaupte allerdings nicht, dass mir alles klar ist."

Hans: "Ich sagte ja schon: Wichtiger als das Detailverständnis ist, dass wir uns gedanklich diesen Zusammenhängen öffnen."

7.3. Das Umfeld der Menschen

7.3.1 Die Erde im Kosmos

Juri Gagarin, der als erster unserem Globus den Beinamen "Blauer Planet" gab, erklärte nach seinem Flug: "Als ich mit dem Raumschiff um die Erde flog, sah ich, wie herrlich unser Planet ist. Lasst uns dieses Schöne bewahren, mehren und nicht vernichten." Diesem Credo schlossen sich alle Raumfahrer der Welt an, die in der Association of Space Explorers (ASE) vereint sind.

(Flugrevue 4/01 – 95)

Dirk: "Gagarin erklärte aber auch, dass er während des Raumfluges Gott da oben im Himmel nicht gesehen habe.

Ich habe ein bisschen mit dem Taschenrechner herumgespielt und wieder ein paar Zeichnungen gemacht. Dabei habe ich herausgefunden, dass unsere große, stabile Erde im kosmischen Vergleich nicht einmal die Größe eines Staubkorns erreicht, wenn ich die Größe des Weltraums mit seinen etwa 14 Mrd. Lichtjahren der Größe der Erde gleichsetze. Die kleine Milchstraße besteht aus etwa 100 Mrd. Sterne, das sind umgerechnet 16 Sterne pro Erdbewohner.

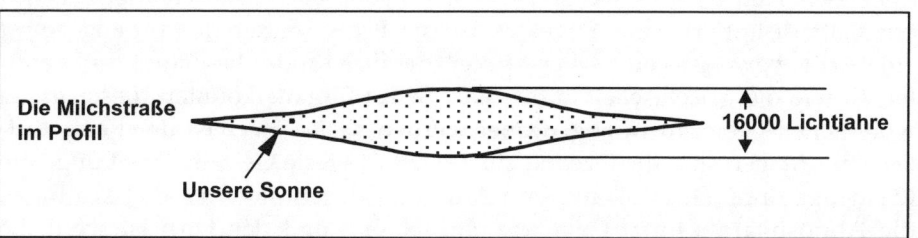

Weitere interessante Zahlen sind:

Die Bahngeschwindigkeit der Sonne innerhalb der Milchstraße beträgt 792.000 km/h.

Die Umlaufzeit der Sonne um das Zentrum der Milchstraße liegt bei etwa 200 Mio. Jahren.

Wenn wir die Größe der Sonne mit 1 Meter gleichsetzen, dann wäre die Erde in diesem Maßstab nur 9 Millimeter groß. Ich hoffe, ich habe die Relationen mit den Zeichnungen und den Zahlen etwas verdeutlichen können."

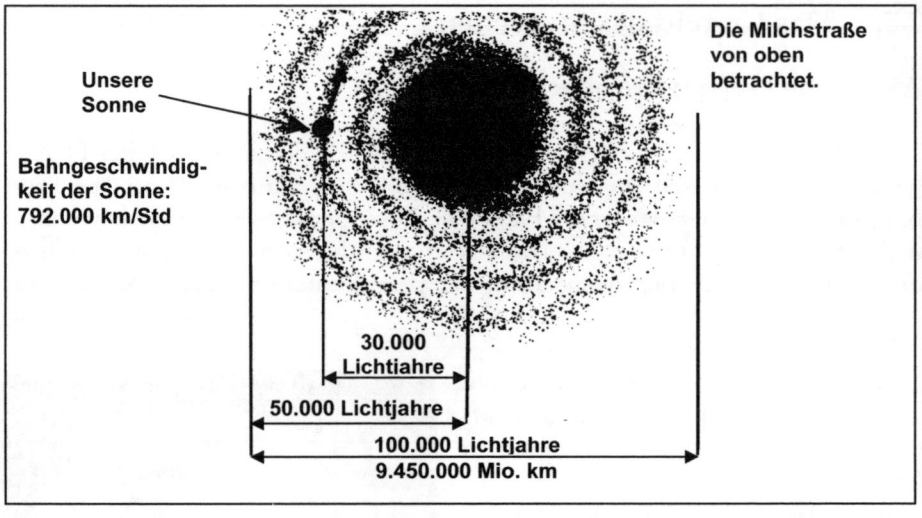

Die Milchstraße von oben betrachtet.

Unsere Sonne

Bahngeschwindigkeit der Sonne: 792.000 km/Std

30.000 Lichtjahre

50.000 Lichtjahre

100.000 Lichtjahre
9.450.000 Mio. km

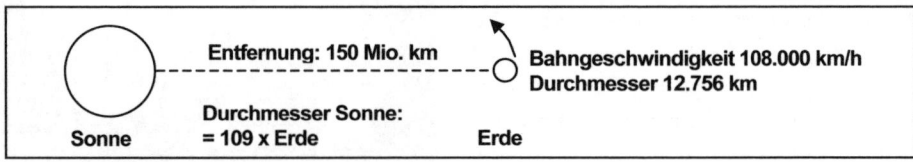

Entfernung: 150 Mio. km

Bahngeschwindigkeit 108.000 km/h
Durchmesser 12.756 km

Durchmesser Sonne:
= 109 x Erde

Sonne   Erde

7.3.2 Die Erde als ein lebendes System

Als der britische Geologe, Chemiker, Mediziner und Instrumentenbauer *James Lovelock* 1972 seine Gaia-Hypothese veröffentlichte, reagierte die Fachwelt mit Spott und Hohn: Seine Vorstellungen erschienen damals reichlich esoterisch. Heute jedoch werden sie von ernsthaften Wissenschaftlern ebenso ernsthaft diskutiert. Laut Lovelock ist die Erde, Mutter des Lebens, selbst eine Art Lebewesen - eine Über-Mutter, die ihre Kinder beschützt und behütet, so wie die griechische Göttin Gaia. Selbst Organe konnten dieser ungewöhnlichen Lebensform zugeordnet werden: Gaias Herz ist der heiße Erdkern, ihr Magen sind die Ozeane, ihr Skelett das feste Gestein, ihre Lunge die krümelige Erde. Die Vulkane sind Adern, in denen das Blut als Lava fließt, die Atmosphäre schützt Gaia wie eine Haut - und das Hirn ist wohl die Menschheit. *(PM 2/00 – 10)*

Lisa: "Goethe hat die Erde doch auch schon ein lebendiges Wesen genannt."

Der Prozeß der Selbstregelung ist der Schlüssel zu Lovelocks Idee. Aus der Astrophysik war ihm bekannt, daß die Sonnenwärme um 25 Prozent zugenommen hat, seit das Leben auf der Erde begann. Trotz dieser Zunahme ist die Oberflächentemperatur der Erde konstant geblieben, und zwar auf einem Niveau, das in diesen vier Milliarden Jahren für das Leben angenehm blieb.

Und wenn die Erde nun, fragte er, in der Lage wäre, ihre Temperatur ebenso wie andere planetarische Bedingungen - die Zusammensetzung ihrer Atmosphäre, den Salzgehalt ihrer Ozeane usw. - zu regulieren, so, wie lebende Organismen sich selbst regeln und ihre Körpertemperatur und andere Variablen konstant halten können? ... In seinen eigenen Worten:

"Ich möchte nur, daß Sie die Gaia-Theorie als Alternative zu der landläufigen Anschauung betrachten, daß die Erde ein vom Leben nur bewohnter, ansonsten aber lebloser Planet aus Gestein, Wasser und Luft ist. Nehmen Sie an, Gaia sei wirklich ein System, in dem alles Leben und seine gesamte Umwelt so eng miteinander verkoppelt sind, daß sie eine selbstregulierende Ganzheit bilden."

(Capra 2 – 123-124)

7.3.3 Aufgabe und Rolle der Erde

Behandelt die Erde als lebendigen, immerwährenden Partner, feiert ihre Existenz und ehrt ihre Gesundheit.

(* Kryon 2 – 159)

Denn seht ihr, innerhalb der Alten Weisheit wußten die Alten etwas, das ihr noch nicht wißt, und das ist, daß diese Erde, wie alles andere hier in dieser Schwingungsebene, in der Realität verdichteter Gedanke ist, und daß sie in ihrer Verdichtung in der Realität eine Konzentration von Wellenlängen ist.

(* Ramtha 9 – 86)

Ehrt euer Heim im Universum und seid seine guten Verwalter. Schützt eure Umwelt, rettet und erhaltet sie. Erneuert eure Ressourcen und teilt sie miteinander.

(* Walsch 5 – 241)

Die Erde ist also eine Art Bußwelt, deren Vielfältigkeiten unendlich ist, die aber als gemeinsames Merkmal ein Verbannungplatz für Geister ist, die das Gesetz Gottes nicht befolgen. Diese verbannten Geister müssen in diesen Welten gleichzeitig gegen die Perversität der Menschen und gegen die Natur kämpfen; diese doppelte beschwerliche Arbeit dient dazu, die Intelligenz und die Eigenschaft des Herzens zu entwickeln.

(* Kardec 2 – 25)

Die Erde ist der einzige Planet im Universum, auf dem es diese Vielfalt von Tieren und Pflanzen gibt. Wegen dieser Vielfalt ist er der schönste aller Planeten. Das lockt die Seelen in gewissem Sinne an, und sie begehren, auf ihm zu bleiben. Auch in anderen Zivilisationen haben die Seelen Gefühle und alle anderen Qualitäten, die ihr habt, aber sie sind physischer auf dem Planeten Erde.

(* Carmel – 73)

Dies ist eine Zeit der Feier, weil der Planet Erde bald seine rechtmäßige Stellung im Universum einnehmen wird. Er ist der Planet des freien Willens, der Planet der Wandlung. Bisher wurde seine Dichte aufrechterhalten, und er hielt Seelen in einem Kreislauf der Wiedergeburten gefangen. Nun entwickelt sich allmählich das wahre Bewußtsein. Manche unter euch erfreuen sich sehr am Planeten Erde; andere fühlen sich auf ihm unbehaglich. Die Menschen müssen endlich begreifen, daß die Erde geschaffen wurde, um ein Paradies zu sein, und daß ihre Schönheit und Vielfalt geschaffen wurde, damit die Menschen physische und spirituelle Erfahrungen sammeln können.

In der Vergangenheit hat die Dichte eures Planeten zur Gefangenschaft der Seelen und zu ihrem Recycling beigetragen. *(* Carmel – 347)*

7.3.4 Die vernetzte Natur der Erde

Man könnte sagen, daß der Erdenkörper seine eigene Seele hat oder, wenn euch der Ausdruck besser gefällt, seinen eigenen Geist. Will man sich dieser Analogie bedienen, so gehen alle Täler und Flüsse und sämtliche Naturerscheinungen aus der Erdenseele hervor, wie auch alle Gegenstände und alle Ereignisse, die ihr erzeugt, dem Geist oder der Seele der Menschheit entspringen.

Der kleinste Grashalm, die winzigste Blume ist sich dieser Verbindung bewußt und kennt, ohne zu fragen, ihren Ort, ihre Einmaligkeit und ihren Kraftquell. *(* Seth 3 – 24)*

Das Gleichgewicht der Natur auf eurem Planeten ist keine zufällige Tatsache, sondern das Ergebnis ständiger, immer neuer und gegenwärtiger "Berechnungen" seitens des geringsten Bewußtseins, ob es nun einem Stein, einem Menschen Tier oder einer Pflanze zum Sein verhalf. Jedes Bewußtsein "hält unsichtbar Raum zusammen" - unabhängig von seiner Position. Es ist eine Art grandioses Gemeinschaftsunternehmen. *(* Seth 8 – 291)*

Die Erde ist ein fühlendes Wesen mit einem großen mitfühlenden Herzen, in euren Worten ausgedrückt. Selbst jetzt, schon schwer verwundet durch ihre Kinder, gibt sie immer noch. *(* Zopf 1 – 44)*

Als sich dieser Planet formte, wurde all der Reichtum von intelligenten Spezies konzentriert und innerhalb der Lebendigen Bibliothek in jeden Stein, jede Pflanze, jedes Tier und jedes lebende Wesen gebracht. Da alle Dinge lebendig sind und Bewußtsein haben, findet sich die Lebendige Bibliothek sogar in Sandkörnern und Kohleteilchen. *(* Marciniak 1 – 60)*

Selbstverständlich hat Mutter Erde, wie alles, ein Bewußtsein. Aber Mutter Erde ist ein Lebewesen, das bereits Geistwesen trägt! Ihr seid diese Geistwesen in verkörperter Form, und Mutter Erde hat jene Schwingungstendenz, die ihr Mutter Erde aufträgt, und dementsprechend sind ihre Schwingungsform und ihre Bewußtseinsinhalte. Mutter Erde speichert aber auch in der sogenannten Akasha-Sphäre jenen Teil der geistig hochschwingenden Wesen, die die Erde betreten bzw. hier gelebt haben, und in die durch Einstrahlung außerirdischer Geschwister Samen gesät wurde, so daß die Menschen dies erfassen und in ihrem Bewußtseinsdenken höherschwingen können. *(* Emanuel 19 – 82-83)*

7.3.5 Ernährung für die Menschheit

Ich will, was *ihr wollt*. An dem Tag, an dem ihr wirklich dem Hunger ein Ende setzen wollt, wird es keinen Hunger mehr geben. Ich habe euch alle Ressourcen gegeben, mit deren Hilfe euch das möglich ist. Ihr verfügt über sämtliche Mittel, um diese Wahl treffen zu können. Ihr habt sie nicht getroffen. Nicht, weil ihr sie nicht treffen könnt. Die Welt könnte dem Hunger auf der Welt morgen ein Ende setzen. Ihr habt *gewählt*, dies nicht zu tun.

(* Walsch 1 – 86)

... Die Erde trägt genug - auch für 20 Milliarden Menschen; aber es sollte eine Änderung der Ernährungsweise erfolgen ...

... Aber an der Spitze der jetzigen Regierungen stehen Menschen, die dieses System aufrechterhalten wollen. Wie lange noch?

Ich werde es euch in noch klareren Worten sagen: Die Erde brächte viel, viel mehr hervor, wenn ihr das Korn, das Getreide und die Früchte so zu euch nehmen würdet, wie es im Schöpferwillen wächst; natürlich mit euren Zubereitungsmethoden, wie ihr es wollt. Ihr solltet es aber nicht an die Tiere verfüttern und dann deren Leiber essen! Das gibt es in den höheren Welten überhaupt nicht... Tiere sind in den höheren Welten und den höheren Regionen Seelenwesen, die sich anhand von höher entwickelten Geistwesen entwickeln; und ihr hättet auch die Aufgabe dazu.

(* Emanuel 18 – 183-184)

7.3.6 Der Umgang der Menschen mit der Erde

Die Erde steht vor einem ökologischen Kollaps; Seuchen breiten sich aus und bedrohen Tiere und Menschen wechselseitig; jährlich sterben 40 Millionen Menschen an Hunger; Flüchtlingselend und Kriege bis hin zum Völkermord sind weiter an der Tagesordnung. So kommen wir offensichtlich nicht weiter ...

(Das Friedensreich 01/02 – 21)

Vor wenigen Jahren hieß es noch: Naturkatastrophen gab es immer schon, damit müssen wir leben. Jetzt wird es immer deutlicher: Der Mensch ist es, der die Anzahl solcher Katastrophen in die Höhe treibt, der letztlich mit seinem Verhalten selbst die "Katastrophe" für den Planeten Erde darstellt.

(Das Friedensreich 12/01 – 5)

... Mutter Erde *[ist]* über eure Taten fürchterlich entsetzt, sie ächzt und stöhnt und wird euch eines Tages als Folge davon körperlich abwerfen. Das heißt mit anderen Worten: Christus kommt und wird Mutter Erde reinigen, und eure Körper werden zu Mutter Erde zurückkehren.

Ich will hier aber nicht näher darauf eingehen. Es gibt in der Jetztzeit zu viele Spekulationen. Aber so weit ist es noch nicht. Das ganze System, das ihr euch hier auf der Erde angetan habt, hat eine Eigendynamik angenommen, die von den Menschen nicht mehr in Ordnung gebracht werden kann.

(* Emanuel 20 – 112-113)

Ich mache euch mit deutlichen Worten klar, daß die Welt existiert, wie sie existiert, weil ihr es so gewählt habt. Ihr zerstört systematisch eure eigene Umwelt und deutet dann auf sogenannte Naturkatastrophen als Beweis für Gottes grausames Spiel oder die harten Methoden der Natur. Ihr habt euch den Streich selbst gespielt, und es sind eure Methoden, die grausam sind.

Nichts, aber auch nichts ist gütiger als die Natur. Und nichts, aber auch nichts verhielt sich gegenüber der Natur brutaler als der Mensch. Doch ihr tretet zur Seite und bestreitet jede Beteiligung daran; leugnet alle Verantwortung. Es ist nicht euer Fehler, sagt ihr, und darin habt ihr recht. Es ist keine Frage des Fehlers, es ist eine Sache der Wahl. Ihr könnt die Wahl treffen, morgen die Vernichtung eurer Regenwälder zu beenden. Ihr könnt die Wahl treffen, mit der Zerstörung der Schutzhülle, die euren Planeten umgibt, aufzuhören. Ihr könnt die Wahl treffen, den permanenten Angriff auf das geniale Ökosystem eurer Erde zu stoppen. *(* Walsch 1 – 86-87)*

Die idealste Form für die Erde wäre, wenn die Menschen wieder mehr mit ihr leben würden, als an ihr vorbei... Die Menschen müßten verstehen, daß ihre noch verbliebene Fülle, Schönheit und Fruchtbarkeit ein Geschenk an sie ist. Wenn die Menschen dies erkennen würden, würden sie das Geschenk mit Achtung bewahren und alles tun, um es zu erhalten und zu stärken. Daß Wesen in Harmonie mit ihrem Planeten leben, setzt voraus, daß sie in Harmonie mit sich selbst und mit ihren Brüdern und Schwestern sind. Das ist die erste wichtige Bedingung. Dann ist in ihnen Energie vorhanden, auch ihren Wohnplatz schön zu gestalten und zu erhalten. *(* Zopf 1 – 96-98)*

... Im Moment spürt die Erde von der Menschheit insgesamt Schwingungen von Kälte und Gleichgültigkeit. Sie wird lediglich und selbstverständlich von ihren Bewohnern "benutzt". Die Menschen meinen, daß sie dafür da ist, um benutzt zu werden, was sich durch das Ausbeuten ihrer Schätze und ihrer Schönheit zeigt. *(* Zopf 8 – 82)*

Bislang kennen die Biologen erst 1,8 Millionen Tier- und Pflanzenarten - geschätzt wird, dass bis zu 30 Millionen Arten auf der Erde leben. *(SPIEGEL 44/02 – 172)*

7.3.7   Tiere

Tiere sind brillant und viel schlauer als Menschen... Es gibt viele Unterschiede zwischen den Tieren und euch. Einer der größten besteht darin, daß die Tiere wissen, daß für sie nicht Schluß ist, wenn sie sterben. Sie wissen, daß sie weiterbestehen. *(* Marciniak 1 – 68)*

Der Umgang der Menschen mit den Tieren
Aber was kriegen Tiere wirklich mit von der Barbarei, die sie in Ställen, Viehtransportern, Genlabors oder Käfigen der Arzneimittelforscher erdulden müssen? Haben Hunde, Pferde und Schweine womöglich eine komplexere Gefühls- oder gar Gedankenwelt als bislang angenommen? Wie sehr ähneln die Tiere dem Menschen? Über all diese Fragen streiten sich die Wissenschaftler seit langem.

Vor allem in den letzten Jahren gelangen Verhaltensforschern erstaunliche Entdeckungen, die das Bild von seelenlosen und strohdummen Bio-Maschinen fast völlig zum Einsturz gebracht haben: Ratten lernen, vergiftete Köder zu erkennen, und geben dieses Wissen sogar an nachfolgende Generationen weiter; Elefanten scheinen tatsächlich um ihre toten Artgenossen zu trauern; Rhesusaffen bestehen Mathematiktests, an denen einjährige Kinder noch scheitern würden - Tiere, allen voran Primaten, verfügen offenbar über Fähigkeiten, die ihnen bis vor kurzem noch kaum jemand zugetraut hätte. *(SPIEGEL 13/01 – 214-215)*

Blicket in die Ställe, wie sie leben müssen, im engsten Raum, hineingepfercht. Blickt auf ihr Futter. Was wird ihnen gegeben? Das, was das Fleisch benötigt, auf daß der Kannibalismus zu blühen beginnt und immer mehr Stilblüten treibt - das seid ihr! Wenn ihr dann in Räume gepfercht werdet gleich dem, wie ihr es mit den Tieren haltet, dann klagt ihr Gott an? Wahrlich, Ich sage euch: Beklagt euch bei dem Gott der Unterwelt, dem ihr vielfach dient und der es so will!

Schaut hinein in eure Schlachthäuser! Schuß! Schlag - tot! Der Leib aufgerissen mit scharfen Messern und Gegenständen. Ein Tierchen nach dem anderen, und die, die noch stehen, müssen zusehen, wie ihre Artgenossen hingeschlachtet und hingemetzelt werden. Angst vor dem, was ihnen auch blüht, was sie auch erwartet - schreien und jammern und klagen sie und rufen zum Gott, der ICH BIN, zu ihrem Schöpfer, um Erlösung.

(× Univ.-Leb. 8 – 47-48)

Wisset ihr nicht, daß die Informationen der Tiere, die ihr töten laßt, die ihr verzehrt, Informationen sind, die in eure Zellverbände eingehen und euch entsprechend programmieren? Die Angst, die Verzweiflung, das Leid und der Wille Gottes der Unterwelt [Satans] , der nun die Genmanipulation vornehmen läßt, will, daß ihr immer mehr aggressiv werdet, daß einer den anderen tötet.

"Nun mal", so sprechen eure Götter, die dem Gott der Unterwelt dienen, "töten darf man, nur nicht morden". Das sagen eure Götter. Doch Ich sage euch: Ihr sollt nicht töten! Weder Mensch noch Tier, noch sollt ihr euch an Pflanzen und Mineralien vergehen.   (× Univ.-Leb. 8 – 50-51)

Vera: "Man macht sich normalerweise nicht klar, was mit den Tieren vor dem Schlachten und beim Schlachten passiert. Man kauft im Supermarkt nur eine Packung Fleisch, eine neutrale Ware, nicht einen Teil von einem getöteten Tier."

Hans: "Nach dem, was wir in den vorigen Kapiteln über den Zusammenhang von Bewusstsein, Gedanken, Zellen, Genstrukturen erfahren haben, kann ich mir nun doch vorstellen, dass die Informationen aus dem Fleisch getöteter Tiere auf uns Einfluss haben."

Reaktionen von Tieren auf Menschen

Wie jeder Haustierbesitzer weiß, haben Tiere ihre eigene Persönlichkeit, individuelle Charaktereigenschaften und subjektive Weisen, das, was ihnen von der Realität zugänglich ist, in sich aufzunehmen. Manche sind erlebnishungrig. Durch den Umgang mit ihnen freundlich gesonnenen Menschen kann ihr Bewußtwerdungsprozeß unermeßlich beschleunigt und ihre gefühlsmäßige Beteiligung am Leben voll entwickelt werden.   (* Seth 4 – 351)

[Frage:] Kann eine krank machende Schwingung von einem Menschen auf ein Haustier übertragen werden, so daß sich die Krankheit zuerst bei dem Tier manifestiert?

[Antwort:] Die Mediziner unter euch werden "nein" sagen aber in Wahrheit ist die Antwort: "Ja." Denn die Tierseele, die mit euch in einem Lebensverband lebt, liebt euch, wenn ihr sie gut behandelt und wenn ihr Liebe ausstrahlt zu diesem Tier. Infolgedessen reagiert es nicht nur mit Trauer, wenn das "Herrl" krank ist - sondern die Krankheit geht ja praktisch auf das Tier über -, und wird auch sichtbar beim Tier. Und wenn ihr genau beachtet: Ein Tier, das immer in eurer Nähe ist, kann Freude mitteilen, aber auch Tränen.

(* Emanuel 18 – 182)

Zunächst einmal dürft ihr nicht vergessen: Die Hundeseele hat einen geistigen Begleiter, sagen wir einmal einen Dewa oder Naturgeist, wie ihr es haben wollt, der speziell für diese Hunderasse und für diesen Hund zuständig ist oder war.

(* Emanuel 18 – 186)

Ein Tier - das ihr als niedrigere Lebensform betrachtet (obwohl Tiere mit mehr Integrität und größerer Folgerichtigkeit handeln als Menschen) -, weiß sofort, ob ihr Angst vor ihm habt.

(* Walsch 1 – 92)

Tiere, die mit Menschen zusammengelebt haben, sammelten dadurch grosse Erfahrungen. Sie sind bewusster geworden, haben von den menschlichen Schwingungen vieles in ihre Tierseele aufgenommen, wie z. B. Schwingungen der Zuneigung, wenn es dem Tier gut ging. *(Transdimension 2/99 – 9)*

Lisa: "Ich hoffe, dass das Schweinchen Rudi meine Zuneigung und meine Gefühle gespürt hat."

Tiere untereinander

Tiere nutzen je nach ihrer Art unterschiedliche Kommunikationsmöglichkeiten, oft Kombinationen aus akustischen, chemischen und optischen Signalen und fein abgestimmten Gesten, die sich der menschlichen Wahrnehmung zum Teil entziehen: Immer noch ist es den Biologen zum Beispiel ein Rätsel, wie eine Biene, deren Gehirn nicht einmal die Größe eines Stecknadelkopfes hat, ihren Kolleginnen mit einer Art Tanzsprache den präzisen Ort, die Menge und Qualität einer Nahrungsquelle mitzuteilen vermag.

(Das Friedensreich 5/02 – 7)

Die Katze, die eine Maus spielerisch tötet und sie dann verzehrt, ist nicht böse. Sie leidet auch nicht unter Schuldgefühlen. Auf der biologischen Ebene verstehen die Tiere einander. Das Bewußtsein der Maus, die über ein angeborenes Wissen um die bevorstehenden Schmerzen verfügt, verläßt den Körper. Die Katze verwendet das warme Fleisch. Die Maus selbst ist Jäger sowohl wie Beute gewesen, und beide kennen die Spielregeln auf eine schwer zu erklärende Weise.

Auf bestimmten Ebenen wissen sowohl Katze als auch Maus um das Wesen der Lebensenergie, die sie miteinander teilen, und sind deshalb nicht eigentlich versessen auf ihre Individualität. Dies heißt nicht, daß sie nicht um ihr Leben kämpfen; das heißt, daß sie ein eingebautes unbewußtes Gefühl der Einheit mit der Natur haben, ... *(* Seth 3 – 176)*

7.3.8   Pflanzen

Haben Pflanzen sogar Gefühle?

Als Cleve Backster nach einer arbeitsreichen Nacht in den frühen Morgenstunden des 2. Februar 1966 auf die Idee kommt, die Elektroden eines Lügendetektors an seine Büropflanze zu klemmen, ahnt er nicht, welche Auswirkungen diese spontane Eingebung auf sein späteres Leben haben wird... Backster beschließt, ein Streichholz zu holen und eines ihrer Blätter anzubrennen, um zu sehen, wie sie darauf reagiert. Der Schreiber zeigt eine dramatische Angst-Kurve auf. Backster ist wie vom Donner gerührt: Er hat noch nicht einmal das Streichholz angezündet, sondern nur daran gedacht, es zu tun. Kann die Pflanze seine Gedanken lesen? Dies ist der Beginn fieberhafter Nachforschungen.

Bei weiteren Untersuchungen stellt Backster immer wieder fest, dass Pflanzen besonders sensibel auf jede Art von zellulärem *Tod* reagieren - nicht nur bei anderen Pflanzen, auch bei einzelligen Lebewesen, Amöben, Bakterien und besonders bei Tieren.   *(PM 09/99 – 22-24)*

Immer wieder machen irritierende Phänomene deutlich, daß wir noch längst nicht alle Geheimnisse der Pflanzen kennen: In einem Experiment der Fachhochschule Weihenstephan bekamen 148 Hobbygärtner jeweils sechs Tomatensetzlinge. Drei davon sollten die Gärtner mit "viel Liebe" behandeln, den Rest nur gießen und düngen. "Die Auswertung hat gezeigt, daß die Tomaten, die mit viel Zuwendung behandelt wurden, im Durchschnitt 22,2 Prozent mehr Früchte trugen", sagte Professor Manfred Hoffman, der das Experiment überwachte. Die Früchte waren auch noch größer und schöner. Eine wissenschaftliche Erklärung gibt es dafür nicht.   *(PM 5/97 – 40)*

Pflanzen informieren Insekten

Forscher des US-Landwirtschaftsministeriums haben herausgefunden, daß Pflanzen sich mit der Tierwelt verständigen können, und zwar auf chemischem Wege. Wenn Mais oder Tabakstauden von Schädlingen befallen werden, sondern sie einen Duftstoff als Hilferuf ab, der bis zu zehn verschiedene Substanzen enthalten kann, Die jeweilige Zusammensetzung signalisiert sogar die Schädlingsart; Auf Insekten wirke die Absonderung wie ein Lockruf, erklärt Dr. Joe Lewis in einem Artikel im Wissenschaftsmagazin "Nature". Geht beispielsweise von einem Maisfeld der Duft für "Heliothis virescens" (Mottenraupe) aus, so fliegen Wespen-Weibchen herbei, bohren die Raupen an und legen ihre Eier in den Schädlingen ab. Diese gehen ein, der Mais bleibt unbehelligt.   *(ESO 8/98 – 4)*

Umgang mit den Pflanzen

Wie wollt ihr noch zu Kindern Gottes werden? Blickt auf eure Felder. Düngemittel, Spritzmittel - Ich nehme eure Worte. Ihr quält und malträtiert eure Felder. Wenn die Erde es euch zurückgibt und ihr erkrankt, dann klagt ihr Gott an? Beklagt euch bei dem Gott der Unterwelt. Der will es so - und ihr letztlich auch, denn ihr dient ihm.   *(× Univ.-Leb. 8 – 48)*

Der Baum ist in einer Hinsicht dissoziiert. Er befindet sich einerseits in einem Zustand von Schläfrigkeit, andererseits konzentriert er den nutzbaren Teil seiner Energie darauf, ein Baum zu sein... Die inneren Sinne des Baumes sind stark mit den Eigenschaften der Erde selbst verwandt. Sie fühlen ihr Wachsen, so wie ihr euren Herzschlägen lauscht ... Sie spüren auch Schmerz, der zwar sehr deutlich, unangenehm und manchmal marternd sein kann, aber nicht von der gleichen emotionalen Art ist, wie ihr sie bei Schmerzen kennt. Es ist, als würde euch plötzlich der Atem benommen. Ein Baum kennt auch menschliche Wesen ... durch die Schwingungen in der Luft, die, wenn sie vorbeigehen, aus unterschiedlichen Entfernungen auf seinen Stamm treffen, und auch durch solche Dinge wie Stimmen. Der Baum macht sich kein Bild vom Menschen, sondern er hat eine zusammengesetzte Empfindung, die für ein Individuum steht. Und der Baum erkennt die gleiche Person, die etwa jeden Tag an ihm vorbeigeht...   (* *Seth 2 – 272-273*)

Pflanzen - die von euch als eine noch *niedrigere* Lebensform angesehen werden - reagieren auf Menschen, die sie lieben, sehr viel besser als auf jene, denen sie völlig gleichgültig sind.   (* *Walsch 1 – 92-93*)

Wenn ich mir also eine Blüte pflücke zur Freude oder zur Ehre Gottes, so ist ja die Wurzel noch lebendig und die sogenannte Pflanzenseele noch intakt. Sie hat nur das hergegeben, was zur Ehre Gottes und zur Freude der Menschen dient, und nicht zuletzt für höherentwickelte Tiere, die diese Pflanzen verzehren, um wiederum dem Höheren zu dienen. Die Wurzel bleibt jedoch bestehen, und das ist das Wesentliche.   (* *Emanuel 19 –160*)

Pflanzen, die in einer giftfreien, liebevollen Umgebung gewachsen sind, die genährt wurden und mit denen gesprochen wurde, senden eine Antwort auf diese Behandlung aus. Die Pflanzen und Bäume draußen möchten das gleiche. Ebenso die Pflanzen auf dem nächsten Feld. Sie möchten die gleiche Liebe und neigen sich oder wachsen in die Richtung, aus der die Liebe kommt. Das Pflanzenreich ist ebenso großzügig wie das Tierreich. Beide geben freimütig. Die Pflanzen und Tiere, die ihr energetisiert, teilen diese Energie mit allem, was sie kennen. Sie sondern hormonähnliche Substanzen ab, so daß alles, was eine Pflanze weiß oder erfährt, zu allen anderen Pflanzen gesendet wird.   (* *Marciniak 1 – 73*)

Wir empfehlen euch, für eure Felder und Gärten mit Tönen und Klang zu arbeiten. Die Pflanzen fühlen, was ihr für sie tut. Wenn ihr durch den Garten geht und die Tomatenpflanze berührt, gibt sie dies durch ihre Pflanzenhormone, die im Lufthauch reisen, weiter und sagt zum Leben im Garten: "Die Tomatenpflanze wurde berührt. Menschen sind hier." Bevor ihr zu ihnen gelangt, wissen bereits alle Pflanzen, daß ihr kommt.   (* *Marciniak 1 – 95*)

Biologie der Pflanzen

Gesunde Nahrungspflanzen sind die wichtigsten Ausgangsprodukte für eine harmonische Ernährung. Dazu bedarf es eines mit allen Nährstoffen versorgten Bodens, der lebt, also Kleinstlebewesen - Mikroorganismen - in Fülle hat (ca. ein ccm Humuserde enthält mehr Kleinstlebewesen, als Men-

schen auf der Erde leben). Diese Mikroorganismen stehen in einer komplizierten ökologischen Beziehung zueinander und zu den Pflanzen, sie bereiten die Mineralstoffe so auf, daß die Pflanzen sie weiterverarbeiten können.
Denn gesunde Pflanzen in einem gesunden Boden können sich nicht direkt
von den noch nicht umgewandelten mineralischen Substanzen ernähren.
Luftstickstoff wird im Boden von Knöllchenbakterien gebunden und dann
erst an die Pflanzenseelchen zur Verarbeitung weitergegeben.

Als Gegenleistung erhalten die Bodenbakterien von den Pflanzen organische Substanzen, durch herabfallende Blätter, Stengel, abgestorbene Wurzeln
etc. Die Pflanzen geben unter Mithilfe der Elementseelen und unter Kontrolle
durch die Naturgeister in ihrem gottgewollt gesteuerten Lebensrhythmus
verschiedene Stoffe direkt an den feinen Wurzelenden ab, die sie mit Hilfe
des Sonnenlichtes aufgebaut haben.

Die chemische Düngung bedeutet deshalb einen groben Eingriff in dieses
harmonisch-lebendige System.

Begründung: Infolge des physikalischen Gesetzes des osmotischen Druck-
ausgleiches werden die Pflanzen praktisch gezwungen, die gelösten Mineral-
düngersalze aufzunehmen. Die Folge ist eine unnatürliche Aufschwemmung
ihrer Zellen und ein Nachlassen ihrer eigenen Widerstandskraft gegen Pflanzenschädlinge. Was machen die Menschen gegen die Pflanzenschädlinge? Sie
spritzen Gift. Gifte und chemischer Dünger werden in immer stärkerer Dosis
angewendet; sie töten jedoch alles Bodenleben, und die Elementseelen, Naturgeister und Devas können durch die Belastung mit diesem Spritzgift und
die unnatürlichen Düngemittel die Arbeit nicht mehr in gesetzmäßigem,
gottgewolltem Rhythmus erfüllen. Die Folge ist, daß sie die Felder verlassen;
dies aber ist die wahre Ursache für die Erosion des Bodens und für Unfruchtbarkeit; das Endergebnis ist Wüste.

Solcherart gedüngte Pflanzen sind außerdem für die Gesundheit der Menschen nicht lebensfördernd, da die biologisch aufgebauten Zellsysteme gestört oder abnormal verändert wurden.   (* Emanuel/Hardus 5 – 107-109)

7.4   Das normale Leben

Hans: "Wir haben jetzt einen wichtigen Abschnitt vor uns: alles auszu-
werten, was wir über das Leben auf der Erde gesammelt haben und auch
darüber, woher und wie wir Menschen auf die Erde gekommen sind."

7.4.1   Reinkarnationsvorbereitungen

Gibt es Reinkarnation?

ES IST KAUM zu glauben, daß dies immer noch in Zweifel gezogen wird, obwohl so viele Berichte über vergangene Leben aus absolut zuverlässigen
Quellen existieren. Manche dieser Menschen haben mit solch erstaunlich
detaillierten Beschreibungen von Ereignissen aufgewartet und derart absolut
verifizierbare Informationen geliefert, daß die Möglichkeit, daß sie sie erfun-

den haben könnten oder die ihnen nahestehenden Personen und die Forscher irgendwie zu täuschen versuchten, völlig ausgeräumt wurde. *(* Walsch 1 - 304)*

Es ist ein unglaubliches Verbrechen an der Wahrheit, daß man die Reinkarnationslehre verdammt hat. Ohne Reinkarnation ist überhaupt kein sinnvoller Fortschritt möglich. Ein Glaube ohne dieses Gesetz ist überhaupt kein Glaube - denn er läßt die Frage unbeantwortet: warum der Mensch überhaupt lebt und Anstrengungen macht, wenn er doch in verhältnismäßig kurzer Zeit sterben muß? *(* Ahastar Heft 14 - 10)*

Die vergangenen 40 Jahre Feldforschung haben zum Thema "Reinkarnation" entscheidend Neues beigesteuert: Hunderte von gut dokumentierten und von Wissenschaftlern recherchierte Fälle liegen vor, die starke Indizienbelege - wenn auch keine Beweise - für die These von der Wiedergeburt abgeben. Die Menge der Daten/Fälle ist inzwischen so groß, daß das Phänomen als gesichert gelten kann.

(www.fen-net.de/~ba3378/hauptfenster_0.htm 26.06.2002)

Reinkarnation, Karma und 'Schuld'

Und was ist Karma? Das sind schuld- und schicksalhafte Belastungen aus den Vorleben, die im geistigen Leben nicht gesühnt werden können.

(Emanuel 1 - 15)*

Karma ist keine feststehende unabänderliche Tatsache, sondern Karma ist eine zur persönlichen Entwicklung heranreifende Wirkung in Gott wohlgefälligem Tun! *(* Emanuel 1 - 49)*

In den verschiedenen Existenzen begegnet ihr immer sowohl neuen Persönlichkeiten wie auch Menschen, die ihr kanntet. In der Tat löst ihr oft die mit bestimmten Persönlichkeiten entstandenen Probleme, indem ihr anderen Persönlichkeiten in anderen Leben helft.

Es gibt gewisse Gesetze, denen diese Angelegenheiten unterstehen. Aber achtet auf meine Worte: Alle Schulden werden bezahlt. Diese Schulden stellen tatsächlich Herausforderungen an die betreffende Persönlichkeit dar.

(Seth 6 - 213)*

Gründe für eine Reinkarnation

Wenn sich ein Geistwesen verkörpern will, ist immer irgendein konkreter Grund dafür vorhanden. Ich möchte einige davon aufzählen:
1. Um seine eigene Vervollkommnung schneller voranzutreiben.
2. Um durch geistige Missionen bewußt seine geistigen Gaben auszubilden.
3. Aus Nächstenliebe, um dem Nächsten Licht, Liebe, Wahrheit und Hilfe zu bringen.

Der Zweck für die jetzt lebende Menschheit auf Erden ist meistens der, für die eigene Fortbildung zu sorgen und anderen Geschwistern die Erkenntnisse mitzuteilen, damit auch sie an diesem Fortschritt teilhaben können.

(Emanuel(Kontr.) 7 - 37)*

[Frage:] Was ist die Ursache und was ist der Zweck der Wiedereinverleibung in einen menschlichen Körper?

[*Antwort:*] Die Ursache solltet ihr als Geistchristen längst wissen: der Abfall von Gott! Und der Zweck? - Sühne von Vergehen und Gesetzesübertretungen und Beschleunigung der Besserung der gesamten gefallenen Schöpfung! Jetzt ist alles klar. *(* Hardus 1 – 93)*

"Reinkarnation heißt: In die materielle Welt zurückkehren, um von neuem als Mensch geboren zu werden; das Erscheinen der Seele in einem menschlichen Körper, um ihre Aufgabe weiterzuführen. Dies ist die Wahrheit über die 'Auferstehung des Fleisches' von der euch eure Vorfahren gesprochen haben und was ihr so falsch und widersinnig ausgelegt habt." *(* BWL 4 – 64)*

Die Seele, die im Jenseits von ihrer Seelenschuld wenig oder nichts bereinigt hat, bringt in ihr weiteres Erdenleben wieder das mit, was ihr noch anhaftet. Sie ist dann als Mensch das, was sie als Seele und als Mensch in ihren Vorexistenzen war. Jeder Mensch kann an seinem Denken, Reden und Verhalten selbst ablesen, wer er einst war und eventuell heute noch ist und morgen sein wird.

Das Hinein- und Herausschlüpfen aus dem Fleisch erfolgt so lange, bis der Mensch die Lebensschule Erde erfolgreich durchlaufen hat und seine Seele mit den geistig-göttlichen Gaben und Werten nun höhere Welten aufzusuchen vermag, die außerhalb des Rades der Wiederverkörperung existieren.

(× Univ.-Leb. 4 – 208)

Wann inkarnieren?

[*Frage:*] Wann inkarniert sich eine Geistseele wieder und in welchen Zeitabständen?

[*Antwort:*] Beides hängt von der geistigen Entwicklung und Erkenntnis ab. Eine Geistseele, die mit ihrem Bewußtsein ihre eigenen Verfehlungen und Schwächen erkannt hat, drängt mit ihrem Willen zur Inkarnation. Laue oder wenig bewußte Geistseelen werden nach gewissen Zeiträumen belehrt und zur Inkarnation vorbereitet. Die Zeitabstände liegen - aus geistiger Sicht gesehen - zwischen einigen Tagen und einigen Jahrhunderten, eventuell auch länger. *(* Hardus 1 – 35)*

Der Lebensplan

Es ist so: Jedes Geistwesen, das zur Inkarnation gezeichnet ist, hat einen Lebensplan und einen Rest-Lebensplan vom vorigen Erdenleben und einen Zwischen-Lebensplan vom Jenseitszwischenleben. *(* Emanuel 15 – 174)*

Jedes Wesen wird vor seiner Einverleibung auf diese Erde beraten, indem es sich verschiedenen "Kursen" - Erdenreligionen, Erdgeschichte, Völkerkunde - unterzieht und die Möglichkeit bekommt, in eine christliche Lebensauffassung hineingeboren zu werden. Wieder andere werden in bezug auf Kunst oder in einer bestimmten Richtung hinsichtlich irdischer Wissensgebiete geschult. Dies sind nur einige der Lehren, die solche inkarnationswillige Seelen in ihr Erdenleben mitbekommen. Freilich fehlt ihnen dann im Erdenleben jede Rückerinnerung an diese Lehren, doch die Aufnahmefähigkeit für ähnliche Lehren, für die Kunst usw. ist sehr groß, so daß das Menschenkind den von oben gelenkten günstigen Einfluß aufnimmt und sein

Erdenleben in dieser richtigen Richtung lebt. Auf diese Weise ist es möglich, das Leben auf Erden in Freude und Glück als Vorbereitung für das Jenseits zu führen. *(* Emanuel(Kontr.) 7 – 115)*

Die meisten Menschen, bei denen die geistige Reifestufe vorhanden ist, haben sich vor der Inkarnation, also in den Vorbereitungslehren zur Inkarnation, mehr vorgenommen, als sie dann schaffen. Der Grund dafür liegt bei den meisten Geistern = Menschen in der Überschätzung ihres Wissens und Wollens vor ihrer Einverleibung. Im Jenseits konzentriert man sich darauf, die klar erkannten Lösungen auf der Erde zu vollbringen und somit vom Rade der irdischen Wiedergeburt frei zu werden. Wie ihr und wir alle jedoch erkennen, ist das Wissen und Wollen des einzelnen neuen Erdenbürgers sehr schwach, wie ein zartes Lüftchen geworden, da die Erinnerung an das Jenseitswissen weitgehend dezimiert ist. Außerdem ist die Erde in ihrer Gesellschaftsordnung nicht so aufgebaut wie das Jenseits, also nicht auf den geistigem Fortschritt, sondern fast ausschließlich auf materielles Fortkommen ausgerichtet. Dies zu erkennen, ist eine Hauptprüfung für alle Prüflinge, und nur wer über eine große geistige Willens- und Entschlußkraft verfügt, hat die Chance, sie zu bestehen. *(* Emanuel(Kontr.) 3 – 99)*

[Frage:] Frage: Wie kann ich wissen, was ich vor meiner Inkarnation versprochen habe?

[Antwort:] Indem du - und das ist jetzt sehr wichtig! - dir dein jetziges Schicksal oder Lebenspanorama in Erinnerung rufst, dich einmal hinsetzt und es von Jugend auf, so weit du diese Jugend zurückverfolgen kannst, aufzeichnest: Warum bist du gerade in diese Familie gekommen? Warum hast du gerade diese Schulbildung? Warum bist du gerade in diese Gemeinschaft gekommen? Warum bist du gerade in diese ungute Situation gekommen, die dir Schwierigkeiten bereitet hat? Warum hast du diesen Bruder, diese Schwester als Partner gewählt? Warum bist du allein geblieben? Warum bist du mit deinen Eltern so lange zusammengewesen? Warum hast du diesen oder jenen schweren Schicksalsschlag erleiden müssen, der dich fast erdrückte? ... usw. usf.

Daraus ergibt sich für ein intensiv geschultes Geistwesen im Menschenkörper viel, was er da herauskriegt - und es ist gar nicht so schwer, wie ihr glaubt. Ihr werdet erkennen, daß das eine oder andere zutrifft, daß ihr das eine oder andere nicht getan habt, obwohl ihr es aus heutiger Sicht hättet besser machen können. Aber es ist noch nicht zu spät: Ich kann es in irgendeiner anderen Form wiedergutmachen. *(* Emanuel 19 – 203-204)*

Das Schicksal eines jeden von uns liegt in unserer eigenen Hand. Wir können nicht Gott, die Gesellschaft oder unsere Eltern für unser Leben verantwortlich machen, denn vor diesem unserem Leben haben wir die Umstände, in die wir geboren wurden, ebenso wie die Herausforderungen, die unsere Entwicklung fördern, selbst gewählt. Wir gestalten die materiellen Umstände unseres Lebens so mühelos und so unbewußt wie wir atmen. *(* Seth 9 – 19)*

Vor jeder neuen Inkarnation schmiedet ihr euren Lebensplan, indem ihr entscheidet, was und wie ihr leben wollt, was ihr erfahren und erreichen wollt. Das bewirkt, daß ihr von zwei Menschen, euren Eltern, angezogen werdet, die diesem Lebensplan entsprechen und die euch dabei unterstützen, das zu leben, was ihr euch vorgenommen habt.   *(* Zopf 6 – 147)*

Ich kann das Folgende nicht oft genug betonen: Du und die anderen um dich herum, ihr wähltet die Umstände eures Lebens, lange bevor ihr auf die Erde gekommen seid. All die Dinge, die ihr zurzeit erlebt, sind Teil eines von euch in Gang gesetzten Planes. Bitte verwechselt dies nicht mit Vorherbestimmung, denn Vorherbestimmung hat hiermit überhaupt nichts zu tun.
(* Kryon 1 – 29)

Der Mensch formt sich also stets sein zukünftiges Leben selbst. Er liefert die Fäden und bestimmt somit die Farbe und das Muster des Gewandes, das der Webstuhl Gottes durch das Gesetz der Wechselwirkung für ihn webt.
(+ Abd-Ru-Shin 2 – 50)

Die Lebensaufgabe hat zwei Formen. Die eine liegt auf der persönlichen Ebene; sie besteht darin, daß der Mensch lernt, einen neuen Teil seiner Identität zum Ausdruck zu bringen... Außer der persönlichen Aufgabe hat jeder Mensch eine Weltaufgabe; es ist eine Gabe, welche die Seele mitbringt, um sie der Welt zu schenken. Oft wächst das Individuum frühzeitig und ganz natürlich in diese Aufgabe hinein. Ein Maler hat seine Kunst, ein Arzt die Gabe des Heilens, ein Musiker die Fähigkeit zu komponieren, eine Mutter ihre Liebesfähigkeit etc.   *(Brennan – 202)*

Dirk: "Damit ist mir klar, dass jeder Mensch sich eine besondere Lebensaufgabe gestellt hat. Vor der Inkarnation wird das 'Drehbuch' für das nächste Leben konzipiert und das Script für die 'Hauptrolle' geschrieben: Körperbeschaffenheit, Ort, Zeitpunkt, Eltern und wichtige Ereignisse. Also habe ich wohl euch als meine Eltern ausgewählt, um meine Aufgabe zu erfüllen. Oder habt ihr euch vielleicht darum bemüht, dass ich mich bei euch inkarniere? Auf jeden Fall bin ich nicht rein zufällig hier bei euch aufgetaucht. Da habe ich jetzt einiges nachzudenken."

Auswahl der Eltern
... Wenn eine Seele beschließt, zur Erde zu kommen, um dem Planeten zu dienen, dann muß sie sich die Bedingungen aussuchen, unter denen sie ihr göttliches Potential verwirklichen kann. In der Vergangenheit gab es Seelen, die zwei Menschen veranlaßt haben, sich zu paaren, weil sie Wert auf bestimmte Eigenschaften eines oder beider Elternteile legten. Das war früher so, und es ändert sich jetzt *[1991]*, denn es werden sich keine Seelen mehr reinkarnieren, die nicht reinkarnieren sollen. In Zukunft - nicht sofort, aber bald - wird sich also eine Seele mit Zustimmung der Eltern zu einer Geburt entschließen. Die Aufgabe der Familie besteht dann darin, einer Seele zur Geburt zu verhelfen, sie aufzuziehen und gemeinsam mit ihr nach evolutionärem Wachstum zu streben, Hindernisse wegzuräumen und die Dichte der Erde zu beseitigen, damit sie erblühen kann.

... allerdings ist die Erde nicht einer von wenigen, sondern der einzige Planet, auf dem es eine Fortpflanzung durch Sexualität gibt.   *(* Carmel – 339)*

Ein Beispiel für Reinkarnationsfamilien

Dirk hatte ein Beispiel für drei Wesenheiten, die er **X**, **Y** und **Z** nannte, und deren Reinkarnationen über 300 Jahre konstruiert.

Grab-steine auf dem Friedhof	Erdenfamilie		Seelenfamilie/Bewusstseinsfamilie		
	Beispiel Stammbaum Familie Müller		Wesenheit X	Wesenheit Y	Wesenheit Z
1	Karl Müller	1710 - 1736	✳ Vater von Heinz		
2	Heinz Müller	1735 - 1765		✳ Sohn von Karl	
3	Rudi Müller	1760 - 1800	✳ Sohn von Heinz, Enkel von Karl		
4	Tom ...	1790 - 1840			✳
5	Tim ...	1820 - 1865		✳	
6	Fritz ...	1848 - 1880	✳		
7	Franz ...	1872 - 1940		✳	
8	Heinz ...	1904 - 1994	✳		
9	Georg Müller	1944 -		✳	
10	Fred Müller	1972			✳
11	Thomas Müller	2001	✳		

Dirks Beispiel der Wesenheiten X, Y und Z und ihrer Reinkarnationen

Die Diskussion in der Familie darüber ergab:
- Die Wesenheit **X** - heute Thomas Müller - kann sich auf dem Friedhof vier Grabsteine zu ihren früheren Inkarnationen (als Karl, Rudi, Fritz und Heinz) anschauen.
- Die drei Wesenheiten **X**, **Y** und **Z** haben die Familie Müller von 1710 bis heute am Leben erhalten (und leben heute alle zur gleichen Zeit).

- Thomas ist heute Sohn von Fred und Enkel von Georg, obwohl Thomas (als Wesenheit) früher der Vater von Georg war und heute sein eigener Urgroßvater ist.
- Es ist ungewöhnlich, dass die Wesenheiten **X**, **Y** und **Z** sich immer als männliche Wesen haben inkarnieren lassen. Aber Dirk wollte das Beispiel nicht unnötig verkomplizieren.
- Insgesamt gibt es für die Familie Müller auf dem Friedhof seit 1710 acht Grabsteine, die den Wesenheiten **X**, **Y** und **Z** zugeordnet werden können.
- Die Weitergabe der Gene innerhalb der Familie Müller ist nur an den jeweils gezeugten physischen Körper gebunden und unabhängig davon, welche der drei Wesenheiten sich gerade inkarnieren lässt.
- Wenn es tatsächlich so wäre, dass am 'Ende der Zeit' alle beerdigten menschlichen Körper in der Auferstehung zu Fleisch würden, dann stellte sich die Frage, woher die Seelen für die vielen Körper kommen sollen. Die Wesenheit **X** hat nur eine Seele, hat aber eine Reihe von Körpern hinterlassen.
- Dirk meinte, der Körper könne für den Menschen nur ein Gefährt sein, ähnlich wie auch das Auto ein Gefährt für den Menschen ist. Im Laufe seines Lebens 'beerdigt' ein normaler Autofahrer auch einige Autos, ohne sich selber zu beerdigen.

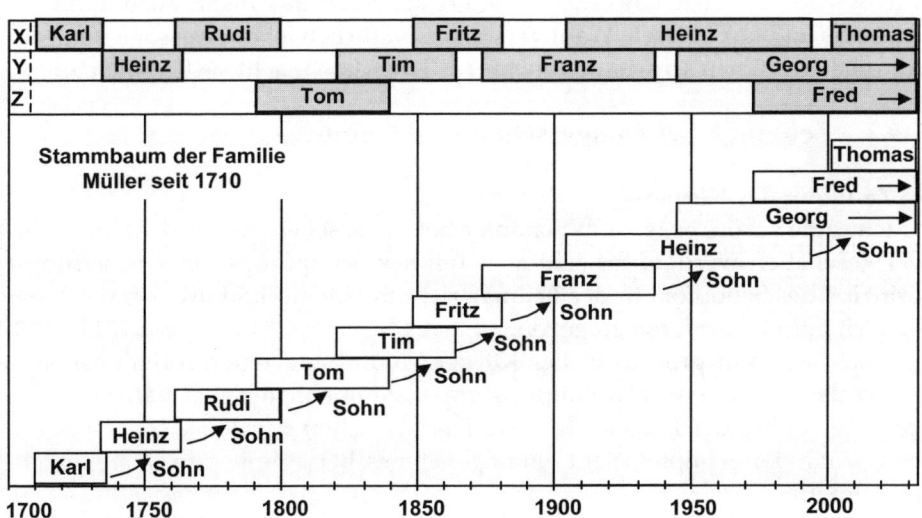

Die Wesenheiten X, Y und Z, wer sie auf Erden waren und wann sie lebten.

Festlegung des Körpers

Geburtsfehler jeglicher Art werden, wie ihr es versteht, "vor" diesem Leben ausgewählt. Das geschieht aus vielen verschiedenen Gründen (genau wie Menschen sich innerhalb dieses Lebens Krankheiten aussuchen). Das heißt, ein Individuum entscheidet sich schon "im voraus" für einen bestimmten psychischen Rahmen, in dem er sein Leben zuzubringen gedenkt.

In vielen Fällen ist es die Familie und nicht das behinderte Familienmitglied, die Fragen stellt und das Unglück nicht fassen kann, etwa wenn beispielsweise ein Kind geistig zurückgeblieben ist. Doch in allen Fällen wählen die Kinder nicht nur im voraus die Eltern aus, sondern auch, umgekehrt, die Eltern die Kinder.

In solchen Situationen haben Kind und Eltern eine große Aufgabe - und große Möglichkeiten. Immer ist da für alle Beteiligten die Gelegenheit für persönliches Wachstum und ungewöhnliche Kreativität gegeben. Aus diesem Grunde wurde dieser Rahmen gewählt. Das gleiche gilt für Menschen, deren Leben von Unfällen oder schweren Krankheiten gezeichnet sind.

(* Seth 3 – 423-424)

Vera: "Da wird doch immer wieder mal behauptet, eine körperliche oder geistige Behinderung sei eine Strafe Gottes. Das ist offensichtlich falsch. In den Texten heißt es ja, dass Behinderung eine freie Wahl der betreffenden Wesenheit zu ihrer Weiterentwicklung ist. Ich habe mal gehört, dass in manchen Naturvölkern Behinderte als besondere Wesen geehrt werden. Das verstehe ich jetzt besser."

Lisa: "Die von der Strafe sprechen, sagen auch, eine Behinderung sei Karma. Aber das leuchtet mir nicht ein. Denn bei Karma muss ich doch etwas wieder gut machen und behindert kann ich das nicht. Also kann ich Behinderung nur als freie Wahl verstehen. Natürlich ist die Aussage von Seth für die Betroffenen schwer anzunehmen. Trotzdem macht sie für mich Sinn."

7.4.2 Zeugung, Schwangerschaft und Geburt

Zeugung des Körpers

Ich sagte schon, es ist vom Schöpfer her vorgesehen, daß Erdenkinderkörper geschaffen werden. Ihr seid also Teil des Schöpfungs- oder Schaffungsprinzips des Schöpfers in der Erdmaterie, um einem Fluidalwesen die Möglichkeit zum Inkarnieren zu geben. *(* Emanuel 17 – 175)*

Alles, was mit grobstofflicher Körperzeugung auf einer verhältnismäßig schwachen geistigen Entwicklungsstufe zusammenhängt, hat natürlich eine gewisse Grenze des Lustempfindens. Die Menschen würden ja sonst aussterben, wenn der Schöpfer nicht ein angenehmes Beisammensein in sie hineingelegt hätte. *(* Emanuel 17 – 173)*

Der 'Fötus'

Der Geist, der den konzentrierenden Mittelpunkt des Fötus bildet, entwickelt in diesem aus seinem geistigen Mittelpunkt heraus die Sinne und Organe.

Ein niederer Geist entwickelt diese in minderer Form, und aus dem Fötus wird sich ein minder begabter Mensch entwickeln. Ein höherer Geist entwickelt sie vollkommener, und es wird ein begabter Mensch.

(* Laurentius 3 – 176)

Erkennet und erfasset: Die Seele, die zur Einverleibung geht, baut schon im Mutterleib ihren werdenden Körper auf. Schon die Organe und die Körperfunktionen bilden die Magneten für die materielle Strahlung. Ist das Kind geboren, dann empfängt der Säugling von der Seele über die Organe und Körperfunktionen die Seelenstrahlung. Dadurch tritt die Seele mit dem Körper in unmittelbare Verbindung. *(× Univ.-Leb. 4 – 258)*

Eintritt der Wesenheit in den Körper
Die Reinkarnationspersönlichkeit tritt in den neuen Fötus gemäß ihren eigenen Neigungen, Wünschen und Charaktermerkmalen ein, mit einigen eingebauten Sicherheiten. Es gibt jedoch keine Vorschrift, die verlangt, daß die Reinkarnationspersönlichkeit die neue, für sich vorbereitete Form entweder im Augenblick der Empfängnis, in der ersten Entwicklungsphase des Embryos oder selbst im Augenblick der Geburt übernehmen muß. Es ist ein langsamer Prozeß, der individuell verschieden verläuft und durch Erfahrungen in früheren Leben bestimmt wird. *(* Seth 4 – 228)*

Abtreibung
... denn diese irdische Abtreibung ist eine Verhinderung des keimenden Lebens, einer gottgewollten gerechten Sache zur Entwicklung der Kinder Gottes auf Erden, und zieht im gewissen Maße eine große, ja gewaltige Verantwortung nach sich. Dadurch entsteht nämlich eine Behinderung des Geistwesens, das inkarnationswillig ist, und man übertritt die Naturgesetze zur Lebensentwicklung, die Gott gegeben hat.

Und nun komme ich noch auf etwas sehr Wichtiges zu sprechen, für Geschwister, die es dann lesen und einige gibt es auch unter euch, die schwer daran nagen oder darüber nicht hinwegkommen können, weil es auch in ihrem Leben solche Zustände, solche Situationen gegeben hat. Ich möchte euch immer wieder zurufen: "Gott verzeiht, Gott liebt, Gott gibt, Gott hilft! Tut ihr das gleiche, helft anderen - wenn euch so etwas unter Beeinflussung Luzifers passiert ist -, daß sie auf die Erde kommen können! Gebt denen die Möglichkeit zu inkarnieren, also Hilfe für die ungeborenen, dann macht ihr das zu einem großen Teil gut auf dieser Erde! Seht nicht allein das Geistwesen, das gerade zu euch kommen sollte, sondern seht das global: Jedes Geistwesen, das zur Erde kommen kann, ist für die Gesetzgebung oder für die Liebe Gottes ein Stück Chance, ein Stück Möglichkeit, näher zu Gott zu gelangen, und das will Gott." *(* Emanuel 15 – 208-209)*

Bis wann abtreiben?
Altea sagt, wenn ihr einen Zeitraum haben wollt, dann sind es dreieinhalb eurer Monate, nicht mehr. Denn bis dahin erinnert sich die Seele nicht an ihre Existenz in einem Kokon in der Gebärmutter, und darum wird sie innerlich nicht verletzt. *(* Carmel – 309)*

Die Geburt

Der Schock der Geburt hat jedoch seine Folgen, und meistens wird die Persönlichkeit sozusagen mit einem Knuff in die physische Realität expediert. Vorher sind die Umstände recht gleichförmig. Das Körperbewußtsein wird fast automatisch genährt und reagiert kräftig, aber unter äußerst geregelten Umweltsbedingungen.

Bei der Geburt ist das alles plötzlich vorbei, und neue Reize stürmen in einem Ausmaß und Tempo auf das Neugeborene ein, wie es das Körperbewußtsein noch nie erlebt hat. *(* Seth 4 – 230)*

Lisa: "Diese Aussagen überraschen mich. Ich hatte angenommen, dass Geist und Seele gleichzeitig inkarnieren und zwar gleich zu Beginn. Aber offensichtlich hat die Seele eine vorbereitende, dienende Funktion für den Geist."

Vera: "Und mich wundert, dass TOM eine Abtreibung innerhalb der ersten drei Monate zulässt."

Hans: "Er sagt ja nur, dass die Seele dann nicht verletzt werde. Das ist unabhängig von dem, was Emanuel sagt, dass nämlich jede Abtreibung die betreffende Wesenheit hindere, zu inkarnieren, und deshalb gegen Gottes Gesetze sei."

7.4.3 Das tägliche Leben

Hans: "Wir kommen jetzt in Themen hinein, bei denen es um Ziele und Sinn des Lebens oder auch Sinnloses bzw. Unverständliches in unserem Leben geht. Ich schlage vor, dass wir zuvor kurz überlegen, was in unserer Gesellschaft als wichtig angesehen wird."

Aus Sicht der Familie scheinen den Menschen folgende Ziele und Wünsche im Vordergrund zu stehen:

- Glückliches Familienleben
- Gesundheit, körperliche Fitness
- Lebensfreude, Lust, Spaß haben
- Frieden
- Freundschaften, Partnerschaft
- Geld, Vermögen, Wohlstand
- Unabhängigkeit
- Karriere machen
- Schöne Wohnung
- Gut essen und trinken
- Viel Zeit für Hobbies
- Urlaub und Reisen

Dirk: "Klar, wenn ich an Nichts vorher und Nichts nachher glaube, dann bleiben mir ja nur solche Ziele. Aber es gibt auch eine Menge Menschen, die diese materiellen Ziele haben und sich dennoch sehr sozial verhalten."

Ziele, Sinn und Aufgabe des Lebens

Voller Neugier stellt er *[der Mensch]* sich den Rätseln und weicht den Geheimnissen nicht aus. Er gibt sich nicht zufrieden mit dem, was das Leben bruchstückhaft enthüllt. Er will Zusammenhänge erkennen und über Vergangenheit und Zukunft Bescheid wissen. Seine Erkenntnis, sein Wille und sein Tun richten sich ebenso auf den Makrokosmos des Alls und der Universalgeschichte wie auf den Mikrokosmos seiner individuellen Psyche und Biographie. Aber das "Warum" seiner Existenz ist damit noch nicht enthüllt.

(Evan. – 145)

Ich persönlich glaube, daß der Zweck unseres Daseins darin besteht, nach Glück zu trachten, ein Empfinden von Zufriedenheit und Erfüllung anzustreben. Wir machen jedoch die Erfahrung von Entbehrungen, Schmerz und Leid. Daher ist es von entscheidender Bedeutung, daß wir diesen Prüfsteinen des Lebens gegenüber eine Einstellung entwickeln, die uns realistisch mit ihnen umgehen läßt, damit wir einen gewissen Nutzen aus ihnen ziehen können. *(Dalai Lama 1 – 116)*

Erstrebe mit dem, was dir Gott gegeben, die Wohnung des Jenseits. Vergiß deinen Teil hienieden nicht, aber tu auch Gutes, wie Gott Dir Gutes erwiesen. Und begehre nicht Unheil auf Erden, denn wahrlich, Gott liebt nicht die Unheilstifter. *(Koran – 28.77)*

"Wir wurden geboren, um die Herrlichkeit Gottes zu verwirklichen, die in uns ist. Sie ist nicht nur in einigen von uns; sie ist in jedem Menschen. Und wenn wir unser eigenes Licht erstrahlen lassen, geben wir unbewußt anderen Menschen die Erlaubnis, dasselbe zu tun. Wenn wir uns von unserer eigenen Angst befreit haben, wird unsere Gegenwart ohne unser Zutun Andere befreien." (Nelson Mandela) *(WEGbegleiter 4/01 – 197)*

Euer Leben im menschlichen Körper soll zweierlei Aufgaben haben, die nicht einmal für einen einzigen Moment voneinander getrennt werden dürfen: das Höchste aufzunehmen und es euren Mitmenschen zugänglich zu machen mittels klarer Erkenntnis und in göttlicher Liebe, die ihr ausstrahlen sollt. *(* Emanuel 23 – 20)*

Liebe Geschwister, bedenkt doch, das Wichtigste für euch auf diesem Sühneplaneten ist doch, daß ihr diesmal tatsächlich euer Examen, eure Prüfung richtig ablegt und auch besteht! *(* Emanuel(Kontr.) 3 – 150)*

... Durch Geistwissen und die sich daraus ergebenden Erkenntnisse sollt ihr den Weg eurer Befreiung aus den selbst angelegten Fesseln erkennen und - wenn ihr dies wollt - auch bewirken. *(* Emanuel 20 – 176)*

Wir sollten uns bewußt werden, daß der Sinn des Erdenlebens nicht darin besteht, das Erdenleben zu leben und es auszukosten. Denn: Unser Erdenleben ist eine Schul- und Lernzeit. Diese Zeit sollten wir nutzen. Erreicht unsere Seele nicht das Lernziel des Erdenlebens, so wird der Mensch in weiteren Erdenleben vor dieselben Aufgaben gestellt werden und sich damit abmühen, bis alles gelöst und abgetragen ist. *(+ Univ.-Leb. 3 – 30)*

Wenn ein Wissenschaftler glaubt, daß das Leben keinen Sinn habe, dann hat er sich einfach mit einer Ideologie gewappnet, die ihm einen zuverlässigen Schutz gegen die Wechselfälle des Lebens zu bieten scheint.*(* Seth 7 – 308)*

Cayce erinnert uns daran, daß der Zweck des Lebens nicht einfach nur darin besteht, zu überleben. Auch wenn wir essen müssen, um überleben zu können, leben wir nicht, um zu essen. Wir sind hier, um an Bewußtsein zu gewinnen und die kreative Begabung zu verstehen, die in unserem Innern ist. Wenn wir jede Situation als Gelegenheit zum Wachsen nehmen, laden wir unseren Lebenssinn ein, sich vor uns zu entfalten. *(Cayce 2 – 170)*

... Begreife, dass der Sinn und Zweck deines Lebens nichts damit zu tun hat, was du aus ihm herausschlägst, sondern alles damit, was du in es hineinsteckst. Das gilt auch für Beziehungen. Der Sinn und Zweck deines Lebens ist der, dass du dein Selbst aufs Neue in der großartigsten Version der größten Vision, die du je über Wer Du Bist hattest, erschaffst. Dass du dein wahres Selbst verkündest und wirst, zum Ausdruck bringst und erfüllst, erfährst und erkennst.

Dazu brauchst du nichts von anderen Menschen in deinem Leben - oder von einer anderen Person im Besonderen. Deshalb kannst du andere lieben, ohne irgendetwas von ihnen zu verlangen. *(* Walsch 4 – 188)*

[Maria:] Was ist das große Ziel in eurem Leben? Wollt ihr so weitermachen wie bisher, ohne Plan und ohne eine Vision vor Augen, oder wollt ihr euch bewußt für Positivität, Liebe und Bewußtheit entscheiden? Gewohnheiten bedürfen keiner Entscheidung, damit sie einrasten, denn sie laufen mechanisch ab, ohne daß ihr etwas dafür tun müßt. *(* Zopf 4 – 161)*

Doch obwohl ihr aus Mir hervorgegangen seid, müßt ihr diesen Liebesgeist entwickeln und begreifen. Lebt, wandelt, erkennt und bleibt beständig im Guten, damit diese Stimme, die ihr vernommen habt, für immer das Licht über eurem Geiste ist; sie ist euer Gewissen, das euch dazu bringen wird, zu Mir zurückzukehren - nicht mehr als eben geborene Kinder, sondern als Wesen, die in der Tugend, in der Erfahrung und in allen Fähigkeiten, die Ich euch gegeben habe, entwickelt sind. *(* BWL 2 – 174)*

Ihr könnt sagen, was den Menschen oft gesagt worden ist, wenn auch nicht klar genug: Daß der Sinn ihrer Existenz und der Zweck ihres Lebens darin liegt, dorthin zurückzukehren, wo sie hergekommen sind. *(* Carmel – 73)*

Erkennung des Lebensplanes

Ist der Mensch sich seiner Lebensaufgabe nicht bewußt, dann wird jene Menschengruppe, die diese Erscheinung [Maria] sieht, nicht bereit sein, diese in den Mittelpunkt ihres persönlichen Lebens zu stellen, sondern sie wird sie leugnen oder verleugnen und wird so zu Handlangern der ungünstigen Wesen werden. *(* Emanuel(Kontr.) 9 – 189)*

Ob sie nun ihren Reinkarnationshintergrund erkennen oder nicht und akzeptieren oder nicht, so kommt auf jeden Fall unserer Aufgabe große Wichtigkeit zu, in diesem Leben ein gesundes und ausgewogenes Leben zu führen. Wir gestalten die Wirklichkeit unseres Seins und Lebens jeden Tag neu. Wir sind die Schöpfer unserer "vergangenen" Leben wie auch des jetzigen. Indem wir jetzt Probleme lösen, können wir die Bedingungen unserer "vergangenen" und "zukünftigen" Selbst um sehr vieles erleichtern. *(* Seth 9 – 185)*

Als Mensch trägt die Seele alles aus den Vorinkarnationen, all das, was nicht getilgt ist. Aus diesen Vorinkarnationen setzen sich Komponenten zusammen, die dann das Leben des neuen Menschen bestimmen. Und nun kommt es wieder darauf an, wie der Mensch denkt. Blickt er in die Inhalte seiner Verhaltensweisen, oder lebt er in den Tag hinein und schafft weitere Ursachen, gleich weitere Inkarnationen ? *(× Univ.-Leb. 8 – 133)*

... Von hundert Seelen, die sich entschließen, in dieser Zeit zurückzukommen, um die Christusenergie, die Messiasenergie der Evolution hervorzubringen, erfüllen nur zwei ihre Aufgabe. Denn die Seelen verlieren sich in ihrem Ego oder treten mit dem Universum in Wettbewerb. Sie wissen in ihrem Innern, wer sie sind, aber sie begreifen nicht, daß dies nicht die höchste Realität ist, und beginnen ihre Individualität mißzuverstehen. Auf dem Planeten Erde befinden sich viele in diesem Zustand. *(* Carmel – 283)*

Freier Wille
"Alles ist mir erlaubt - aber nicht alles nützt mir." (1. Kor. 6,12)
Doch jeder hat den freien Willen, sich selbst zu quälen, sich selbst zu malträtieren, sich dem Gott der Unterwelt als Sklave zu verschreiben - oder sein göttliches Erbe anzutreten. Das ICH BIN, der Geist, das Leben, zwingt euch nicht. Doch der Gott der Unterwelt zwingt euch, dies und jenes zu tun. In dem Augenblick, wo ihr den Druck fühlt, sollt ihr ihm dienen. Ich zwinge euch zu nichts. Ich übe keinen Druck aus. *(× Univ.-Leb. 8 – 97)*

Ihr seid hierher, in dies weltliche Bauwerk, freiwillig gekommen, und so, wie ihr gekommen seid, könnt ihr wieder gehen. Ihr braucht kein Wort aus Meinem Geiste annehmen. Ich strahle euch Meine Liebe zu. Nimmst du sie an, so wirst du im Inneren reich werden. Zweifelst du, ist auch gut. Lächelst du darüber, ist auch gut. Verwirfst du Mein Wort, ist auch in Ordnung - für dich. Doch Ich strahle weiter in alle Ewigkeit. Dadurch, Mein Kind, findest du zurück zu Mir. Wann, das überlasse Ich dir, denn du hast den freien Willen. *(× Univ.-Leb. 8 – 182-183)*

Leben - Lebenserfahrung
Menschen, die keine Verantwortung für die Erfahrungen ihres Lebens übernehmen wollen, sagen, dass Gott diese Erfahrungen erschaffen hat, und dass sie keine andere Wahl haben, als sie zu erdulden... Sie begeben sich lieber in die Rolle des widerwilligen Opfers als in die eines unwissentlichen Mitschöpfers. *(* Walsch 5 – 134)*

Jeder Moment eures Lebens ist ein heiliger Moment, ein Schöpfungsmoment. Jeder Moment ist ein neuer Anfang. In jedem werdet ihr wieder geboren.

Dies ist eure Reise zur Meisterschaft. Eine Reise, die euch aus dem selbst konstruierten Alptraum herausführen und in jenen wunderbaren Traum hineinführen wird, der von der Absicht her euer Leben sein sollte. Es ist eine Reise, die euch zu eurer Begegnung mit dem Schöpfer führen wird.
(* Walsch 5 – 141)

Karmaauswirkungen im Erdenleben
Liebe Geschwister, ich habe euch schon erklärt, daß das Karma keinen Sinn hätte, wenn ihr es nicht bewußt erleben würdet! Deshalb ist es vom Schöpfer her in das Gesetz hineingelegt worden, daß derjenige, der Verfeh-

lungen begangen hat, diese Verfehlungen auch spürbar wiedergutmachen muß! Denn aus diesem Spürbaren, aus diesem Fühlbaren, aus dieser Seelenschwingung heraus lernt der Mensch. Und wenn er lernt, geschieht das, was in einem Sprichwort gesagt wird: "Wer nicht hören will, der muß fühlen."

(* Emanuel 1 – 141-142)

Und bedenkt, bitte, noch eines: Es ist ja so, daß das von euch gewählte Schicksal vor euren Augen, vor eurem Bewußtsein verborgen ist. Und das hat seinen guten Grund! Ganz deutlich ausgedrückt: Viele könnten diese Lebensbahn oder dieses kurze Erdenleben sonst nicht tragen! Denn wenn ihr es nicht wißt, so habt ihr immer Hoffnung, und diese Hoffnung will euch Gott, der Schöpfer, und wir Geistwesen und Christus immer schenken und euch immer den Weg ebnen: Näher zur Hoffnung! Und mit der Hoffnung: Näher zum Licht!

(* Emanuel 1 – 145)

Das Wirken des Karmagesetzes findet sein Ende, wenn der Gottesfunke nach dem Willen Gottes die unumschränkte Herrschaft übernimmt. Dies ist dann zutreffend, wenn das kleine Ich und das Höhere Ich aufhören, Ich-mitbestimmend zu sein und nur mehr das Über-Ich sich dem Schöpferwillen freiwillig unterstellt.

(* Emanuel 1 – 172)

Wenn ich kein Geist Gottes wäre, so würde ich euch einen Rat geben, den ich aber nur "verhindernd" geben will: "Wenn ich Mensch wäre, so würde ich mich aus purem Egoismus entwickeln!"

(* Emanuel 1 – 16)

Wer gegen das göttliche Gesetz handelt oder seine Mitmenschen dazu verführt, der belastet seine Seele. Und auch jene belasten sich, die hörig waren, die ausgeführt haben, was eventuell du ihnen aufgezwungen hast. Daher sei wachsam!

(× Univ.-Leb. 7 – 49)

Kein Mensch kann vor sich selbst entfliehen. Jeder muß sich selbst ansehen und das abtragen, was er sich aufgetragen hat. Die Aufgabe, die ihm das Leben stellt, ist sein Leben. Sind Seele und Mensch nicht gewillt zu lernen, sich also durch Verwirklichung in Gott zu finden, dann wird das Leben der Seele und des Menschen härter und schwerer. Der Mensch sollte über den Weg seines irdischen Lebens nicht wehklagen und seinen Lebensweg nicht verurteilen.

(× Univ.-Leb. 4 – 146-147)

Aus dem karmischen Gesetz geht klar hervor, daß jeder von uns für seine eigene Lebenssituation verantwortlich ist. Durch unsere vergangenen Entscheidungen haben wir uns zu dem gemacht, was wir sind, und die Lebensumstände herbeigeführt, in denen wir uns befinden. Daraus folgt auch, daß wir durch unsere gegenwärtigen Entscheidungen unsere Zukunft schaffen, die Bedingungen, mit denen wir uns in künftigen Leben konfrontiert sehen, die persönlichen Stärken und Schwächen, mit denen wir diesen Umständen begegnen werden.

Wie wir gesehen haben, birgt die Seele eine Chronik aller ihrer Erfahrungen seit dem Moment ihrer Erschaffung. Alles, was sie getan hat, und alles, was ihr geschehen ist, bleibt in ihrem Gedächtnis, wie auch alle Entscheidungen, die sie jemals getroffen hat.

(Cayce 3 – 45)

Bestrafungen sind künstlich geschaffene Ergebnisse. Konsequenzen sind sich natürlich ereignende Resultate. Bestrafungen werden von jemandem von außen auferlegt, der ein anderes Wertsystem hat als der, der bestraft wird. Konsequenzen werden im Innern, vom Selbst, erfahren und erlebt.

(* Walsch 4 – 330)

Seelenpartner

Was sind Seelenpartner? Wir verstehen darunter Menschen, die sich gegenseitig dazu verpflichtet haben, sich auf der irdischen Reise der Inkarnationen zu unterstützen, füreinander dazusein und an einem gemeinsamen Ziel zu arbeiten. Diese Verpflichtung ist nichts Starres oder Enges, sondern sie entsteht immer aus Liebe heraus. *(* Zopf 7 – 70)*

Seelenpartner müssen nicht unbedingt in einer Liebesbeziehung zusammenleben, sondern sie können auch gute Freunde oder Vertraute sein, die einen kurzen Teil ihres Weges gemeinsam gehen. Nach dem Lösen der wichtigen Aufgaben können beide wieder den Weg für sich alleine gehen. *(* Zopf 7 – 78)*

Seelenpartner haben ein großes Interesse an der Entwicklung und am Weiterkommen des anderen. *(* Zopf 7 – 79)*

Ihr habt nicht nur einen einzigen Seelenpartner. Die meisten Menschen haben Verbindungen zu mehreren oder vielen Seelenpartnern. Ihr könnt sie daran erkennen, daß sie euch direkt in eurem Herzen treffen und berühren. *(* Zopf 7 – 143)*

Die Verabredungen zwischen Seelenpartnern werden also schon vor der jeweiligen Inkarnation getroffen und sind dadurch in gewisser Weise festgelegt. Natürlich ist es aber auch möglich, daß sich ein Mensch während eines Lebens so stark in eine vollkommen andere Richtung verändert, daß dieses Treffen nicht stattfinden kann. Generell finden aber die Seelenpartner, die sich verabredet haben, zueinander. *(* Zopf 7 – 149)*

... Ihre Intuition hilft ihnen dabei und bewegt sie z. B. dazu, eine Reise zu tun, die sie in das Land ihres Seelenpartners bringt. Ihre Energien wollen zusammen streben und tun dies auch, wenn es an der richtigen Zeit ist. *(* Zopf 7 – 148)*

Schicksal, Zufall und Prädestination

Was die sogenannten "Unfälle" angeht - den Lastwagen, der um die Ecke biegt, den Dachziegel, der von oben herabfällt -, so lernt, jeden dieser Vorfälle als kleines Steinchen eines größeren Mosaiks zu begrüßen. Ihr seid hierhergekommen, um einen individuellen Plan für eure eigene Rettung auszuarbeiten...

Ich sage euch dies: Es *gibt* keinen Zufall, und *nichts* ereignet sich "zufällig". Jedes Ereignis und Abenteuer wird von eurem Selbst zu eurem Selbst gerufen, damit ihr erschaffen und erfahren könnt, wer-ihr-wirklich-seid. Alle wahren Meister haben dies begriffen. Deshalb bleiben die großen Mystiker auch angesichts der schlimmsten Lebenserfahrungen (wie ihr sie bezeichnen würdet) gelassen. *(* Walsch 1 – 88-89)*

Forscht im Innern statt im Außen und fragt euch: "Welchen Teil meines Selbst möchte ich jetzt angesichts dieses Unglücks erfahren? Welchen Aspekt des Seins wähle und rufe ich auf?" Denn alles Leben existiert als Werkzeug eurer eigenen Schöpfung, und alle seine Ereignisse bieten sich euch nur als Gelegenheiten dar, zu entscheiden und zu sein, wer-ihr-seid. Das gilt für jede Seele, und so gibt es, seht ihr, keine Opfer im Universum, nur Schöpfer. Alle Meister, die auf diesem Planeten wandelten, wußten das.

Urteilt also nicht über den karmischen Weg, den ein anderer geht. *Beneidet nicht den Erfolg, bemitleidet nicht den Mißerfolg, denn ihr wißt nicht, was nach dem Ermessen der Seele ein Erfolg oder Mißerfolg ist.* Nennt ein Ding nicht Unglück oder freudiges Ereignis, solange ihr nicht entschieden oder beobachtet habt, wie es genutzt wird. Denn ist ein Tod ein Unglück, wenn er Tausende von Leben rettet? Und ist ein Leben ein freudiges Ereignis, wenn es nichts als Kummer und Leid verursacht hat? Aber selbst darüber sollt ihr nicht richten, sondern eure Meinung für euch behalten und den anderen die ihre lassen.

Das heißt nicht, daß ihr einen Hilferuf ignorieren sollt oder das Drängen eurer eigenen Seele, auf die Veränderung irgendeines Umstands oder Zustands hinzuarbeiten. Es bedeutet, daß ihr, während ihr das tut, was ihr tut, das Etikettieren und Verurteilen vermeiden sollt. Denn jeder gegebene Umstand ist ein Geschenk, und in jeder Erfahrung liegt ein Schatz verborgen.

(* Walsch 1 – 62-63)

Denkt ihr, daß die Dinge euch per Zufall widerfahren? So etwas wie Zufall oder Zufälligkeit gibt es nicht in diesem Königreich - und niemand ist ein sogenanntes "Opfer" des Willens oder der Pläne eines anderen. Alles, was euch widerfährt, habt ihr in euer Leben hineingedacht oder -gefühlt... Alles, was geschieht, geschieht als ein absichtlicher Akt, festgelegt durch Gedanken und Emotion. Alles!

Jahrtausendelang haben verschiedene Wesenheiten versucht, euch diese Wahrheit zu lehren - durch Rätsel, Lieder oder Schriften - aber die meisten von euch haben sich geweigert, sie sich zu vergegenwärtigen, denn nur wenige wollten die Verantwortung für ihr Leben auf den eigenen Schultern tragen.

(* Ramtha 1 – 46)

Die Frage, die sich einem bezüglich des Schicksals immer stellt, ist, ob es vorherbestimmt ist. Nach Cayce lautet die Antwort weithin schallend: *Nein.*

Wir haben einen freien Willen. Wir sind an unserem Schicksal beteiligt. Unsere Entscheidungen haben unentrinnbare, sogar determinierte Folgen, aber welche Entscheidungen wir getroffen haben oder treffen werden, ist weder vorherbestimmt worden, noch wird es jetzt vorherbestimmt.

(Cayce 6 – 143)

Erkennet: Bevor ein Schicksal über den Menschen hereinbricht, wird er vom Geiste des Lebens, der auch das Leben der Seele ist, und auch vom Schutzgeist oder durch Menschen ermahnt. Die Ermahnungen aus dem Geiste sind feinste Empfindungen, die aus der Seele strömen oder die der Schutzgeist in die Empfindungs- oder Gedankenwelt des Menschen einflie-

ßen läßt. Sie ermahnen den Menschen, umzudenken oder zu bereinigen, was
er verursacht hat. *(× Univ.-Leb. 1 – 306)*

Krankheit und Gesundheit

Die erste Ursache einer Krankheit liegt immer im Geiste, ist entweder
karmisch bedingt oder der Geist hat vor seiner Inkarnation erkannt, daß er
sich eben durch diese Prüfung am besten das erringt, was er bedarf. In der
Aura, dem Nervengeiste, dem Od, oder wie ihr die Fluide des Geistes nennen wollt (die das Seelenkleid sind, welches immer gerade dem Werte des
Geistes entspricht), liegt die weitere Möglichkeit oder Eingangspforte einer
Krankheit. Ist das Seelenkleid gesund, weil der Geist diesen Prüfungen entwachsen, so ist auch der Körper immun. *(* Emanuel 23 – 127)*

Krankheit ist nichts anderes als Disharmonie in der Odkraftschwingung.
Und so kann ich behaupten: Harmonie der Odkraftschwingung ist Gesund-
heit, Freude, Friede, Harmonie, Glücksempfinden, Geborgenheit, einfach all
das, was gottgewollt ist. Disharmonie der Odkraftschwingung ist Krankheit,
Haß, Neid, Mißgunst, Unglücklichsein, Ungeborgenheit und so weiter.
(* Emanuel/Hardus 11 – 39)

Wenn ihr das nur verstehen könntet, daß *ihr selbst die Ursachen eurer Krank-
heiten seid* und nicht euer Schöpfer! Der Schöpfer hat nur dieses Not-Ventil
"Krankheit" geschaffen, um euer Bewußtsein zu heben und euch durch die
Krankheit "auf andere Gedanken zu bringen"! *(* Emanuel 10 – 101)*

Eure sogenannten psychosomatischen Krankheiten sind die Folge dessen,
was ihr "Unverzeihlichkeit, üble Nachrede, böse Kritik, Haß, Zwietracht,
zwischenmenschliche Schwierigkeiten und dergleichen mehr" nennt! Durch
dieses ganze Bündel und noch vieles mehr, als ich aufgezählt habe, werden
nämlich eure psychosomatischen Krankheiten hervorgerufen!
(* Emanuel 8 – 110-111)

Eine der katastrophalsten Vorstellungen ist die, daß Krankheit als Strafe
Gottes angesehen wird. Leider verbreiten viele Religionen diesen Glauben.
Kinder, die gehorsam sein wollen, entwickeln unglücklicherweise eine
schwache Gesundheit, da sie somit das Gefühl haben, die Aufmerksamkeit
Gottes zu bekommen. Von Gott bestraft zu werden ist besser, als von Gott
ignoriert zu werden. Kinder, deren Eltern solche Einstellungen pflegen, leben
ein Leben in Verwirrung und Frustration. *(* Seth 10 – 220)*

Krankheit ist sehr oft das Ergebnis blockierter Energien, die sich nicht haben entladen können. Werden die Kanäle zu ihrer Freisetzung geöffnet, so
verschwindet die Krankheit meist rasch. Geschieht dies nicht, so kann das
schwerwiegende Konsequenzen zur Folge haben. Jede Persönlichkeit ist ihrer
eigenen Logik treu. *(* Seth 9 – 189)*

Es ist nicht einfach so, daß eine Zelle plötzlich der Krankheit gegenüber "in
ihrer Widerstandskraft erlahmt". Ich will versuchen, das Ganze so einfach
wie möglich zu erklären: Jede Zelle spiegelt einen psychischen Zustand wider. Eine Zelle existiert sowohl als eine selbständige Einheit für sich, wie
auch im Verbund mit allen anderen Zellen im Körper. Es gibt unzählige Ge-

mütsstimmungen, psychische Zustände, die sich in fortwährendem Austausch und Wandel befinden, wobei der übergreifende Gesamtzustand die biologische Integrität betrifft. *(* Seth 7 – 311)*

Jeder Gedanke, den eine Wesenheit hat, wird als Emotion in der Seele aufgezeichnet, und diese Emotion sendet jeder Zelle einen elektrischen Impuls, der die Zelle ernährt.

Selbsthaß, Selbstverleugnung, Gefühle von Wertlosigkeit, Unsicherheit, Eifersucht, Neid, Schuld, Zorn, Versagen, Kummer - diese Einstellungen degenerieren die Zellen im Körper und erschaffen Unwohlsein und Krankheit, denn es sind Einstellungen, die das Leben verändern, die es behindern.

Nun, jeder besitzt genetische Muster in den Zellen seines Körpers, die seinen Körper für bestimmte Krankheiten empfänglich machen. Dein Körper hat eine Neigung zu den gleichen Krankheiten, die deine Eltern manifestierten; denn ihre Einstellungen wurden in die genetische Masse von Ei und Samen, die zusammenkamen, um den Körper, den du bewohnst, zu bilden, hineinprogrammiert. So wird Krankheit im Körper vererbt. Aber diese "Chromosomen-Muster", wie sie genannt werden, werden nicht aktiviert, bevor du nicht die gleichen Einstellungen, wie sie bei deinen Vorfahren vorherrschten, annimmst. Wenn du das tust, beginnen die Chromosomenstrukturen in der DNS automatisch diese Muster in den Körper zu entlassen, um die gleichen Krankheiten zu erschaffen ...

Die Einstellung ist das Heilmittel. Sie ist das, was heilt. Wenn man anfängt, sich selbst zu lieben und aus seinem Gedankenprozeß die Einstellungen zu entfernen, die das Leben behindern, dann werden Frieden und Harmonie beginnen, die Zellstrukturen zu regieren...

Viele sind noch nicht bereit, ihre Krankheit loszulassen, - obwohl sie sagen, daß sie gesund sein möchten; - denn in ihren Seelen haben sie den Zweck, dem die Krankheit dient, noch nicht vollständig erreicht.

(Ramtha 6 – 106-107)*

Gesundheit bedeutet Einvernehmen zwischen eurem Körper, eurem Geist und eurer Seele. Wenn ihr nicht gesund seid, dann schaut nach, welche Teile von euch nicht zustimmen. Vielleicht ist es an der Zeit, dass ihr eurem Körper Ruhe gönnt, aber euer Geist weiß nicht, wie er das machen soll. Vielleicht verharrt euer Geist bei negativen, zornigen Gedanken oder bei Sorgen um das Morgen, und euer Körper kann sich nicht entspannen.

Euer Körper wird euch die Wahrheit zeigen. Beobachtet ihn einfach. Achtet auf das, was er euch zeigt, hört auf das, was er euch sagt.

Ehrt euren Körper. Haltet ihn gut in Form. Er ist euer wichtigstes physisches Werkzeug. Es ist ein großartiges Werkzeug, ein außergewöhnliches Instrument. Ihr könnt ihn extrem missbrauchen, und er wird euch immer noch so gut, wie er nur irgend kann, dienen. Aber warum ihn in seiner Effektivität mindern? Warum ihn schlecht behandeln? *(* Walsch 5 – 220)*

Krankheit wird unmittelbar durch dich selbst verursacht; sie ist deine Wahl. Du hast eingewilligt, bevor sie erschaffen oder durch deine Erlaubnis ermöglicht hast, basierend auf einer logischen Beurteilung und Karma aus vergangenen Leben. Daher bist du dafür in jeder Beziehung verantwortlich. Gott hat dir nichts "angetan". Sie gehört zu dir wie deine Arme und Beine. Du hast zuvor darum gebeten und darum ist sie jetzt hier.

(* Kryon 1 – 186)

Die Krankheit selbst ist ein Signal dafür, daß Sie nicht im Gleichgewicht sind, weil Sie vergessen haben, wer Sie sind. Sie ist eine direkte Botschaft, die Ihnen nicht nur die Art Ihres Ungleichgewichts deutlich macht, sondern Ihnen auch die Schritte zeigt, die Sie an Ihrem wirklichen Selbst und zur Gesundheit zurückführen. Diese Information ist sehr präzise, wenn Sie die Botschaft zu entschlüsseln vermögen.

(Brennan – 237)

Die Schlüsselfrage im Prozeß der Heilerziehung ist: "Was bedeutet die Krankheit für mich? Was ist die Botschaft meines Körpers? Inwiefern habe ich vergessen, wer ich bin?" Die Krankheit ist eine spezifische Antwort auf die Frage: "Was habe ich davon, daß ich krank bin?"

(Brennan – 259)

Heilungen und Geistheilungen

Ärztepräsident durch Handauflegen geheilt: Prof. Rocco Docimo, der Präsident des italienischen Chirurgenverbandes, war ausschließlich von der Funktion der Schulmedizin überzeugt. Dies änderte sich, als er an Hautkrebs erkrankte. Vier Monate lang besuchte er unterschiedliche Kollegen, ohne Erfolg. Auch in neuen Spezialkliniken konnte man ihm nicht helfen. Als er fast verrückt vor Schmerzen wurde, erinnerte er sich an einen ehemaligen Patienten, der mit geistiger Heilung in religiösem Sinn zu tun hatte. Prof. Docimo: "Wir beteten gemeinsam. Er legte mir die Hände auf, machte schließlich das Zeichen des Kreuzes über meinen Wunden. Das war am Abend. Am nächsten Morgen war ich geheilt. Es gibt keine Erklärung dafür. Viele Vorgänge des menschlichen Körpers können wir nicht erklären. Ich schäme mich nicht dafür. Es geschehen jenseits der Wissenschaft übernatürliche Dinge, die wir nicht verstehen."

(DAR 2/00 – 3)

Wo nehmen eure Geistheiler die Kraft her, die sie in den meisten Fällen zu Erfolgen führen? Ich sagte "Erfolg in den meisten Fällen", weil es bei manchen nicht Gottes Wille ist. Sie werden gespeist von seiner Kraft, wenn sie im Willen Gottes arbeiten. Dann wirken sie in dieser Kraft im Willen Gottes. Was tun sie im Prinzip? Sie beten mit ihren Händen, mit ihrer Seele, ihrem Körper und mit ihrem Geist, sie beten! Wenn sie auch nicht Worte aussprechen, so ist es doch ihr Wille, den sie dem Willen des Vaters unterstellen, und so ergibt das Gebet die Lebensgrundlage ihres Heilens und Wirkens!

(* Emanuel(Kontr.) 4 – 201-202)

... Für uns Geistwesen ist es eine Selbstverständlichkeit, daß wir die Gesetze der Odkraft beherrschen. Ihr sprecht z. B. von einem Wunder, wenn Geistärzte einen Tumor auflösen, der einige Tage oder längere Zeit im Röntgenbild sichtbar war und von irdischen Ärzten konstatiert wurde. Was ist in diesem Fall wirklich geschehen? Die Gesetze der Odkraft sind von einem höheren, leitenden Geistwesen in Anwendung gebracht worden! Wenn man weiß, daß heiße Odströme verdichtetes Od wie Tumore, Karzinome etc. auflösen, dann kann man sagen, daß es kein Wunder ist, sondern Gesetzmäßigkeit, die ein höherer leitender Geist beherrscht. Ihr beherrscht sie leider noch nicht, aber in der Zukunft wird es euch auch möglich sein.

(* Emanuel/Hardus 11 – 41-42)

Wenn Körper und Geist zusammenarbeiten, dann laufen die Beziehungen zwischen den beiden reibungslos ab, und ihre natürlichen Hilfskräfte versetzen euch in einen Zustand der Gesundheit und Gnade. Andererseits hat euch die Technologie die große Heilkraft der Musik zugänglich gemacht; Musik aktiviert die lebendigen Zellen eures Körpers, stimuliert die Energie des inneren Selbst und trägt dazu bei, das Bewußtsein mit den anderen Teilen eures Wesens in Einklang zu bringen. Die natürliche Heilwirkung des Tons kann auch eintreten, wenn ihr einfach nur dem Regen lauscht.

(* Seth 3 – 227-228)

Wenn die Heiler mit uns verbunden sind, kommt die Energie von den Zivilisationen Ancore und Aragon. Es ist ähnlich wie mit einem Laserstrahl; aber in eurer Welt und in eurer Sprache gibt es nichts Gleichwertiges.

Wenn das Heilen zwischen zweien stattfindet (dem Heiler und dem Patienten) und es sich um einen Mann und eine Frau handelt, die nahe beieinander sind, vermengen sich deren ätherische Körper, die dadurch veredelt werden und einen Trichter bilden, durch den wir wirken können.

... Die Energie ist wie ein Laserstrahl, der Gift aus dem Ätherkörper entfernt. Sie ist ein gewaltiger Filter, der Unreinheiten beseitigt. Es ist so, als würde man den Kranken umkrempeln, abtasten, sämtliche Giftstoffe entfernen - alles, was ihr Tumor nennt, alles, was nicht in den physischen Körper gehört - und ihn dann wieder umstülpen.

(* Carmel – 342-343)

Nach diesen Texten mussten die Familienmitglieder erst einmal innehalten und jeder horchte in sich hinein. Die Themen Lebensplan, Karma, Schicksal hatten sie sehr berührt. Schließlich meldete sich Lisa wieder: "Anscheinend haben wir uns in Omas Familie hineingeboren, damit wir durch sie zu der Suche angeregt werden, auf der wir uns jetzt befinden."

7.4.4 Heutige Probleme aus Sicht des Jenseits

Mensch, Menschheit, Körpersinne und Ego

Die meisten Menschen kennen gar nicht den Stand ihrer Entartung, sie kümmern sich auch nicht im geringsten darum, sondern glauben, es nimmt hier auf Erden alles seinen Lauf wie in der Vergangenheit von Jahrhundert zu Jahrhundert. Daß dem aber nicht so ist, das wollen wir euch mit dieser Durchgabe kundtun und klar machen. *(* Emanuel(Kontr.) 3 – 164)*

Die wenigsten Menschen denken darüber nach, warum es so ist, wie es ist. Für die meisten ist es wichtig, daß es ihnen gutgeht. Der Nächste, der am Wegrand bettelt, der krank daniederliegt oder der von seinen Mitmenschen mißhandelt und verachtet wird, interessiert die wenigsten Menschen - ebenso verhält sich die Masse der Menschen der Tier- und Pflanzenwelt gegenüber.

Auch das Desinteresse fällt unter das Gesetz "Was du säst, wirst du ern-ten". Wer sieht, daß Menschen Menschen mißhandeln oder töten; wer sieht, daß Menschen Tiere mißhandeln und töten und die Natur schänden; wer sieht, daß Menschen bewußt gegen die Gebote Inneren Lebens verstoßen, und die Augen verschließt, also nicht widerspricht - der ist nicht besser als der Täter. *(× Univ.-Leb. 4 – 249)*

Ihr seid die Dichte der Masse geworden und euer Bewußtsein hat zu wachsen aufgehört: es ist lediglich darauf gerichtet, wie ihr euch fühlt.

Habt ihr je euren Geist, den Gott in euch, gefragt, wie er sich fühlt? Bauch-schmerzen habt ihr, Blähungen habt ihr - doch wie steht es mit eurem Geist? Wie fühlt er sich? Er existiert einfach nicht als: "Ich identifiziere mich lediglich durch meine Sinne." Hier haben wir also das gesamte Bewußtsein, das eine Realität schafft, die rein physisch ist. Und ihr steckt auf der Seite Drei in dem Buch der Evolution fest. *(* Ramtha 9 – 148)*

Zu allen Zeiten, doch heute mehr als in der Vergangenheit, fühlt sich der Mensch als Herr seiner Handlungen, unabhängig von jedem geistigen Ge-setz. Er hat sich in ein egoistisches Wesen verwandelt, das nur an sich selbst denkt. Sein Herz ist ohne Liebe gegenüber den andern, und deshalb gleicht die Menschheit einer unermeßlichen Wüste, trocken und dürr. Können die Menschen sich in diesem Zustand vereinigen, sich verstehen und in ehrlicher und edelmütiger Weise helfen? - Nein! Wenn die Menschheit nicht den bösen Samen aus ihrem Herzen entfernt, wird sie sich weiterhin selbst zerstören; die einen werden den andern mißtrauen und fortfahren, sich zu streiten, solange sie ohne Liebe sind. *(* BWL 1 – 159)*

Ihr seid dreiteilige Wesen, und die meisten Menschen erfahren sich selbst als einen Körper. Selbst der Geist wird, nachdem sie dreißig geworden sind, vergessen. Niemand liest mehr. Niemand schreibt. Niemand lehrt. Niemand lernt. Der Geist ist vergessen. Er wird nicht genährt. Er wird nicht erweitert. Es gibt keinen neuen Input mehr und nur noch das Minimum des erforderli-chen Output... Er wird eingelullt, betäubt. Ihr tut alles, was ihr könnt, um ihn abzuschalten. Fernsehen, Filme, Schundromane. Was immer ihr tut, euer Motto ist: Denk nicht, denk nicht, *denk nicht!* ...

Die Wahrheit ist, daß die meisten Menschen nicht denken wollen. Sie wählen Führer, sie unterstützen Regierungen, sie folgen Religionen, die *kein unabhängiges Denken* erfordern.

"Mach's mir leicht. Sag mir, was ich tun soll." Die meisten Menschen wol-len das. Wo soll ich sitzen? Wann soll ich aufstehen? Wie soll ich grüßen? Wann soll ich zahlen? Was soll ich tun?

Wie sehen die Regeln aus? Wo sind meine Grenzen? Sag's mir, sag's mir, *sag's mir*. Ich mach es - jemand soll es mir nur *sagen*!

Dann widert sie das an, sie werden desillusioniert. Sie haben alle Regeln befolgt, haben getan, was ihnen gesagt wurde. Was ist schiefgegangen? Wann ging es kaputt? Warum brach es zusammen? Es brach in dem Augen-blick zusammen, in dem ihr euch von eurem Geist verabschiedet habt - dem größten kreativen Werkzeug, das ihr je hattet.

Es ist Zeit, daß ihr mit eurem Geist wieder Freundschaft schließt. Seid ihm ein Gefährte - er hat sich so allein gefühlt. Nährt ihn - er mußte so sehr hungern...

Nährst du deine Seele? *Bemerkst* du die überhaupt? Heilst du sie, oder verletzt du sie? Wächst du, oder verdorrst du? Dehnst du dich aus, oder ziehst du dich zusammen? Ist deine Seele so einsam wie dein Geist? Wird sie sogar noch mehr vernachlässigt? Wann hattest du das letzte Mal das Gefühl, daß deine Seele zum *Ausdruck* gebracht wurde? Wann hast du das letzte Mal vor Freude geweint? Gedichte geschrieben? Musik gemacht? Im Regen getanzt? Einen Kuchen gebacken? *Irgend etwas* gemalt? Irgend etwas Kaputtes repariert? Ein Baby geküßt? Eine Katze an dein Gesicht gedrückt? Einen Berg erklommen? Bist nackt geschwommen? Hast bei Sonnenaufgang einen Spaziergang unternommen? Auf der Mundharmonika gespielt? Gespräche geführt bis zum Morgengrauen? Stundenlang Liebe gemacht - am Strand, im Wald? Mit der Natur kommuniziert? Nach Gott gesucht?

Wann hast du das letzte Mal allein mit dem Schweigen gesessen, bist in den tiefsten Bereich deines Wesens gereist? Wann hast du das letzte Mal "hallo" zu deiner Seele gesagt? (* Walsch 2 - 155-157)

[Maria:] Das Sprichwort "Geld regiert die Welt" trifft im Moment auf die Einstellung der meisten Menschen zu. Diese materielle Ausrichtung hat verschiedenartige Auswirkungen, und sie hat in gewisser Weise ihren Preis. Durch die wenige freie Zeit, die ein Mensch heutzutage zur Verfügung hat, werden viele Bedürfnisse vernachlässigt, worunter sein inneres Wohlbefinden leidet. (* Zopf 4 - 25)

[Maria:] Viele Menschen übernehmen für sich selbst und ihr Leben keine Verantwortung, und sie sind sich darüber nicht einmal bewußt. Sie gleiten durch das Leben und laufen einmal in die eine Richtung, dann wieder in die andere, je nachdem wie es die Situationen ergeben und welche Menschen ihnen gerade begegnen. Sie haben kein bestimmtes Ziel, für das sie bereit sind, all ihre Energie einzusetzen. Andere haben zwar ein vages Ziel, aber sie lassen sich immer wieder von ihrem Weg abbringen.

Der Mensch hat den freien Willen, das zu tun, was ihm beliebt. Das ist ein großes Geschenk, denn er hat in seinem Leben immer die Wahl, welchen Weg er beschreiten will. Er bestimmt, ob er Verantwortung übernimmt oder nicht. Er kann sich für Frieden oder Krieg entscheiden. Er kann das Geschenk seines Lebens achten oder wegwerfen. (* Zopf 4 - 67)

Politiker werden von euch gewählt, aber ihr seid unzufrieden über ihre Arbeit, denn im Grunde lösen sie nie all ihre Versprechen ein. Zunächst nehmt ihr ihnen ihre Versprechungen ab, weil ihr an sie glauben wollt und weil es bequem ist. Dann seid ihr böse über sie, wenn sie ihre Versprechen nicht einlösen. Ihr seid aber auch nicht bereit, etwas dafür zu tun, daß diese Versprechen von ihnen eingelöst werden, und dadurch fühlt ihr euch machtlos.

Macht über das eigene Leben wird in Hände von Menschen abgegeben, die sie jeweils mehr oder weniger gut verwalten. Die Verantwortung für das eigene Leben wird zuwenig gesehen und übernommen. *(* Zopf 5 – 96)*

Überdruss und Gefühl der Sinnlosigkeit

[Frage:] Warum empfinden viele Menschen Lebensüberdruß auf dieser Erde - besonders im Jetztzustand?

[Antwort:] Zunächst einmal aus materiellen Gründen: z. B. Sinnlosigkeit des Lebens, Übersättigung des Lebens, Lebensleere, Müßiggang im Leben usw. Dann aus geistigen Gründen: Mangel an Gottesglauben, Mangel an Geistwissen, Unwissenheit hinsichtlich der Herkunft und Zukunft des Menschen, Unwissenheit, wozu dieses Erdenleben geschenkt wurde, Unwissenheit über die Tätigkeit Satans und seiner Helfersmächte, die die Menschen zu Mord und Selbstmord anspornen, usw. usf.

Daraus ergibt sich aus geistiger Sicht, daß viele Menschen dieses Lebens überdrüssig sind und dementsprechend auch danach handeln. Ihnen ist ihr Leben nichts mehr wert, ... *(* Hardus 1 – 130)*

Es ist das Zeitalter, in dem der Mensch ausgebrannt ist von der Jagd nach Reichtum und Macht. Er ist müde von der Schlacht um materielle Werte. Sein Inneres ist leer und sehnt sich nach Ruhe, Liebe und geistiger Erfüllung. Seine Gewohnheit treibt ihn aber immer wieder in den Kampf um das Materielle und lenkt ihn so von seiner Sehnsucht ab. Es ist eine Zerreißprobe für ihn! Gibt er seiner Sehnsucht oder seiner Gewohnheit nach? Viele Menschen stehen nun vor dem Punkt, an dem eine große Änderung in ihrem Leben möglich wäre. *(* Zopf 3 – 197)*

Unterdrückung und Apathie

Viele Menschen sind durch die sogenannten Sicherheiten eurer Gesellschaften schwerfällig geworden. Viele Menschen sind durch die vorherrschende Lebensweise sehr unflexibel geworden. Verlieren sie ihren Arbeitsplatz, den sie seit Jahren innehatten, so versuchen sie immer wieder eine gleichartige Arbeitsstelle zu bekommen, ohne vielleicht zu sehen, daß in dieser Branche gar keine Möglichkeit besteht. Sie müßten sich dann umstellen, etwas Neues lernen - sich eben verändern. Dies erscheint vielen nicht möglich, vor allem wenn sie ein bestimmtes Alter erreicht haben. Durch mangelnde Flexibilität geraten diese Menschen in große Schwierigkeiten.

Freude an Veränderung ist eine große vorwärtstreibende Kraft. Zu erkennen, daß das Leben ein ständig sich verändernder Fluß ist, hilft dabei, besonders in der heutigen Zeit, sich auf immer neue Erfordernisse einzustellen. *(* Zopf 1 – 151)*

Die Mehrheit der Menschheit hat bisher ein Opferdasein gelebt. Sie waren Opfer ihrer Partner, ihres Chefs, ihrer Priester, ihrer Staatsregierung und vielleicht sogar Opfer von nicht wohlgesinnten Außerirdischen. Alle waren stärker als sie oder es schien wenigstens so. Alle bestimmten, wo und wie es für sie, die Opfer, weiterging und was sie zu tun und zu lassen hatten. Jeder konnte ihnen sagen, daß sie gut oder schlecht waren und sie glaubten es.

(* Zopf 1 – 173)

Materialismus

Die Entwicklung auf Erden ist ungemein schwierig gestaltet, denn gerade jene, die für eine geistige Zivilisation reif geworden wären, stecken bis über den Kopf im Materialismus. Und wohin sollen die nicht so weit entwickelten Völker und Stämme schauen, wenn nicht auf das höchstentwickelte Beispiel der Erde? Was lernen diese wißbegierigen und lerneifrigen Völker von ihnen? Nur Materialismus tiefster Sorte, der sich in Haß, Habsucht, Eigennutz, Ausbeutertum und dergleichen mehr offenbart. Daher ist es auch klar, daß für eine geistige Umkehr zu Gott, unserem Vater, auf großer Ebene nur wenig Verständnis aufkommen kann. Den wenigen, die Rufer der Zeit sind, wird von den Handlangern der dunklen Mächte alles Erdenkliche an Schwierigkeiten in den Weg gelegt, es werden gleichsam Hindernisse aufgetürmt, damit das Licht der Wahrheit und der Liebe dieser Gnadenzeit nicht in ihr Herz leuchten kann. *(* Emanuel(Kontr.) 3 – 205)*

Viele Menschen haben sich vom Vater-Mutter-Gott abgewandt und sich dem Materialismus verschrieben. Infolge dieser Veräußerlichung werden auch die Sinne des Menschen immer gröber. Der Mensch verliert dadurch das feine Empfinden gegenüber seinen Mitmenschen und auch gegenüber der Natur. Er hat nur noch ein Ohr, einen Sinn für sich selbst, für sein Ich. Die Folge ist, daß er einzig nur noch auf sich selbst achtet und alles daran setzt, seine eigenen Wünsche zu befriedigen - ohne daran zu denken, wie es seinem Nächsten und auch seinem Übernächsten, dem Tier, ergeht.

(× Univ.-Leb. 1 – 480)

Institutionen

... Seht euch, ihr Lieben, doch um in eurem Miteinanderleben! Was ist das für ein gottentferntes und seelenfremdes Umweltgetriebe!

Erkennt als Geistchristen, dass alles Bemühen um Verbesserungen, die alleine von außen, also von verstanderfüllten Reformen, Gesetzen, Vorschriften erwartet werden, bisher zum Scheitern verurteilt waren. Denn die wesentlichste Voraussetzung für eine Gesamtverbesserung des zueinander und miteinander Strebens der Erdenmenschheit ist eine persönliche, geistseelische Bewusstseins-Erweiterung bis hin zu kosmischer Lebensverantwortung.

(* Emanuel 20 – 72)

Eine Zivilisation, die der Kreativität keinen Spielraum gibt, gefährdet ihren eigenen Bestand. Eine Nation, die begabten Menschen mit Mißtrauen begegnet, statt sie zu fördern, befindet sich, gelinde gesagt, in Schwierigkeiten. Eure Psychologen, die den Akzent auf die "Norm" legen, bringen die Menschen dazu, sich vor ihren individuellen Besonderheiten und Begabungen zu fürchten, ... *(* Seth 7 – 388)*

AUF EUREM PLANETEN habt ihr jedes System rundweg abgelehnt, das nicht den Fortschritt des einen auf Kosten des anderen zuläßt. Wenn ein Regierungs- oder Wirtschaftssystem verlangt, man solle versuchen, die von allen geschaffenen Gewinne an alle gerecht zu verteilen, und wenn es sagt, daß die Ressourcen allen gehören sollen, dann sagt ihr stets, daß ein solches System gegen die natürliche Ordnung verstößt. Doch in hochentwickelten Kulturen *ist* das gerechte Miteinanderteilen die natürliche Ordnung.   *(* Walsch 3 – 382)*

Selbst eure Regierungen - diese Institutionen, die ihr zum Schutz und zur Wahrung eurer Bedürfnisse gegründet habt - lügen euch an. Ja, ihr habt eine ganze Gesellschaft geschaffen, die sich auf Lügen gründet.

Manche dieser Lügen nennt ihr "Geheimnisse", aber sie sind dennoch Lügen, denn ein Zurückhalten der Wahrheit ist schlicht und einfach eine Lüge. Es ist das Versäumnis, die ganze Wahrheit zu enthüllen, andere alles wissen zu lassen, was es zu einem Thema zu wissen gibt, damit jeder auf der Grundlage von allen Informationen Entscheidungen treffen kann.

(* Walsch 4 – 405)

Technologien

WIE ICH SCHON sagte, steht eure Zivilisation nicht zum erstenmal vor diesem Abgrund. Ich möchte es noch einmal wiederholen, *denn es ist lebenswichtig, daß ihr es hört.* Schon einmal [Atlantis] überstieg auf eurem Planeten die von euch entwickelte Technologie bei weitem eure Fähigkeit, sie verantwortlich zu handhaben. Ihr nähert euch wieder demselben Punkt in eurer Menschheitsgeschichte. *Es ist von entscheidender Bedeutung, daß ihr das versteht.*

Eure gegenwärtige Technologie droht eure Fähigkeit, sie klug und weise zu nutzen, zu überflügeln. Eure Gesellschaft steht kurz davor, zum Produkt der Technologie zu werden, statt daß die Technologie ein Produkt eurer Gesellschaft ist. Wenn eine Gesellschaft zum Produkt ihrer eigenen Technologie wird, zerstört sie sich selbst ...

Das Universum ist in sich selbst eine Technologie. Es ist die *großartigste* Technologie. Sie funktioniert perfekt. Von ganz allein. Aber wenn ihr da erst mal drin seid und anfangt, euch in universelle Prinzipien und Gesetze einzumischen und an ihnen herummurksen zu wollen, lauft ihr Gefahr, gegen sie zu verstoßen. Und dann müßt ihr zur Strafe auf die Ausgangslinie zurück...

IHR SEID KURZ davor. Nur ihr könnt das entscheiden. Ihr entscheidet das durch eure Handlungen. Ihr wißt zum Beispiel jetzt genug über die atomare Energie, um euch selbst in die Luft jagen und in die ewigen Jagdgründe befördern zu können.

[Frage:] Ja, aber das werden wir nicht tun. Dazu sind wir zu klug. Wir werden uns davon abhalten.

WIRKLICH? VERMEHRT UND verbreitet ihr nur weiter eure Massenzerstörungswaffen wie bisher, dann werden sie bald in die Hände von jemandem gelangen, der die Welt damit erpreßt - oder sie bei diesem Versuch zerstört ...

UND WENN IHR euch nicht durch diesen nuklearen Irrsinn umbringt, werdet ihr die Welt durch euren ökologischen Selbstmord zerstören. Ihr demontiert das Ökosystem eures Heimatplaneten, behauptet aber weiterhin, daß ihr das nicht tut.

Und als ob das nicht schon genug wäre, bastelt ihr auch noch an der Bio-chemie des Lebens selbst herum. Ihr befaßt euch mit dem Klonen und der Gentechnologie mit viel zuwenig Sorgfalt. So kann sie nicht zum Segen für eure Spezies werden, sondern ihr droht die größte Katastrophe aller Zeiten daraus zu machen. Wenn ihr nicht aufpaßt, werden sich eure nuklearen und ökologischen Bedrohungen dagegen wie ein Kinderspiel ausnehmen.

Durch die Entwicklung von Medikamenten, die die Arbeit übernehmen, die an sich euer Körper tun sollte, habt ihr so resistente Viren geschaffen, daß sie locker eure ganze Spezies auslöschen können. *(* Walsch 3 – 348-351)*

Einfluss der Medienunternehmen

Wann denkt ihr nach? Ständig dröhnt Musik auf euch ein. Der Fernseher läuft auch ohne Ende. Und ihr redet dauernd. Wann habt ihr die Möglichkeit, etwas Größeres zu umfassen als platte Unterhaltung? Die Stille ist eine noch zu erweckende Macht, und sie ist mächtiger als die Grauen Männer *[Gegen-seite]*, in der Tat, mächtiger als versklavende Gesetze und Dogmen. Sie ist eine Macht, die Freiheit erzeugt, und zwar fortdauernde Freiheit.

(* Ramtha 2 – 125)

Täglich lest ihr mit großem Interesse eure Zeitungen und seht im Fernse-hen die Nachrichten. Ihr müßt ja schließlich informiert sein! Doch welcher Art von Informationen setzt ihr euch tagein, tagaus aus! Diese Art der Kom-munikation ist durchaus negativ. Es wird berichtet, wie ihr wißt, von Krie-gen, Vergewaltigungen, Krankheiten, Unfällen und Naturkatastrophen, die Menschen getötet haben usw.

Durch die negative Berichterstattung werden die Ängste der Menschen geschürt - Angst vor Naturkatastrophen, Angst vor dem Verlust des Arbeits-platzes, Angst vor Krankheit und Tod. *(* Zopf 1 – 123)*

Im heutigen Informationszeitalter werdet ihr von den natürlichen Infor-mationsquellen ferngehalten. Man hat euch aufgeschwatzt daß das Fernse-hen eine große Informationsquelle sei. Dieses Gerät ist als eine der größten Erfindungen dieses Jahrhunderts vermarktet worden. Eure Medien werden jedoch von denjenigen kontrolliert, die euch bloß unterhalten und unbewußt halten wollen. Sie verhökern ausgesuchte Versionen der Wirklichkeit und ignorieren andere vollkommen. Fernsehen verlangsamt den Evolutionspro-zeß und begrenzt euch, besonders als Kinder. Wenn man jung ist, spielen frühe Eindrücke und die Vorstellungskraft eine Schlüsselrolle für das spätere Leben. Fernsehen hält euch in einem sehr engen Bereich des emotionalen Ausdrucks - grundsätzlich bloß dem von Chaos und Angst. *(* Marciniak 1 – 96)*

Kriege, Terrorakte und Katastrophen

... Denn die meisten Kriege - und das könnt ihr drehen, wie ihr es wollt, ob ihr es nun wirtschaftliche Kriege nennt oder anders, es ist immer ein Kampf zwischen Licht und Dunkel. *(* Emanuel 20 – 92)*

Der Brudermord ist keine Heldentat, keine nationale Forderung, sondern ein universelles Verbrechen. Ein Krieg ist eine Gewaltentscheidung unter Mißbrauch der menschlichen Intelligenz, Arbeitskraft, Gesundheit, Freiheit und des physischen Lebens. Jeder Krieg ist in unseren Augen der vollendete Beweis einer Unfähigkeit, mit allen Menschen eines Planeten in Harmonie, Frieden und Fortschritt zu leben. Wer einen Krieg plant und ihn vorbereitet, plant einen Massenmord, eine Massenzerstörung und Vernichtung und versündigt sich gegen die HARMONIE DES UNIVERSUMS! Er ist unwissend, grenzlos gottlos und befindet sich in einer Art geistiger Umnachtung. Wenn er wissend wäre, würde ihm jeder Gedanke an ein solches Vorhaben ein Grauen auslösen. *(* Ahastar Heft 5 – 7)*

Die meisten Menschen dieser Erde haben keine klare Richtung und kein klares Ziel, wohin sie gehen und wie sie ihr Leben gestalten möchten, selbst wenn solch große Bedrohungen, wie sie heutzutage existieren, auf sie zukommen.

Eine endlose Kette an Vergeltungsschlägen und Rachefeldzügen findet statt. Leid durch Morden, durch Töten, durch Bomben auszugleichen, ist nicht möglich. Es ist eine schiere Unmöglichkeit.

Diese Terrorakte sind ein Symbol des Kampfes der Menschen gegeneinander. Sie sind ein Symbol dafür, wie sehr andere in gute und böse, in höhere und niedrigere, in gottesgläubige und abtrünnige Menschen eingeteilt werden.

Glaubt nicht, daß wir für irgendeine Gruppe Partei ergreifen würden. Alle Beteiligten in diesem Drama, in diesem Spiel befinden sich im Irrtum. *(* Zopf 5 – 11-12)*

Man kann aggressive Taten oder Kriege nicht durch neue Aggressionen und Kriege zu einem friedlichen Ende führen. Ein Krieg spiegelt immer einen tiefen Konflikt wider. Ein Terrorakt zeigt einen Mißstand oder ein Problem in den Aggressoren selbst oder aber einen bereits bestehenden äußeren Konflikt auf und legt ihn allen Menschen offen dar. In gewisser Weise zeigten die Menschen, die den Terrorakt am 11. September begangen haben, solch einen bestehenden Konflikt auf. Dies war ihnen wichtiger, als ihr eigenes Leben. Hinzu war ihnen das Leben der betroffenen Menschen völlig unwichtig, ja, der Erfolg ihrer Aktion war für sie um so größer, je mehr Menschen getötet wurden. Universelle Gesetze wurden mißachtet.

Wie kann man auf solch einen brutalen Akt reagieren? Natürlich müssen die Menschen, die diese Taten in Gang gesetzt haben, zur Rechenschaft gezogen werden. Sie müssen aber auch die Gelegenheit bekommen, die Hintergründe für ihre Taten aufzeigen zu können. Ihr könnt solch eine Tat nicht dadurch ausgleichen, indem ihr die Menschen, die sie begangen haben, vernichtet, tötet oder niederschlagt und dabei sogar in Kauf nehmt, daß andere unschuldige Menschen ebenfalls getötet werden. Auch das mißachtet die universellen Gesetze, und es erscheint so, als ob Gleiches wiederum Gleiches anzieht. Der erste, der Täter, widersetzt sich den universellen Gesetzen, der zweite, der Angegriffene, tut dies ebenfalls. Das bringt keine Lösung und keinen Frieden. *(* Zopf 5 – 44-45)*

Der Kampf, der momentan stattfindet, scheint zwischen den zwei großen Parteien des Westens und des Ostens oder der Partei der Christen und der

Moslems stattzufinden. Das ist aber nur eine Seite des Geschehens. Der große Kampf findet auch im Namen des materiellen Besitzes, der materiellen Güter, des materiellen Reichtums statt. *(* Zopf 5 – 63)*

Die größte Lehre dieses Konflikts ist, daß jeder Mensch dieser Erde aufgefordert ist, ob Moslem, Hinduist, Buddhist oder Christ, ob reich oder arm, ob gebildet oder ungebildet, die Gemeinschaft aller zu erkennen.

Es ist auch keine Zeit, arme Länder weiterhin auszubeuten, damit andere, bereits wohlhabende Länder noch reicher werden. Die Naturschätze der Erde gehören allen Menschen, wenn man überhaupt davon sprechen kann, daß die Naturschätze den Menschen gehören! Alle Menschen haben ein Recht und einen Anspruch, auf dieser Erde zu sein und sich auf ihr frei bewegen zu können. Die Erde ist für alle Menschen da. *(* Zopf 5 – 93)*

Weiterhin wird es Naturkatastrophen, Terroranschläge oder Kriege geben. Hierbei ist es wichtig, wie ihr innerlich damit umgeht - ob ihr hoffnungslos, mutlos und verzagt werdet, oder ob ihr euch darum bemüht, zwischen all dem äußeren Chaos in euch selbst einen Ort des Lichts und des Friedens zu erschaffen. *(* Zopf 5 – 108)*

Schau dir eure Welt an. Die letzten Überreste eures *way of life* sind euch am 11. September 2001 abhanden gekommen. Sicherheit und Geborgenheit, so wie ihr sie nach menschlichen Normen begreift, gibt es nicht mehr. Die Herausforderung besteht nun nicht darin, zu verhindern, dass ihr weiterhin an Sicherheit und Geborgenheit verliert, sondern darin, sie zurückzugewinnen. Ihr könnt versuchen, das auf der physischen Ebene zu erreichen, indem ihr Bomben und Panzer und Soldaten und wirtschaftliche oder politische Macht einsetzt. Oder ihr könnt euch dazu entscheiden, dies auf spiritueller Ebene zu erreichen, indem ihr eure Glaubensvorstellungen ändert. *(* Walsch 6 – 287)*

Hans: "Diese Texte fordern uns auf, wachsamer zu werden und immer wieder zu prüfen, welches der Hintergrund der Geschehnisse ist, die wir beobachten, d.h., inwieweit die Gegenseite dahinterstecken könnte."

Vera: "Nach dem, was ich beim Vorbereiten der nächsten Texte gelesen habe, reicht der Einfluss der Gegenseite auf die Menschen von sanften Versuchungen bis hin zu körperlicher 'Besetzung'."

7.4.5 Der Einfluss der Gegenseite auf die Menschen

Besessenheit und Exorzismus

Abgesehen von der allgemeinen Macht über die Menschheit, konnten der Teufel oder seine Dämonen von jedem einzelnen Besitz ergreifen. Das Opfer einer derartigen Besitzergreifung wurde Energumen genannt. Sein Körper stand unter zeitweiliger Kontrolle eines Dämons, der durch Exorzismus vertrieben werden konnte. Eine solche Besitzergreifung fand keineswegs freiwillig statt; das Opfer hatte den Teufel nicht aus freien Stücken eingelassen. Daher war der Energumen keineswegs ein Sünder; er unterschied sich völlig von jemandem, der willentlich Dämonen angerufen hatte. Sobald der Dämon ausgetrieben war, kehrte der Energumen in sein normales Leben zurück; meist hatte er keine Erinnerung an die Zeit, in der sein Körper außer Kontrolle gewesen war. *(Russel – 168)*

Wenn der unreine Geist von einem Menschen ausgefahren ist, so durchstreift er dürre Stätten, sucht Ruhe und findet sie nicht. Dann spricht er: Ich will wieder zurückkehren in mein Haus, aus dem ich fortgegangen bin. Und wenn er kommt, so findet er's leer, gekehrt und geschmückt. Dann geht er hin und nimmt mit sich sieben andre Geister, die böser sind als er selbst; und wenn sie hineinkommen, wohnen sie darin; und es wird mit diesem Menschen hernach ärger, als es vorher war. So wird's auch diesem bösen Geschlecht ergehen. *(Matthäus Kapitel 12 Vers 43-45)*　　　*(Buchwald – 106-107)*

Von jeher machen die Menschen Dämonen und böse Mächte verantwortlich für Naturkatastrophen, Elend, Krankheit und Tod... Und seit ewig versuchen die Menschen, Dämonen aller Art zu besiegen.

Dafür haben sie den Exorzismus (von griechisch exorkizein: beschwören) erfunden. Ursprünglich ein in fast allen Religionen bekanntes Verfahren, böse Geister herbeizuwünschen oder fern zu halten. Insbesondere wurde und wird er heute noch angewandt, um teuflische Mächte zu vertreiben, "verhexte" Menschen und Orte so vom Dämon zu befreien.

Pater Amorth, früher oberster Chef aller Exorzisten dieser Welt und heute Präsident der internationalen Vereinigung der Exorzisten, hat - nach eigenen Angaben - mehr als 1000 Teufel ausgetrieben. *(PM 3/00 – 26-27)*

Jetzt, heute, ist die Zeit des Antichristen! Er mobilisiert alle seine Streitkräfte, bringt alle erdenklichen Strategien gegen uns, die einen Höhepunkt seiner Verführungskünste darstellen, um uns mit ihm in die Hölle untergehen zu lassen, da er ja Herrscher dieser Unterwelt ist. Nur so kann er sein Welt-Reich aufrechterhalten - meint er.

Über diese Strategien, diese "Machenschaften Satans" in unserer Zeit, wissen die allerwenigsten Christen Bescheid, ebensowenig sehr viele spirituelle Gruppen. Die wenigsten Geister lehren darüber. Das zeigt damit auch ihren Stand. Solche Geister konzentrieren sich daher oftmals nur darauf, ihren Hörern das Gefühl einer bestimmten Wichtigkeit zu vermitteln. Betrachtet man deren Botschaften mit Verstand genauer, so sind sie voller nicht greifbarer Allgemeinaussagen. Es ist gefühlsgeladenes Wichtiggetue, womit Erkenntnismangel (Lichtmangel) in keiner Weise beseitigt wird. Viele Gruppen wollen es leider auch nicht anders. *(Bareuther – 20)*

Die Eingriffe und Angriffe der Gegenseite

Er *[Luzifer/Satan]* will nicht haben, daß die Geisterwelt Gottes im Auftrag Jesu Christi durch den Spiritualismus Kundgaben durchgibt. Er will nicht haben, daß die Menschen an sich arbeiten und ihm so durch die Netze, die er gespannt hat, entgleiten. Er will nicht haben, daß die Menschen mit geistiger Nahrung gestärkt werden, Kraft schöpfen, adäquate geistige Kraft erbitten und auf ihrem Lebensweg zu Gott leichter fortschreiten können. Infolgedessen muß diese Bewegung des Spiritualismus von der Erdenbühne verschwinden, das ist seine Parole, das ist der Hintergrund des "Teile und herrsche!".

Ihr seht ja, wie es zugeht! Alles ist teilbar geworden, nicht nur in Völker, Rassen, Stämme, Konfessionen usw., sogar die Keimzellen der Gemeinschaft, die Ehen, sind teilbar geworden. Wieviele Ehen haben noch Bestand in eurer Welt? Glaubt ihr denn, daß hier der Herr der Tiefe nicht seine Finger im Spiel hat? Was er will, sind Einzelwesen, die er nach seinem Gutdünken manipulieren kann. Der Mensch soll keinen Halt haben auf dieser Erde, er soll von ihm programmiert werden können ...

Der Plan und das Wirken Luzifers umfassen drei Perioden oder Zeitabschnitte:

1. Zuerst gab er dem Bewußtsein der Wissenschaftler und Gelehrten des sogenannten Industriezeitalters die Gedanken ein, die zur Erfindung der verschiedenartigsten Maschinen führten. Luzifer weiß genau, was er damit den Forschern und Gelehrten eingab, denn durch hiefür geeignete Maschinen werden unter anderem die Samenkörner, die Nahrungs- und Lebensmittel teilbar, d.h. ihrer Ganzheit beraubt... Er mußte ihr also die von ihm aus gesehen geeignete Nahrung verschaffen und erreichte dies, indem er den Menschen Teilwertprodukte vorsetzte, die von Maschinen erzeugt werden und die Gene, Chromosomen und Erbfaktoren der nachfolgenden Generationen fortlaufend schädigen, sodaß sich auch die Vernunft im Geist des Menschen nicht entsprechend ausbilden kann ...

2. In einem nächsten Zeitabschnitt entwickelte der Mensch durch den Einfluß Luzifers Automaten. Luzifer will den Menschen ihren freien Willen nehmen, sie völlig automatisieren und wie eine Herde dirigieren. Es gilt daher sein Ausspruch: "Ihr werdet mit uns" - damit meint er sich und seine Helfershelfer - "weder in der äußeren noch in eurer inneren Welt fertig!" Weil sich die Vernunft bereits in den Erbfaktoren nicht mehr entwickeln kann, auch wenn es das Geistwesen will, hat Luzifer den Großteil der Menschen bereits zu Automaten, zu Nichtdenkern gemacht und so die Menschheit entscheidend geschädigt!

3. Auch bei der Mikroelektronik hat Luzifer seine Hände im Spiel, ebenso bei der Atomspaltung. Er hat euren Verstand ausgebildet, und da die Vernunft sich nicht entwickeln konnte, weil - wie bereits gesagt - durch Generationen hindurch die Fehl-, Miß- und Maschinenernährung eure Gene und Chromosomen degeneriert hat, seht ihr in der Atomspaltung einen enormen Fortschritt; ja, die Menschheit hat für Luzifer gearbeitet!

Aber die Geisterwelt Gottes soll euch die Wahrheit verkünden und euch sagen, wie es in Zukunft weitergeht; das darf ich im Auftrag Christi durch Helia-Mer tun. So muß ich leider sagen: Die Auswirkungen werden ärger, wenn die Menschheit nicht Vernunft annimmt und sich ändert.

Hinsichtlich der sogenannten Degenerierung der Vernunft hat Luzifer bereits Menschen, die sich damit beschäftigen, die Gedanken eingegeben, wie sie in die Gene und Chromosomen, also in die Erbfaktoren der jetzt lebenden und zeugenden Menschheit, Züchtungen hineinbringen können, durch welche die sich bildende Vernunft des Geistwesens völlig ausgeschaltet werden kann und wodurch die zukünftigen Menschen durch Austauschen bzw. Auswechseln der Geninformationen für die folgenden Generationen so beeinflußt werden können, daß sie richtige "Teufel" werden.

(* Emanuel/Hardus 5 – 28-32)

[Frage:] Gibt es unwiderstehliche Versuchungen, die die bösen Geistermächte für die Menschen parat haben?

[Antwort:] Versuchungsarten gibt es viele, aber keine unwiderstehlichen! ...

.. Vielen kommt es vor, daß etwas Unwiderstehliches in ihnen sie plötzlich zum Tunmüssen auffordert, ja drängt!

Und nachher, vielgeliebte Seelchen, steht ihr trauernd, weinend, mitfühlend vor dieser Tat, die ihr gesetzt habt, und meint: "Ich konnte nicht anders"! Dazu ein guter Rat von eurem Hardus: Bevor ihr Entscheidungen trefft, haltet einen Augenblick inne, geht geistig ganz kurz über den Gottesfunken zu eurem Schöpfer oder zu Christus und sagt: "Hilf mir in dieser Situation!" Die Menschen sagen meistens: "Ich schaffe es nicht" - und glauben nicht an sich! ... Also bevor ihr Entscheidungen trefft, tut das, und ihr werdet sehen, die Entscheidung, die ihr eine oder zwei Minuten später trefft, hat eine ganz andere Wirkung, als wenn ihr den Schöpfer ganz außer acht laßt!

(* Hardus 1 – 124-125)

[Frage:] Lieber Emanuel, die Negativen haben ihre Seelenkräfte weitgehend verbraucht oder ganz verspielt. Für jede Tätigkeit ist jedoch Energie notwendig. Wie können negative Geistwesen, z. B. Luzifer, agieren, außer sie ziehen Energien von Menschen ab?

[Antwort:] Warum sind die Ungünstigen scharenweise auf dieser Erde und in der menschlichen Nähe? Warum? Weil sie Energie brauchen, um ihre schändlichen Werke an den Menschen, an ihren Energielieferanten, zu vollbringen! Oder sie hausen - wie Jesus sagte - in endlosen Wüstenräumen und warten auf die Gelegenheit, wieder in das gereinigte Haus einzudringen. Und dann werden die letzten Dinge dieses Menschen ärger sein als vorher. Das sind alles Tatsachen.

(* Emanuel 18 – 137-138)

Es ist so schwer, den Menschen klarzumachen, daß die Mächte der Finsternis hier auf Erden ja ihre unmittelbarste Gegenwart sind. Wenn ihr etwas tun wollt für eure Erdenzukunft, dann betet für die Mächtigen dieser Erde. Denn von ihnen hängt es ab, wie weit sie euch in die Höllenschlünde führen.

Ihr seid aber nicht nur den Mächtigen hörig, sondern seid auch wissenschaftshörig - ich meine damit die ganze Menschheit. Und ihr verwendet gerne das geflügelte Sprichwort: "Es ist immer noch weitergegangen, so wird es auch dieses Mal weitergehen." Es geht weiter, aber in welchem Zustand, das ist eine andere Sache.

(* Emanuel 18 – 146-147)

... Die Menschheit ist aber blind gegen ihre ärgsten Verführer. Und weil das so ist, entsteht gegen diejenigen, die aufklärend wirken wollen, Aggression, Ablehnung, und es kommt zu schweren Entgleisungen im Gedankenleben der Menschen.

Die Gewohnheit hat sich im irdischen Leben der Menschen so eingespielt, daß sie den Verursacher all dieser Umstände überhaupt nicht mehr erkennen. Die Gewohnheiten sind den Menschen lieb geworden, sie können sich so schwer von ihnen trennen, und daher verteidigen sie sogar den Verursacher. Und so muß die Geisterwelt Gottes unverrichteter Dinge zu Christus zurückkehren und sagen: "Es ist umsonst gewesen, die Menschen sind verblendet!" *(* Emanuel/Hardus 5 - 102-103)*

... Alle Werkzeuge aber, die satanischen Werken, Worten und Taten Vorschub leisten und Satan dienen, nenne ich negative Propheten. Sie haben die Aufgabe, die Menschen von Gott fernzuhalten und in der Materie zu binden. Es ist sehr wichtig, daß ihr diesen Unterschied versteht.

Noch ein kleiner Zusatz: Leider, leider gibt es eine große Überzahl bei jenen Werkzeugen, die dem Negativen dienen. Und sehr schwach bestellt ist es um die Werkzeuge, die der Geisterwelt Gottes und damit Gott und Christus dienen. Leider ist es so um eure Erde bestellt, aber es hängt vom Willen der Menschen ab. *(* Hardus 2 - 31)*

... Je mehr ein Mensch auf dieser Erde gereift ist, je mehr er sich um das Gottgewollte bemüht, um so stärkere Angriffe wird er von den ungünstigen Wesen haben. Sei es bei der täglichen Arbeit, bei den Arbeitskollegen, sei es in der eigenen Familie, seien es Schwierigkeiten im Berufs- oder Außenleben, er wird immer konfrontiert mit Angriffen. Dies deshalb, weil die ungünstigen Wesen wissen: Der wird uns entgehen!

Und weil sie niemanden aus ihrem Machtbereich weglassen wollen - das wollen ja auch eure irdischen Machthaber nicht -, infolgedessen greifen sie ihn über andere Menschen, über Werkzeuge, über Irdisches, wo sie nur können, an. Doch das Angreifen, das Verführenwollen oder das Zufallbringenwollen macht den Weisen, den Gereiften nur stärker. Er erkennt früher oder später ihre Tricks, ihre Angriffsweisen, und mit Gelassenheit schreitet er auf seinem Weg "näher zu Gott" weiter. Er regt sich nicht auf wegen Kleinigkeiten, fordert keinen anderen Menschen zu einem Streitgespräch heraus, sondern er steht über diesen Dingen, weil er weiß: Die negativen Wesen versuchen alles und setzen alles daran, um mich zu Fall zu bringen.

(* Emanuel 16 -173)

Esoterik
... Luzifer nährt eure Geistseelen mit falschen, aufoktroyierten Ersatzreligionen! Und die Esoterik neigt dazu, ein Tummelplatz von negativen Wesen zu werden. Während ich die wirkliche Gläubigkeit, die Gottgläubigkeit, als Fundament und Grundstein in das lebendige Geistchristentum setze. Auch die Esoterik hat viele goldene Körner! Aber wer kann es unterscheiden? Die Esoterik ist zum Tummelplatz ungünstiger Wesen geworden. Es sind Ersatzreligionen, die Luzifer den Menschen schmackhaft macht. *(* Emanuel 12 - 72)*

Angst und Furcht
Wollt ihr wissen, was ich von Angst halte? Überhaupt nichts, denn sie existiert gar nicht. Sie ist nur eine von ungünstigen Wesen aufgezäumte, ins

negative, schiefe Licht gestellte und von sensitiven Menschen abgezweigte Energie, die so vor euer Lebensgestaltungsprinzip gelegt wird, daß ihr aus ihrer Haft nicht entkommt.

Angst ist für die satanischen Mächte dazu da, um an eure Lebenskräfte heranzukommen. Ob das Furcht ist, Befürchtungen oder negative Vorstellungen, was das alles nach sich zieht - ihr sagt dazu: ein ganzer Rattenschwanz von Unglücksfällen. Und ihr habt recht damit, denn wenn ihr Angst habt, zieht ihr diese Befürchtungen an.

Mit jeder Furcht, mit jeder Befürchtung oder Angst öffnet ihr euch. Und das ist der größte Schwachpunkt in der Menschheitsgeschichte, daß die Menschen sich immer vor etwas fürchten, weil sie nicht reif sind zu erkennen, daß die Angst in Wahrheit nur etwas vorgaukelt, sie ist nicht real. Leben ist real, aber Angst ist unreal, weil es verschiedene Machenschaften Luzifers sind, der ein Netz ausspannt, um die Menschen in Furcht und Elend hineinzujagen ...

Genauso wie die Spinne saugen die negativen Wesen die Lebenskraft ab durch Befürchtungen, Angst und Sorge.

Und jetzt kommt ein Gedanke, der interessant ist: "Habe ich nicht berechtigte Angst?", war da ein Gedanke. In der Bibel steht, leider ungut ausgedrückt: "Fürchte den, der deine Seele ins ewige Verderben stürzen kann." (Mt 10, 28) In diesem Satz sind eine Menge Fehler. Zunächst: Wer sich geistig entwickelt hat und wer mit der Geisterwelt Gottes und seinem Schutzgeist in Verbindung ist, braucht sich auch nicht vor "dem" zu fürchten.

Jesus sprach zu einer Volksmenge, die noch nicht so weit entwickelt war, wie ihr es jetzt seid, die keine solche Führung hatte. Zu denen sagte er nicht "fürchten", sondern "gebt acht", und nicht "in ewiges Verderben", sondern "in die Bannung" oder "Läuterung" oder "unter sein Joch" könnte man es auch übersetzen. *(* Emanuel 19 – 180-181)*

Sollte ich zu irdisch gewesen sein, dann denkt, bitte, nach, daß es keine Furcht gibt. Was ihr verlieren könnt, ist das, was ihr erhalten habt und was nicht zu euch gehört: euer materieller Körper und euer irdischer Besitz. Und das ist früher oder später bei jedem der Fall. Also wozu sich davor fürchten?...

Ihr sollt also keine Furcht haben, sondern wissen: "Luzifer schürt die Angst mehr, als ihr ahnen könnt." Und da Luzifer nicht gerade euer persönlicher Freund ist, könnt ihr mir glauben: Christus ist euer persönlicher Freund und Heimführer zum Vater! *(* Emanuel 19 – 185-186)*

Die Macht der Gegenseite

Der Teufel hat die Macht, die Form eines Lichtengels anzunehmen, wie der heilige Paulus lehrte. Er kann wunderschön singen, die Bibel zitieren, Gebete nachsprechen oder die Gestalt eines Mönches annehmen. *(Russel – 122)*

Die Wirkung des Teufels auf uns ist nur äußerlich. Er kann uns überreden und versuchen, er kann aber niemals unsere Freiheit einschränken, um uns zur Sünde zu veranlassen. Da er in Versuchung führen kann, ist er eine indirekte Ursache zur Sünde; der Sünder oder die Sünderin selbst ist aber immer die direkte Ursache. *(Russel – 191)*

Seine Versuchungen sind raffiniert in ihrer Verschiedenartigkeit: Er fördert Selbstgerechtigkeit und falsche Bescheidenheit und hält uns vom Gebet ab; er veranlaßt uns zu übertriebenem Schuldgefühl und läßt uns unter der unerträglichen Last leiden, wenn wir versuchen, Gnade zu erwirken. Er läßt uns anderen gegenüber unfreundlich sein und läßt Zweifel und Furcht aufkommen, daß das durch die Kontemplation erlangte Verständnis nur eine Illusion sei. *(Russel – 238)*

Was ist der Grund, daß Luzifer so viel Macht hat über die Menschheit dieser Erde? Weil er hier seinen Sitz hat und die Erde durchdrungen und durchschwungen ist von niederen Schwingungen und weil die ganze Atmosphäre um die Erde düster ist. Infolgedessen tut sich Luzifer leichter als die Boten Gottes. Und doch sagte ich: Christus ist der Stärkere! Weil sich aber so wenige Menschen auf dieser Erde in ihrem Denken, Fühlen und Tun zu Christus und zu Gott bekennen, verdüstert sich die Atmosphäre.*(* Emanuel 19 – 106)*

... Schaut die Geschichte an, z. B. der Römischen Kaiser oder die Geschichte der entarteten Herrscher aus vielen Völkerstämmen: Sie wurden immer grausamer. Warum? Weil Luzifer die Macht hat, diesen Menschengeschwistern das einzugeben. Und weil er die Macht hat, Kraft von sensiblen Geschwistern abzuziehen und sie dorthin zu senden, wo er mehr Erfolge aufweisen kann; das gilt auch für eure Jetztzeit. Die Menschheit - ich hoffe nicht, daß ihr dabei seid - liefert den heutigen großen Machthabern die Kräfte, damit sie den Untergang der Erde beschleunigen können. *(* Emanuel 19 – 168)*

Inspiration und Suggestion

Und jetzt will ich euch den Unterschied klarmachen: Das meiste, was auf Erden geschieht, ist nicht Telepathie, sondern von den Mächten des Lichtes ist es Inspiration, und von den Mächten der Finsternis ist es gewaltsame Suggestion.

Wenn ihr das, bitte, auseinanderhaltet, tut ihr euch leichter bei eurer Gedanken- und Gefühlskontrolle. Inspiration ist sehr harmonisch, friedlich, oft etwas Gutes wiederholend, niemals ist es Gewalt. Suggestion dagegen ist bestimmend, drohend und immer wiederkehrend, nur mit anderen Drohgebärden und Drohgedanken: "Wenn du das nicht tust, dann ..." - und es folgen Drohungen. Das sind die negativen Wesen, die versuchen, eurer habhaft zu werden. *(* Emanuel 18 – 77-78)*

Die Welt und die Unterwelt

Wahrlich, Ich sage euch: Diese Welt ist nicht Meine Welt. Sie gehört dem Fall an und dem Gott der Unterwelt. Wer dem Gott der Unterwelt dient, der zerstört die Erde und schafft sich aus der Zerstörung der Erde seine primitive Welt.

Wahrlich, wahrlich, Ich sage euch, eure Gefühle, Empfindungen, Gedanken, Worte und Werke sagen, wem ihr dient! ... Ich sage euch: Eure Götter, die dem Gott der Unterwelt dienen, haben euch vom Gott der Himmel weggeführt. Sie reden von einem Gott, der straft, der züchtigt, der euch verdammt, ja, der euch in die ewige Verdammnis wirft. Ich aber sage euch: Das ist der Gott der Unterwelt, nicht der Gott der Himmel, der Ich Bin. Ich Bin der Gott der Liebe, von Dem Mein Sohn als Jesus von Nazareth sprach.

(× Univ.-Leb. 8 – 42-43)

Ihr, jeder einzelne, muß allmählich erkennen, daß auf diese Welt die ganze Atmosphäre herniedergeht, einschließlich der Atmosphärischen Chronik, in der die ganze Menschheitsgeschichte gespeichert ist, all das, was noch nicht gesühnt ist. Eure Krankheiten, eure Nöte, eure Sorgen, eure Seuchen und vieles mehr, kommt von euch selbst. Ihr habt diesen Unrat eingegeben, und nun kommt er auf euch zurück. Ihr Menschen in allen Völkern dieser Erde, habt ihr noch nicht erkannt, daß ihr manipuliert werdet, daß ihr gleichgeschaltet werden sollt?

Der Gott der Unterwelt sagt sich: "Durch Genmanipulation kann ich so manches haltbar machen." Und er wird auch vor den Menschen, vor euren Körpern, nicht zurückschrecken, denn er braucht euch als willige Sklaven, als Arbeiter, als Gleichgeschaltete, die nur einen Gedanken haben, und der heißt: "Ich! Alles für mich, nur für mich! Der Nächste ist mir einerlei - Kampf, Krieg, Zerstörung, Mord, Totschlag, Vergewaltigung" und vieles mehr.

(× Univ.-Leb. 8 – 84-85)

Der Widersacher möchte, daß der Mensch unermüdlich gegensätzlich sendet, um ihn - nach dem Gesetz "Was du säst, also sendest, das wirst du ernten, also empfangen" - an sich und an das Rad der Wiederverkörperung zu binden. Durch das bindende Verhalten des Menschen bindet er auch die Schwächeren an sich und zieht sie gleichsam wieder herab, das heißt über das Rad der Wiederverkörperung zu weiteren Einverleibungen.

(× Univ.-Leb. 4 – 260)

[Frage:] Wenn man die Menschen allein ließe und es keine gegnerischen Kräfte gäbe, würden sie dann dazu neigen, das Richtige zu tun?

[Antwort:] Ja. Die Menschheit könnte ihre eigenen Schwächen überwinden. Aber die gegnerischen Kräfte nutzen und verstärken sie. Das ergibt Versuchung, Gier und Verlangen.

(* Carmel – 128)

Dirk: "Wenn man das liest, möchte man meinen, man habe so gut wie keine Chance gegen die Unterwelt."

Vera: "Vor allem wenn sich Luzifer so verstellen kann, dass man meint, er sei ein Diener Gottes. Viele gutgesinnte und strebende Menschen suchen Rat und Hilfe im esoterischen Bereich und laufen eventuell Gefahr, auf Luzifer und seine Helfer 'reinzufallen'."

Hans: "Es wundert mich nun auch nicht, dass gerade mächtige, hochgestellte Personen Dinge tun, die man nicht von ihnen erwarten würde und die sie auch in der Öffentlichkeit zu Fall bringen - verbunden mit Verlust an Ansehen und Würde. Aber sie sind wohl auch besonderen Versuchungen ausgesetzt."

Lisa: "Aber: Emanuel sagt ja auch, dass wir keine Angst haben müssen, nicht einmal vor Luzifer. Nur auf der Hut müssen wir sein. Und wir haben mächtige Unterstützung durch unsere Schutzengel und andere Wesenheiten. Wir müssen einfach mehr auf unsere innere Stimme hören."

7.4.6 Der Einfluss der Boten Gottes und der Kontakt mit ihnen

Aufgabe des Schutzgeistes (Schutzengels)

Gott wird dich schützen, indem er dich unter den Schutz seiner Engel stellt. *(Psalm 91.11)*

... Euch das Leben zu erleichtern, ist nicht unsere Aufgabe! Ihr selbst sollt euch euer Leben erleichtern, und zwar durch gottgewollte Entscheidungen! Das ist eure Aufgabe! Ich möchte aber noch eines dazu sagen: Wir verlassen euch nicht! Wir lassen die Zügel länger, daß ihr den Weg ohne Hindernis gehen könnt: ohne Gebot und ohne Verbot! Natürlich habt ihr dann auch die Folgen zu tragen! *(* Emanuel 10 – 181)*

... Euer lieber Schutzgeist weiß die Pläne im Höheren Ich-Bewußtsein, und er will euch nur fördern für eure gottgewollte Entwicklung! Er will nur dazu da sein, um das Höhere Ich-Bewußtsein, diese Pläne, in euer Bewußtsein zu bringen - um dadurch näher zu Gott zu gelangen!

Dein lieber Schutzgeist hat keinerlei Interesse an den Schwierigkeiten, die du hast. Er hat sie zu verhindern versucht, und versucht immer wieder zu verhindern, daß du falsch denkst, dir Falsches vorstellst oder Unrichtiges sagst! Aber er kann nicht gegen deinen freien Willen ankämpfen, sonst würde er sich gegen deine Entwicklung stellen! Sicherlich brauchst du das eine oder andere, um den Weg zu Gott klarer zu erkennen, aber im Grunde genommen brauchst du keine Irrwege zu gehen! *(* Emanuel 8 – 50)*

Da ihr nicht zufällig in eine Familie hineingeboren wurdet, sondern euch vorgenommen habt, aus vergangenen Leben, in diese Familie hineingeboren werden zu wollen, so kennen sich die meisten der lieben Schutzgeister von vorherigen Lebensbereichen.

Sie sind ja auch mit dabei, wenn ihr vorbereitet werdet, auf die Erde zu inkarnieren. Wie helfen sie einander? Indem sie genau Bescheid wissen, welches Familienkarma die Familie mit sich herumschleppt, wer mehr belastet ist, wer weniger belastet ist und wer welche Fehler hat, die er gerne ablegen möchte...

Auf Erden schaut es dann aber anders aus, da sind die Charaktere verschieden, da sind die Fehler verschieden, da sind die Belastungen verschieden, die einer dem anderen angetan hat. Da sind die negativen Wesen da, die den einen gegen den anderen aufhetzen. Und da geht es in der Familie rund, und wenn es nicht so ist, wie man es sich vorstellt, gibt es Scheidung. In den meisten Familien ist es Egoismus. Im Lernstadium vor der Inkarnation hattet ihr euch wirklich lieb. Warum ist es jetzt anders? Machen die Schutzengel etwas falsch, oder macht ihr etwas nicht richtig?

Wer denkt jetzt laut mit? Also die Schutzengel treten nur dann in Aktion, wenn ihr guten Willens seid und den guten Willen auch bekundet.

(* Emanuel 18 – 33)

Wenn du dich aber abwendest von deinem Schutzgeist, dann hat er keine Möglichkeit, mit dir zu verkehren, denn es sind dann andere da, die dich zum Negativen verführen. Es gehört dann immer ein großer, wie ihr es nennt, Schicksalsschlag her, eine Krankheit, eine Schwierigkeit, ein Unfall usw., bis du wieder auf den richtigen Weg zu Gott zurückfindest. In solchen Momenten tritt dir dann ganz stark der Schutzgeist entgegen, denn das ist zugelassen worden, bzw. du hast es gewollt. Hättest du den Weg näher zu Gott beibehalten, hätten die negativen Wesen dir nicht schaden können. Es ist also keine Willkür von Gott, sondern du wolltest es so.

(* Emanuel 19 – 220-221)

Wie lange noch wollt ihr dem dienen, der euch beherrscht? Ihr habt den freien Willen. Ich greife in den freien Willen Meiner Kinder nicht ein. Ich setze mahnende Impulse. Ich helfe, wenn das ganze Herz bittet, und Ich helfe so, wie es gut ist für die Seele, und nicht, wie es der Mensch will.

(× Univ.-Leb. 8 – 58)

"Ich habe jedem menschlichen Geschöpf ein geistiges Lichtwesen zur Seite gestellt, damit es über eure Schritte wache, damit es euch jedwede Gefahr vorahnen lasse, damit es euch als Begleiter in eurer Einsamkeit diene und euch eine Stütze auf der Lebensreise sei. Es sind jene Wesen, die ihr Schutzengel, Bewacher oder Beschützer nennt."

"Wie groß wird das Glück in jenen euren Schutzengeln sein, wenn sie sehen, daß ihre Arbeit von euch unterstützt wird und daß ihre Eingebung mit eurem Aufwärtsstreben übereinstimmt."

"Wer inspirierte einige Meiner Jünger, damit sie sich des göttlichen Wortes Ihres Meisters erinnerten und es als Erbe für alle Generationen niederschrieben? Wer führte Meine Jünger auf unbekannten Wegen nach fernen Städten? Wer befreite Petrus aus seinem Gefängnis, während seine Gefängniswärter schliefen, und wer begleitete jene Apostel Meiner Wahrheit in der Stunde ihres Opfertodes? Die geistigen Wesen, eure Brüder, welche die Menschen Engel, genannt haben." (* BWL 4 – 81)

Der Schöpfer gibt eurem Verstand nur einen Schubs, aber er zwingt euch nichts auf. Er prüft euch und versucht, euch einen Anstoß zu geben, damit ihr der Richtung folgt, für die ihr euch einst entschieden habt. Wenn ihr eine Richtung gewählt habt und dann bewußt eine andere einschlagt, gibt es kein Eingreifen. (* Carmel – 145)

Eingriffe der geistigen Welt

... Temelin [Kernkraftwerk russischer Bauart in Tschechien, nahe der Grenze zu Österreich] wäre längst explodiert, wenn nicht die geistige Welt schützend ihre Hand darüber gehalten hätte. Und hier sind es in erster Linie jene geistigen Mächte, denen daran liegt, daß die Menschheit Fortschritte macht trotz der vielen Reaktoren, die sich weltweit um das bemühen, was ihr Energie nennt.

Aber diese Energie ist nicht gottgewollt, zumindest deren Erzeuger. Infolgedessen gibt es eine Unmenge an geistigen Etagen, geistigen Dimensionen, die sich nur damit beschäftigen, eure Atomkraftwerke unter Kontrolle zu halten.

Und jetzt kommen Gedanken von mehreren Geschwistern, die wieder neugierig sind: "Was geschah aber mit Tschernobyl?" Das wurde zugelassen, daß ihr lernen solltet, nach Möglichkeit diese gefährlichen Energiequellen, die von Satan lanciert wurden, abzuschalten. Aber ihr tut es nicht, und was die Menschheit sät, das wird sie ernten.   *(* Emanuel 18 – 139)*

Die Rolle des Gewissens
Die *katholische Moraltheologie* geht davon aus, dass der Mensch die Stimme seines Gewissens als fremde Stimme erlebt, die seine Pläne und Interessen streng danach beurteilt, ob sie zum Tun des Guten und Unterlassen des Bösen beitragen. Im Gewissen spricht also nicht der Mensch selbst, sondern er erfährt eine Leitung von außen, der er nachkommen soll, aber nicht muss.

Das II. Vatikanische Konzil erklärt dazu: Das Gewissen ist die verborgenste Mitte und das Heiligtum im Menschen, wo er allein ist mit Gott, dessen Stimme in diesem seinem Innersten zu hören ist. Im Gewissen erkennt man in wunderbarer Weise jenes Gesetz, das in der Liebe zu Gott und zum Nächsten seine Erfüllung hat.   *(Richardt – 120)*

Jenseitige Aussagen zum Gewissen
Du hast einen Begleiter an deiner Seite, für dich ein unsichtbares Wesen. Es gibt dir Impulse in das Gewissen. Auf mannigfache Art und Weise wird dir geholfen, Mein Kind. Die Himmel sind offen, und die Wesen des Lichtes gehen zu den Menschen und zu den Seelen in den Stätten der Reinigung.
(× Univ.-Leb. 8 – 119)

"Ich habe euch die Gabe des Freien Willen gewährt und euch mit dem Gewissen ausgestattet. Das erstere, damit ihr euch im Rahmen Meiner Gesetze frei entwickelt, und das zweite, damit ihr das Gute vom Bösen zu unterscheiden wißt, damit es euch als vollkommener Richter sagt, wann ihr Mein Gesetz erfüllt oder dagegen verstoßt."

"Das Gewissen ist Licht aus Meinem Göttlichen Geiste, das euch in keinem Augenblick verläßt."   *(* BWL 4 – 50-51)*

[Frage:] Woran erkenne ich, daß die Stimme in meinem Gewissen zur Wiedergutmachung von meinem Schutzgeist stammt, bzw. woran erkenne ich negative Eingebungen des Gegensatzes, welche mir als schlechtes Gewissen eingegeben werden?

[Antwort:] Der Schutzgeist ist immer bereit, euch Klarheit zu geben über die getane Tat, über die schlechten Gedanken, die ihr weitergegeben habt, und über die Folgen. Und das - um mich menschlich auszudrücken - nervt euch, das tut euch weh. Und wer diesen Bewußtseinszustand noch nicht erfahren hat, der ist eben noch nicht so weit, daß ihm Verfehlungen wie ein ungutes Wort, eine kleine Verdrehung der Wahrheit, ein gebrochenes Wort

oder ein Weitergeben von Nachrichten, die nicht dorthin gehören, wohin sie gelangt sind, weh tun.

Die negativen Wesen bestärken euch in der Situation, die ihr verursacht habt, und sagen: "Na, das ist ja recht, der hat dich herausgefordert, dem muß ich es zeigen. Es ist ja so, als wenn ich überhaupt kein Recht mehr hätte und immer zurückstecken müßte, daß ich mich überhaupt nicht wehren könnte!" Die ungünstigen Wesen geben euch also recht, damit ihr zu weiteren Handlungen auf dieser Schwingungsebene aufgestachelt werdet.

(* Emanuel 19 – 170-171)

Intuition, Inspiration und Eingebung

Versuche niemals mit dem Kopf "wegzuanalysieren", was deine Intuition dir als Wahrheit mitteilt. *(* Kryon 1 – 109)*

Glaubt ihr denn allen Ernstes, daß die sogenannten Erfindungen technischer Art, die geistigen Entwicklungen, Strömungen usw. von euch stammen? Das sind doch alles Inspirationen; und das Ungute, das Dunkle sind Suggestionen. *(* Emanuel 17 – 240)*

... Albert Einstein sagte: "Der wesentlichste Faktor in meinem Leben war Intuition! Sie ist mir die Vorform zu kosmischem Wissen geworden. Ja, sie ist mir zur vierten Dimension meines Lebens geworden! Aus der Verbindung mit dem Schutzgeist in der Intuition schöpfe ich meine Kraft!"

(* Emanuel 10 – 70)

Viele sehr moderne und ausgeklügelte Entwicklungen haben bereits dort existiert, was ihr jetzt als vergangene Kulturen betrachtet. Die Pläne oder Modelle wurden von Erfindern, Wissenschaftlern und dergleichen empfangen und entsprechend ihrer eigenen speziellen Ausrichtung verändert, so daß sie in eurer Welt nicht als Kopien, sondern als etwas Neues auftauchten. Viele sogenannte archäologische Entdeckungen wurden gemacht, als sich jemand plötzlich in die Weltsicht von einer anderen Person, die nicht eurem Raum oder eurer Zeit angehört, einklinkte. *(* Seth 2 – 167)*

Es gibt einen Maßstab, an dem ihr jede Option messen könnt, es gibt eine Waage, auf der ihr jede Entscheidung abwägen könnt.

In euch gibt es ein inneres Leitsystem, und ihr könnt es nennen, wie ihr wollt - Intuition, Eingebung, Zuversicht, oder "ein Gefühl in den Knochen" -, aber ihr könnt nicht leugnen, dass es vorhanden ist. *(* Walsch 6 – 111)*

Die Intuition hat ihren Sitz nicht im Verstand. Für den Gebrauch deiner medialen Fähigkeiten mußt du dich außerhalb deines Verstandesbereichs begeben, mußt du "ver-rückt" sein. Denn die Intuition hat ihren Sitz in der Psyche. In der Seele. *Die Intuition ist das Ohr der Seele.* *(* Walsch 3 – 152)*

Ein Genie ist eine Person, die nicht eine Antwort erschafft, sondern entdeckt, dass die Antwort schon immer da war. Ein Genie erschafft nicht die Lösung, sondern findet die Lösung. Dies ist im Grunde keine Entdeckung, sondern eine Bergung! Das Genie hat nicht etwas entdeckt, sondern etwas, das verloren gegangen war, geborgen. Es "war verloren, aber nun ist es gefunden". Das Genie ist eine Person, die sich an das erinnert, was ihr alle vergessen hattet. Eine Sache, die die meisten von euch vergessen haben, ist, dass alle Dinge im ewigen Moment des Jetzt existieren. Alle Lösungen, alle Antworten, alle Erfahrungen, alles Verstehen. In Wahrheit gibt es für euch gar nichts, das ihr erschaffen müsst. Ihr braucht euch nur gewahr zu werden, dass alles, was ihr wünscht und anstrebt, bereits erschaffen worden ist.

(* Walsch 4 – 208-209)

JEDES MAL, WENN du eine intuitive Eingebung hast und sie ignorierst, weist du mich ab. Jedes Mal, wenn du ein Angebot bekommst, deinen miesen Gefühlen ein Ende zu setzen oder einen Konflikt zu beenden, und es ignorierst, weist du mich ab...

Jedes Mal, wenn du meine Stimme hörst oder die Gegenwart einer verstorbenen geliebten Person spürst und es als reine Einbildung abtust, weist du mich ab. Jedes Mal, wenn du in deiner Seele Liebe für einen anderen empfindest oder ein Lied in deinem Herzen fühlst oder eine großartige Vision vor deinem geistigen Auge erblickst und nicht darauf reagierst, nichts damit anfängst, weist du mich ab.

Jedes Mal, wenn du entdeckst, dass du das genau richtige Buch liest oder die genau richtige Predigt hörst oder den genau richtigen Film siehst, oder zur genau richtigen Zeit dem genau richtigen Freund über den Weg läufst und das als bloßen Zufall oder "reines Glück" abtust, gibst du mir einen Korb. Und ich sage dir: Ehe der Hahn dreimal kräht, werden manche von euch mich verleugnen.

(* Walsch 4 – 310-311)

Eine ganze Reihe von Menschen, denen außergewöhnliche Ideen, Einfälle oder Visionen zuteil wurden, haben die Ansicht geäußert, daß diese Dinge sozusagen von "außen", von einer höheren Informationsebene, in sie einströmten. Besonders deutlich sind hier die Aussagen von bedeutenden Künstlerinnen und Künstlern. Der Musiker *Johannes Brahms* schrieb beispielsweise über seine Kompositionen:

"Ich sehe nicht nur bestimmte Themen vor meinem geistigen Auge, sondern auch die richtige Form, in die sie gekleidet sind, die Harmonien und die Orchestrierung. Takt für Takt wird mir das fertige Werk offenbart. (...) Ich muß mich im Zustand der Halbtrance befinden, um solche Ergebnisse zu erzielen -ein Zustand, in welchem das bewußte Denken vorübergehend herrenlos ist und das Unterbewußtsein herrscht - denn durch dieses, als ein Teil der Allmacht, geschieht die Inspiration ..."

Von anderen Komponisten weiß man, daß sie ihre Ideen in ähnlicher Weise empfangen haben - *Tschaikowsky* beispielsweise, *Elgar* oder *Mozart*. Aber dies gilt nicht nur für Musiker. Der englische Maler und Dichter *William Blake* (1757-1827) etwa schrieb in bezug auf sein Versepos "Milton":

"Ich habe diese Dichtung nach Diktat geschrieben, zwölf oder manchmal zwanzig, dreißig Zeilen auf einmal, ohne jede Absicht, ja sogar gegen meinen Willen."

Daß Künstler Inspirationen haben, daß sie in höhere Informationsebenen hinaufreichen, klingt nicht so verwunderlich - ihnen traut man so etwas zu. Aber auch Wissenschaftler und Erfinder haben derartiges erlebt.

Der Chemiker August Kekulé fand die ringförmige Struktur des Benzols, als er von einer Schlange träumte, die sich in den Schwanz biß. Und er empfahl später seinen Kollegen: "Meine Herren, lernen wir zu träumen - vielleicht finden wir dann die Wahrheit ..." *(ESO 2/98 – 41-43)*

Glaube und Glaubensbekenntnis

Sigmund Freud, Erfinder der Psychoanalyse, erblickte im frommen Gottesglauben nichts als "glückselige, halluzinatorische Verworrenheit" - Symptom einer kollektiven "Zwangsneurose", von der die Menschheit dank wissenschaftlicher Aufklärung bald geheilt sein werde. Ein kapitaler Irrtum: Heute, nach einem Jahrhundert beispielloser wissenschaftlicher Fortschritte, ist der Glaube an das Walten übernatürlicher Mächte ungebrochen.

Warum glaubt der Mensch? Das im Homo sapiens offenbar tief verwurzelte Bedürfnis nach Spiritualität und Transzendenz, das den Kosmos der Religionen hervorbrachte, schien in Teilen der Welt schon abgelöst vom Vertrauen auf die Ratio, die in den nüchternen Befunden der modernen Naturwissenschaften gipfelt. Doch die Wissenschaft stößt längst an ihre Grenzen: Je tiefer der Mensch eindringt in die Geheimnisse der Natur, umso mehr neue Rätsel tun sich ihm auf. Und jenseits allen angehäuften Wissens wächst auch der Vorrat an Nichtwissen - Raum für den Glauben. *(SPIEGEL 52/00 – 112)*

Dirk: "Ich diskutiere ja häufig auch mit Freunden über Themen wie Reinkarnation und vieles, was wir auch hier in unserem Projekt gelesen haben. Dabei fällt mir immer auf, wie schwer sich viele meiner Freunde tun, bestimmte Themen und Aussagen gedanklich an sich heranzulassen."

Hans: "Ich kenne das. Wir können ja mal die typischen Kommentare aufschreiben, die man bei solchen Diskussionen hört."

Die Familie stellte die folgende Liste zusammen:
- Klingt unlogisch und widerspricht der gesunden Vernunft.
- Habe nie etwas davon gehört.
- Steht im Widerspruch zu ...
- Habe kein gutes Gefühl dabei.
- Habe Angst, ausgelacht zu werden.
- Die anderen glauben es ja auch nicht.
- Kann es nicht erklären.
- Habe keine Erfahrung damit.
- Ist doch alles lächerlich.
- Kann doch nicht sein.
- Alles nur Märchengeschichten und Aberglaube
- Das ist doch alles längst von der Wissenschaft widerlegt.

Glaube, Werke und die Wahrheit

... Der lebendige Glaube an Gott ist es, und nicht der tote Glaube des Buchstabens, was wir euch übermitteln, und womit wir euch vereinen wollen, denn wir leben ja in diesem Glauben und in dieser Hoffnung. Wir sind getragen von den Gesetzen Gottes, so zu leben, so zu glauben, daß wir dadurch geistig noch mehr wachsen und reifen! *(* Hardus 2 – 80)*

... Der Glaube beruht nicht nur auf Ritualen, auf Institutionsglauben oder auf Massenglauben, sondern er beruht auf dem persönlichen Glauben an Gott! Ich will das näher verdeutlichen. Es gibt keine zwei Menschen auf dieser Erde, die persönlich ganz gleich an Gott glauben! Das gibt es nicht! Auch wenn sie in ihren Ansichten übereinstimmen, ist doch ihr Glaube verschieden! Warum, liebe Geschwister? Weil die Prägungen aus ihren Vorleben im "Höheren Ich" gespeichert sind. Und aus diesem Höheren Ich entwickelt sich der persönliche Glaube für dieses Erdenleben! Drum ist ein Massenglauben für den geistigen Fortschritt des einzelnen oft sogar hinderlich! *(* Emanuel 8 – 22)*

Du willst, so sagst du mir eindringlich, die Wahrheit suchen. Ich bedaure, die volle Wahrheit findest du auf Erden nicht. Du sagst etwas ungehalten: "Was sagst du mir denn da, lieber Laurentius!" Darauf antworte ich: Dem ehrlichen Wahrheitssucher, der bittet und sucht und anklopft an das Tor des Geisterreiches, dem wird auch aufgetan. Dir, mein lieber Jesus-Nachfolger, wird Jesus jene Geisterboten entweder direkt oder indirekt - wie z. B. mich - senden, damit sie dir, deinem gelebten Glauben und innigen Vertrauen sowie deiner bewußten Überzeugung und deiner Entwicklungsstufe gemäß, entsprechende Teilwahrheiten für die persönliche Entwicklung deiner Tugendseele bringen. *(* Laurentius 2 – 95)*

Erkennet: Der Glaube allein führt nicht zur Seligkeit. Viele Menschen glaubten an Mich, den Jesus von Nazareth. Als jedoch die Stunde Meiner Hinrichtung kam, fielen viele von diesem Glauben ab, begannen an Mir zu zweifeln und wurden so zu Verrätern.

Wer nur glaubt, das Erkannte jedoch nicht verwirklicht, der kann nicht zu dem werden, was Gott ihm verheißen hat: zu einem Schauenden, der den ewigen Vater von Angesicht zu Angesicht schaut. Der Glaube allein macht weder selig noch schauend. Der Glaube ist nur der erste Schritt hin zum Inneren Leben. *(× Univ.-Leb. 1 – 585)*

Beten und Gebete

Es ist einfach so: Was man betet, soll man glauben, und was man glaubt, soll man leben, und was man lebt, soll man lieben! *(* Emanuel 18 – 190)*

... Wenn du betest, geh in dein stilles Kämmerlein, der Vater sieht dich auch dort... Wenn ihr so betet und mit eurem ganzen Liebesgefühl, euren ganzen Kräften und Fluiden dabei seid und alles in eine einheitliche Richtung strömt, dann werdet ihr staunen, wieviel Gutes ihr tun könnt durch das Gebet, wie viele Gebetserhörungen ihr in ganz kurzer Zeit in eurem Bewußtsein erfahren könnt. Das ist bewußtes Erleben, bewußtes Einschwingen, das sind Erfahrungswerte aus der geistigen Welt. *(* Emanuel/Hardus 2 – 86)*

Der geistige Wirkungsgrad eines Gebetes wird erhöht und verstärkt, wenn ihr Jesu Anregungen befolgt und bewußt in euer "Kämmerlein" geht; das bedeutet, sich ins Höhere-Ich-Bewußtsein der Geistseele zu schwingen, die eigene Auratüre gegen negative Einflüsse zu schließen und still zu sein.

(* Emanuel 19 – 25)

Und wenn ihr nach dieser Konzentration - Gebetsmeditation - die Bitten emporsendet, dann übernimmt sie aus eurem Bewußtsein zunächst euer Schutzgeist. Der Schutzgeist prüft die Bitte, und wenn sie ihn betrifft und er den Auftrag oder die Bitte erfüllen kann, so hat der Schutzgeist die Kraft und die Möglichkeit, euch diese Bitte zu gewähren. Es sei denn, sie übersteigt die Machtvollkommenheit oder die Machterlaubnis des Schutzgeistes, dann wird sie zur nächsten Instanz weitergeleitet. Das ist dann der höhere leitende Geist oder ein höherer leitender Schutzgeist. Ist dieser auch nicht berechtigt, eure Gebetsschwingungen zu erfüllen, gehen sie zur nächsten Instanz, zu einem Engelwesen. Und wenn dieses Engelwesen auch nicht in der Ordnung Gottes ermächtigt ist, diese eure Bitte zu erfüllen, geht sie, menschlich ausgedrückt, zu einem himmlischen Fürsten. (* Emanuel/Hardus 2 – 87)

Liebe Menschenkinder, bis heute hat dieses Gebet, dieser Rosenkranz, leider nur sehr selten wirklich gute Früchte getragen. Die Menschen beten nur nach außen, es dringt nicht in ihr Inneres ein, und die "Früchte" sind dann auch oft nur im "Äußeren" geblieben. Sie kommen irgendwo zusammen in einem großen Festsaal und beten viele Stunden hindurch. Nach außen ist das eine wunderschöne Kulisse, auch die Führer dieser christlichen Lehre sind anwesend, und es wird fest gesungen und gebetet. Das ist recht schön und im Sinne des äußeren Christentums auch wertvoll und notwendig. Aber wenn diese Stunden vorbei sind, ist alles innerlich wieder verebbt, und das ist doch eigentlich nicht ganz der Sinn des Rosenkranzgebetes!

(* Emanuel(Kontr.) 9 – 172)

[Frage:] Was ist das wertvollste und Gott wohlgefälligste Gebet?

[Antwort:] Ganz einfach: "Vater, dein heiligster Wille geschehe an mir und durch mich!" Denn der geschehende Wille Gottes ist auf allen Gebieten das Beste für dich. Er vergeistigt und vervollkommnet dich am schnellsten. Sieh auf Jesus: "Vater, dein Wille geschehe!", und im Vater-Unser-Gebet lehrte er es euch, und die Mutter Jesu, Maria, sagte: "Mir geschehe nach deinem Wort und deinem Willen!" (* Hardus 2 – 47)

Meditation

Ihr könntet jetzt mit Recht sagen: Irdische Meditationsformen kennen und haben wir schon viele! Ja, ihr habt viele. Um einige Namen zu nennen: die Zen-Meditation, die Transzendentale Meditation, das Autogene Training gehört hierher, auch die verschiedenen Yoga-Wege. Sie alle bilden mehr oder weniger irdische Formen der Meditation, die mehr oder weniger auch etwas höher reichen können. Sie sind teilweise gut, und ich trete hier weder als Verurteiler noch als Kritiker auf. Damit ihr mich besser verstehen könnt, möchte ich euch ein wenig über diese Meditationsangebote erzählen ...

Bei diesen Kursen sind aber nicht nur - wie zum Beispiel hier - reine Geistwesen anwesend, die die Verantwortung tragen. Bei solchen Kursen ist eine Unzahl von Wesen anwesend, die bewußt bewirken, daß die Teilnehmer in Freude und Begeisterung verfallen, um so an deren Lebenskraft heranzukommen! Und das ist auch die Ursache, liebe Geschwister, warum ihr gegen Ende oder bereits zur Mitte des Kurses ermattet und ermüdet! Weil nämlich negativ eingestellte Wesen eure Lebenskraft abgezapft und mit eurer Gesundheit Mißbrauch getrieben haben.

Liebe Geschwister, gehen wir zurück zu dem, der die Werbetrommel gerührt hat. Was will er damit erreichen, dieser sogenannte Guru, Lehrer, Meister, Erleuchtete, und wie sie sich alle nennen? Ich zeige nur auf, ich kritisiere nicht, ich will euch nur schützen. Wer laut schreit, der ist kein Weiser - merkt euch das! -, und wer erleuchtet ist, der sagt es nicht!

Warum sagt er es nicht? Weil er keinen Zulauf durch äußere Beeinflussung will, und die Werbetrommel ist eine äußere Beeinflussung. *Der wahre Lehrer, der wahre Meister, der wahre Erleuchtete, der wahre Guru nimmt nur jene an, die der Schutzgeist oder die Geisterwelt Gottes ihm zuführt!* Er weiß um seine Verantwortung Bescheid, er gibt sich mit Wenigem zufrieden und lebt ein karges Leben. Der andere, der laut Schreiende, will seine irdische Position verbessern. (* *Emanuel 10 – 152-155*)

Eine weitere Bitte habe ich an euch: Bitte, keine Konglomerate von "Zen-Meditation", "Autogenem Training", von "Yoga" und anderen Meditationswegen, die gelehrt werden! ... Kein Schutzgeist übernimmt die Verantwortung für euch, wenn ihr verschiedenes hineinmischt, was nicht hineingehört! (* *Emanuel 10 – 182*)

Nun noch einige Ratschläge, liebe Geschwister: Bitte, nicht meditieren bei Ärger, Streß, Ängsten, Disharmonien, Sorgen, Nöten, und all dem, was sonst noch mit eurem irdischen Leben zusammenhängt!

Bitte, nicht meditieren, wenn eine innere, seelische Zerrissenheit vorliegt, z. B. Depressionen, Beeinflussungen oder Zwangsneurosen und Zwangsvorstellungen! Das ist der Meditation nicht zuträglich! Bitte, in diesen Fällen nicht meditieren!

Die Grundlage einer harmonischen Meditation ist Ruhe und Gelassenheit! Ein gutes Gewissen soll vorliegen und dadurch eine innere harmonische Gestaltung der Seelenkräfte! Dadurch wird nämlich die Schwingung des Körpers laufend an die Schwingung der Geistseele angepaßt! (* *Emanuel 10 – 187*)

Nun ein besonderer Hinweis: Ich, Emanuel, rate euch, liebe Geschwister, zu Beginn der Meditation eine *sitzende Haltung* einzunehmen. Ich breche mit der indischen Tradition - zum Lotussitz sage ich ein gewaltiges Nein!! Ich begründe es auch, warum: Weil ihr das von Kind auf, von Jugend auf nicht gelernt habt, und weil es daher zu Blutstau kommt. Bitte, tut es nicht! Setzt euch ruhig auf einen Stuhl oder auf die Bettkante ... (* *Emanuel 10 – 203*)

WERDE EINFACH STILL. Verweile in Stille in deinem Selbst. Mach das oft. Jeden Tag. In kleinen Dosierungen jede Stunde, wenn du kannst.

Halt einfach inne. Hör mit allem Tun auf. Hör mit allem Denken auf. "Sei" einfach für eine Weile. Auch wenn es nur für einen Augenblick ist. Es kann alles verändern... Du wirst ein anderer Mensch sein. (* *Walsch 4 – 180*)

Die Kombination von Körperertüchtigung und Meditation ist außerordentlich machtvoll. Und wenn diese Kombination Bestandteil eurer spirituellen Disziplin wird, schafft ihr Möglichkeiten für enormes Wachstum.

(*Walsch 5 – 224)*

[*Frage:*] Kannst du uns eine einfache Meditationstechnik für unsere wöchentlichen Meditationen geben? Hast du Richtlinien für uns?

[*Antwort:*] Wir bitten euch, vor dem Beginn drei Minuten lang auf eurem Stuhl zu sitzen und euch vorzubereiten. Atmet tief ein und aus, und denkt daran, daß einer von uns bei euch ist. Mit jedem Ausatmen wird eine Störung in euch beseitigt. Dann werdet ihr ein Werkzeug der Reinheit, damit ihr euer wahres Selbst erkennt; damit ihr wißt, wer ihr seid; damit ihr wißt, daß ihr mit uns und dem Universum verbunden seid; damit ihr wißt, daß ihr alles, was ist, in euch tragt, eingehüllt in alles, was ihr seid - Seele, Geist und Intellekt, die in alle Ewigkeit fortdauern.

(*Carmel – 317)*

Träume

[*Etwa 500 v.Chr.*] Die Menschen stellten sich Träume stets als das Tor zu einer fremden und andersartigen Welt vor. Träume, in denen Tote erschienen, scheinbar zu neuem Leben erwachten und sprachen, weckten Vorstellungen von Geistern und einer jenseitigen Welt und verstärkten den Glauben an ein Leben nach dem Tod. Träume, die einigermaßen Sinn machten, galten als geheime Botschaften der Götter. Homer bezeichnet Träume als Botschaften des Zeus.

(*Asimov 2 – 41)*

In fast allen Religionen kommt dem Traum als Pforte zur "anderen Welt" große Bedeutung zu. Schlaf und Traum werden in enge Nachbarschaft zum Tode gerückt. Daß im Traum der Lebende an die Welt der Toten rühre, bekundet auch der Philosoph Heraklit. Vielen gilt der Traum als Ort der Begegnung mit Göttern, Geistern und Ahnen sowie als Schauplatz von Weissagungen und Offenbarungen, von Eingebungen und Orakeln sowie als Quelle der Inspiration: "Den Seinen gibt's der Herr im Schlaf", sagt ein geflügeltes Wort.

(*Elser 1 – 380)*

Religiöse Erfahrungen nehmen darin einen besonderen Platz ein. Alle großen Religionen sind in Träumen geboren oder vorweggenommen worden Die drei Weisen und Maria und Josef wurden durch Träume über die Geburt Jesu aufgerüttelt. Die Mutter Buddhas erfuhr im Schlaf von der Bedeutung des Sohnes, den sie gebären würde. Die religiöse Berufung Mohammeds wurde ihm in einem Traum offenbart. Seit dem Anfang der Geschichte haben Menschen durch Träume einen Blick auf die spirituelle Natur der Wirklichkeit getan. Die Bibel ist voll von Fällen, in denen Gott in Träumen zum Menschen spricht.

(*Cayce 1 – 66)*

Ein Traum ist etwas, was die Seele erlebt, während wir schlafen. Weil sie über ein universales Bewußtsein verfügt, ist ihr Informationsbereich grenzenlos. Sie erinnert sich an vergangene Leben, an gelernte Lektionen und an das Ziel, das uns dazu führte, unser gegenwärtiges Leben zu wählen. Die

Seele nimmt unsere täglichen Handlungen und Erfahrungen und betrachtet sie im Licht ihres umfassenden Wissens. *(Cayce 2 – 240)*

Emanuel zum Wesen und zum geistigen Sinn der Träume

Liebe Geschwister, wenn Träume Seelenerlebnisse im kleinen und im Höheren Ich-Bewußtsein sind, dann sind sie für den Menschen wichtig... Jeder Mensch hat eine eigene Entwicklungsstufe, und in dieser entwickelt er eigene Traumerlebnisse.

... Durch euer kleines Ich-Bewußtsein, also im Tagesbewußtsein, belastet sich der Mensch. Und je nach Gemütsbelastung, Gewissensbelastung, Gesundheitsbelastung und so weiter und so fort ergeben sich verschiedene Reinigungsphasen während des ersten Schlafzustandes. *(* Emanuel 8 – 177)*

Liebe Geschwister, ich leite jetzt über zu einigen besonderen *Traumworten* oder *Traumbedeutungen*, die ich aus geistiger Sicht zwar nicht ganz billigen kann. Doch ich habe sie eben etwas vermenschlicht und vergeistigt, so daß alle einen gewissen Nutzen davon haben werden. Betrachtet deshalb mit mir, liebe Geschwister, diese einzelnen Traumerlebnisse nach der Reinigungsphase ... :

1. Die sogenannten *Zweckträume*: In den Zweckträumen wird das im Jenseits ähnlich wiederholt, wie es sich auf Erden im kleinen Ich-Tagesbewußtsein zugetragen hat. Mit dem einen Unterschied: Im Höheren Ich-Bewußtsein und mit Hilfe des Schutzgeistes werden die Verfehlungen - die Sünden, Nachlässigkeiten, Gebotsübertretungen und was es noch alles gibt im menschlichen Leben - erläutert und im Höheren Ich-Bewußtsein verbessert!...

2. Die sogenannten *Mahnträume*: Hier ist es ähnlich wie bei den Zweckträumen: Das Höhere Ich-Bewußtsein und der Schutzgeist treten als Mahner auf, und zwar in Symbolen. So sprechen auch eure Traumdeuter gerne von Symbolträumen. Wenn wir diese Symbole betrachten, so sind sie sehr verschiedenartig, und ich kann die Symbole eigentlich auf keinen von euch anwenden...

Deshalb geschieht die Deutung der Mahnträume und der Symbolik über das Höhere Ich-Bewußtsein und über euren Schutzgeist.

3. Die sogenannten *Warnträume*: Darunter verstehe ich, aus geistiger Sicht betrachtet, daß der Schutzgeist über das Höhere Ich-Bewußtsein dem kleinen Ich-Bewußtsein Warnungen zukommen läßt. Diese Warnungen kommen auf euch zu, weil ja der Schutzgeist im Auftrag des Schöpfers, Christi und der höheren Mächte euch zum Schutz zur Seite gestellt wurde! Und sie warnen euch vor Gefahren, vor Sünden und Nachlässigkeiten, vor Verfehlungen und dergleichen...

4. Die sogenannten *Hellsehträume*: Der sensible oder der mediale Mensch hat den Blick nach "außen". Er sieht etwas voraus für sich und andere, und im kleinen Ich-Tagesbewußtsein ist das ein so gewaltiger Eindruck, daß er es auch im Tagesleben bewußt sich und anderen mitteilen kann! Was will der Schöpfer euch damit sagen, liebe Geschwister? Er benützt die geistig entwickelten Kinder - wenn du medial oder sensibel bist -, also ihre beziehungs-

weise deine Träume, Traum- oder Seelenerlebnisse, damit du dadurch dir selbst und anderen helfen kannst, und zwar nach "außen".

5. Die sogenannten *Vorahnungsträume*: ... Das Geistwesen, also du Träumer mit deinen Vorahnungen, bist ausgetreten und hast starke Eindrücke dieser geistigen Erlebnisse mitgebracht ins kleine Ich-Tagesbewußtsein. Du erlebst diese Vorahnungen als Wirklichkeit und kannst dich nach weiteren geistigen Augenblicken richten. Und jetzt eine kurze Erklärung, denn die Vorahnungsträume sind nach "innen" gerichtet, also in den meisten Fällen für sich selbst bestimmt...

Und wenn es einmal recht irdisch zugeht ..., dann lassen die ins Jenseits gegangenen Familienmitglieder dich wissen, wo sie etwas versteckt haben, was du noch nicht gefunden hast.

6. Die sogenannten *Weissagungs- und Wahrträume*: Das gutentwickelte Geistwesen - sprich: du als Mensch, wenn du geistig gut entwickelt bist -, tritt nach der Reinigungsphase aus dem Körper aus. Im Jenseits wirst du erwartet und trittst unter Leitung des Schutzgeistes oder höherer geistiger Mächte in Geistgespräche mit deinen Lieben ein. Diese Gesprächsthemen, die du wahrheitsgetreu erlebst - du bist jetzt wie in Punkt 4 der Miterleber -, erfährst du, oder anders ausgedrückt, behältst du auch im kleinen Ich-Tagesbewußtsein wegen der starken Wahrheitseindrücke, denn du erlebst das ja, du bist ja voll bewußt dabei, stärker dabei als im kleinen Ich-Tagesbewußtsein, weil du ja dabei im Höheren Ich-Bewußtsein bist! ...

Liebe Geschwister, das, was ich euch sagte, ist keine Utopie! Sondern das ist tägliches Erleben... Aber Gott hat die Träume nicht geschaffen, damit Menschen für sich irgendwelche Vorteile in materieller Hinsicht erreichen können, sondern um sich geistig zu vervollkommnen!   (* Emanuel 8 – 181-184)

[*Frage:*] Wenn unsere Geistseele während des Schlafes ausgetreten ist, wird dann unser Körper von einem Hilfsschutzgeist behütet, damit keine andere Geistseele eindringen kann?

[*Antwort:*] Liebe Geschwister, wenn ihr es euch plastisch vorstellt, und dazu möchte ich eure Vorstellungskraft in euer Bewußtsein rufen: Ihr seht euren Körper da liegen, seid an der Hand eures Schutzgeistes ausgetreten, und es ist im Körper keine Energie vorhanden, nur das, was der Körper zum Atmen und zum Reinigen braucht. Mit dem Wenigen, das der Körper dazu braucht, können die negativen Wesen nichts anfangen. Sie brauchen ja die Seelenkräfte, die medialen Kräfte, denn mit dem vegetativen Nervensystem können sie ja nichts anfangen.   (* Emanuel 18 – 66)

In Träumen begegnen sich das nach außen gerichtete Ego und das innere Selbst und können bis zu einem gewissen Grade miteinander verschmelzen, wobei sie Informationen austauschen wie Fremde, die einander vielleicht in einem Nachtzug begegnen und nach einigem Geplauder die erstaunliche Feststellung machen, daß sie tatsächlich nahe Verwandte und beide auf derselben Reise sind, obgleich sie allem Anschein nach allein unterwegs waren.

(* Seth 7 – 132)

Im Traumzustand vereinen Menschen, Tiere und Pflanzen ihre Realitäten in einem gewissen Grad, so daß Informationen, die die eine Spezies betreffen, von anderen auf dem Weg innerer Wahrnehmung empfangen werden. Informationen, die sonst in eurer Welt nicht bekannt sind. *(* Seth 8 – 240)*

Vera: "Mir war bisher nicht bewusst, wie stark und vielfältig unser Kontakt mit der Geisterwelt Gottes ist und wie weit ihre Unterstützung geht."

Lisa: "Es gibt mir viel Mut zu wissen, dass mein persönlicher Schutzgeist immer bei mir ist."

Dirk: "Denk daran, Lisa: Er kann dir nur helfen, wenn du es zulässt."

Lisa: "Das tue ich ja. Und ich bin sicher, dass in bestimmten Situationen er es war, der mir geholfen hat. Ich hatte auch um seine Hilfe gebeten."

Hans: "Aber wie du sagst, Dirk, man muss sich öffnen, über Glauben, Gebete und Meditation. Am erstaunlichsten waren für mich die Aussagen über die Träume. Ich werde meine Träume von nun an genauer beobachten, soweit es mir möglich ist. Leider erinnere ich mich morgens kaum an das, was ich nachts geträumt habe."

7.4.7 Gute Ratschläge des Jenseits

Vera: "Jetzt kommen wir endlich zu unserer Sammlung von guten Ratschlägen, die unsere Jenseitsbotschafter uns für das tägliche Leben übermittelt haben."

Die Goldene Regel

Es ist erstaunlich, wie viele Religionen die goldene Regel in irgendeiner Form kennen. Im jüdischen Talmud lesen wir:

"Die Dinge, die man haßt, sollte man keinem anderen zufügen." Im 6. Kapitel des Lukas-Evangeliums sagt Jesus zu seinen Jüngern: "Was ihr von anderen erwartet, das tut ebenso auch ihnen." Auch im Buddhismus finden wir die goldene Regel wieder. In dem Buch mit dem Namen Udanawarga steht: "Verletze die anderen nicht auf eine Weise, die dich selbst verletzen würde." Im hinduistischen Mahabharata wird das so ausgedrückt: "Tu den anderen nichts an, was dir Schmerz zufügen würde, wenn sie es dir antäten." Der Islam lehrt im Sunan: "Du bist erst ein wahrer Muslim, wenn du anderen Menschen wünschst, was du dir selbst wünschst." Und ein chinesischer Sinnspruch des Konfuzius lautet: "Tu den anderen nichts, von dem du nicht willst, daß man es dir tut." *(Gellmann – 182)*

Ratschläge vom 'Team Emanuel'

Nützet jeden Tag und befreit eure Geistseele von Furcht und Angst vor der Zukunft. Denn je weiter ihr Christus entgegengeht, umso weniger seid ihr erdgebunden. Und je länger es noch dauert, umso mehr Chancen habt ihr, diese Erdgebundenheit zu lösen. *(* Emanuel 20 – 212)*

Viele Glaubensgemeinschaften meinen, der Mensch müsse das glauben, was sie lehren. Wir hingegen sagen euch, ihr sollt prüfen und euch von der

Wahrheit überzeugen, bevor ihr ganz und gar nach einer Lehre lebt. Es ist notwendig, daß ihr prüft, forscht, euch weiterbildet, und euren Erkenntniskreis erweitert. *(* Emanuel(Kontr.) 7 – 37-38)*

Wer geistig gute Ansätze hat, der sollte sie in diesem Leben nicht zurückdrängen, sondern ihnen, wie ich sagte, kontrolliert freien Lauf lassen, damit, wie Jesus sagte, "die Talente wuchern"! *(* Emanuel 8 – 27)*

... Was euch nicht wichtig erscheint, das laßt die anderen tun, ihr aber tut das, was auf euer geistiges Ziel ausgerichtet ist, denn die meisten Menschen kümmern sich nicht um geistige Dinge. Ihr sollt euch um materielle Dinge nur soweit kümmern, als sie für euch notwendig sind, alles andere gibt euch Gott, wenn ihr nur guten Willens seid! *(* Emanuel(Kontr.) 4 – 42)*

... Das "kleine Ich" mit dem schwachen Bewußtsein soll euch führen? Ihr seht doch, wohin die Mächtigen dieser Erde dieses Raumschiff oder diese Raumsonde Erde hinführen! All das geschieht, weil sie mit dem "kleinen Ich" die Menschheit führen wollen! Und gerade dieses "kleine Ich" ist ja laufend den Angriffen der Gegensatzmächte ausgesetzt! *(* Emanuel 8 – 88)*

... Ihr glaubt noch immer, ihr seid der Körper und bezieht daher alles auf den Körper. Das gehört zum schwierigsten, bis man da umdenken kann: "Will das ich, oder will das der Körper, oder wollen es die Dunklen über meinen Körper?" *(* Emanuel/Hardus 11 – 141)*

... *"Freiräume schaffen" heißt: sich Zeit nehmen!* Interessensgebiete abwägen, verändern, auflassen - und neue hinzunehmen! Der Tag hat 24 Stunden, man braucht eine genaue Zeiteinteilung, wenn man Neues erreichen will! Es ist also eine Voraussetzung, wenn man Neues erreichen will, daß man sich bei euch auf Erden Zeit nimmt! Zeitnehmen heißt, wie ich schon sagte, Interessensgebiete verändern, Wesentliches behalten, Unwesentliches entfernen! Also in eurem Zeitkalender und in eurem Bewußtseinskalender eine Entrümpelung vornehmen und so "Freiräume schaffen!

Wenn ich mir diese Freiräume geschaffen habe, dann habe ich auch die Möglichkeit, mich geistig-seelisch auszudehnen und zu wachsen! *(* Emanuel 10 – 156-157)*

... Wenn ihr euch also von dem Niederen befreien wollt, dann müßt ihr erst erforschen, was das Niedere ist! Ihr habt zum Beispiel eine Lieblingsbeschäftigung, der gebt ihr so viel Spielraum, daß durch diese Lieblingsbeschäftigung viele andere Untugenden noch gehalten werden... Wenn dies der Fall ist, dann gehört grundsätzlich mit dieser Lieblingsbeschäftigung einmal in die Stille gegangen: "Was bringt sie für mein Leben? Bringt sie Vorteile, bringt sie Nachteile? ..." *(* Laurentius 1 – 282)*

Wenn ein Menschenkind den Willen gefaßt hat, das eigentliche Leben zu ergründen, gibt es vorher noch einige Punkte, die eingehalten werden sollten und die bei Nichtbefolgung sogar zum Aufgeben des Weges führen könnten:

1. Der unbedingte Glaube, daß Gott das Leben ist und gibt.
2. Die Verbesserung der Moral in jeder Form, z. B. richtiges Denken, positive Einstellung zu allem Tun, dem Mitmenschen nur Gutes wünschen und angedeihen lassen.

3. Die eigenen Wünsche zurückstellen, einfach wunschlos sein.
4. Aktive Lebensbejahung und keine Bindung an liebe Gewohnheiten usw.
5. Umstellung der Ernährungsweise. Weil Gott ja in allem seine Kraft gibt, nimmt ein Suchender nur das Reinste, das Einfachste auf.
6. Frohsinn, Harmonie, Freude, Friede und Liebe erzeugen und an jedermann schenken.

Wenn ein Sucher es bis hierher gebracht hat, ist sein Weg schon hell, und er wird täglich erleuchtet. Oft ist seine Intuition schon so weit ausgebildet, daß er auf Fragen aus seinem Inneren, dem Gottesfunken in ihm, Antwort erhält. *(* Emanuel(Kontr.) 7 – 139)*

Emanuel zu Partnerschaft und Ehe

Wenn sich zwei Menschen zu einer Partnerschaft zusammenfinden, zu einem Ehevertrag, wenn es eine sogenannte Ehe gibt vor dem Traualtar, dann glaubt jeder, oder viele, solche Ehen sind unauflöslich. Ich erklärte auch bereits: Wenn ihr einen falschen oder unrichtigen oder nur äußerlich betrachteten Partner gewählt habt, erkennt ihr früher oder später, daß er euch seelisch nicht bereichert, daß ihr mit ihm seelisch nicht weiterkommt, da ihr nur auf das Äußere geschaut habt. Es gibt im Seelischen schwerste Kämpfe, und in der Weiterentwicklung und im geistigen Fortschritt werdet ihr gehemmt. Der Partner bringt Situationen in Bewegung, die nur von negativen Wesen stammen können, Bewegungen, mit denen ich nicht mehr leben kann.

Ich sage dazu: Wenn der geistige Fortschritt abgewürgt und die Seele krank wird, obwohl die Seele weiß, ich habe das und jenes gutzumachen in diesem Leben, dann werde ich, trotzdem ich mein Ja gegeben habe, alles daransetzen, mich frei zu bekommen!

Das ist aber, bitte, nicht damit zu verwechseln, wenn ich bereits einen anderen Partner in Aussicht habe! Und solltest du später einen anderen Partner in Aussicht haben, dann prüfe ihn lieber sehr lange, ob er dir jene geistseelische Freiheit bietet, ob er mittut bei der geistigen Entwicklung und nicht ein von negativen Wesen Beeinflußter ist, der dich wieder hindern wird. Das Ideale wäre es natürlich, wenn Partner gemeinsam dem Ziel näher streben: "Näher zu dir, o Gott." ...

Wenn also eine Behinderung am geistigen Fortschritt da ist, dann ist eine Trennung, die Auflösung einer Partnerschaft - auch einer vor dem Altar geschlossenen Ehe -, durchaus im Sinne Gottes. Denn dem Schöpfer geht nichts über die Entwicklung seiner Geschöpfe und das rasche Heimkehren zu ihm!...

Zur vorigen Antwort möchte ich noch sagen: Es sollte alles darangesetzt werden, daß im gegenseitigen Einvernehmen alles gelöst wird, ohne Groll, ohne Zorn, ohne Zwietracht, ohne Wehtun und ohne Schmerz. Sollten aus dieser Partnerschaft Kinder geboren worden sein, die ja gewollt waren, dann besteht auch die Pflicht, für sie zu sorgen. Das Wesentliche ist jene kleine Nuance, daß es "im gegenseitigen Einvernehmen" geschieht. Wenn es ein

Verlassen des Partners ist, der jetzt hilflos dasteht, ohne sich belastet zu haben, also ohne Grund, dann ist es nicht in Ordnung und wird Folgen haben.

(* Emanuel 19 – 212-216)

Seth's Ratschläge

Wenn ihr ihr selbst seid, helft ihr anderen, sie selbst zu sein. Ihr seid dann nicht neidisch auf Begabungen, die ihr nicht habt, und könnt sie deshalb offenen Sinnes und leichten Herzens in anderen fördern. Da ihr eure eigene Einmaligkeit erkennt, habt ihr es nicht nötig, andere zu beherrschen oder vor ihnen zu kriechen.

Ihr müßt allerdings unbedingt anfangen, euch selbst zu vertrauen. Ich schlage vor, ihr tut es jetzt. Andernfalls werdet ihr immer und ewig von anderen erwarten, daß sie euch eure Verdienste bestätigen, und nie zufrieden sein. Ihr werdet andere immerfort fragen, was ihr tun sollt, und gleichzeitig denjenigen gram sein, von denen ihr solche Hilfe erwartet.   (* Seth 3 – 491)

Stellt die Worte der Pfarrer, Priester, Wissenschaftler, Gurus, Freunde - oder meine Worte - nicht über eure eigenen seinshaften Gefühle ...

- im Grunde verliert jede nachteilige Situation an Bedeutung, wenn ihr sie in eurer Vorstellung herunterspielt, wenn ihr in eurem Denken derselben weniger Gewicht beimeßt und euch beispielsweise sagt: "Nun, es könnte schlimmer sein!" und eure Aufmerksamkeit anderen Dingen zuwendet. Der springende Punkt dabei ist natürlich, nichts Negatives in die Zukunft zu projizieren, denn damit zieht ihr Unerwünschtes geradezu an.   (* Seth 5 – 485)

Für Gewalt gibt es niemals eine Rechtfertigung. Auch für Haß gibt es keine Rechtfertigung. Für Mord gibt es auch keine Rechtfertigung. Diejenigen, die Gewalt aus ganz gleich welchen Gründen dulden, werden dadurch selbst verändert, und die Reinheit ihrer Absicht wird verdorben.

Es ist falsch, eine Blume zu verfluchen, und es ist falsch, einen Menschen zu verfluchen. Es ist falsch, nicht jeden Menschen zu achten, und es ist falsch, sich über irgendeinen Menschen lustigzumachen. Ihr müßt euch selber achten und in euch selbst den Geist ewiggültiger Vitalität erkennen... Und ihr sollt jedes andere Individuum achten, denn in ihm ist ebenso der göttliche Funke ewiggültiger Vitalität wie in euch.   (* Seth 9 – 282-283)

Seid euch nicht böse, wenn eure Gedanken negative Erfahrungen, die ihr in eurem Leben gemacht habt, umkreisen. Stellt euch lieber die konstruktive Frage, warum sie das tun. Die Antwort wird euch schon kommen.

Verliert nicht den Humor im Umgang mit euch selbst - ich meine hier nicht boshaften Sarkasmus, sondern einen liebevoll-humorigen Selbstrespekt.

(* Seth 3 – 485)

Die Nähe von ... vielen Bäumen ist ebenfalls von BETRÄCHTLICHEM gesundheitlichem Wert, und sie wirkt sich bei denen, die medial oder anderweitig schöpferisch arbeiten, besonders günstig aus, da sie einen friedvollen Gemütszustand fördern. Bäume nutzen und bewahren zugleich sehr viel Energie, und sie stellen dort, wo sie reichlich vorhanden sind, automatisch viel Lebenskraft bereit.

(* Seth 2 – 386)

Ratschläge des 'Universellen Lebens'

Der Tag gibt Impulse, bevor die Wirkung im physischen Leib zum Ausbruch kommt. Der Schutzgeist gibt euch Impulse; euer Gewissen sagt euch so manches. Seid wachsam!

Das ist die Umkehr. Und so ihr umkehrt auf dem Weg der wahrhaftigen Reue, der Bitte um Vergebung, der Vergebung, der Wiedergutmachung, und so ihr eure Fehler nicht mehr tut - wandelt ihr die negative Kraft, die in euren Zellen, in eurer Seele ist, um in positive Energie, in Geistenergie, in Meine Kraft, in das Gesetz der Liebe.

Auf diese Weise wandert ihr nach innen. Ihr reinigt eure niederen Sinne, weil ihr eure Leidenschaften abbaut, eure negativen Gedanken, Empfindungen, Worte und Werke. *(× Univ.-Leb. 8 – 111-112)*

Ihr sagt, das ist schwer zu erreichen, den Frieden und die Einheit mit allen Menschen. Beginne du, o Mensch, bei dir selbst. Was du bevorzugst, ist immer dein Nachteil. Und so ihr frei werdet von eurem Werten, werdet ihr standhaft und gefestigt sein in Mir und der Jünger und die Jüngerin sein, die Mir wahrhaft nachfolgen. Dann seid ihr gütig, liebevoll und sanftmütig, weil ihr Verständnis erlangt habt und aus dem Verständnis das Verstehen.

(× Univ.-Leb. 8 – 228)

Mein Kind, blicke nicht auf das Negative! Finde in allem Negativen das Positive, und damit kommuniziere. Bejahe das Positive in deinem Nächsten, spreche es an, und freue dich darüber. Im selben Augenblick hat das Gegensätzliche keine Macht mehr über dich. *(× Univ.-Leb. 8 – 196)*

Nehmt die Gebote Gottes und die Bergpredigt zur Hand, und prüft euer Leben. Mögen die Zehn Gebote und die Bergpredigt der Maßstab in eurem irdischen Dasein sein. Dann erkennt ihr die Einflüsterungen des Gottes der Unterwelt, und ihr wißt, was ihr zu tun habt. *(× Univ.-Leb. 8 – 59)*

Nimm dir diese Merksätze zu Herzen:

- Ordne dein Denken! Dann ordnet sich dein Leben.
- Lege deinen Eigenwillen ab. Gängle keinen anderen Menschen - entziehe ihm nicht den freien Willen.
- Übe dich darin, in allen Menschen das Gute zu finden. Dann wirst du auch ihren freien Willen achten und selbst frei werden von Vorurteilen, Meinungen und Bindungen.
- Verwirkliche, was du an geistigem Wissen gespeichert hast. Dann wird sich dein Horizont klären und du kannst die kosmische Intelligenz, die göttliche Weisheit, empfangen. Dann teilt sich dir dein lichtes Bewußtsein mit - wo du auch bist oder was du tust. Denn die universelle Intelligenz, die göttliche Weisheit, ist in dir. *(× Univ.-Leb. 7 – 97)*

Ratschläge aus dem 'Buch des Wahren Lebens'

Glaubt nicht, daß ihr gerettet seid, weil ihr in der letzten Stunde einen Beichtvater an eurem Lager habt, der euch geistig beisteht, und glaubt auch nicht, durch eure Reue in jener Stunde zu Mir zu gelangen, in der Meinung, das Ende eurer Entwicklung erreicht zu haben. Lernt, in eurem Leben zu lieben, zu vergeben und zu segnen, und bewirkt durch eure Werke der Liebe und Barmherzigkeit für eure Brüder die Reinigung eurer Seele. *(* BWL 2 – 176)*

Schüttelt hier eure Sündenlast ab, erfüllt Mein Gesetz und kommt bald. Bittet alle um Vergebung, die ihr verletzt habt, und überlaßt das übrige Mir...
(* BWL 1 – 207)

Und das Wort sagt euch: Meine Kinder, macht euer Herz gütig, indem ihr eure Brüder liebt; liebt alles Geschaffene. Sucht die Versöhnung und den Frieden unter allen. Wenn ihr nicht wollt, daß euch die Erdumwälzungen ausrotten, die ihr selbst fördert, so kommt rechtzeitig zur Besinnung, o vielgeliebte Kinder, beruhigt sie (die Naturkräfte) mit eurer Liebe, wandelt sie um in Frieden. O Menschen, wenn ihr auf Mich hören würdet, wieviele Mühsale hättet ihr euch erspart, und Ich hätte eure Welt bereits umgewandelt, ohne daß es nötig wäre, daß ihr leidet! *(* BWL 1 – 210)*

Ramtha und seine Ratschläge

Erinnert euch, die Menschen in eurem Leben besitzen euch nicht. Sie besitzen euch nicht. Sie sind nicht der Herr eures Seins, und sie sind nicht die Befehlshaber über eure Bestimmung, und sie werden nicht für euch sterben. Ihr seid auf euch alleingestellt bei diesen Entscheidungen. *(* Ramtha 4 – 236)*

Werdet glücklich! Entledigt euch der Dinge in eurem Leben, die euch keine Freude bringen. Ihr *wißt*, welche es sind. Ihr braucht euch nur umzuschauen. Was versklavt euch? Was begrenzt euch? Was befindet sich um euch herum, das eure Knöpfe drückt? Ganz gleich, wieviel es kostet, erlaubt ihnen aus eurem Leben wegzufließen. *(* Ramtha 5 – 64)*

Trefft niemals eine Entscheidung, wenn ihr verwirrt seid. Laßt zu, daß die Antwort kommt. Wenn ihr es *zulaßt*, wird der Weg klar werden, und zwar weil er sich gut *anfühlen* wird. Für andere mag er nicht der richtige sein, aber für euch wird er es sein. Versteht ihr?

Nun, wißt ihr, was Langeweile ist? Viele von euch sind gelangweilt! Ihr fühlt es hier drinnen. Langeweile ist die Sprache der Seele, die sagt, daß ihr nun alles aus jener Erfahrung erlangt habt... Dies bezieht sich auf Arbeit, Kreativität. Beziehungen, Ehemänner, Ehefrauen, Liebhaber/innen. Es ist auf alles anwendbar! Wenn euch etwas langweilt, ist es Zeit, etwas zu verändern. Dann ist es Zeit, weiterzugehen. *(* Ramtha 5 – 65)*

Wenn jemand direkt vor euch steht und euch anbrüllt, wie ihr es nennt, und ihr plötzlich merkt, daß wahr ist, was er sagt, so lacht einfach. Das ist der Bote. Schlagt ihn nicht und stellt ihm auch kein Bein. Sagt: "Was du sagst, ist wahr. Ich danke dir, daß du mir das gezeigt hast." Und wie wirkt das auf einen Feind? Wenn ihr umhergeht und eure Feinde küßt, dann sind sie entwaffnet. Wenn ihr euch für ihr rüdes Benehmen bedankt, gibt es keinen Feind mehr. Versteht ihr das? So sei es. *(* Ramtha 8 – 127)*

Walsch: 'Göttliche Ratschläge'

Ich gebe dir nun drei Werkzeuge an die Hand, die sicherstellen, dass du dein Leben förderlich lebst. Es sind die Grundprinzipien eines ganzheitlichen Lebens: *Gewahrsein - Ehrlichkeit - Verantwortlichkeit...*

GEWAHRSEIN IST EIN Seinszustand, in dem du vielleicht deiner Wahl nach leben möchtest. Er bedeutet, für den Moment wach zu sein...

Was tue ich? Wie tue ich es? Warum tue ich es? Was bin ich, während ich dies tue? Warum bin ich dies, während ich dies tue? ...

Ehrlichkeit ist das zweite Handwerkszeug. Bei der Ehrlichkeit geht es darum, dass du erst dir selbst und dann anderen sagst, wessen du dir gewahr bist. Ehrlichkeit ist das, wofür du stehst. Du nimmst die Dinge nicht mehr widerspruchslos hin, sondern stehst für etwas ein...

Dann übernimm die Verantwortung für sie. Das ist das dritte Werkzeug. Es ist ein Zeichen von großer Reife, großem spirituellem Wachstum.

(* Walsch 4 – 414-419)

VERWENDE JEDEN TAG ein paar Augenblicke darauf, deine Erfahrung von mir in dich aufzunehmen. Tu es jetzt, wo du es nicht musst, wo deine Lebensumstände es nicht von dir zu verlangen scheinen. *(* Walsch 4 – 435)*

DU MUSST IN all deinen Interaktionen die Wahrheit sehen. Du musst verstehen, wie die Dinge wirklich funktionieren, und warum die Menschen die Dinge tun, die sie tun. Du musst dir über einige Grundprinzipien des Lebens Klarheit verschaffen. *(* Walsch 4 – 65)*

HABE ABSICHTEN, ABER keine Erwartungen, und ganz gewiss keine Forderungen. Mach dich nicht von einem bestimmten Resultat abhängig. Bevorzuge nicht einmal eines. *(* Walsch 4 – 119)*

HÖRE AUF DEINE Gefühle, deine erhabensten Gedanken, deine Erfahrung. Wenn sich irgend etwas davon von dem unterscheidet, was dir deine Lehrer erzählt haben oder du in Büchern gelesen hast, dann vergiß die Worte. *Worte sind die am wenigsten zuverlässigen Wahrheitslieferanten.* *(* Walsch 1 – 28)*

Wenn ihr nichts weiter tut, als die Regeln eines anderen zu befolgen, entwickelt ihr euch nicht weiter, sondern gehorcht nur. *(* Walsch 2 – 154)*

Für dich sind nicht die äußeren Erscheinungsformen von Belang, sondern nur deine inneren Erfahrungen. Lass die äußere Welt sein, was sie ist. Erschaffe dir deinen innere Welt so, wie du sie haben willst. Das ist damit gemeint, dass ihr in eurer Welt, aber nicht von ihr seid. Das ist Meisterschaft im Leben. *(* Walsch 4 – 336)*

Erstens, verbringt mehr Zeit mit euren Kindern. Hört auf so zu tun, als seien sie mit elf Jahren schon erwachsen. Beschäftigt euch mit ihrem Leben und bleibt interessiert. Sprecht mit ihren Lehrern. Freundet euch mit ihren Freunden an. Macht euren Einfluss geltend. Seid in ihrem Leben wirklich präsent. Lasst nicht zu, dass sie euch entgleiten.

Zweitens, nehmt einen klaren und deutlichen Standpunkt gegen Gewalt und gewalttätige Rollenvorbilder ein...

Drittens, tut alles, was nötig ist, um die Instrumente und Werkzeuge der Gewalt aus der Reichweite eurer Kinder und Jugendlichen zu schaffen...

Und am wichtigsten, verbannt die Gewalt aus eurem eigenen Leben. Ihr seid das größte Rollenvorbild für eure Kinder. *(* Walsch 4 – 140)*

Vergebung erlaubt euch, praktisch jede psychische, emotionale, spirituelle und zuweilen auch physische Wunde zu heilen, von der ihr euch einbildet, dass sie euch zugefügt worden ist. Vergebung ist eine großartige Heilerin. Das Vergeben kann ganz buchstäblich euer Weg zur Heilung und euer Weg zum Glück sein. *(* Walsch 5 – 182)*

Spiritualität ist das, was eine Brücke zwischen Körper, Geist und Seele baut. Und alle echten Religionen bauen eine Brücke, keine Mauer.

Seid also Brückenbauer. Schließt die Kluft, die sich zwischen Religionen, zwischen Kulturen, zwischen Rassen und zwischen Nationen aufgetan hat. Fügt zusammen, was auseinander gerissen worden ist...

Rühmt euren Gott, indem ihr einander rühmt. Seht Gott in jedermann und helft jedermann, Gott in sich selbst zu sehen. Hört mit euren Spaltungen und Rivalitäten, eurem Konkurrieren und euren Kämpfen, euren Kriegen und all eurem Töten ein für alle Mal auf. *(* Walsch 5 – 241)*

Lass mich dir etwas sagen. Wenn du, bevor sich der Moment zeigt, schon beschließt, wie du dich zeigen wirst, hast du begonnen, dich auf die Meisterschaft zuzubewegen. Du hast gelernt, den Moment zu meistern, und das ist der Anfang der Meisterschaft im Leben.

Wenn du schon vorab beschließt, dass dein innerer Seinszustand einer des inneren Friedens und der Liebe, des Verständnisses und des Mitgefühls, des Miteinander-Teilens und der Vergebung sein wird, ganz gleich, was der äußere Augenblick bringt, verliert die äußere Welt ihre Macht über dich.

Andere können dich nicht dazu überreden, sich ihrem Verhalten anzuschließen, wenn sich ihr Verhalten nicht in Einklang mit deinem inneren Seinszustand befindet. *(* Walsch 6 – 352)*

Zopf: Ratschläge von Maria

Je mehr ihr es anderen überlaßt, daß sie Macht über euer Leben ausüben und bestimmen können, was ihr denken, fühlen und tun sollt, um so mehr entfernt ihr euch von Gott, um so mehr weist ihr eure eigene Göttlichkeit von euch. Diese Aussage ist im bezug auf die alte christliche Lehre frevelhaft, denn nur die Vertreter Gottes auf Erden, die Priester, Bischöfe und Päpste, durften eine direkte Beziehung zu Gott unterhalten, und sie bestimmten, was ihr tun und wie ihr leben solltet.

Ich aber sage euch, stellt eure eigene direkte Beziehung zu Gott her und entdeckt, daß er in euch wohnt und für euch jederzeit erreichbar ist. Entdeckt eure eigene Göttlichkeit und seht euch als einen Samen, als einen Teil Gottes an. Verbreitet diese Lehre unter den Menschen, und berichtet ihnen von meinen Worten. *(* Zopf 4 – 56)*

Oft ist es wichtig, daß ihr auch einmal "Nein" sagt zu Ungerechtigkeit oder falschem Verhalten, das euch oder euren Mitmenschen entgegengebracht wird. Es sind die kleinen Dinge und Situationen des Lebens, in denen verantwortungsvolles Handeln beginnt. *(* Zopf 4 – 70)*

Wir sagen nun nicht, daß ihr weniger arbeiten sollt oder müßt, sondern wir schlagen vor, daß ihr einmal genau euer Leben überdenkt und nachforscht, wie ihr mehr Ruhe für euch kreieren könnt. *(* Zopf 4 – 93)*

Zopf: Ratschläge der 'Weltenhüter'

Jeder Mensch sehnt sich nach innerem Frieden, so wie er sich auch nach der Liebe sehnt. Auf die Sehnsucht nach Liebe folgt im Grunde gleich die Sehnsucht nach Frieden. Es ist ein tiefes Bedürfnis jedes Menschen, in Frieden und ohne inneren Kampf, ohne inneres Chaos, ohne inneren Aufruhr zu leben.

Innerer Frieden drückt innere Harmonie aus. Ein Mensch, der in Übereinstimmung mit sich selbst lebt und sich selbst akzeptiert, gleichgültig, welche Schwächen noch in ihm vorhanden sind, kommt innerem Frieden näher und erlebt ihn in vielen Momenten. Der innere Frieden ist immer die Voraussetzung für äußeren Frieden, so wie die Selbstliebe die Voraussetzung für die wahre Nächstenliebe ist.   (* Zopf 5 – 67)

Wie könnt ihr diesen sogenannten sicheren Hafen erreichen? ... Die größte Hilfe hierbei ist Kontemplation und Meditation und ein Innehalten im Getriebe des täglichen Lebens. Das bedeutet, daß

- ihr euch Zeit für euch selbst nehmt
- ihr nach innen schaut und die Geschehnisse verarbeitet
- ihr euer Verhalten überprüft
- ihr ehrlich zu euch selbst seid und versucht, Neues auszuprobieren.

(* Zopf 5 – 101)

Versäumt nicht die Gelegenheit, euch zu entdecken, während ihr noch Energie und Kraft zur Verfügung habt! Nutzt das Geschenk eures Lebens, indem ihr euch selbst entdeckt und euer wahres Potential und eure wahre Bestimmung herausfindet und lebt.   (* Zopf 5 – 109)

... Spirituelle Vervollkommnung zeigt sich immer darin, wie ihr euch im täglichen Leben bewegt. Anders herum ausgedrückt, zeigt euer tägliches Leben, wie weit ihr euch spirituell entwickelt habt...   (* Zopf 8 – 65)

Gute Ratschläge von TOM

Gebt euren Egoismus auf; werdet wahrhaft selbstlose Individuen oder Nationen und schließt euch einheitlich zusammen in diesen Zeiten der Not des Planeten Erde. Ihr sollt wissen, daß alle Zivilisationen, die mit den Vierundzwanzig zusammenarbeiten, bereitstehen, um zu helfen. Es ist jetzt Zeit für die Menschheit, das Konkurrenzdenken aufzugeben und sich als eine Einheit der Freude hervorzubringen. Dafür sind Zeit, Mühe und Liebe erforderlich.

Das wichtigste ist Vertrauen - Vertrauen darauf, daß es im Universum Wesen gibt, die dazu da sind, euch zu helfen. Und daß es den unbekannten Gott gibt. Es ist wichtig zu wissen, daß ihr vertrauen müßt und daß ihr geführt werdet.

Es wäre töricht, wenn wir euch sagen würden, daß alle Menschen auf dem Planeten Erde gleich sind - denn das ist nicht wahr, mit der Ausnahme, daß ihr alle aus derselben Quelle kommt. Aber in der Manifestation eurer Körperlichkeit muß es Führer geben, die aus anderen das Beste herausholen. Denn manche von euch wollen geführt werden; und wenn man versuchen würde, aus ihnen Führer zu machen, obwohl es ihnen an den körperlichen, emotionalen oder geistigen Fähigkeiten dazu fehlt, würde man ihnen nur schaden. Darum müßt ihr Menschen einander unterstützen, lieben und achten. *(* Carmel – 262)*

Ihr müßt die Gewohnheit eurer alltäglichen Natur ablegen und durch euer göttliches Wesen ersetzen. Diese Anerkennung des Göttlichen in euch ist ein erster Schritt. Macht euch keine Vorwürfe, wenn ihr Fehler begeht, sondern nehmt euch vor, sie nicht zu wiederholen. Lebt immer aus dem Zentrum eures Seins heraus, mit Integrität. Es ist wichtig, daß ihr jemand werdet, den ihr achten könnt.

Und Ehrlichkeit ist wichtig. Die Menschen sind verwirrt, und wir haben gezögert, von Ehrlichkeit zu sprechen; denn sie werden falschen Gebrauch davon machen. Ehrlichkeit muß mit Weisheit einhergehen.

So wie ihr jetzt eure Göttlichkeit versteht, müßt ihr auch verstehen, daß ihr die Elemente der Weisheit in euch tragt. Wissen wird durch Ausbildung erworben; aber Weisheit kommt von innen. Darum ist die Entwicklung eurer Weisheit ebenfalls wichtig. *(* Carmel – 347-348)*

Marchiniak: Ratschläge ihrer Botschafter

Ihr müßt lernen, euer Mitgefühl, euer Herzzentrum, zu öffnen, was vermutlich eines der schwierigsten Dinge ist. Lernt, für euch selbst und für alle anderen Mitgefühl zu haben, die ihr den Mut habt, loszulassen und zu fühlen.

Es ist sehr wichtig zu beobachten, wie ihr mit Ereignissen umgeht. Verschiedene Ereignisse kommen zu euch, damit ihr sie beobachten könnt. Lernt, euer Verhalten zu beobachten und viel mehr Zeit allein zu verbringen - auch wenn es manchmal schwer für euch ist und ihr euch einsam fühlt. Langfristig werdet ihr uns dafür dankbar sein, daß wir euch zu einer sinnvolleren Begegnung mit euch selbst gebracht haben. Ihr habt den Reichtum und die Reife in euch, die euch zu höherer Erkenntnis bringen können.

(* Marciniak 2 – 193)

Ratschläge von Kryon

Bevor ihr erwarten könnt, zu den höheren Dingen aufzusteigen, müsst ihr euch mit dem auseinandersetzen, was in eurem Alltagsleben schief läuft und nicht stimmt. Das Wichtigste, worauf ihr euch in eurem alltäglichen Leben konzentrieren solltet, ist die Wiedererlangung des persönlichen Friedens und des Gleichgewichts, die eure Erleuchtung begleiten sollen. Um das möglich werden zu lassen, ermahne ich euch als Erstes: Hört auf, eure eigenen negativen Strudel zu erschaffen!

Euer alltägliches Leben ist voller unangebrachter Reaktionen auf Ereignisse und andere Menschen. Wie könnt ihr eure Arbeit tun, wenn eure Gedanken überschattet sind von den Gefühlen, die durch unangemessene Reaktionen hervorgerufen werden. *(* Kryon 2 – 173)*

Ratschläge zum 'Stolpern der Menschen'

[Frage:] Wenn jemand immer wieder stolpert, obwohl er sich aus ganzem Herzen bemüht auf seinem geistigen Weg. Was soll er tun?

[Antwort:] Es gibt auf diese Frage so viele Antworten, die ich nicht alle ausführen kann, denn es kommt auch hier auf den persönlichen Eindruck an, was "stolpern" bedeutet.

Ganz deutlich ausgedrückt: Du hast das Stolpern selbst ausgelöst, indem du die Ursachen dafür gelegt hast, und nur du kannst diesen Stolperstein auflösen. Und er wird dir so lange zum Stolperstein werden, bis du die Ursache aufgelöst hast. Aber das kann in verschiedenster Form geschehen, denk also nach darüber! Du denkst: vielleicht gibt es einen kleinen Umweg? Auf dem kleinen Umweg liegt aber wieder der Stolperstein, und du kommst nicht drüber hinweg. Und wenn du gar nichts tust, dann kommt der Stolperstein direkt vor deine Füße. Es geht nicht anders. *(* Emanuel 19 – 176-178)*

Wie leicht lassen wir uns doch von alten Gewohnheiten und eingefahrenen Verhaltensmustern beherrschen! Obwohl sie uns ... nichts als Leiden bringen, akzeptieren wir sie mit beinahe fatalistischer Resignation, weil wir so sehr daran gewöhnt sind, ihnen nachzugeben. *Wir idealisieren die Freiheit, aber unseren Gewohnheiten sind wir sklavisch ergeben.*

Dennoch kann uns Reflexion langsam zur Weisheit bringen. Wir können lernen zu erkennen, wie wir immer wieder in feste, sich wiederholende Verhaltensmuster verfallen, und wir können beginnen, uns nach einem Ausweg zu sehnen... Das folgende Gedicht geht uns alle an. Sein Titel lautet "Autobiographie in fünf Kapiteln".

1. Ich gehe die Straße entlang.
   Da ist ein tiefes Loch im Gehsteig.
   Ich falle hinein.
   Ich bin verloren ... Ich bin ohne Hoffnung.
   Es ist nicht meine Schuld.
   Es dauert endlos, wieder herauszukommen.

2. Ich gehe dieselbe Straße entlang.
   Da ist ein tiefes Loch im Gehsteig.
   Ich tue so, als sähe ich es nicht.
   Ich falle wieder hinein.
   Ich kann nicht glauben, schon wieder am gleichen Ort zu sein.
   Aber es ist nicht meine Schuld.
   Immer noch dauert es sehr lange, herauszukommen.

3. Ich gehe dieselbe Straße entlang.
   Da ist ein tiefes Loch im Gehsteig.
   Ich sehe es.
   Ich falle immer noch hinein ... aus Gewohnheit.

Meine Augen sind offen.
Ich weiß, wo ich bin.
Es ist meine eigene Schuld.
Ich komme sofort heraus.

4. Ich gehe dieselbe Straße entlang.
   Da ist ein tiefes Loch im Gehsteig.
   Ich gehe darum herum.

5. Ich gehe eine andere Straße.

(Rinpoche – 50-51)

Hans: "Ich habe in den Ratschlägen unserer Jenseitsbotschafter keine Widersprüche finden können, obwohl es je nach Naturell der Wesenheiten unterschiedliche Schwerpunkte und Formulierungen gab. Ich habe auch nicht feststellen können, dass sie göttlichen Gesetzen widersprechen. Wie du, Vera, an anderer Stelle gesagt hast: Ich habe ein gutes Gefühl, sie zu anzunehmen."

Dirk: "Hier habe ich mich an einer stichwortartigen Zusammenstellung versucht." Dirk legte seine Liste vor:

- Geistige Entwicklung als oberstes Ziel
- Gottvertrauen haben
- Frei werden, den eigenen Weg zu wählen
- Selbstvertrauen, Eigenverantwortung, Ehrlichkeit zu sich selber
- Sich Zeit nehmen für die Überprüfung des Weges, nicht verzagen, wenn nicht alles gleich 'klappt'
- Positives Denken entwickeln
- Unabhängig werden von Menschen und Materiellem und nicht dauernd Gegenleistungen erwarten, wenn man etwas 'Gutes' tut
- Vergeben lernen
- Nächstenliebe praktizieren

8   Eintritt und Leben im Jenseits

Hans: "Als wir vor ein paar Jahren unser Projekt begonnen haben, war der Anlass deine Frage, Lisa: 'Wo ist die Oma jetzt?'. Unsere Unterlagen haben dazu eine Menge Hinweise geliefert. Nach den bisherigen Vorarbeiten sind wir nun endlich so weit, diese Frage konkreter beantworten zu können."

8.1   Nahtoderfahrungen (NTE)

8.1.1   Einführung

Seit einigen Jahrzehnten ist es dank moderner medizinischer Geräte wie Defibrillator und EKG möglich, immer mehr Menschen die einen Herz- und Atemstillstand haben wiederzubeleben. Mit der Zahl von reanimierten Menschen nehmen auch die Berichte dessen zu, was während dieser Zeit des klinischen Todes erlebt wurde. Nationalität, Rasse, Religion oder Weltanschauung spielen dabei keine Rolle. Ärzte, deren medizinischer Auffassung zur Folge mit dem Tod alles Leben und Bewußtsein erlischt, standen und stehen dieser Sache eher ungläubig gegenüber. Sie sind jedoch genauso verblüfft, wenn ihnen Patienten genaue Einzelheiten ihrer Reanimation berichten. Das klingt in etwa so:

Als Dr. B. kam, sagte er mir, ich sei gerade noch einmal davongekommen. Ich antwortete ihm: "Herr Doktor, ich konnte gar nicht sterben. Ich weiß alles, was vor sich ging." Ich erzählte ihm beispielsweise, daß er sich zuerst an meiner rechten Achselhöhle zu schaffen gemacht habe, sich dann aber die linke vorgenommen habe. Er sagte, das sei unmöglich ich könne das unmöglich wissen, weil ich zu dieser Zeit klinisch tot gewesen sei. Er schüttelte immer wieder den Kopf. Er konnte es einfach nicht verstehen. Ich fragte ihn. "Hab ich Recht?" Er antwortete: "Ja, Sie haben recht!" Dann ging er kopfschüttelnd weg.

Mittlerweile ist die Beweislast dafür, das der Mensch einen unabhängig vom Körper lebenden Geist hat, der diesen mit Eintritt des Todes verläßt, so erdrückend, dass sie sich nicht länger leugnen läßt. Weltweit haben immer wieder Ärzte, die mit solch detaillierten Berichten ihrer Patienten konfrontiert wurden, Forschung betrieben, indem sie Patienten die klinisch tot waren befragten.   *(http://mitglied.lycos.de/webcasper/tod.html 26.06.2002)*

Als 1975 die wissenschaftliche Erforschung der Nahtoderfahrung mit Raymond Moodys Buch "Leben nach dem Tod" einsetzte, war dies sozusagen eine Weltsensation. Moody hatte, ermuntert durch Elisabeth Kübler-Ross, die seine Arbeit von Anfang an unterstützte, 150 Fallbeispiele gesammelt mit Berichten von Menschen, die klinisch tot waren und dann aber ins Leben zurückgeholt wurden. Raymond Moody war der erste, der die Nahtoderfahrung klassifizierte und verschiedene Merkmale herausarbeitete, ... *(Jakoby – 38)*

8.1.2 Untersuchungen von Moody

Die Komponenten der Todesnähe-Erlebnisse: Dennoch ist darauf hinzuweisen, daß nicht alle, die ein Todesnähe-Erlebnis durchmachen, sämtliche im folgenden dargestellten Elemente erleben. Manche erleben eines oder zwei, andere fünf oder sechs.

Das Gefühl, tot zu sein, und das Verlassen des Körpers: Vielen Menschen wird nicht bewußt, daß das Todesnähe-Erlebnis, das sie durchmachen, etwas mit dem Sterben zu tun hat.

Solange der Patient sich noch in seinem Körper aufhält, hat er oft intensive Schmerzen. Werden "die Schnüre durchtrennt", breitet sich jedoch ein echtes Gefühl von Frieden und Schmerzfreiheit in ihm aus.

Häufig erlebt der Patient in dem Augenblick, wenn der Arzt sagt: "Wir haben ihn (oder sie) verloren", einen radikalen Wechsel der Perspektive. Er spürt, daß er aufsteigt und seinen eigenen Körper von außen betrachtet.

Die meisten Betroffenen sagen, sie seien, als dieser Wechsel eintrat, nicht ein bloßer Bewußtseinspunkt gewesen. Sie schienen sich selbst in diesem außerkörperlichen Zustand noch in einer Art von Körper zu befinden. Ihren Aussagen nach besitzt dieser "spirituelle Körper" eine andere Gestalt als unser physischer Körper. Er hat Arme und auch so etwas wie eine Figur, obgleich die meisten sein Aussehen nicht genau beschreiben können. Manche bezeichnen ihn als eine Farbwolke oder als Energiefeld.

Das Tunnelerlebnis: Das Tunnelerlebnis tritt im allgemeinen nach der Loslösung vom Körper ein. In diesem Augenblick öffnet sich auf einmal ein Portal oder ein Tunnel vor den "Sterbenden", und sie werden in einen dunklen Raum gesaugt. Sie bewegen sich durch diesen dunklen Raum, bis sie an seinem Ende in ein strahlend helles Licht eintreten. Manche steigen, anstatt durch einen Tunnel zu gleiten, Treppenstufen hinauf.

Lichtgestalten: Nach dem Durchgang durch den Tunnel stößt der "Sterbende" meist auf Lichtwesen. Diese Wesen bestehen jedoch nicht aus normalem Licht, sondern scheinen von einem wunderbaren hellen Licht erleuchtet, das alles durchdringt und die Person mit Liebe zu erfüllen scheint. Tatsächlich sagte einer meiner Gewährsleute, der diese Erfahrung gemacht hat: "Ich könnte diesen Glanz 'Licht' oder auch 'Liebe' nennen - es liefe auf dasselbe hinaus." Manche sagen, es sei so, als würde man von einem Schauer aus Licht durchflutet.

In dieser Phase treffen die "Sterbenden" häufig verstorbene Freunde und Verwandte. Ihren Berichten zufolge haben diese oft dieselben, schwer zu beschreibenden Körper wie sie selbst.

Das Lichtwesen: Nach dem Zusammentreffen mit mehreren lichtdurchfluteten Wesen begegnet die Person gewöhnlich einem höheren Lichtwesen. Wer immer es auch sein mag, dieses Wesen strahlt grenzenlose Liebe und Verständnis aus - so sehr, daß die meisten immer in seiner Nähe bleiben möchten. Aber das ist ihnen verwehrt. Denn nun wird ihnen, zumeist vom

Lichtwesen, gesagt, sie müßten zu ihrem irdischen Körper zurückkehren. Doch vorher will es ihnen erst noch einen Lebensrückblick vorführen.

Der Lebensrückblick: Wenn die Betroffenen den Lebensrückblick vorgeführt bekommen, nehmen sie keine äußere Umgebung mehr wahr. An ihre Stelle tritt ein farbiges, dreidimensionales Panorama all dessen, was sie in ihrem Leben je getan haben.

In dieser Rückschau sieht die Person sich selbst von außen. Der Vorgang ist unabhängig von Zeit, wie wir sie kennen. Die genaueste Beschreibung, die ich je davon bekommen habe, lautet: Eines Menschen ganzes Leben ist da im Nu. Man sieht bei diesem Lebenspanorama nicht nur jede einzelne Handlung, die man im Leben je ausgeführt hat, sondern nimmt auch unmittelbar die Folgen wahr, die jede Handlung auf die Beteiligten hat. Dies führt bei allen Menschen, die diese Erfahrung gemacht haben, zu der Erkenntnis, das Wichtigste in ihrem Leben sei die Liebe.

Die meisten glauben, am zweitwichtigsten sei der Erwerb von Wissen. Wenn sie Szenen aus ihrem Leben sehen, in denen sie etwas gelernt haben, weist das Lichtwesen darauf hin, daß Wissen etwas sei, das sie im Tod mit sich nehmen könnten. Das andere sei Liebe.

Widerwillige Rückkehr: Für viele Menschen ist die Todesnähe-Erfahrung so schön, daß sie nicht mehr zurückkehren wollen. Dementsprechend nehmen sie es ihren Ärzten häufig übel, daß sie sie zurückholen. Alle Menschen, mit denen ich gesprochen habe, wären gern in jener anderen Welt geblieben, wenn sie nur an sich selbst zu denken gehabt hätten.

Verändertes Zeit- und Raumempfinden: Die Zurückgekehrten haben ihr Erlebnis als "Aufenthalt in der Ewigkeit" beschrieben. Auf die Frage, wie lange ihre Todesnähe-Erfahrung gedauert habe, antwortete mir eine Frau: "Man könnte sagen, es hat eine Sekunde gedauert - oder zehntausend Jahre. Beides wäre gleich wahr."

Die räumlichen Beschränkungen, denen wir im Alltag unterworfen sind, werden in Todesnähe-Erlebnissen oft durchbrochen. Wollen die Betroffenen während des Erlebnisses irgendwo anders hingehen, können sie sich meist einfach "hindenken". Wie sie bezeugen, konnten sie sich - während sie im außerkörperlichen Zustand verweilten und zusahen, wie die Arzte im Operationssaal arbeiteten - einfach ins Wartezimmer "hinauswünschen", um ihre Verwandten zu sehen.

Solche Erfahrungen sind vielleicht das beste Argument gegenüber denjenigen, die Todesnähe-Erlebnisse als eine Selbsttäuschung des Gehirns betrachten. Natürlich wäre es, oberflächlich gesehen, denkbar, daß das Gehirn in großer Bedrängnis versucht, sich selbst zu beruhigen, indem es Tunnelerlebnisse und Lichtwesen halluziniert. Daß die Betroffenen nach ihrer Sterbeerfahrung jedoch angeben können, was zur gleicher Zeit in anderen Räumen oder an anderen Orten passiert ist, zeigt, daß sie sich tatsächlich außerhalb ihres Körpers befanden. *(Moody – 22-33)*

8.1.3 Ein typisches NTE-Beispiel

[Der Schweizer Architekt Stefan von Jankovich in seinem Buch "Ich war klinisch tot". Jankovich verunglückte schwer in einem Sportcabriolet.]

Durch den Unfall musste ich glücklicherweise keinen langen Todeskampf durchmachen. Mein Ich-Bewusstsein, mein Astralkörper, meine Seele und mein Geist wurden plötzlich vom materiellen Körper getrennt. Ich fühlte mich geradezu erlöst und hatte das Gefühl: "Endlich bin ich soweit." Ich dachte ohne jegliche Angst: "Ich bin glücklich, dass ich nun sterbe."

Ich sah die ganze Szene gleichzeitig von mehreren Seiten - deutlich, transparent. Ich sah unseren Wagen und die Leute, die rings um die Unfallstelle standen, sogar die Kolonne, die sich hinter den herumstehenden Menschen aufgestaut hatte.

Die Menschen scharten sich um mich herum. Ich beobachtete einen kleinen, festen, ca. 55 jährigen Mann, der versuchte, mich wieder ins Leben zurückzurufen. Nach einigen Minuten stand der Mann welcher mir die Spritze gegeben hatte auf und sagte: "Es geht nicht, man kann nichts mehr machen, er ist tot." Ich wandte mich von der Unfallstelle ab und wollte wegfliegen, und ... schon flog ich. Alles war beruhigend, harmonisch, wunderschön.

Leider wurde dieses euphorische Erlebnis abrupt beendet. Ich sah plötzlich von Süden einen jüngeren, schlanken Mann in schwarzen Badehosen und barfuss, mit einer kleinen Tasche in der Hand, auf meinen leblosen Körper zurennen... Er kniete sich daraufhin neben mich und stellte ebenfalls meinen Tod fest.

Dann wandte er sich dem anderen Arzt zu; "Wenn Sie, Herr Kollege, nichts dagegen haben, dann ..." Nun gab er mir eine Adrenalin-Spritze direkt ins Herz. Ich konnte das Gesicht dieses Mannes recht gut in mich aufnehmen. Nach der Adrenalin-Spritze, wahrscheinlich in dem Augenblick, als mein Herz zum ersten Schlag angeregt wurde, geschah das Schreckliche mit mir: Ich fiel in eine schwarze Tiefe hinunter. Mit einem unheimlichen "Ruck" und "Schock" schlüpfte ich in meinen schwerverletzten Körper zurück. Alles Schöne war plötzlich weg. Ich spürte: Ich muss zurück.

Durch die Kunst eines guten Arztes wurde ich also gewaltsam wieder zurückgeholt, weil er "per Zufall" im richtigen Moment bei der Unfallstelle war und "per Zufall" die richtige Spritze bei sich hatte.

Ich wurde als lebender Mensch mit integriertem Geist/Seele/Körper ins Ospedale San Giovanni in Bellinzona gefahren. "Per Zufall" war dort der brillante Chirurg Primarius Clemente Molo gerade anwesend, weil er ganz kurz aus seinen Ferien zurückgekommen war, um seine Abteilung zu besuchen.

Einige Tage später kam ein Herr in mein Spitalzimmer in Bellinzona. Er trug einen normalen Strassenanzug. Ich erkannte das Gesicht aber sofort wieder und begrüsste ihn mühsam mit: Guten Tag Herr Doktor, warum haben Sie mir diese teuflische Spritze gegeben? Ich konnte mich auch sehr gut an seine klare, deutliche Stimme erinnern. Er war verblüfft und fragte, wieso ich ihn kenne. Ich erzählte es ihm. Wir wurden später gute Freunde.

('Transdimension' 3/99 – 4-8)

8.1.4   NTE: Alles Spinnereien und Einbildungen?

Wissenschaftliche Untersuchungen der Psychologen Dr. Karlis Osis und Dr. Erlendur Haraldsson sowie des Psychologen Prof. Dr. Kenneth Ring und der Ärzte Dr. Raymond Moody und Dr. M. B. Sabom aus den USA haben demgegenüber einwandfrei ergeben, daß Sterbeerlebnisse nicht das Ergebnis von Halluzinationen, Endorphinen, Depersionalisationserscheinungen, Geburtserinnerungen, Wunscherfüllungsprojektionen, Geisteskrankheiten oder sonstigen Ursachen sind, von denen bisher teilweise angenommen wurde, daß sie als "Abwehr- und Schutzmechanismus" die Aufgabe hatten, dem Menschen an der Schwelle des Todes das Sterben zu erleichtern.

Nahtod-Erfahrungen besitzen eine eigene Qualität, die nicht aus irgendwelchen körperlichen Fehlfunktionen oder krankhaften Entwicklungsstörungen der Persönlichkeit abgeleitet werden kann.

Die "Kernerfahrung" jeder NTE ... ist bei allen Menschen ähnlich - unabhängig von Alter, Geschlecht, Nationalität, Glaubensrichtung und kulturellem Hintergrund der betreffenden Person. *(DAR 1/98 – 29)*

Hast du einmal eine derart großartige Erfahrung *[NTE-Erlebnis]* gemacht, fällt es dir unter Umständen schwer, wieder so zum "realen Leben" zurückzukehren, daß es sich problemlos mit dem verträgt, was andere Menschen "Realität" nennen. Der Grund dafür ist der, daß sich *deine* Realität verändert hat. Sie ist zu einer anderen geworden. Sie hat sich erweitert, ist gewachsen. Und sie kann nicht wieder zusammenschrumpfen. Das wäre wie der Versuch, den Geist zur Rückkehr in die Flasche zu bewegen...

[Frage:] Ist das der Grund, warum so viele Menschen nach ihrer Rückkehr von außerkörperlichen Erfahrungen oder sogenannten Nahtoderlebnissen so verändert erscheinen?

GENAU. UND SIE *sind* verändert, weil sie nun soviel mehr wissen. Doch häufig fallen sie, je weiter sie sich von diesen Erlebnissen entfernen, je mehr Zeit vergeht, in ihre alten Verhaltensweisen zurück, weil sie dann wieder vergessen haben, was sie wissen. *(* Walsch 3 – 134)*

Es gibt viele bekanntgewordene Nahtoderlebnisse, die sich in den letzten fünfzehn bis zwanzig Jahren zugetragen haben. Das Wissen derjenigen, die hinübergegangen und wieder zurückgekehrt sind, ist für den Frieden auf eurem Planeten äußerst wichtig. *(* Marciniak 1 – 274)*

Lisa: "Hier muss ich noch mal nachfragen: In den Texten hört es sich so an, als hätten in diesen Fällen Geist und Seele der betreffenden Personen tatsächlich den Körper verlassen. Bei den Aussagen über die Wunder von Jesus heißt es aber, dass ein wirklich Toter nicht wieder von seinem alten Körper Besitz ergreifen könne."

Dirk: "Dort heißt es aber auch, dass die Seelen der sogenannten Toten, die Jesus wiedererweckt hat, noch durch das Silberband mit dem Körper verbunden gewesen seien. In dem Kapitel über die feinstofflichen Körper wird darauf hingewiesen, dass dieses Band sehr dehnbar sei. Und bei den Träumen spricht Emanuel auch davon, dass die Seele zeitweise aus dem Körper austritt."

8.2 Sterben und Übergang ins Jenseits

Hans: "In unserer Gesellschaft beschäftigen wir uns nicht gerne mit dem Tod. Den bevorstehenden Tod meiner Mutter haben wir ja auch zu verdrängen versucht. Andere Kulturen haben da eine unverkrampftere Einstellung. Und es gibt ausführliche Beschreibungen von dem, was aus ihrer Sicht beim Tod passiert."

8.2.1 Die 'Historie' des Todes

Das ägyptische Totenbuch
Das *Ägyptische Totenbuch* ist eine der ältesten Schriften der Welt überhaupt. Das äußerst komplexe Werk umfaßt mehr als 100 Kapitel... Es scheint, daß die Bilderschrift festhält, was zuvor schon über lange Zeit mündlich weitergereicht worden war. Die wunderschönen Illustrationen und Hieroglyphen wurden während der Fünften Dynastie in den Sargkammern der Pyramiden aufgezeichnet.

Das Totenbuch ist eine Spruchsammlung und enthält Ansprachen an den *Ka* des verstorbenen Pharaos, Worte, die dessen Einheit mit Osiris beschwören und zur Reise durch das Totenreich *Duat* ermutigen bis hin zur Auferstehung, die entweder Erlösung oder Wiedergeburt bereithält. Im Kern enthalten sämtliche Spruchweisheiten die Botschaft von der Verwandlung: Menschen sind nicht, was sie sein sollten und sein könnten, vermöge des göttlichen Funkens, den sie in sich tragen und der durch gerechte Lebensführung zu einem Feuer zu entfachen ist, das alle Illusionen verzehren möge.

(Mann – 28-29)

Wenn die Totenzeremonie vollendet wurde, musste sich der Verstorbene vor dem Totengericht für sein irdisches Leben verantworten. Sollte der Verstorbene die Prüfung nicht bestehen, bedeutete dies den unwiderruflichen Untergang desjenigen. Er starb einen zweiten Tod.

Das Totengericht fand an einem Ort statt, der die "Halle der Wahrheit" genannt wurde. Der Gott Osiris stellte den obersten Richter bei diesem Gerichtsverfahren. Außer Osiris nahmen auch 42 Gaugötter den Toten in ein strenges Verhör, wobei der hundsköpfige Gott Anubis die Waage bediente, auf der rechts die positiven und links die negativen Taten im irdischen Leben des Verstorbenen gegenüber gestellt wurden.

Das Gericht über den Verstorbenen   *(Ercivan – 32)*

Blieb die Waage im Gleichgewicht, so hatte der Mensch die Prüfung bestanden und durfte somit in das Totenreich einziehen, in dem es nur sündenfreie Menschen gab. Horus nahm den Neuankömmling an der Hand und stellte ihn seinem Vater Osiris als neues Mitglied der Unterwelt vor. Sollte sich die Waage jedoch zu Ungunsten des Verstorbenen senken, so hatte der Mensch die Prüfung nicht bestanden und wurde von einem krokodilköpfigen Ungeheuer verschlungen.   *(Ercivan – 32-33)*

Das Thema Sterben im Hinduismus

Wir sterben in Wirklichkeit nicht. Wenn wir sterben, verbleiben wir lediglich eine Zeitlang in einem Zustand der Untätigkeit, genau wie im Schlaf. In der Nacht schlafen wir und führen keine Tätigkeiten aus, doch sobald wir aufstehen, erwacht unsere Erinnerungskraft wieder, und wir denken: "Oh, wo bin ich? Was habe ich zu tun?" ... Angenommen, wir sterben. "Sterben" bedeutet, daß wir eine Zeitlang in einen Zustand der Untätigkeit versetzt werden und dann von neuem zu handeln beginnen. Dies läuft Leben für Leben ab, und zwar unserem karma, unseren Handlungen und unserer svabhava (unserer durch Gemeinschaft entwickelten Natur) entsprechend. Jetzt, im menschlichen Leben, können wir unser wahres Leben vorbereiten, indem wir beginnen, spirituelles Leben zu praktizieren, und wenn wir dies tun, kehren wir zu dem wahren Leben zurück und erlangen die Vollkommenheit.   *(Srimad. – 10.13.58)*

Das Thema Sterben im Buddhismus

[Dalai-Lama:] Als Buddhist sehe ich im Tod einen normalen Prozeß. Ich akzeptiere ihn als Realität, der ich solange ausgesetzt bin, wie ich mich in weltlicher Existenz befinde. Da ich weiß, daß ich mich dem Tod nicht entziehen kann, sehe ich keinen Sinn darin, mich vor ihm zu fürchten. Ich sehe den Tod eher so, wie wenn man Kleider wechselt, wenn sie alt und abgetragen sind, und nicht als letztes Ende. Doch der Tod ist nicht vorherzusehen: Wir wissen weder wann noch wie er uns ereilen wird. Daher ist es klug, sich auf ihn vorzubereiten, bevor es soweit ist.

Obwohl das Wie und Wo unserer Wiedergeburt hauptsächlich von karmischen Kräften bestimmt wird, kann der Zustand unseres Geistes zum Zeitpunkt des Todes doch die Qualität unserer nächsten Wiedergeburt beeinflussen.

(Rinpoche – 7-8)

Das Tibetische Totenbuch (Bardo)

Bardo ist ein tibetisches Wort und bezeichnet einfach einen "Übergang" oder eine Lücke zwischen dem Ende einer Situation und dem Beginn der nächsten... Der Begriff Bardo ist durch die Bekanntheit des "Tibetischen Totenbuchs" recht geläufig geworden.

Der tatsächliche Titel des Werkes lautet *Bardo Tödrol Chenmo*, was "Große Befreiung durch Hören im Bardo" bedeutet. Es ist eine Art Reiseführer durch die Nahtod-Zustände und wurde speziell dazu geschaffen, einem Sterbenden von einem Meister oder spirituellen Freund während seines Todes und danach vorgelesen zu werden.

(Rinpoche – 131)

Der Begriff "bardo" kennzeichnet die 49tägige Phase zwischen Tod und Wiedergeburt, die in drei Hauptabschnitte unterteilt ist.

Der Gang durch diese *bardo*-Etappen beginnt mit dem Eintritt in ein weißes Licht ... , das von einer unvorstellbaren Macht herrührt; dieser Eintritt kommt einer Verschmelzung mit dem Göttlichen gleich. Unmittelbar nach Einsetzen des Todes offenbaren sich dem Bewußtsein flüchtige Ausblicke auf das Nirvana, Momente höchster Einsicht und Erleuchtung, die der Möglichkeit nach zur Befreiung aus dem Reinkarnationszyklus verhelfen. Doch typischerweise ist die Seele zu eng gebunden an einen Körper, an Empfindungen und Gedanken sowie an materielle Güter und Besitz, nicht zuletzt auch an ein spirituelles Interesse - an all das, was zu Lebzeiten erfahren und erworben wurde. Davon vermag sie sich nicht vollständig zu lösen.

Diese Abhängigkeit zwingt sie zurück in die Existenz, die nach buddhistischer Auffassung im wesentlichen Kummer und Leid bedeutet. Nach dieser Phase, jener ungenutzt gebliebenen Gelegenheit zur Erlösung, steigt die Seele ab in immer bedrohlicher werdende Traumwelten. Aus den Labyrinthen findet nur heraus, wer den Anleitungen des Totenbuchs folgt.

Der *bardo*-Prozeß gipfelt schließlich im Empfangenwerden durch die künftige Mutter und in der Wiedergeburt. Die im Höllendurchgang gemachten Erfahrungen entsprechen einerseits dem individuellen, von Bedürfnissen diktierten Lebensweg, andererseits aber auch der kosmischen und menschheitlichen Entwicklung in sozusagen kondensierter Form. In dieser Hinsicht ist das bardo exemplarische Wirklichkeitserfahrung als Lehrgang.

(Mann – 49-50)

Der Geistkörper im Bardo

Der Geistkörper, den wir im Bardo des Werdens annehmen, weist einige besondere Merkmale auf: Er besitzt alle Sinne; er ist äußerst leicht, luzide und beweglich, und die Bewußtheit ist angeblich siebenmal klarer als im Leben. Dieser Geistkörper hat eine Form, die der Gestalt des Körpers aus dem gerade vergangenen Leben ähnelt, allerdings ohne Mängel und in der

Blüte des Lebens. Selbst wenn wir im vergangenen Leben behindert oder krank gewesen sein sollten, ist unser Geistkörper im Bardo des Werdens makellos.

Durch bloße Kraft der Gedanken kann er ungehindert an jeden erdenklichen Ort gelangen. Da der Geistkörper keine materielle Grundlage hat, kann er durch solide Hindernisse wie Wände oder Berge einfach hindurchgehen. Der Geistkörper kann auch durch dreidimensionale Objekte hindurchsehen. Gedanken stellen sich in schneller Folge ein, und wir können vieles zur gleichen Zeit tun. *(Rinpoche – 339-340)*

Das Thema Sterben im Islam

Nach dem Tod und der Bestattung eines Mohammedaners steigen die beiden Engel *Munkar* und *Nakir* in das Grab des Verstorbenen, um ihm vier Fragen zu stellen. Sind die Antworten falsch, wird der Tote mit eisernen Keulen geschlagen. Sind die Antworten jedoch richtig, kommt die Seele in die "Posaune des Gerichtsengels" oder in die "Kröpfe der grünen Vögel", wo sie 40 Tage ruht. Nun kommt das Gericht vor dem Thron Allahs, zudem auch die Schutzengel des Verstorbenen herbeieilen, die seine täglichen Taten zu Lebzeiten in Bücher eingetragen haben, die sie ihm nun übergeben. Der Verstorbene hält das Buch mit seinen gerechten Taten in der rechten und das mit den ungerechten in der linken Hand. Jetzt muss der Mensch über die Himmelsbrücke Schirat gehen, die scharf wie ein Schwert und dünner als ein Haar ist. Sie führt über einen tiefen Abgrund über dem Höllenfeuer direkt ins Paradies. Sollten die ungerechten Taten auf dem Weg ins Paradies überwiegen, so fällt der Verstorbene direkt in die Hölle (Unterwelt).

(Ercivan – 33-34)

Das Thema Sterben bei Sokrates

Auch der große Philosoph Sokrates (469-399 v.Chr.) meinte: "Wir täuschen uns sicher, wenn wir glauben, daß das Sterben etwas Schlimmes sei. "Entweder, so der griechische Denker, sei der Tod eine Art Schlaf ohne jegliche Wahrnehmung - dann "nenne ich ihn einen Gewinn". Sollte der Tod dagegen "gewissermaßen eine Reise von hier an einen anderen Ort sein und stimmt das, was man sagt, daß dort alle Verstorbenen versammelt sind - was könnte es dann für ein größeres Glück geben als dies?" In diesem Fall, meinte der Philosoph, wolle er sogar "gern mehr als einmal sterben". *(PM 95/042 – 89)*

Religionen allgemein zum Sterben

Alle großen Religionen sagen über die Zeit nach dem Tod etwas Großartiges: Unsere Körper sterben zwar wirklich, aber etwas in uns lebt weiter. Auch wenn nicht alle Religionen an einen Gott glauben, so glauben doch alle, daß der Tod nicht das völlige Ende bedeutet.

Der Name für den Teil von uns, der weiterlebt, ist in jeder Religion ein anderer. Juden und Christen nennen ihn *Seele*. Die alten Ägypter nannten die Seele *Ba*, die Hindus nennen sie *Atman* und die Zoroastrier *Urwan*. Im Islam heißt die Seele *Nafs* oder manchmal *Ruh*:

Das arabische Wort Ruh ist dasselbe wie das hebräische *Ruach,* und beide bedeuten "Atem" oder "Geist". Eine schöne Idee, sich unsere Seelen wie den Atem Gottes in uns vorzustellen.   *(Gellmann – 196-197)*

8.2.2   Heutige Einstellung zum Tod

Das Thema Tod in der Katholische Kirche

Durch den Tod wird die Seele vom Leibe getrennt; in der Auferstehung aber wird Gott unserem verwandelten Leib das unvergängliche Leben geben, indem er ihn wieder mit unserer Seele vereint. Wie Christus auferstanden ist und immerdar lebt, so werden wir alle am Letzten Tag auferstehen.

(Kath. – 291)

Der Tod ist das Ende der irdischen Pilgerschaft des Menschen, der Zeit der Gnade und des Erbarmens, die Gott ihm bietet, um sein Erdenleben nach dem Plane Gottes zu leben und über sein letztes Schicksal zu entscheiden. "Wenn unser einmaliger irdischer Lebenslauf erfüllt ist", kehren wir nicht mehr zurück, um noch weitere Male auf Erden zu leben. Es ist "dem Menschen bestimmt", "ein einziges Mal zu sterben" (Hebr 9,27).   *(Kath. – 290)*

Dirk: "Dieser Aussage kann ich in folgender Hinsicht zustimmen: Jeder Mensch, also z. B. ich, Dirk, lebe und sterbe nur einmal und werde als der jetzige Dirk auch nicht wieder inkarnieren. Aber als die Wesenheit, die ich bin, werde ich wahrscheinlich noch mehrmals als Mensch inkarnieren. D.h., meine Wesenheit reinkarniert mehrmals."

Der Tod bringt uns aus der vorläufigen Gemeinschaft mit Gott in der irdischen Existenz in das vollkommene, endgültige Leben bei Gott.

Die Begegnung mit Gott, die im Tod stattfindet, bedeutet für den Menschen zugleich das Gericht über sein Leben. "Denn wir alle müssen vor dem Richterstuhl Christi offenbar werden, damit jeder seinen Lohn empfängt für das Gute oder Böse, das er im irdischen Leben getan hat." (2 Kor 5,10) Wir sind nach Paulus also für das verantwortlich, was wir getan und aus unserem Leben gemacht haben. Im Gericht wird Gott offenbar machen, was aus unserem Glauben geworden ist und wie er sich im Leben ausgewirkt hat.

(Dt. Bischöfe 1 – 65)

In Würde sterben

Es gibt kein Leitbild für ein würdevolles Sterben. Jeder Mensch stirbt seinen eigenen Tod. Doch zeigen sich im Verlauf des Sterbens gewisse Elemente, die offensichtlich bei vielen Menschen sehr ähnlich sind.

(Dt. Bischöfe 2 – 20)

Vera: "Ich habe hier eine interessante Statistik, die zeigt, wie viele Menschen in Deutschland sterben und woran sie sterben."

882.483 Deutsche oder in Deutschland gemeldete Ausländer sind 1996 ... zu Grabe getragen worden... Fast die Hälfte aller Todesfälle in diesem Land, nämlich *425.884*, sind Folgen von Herz-Kreislauf-Erkrankungen. Todesursache Nummer zwei ist der Krebs: *121.888* mal war der Kampf gegen den Tumor vergeblich. Eine exakte Angabe der Todesursache fehlt in der Statistik in *22.854* Fällen. *12.225* Deutsche haben sich selber getötet - in den neuen Bundesländern prozentual deutlich mehr als in den alten. *9.695* Menschen erlagen einer durch Alkoholmißbrauch verursachten Leberzirrhose. Durch Verkehrsunfälle kamen *8.934* Verunglückte ums Leben.   *(GEO 1/99 – 190)*

Tabuthema Tod

Im Krankenhaus wird verzweifelt versucht, Menschen so lange wie möglich am Leben zu erhalten, und wenn Sie mit dem Tode ringen, sagt Ihnen niemand, dass Sie sterben werden. Wenn die Verwandten informiert werden, dass der Patient sterben wird, beschwört man sie, ihm dies nicht mitzuteilen. Deshalb sagen sie, wenn sie ihn besuchen, mit einem falschen Lächeln: "In einem Monat wird es dir wieder blendend gehen, und dann machen wir irgendwo zusammen Urlaub, sitzen am Meer und hören dem Zwitschern der Vögel zu." Natürlich wissen Sterbende, dass solches Gerede Unsinn ist.

(Watts – 92)

Jeder von uns wird irgendwann einmal sterben, deshalb ist es zwecklos, sich vor dem Tod zu fürchten. Ihr leidet ja auch nicht darunter, daß ihr im Schlaf das Körperbewußtsein verliert; ihr heißt den Schlaf als einen angenehmen Zustand der Freiheit willkommen. Ebenso verhält es sich mit dem Tod: Er bedeutet einen Zustand der Ruhe - eine Pensionierung vom Leben. Es gibt also nichts zu fürchten. Wenn der Tod kommt, freut euch! Er ist nichts weiter als eine Erfahrung, die euch eine wichtige Lehre erteilt: daß ihr nicht sterben, könnt.   *(Yogananda – 169)*

Je tiefer wir in die Naturwissenschaften eindringen, um so mehr scheinen wir die Realität des Todes zu fürchten und zu verleugnen. Wie ist das möglich?

So wie wir von Tod und Sterben in beschönigenden Umschreibungen zu reden pflegen, richten wir - in Amerika - die Toten so her, daß sie wie sanft Schlummernde aussehen. Falls wir einem Sterbenden gönnen, sein Ende zu Hause abzuwarten, schicken wir die Kinder fort, um sie vor Sorge und Unruhe zu schützen, und wir erlauben ihnen auch nicht, die sterbenden Eltern im Krankenhaus zu besuchen.

Sicher gibt es mehrere Motive für die Flucht vor der Realität des Todes, doch das wichtigste liegt vielleicht in der Tatsache, daß Sterben heute grausamer als früher ist, so einsam, so mechanisiert und unpersönlich, daß man zuweilen nicht mehr angeben kann, in welchem Augenblick der Tod eintritt.

Die Einsamkeit, die unpersönliche Behandlung setzen schon ein, wenn der Kranke aus der gewohnten Umgebung herausgerissen und hastig ins Krankenhaus geschafft wird. In vielen Fällen ist der Transport ins Krankenhaus schlicht die erste Phase des Sterbens.

Im Notaufnahmeraum der Klinik entfaltet sich sofort die Geschäftigkeit von Schwestern, Pflegern, Assistenzärzten; vielleicht stellt sich eine Laborantin zur Blutabnahme ein, ein Spezialist, der das Elektrokardiogramm machen will; vielleicht packt man den Kranken auf den Röntgentisch. Jedenfalls fängt er hier und da eine Bemerkung über seinen Zustand oder entsprechende Fragen an seine Angehörigen auf. Langsam, unausweichlich beginnt man ihn als Gegenstand zu behandeln, er hört auf, eine Person zu sein. Oft entscheidet man gegen seine Wünsche, und wenn er sich dagegen aufzulehnen versucht, verabreicht man ihm ein Beruhigungsmittel. Nach langen Erörterungen rollt man ihn vielleicht in den Operationssaal oder in eine Station für Intensivbehandlung, wo er zum Gegenstand intensiver Bemühungen und großer finanzieller Investitionen wird.

Er mag um Ruhe, Frieden und Würde flehen - man wird ihm Infusionen, Transfusionen, die Herz-Lungen-Maschine, eine Tracheotomie (Luftröhrenschnitt) verordnen - was eben medizinisch notwendig erscheint.

Liegt die Ursache dieser immer mehr mechanischen, unpersönlichen Behandlung in uns selbst, in unserer eigenen Abwehrhaltung? Können wir vielleicht nur auf diese Weise mit den Ängsten fertig werden, die ein schwer oder hoffnungslos Erkrankter in uns selbst auslöst? Vielleicht müßte die Frage lauten: Werden wir menschlicher oder unmenschlicher?

(Kübler-Ross – 19-22)

Nach Elisabeth Kübler-Ross vollzieht sich der psychische Sterbeprozeß in fünf Phasen (1973). Sie lassen sich wie folgt darstellen:

1. *Verneinung und Isolierung*: Nicht-wahr-haben-Wollen der Gegebenheit des kommenden Todes.
2. *Zorn und Auflehnung gegen das Schicksal*: Dies zeigt sich unter anderem in aggressiven Verhaltensweisen gegenüber Angehörigen und Helfern.
3. *Verhandeln* mit dem Schicksal: Versuche, mit Hilfe von hochspezialisierten Fachärzten, religiösen Gelübden, Heilpraktikern und anderem dem drohenden Schicksal zu entrinnen oder dieses hinauszuzögern.
4. *Depression*: Traurigkeit - Vereinsamung - großes Bedürfnis nach Kontakt und Nähe eines verständnisvollen Menschen.
5. *Annahme* des Todes: Bejahung der unabwendbaren Realität.

Die Einteilung des Sterbevorgangs in Phasen, gedacht unter anderem als Hilfe für den Betreuer, "den Kranken dort abzuholen, wo er sich gefühlsmäßig befindet", gibt lediglich Anhaltspunkte für das Verständnis gewisser Verhaltensweisen von Menschen angesichts des bevorstehenden Todes. Es wäre ein Mißverständnis, anzunehmen, sie müßten notwendigerweise immer, und noch dazu in der genannten Reihenfolge, auftreten.

(Condrau – 432-433)

Die Hospizbewegung

In den eigenen vier Wänden zu sterben, umgeben von vertrauten Menschen, wünschen sich laut Umfragen 80 bis 90 Prozent aller Deutschen - aber gerade einmal 10 bis 20 Prozent erleben diesen "guten" Tod.

Ein Lichtblick in dieser traurigen Entwicklung ist die Hospizbewegung. Die Engländerin Cecile Saunders eröffnete 1967 ein Haus für sterbende Menschen; sie nannte es Hospiz, nach den mittelalterlichen Herbergen an den Pilgerwegen. Aus diesem ersten Hospiz hat sich heute eine weltweite Bewegung entwickelt, die eine Rückbesinnung auf frühere Traditionen und Formen im Umgang mit Sterbenden darstellt. Ihr Ziel: Der Sterbende soll - unterstützt von einem Team aus Angehörigen, Ärzten, Sozialarbeitern und Seelsorgern - in einer angenehmen Umgebung einen möglichst schmerzfreien Tod erleben. *(PM 11/99 – 48)*

Hans: "Alle diese Schwierigkeiten, mit dem Tod umzugehen, rühren wohl daher, dass wir uns angstvolle Vorstellungen über den Zustand danach machen: Entweder das 'Garnichts' oder die von einigen Religionen angedrohten Fegefeuer- und Höllenstrafen. In den Texten, die wir über das Sterben zusammengetragen haben, gibt es aber sehr konkrete und sehr tröstliche Darstellungen vom Tod, der eigentlich nur ein Ablegen des Körpers ist, und von dem Leben des ewigen Selbst danach."

8.2.3 Sterbeerlebnisse

Jenseitsdurchgabe zu einem Autobahnunfall 1960
"Ich bin eines *plötzlichen Todes* von dieser Welt abberufen worden ..."

"Ganz aufgeregt sahen wir das Unglück auf uns zukommen. Denn in rasendem Tempo fuhr dieser Wagen auf uns zu, und wir - das heißt, mein Mann kannte keinen Ausweg. Es ging so rasch. Schon war der Zusammenstoß da..."

"Dann war folgendes geschehen: Meine kleine Tochter, die wie ich Kathrin hieß, und ich, wir waren sofort tot. Das andere Kind hieß Lisbeth, und mein Mann hieß Wilhelm. Er war schwerverletzt, Lisbeth hatte keine Verletzung. Nun, als erstes hörte ich - konnte aber nicht sehen - die Worte, die um mich gesprochen wurden. Da hieß es: 'Die beiden sind tot, das größere Kind ist unverletzt, und der Mann scheint schwerverletzt zu sein.' ... Aber ich hörte auch, wie man sagte: 'Es ist am besten, man fährt sie gleich ins Leichenhaus.'"

"Und da konnte ich nun meine Augen auftun -und erschrak... Ich lag ja auf einer Bahre, leblos, und etwas entfernt die kleine Kathrin... Es war die Polizei da, es war die Sanität da, es waren Wagen da, es waren Leute da. Und immer hörte ich: 'Die beiden sind tot.' Da sagte ich: 'Nein! Ihr meint doch nicht etwa mich? Ich bin doch nicht tot! Ich bin doch da! ...' "

"Nun aber sprach mich eine Gestalt neben mir an, die mir fremd vorkam und allem Anschein nach nicht zu den Leuten gehörte. Denn sie sah nicht so menschlich aus wie die anderen. Diese 'Person' sagte zu mir: 'Doch, du bist gestorben, du bist umgekommen, du siehst ja deinen toten Leib hier.' Ich erwiderte: 'Das stimmt doch nicht, ich bin doch da, ich lebe doch! ...' "

"Da aber klärte mich die 'Person' neben mir auf und sagte: 'Dein geistiger Leib ist aus deinem irdischen Leibe entwichen, der nun der Erde übergeben wird. Aber die Seele und was dich lebendig machte, das kehrt ins Reich der Lebendigkeit zurück.' Ich sagte: 'Laßt mich doch, ich möchte wissen, wie es meinem Mann ergeht, ich will zu meinem Mann!' Und man antwortete mir: 'Wenn es dir beliebt und du deinem Manne folgen willst, kannst du das tun.'"

"Ich folgte dann den Spuren des Krankenwagens, und so fand ich meinen Mann im Krankenhaus. Ich kümmerte mich auch um Lisbeth, und ich überlegte, was nun wohl mit ihr geschehen würde. Da mußte ich feststellen, daß meine Schwester sich ihrer annahm; sie nahm Lisbeth zu sich. Sie war sehr traurig und weinte, weil ich gestorben war und die kleine Kathrin auch. Ich begab mich in ihr Haus, ich wollte sehen und hören, was alles vor sich ging. Und so erlebte ich auch meine *eigene Beerdigung*. Darauf kehrte ich zeitweise ins Krankenhaus zurück, dann wieder in das Haus meiner Schwester. Auch mußte ich immer wieder zum Friedhof gehen, wo mein Grab war. Man hatte die kleine Kathrin und mich in das gleiche Grab gelegt."

"... Als ich da wieder einmal auf dem Friedhof war, da kam mir ein fremdes Wesen entgegen und bat mich, ich möchte doch endlich diesen Ort verlassen und in das geistige Reich eintreten, wo ich auch hingehörte. "

(Hinz – 188-192)

"... Ich folgte diesen Engelwesen. Sie führten mich zu einem großen Hause, in einen großen Raum hinein. Hier fühlte ich mich von einer äußerst angenehmen Atmosphäre eingehüllt. Ich nahm auch einen wohltuenden Geruch wahr. Man gab mir dann eine Stärkung, die ich gerne entgegennahm. Dann konnte ich schlafen."

"Wie lange ich geschlafen hatte? Darum kümmerte ich mich nach dem Erwachen nicht mehr. Ich fühlte mich ganz verändert: frei und froh. Ich fühlte mich nicht mehr gebunden an das, was ich zurückgelassen hatte. Wohl lag die Erinnerung noch in meinem Denken. Aber ich hatte nicht mehr diese Sehnsucht wie zuvor. Ich fühlte mich durch diesen Schlaf wahrhaftig gestärkt. Und als ich erwacht war, wurde mir abermals eine Erfrischung dargeboten. Um so mehr wurde ich innerlich gestärkt, und ich wollte mich jetzt dieser neuen Welt anpassen." *(Hinz – 198-199)*

Sterbeerlebnis eines auf den Tod gut vorbereiteten Menschen

Aber zunächst möchte ich noch auf meinen Sterbevorgang zurückkommen. Das Gefühl, sich von einer schweren Last, nämlich von seinem kranken Körper zu befreien, ist unbeschreiblich schön. Diesem Gefühl ging ein Sog nach oben voraus; das war der Austritt der Seele aus dem physischen Leib. In diesem Augenblick trat eine Bewußtlosigkeit ein, die aber nur von kurzer Dauer war. Ich erwachte in einem sonnenhellen Raum, auf einem Bett liegend und wußte sofort, daß ich eben meinen Tod erlebte. Ich fühlte mich von einer Kraft durchpulst, die meinen Organismus völlig regenerierte und mich in einen Zustand des Wohlbefindens versetzte.

Als ich das merkte, schaute ich in das Gesicht eines strahlenden Wesens, das plötzlich neben meinem Bett stand. Es stellte sich als mein Schutzengel vor und meinte, daß ich mir noch einen Erholungsschlaf gönnen sollte, damit sich die Seele von ihrer physischen Belastung vollends lösen könne. Er sagte mir, daß ich gut vorbereitet die Schwelle zum geistigen Reich überschritten hätte und daß ich auch die erdnahen Sphären schnell durchschreiten werde aufgrund des Wissens, das ich mir angeeignet hätte und meiner Christusverbundenheit, die meine Seele gestärkt habe. *(* Ilg – 68)*

Jenseitsbericht von einem Flugzeugabsturz

Das Flugzeug explodierte in der Luft, und jene Geistwesen, die sich immer dem Licht zuwandten, wurden sofort aus ihrem Körper gezogen, oder vielmehr vorher schon. Sie erlebten den Schock gar nicht. Ihre lieben Schutzgeister halfen ihnen natürlich dabei und erfassten sie sofort. Es waren leider nicht viele.

Die anderen mussten ein trauriges Erlebnis durchmachen, als sie am Boden ihren zerrissenen Körper liegen sahen. Sie kannten sich nicht aus, sie standen da und wussten nichts von all den Geschehnissen. Sie sahen die Trümmer des Flugzeuges hier liegen und gingen nicht mit ihren lieben Schutzgeistern mit, die sie zogen und in ihre Schwingung bringen wollten, um sie aufzuhellen. Sie sträubten sich immerfort: "Nein! Wir wollen heim! Wir wollen heim!" *(* Zelenka – 117)*

Der Sterbebericht des Geistlichen Robert

[Robert gehört zu der Gruppe um Emanuel]

Aus meiner gespeicherten Erinnerung weiß ich, daß ich im Lande Salzburg, in einem kleinen Ort im Lungau, geboren wurde. *(* Emanuel(Kontr.) 7 – 13)*

Priesterseminar, Ausbildung, Priesterweihe, Kaplanstellen im Flachgau und Unteren Inntal folgten, bis ich als 37jähriger vom Bischof eine Pfarre zugewiesen bekam, in der ich als 69jähriger Pfarrer starb...

Was ich dabei erlebte, schildere ich euch nun, ihr lieben Leser! Beim Unwohlsein sah ich eine Art von weißen Gestalten, ihr würdet sagen Engel, Schutzengel oder dienstbare Geistwesen, welche zu diesem Zweck von Gott gesandt wurden, mir bei der Lösung von meinem Körper behilflich zu sein. Heute weiß ich dies genau, damals dachte ich an Fieberhalluzinationen und Einbildungen, verursacht durch eine Medikamentenüberdosis, welche mir der herbeigeeilte Arzt gab. Als jedoch das Herz intensiver zu stechen und zu brennen anfing, gingen diese Wesen, es waren zeitweise vier, dann zwei, und nachher fünf bis sechs, verschieden nach Aussehen und Größe, immer mehr auf mich zu und machten sich mit ihren Händen an mir zu schaffen. Ich hatte keine Angst vor ihnen, jedoch erfaßte mich eine eigenartige Beklemmung. Zeitweise sah ich den Arzt, den Mesner, den Bürgermeister und meine Anna, die treue Seele, die Köchin...

Nach einer für mich unbestimmten Erdenzeit, nach Stunden gerechnet, traten unter der Leitung eines bisher im Hintergrund stehenden großen Wesens alle Engelwesen an mich heran, und ich freute mich, denn sie verschafften mir Schmerzfreiheit. Sie schwebten über meinem Bett und strichen mit ihren Händen über mich hinweg. Dies geschah immer wieder, bis ich mich immer freier fühlte, angenehmer und wohliger. Dann kamen wieder einige Schmerzaugenblicke, ich sah die Menschen wieder um mich versammelt... Der Arzt stellte daraufhin meinen irdischen Tod fest.

War ich bei Bewußtsein oder träumte ich, das war für mich schwer festzustellen, denn die Engelwesen redeten mich sanft, harmonisch und freundlich an. Das erste, was ich auffassen konnte, hieß etwa so: "Robert, der liebe Gott hat dich näher zu sich gerufen." Der Führer dieser Gruppe gab mir eine Stärkung aus einem schillernden Gefäß, in welchem ein roter Trank war, der nach Thymian, Enzian oder Pfefferminz roch... Mich überkam eine große Müdigkeit nach dem Trank, so daß ich, wie mir schien, fest und tief einschlief.

Als ich erwachte, ich weiß nicht, wie lange ich geschlafen hatte, war ich frisch und munter. Nur einer war bei mir, der Führerengel... Dann sagte er, daß er mein Schutzgeist sei, und ob ich ihn nicht kenne; ich verneinte. Er ließ mich dann aufstehen, und es kam mir zu Bewußtsein, daß jeder Schmerz verschwunden war. Der Schutzgeist riet mir, ihm zu folgen, was ich selbstverständlich tat, und ich dachte überhaupt nicht nach, ich war inwendig ausgeglichen, harmonisch, geborgen, einfach glücklich! ... Wir beide betraten so eine kleine Kabine, ein großer Spiegel, so schien es mir, leuchtete auf, und plötzlich sah ich mein irdisches Zuhause, meine Mutter, die Hebamme, meine Geburt; ich fühlte dies mehr, als ich es begreifen konnte. Nach und nach kam mir zu Bewußtsein, daß eine Kraft aus mir diese Bilder belebte und wie eine Kamera aus meinem Inneren heraus die Bilder auf den Spiegel projizierte; Kinderzeit - Krankheit - Entscheidung des Vaters. Plötzlich aber standen alle, soweit ich es erfassen konnte, um mich herum, meine lieben Erdenverwandten, alle, die ich kannte, auch viele meiner Pfarrkinder. Mit allen glaubte ich, verbunden zu sein, es strömte etwas aus mir, und sie gaben mir etwas, wir waren wie mit Fäden aneinander geknüpft, und es stiegen in mir Dankbarkeit, Liebe, Zuneigung und Freude auf.

... So verlief für mich mein Lebenspanorama, oft himmelhoch jauchzend, dann wieder zu Tode betrübt. *(* Emanuel(Kontr.) 7 – 16-21)*

Bericht eines hellsichtigen Sterbebegleiters

[Ein] besonders gut beglaubigten Bericht über den *Sterbevorgang:* Der Bericht ist vom Arzt Dr. C. Renz in San Francisco mitgeteilt und in der Fachzeitschrift *Journal of the Society for Psychical Research* veröffentlicht worden.

Gewährsmann ist der Geschäftsmann G., der von Dr. Renz, welcher seine todkranke Frau behandelt hatte, als äußerst ruhige, gelassene und tatkräftige Persönlichkeit geschildert wird. Am Nachmittag des 23. Mai 1902, als seine Frau im Sterben lag, saß er an ihrem Krankenlager, ihre Hand in der seinen haltend. Um Viertel vor sieben Uhr abends, so schreibt G. in seinem Bericht, "sah ich unwillkürlich nach der Tür und bemerkte, daß drei getrennte, aber deutliche Wolkenstreifen ins Zimmer hereingeweht wurden"... Die 'Wolken' näherten sich unterdes dem Bette, das sie 'vollständig einhüllten'. "

"Als ich dann in den Nebel starrte, gewahrte ich zu Häupten meiner sterbenden Frau eine weibliche Gestalt ... Sie war durchsichtig, aber wie ein heller Schein von leuchtendem Gold - eine Frauengestalt von so erhabenem Aussehen, daß mir die Worte fehlen, sie zu beschreiben. Gehüllt in ein 'griechisches' Gewand mit langen, lose herabhängenden Ärmeln, stand die Gestalt in ihrem vollen Glanz und ihrer Schönheit unbewegt da, die Hände über meine Frau erhoben ... Zwei andere Gestalten in Weiß knieten an der Seite meiner Frau, anscheinend gegen sie gelehnt; weitere Gestalten schwebten mehr oder weniger deutlich über dem Bette."

"Über meiner Frau, aber durch ein Band mit ihr verbunden, das über dem linken Auge von der Stirne ausging, schwebte eine unbekleidete weiße Gestalt empor, offensichtlich der Geist meiner Frau. Zeitweilig verhielt sich die so an den Körper gebundene Gestalt vollkommen ruhig; dann schrumpfte sie zusammen... Sie war vollständig ausgebildet, einschließlich der Arme und Beine. Während die Gestalt des Geistes an Umfang abnahm, wandte sie sich öfters hin und her, schlug mit Armen und Beinen um sich, vermutlich um sich [vom irdischen Körper] frei zu machen und zu entkommen... Diese Schauung, oder was es sonst war, habe ich ununterbrochen während der ganzen fünf Stunden gehabt, die dem Tode meiner Frau vorausgingen."

(Hinz – 11-13)

Freiwerdungsakt einer Geistseele im Erdenkörper und die Hilfe der jenseitigen Sterbebegleiter - ein Bericht von Emanuel

Ich erwähnte bereits ..., daß die verschiedenen Freiwerdevorgänge jeweils von der geistigen Entwicklung der Persönlichkeit abhängig sind, somit gleicht kein Freiwerdungsvorgang dem anderen... Betrachtet mit mir im folgenden jenen Ablauf des Trennungsgeschehens, welches ich "bewußte Freiwerdung", ihr hingegen "Tod" nennt...

Meine Beobachtungspersönlichkeit war eine Frau, deren Erdenlebenskurve ich kurz beschreibe: Bis zu ihrem 30. bis 35. Erdenlebensjahr waren es "normale" irdische Familienverbandstätigkeiten; später zunehmendes Interesse und Mitwirkung an eigenen Geistseelenentwicklungsprojekten durch Gebete, Taten usw. für sich und ihre Mitgeschwister.

Ich "las" aus dem Vorinkarnationsbericht dieser lieben Schwester, daß es ihr Erdenlebensziel war, für die Aufklärung der Menschheit auf geistseelischem Gebiet Leistungen vollbringen zu wollen...

Die geistigen Helfer - es waren insgesamt sechs Geistwesen - bauten um die liebe Schwester ein harmonisches Energieschutzfeld in einem Wirkkreis von ca. 2-3 m³ auf. Eure Ärzte sorgen mit Ähnlichem wegen der Sterilität vor. Dann wurde von den jenseitigen Geburtshelfern aus eigener Bevorratung ein Energiefluß in Bewegung gesetzt, welcher die eigenen Energien des Astral- und Mentalkörpers verstärkte, um das Bewußtsein vom irdischen Gehirn an ihr geistseelisches zu ziehen. Durch diese Bewußtwerdung im geistseelischen Gehirn erkannte und erlebte unsere liebe Schwester noch deutlicher jene helfenden geistigen Wesenheiten, aber auch bereits anwesende ehemalige irdische Verwandte und gute Freunde, welche zu ihrer Neugeburt ihren Anteil beitragen wollten...

Unsere liebe Schwester wurde von den jenseitigen Helfern aufgeklärt, sie erlebe jetzt eine Art Umpolung und mit dieser Veränderung eine Art Schwebegefühl. Diesen neuen Gefühlseindruck sehen die irdischen Beobachter als Vibrationen, ruckartige Bewegungen, bis hin zu Hautrötungen und Schweißbildungen am Erdenkörper, sowie anderes mehr.

Da das Bewußtsein sich ins astral-mentale Gehirn zurückzog und durch das Magnetisieren der jenseitigen Helfer die Geisteskräfte intensiver rotierten, wurden viele Trennungsenergien erzeugt. Dadurch begannen die Extremitäten des Erdenkörpers ihre Energien aus dem Blutfluß abzubauen, besser ausgedrückt: diese wurden abgezogen und in den Drüsen, Hauptorganen sowie besonders im Gehirn gesammelt. In diesem Zustand ist es oft möglich - wie dies bei unserer lieben Schwester der Fall war, da genügend Odenergien vorhanden waren -, daß sie die irdischen Augen öffnen und kurze Freudenworte, Tröstungen, Bitten um Gebete usw. zu ihren Erdangehörigen sprechen konnte...

Nach weiterem Abzug von Lebensenergien sah ich eine Art organisierende Materialisation des fluidalen Kopfes und, unter kräftiger Mithilfe der jenseitigen Helfer, die fortschreitende Lichtgestaltung des Fluidalkörpers.

Während sich der Fluidalkörper weiterentwickelte und die schwingenden Fluidalenergien sich festigten, zeigten sich den irdischen Angehörigen Körperausdrucksbilder eines "Todeskampfes", so daß die Menschengeschwister aus Erfahrung wußten, daß sie diese liebe Schwester bald verloren haben werden...

Nun kam ein entscheidender Vorgang: die "Energiebrücke". Ich nenne sie deshalb so, weil ein intensiver heller Energiestrom mit starken Dreh- und Saugbewegungen zwischen dem Kopf des liegenden Erdenkörpers und den Füßen des aufrecht stehenden fluidischen Körpers sich rasch bewegte und alle magnetischen Energien in den Fluidalkörper hinüberleitete.

Dazu für euch, ihr Lieben, meine Erklärung: Dies lehrt euch doch, daß das, was ihr Todeskampf nennt, nur Geburtswehen des Fluidalwesens zu einem neuen Lebenszyklus in einem feinstofflichen Daseinsleben sind. Denkt doch nach! In der göttlichen Ordnung wird nichts vergeudet, auch nicht bei der Freiwerdung vom Erdenkörper.

Bitte, erkennt weiter: Beide Lebensvorgänge - die irdische Geburt und die geistige Geburt, jeweils zu neuer Lebensfortsetzung - sind einander so ähnlich, daß auch die Nabelschnur, bei der zweiten Geburt die "Silberschnur" oder das dehnbare Odband, nicht fehlt...

Anschließend wurde unsere fluidalbewußte liebe Schwester gefragt, ob sie bereit sei, den entscheidenden Schwellenschritt zu tun. Und ihre Ja-Willensentscheidung besiegelte durch die Durchtrennung des Odbandes ihr Freiwerden vom Erdenkörper. Auf der Erdbeobachterseite: ein kurzer Ruck, einige Kopfbewegungen und ein letztes starkes Ausatmen...

... In irdischen Zeitbegriffen ausgedrückt, atmete sie nach einigen Sekunden mit großer beglückender Freude und Dankbarkeit dieses lebensfördernde Fluidalenergiegemisch ein. Inzwischen bauten die geistigen Helfer die Energiefelder, welche sie zuvor um ihr irdisches Bettlager aufgebaut hatten, ab und verwendeten dieselben Energien zum Verdichten der Aura der lieben Schwester. Dies hatte den Sinn, daß beim Durchzug durch niedere Schwingungssphären sich keine negativen Schwingungen an die liebe Schwester anhaften können. Denn die negativ eingestellten Wesen wären mit ihrer ausgesandten Willensrachsucht noch bestrebt, ihr Schaden zuzufügen...

In Liebe, Gott zum Gruß! Emanuel !   *(* Emanuel 16 – 185-193)*

Lisa: "Was wir hier gelesen haben, bedeutet ja, dass wir beim Sterben nicht allein gelassen werden. Und die Geisterwelt Gottes leistet ja richtig Schwerarbeit, um uns hinüber zu helfen."

Dirk: "Das scheint mir auch notwendig, wenn die von der Gegenseite bereitstehen, um uns in ihre Welt zu holen, wie Emanuel noch kurz angedeutet hat."

8.2.4   Sterben und der Übergang ins Jenseits

Nach dem Tode sind wir in einer ganz anderen Welt, die aber nur der Form nach verändert ist, wo wir nämlich die Dinge erkennen, wie sie an sich selbst sind. (Immanuel Kant)   *(Schulte – 39)*

Emanuel und Hardus zu Sterben und Übergang

[Frage:] Was geschieht unmittelbar nach dem Ende der Inkarnation - ihr nennt es Tod?

[Antwort:] Geistseele und Körper trennen sich, indem die sie vorher einenden Lebensbänder zerreißen. Das Geistwesen - sprich: Fluidalmensch - löst sich je nach persönlicher Entwicklung früher oder später, schneller oder langsamer aus dem Dunstkreis der Erdatmosphäre.

[Frage:] Ist der Trennungsaugenblick zwischen Geistseele und Körper für das Geistwesen schmerzhaft?

[Antwort:] Im allgemeinen nicht. Wenn jedoch negative Lebensweise, Selbstmord, ein äußerst schlechtes Gewissen, stärkste Todesängste usw. vorhanden sind, dann können seelische Schmerzen empfunden werden.

[Frage:] Welche Zustände können Geistwesen im Tod oder kurz nachher fühlen?

[Antwort:] Je nach Lebensweise verschieden. - Bei gottgewollter Lebensweise zum Beispiel Glücksgefühle, Erhebung bis zur Glückekstase, Freiheit, Friede, Geborgenheit, Liebe, Dankbarkeit usw. - Bei negativer Lebensweise zum Beispiel Schmerz, Qual, Hohn, Spott, Bitterkeit, Zorn, Lethargie, Verzweiflung bis zur völligen Unbewußtheit!

Vielgeliebte Seelchen, aus dieser meiner Antwort und einigen Gedanken von euch könnt ihr erkennen, daß es sich lohnt, die gottgewollte Lebensweise zu wählen!   *(* Hardus 1 – 31-32)*

Bedenkt, daß der Tod, dieses gewaltsame Zerreißen von festen Banden, unter dem Geist und Seele erzittern, kein primärer, gottgewollter Entwicklungsübergang war... Der Tod wurde aber für niedere Welten zum Gesetz und bringt eine Reihe von Leidenserscheinungen mit sich, denen sich kein Lebewesen dieser Welt entziehen kann. *(* Emanuel 23 – 101)*

Universelles Leben zum Thema Sterben und Tod

In dem Augenblick, in dem sich die physischen Augen schließen, wechselt ihr nur die Kulisse, doch ihr seid dieselben. Euer Reisegepäck ist nicht Kleidung, Schuhe, Geld und Gut; euer Reisegepäck in die jenseitigen, feinstofflichen Bereiche ist das, was ihr in eure Seelen geschrieben habt: Haß, Neid, Feindschaft, Streit - oder die selbstlose Liebe, Harmonie und Frieden.

(× Univ.-Leb. 8 – 170-171)

Ihr jedoch sollt euch bewußtmachen, daß jeder von euch stirbt und jeder auf eine andere Art und Weise. Deshalb solltet ihr zu eurem Sterben eine Beziehung herstellen, auf daß ihr vom sogenannten Tod nicht überrascht werdet. *(× Univ.-Leb. 4 – 181)*

Doch der Tod ist nichts anderes als der Übergang in eine andere Daseinsform, in welcher ihr in gleicher Weise lebt, wie ihr als Mensch gelebt habt. Der Tod wird nichts von euch nehmen - er wird euch auch nichts geben. Die Seele, die den Leib verläßt, ist dieselbe, die im Menschen war und die der Mensch widerspiegelte.

Wer Mich als Mensch nicht gefunden hat, der wird Mich auch nach seinem Leibestod nicht finden. Denn wer nur im Menschlichen gelebt hat, der wird auch als Seele nur weltbezogen leben und wieder das Fleisch suchen, das für ihn das Leben ist. *(× Univ.-Leb. 4 – 173-174)*

[Frage:] Wird eine Kinderseele im Jenseits als Erwachsener ankommen oder als Kind?

[Antwort:] Ein verstorbenes Kind ist auch im Jenseits als Seele ein Kind und bedarf dort ebenfalls einer Entwicklung, wie es sie hier auf der Erde durchlaufen hätte. Dort allerdings in den Kinderbereichen, die seinem Bewußtsein entsprechen. *(+ Univ.-Leb. 3 – 73)*

Leben nach dem Tode - Aussagen aus dem 'Buch des Wahren Lebens'

"Eure Seele besitzt das ewige Leben, das ihr durch den Göttlichen Geist übertragen wurde, und das einzige, das an ihr sterben wird, wird die Hülle, das Fleisch sein, welches sie verlassen wird, um aufsteigen zu können... Aber die Seele wird nach jedem dieser Sterbevorgänge, die sie an sich erlebt, ohne selbst zu sterben, sich stärker, bewußter, leuchtender und reiner erheben."

"Glaubt an die Unsterblichkeit der Seele. Ich sage euch dies, weil einige meinen, daß der Tod - bei denen, die hartnäckig sündigen - ihr Dasein zerstören und sie vom ewigen Leben verbannen wird, wodurch sie der ebenfalls ewigen Strafe unterworfen sind."

"Die, welche sich eine solche Meinung bilden, sind jene, die einige Meiner Offenbarungen falsch ausgelegt haben, indem sie ihren Sinn mißdeuteten. Wenn der ewige Tod wahr und möglich wäre, würde es bedeuten, die Niederlage der Liebe, des Guten und der Gerechtigkeit einzugestehen. Welchen Sinn hätte dann Meine Fleischwerdung, Mein Leiden, Mein Tod und Meine Gegenwart als Mensch unter euch gehabt? ..."

"Wenn die Seele sich vom Einfluß all dessen, was sie auf Erden umgibt, beherrschen läßt, wird sie schließlich in einem solchen Maße mit ihrem Körper eins, daß sie ihre wahre Natur vergißt, daß sie sich vom Geistigen Leben dermaßen weit entfernt, daß es ihr fremd wird, und so kommt es, daß wenn Ihr Körper stirbt, sie notwendigerweise verwirrt und verstört ist"

(* BWL 4- 77-78)

Todeserfahrung - Was passiert beim Sterben? - Seth

Für die meisten Menschen bedeutet die Frage in Wirklichkeit dies: Was wird geschehen, wenn ich im physischen Sinne nicht mehr am Leben bin? Was wird in mir vorgehen? Werde ich noch ich selber sein? Werden die Gefühle, die mich zu Lebzeiten umgetrieben haben, dies auch weiterhin tun? Gibt es einen Himmel und eine Hölle? Werden mich Götter oder Dämonen, meine Feinde oder meine Lieben auf der andern Seite begrüßen?

Was ihr also wissen möchtet, ist, was passiert, wenn euer Bewußtsein von der physischen Realität abgekehrt ist und gerade kein Träger eines Erscheinungsbildes zu sein scheint. Euer Bewußtsein kann sich vom Körper schnell oder langsam ablösen; das hängt von einer Reihe von unbekannten Größen ab.

In vielen Fällen von Senilität, beispielsweise, haben die stark organisierten Persönlichkeitsanteile den Körper bereits verlassen und gehen den neuen Verhältnissen entgegen.

Ein Glaube an das Höllenfeuer kann dazu führen, daß ihr Hades-Verhältnisse halluziniert. Ein Glaube an einen stereotypen Himmel kann Halluzinationen paradiesischer Umstände hervorrufen. Ihr formt eure Realität immer in Übereinstimmung mit euren Vorstellungen und Erwartungen. Dies liegt in der Natur des Bewußtseins, in welcher Realität auch immer es sich befindet. Solche Halluzinationen, dessen könnt ihr sicher sein, gehen jedoch vorüber.

Ihr werdet euch in anderer Gestalt wiederfinden, mit einem Erscheinungsbild, das euch weitgehend wie physisch vorkommen wird, solange ihr nicht versucht, damit im physischen System zu operieren. Dann allerdings würden die Unterschiede zwischen jenem und dem physischen Leib klar hervortreten.

Ihr werdet einfach lernen, euch in einer neuen Umwelt zu betätigen, wo andere Gesetze gelten; und diese Gesetze sind viel weniger einengend als die, denen ihr jetzt untersteht. Mit anderen Worten: ihr müßt neue Freiheiten kennen und mit ihnen umgehen lernen.

Nun - den Faulenzern unter euch kann ich keine Hoffnung anbieten: der Tod wird euch zu keinem ewigen Ruheort verhelfen. Ihr könnt zwar, falls ihr das wünscht, euch eine Weile verschnaufen. Aber ihr müßt nach dem Tode nicht allein eure Fähigkeiten anwenden, sondern ihr müßt euch auch selber darüber Rechenschaft geben, wenn ihr im vorigen Leben von diesen keinen Gebrauch gemacht habt. Denen unter euch, die an ein Leben nach dem Tode geglaubt haben, wird es leichterfallen, sich an die neuen Verhältnisse zu gewöhnen.

Nun kann es sein, daß ihr nach eurem Tod von Freunden und Verwandten begrüßt werdet, oder auch nicht. Wie alles, ist auch dies eine persönliche Sache... Ihr werdet nicht automatisch weise sein, wenn ihr es vorher nicht wart. aber es wird auch keine Möglichkeit geben, mit euren eigenen Gefühlen, Empfindungen oder Motiven Versteck zu spielen.

Erst wenn ihr Sinn und Bedeutung des Lebens, das gerade hinter euch liegt, erfaßt habt, seid ihr für ein bewußtes Wissen um eure anderen Existenzen bereit. Darauf werdet ihr euch dann eines erweiterten Bewußtseins bewußt. Was ihr seid, beginnt das mit zu beinhalten, was ihr in anderen Leben wart, und ihr fangt an, für eure nächste physische Existenz Pläne zu machen, insofern ihr euch für eine solche entschieden habt.   (* Seth 4 – 147-154)

Erst einmal sollte nach allem, was ich bisher gesagt habe, klar sein, daß es keine eine Realität nach dem Tode gibt und daß jede Erfahrung verschieden ist. Allgemein gesprochen, gibt es jedoch Dimensionen, in die sich die individuellen Erfahrungen einordnen. Zum Beispiel gibt es ein Eingangsstadium für die, die noch stark auf die physische Realität eingestellt sind, und für solche, die eine Zeit der Erholung und Ruhe brauchen. Auf dieser Ebene wird es Krankenhäuser und Sanatorien geben. Die Patienten erkennen noch nicht, daß ihnen gar nichts fehlt.

Tatsache ist, daß für diejenigen, die mit dieser Realität konfrontiert werden, die Ereignisse ganz real sind. Es gibt auch Ausbildungszentren. In diesen wird das Wesen der Realität dem einzelnen auf eine Weise erklärt, die seinem Verständnis und Wahrnehmungsvermögen angepaßt ist

.   (* Seth 4 – 161-162)

Ramtha zu Tod und Sterben

Der Tod ist eine große Illusion. Jeder hier ist schon in Kriegen gestorben. Jeder hier wurde schon verraten. Jeder! Und doch seid ihr immer noch da... Ihr seid immer gewesen und werdet immer sein.   (* Ramtha 7 – 70)

TOM zur Angst vor dem Tod

Die Menschen müssen verstehen, daß sie selbst beschlossen haben, auf den Planeten Erde zu kommen. Wenn sie verzweifelt sind, sollte man ihnen den Lauf des Universums erklären. Der Planet Erde weckt im Individuum das Verlangen, ein Individuum zu bleiben, und viele Menschen fürchten sich vor der Idee, sich zu reinigen und weiterzuentwickeln und dann mit der Quelle zu verschmelzen, weil sie denken, sie wären dann kein Individuum mehr. Darum lehnen sie die Reinkarnation und die Fortdauer des Lebens ab. In Wahrheit kommen die Menschen auf der Erde von den Göttern. Manche haben dies in unterschiedlichem Ausmaß vergessen - vor allem in der zivilisierten Welt, wie ihr sie nennt. Wir wissen nicht, wie wir euch und der Menschheit erklären sollen, wie eine Energie sich mit der Quelle vereinigen und dennoch ein Individuum bleiben kann. Es ist ziemlich kompliziert. Irgendwie müßt ihr auf eurer Welt einen Weg finden, den Menschen begreiflich zu machen, daß der Tod nicht die Vernichtung des Individuums bedeutet.   *(* Carmel – 339-341)*

Tod und Sterben - Aussagen bei Walsch

... Ihr habt eine Gesellschaft geschaffen, in der es überhaupt nicht in Ordnung ist, sterben zu wollen - überhaupt nicht in Ordnung, ein ausgesprochen gutes Verhältnis zum Tod zu haben...

Ist euch je aufgefallen, wie viele Menschen mit dem Sterben warten, bis das Zimmer leer ist? Manche müssen ihren Lieben sogar sagen: "Nein, wirklich, geh nur. Iß einen Happen", oder: "Geh, schlaf ein bißchen. Mir geht's gut. Ich seh dich dann morgen früh." Und wenn dann der getreue Wachposten den Raum verläßt, verläßt auch die Seele den Körper des Bewachten.

Wenn sie zu ihren versammelten Verwandten und Freunden sagen würden: "Ich möchte einfach sterben", dann bekämen sie zu hören: "Aber das meinst du doch nicht wirklich", oder: "So etwas darfst du nicht sagen", oder: "Halte durch", oder: "Bitte, verlaß mich nicht." ...

Das größte Geschenk, das ihr Sterbenden machen könnt, ist, sie in Frieden sterben zu lassen. Denkt nicht, daß sie "durchhalten" oder weiterhin leiden oder sich in dieser entscheidensten Passage ihres Lebens um euch sorgen müßten. Wenn die Seele diese Entscheidung trifft, hat der Körper keine Möglichkeit, das zu verhindern. Und auch kein Gedanke des Geistes kann daran etwas ändern. Im Augenblick des Todes erfahren wir, wer im Triumvirat von Körper, Geist und Seele letztlich bestimmt.   *(* Walsch 1 – 129-130)*

... Wenn ihr erst einmal von eurem Körper weg seid (das heißt, wenn ihr "gestorben" seid), werdet ihr sofort erkennen, dass dieser Seinszustand nicht die gefürchtete Erfahrung ist, von der ihr gehört habt, sondern in der Tat eine Erfahrung glorreichen Wunders. Ihr werdet auch sehen, dass sie dem Gebundensein an eure physische Form unendlich vorzuziehen ist. Das Nicht-Anhaften wird dann eine einfache Sache sein.   *(* Walsch 5 – 156)*

... Ihr könnt nicht ohne Gott sterben, aber ihr könnt euch einbilden, es zu tun. Das ist eure eingebildete Hölle, die Angst, aus der sich alle anderen Ängste, die ihr je hattet, speisen. Doch ihr habt nichts zu fürchten, und es gibt nichts, was ihr braucht, denn es ist euch nicht nur unmöglich, ohne Gott zu sterben, es ist euch auch unmöglich, ohne Gott zu leben.   *(* Walsch 5 – 158)*

Das Thema Sterben bei Zopf

Der Tod ist der Abschluß eines physischen Lebens und der Übergang in eine andere Daseinsform, in der ihr euch ausruht und neue Kräfte sammelt, bis zu dem Zeitpunkt, an dem ihr wieder bereit für die nächste Erfahrung eines physischen Lebens seid. Dann werdet ihr wiedergeboren. Wenn ihr also die Erfahrung eines tragischen Todes machen wollt, kann und darf euch euer Schutzengel nicht davon abhalten. Warum sollte er auch? *(* Zopf 6 – 149)*

Ihr identifiziert euch sehr stark mit euren Rollen, die ihr als Manager, als Sekretärin, als Mutter oder als Filmstar innehabt. Was nützt euch diese Rolle am Ende eures Lebens? Ihr könnt sie nicht mit hinübernehmen. All euer An-

sehen, all eure Macht, all euer Geld werdet ihr im Moment eures Todes los-
lassen müssen. Ihr werdet das alles verlieren. Doch was nehmt ihr mit? Nur
das, was ihr seid und in euch tragt. Wenn in euch Chaos, Unruhe und Aufregung ist, dann werdet ihr das mit hinübernehmen als euren Schatz oder aber
als eure Last. Wenn in euch Zufriedenheit und Liebe ist, werdet ihr das mit
hinübernehmen und in diesem Falle ist das wirklich ein Schatz, aber ohne
materiellen Wert.

Die meisten Menschen beginnen erst im Moment ihres Todes, darüber
nachzudenken, wer sie wirklich sind. Bis zu diesem Zeitpunkt haben sie sich
nie auf die Suche danach gemacht. Diese Erfahrung ist immer sehr schmerzhaft, denn sie zeigt, daß man etwas in seinem Leben vernachlässigt und auch
verpaßt hat. *(*Zopf 5 – 108-109)*

Vera: "Wie wir den Tod und den Zustand danach empfinden, hängt offensichtlich von uns selber ab: von dem, was wir aus dem Erdenleben als Zustand mitbringen, und von den Vorstellungen, die wir haben."

Hans: "Es scheint nach dem Tod sogar fast 'irdisch' zuzugehen, so ähnlich
wie im Materiellen, aber nun eben feinstofflich."

Lisa: "Ganz besonders hat mich die Aussage aus dem 'Buch des Wahren
Lebens' beeindruckt, dass es keinen ewigen Tod gibt, weil dies ja eine Niederlage der Liebe, des Guten und der Gerechtigkeit bedeuten würde."

8.2.5 Art des Sterbens und der 'Übergang'

Intensivmedizin

[Frage:] Wie weit darf sich ein Geistchrist auf Lebensverlängerungshilfen,
sprich: Intensivmedizin, einlassen?

[Antwort:] Aus geistiger Sicht betrachtet, bedarf es bei der Ärzteausbil-
dung einer gewaltigen Reform. Die technischen Geräte, die die Funktionen
des Körpers aufrechterhalten, sind oft ein Hindernis, daß die Geistseele frei
wird. Und das sollten sich die Mediziner oder jene technischen Spezialisten,
die das ihr Fachgebiet nennen, bewußtmachen: Niemand, aber auch gar niemand kann nur eine Elle, wie es so schön heißt, an Lebenszeit - auch nicht
durch technische Geräte - dazugeben. *(* Emanuel 16 – 154)*

Es ist mehr als fragwürdig, wenn an diesem Punkt der moderne Medizin-
betrieb alle ihm zu Gebote stehenden fortschrittlichen Mittel einsetzt, um das
Selbst im Fleisch festzuhalten, obwohl es sich lostrennen möchte. Es gibt
normale, ineinandergreifende Mechanismen in euch, die das Selbst auf den
Tod vorbereiten, und es sind sogar chemische Wechselwirkungen vorhanden, die diesen Vorgang physisch erleichtern - in eurem Sinne sind das Be-
schleunigungsexplosionen, die den Menschen mit Leichtigkeit aus dem Körper herauskatapultieren. Medikamente können hierbei nur hinderlich sein.
(* Seth 3 – 389)

Unfalltod

[*Frage:*] Lieber Emanuel, wie ist es, wenn geistig hochentwickelte Menschen z. B. durch einen Unfall, also ganz plötzlich, hinübergehen? Und wie ist das Hinübergehen bei einem geistig nicht gut entwickelten Menschen, wo kein Vorbereitungs- und Abholdienst möglich war?

[*Antwort:*] Wenn ein Mensch die Augen schließt, ob durch Unfall, Krankheit oder durch Eigenlebensverkürzung, so ist immer die Ordnung Gottes da...

Und so ist es auch bei einem Unfall. Er ist in der Regel - ich sage noch einmal: in der Regel - vorprogrammiert. Es ist selten der Fall, daß einer ganz ohne Vorbereitung geschieht, wie z. B. beim spontanen Selbstmord oder bei einem Tobsuchtsanfall. Hier ist eine Still-Legung in dem Moment gegeben, wo der irdische Körpertod eintritt, d.h., das nun als Fluidalmensch im Jenseits befindliche Geistwesen wird stillgelegt. Mit anderen Worten: Es wird aus seinem Zustand erst in einiger Zeit erwachen, wenn die ordnungsgemäßen gesetzlichen Vorgänge im Nachhinein - das Wort stimmt nicht, aber euch muß ich es so erklären, denn dort, wo die Geistwesen wirken, also die Missionsgeister, Schutzgeister und helfende Geistwesen, ist immer Gegenwart, bei euch ist es im Nachhinein. Und wenn der Mensch etwas gereift ist, wird er früher oder später zum Bewußtsein erwachen...

Den weniger Entwickelten habe ich also erklärt. Der Hochentwickelte, wenn er plötzlich durch einen Unfall aus dem Leben gerissen wird, ist bereits zielbewußt vorbereitet worden. Das ist eine Situation, die ihr dann verstehen werdet, wenn ihr euch selbst darauf vorbereitet habt. Denn ihr wißt ja nicht, ob ihr einen Unfall erleidet oder durch Krankheit oder sonstige Schwierigkeiten hinübergeht.

Der geistig Gereifte ist im Grunde genommen immer bereit, und weil er das ist, ist er auch immer vorbereitet. Er betrachtet die Vorbereitung oder den Freiwerdevorgang als ganz lebensnahen, naturnahen Vorgang und ist immer bereit, seinen irdischen Körper abzulegen, um im Bewußtsein des höheren Ichs auf der jenseitigen Lebenssphäre weiterzuleben.

(* Emanuel 16 – 146-147)

Selbstmörder und deren Schicksal

Es gehört zur Würde und Bürde des Menschen, nicht zwangsläufig existieren zu müssen. Zwar ist ihm das Leben wie allen Geschöpfen vorgegeben, und in der Regel bejaht er es und sucht es zu bewahren. Er ist jedoch nicht triebhaft an sein Leben gebunden, sondern kann und muss sich in Verantwortung und freier Entscheidung zu ihm verhalten. *(Evan. – 798)*

In der Bundesrepublik Deutschland kommen jährlich auf 100000 Einwohner etwas über 20 Todesfälle durch Suizid. Diese Rate liegt noch vor den Verkehrsunfalltoten - übrigens zwei Todesursachen, in denen die jüngeren Jahrgänge dominieren. Die Anzahl der vollzogenen, aber nicht tödlich verlaufenden Suizidhandlungen wird auf 400.000 bis 800.000 geschätzt.

(Evan. – 800)

Eine *Selbsttötung* ist keinesfalls ein Grund, den Gottesdienst zur Bestattung zu versagen. Die Kirche lehnt zwar die Selbsttötung ab, nicht aber den Menschen, der in diese Ausweglosigkeit geraten ist. *(Evan. – 810)*

Die Begleitumstände des Selbstmordes sind ebenfalls wichtig wie auch die innere Realität und Erkenntnis des Individuums im Augenblick der Tat. Ich erwähne das hier, weil viele Philosophien lehren, daß Selbstmörder ein besonders rächendes Schicksal auf sich ziehen, und das entspricht nicht den Tatsachen. Wenn sich jedoch ein Mensch umbringt in der Annahme, daß diese Handlung sein Bewußtsein für immer auslöschen wird, dann kann diese falsche Vorstellung seinem Fortschritt äußerst hinderlich sein, denn sie wird sich durch Schuldgefühle noch intensivieren.

Auch für solche Fälle sind Lehrer da, um die wahre Situation zu erklären. Verschiedene therapeutische Methoden kommen zur Anwendung. Die Persönlichkeit kann beispielsweise zu den Ereignissen, die der Entscheidung vorausgingen, zurückgeführt werden. Man kann eine Amnesie bewirken, so daß der Selbstmord als solcher vergessen wird. Das Individuum wird dann erst später von seiner Tat in Kenntnis gesetzt, wenn es besser imstande ist, sie zu verarbeiten und zu verstehen. *(* Seth 4 – 192)*

[Frage:] Wie vollzieht sich das Sterben bei einem Selbstmörder?

[Antwort:] Bei einem Selbstmord vollzieht sich die Trennung der Seele vom Körper wie üblich. Auch einer solchen Seele ist es nach der Entkörperung möglich, bei der Rückschau ihre Tat zu bereuen und Vergebung zu finden. Es muß zum Selbstmord gesagt werden, daß grundsätzlich eine Flucht vor dem selbstgeschaffenen Karma nicht möglich ist. Die Seele nimmt es mit in die jenseitigen Bereiche und wird es eben später abtragen müssen. Es zeigt sich, daß Selbstmord uns lange anlastet, häufig über mehrere spätere Inkarnationen hinweg. *(+ Univ.-Leb. 3 – 55)*

[Frage:] Ist auch bei einem Selbstmörder der Todeszeitpunkt vorherbestimmt?

[Antwort:] Ein Selbstmord stellt eine extreme Form von menschlich ungesetzlichem Eigenwillen dar, der ganz gezielt den geplanten Todeszeitpunkt verschiebt. *(+ Univ.-Leb. 3 – 56)*

Und denkt daran: Es ist wahr, daß es keinen Tod gibt. Darum sagen manche: "Es ist egal, weil es ja keinen Tod gibt." Aber es ist nicht egal; denn wenn ihr ein Leben beendet, ehe ihm ein Ende bestimmt ist, wenn ihr euer eigenes Leben auf die falsche Weise - durch falsches Denken, durch eine Tat oder sonstwie - beendet, dann habt ihr eure eigene Wahl und die der anderen nicht erfüllt, und dafür müßt ihr bezahlen - und die Bezahlung wird euch wahrscheinlich nicht gefallen. Wäre es nicht besser zu erfüllen, wofür ihr euch für diesen Planeten entschlossen habt? *(* Carmel – 360-361)*

Sterbebegleitung

Eines der größten Geschenke, das ihr euren Eltern machen könnt, ist, ihnen von der Erdenebene zu helfen, so wie sie euch halfen, durch das Geschenk des Lebens hier auf die Erde zu gelangen. Sie brachten euch ins Sein; es gibt somit einen Zyklus, den man fühlen kann.

Die Aufgabe des Totenbegleiters besteht darin zu helfen, den Menschen zu einem Ort der Vergebung zu bringen, und beizutragen, daß die Loslösung durch den Tod ohne Anhaftungen an Schuldgefühle, Beurteilungen und Opferrollen geschieht. Das ist eine Kunst, und häufig öffnen sich die Menschen in den letzten Augenblicken für Vergebung. Wenn Sterbende ihrem Schöpfer näher treten, bricht die Zeit zusammen, Augenblicke dehnen sich in überwältigende Lebenslektionen aus, und eine große Gelegenheit wird greifbar. Der größte Akt der Vergebung besteht letztendlich darin, euch selbst zu vergeben, denn ihr habt Urteile gefällt und Vergebung notwendig werden lassen.   (* Marciniak 1 – 275-276)

Wenn der Tod naht, sollte man den Sterbenden nicht allein lassen. Die Einsamkeit ist in diesen Momenten sehr schwer zu ertragen. Am besten bittet man die Familie und Freunde, ihm beizustehen. Man kann dem Sterbenden die Hand geben und leise zu ihm sprechen: "Du wirst jetzt sterben. Jeder stirbt eines Tages. Versuch es hinzunehmen ..." Man vermeide es, von Themen zu sprechen, die den Sterbenden aufregen könnten. Die Worte sollten beruhigend sein: "Wir werden uns um alles kümmern." Sprecht in diesem Sinn vom Haus, den Kindern und anderen Themen. Achtet darauf, daß der Sterbende ruhigen Herzens hinübergehen kann.   (Karta – 203-204)

Sterbezeitpunkt

Es ist dem Menschen bestimmt, wann er sterben muß. Geburt und Tod und die dazwischenliegende Lebensspanne sind schicksalhaft, aber nicht unabänderlich. Ist jedoch die vorgesehene Todesstunde eines Menschen gekommen, so vermag auch der beste Arzt nichts auszurichten. Jeder stirbt spätestens zu der für ihn festgesetzten Zeit. Christus bekräftigte diese Wahrheit mit den Worten: "Wer ist unter euch, der seines Lebens Länge auch nur eine Spanne zusetzen kann?" (Mat. 6,27.)

"Doch ist nicht ausgeschlossen, daß Gott ausnahmsweise eine Änderung in dem Lebensschicksal eines Menschen eintreten läßt ... Er verlängert bisweilen die Lebensjahre bei dem, der Gott treu ist und sich als zuverlässiger Mitarbeiter an dem Rettungsplane Gottes erweist, nach dem er die von ihm Abgefallenen wieder zurückführen will." ... "Anderen verkürzt Gott die schicksalmäßig festgesetzte Lebensdauer, weil sie sowohl die eigene Lebensaufgabe unerfüllt lassen, als auch ihre Mitmenschen von der Pflichterfüllung gegenüber Gott abzubringen suchen." Indes, auch der Mensch selbst kann die ihm gesetzte Lebensspanne verkürzen - durch Unvorsichtigkeit, Überanstrengung, Ausschweifung oder durch Selbstmord.   (Hinz – 178-179)

[Frage:] Ist bei der Geburt der Tod schon vorprogrammiert?

[Antwort:] Ja, aber durch falsches Verhalten können wir unser Leben verkürzen, durch richtiges Verhalten unter besonderen Umständen auch verlängern.   (+ Univ.-Leb. 3 – 59)

Abholdienst

... Wenn die Abholzeit näher gerückt ist, beginnen jenseitige Helfer unter Leitung ihres geistig Oberen ihre Vorbereitungen für den Abholdienst, und dies stets im Beisein des Schutzgeistes des Abzuholenden. Die Tätigkeiten der jenseitigen Helfer beziehen sich hauptsächlich auf Odbänderlockerungen und Lebenskraftrichtungsänderungen. Dies nimmt sowohl das noch irdisch bewußte als auch das sich bereits im "Koma" befindliche Menschenkind wahr, denn diese Veränderungen sind im außersinnlichen Fühlen wahrnehmbar.

Ohne die Wahrnehmungen durch die Erdensinne beginnt nun das ins Jenseitsleben wechselnde Menschenkind - infolge des Öffnens der Energien der Geisteskräfte -, astrale und mentale Ereignisse zu schauen und zu erkennen. Seine jenseitigen Sinne öffnen sich, und es zeigen sich in den Jenseitslebenssphären z. B. Begrüßungen durch Vorausgegangene, Sehen des Schutzgeistes, Sphärenbetrachtungen, Gespräche mit Helfern usw.

Diese Vorgänge erkennt der irdisch geistwissende Betrachter dieses Menschenkindes als freudiges Leuchten in den Augen, als Gestikulieren, an Namensnennungen von ehemaligen irdischen Verwandten usw. Aber auch Hand-, Arm- und Beinbewegungen, welche oft im irdischen Krankheitszustand nicht mehr möglich waren, treten kurzzeitig wieder in Tätigkeit.

(* Emanuel 16 – 140-141)

Die Betreuung von Neuankömmlingen

Liebe Menschenkinder, eure Geistschwester Elese ist da, ich will euch heute erzählen, wie ich im Geistigen wirke und was ich derzeit zu tun habe. Ich habe jetzt die Verpflichtung übernommen, mich dieser Menschen besonders anzunehmen, die sich im Gebet an Mutter Maria gewendet und ihre zeitlichen Augen geschlossen haben, die jetzt Geistwesen sind und nach Mutter Maria verlangen.

Nicht um diese Menschen zu täuschen, das liegt uns fern, sondern damit diese Menschen, die ins Jenseits hinübergewechselt sind, zuerst einmal Vertrauen gewinnen. Manche Geistwesen kommen mit fixen Ideen zu uns ins Jenseits hinüber, ... Sie würden sagen: "Warum holt mich Mutter Maria nicht ab, ich habe doch soviel zu ihr gebetet!"

Ihr wißt doch, wie die Menschen sind; und genauso stellen sie im Jenseits ihre Forderungen. Da sie sich aber von ihren Vorstellungen und Ideen nicht abhalten lassen und auch nicht abweichen, so hat Mutter Maria, damit sie nicht verstockt werden, mir und einigen anderen Geistwesen den Auftrag gegeben: Zieh dich so ähnlich an, wie die irdischen Statuen im Bewußtsein dieser Menschen sind, und führe sie im Bewußtsein zu mir...

... Ich nehme in dem Moment Abschied von ihnen, wenn diese Lieben sich bereit erklären, auch anderen geistigen Lehrstoff anzunehmen, wenn sie sich im Gespräch eröffnen lassen, daß Mutter Maria nicht für den gesamten Himmel zuständig ist, sondern ein gewisses Spezialgebiet für die Menschheit zu verwirklichen hat.

(* Emanuel(Kontr.) 9 – 177-181)

Wohin geht man?

"Beim Abscheiden [aus dem irdischen Leben] tritt der Geist in eine Welt ein, die er zu Lebzeiten *selbst aufgebaut* hat. Er tritt ein in das, was aus seinem Inneren herausdringt. Herrscht in seinem Inneren Unzufriedenheit, Ungeduld, Mißgunst, Haß, so tritt er in eine ebensolche Welt ein, und er gesellt sich zu Wesen gleicher Art, mag er zu Lebzeiten auch noch so viele Gebete gesprochen haben. Jeder baut sich seine eigene künftige Welt selbst auf."

(Hinz – 179)

Wo geht es weiter? In den Stätten der Reinigung. Dort finden sich die entkörperten Seelen wieder, im selben Zustand. Ihr tragt also euren Zustand in die Stätten der Reinigung. Dort heißt es Abtragung. Dort ist euer Blick auf eure Eingaben gerichtet, auf eure Bilder. *(× Univ.-Leb. 8 – 90)*

Wenn ihr diese körperliche Hülle verlaßt, geht ihr immer zu dem Himmel oder der Schwingungsebene, die mit dem jeweiligen Bewußtseinsverständnis oder den gesamtemotionalen Haltungen übereinstimmt, die ihr auf dieser Ebene zum Ausdruck gebracht habt. *(* Ramtha 1 – 56)*

Das Lebensband

Das Zerreißen dieses Lebensbandes bedeutet den Tod, es ist die Trennung des Nervengeistes und Geistes vom Körper, was einen Stoff- und Eigenschaftswechsel bedeutet: einen Stoffwechsel in der Verwesung des unbelebten Körpers, einen Eigenschaftswechsel in der *Änderung des Menschen zum Geist und der menschlichen Organe zum Nervengeist. Der Mensch weiß, daß er lebt und stirbt, doch das Wie und Wodurch ist ihm ein Rätsel.* *(* Laurentius 3 – 181)*

Solange die Seele noch durch das Silberband - das geistige Informationsband - mit dem irdischen Leibe verbunden ist, so ist sie noch in der Nähe des scheinbar toten Körpers und kann, so es Gottes Wille ist, wieder zurück in den Leib gerufen werden.

Wenn die Herztöne eines Menschen nicht mehr zu hören sind, dann erklärt der irdische Arzt den Menschen für tot. Solange die Seele jedoch noch mit dem Menschen durch das geistige Informationsband verbunden ist, fließt dem Körper Lebensenergie zu. Diese Lebenskraft, die kaum noch wahrzunehmen ist, erhält bestimmte Stammzellen des Gehirns aktiv, über welche sich dann das Leben im Körper wieder aufbauen kann. Der innere Arzt und Helfer, der Christus Gottes, ist das Leben der Seele. Er kann alle jene zurück ins irdische Leben holen, die ihr weiteres irdisches Dasein auf Gott ausrichten werden, indem sie sich bemühen, die noch vorhandenen Belastungen der Seele mit Mir, dem Christus, zu beheben und nicht mehr zu sündigen. Diese Gesetzmäßigkeit gilt auch für Leidende und Kranke. *(× Univ.-Leb. 1 – 638-639)*

Der Astralleib

Hinter der grobstofflichen physischen Welt befindet sich eine feinstoffliche Astralwelt aus Licht und Energie und eine Ideenwelt, die aus Gedanken besteht. Jedes Lebewesen, jeder Gegenstand, jede Schwingung auf der irdischen Ebene hat ein astrales Gegenstück, denn das astrale Universum (der Himmel) ist die "Matrize" für unser physisches Universum. Beim Eintreten des Todes wird der Mensch zwar von seiner physischen Hülle befreit, verbleibt aber in seinem astralen Lichtkörper (welcher der auf der Erde zurückgelassenen Gestalt ähnelt) und seinem Kausalkörper der Gedanken. *(Yogananda – 208)*

In jedem Fall aber werdet ihr, nachdem ihr den physischen Leib verlassen habt, euch sofort in einem neuen Leib wiederfinden. Es ist derselbe Leib, mit dem ihr euch auf Astralwanderungen begebt, und ich möchte meine Leser nochmals daran erinnern, daß jeder von ihnen seinen Körper jede Nacht für eine Weile während des Schlafes verläßt.

Dieser Leib wird euch physisch vorkommen. Er ist jedoch für diejenigen, die noch in einem physischen Leib stecken, im allgemeinen nicht sichtbar. Er kann alles, was ihr heute im Traumzustand könnt. Er kann also fliegen, feste Gegenstände durchdringen, und er gehorcht eurem Willen, indem er euch, sagen wir, von einem Ort zum andern führt, sobald ihr an diese Orte nur denkt.

Wenn ihr euch fragt, was wohl Tante Sally in, sagen wir, Poughkeepsie, New York, treiben mag, dann seid ihr schon dort. Ihr könnt jedoch in der Regel keine physischen Gegenstände manipulieren. Ihr könnt keine Lampe aufheben oder mit Tellern werfen. Dies ist euer erster Leib, doch es wird nicht euer einziger bleiben. Einmal ist dieses Erscheinungsbild kein neues. Gegenwärtig ist es mit eurem physischen Leib verquickt, ohne daß ihr es wahrnehmt. Nach dem Tode wird es der einzige Körper sein, dessen ihr euch fürs erste bewußt sein werdet.

Viel später und auf vielerlei Ebenen werdet ihr lernen, eure Gestalt bewußt und beliebig zu ändern... Nach eurem Tode werdet ihr es erleben, daß ihr, sobald ihr an eure Kindheit denkt, plötzlich die Gestalt des Kindes habt, das ein jeder von euch einmal war.

Eine Zeitlang werdet ihr also in der Lage sein, eure Gestalt so zu manipulieren, daß sie euer Aussehen zu jedem beliebigen Zeitpunkt eures gerade vergangenen Erdenlebens reflektiert. Ihr könntet mit achtzig sterben und nach dem Tode an die Jugend und Vitalität zurückdenken, die ihr mit zwanzig hattet, und dann feststellen, daß eure Gestalt sich verwandelt, um diesem inneren Bild zu entsprechen.

Die meisten Menschen wählen jedoch nach dem Tod eine reifere Gestalt. Für gewöhnlich entspricht diese dem Höhepunkt ihrer früheren physischen Vitalität, unabhängig davon, wann dieser erreicht wurde. *(* Seth 4 – 163-164)*

Bei Loslösung der Seele zieht diese als der bewegliche Teil den Astralkörper mit vom Erdenkörper fort. Bildlich gesprochen; die Seele zieht bei ihrem Austreten und Fortgange den Astralkörper mit aus dem Erdenkörper heraus. So erscheint es. In Wirklichkeit zieht sie ihn nur davon ab, da eine Verschmelzung nie stattfand, sondern nur ein Ineinanderschieben, wie bei einem ausziehbaren Fernrohre. *(+ Abd-Ru-Shin 3 – 163)*

Vera: "Unser Selbst hat also den Todeszeitpunkt festgelegt, aber als Menschen kennen wir ihn nicht und das ist sicher gut so."

Lisa: "Wichtig ist jetzt für mich, immer gut vorbereitet zu sein. Unsere Oma war gut vorbereitet, aber wir wussten es nicht. Wie es auch als typisch geschildert wird, ist sie in einem Augenblick gestorben, in dem sie allein war."

8.2.6   Lebensfilm und 'Gerichtsprozess'

Beim oder nach dem Sterben wird man mit seinem vergangenen Erdenleben konfrontiert ('Lebensfilm'). Wie in einem Archiv ist innerseelisch unser gesamter Lebensverlauf festgehalten, selbst kein Gedanke geht verloren! ... Auch alles Weltgeschehen prägt sich unveränderlich in einer erdumfassenden Energieschicht ein ('Akasha-Chronik').

Die Lebensrückschau ist verbunden mit einer glasklaren *ethischen Bewertung* all unserer Handlungen oder Unterlassungen. Dies geschieht unabhängig von unserem Glauben oder Nichtglauben, von Nationalität und Rasse.

(WEGbegleiter 1/02 – 22)

... so sollt ihr doch wissen, daß nichts, aber schon gar nichts aus der Vergangenheit verborgen bleibt - nicht nur aus diesem Leben, sondern auch aus vergangenen Lebensbereichen - und daß auch Ausblicke in die Zukunft in Gedankenformen manifestiert werden.

Dadurch entsteht eine Art Brücke, und er versteht, warum Fehler auf fehlerhafte Lebensbereiche folgten und ihn zu Fall brachten. Das wird in den Mittelpunkt des Betrachters gestellt, der dadurch zu einem ganz klaren Bild von Schuld und Sühne gelangt. Das bedeutet mit anderen Worten eine gewaltige Vorbereitung auf die Läuterung und dadurch ein Innewerden der seelischen Komponente der Schmerzfreiheit zum Aufstieg ins geistige Reich.

In der Läuterung muß jeder von euch zurück in jenen Lehrzustand, der ihn weise macht. Die Schulung des Geistes beruht nicht nur auf Wissen, sondern auf der Erkenntnis seiner Vergangenheit. Und auf diese klare, reine Erkenntnis baut jedes Geistwesen dann zukünftig auf.

Läuterung bedeutet in eurem Sinne: etwas reinigen, etwas beheben, etwas erweitern, etwas erforschen, etwas in sich verspüren, das geändert gehört.

(* Emanuel 18 – 16)

Seht ihr nicht, daß der Sünder selbst es ist, der sich Böses antut, und daß Ich mit seiner Bestrafung nicht das Unglück vermehren will, das er sich bereitet hat? Ich lasse nur zu, daß er sich selbst erblickt, daß er die unerbittliche Stimme seines Gewissens hört, daß er sich selber befragt und sich selbst antwortet, daß er das geistige Gedächtnis zurückgewinnt, das er durch die Materie verloren hatte, und er sich an seinen Ursprung, seine Bestimmung und seine Gelöbnisse erinnert; und dort, in diesem Gericht, muß er die Wirkung des 'Feuers' erfahren, das sein Böses ausmerzt, das ihn von neuem wie das Gold im Schmelztiegel schmilzt, um von ihm das Schädliche, das Unnütze und alles, was nicht geistig ist, zu entfernen. *(* BWL 4 – 79)*

Dann kommt eine Phase der Selbstprüfung, eine Abrechnung sozusagen, da sie ihre Gesamtleistung überblicken, ihre Fähigkeiten und schwachen Punkte erkennen und sich entscheiden können, ob sie in die physische Exis-

tenz zurückkehren wollen... Da die Gefühle so wichtig sind, ist es von großem Nutzen, wenn euch Freunde erwarten. In vielen Fällen haben diese
Freunde jedoch bereits in andere Tätigkeitsbereiche übergewechselt, und oft
wird ein Seelenführer die Gestalt eines Freundes vorübergehend annehmen,
damit ihr euch aufgehobener fühlt.   *(* Seth 4 – 159)*

"Dann kommt die Zeit, *da er sein ganzes Leben vor sich sieht*, so wie ein
Mensch sich im Spiegel sehen kann. Dies geht so lange, bis er es ganz aufgenommen hat. Bildlich sieht er sich als Mensch selbst, und alle seine Taten
und Untaten gehen langsam und ganz deutlich an ihm vorüber, sein ganzes
Tun in seinem Leben. Dies ist nötig, weil es sonst Geister gäbe, die zu Unrecht meinen, daß sie in eine höhere Sphäre gehoben werden sollten. Wer
eine Sünde oder eine Untat beging, dem wird die Schuld ganz langsam vorgeführt - und es gibt ein Erschrecken! Bei allen Taten entstehen entsprechende Strahlen, gewisse Schwingungen, die sich in das 'geistige Feld' des
Menschen einprägen - mit düsteren oder mit leuchtenden Spuren, je nach
den Taten ... Jede Handlung, jede Tat liegt so klar und offen vor ihm, daß er
nicht meinen kann, ihm geschehe Unrecht."   *(Hinz – 180-181)*

Dirk: "Ich verstehe das wie eine Art 'Selbstgericht'. Die Wesenheit ist zur
Selbsterkenntnis aufgefordert. Ein schmerzlicher Prozeß, durch den man
durch muss. Das könnte ich auch als eine Art 'Fegefeuer' akzeptieren, als
Purgatorium, was ja 'Läuterungsort' bedeutet."

8.2.7   Verwirrte Geister und erdgebundene Seelen

Als arme Seelen bezeichnet man jene Verstorbenen, also entkörperte We-
senheiten, welche sich während kürzerer oder längerer Zeiträume in einem
Zustand des Sich-nicht-Auskennens, der Unwissenheit, der Angst, Sorge,
Pein und vielfältiger seelischer Qualen befinden.

Irdischer Tod: Dieser wird von vielen aus dem Leben scheidenden Menschen gar nicht wahrgenommen. Sie fühlen sich auch weiterhin als lebende
Menschen, obwohl sie sich die veränderten Lebensumstände nicht erklären
können. Ihre starre Einstellung, ohne Körper gibt es kein Leben, läßt sie zu
keiner anderen Ansicht kommen.   *(* Emanuel/Hardus 11 – 129)*

Nun kann es sein, daß ihr nach dem Tod es absolut nicht wahrhaben wollt,
daß ihr tot seid, und fortfahrt, eure Gefühlsenergien auf diejenigen zu richten, die ihr in eurem Leben gekannt habt. Wart ihr, zum Beispiel, von einem
bestimmten Projekt besessen, dann könntet ihr den Versuch machen, es zu
vollenden. Es sind zwar immer Seelenführer da, um das Verständnis für eure
Lage in euch zu wecken, aber ihr könntet dermaßen in eure Illusionen ver-
bissen sein, daß ihr nicht auf sie hört.   *(* Seth 4 – 162)*

"Wie leicht stirbt der Körper, aber wie schwierig ist es für *die* Seele, die sich
nicht vorzubereiten wußte, sich von ihrer tiefen Verwirrung zu befreien." ...
"Während die einen in ihrer Verwirrung an ihren toten Körper gebunden
bleiben, glauben andere, da sie in ihrer Seele die Eindrücke ihrer Körperhülle

bewahren, weiterhin Menschen zu sein und können sich nicht zu der Heimstätte erheben, die ihnen entspricht, wobei sie an das gebunden bleiben, was sie auf der Welt liebten."

"Es gibt auf der Erde keinen bittereren Kelch noch einen stärkeren Schmerz als den der verwirrten Seelen. Die Hindernisse, das Nichtbegreifenkönnen dessen, was in ihrer Umgebung geschieht, die Gewissensbisse, das Heimweh nach dem, was sie verließen, die Einsamkeit, das Schweigen und die Unfähigkeit, aufwärtszusteigen, stellen das 'Feuer' dar, in dem sie sich läutern müssen, bis sie das Licht erreichen."

"Glaubt ihr, daß es übertrieben ist, wenn Ich euch sage, daß von dieser Welt Millionen von Seelen im Zustand der Verwirrung scheiden? Es ist das Ergebnis der Unwissenheit der Menschen infolge ihres Mangels an geistiger Betrachtung und Gebet." (* BWL 4 – 78)

"Diese Geistwesen, die nicht mehr dem menschlichen Leben angehören, kommen zu den Menschen und leben sogar mit ihnen zusammen."

"Jünger, der Grund, weshalb die verstörten Seelen ohne Frieden und ohne Licht unter euch weilen, sind die schlechten Gedanken, die bösen Werke, die niedrigen Leidenschaften, die schlechten Gewohnheiten, die all jene anziehen, die unreine Wohnstätten aufsuchen müssen, da sie sich nicht geläutert haben. Es sind bereits körperlose Wesen, die in ihrer Verstörtheit fremde Körper suchen, um sich durch sie zu äußern. Aber das einzige, was sie aufgrund ihrer Verwirrung und durch ihre Beeinflussung erreichen, ist, jenen, denen sie sich nähern, den Frieden zu stören, den Verstand zu umwölken oder sie krank zu machen." (* BWL 4 – 80)

[Frage:] Hat die erdgebundene Seele denn sozusagen Narrenfreiheit? Kann sie ohne Folgen für sich ungesetzlich handeln?

[Antwort:] Eine erdgebundene Seele kann nicht handeln, sie kann nur auf Menschen einwirken, die sich beeinflussen lassen. Auf der Erde sind wir vielen Gefahren und Versuchungen ausgesetzt. Wir haben uns ständig zu bewähren. Belasten können nur wir uns, wenn wir diesen Einflüssen nachgeben. (+ Univ.-Leb. 3 – 71)

[Frage:] Wenn eine Seele im Erdenkleid ein Trinker war und nun, erdgebunden, im Seelenkleid in die Gasthäuser geht und sich an Trinker hängt, um mitzutrinken, da belastet sich die Seele doch?

[Antwort:] Auch eine erdgebundene Seele kann sich nicht weiter belasten. Sie lebt sozusagen in einem Traum, auch wenn sie sich z. B. an Trinker hängt und meint, mitzutrinken. Jeder Mensch, auch der Trinker, hat einen freien Willen, den er nicht einer erdgebundenen Seele unterordnen muß. (+ Univ.-Leb. 3 – 71)

Auf der Erde befinden sich viele solcher Seelen; sie sind für menschliche Augen unsichtbar. Diese Seelen können erdverhaftete Menschen beeinflussen, also solche Menschen, deren Sinnen und Trachten auf die Materie bezogen ist, die nur eingestellt sind auf das, was sie sehen, horchen, riechen, schmecken, und betasten können.

Sie streben nur nach Besitz, Sein und Haben. Diese Menschen können also von negativen Energiefeldern oder von erdgebundenen Seelen beeinflußt werden. Auch starke Raucher, Trinker, Völler, also genußsüchtige Menschen, auch Rauschgiftsüchtige oder sehr stark sexuell veranlagte Menschen können von atmosphärischen Energiefeldern oder von erdgebundenen Seelen beeinflußt werden.   (× Univ.-Leb. 7 – 51-52)

Es sind viele Seelen lange Zeit noch erdgebunden, weil sie an Fäden hängen, die dicht bei dieser schweren Grobstofflichkeit fest verankert sind. Die Seele kann erst davon loskommen, wenn sie sich darin freigelebt hat, das heißt, wenn sie in dem Durchwandernmüssen zur Erkenntnis kam, daß alle diese Dinge gar nicht den Wert oder die Wichtigkeit besitzen, die sie ihnen beigelegt hatte, und daß es nichtig und falsch gewesen war, für sie einst auf der Erde so viel Zeit zu verschwenden. Es dauert oft sehr lange, und es ist manchmal sehr bitter.   (+ Abd-Ru-Shin 3 – 153)

8.2.8   Walk-Ins

1994 durfte ich in einer Meditation mit meinem geistigen Auge die Geschehnisse bei einem Eisenbahnunglück sehen, das vor Jahren in Frankreich stattfand. Ich hatte vorher noch nie von Walk-Ins (Wesen, die hineingehen) gehört, als mein geistiger Helfer mir sagte: "Du siehst Walk-Ins, beobachte genau, was sie tun!" Und so lernte ich zu meinem Erstaunen jenen Vorgang kennen, bei dem eine inkarnierte Seele den Körper verläßt, also nach unserem Sprachgebrauch "ein Mensch stirbt", und ein anderes Wesen im gleichen Augenblick diesen Körper übernimmt und ihn für eine weitere Lebensspanne beseelt.

Vorweg möchte ich noch anmerken, daß dieser Vorgang immer auf einer spirituellen Übereinkunft der beiden Wesen beruht, die denselben Körper nacheinander bewohnen. Häufig geht ein Wesen freiwillig über den Geburtsweg in das irdische Dasein, um den Körper für ein anderes, meist höher entwickeltes Wesen vorzubereiten und ihn zu einem vereinbarten Zeitpunkt für das zweite Wesen freizugeben.

Bei dem Eisenbahnunglück waren viele Passagiere augenblicklich tot. Ich sah, wie sich die dem Körper entsteigenden Wesenheiten wie eine Art Wolke ganz dicht zusammenschlossen und nach oben schwebten, während von oben in unbegreiflicher Eile und Menge gänzlich unterschiedliche Wesen in die noch warmen, verlassenen Körper hineindrängten.   (Wallimann 1 – 101)

Ich sah zum Beispiel, wie der Einzug eines Walk-Ins in einen völlig zerschlagenen Körper bewirkte, daß sich zerstörte Organe nur mehr als gequetscht zeigten, daß Blutströme zum Versiegen gebracht wurden und der Körper das Bewußtsein wiedererlangte. Es war die neue, die hohe Schwingungsfrequenz des Walk-Ins, die Wunden schloß und Organschäden behob.
                                                                   (Wallimann 1 – 102)

Unbeschreiblich viele Einzelheiten sah ich von dem Eisenbahnunglück in Frankreich, zum Beispiel auch, daß der Schutzengel der Wesenheit, die einen

Körper verließ, jeweils mit ihr ging. Und jeder Walk-In brachte seinen eigenen Schutzgeist mit, keiner kam allein. Etliche der ausgetretenen Wesen hielten sich weiter in der Nähe ihres alten Körpers auf und blieben in geistiger Kommunikation mit dem Walk-In. Die durch Walk-Ins neu Beseelten zeigten häufig gänzlich andere Talente. *(Wallimann 1 – 102-103)*

Hans: Familienangehörige führen Persönlichkeitsveränderungen bei verunglückten oder aus dem Koma erwachten Menschen auf Schockwirkungen oder Hirnschäden zurück. Nach dem was Silvia Wallimann hier berichtet, sind aber eher Walk-Ins anzunehmen.

8.2.9 Hinterbliebene der Verstorbenen

Trauer der Hinterbliebenen
"Ich sage euch, daß es sehr gut ist, euch ihrer zu erinnern, daß ihr für sie einen Gedanken der Dankbarkeit, der Liebe, der Bewunderung habt. Aber es ist nicht gut, daß ihr sie beweint, als ob es Güter wären, die ihr verloren habt; auch nicht, daß ihr sie für tot haltet, denn wenn ihr sie in jenen Augenblicken sehen könntet, in denen eure Augen um sie Tränen vergießen und sich eurer Brust ein Seufzer für jene entringt, die hinweggingen, wäret ihr erstaunt ob des Lichtes, das sie erleuchtet, und des Lebens, das sie erfüllt. Dann würdet ihr ausrufen: Wahrhaftig, sie sind die Lebenden, und wir sind die Toten."

(* BWL 4 – 81)

[Frage:] Was bedeutet Trauer der Hinterbliebenen für die Seele?
[Antwort:] Stirbt ein Mensch, so hinterläßt er trauernde Hinterbliebene. Oft genug bedeutet das Sterben eines Menschen einen tiefen, schmerzlichen Einschnitt in das Leben der Angehörigen und gibt diesem eine völlig neue Ausrichtung. Schmerz und Trauer sollten jedoch möglichst rasch von den Zurückbleibenden bewältigt werden.

Diese Trauer verspürt auch die entkörperte Seele und wird dadurch auf ihrem Weiterweg in ihrer Entwicklung aufgehalten. Wenn sich die Trauernden ohne Einsicht an den Dahingeschiedenen klammern, ihn festhalten wollen, ihn zurückwünschen, ihn also gleichsam als ihr Eigentum betrachten, so binden sie damit die Seele an diese Erdsphäre. Im Grunde denken sie nur an sich selbst und nicht an das Heil dessen, den sie so sehr zu lieben meinen. Ihre Liebe und Trauer sind in Wahrheit egoistisch. Seelen haben eine viel höhere Empfindung als Menschen. Sie leiden unter den Schmerzen, die ihre Angehörigen ihretwegen empfinden. *(+ Univ.-Leb. 3 – 29-30)*

Wer die Toten beklagt, ist noch fern vom ewigen Leben, weil er den Tod als Ende des Lebens sieht. Er hat die Auferstehung in Mir, dem Christus, noch nicht erlangt. Er zählt zu den geistig Toten. Klagt nicht über eure Toten! Denn wer den Verlust eines Menschen beklagt, der denkt nicht an den Gewinn der Seele, die - sofern sie in Mir, dem Christus, gelebt hat - in höhere Bewußtseinsbereiche des Lebens eingeht. Denn wenn ihr Leben im Erdendasein in Gott war, so wird es auch in einer anderen Daseinsform in Gott sein.

Ich rege euch zum Nachdenken an: Klagt ihr, wenn sich die Schlange häutet, wenn sie ihre Haut zurückläßt und weiterkriecht? Ähnlich ist es mit der Seele. Sie verläßt ihren verweslichen Leib, ihre Hülle, und wandert weiter. Ihr trauert also um den Verlust der Hülle und gedenkt nicht der Seele! Wer der Seele gedenkt, der dankt Gott, der die Seele in Seinen Schoß zurückrief, sofern diese im Erdenkleid das Leben in Gott genützt hat und dadurch Ihm näher kam. Denkt daran, daß für eine lichte Seele das Ablegen des Leibes ein Gewinn ist. *(× Univ.-Leb. 1 – 333-335)*

Jenseitsdurchgaben verstorbener Menschen
Bei vielen der Kommunikationen, die euch von in diesen Übergangsstadien befindlichen Individuen durch Medien zukommen, können die Botschaften höchst widersprüchlich lauten. Die Erfahrung der "Toten" ist nicht einheitlich. Die Bedingungen und Situationen sind unterschiedlich. Ein Individuum, das seine Realität beschreibt, kann nur über ihm Bekanntes berichten. Auch hier beleidigt solches Material häufig den Intellekt, der einfache, saubere Antworten verlangt und Schilderungen, die übereinstimmen.

Die meisten Individuen, die sich aus diesen Stadien heraus "lebenden" Verwandten mitteilen, haben die Entscheidungszeit noch nicht erreicht und ihre Fortbildung nicht vollendet.

Es kann sein, daß sie die Realität noch im Lichte ihrer alten Überzeugungen sehen, fast alle Mitteilungen kommen von dieser Ebene, besonders wenn eine Gefühlsbeziehung in einem unmittelbar vorausgegangenen Leben vorhanden war. Selbst auf dieser Ebene dienen solche Botschaften jedoch einem Zweck. Die sich Mitteilenden können ihre lebenden Verwandten wissen lassen, daß das Leben weitergeht, und können es auf eine Weise tun, die von den Lebenden verstanden wird. *(* Seth 4 – 196)*

Viele von euch werden vielleicht von Toten kontaktiert, die erzählen, daß sie festsitzen und Hilfe brauchen, um die andere Seite zu erreichen. Sie können bereits seit Monaten oder Jahren tot sein. Dies hat mit einer anderen Art von Totenbegleitung zu tun. Ihr könnt sagen: "Geh ins Licht. Geh und halte nach Freunden Ausschau." Ihr werdet lernen, dies zu tun, denn es liegt in euren Zellen. Es ist nicht etwas, wofür ihr unbedingt Kurse besuchen müßt. Ihr werdet euch erinnern, wie es funktioniert. *(* Marciniak 1 – 275)*

8.2.10 Abschließende Kommentare

Nun mögen diese Schilderungen von Vorgängen nach dem Tode sehr kompliziert klingen, besonders wenn ihr an die simple Legende vom Himmel und seiner ewigen Ruhe gewöhnt seid. Unglücklicherweise lassen sich viele der Grundtatsachen, die ich euch begreiflich machen wollte, mit Worten nicht beschreiben. Ihr habt es aber in euch, eure Intuition freizusetzen und inneres Wissen zu empfangen. *(* Seth 4 – 201)*

Und lernt, Mitleid mit Mördern und Sklavenhaltern und Totschlägern zu haben, denn sie müssen sich durch schreckliche Gefühle hindurcharbeiten, mit denen sie zurechtkommen müssen, wenn ihre Eroberung beendet ist –

und das dauert oft Jahrtausende. Der Getötete hat bereits im nächsten Augenblick einen Körper, der Totschläger vergißt niemals! *(* Ramtha 7 – 70)*

Vera: "Das Leben nach dem Tod ist also hauptsächlich ein Lern-, Läuterungs- und Sühnearbeitsleben. Ich frage mich aber, wo findet es statt, wo kann ich mir das Jenseits vorstellen?"

Dirk: "Wir haben dazu eine ganze Reihe von Hinweisen gesammelt, die zum Teil ziemlich konkret sind und die wir als Nächstes durcharbeiten könnten."

8.3   Atmosphärische Ringe

8.3.1   Astralebene, Läuterungsebenen und Sphären

Um die Astralwanderungen in die Sphären um die Erde gut übersehen und einordnen zu können, wird nachfolgend eine knappe Übersicht über die sieben atmosphärischen Ringe und ihre Sphären sowie über die Geistwesen gegeben, die aufgrund ihrer Entwicklungsstufe dort ihren Aufenthalt haben.

Das Weltall umfaßt sieben verschiedene Hauptreiche, das sind das erste bis sechste Sonnenreich - und als siebentes Reich das aller Trabanten (Planeten, Planetoiden, Monde und Kometen). Jedes Sonnenreich hat seine Sphärenunterreiche, und jeder Planet hat atmosphärische Ringe um sich, die sich wieder in Sphären mit verschiedenen Zwischenstufen unterteilen.

Unser Planet Erde ist von sieben atmosphärischen Ringen umgeben, und jeder der sieben Ringe unterteilt sich wieder in sieben Sphären, das sind also neunundvierzig Sphären, die die Wohn- bzw. Aufenthaltsstätten der dieser Erde zugehörenden Geister darstellen und das sogenannte "Jenseits" bilden. Diese Bereiche dienen den von der Erde abgeschiedenen Seelen zur Läuterung, zum Lernen, somit zur Höherentwicklung und im siebten atmosphärischen Ring als Vorbereitung auf den Übergang in die nächst höhere, die sechste Weltstufe bzw. in das sechste Sonnenreich. *(* Emanuel(Kontr.) 6 – 163)*

Liebe Geschwister, über den Himmel gibt jede Glaubensgemeinschaft andere Auskünfte, aber alle insgesamt drücken sich mehr oder weniger unklar aus. Außerdem sprechen ihre Lehren nur von einem Einheits-Himmel, der in einem Erdenleben des Menschen entweder verdient werden oder für ewig verlorengegangen sein kann. Wir wollen gleich berichtigen, daß es sehr viele sogenannte Himmel und Paradiese gibt, je nach Auffassung und Einreihung, denn für den einen ist die Erde schon ein Paradies oder Himmel, während beim anderen das Gegenteil der Fall ist. Da können wir keine Grenzen ziehen, wir sagen zu den verschiedenen Stufen einfach "Sphären", d.h. Schichten, Himmel, Paradiese, wo ähnliche Geschwister einander helfen und von wo aus sie den weiteren Aufstieg in lichtere Höhen antreten können.

(* Emanuel(Kontr.) 7 – 40)

... Ihr werdet auch erkennen, dass ihr, je höher eure Entwicklung reicht, bis zum Anfang eures Daseins zurückblenden könnt. Das geht aber nicht gleich im 4. Atmosphärischen Ring, sondern erst eine gewisse Entwicklungsstufe höher, wann immer es zweckmäßig ist, um den nächsten Schritt zu erkennen, der zu tun ist... *(* Emanuel 20 – 168)*

Eine Sphäre wird für Wesenheiten als Erfüllungs-Muster auf verschiedenen Ebenen geschaffen. Sie ist ein klimatisches Umfeld, das der Entwicklung von einzigartigen und speziellen Fähigkeiten und Errungenschaften förderlich ist. Eine Sphäre stellt eine Isolierung von Elementen dar, wobei jedem von ihnen für seine Funktion so viel Raum wie möglich gegeben wird.

Planeten wurden als Sphären genutzt und dann wieder für andere Sphären gebraucht. Eine Sphäre ist keine kosmische Örtlichkeit. Oft erweist es sich als praktisch, daß Wesenheiten oder ihre verschiedenen Persönlichkeiten erst eine Sphäre besuchen, bevor sie zur nächsten gelangen.

In der Tat ist der Vergleich zwischen einer Sphäre und einem emotionalen Zustand stichhaltiger als der zwischen einer Sphäre und einem Staat im geographischen Sinn - vor allem, da emotionale Zustände keinen Raum einnehmen. *(* Seth 2 – 548)*

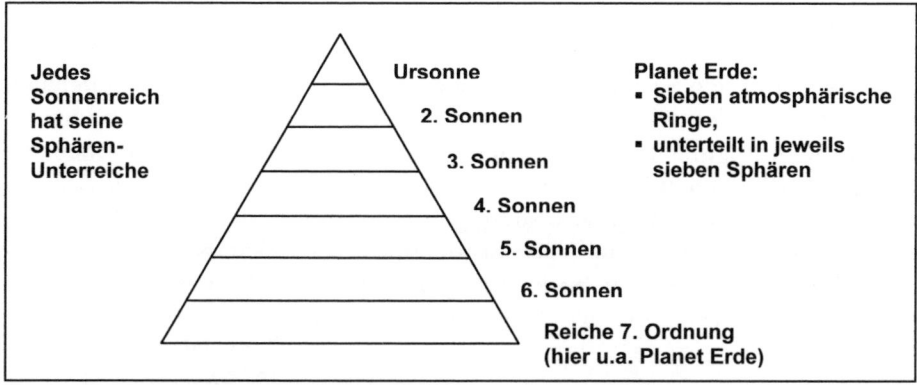

Die sieben Hauptreiche der Schöpfung

Wo ist das Jenseits?

Diese jenseitige Welt existiert nicht etwa unbedingt auf anderen Planeten. Sie nimmt keinen Raum ein, daher ist die Frage: "Wo passiert das alles?" im Grunde müßig... Eure Wahrnehmungsorgane erlauben es euch einfach nicht, euch in diese Wellenlängen einzuschalten. Ihr reagiert auf ein hochspezialisiertes, begrenztes Wahrnehmungsfeld. Wie schon früher erwähnt, koexistieren im Tode andere Realitäten neben der euren. Ihr streift einfach die physischen Hüllen ab, stimmt euch in andere Wahrnehmungsbereiche ein und reagiert auf ein anderes System von Voraussetzungen.

Nach dem Tode könntet ihr euch in einem Ausbildungszentrum befinden. Theoretisch könnte dieses Zentrum mitten in eurem Wohnzimmer liegen, und trotzdem würde die Entfernung zwischen euch und den Mitgliedern eurer noch lebenden Familie - die vielleicht sitzen und an euch denken oder die Zeitung lesen - nichts mit dem euch bekannten Raum zu tun haben. Ihr würdet von ihnen weiter entfernt sein, als wenn ihr, sagen wir, auf dem Mond wäret. *(* Seth 4 – 165-166)*

Reinigungsebenen - Geistige Entwicklungsebenen

Wer in der Sünde stirbt, der wird keine Ruhe haben. weil spätestens in den Stätten der Reinigung die Sünde zum bohrenden Schmerz wird. Hat die Seele in dieser Einverleibung ihre mitgebrachten Sünden nicht getilgt, sondern auf ihnen weiter aufgebaut, dann haftet sie weiter am Rad der Wiedergeburt und wird von ihm in eine nächste Einverleibung gezogen, ... Jede Sünde wird nach vorgegebenen Gesetzen reif und drängt dann zur Tilgung. Solange die Seele am Rad der Wiederverkörperung haftet, zieht es sie auch wieder auf die Erde, weil sie dort die Möglichkeit hat, in Kürze das zu bereinigen, was noch erdschwer, also erdverwurzelt ist... Erkennet: Viele einverleibte Seelen, also Menschen, begegnen im Diesseits in anderen Menschen ihren Opfern aus vergangenen Zeiten. Damit wird ihnen die Möglichkeit zur Erkenntnis und zur Umkehr gegeben... Der eine erkennt, bereut und geht als Seele allmählich ins Leben ein und kommt nicht wieder. Die andere Seele kommt wieder in ein Erdendasein, weil sie die Vorinkarnationen nicht genutzt und sich erneut versündigt hat.   (× *Univ.-Leb. 1 – 754-755*)

[*Frage:*] Wo werden sich Verbrecher nach dem Tod wiederfinden? Verbrecher wie Mörder z. B. oder Menschen, die sich an der Natur vergehen?

[*Antwort:*] In den Seelenbereichen ist eine Seele fast nur von ihresgleichen umgeben. Die gleich-gearteten Seelen wirken auf sie wie Spiegelbilder, es fehlen die Anregungen Andersgearteter. Sie wird dort auch von einer Art Gruppengeist festgehalten. Aber auch solche Seelen sind nicht ohne Schutzgeist, d.h. sie sind nicht ohne weitere geistige Impulse, die sie letztlich ebenfalls, Schritt für Schritt, zum Vater zurückbringen werden. Nur hat es in den Seelenreichen eine solche Seele aus den genannten Gründen wesentlich schwerer als auf der Erde, sich weiter und höher zu entwickeln.

(+ *Univ.-Leb. 3 – 71-72*)

8.3.2   Beschreibung der Astralwelt des Planeten Erde

Dirk: "Vom Medium Wallimann haben wir eine Beschreibung der atmosphärischen Ringe um die Erde, von denen auch Emanuel gesprochen hat. Bei Wallimann heißen sie "Dimensionen". Ich habe mal wieder eine Übersicht gemacht, die wir bei den Texten von Wallimann hinzuziehen können.

Ich habe auch noch bei Emanuel Hinweise gelesen, wo ein paar bekannte Persönlichkeiten hergekommen sein sollen *(vgl. * Emanuel(Kontr.) 6 – 171-175)*, und habe diese in die Übersicht eingetragen."

Planet Erde:		Atmosphärische Ringe - Astrale Dimensionen - Läuterungssphären - Astralsphären		
		Bezeichnung	Farbe	Sphären / Stufen / Zonen
Freiwillige Reinkarnationen	7	Himmelsstadt / Anbetung	Weiss Silber Gold	7 6 5 4 3 2 1
	6	Nächstenliebe / Wieder-gutmachung	Violett	7 6 5 4 3 2 1 Beispiele für die Herkunft berühmter Persönlichkeiten:
	5	Besinnung / Schulung	Blau	7 6 Michelangelo 5 Shakespeare / Milton / Schiller 4 Beethoven, Bach, Mozart, Haydn, Wagner 3 Galilei, Newton 2 Columbus 1
Reinkarnationspflicht	4	Kosmisches Gedächtnis / Erinnerung	Grün	7 6 5 Edison 4...... 3 2 1 Mesmer, Hahnemann
	3	Übergangs-ebene	Grau	7 6 5 4 3 2 1
	2	'Fegefeuer'	Dunkel-grau	7 6 5 4 3 2 1 • Einfluss der Gegen-seite ist noch gewaltig. • Entwicklungsprozesse können Jahrhunderte/ Jahrtausende dauern.
	1	'Vorhölle' / Hölle	Schwarz	7 6 5 4 3 2 1

Dirks Übersicht: Die sieben atmosphärischen Ringe der Astralwelt und deren Sphä-ren *(vgl. * Wallimann 1 – 42-59)*

Die erste Dimension: Die Hölle" (schwarz)

Innerhalb der Astralwelt gibt es sieben Dimensionen, von denen jede wie-derum in sieben Stufen oder Zonen unterteilt ist. Die drei ersten Dimensionen können als die dunklen oder grauen bezeichnet werden. Die erste ist schwarz, ohne Licht, und entspricht etwa unseren Vorstellungen von der Hölle. Allerdings müssen wir uns immer vor Augen halten, daß die räumlichen Benennungen, ob wir nun von Dimension, Ebene, Sphäre, Stufe oder Zone sprechen, niemals einen Ort, sondern einen Bewußtseinszustand meinen. Die "Hölle" besteht nicht aus Feuerkesseln oder Folterkammern, sondern aus schmerzlichen Seelenzuständen, aus Empfindungen grenzenloser Verlassenheit, tiefster Angst und Hoffnungslosigkeit.

Astralwesen, die unter diesen Qualen leiden, haben böswillig anderen geschadet, ohne je Einsicht oder Reue empfunden zu haben. Sie sind eingesperrt in ihrem Bewußtseinszustand und erleiden in dunklen und trägen Energieströmen nun an sich selbst jene Bösartigkeiten und Schmerzen, die sie anderen zugefügt haben. Dies geht so lange, bis sie Reue empfinden und sich dadurch über die verschiedenen Zonen dieser ersten Dimension entwickelt haben. Schließlich kommen sie in die Lage, in einem neuen Leben auf der Erde die Schuld abzutragen und sich in der Nächstenliebe zu üben.

(* Wallimann 1 – 42-43)

Die zweite Dimension: "Das Fegefeuer" (dunkelgrau)
Auch die zweite Dimension ist noch ohne Licht, aber dunkelgrau, nicht schwarz. Dieser Ort der Läuterung ist auch als Fegefeuer bezeichnet worden. In ihm halten sich Wesen auf, die anderen Schaden zugefügt haben, aber vor dem Tod noch Reue empfanden. Dadurch sind sie empfänglich für die Hilfe anderer Wesen. Unsere Gebete können sie erreichen und ihnen als Lichtschwingungen Trost und Stärke vermitteln. Diese Kräfte verkürzen ihren Läuterungsweg. Nach Abschluß eines bestimmten Reifungsprozesses müssen sich alle Wesen aus dieser Dimension zunächst der Bewährung und Entwicklung in einem neuen Erdenleben unterwerfen, um in höhere Astralbereiche zu gelangen.

(* Wallimann 1 – 44)

Die dritte Dimension: "Die Übergangsebene" (grau)
Die dritte Dimension ist im unteren Bereich grau, während der obere lichtdurchlässig ist. Hier entwickeln die Wesen das Empfinden für die Liebe. Was bereut werden mußte, ist überwunden, und die Wesen beginnen nun, bis zu einem bestimmten Grad die Liebe zu empfinden, die ja Schwingung des Lichtes ist. Zur Beschleunigung ihres Lernprozesses holen andere Lichtwesen sie zeitweilig aus ihrer Ebene heraus, so daß sie durch eine Lichtpforte in die vierte Ebene gehen und dort zeitweise unterrichtet werden können.

Von dem Zeitpunkt an, in dem diese Wesen durch die Lichtpforte getreten sind, übernehmen sie oft die Aufgabe, den Wesen in der grauen Dimension behilflich zu sein. Das macht ihnen gleichzeitig die eigenen Überreste ihrer Dunkelheit bewußt und bewirkt, daß sich ihr Sehnen nach dem Licht verstärkt. In der dritten Dimension sind auch die Wesen, die aus dem Fegefeuer heraus ins irdische Dasein inkarniert waren und ihre Aufgabe auf der Erde nicht so bewältigt haben, wie sie es sich vorgenommen hatten.

In den ersten drei Dimensionen können die Entwicklungsprozesse Jahrhunderte, ja manchmal Jahrtausende nach unseren Zeitbegriffen dauern.

(* Wallimann 1 – 44)

Einfluss des Gegensatzes: Wenn du z. B. in den 3. atmosphärischen Ring kommst, ist der Einfluß des Gegensatzes noch gewaltig. Du bist zwar auch in einer Läuterungssphäre, aber du bist noch in einer, wo die Mächte der Finsternis dich angreifen können.

(* Emanuel 18 – 124)

Die vierte Dimension: "Sphären des kosmischen Gedächtnisses" (grün)

Die vierte Dimension besteht aus Licht. Es ist die Sphäre, in der alles Gedankengut gesammelt ist, das ich als Weltgedächtnis beziehungsweise Akasha-Chronik beschrieben habe. Dieses Gedankengut ist innerhalb der sieben Stufen dieser Dimension nur zwischen der vierten und der siebten Stufe vorhanden. Dieser Bereich wird die Sphäre des absoluten manifestierten Bewußtseins genannt. In den ersten drei Stufen dieser Dimension gibt es herrliche Landschaften mit sanften Hügeln; es gibt Seen, Blumen, Tiere, Musik sowie Farben, die in ihrer Leuchtkraft uns Menschen unvorstellbar sind. Die Musik wird durch die Gedanken der Liebe geschaffen, genauso, wie durch Gedanken die Landschaft und die Farben verändert werden.

Seelen, die sich in den ersten drei Zonen entwickeln, sind oft geistige Diener anderer Wesen und können Sprecher von höher entwickelten Lichtwesen sein, zum Beispiel wenn diese über ein Trancemedium Botschaften an die Menschen vermitteln wollen. Alle Wesen aus der ersten bis dritten Zone müssen auf die Erde zurückkehren, wenn sie ihre Entwicklung in diesem Bereich abgeschlossen haben, um in einem neuen Leben weiterzulernen. Sie widmen sich ausschließlich dem Dienst am Mitmenschen, meist in sozialen Berufen.

(* Wallimann 1 – 46-47)

Die fünfte Dimension: "Ort der Besinnung" (blau)

Die fünfte Dimension wird auch der Ort der Besinnung genannt. Wesen in diesen lichten Sphären haben ausschließlich die Aufgabe übernommen, für uns Menschen geistige Helfer oder Schutzengel zu sein. Sie leuchten in unbeschreiblich hellen Farben und versuchen, unsere Energiezentren zu entwickeln.

Auch für die Schutzengel selbst ist jede Aufgabe an uns Menschen eine Möglichkeit, sich weiterzuentwickeln. Wir entwickeln uns durch sie, und sie entwickeln sich durch uns. Wenn es uns gelingt, den Kanal für die bewußte Aufnahme einer solchen Hilfe zu öffnen, beginnen wir zu verstehen, was Bewußtseinsentwicklung bedeuten kann.

(* Wallimann 1 – 50-51)

Die sechste Dimension: "Ort der Nächstenliebe" (violett)

In der sechsten Dimension bemühen sich die Lichtwesen umeinander. In dieser Sphäre werden sie schwingungsmäßig einer letzten Reinigung, Ausgleichung und Harmonisierung unterzogen. Die Ausstrahlungen der Liebe erzeugen verschiedenartige Schwingungen und sind in keiner Zone gleich. Jede Zone ist wie die Partitur eines großen Werkes, das stufenweise von einer Zone in die andere überfließt. Aus dieser Dimension gibt es nur ganz selten Kontakte zur irdischen Welt.

In die sechste Dimension gelangen nur Seelen, die als Menschen die Bestimmung ihres Hohen Selbst erfüllt haben und nach ihrem Abschied von der Erde durch die Himmelspforte hindurchgegangen sind. Auf allen Stufen der sechsten Dimension empfinden die Lichtwesen bereits die Ausstrahlung der nächsthöheren, so daß sie auch auf die letzte Stufe vorbereitet werden.

(* Wallimann 1 – 52-53)

Die siebte Dimension: "Himmelsstadt, die Sphäre der Gebete und Gesänge" (weiß, silber, gold)

Die erste Stufe in der siebten Dimension der astralen Welt ist die Sphäre der Gebete und Gesänge. Hier sind die Wesen ausschließlich vom Sehnen nach Gott getragen. Es brennt in ihnen wie eine Kerze, die sich in Stille und Demut selbst verzehrt. Aus dieser Dimension gibt es kein Zurückschauen mehr in andere Dimensionen der astralen Sphäre. Sie stellt eine eigene Welt dar. Obwohl es auch in ihr sieben Zonen gibt, kann man diese nicht voneinander unterscheiden, weil sie schwingungsmäßig ineinanderfließen. Es ist ein einziger Fluß von Licht, einem Licht, das unserem Verständnis nicht zugänglich ist. *(* Wallimann 1 – 55)*

Vera: "Wenn ich diese vielen Stufen sehe, dann weiß ich auch, wie tief wir gefallen sind und dass wir noch einen sehr langen Weg vor uns haben. Das Wichtigste ist für mich, dass wir jetzt das Gefühl haben, auf dem richtigen Weg zu sein."

8.4   Alltag im Jenseits

8.4.1   Jenseitsbericht von Rudolf Schwarz "Ich fand etwas, was ich erwartete" (Auszug)

Dr. Rudolf Schwarz war nach dem Zweiten Weltkrieg einer der bekanntesten Jenseitsforscher im deutschen Sprachraum. Am 25. Februar jährt sich sein 'Todestag'. Er war Präsident der Gesellschaft für metaphysische Forschung Hannover. Seine Bücher "Mehr Licht aus dem Jenseits", "Wie die Toten leben" und "Der geheime Weg zur Unsterblichkeit" fanden weithin Verbreitung.

Die Entstehung dieser Bücher verdanken wir einem pensionierten evangelischen Pfarrer, der unter dem Pseudonym 'Ph. Landmann' schrieb und über einen ausgezeichneten Jenseitskontakt verfügte. Über dieses Medium kam es bereits am 13. März jenes Jahres *[er war am 25. Februar des betreffenden Jahres gestorben]* zur Aufzeichnung interessanter Mitteilungen des hinübergegangenen Dr. Rudolf Schwarz. Seine Botschaft lautete:

Lieber Herr Pfarrer! Sie werden sich wundern, daß ich mich schon so bald nach meiner Ankunft hier mit Ihnen in Verbindung setzen kann. Der Grund ist, daß mein gegenwärtiges Erleben in den meisten Stücken die Erfüllung meiner Erwartungen ist.

Was Sie mir durch Ihre Medialität gegeben haben, darf ich dankbaren Herzens als das Beste und der Wirklichkeit am meisten Entsprechende bezeichnen. Ich freue mich, jetzt, nach dem eigenen Erleben, die Richtigkeit meiner durch Ihre Gabe ermöglichten Schriften beweisen zu können...

Mein Zustand ist wie der eines nach langen, schweren Träumen Erwachenden... Ich empfinde ein unaussprechlich tiefes Glücksgefühl. Ich möchte es auch in die Worte kleiden: Gottlob, daß es nur ein Traum war, nämlich das irdische Leben mit seinen Mühen und Plagen, körperlichen und seelischen Beschwerden, Sorgen und Enttäuschungen und allem, was man als unerfreulich bezeichnet.

Vorläufig bleibe ich für länger noch da, wo ich jetzt bin, nämlich in einem wundervollen Ruhehaus, wo alles das den Neuankömmling erwartet, dessen er zunächst bedarf: Ruhe in jeder Beziehung, Licht und Wärme sind hier, von deren Erleben Sie sich keine Vorstellung machen können... Dabei in einer Welt, deren Reize *die schönsten irdischen Gegenden bei weitem übertreffen.*

... Hier ist auch Raum, aber nicht irdischer, d.h. abgegrenzter. Trotzdem liegt die Welt in wunderbarer Schönheit und reizvoller Lieblichkeit vor uns. Aber wir wissen, *daß es eine gänzlich andere Welt ist,* die mit der irdischen niemals kollidieren kann. Diese Welt legt unserem Willen keine Zügel an. Innerhalb der uns bestimmten Ordnung sind wir völlig frei und können ohne Zeitverlust da sein, wo wir sein wollen.

Ebenso ist es auch mit der Zeit. Es gibt auch bei uns Morgen und Gestern, aber das Vergänglichkeitsgefühl ist völlig geschwunden... Unser ganzes Leben ist sozusagen ein fortwährendes glückliches Erlebnis. Zeitloses Dasein ist Gottes Wesen.

Mein Leib ist genau dem irdischen, der sich jetzt in seine chemischen Bestandteile auflöst, entsprechend. Die Ähnlichkeit ist aber lediglich eine formale. Sie bezieht sich zunächst auf das Erscheinungsbild. Sie werden mich sofort wiedererkennen, wenn Sie auch hierherkommen. Auch charakterlich ändert sich nichts. Also *das, was die Persönlichkeit des Menschen ausmacht, wird vom Sterben nicht berührt.* Der Vergleich des irdischen Körpers mit einem Kleid, das ausgezogen wird, ist gut und richtig. - Aber dieser geistige Leib, der die Züge des abgelegten materiellen Leibes trägt, hat völlig andere Existenznotwendigkeiten. *(WEGbegleiter 1/02 – 23-24)*

8.4.2 Jenseitsberichte vom 'Team Emanuel'

Roberts Erfahrungen im Jenseits nach seinem Übergang
Roberts erstes zu Hause im Jenseits: ... ging die Türe auf, und drei große helle Wesen, vornehmer gekleidet als mein Schutzengel, traten ein und fragten mich, ob ich als Sühne für meine Verfehlungen im Erdenleben bereit wäre zu lernen. Kurz und bündig sagte ich nur ein Wort: "Ja." Darauf sagte mir der Vornehmste, ich solle ihnen folgen. Wie aus eigener Kraft ging es,

besser gesagt: schwebten wir, ich in ihrer Mitte, zu einem höher gelegenen Ziel. Mir schien jedenfalls, daß es bergauf ging; angekommen sind wir in der Seminarstation 4/6-33. Mit diesen Zahlen wußte ich aber nichts anzufangen. Ich wurde besser gekleidet, d.h. angepaßt, heller, und die "Großen" verabschiedeten sich sehr eilig von mir, nur mein Schutzengel blieb bei mir. Bald war ich aber umringt von Gleichgesinnten, die mir sagten, daß hier auf Station 4/6-33 alle der Erdenmenschheit helfen wollen; es ist die Vorbereitungs- und Lernsphäre. Bleib bei uns, du bist herzlich bei uns willkommen, sagten sie, wir brauchen jeden. Mein Schutzgeist erklärte mir auf meine Bitte hin die Zahlen. Sie lauten:

4.Atmosphärischer Ring / 6. Hauptsphäre / 33.Unterteilung = Helferdienste.

... Wenn ich aber so auf mein Erdenleben zurückblicke, so gestattet mir, aus geistiger Sicht zu sagen: Ich war fleißig, treu und ehrlich bemüht, Gott zu dienen, Christus nachzufolgen. Aber aus geistiger Sicht war das doch zu wenig! Gebe Gott, daß es euch besser gelingt, ich bitte ihn inständigst darum!

(* Emanuel(Kontr.) 7 – 21-22)

Roberts geistige Biographie: ...Ich nannte die Zahl 4/6-33... Ihr denkt euch: Was! Robert! Du, ein Priester und nicht in einer höheren Jenseitswelt?

...Ich deutete es euch jedoch bereits an, daß es an meiner konfessionalistischen Einstellung und an meiner festgefahrenen Überzeugung lag, daß meine Tätigkeit und meine Lehre das einzig Richtige seien. Daraus ergaben sich einige persönliche Konsequenzen und Umlernprozesse, um meinen Aufstiegsweg fortsetzen zu können...

In den wenigen Jahrzehnten, welche ich bisher in der Jenseitswelt geistig tätig bin, lerne, empfange und weitergebe, entwuchs ich so mancher Sphäre und überwand insgesamt den Bereich von 2 Atmosphärengrenzen. Mein jetziger Aufenthaltsbereich ist 6/6. Mit dieser Zahl ist der 6. atmosphärische Ring und die 6. Hauptsphäre gemeint...

Nun kurz einige Erläuterungen für neugierige Erdenmenschen. Ich weiß, daß manche von meinen Lesern sagen: "Der kleine Robert soll etwas von seiner lichten jenseitigen Heimat erzählen!" Gerne tue ich das, soweit es möglich und für euch verständlich ist! Beginnen will ich mit dem Wort des Herrn Jesus, das im Johannesevangelium steht: "Im Hause meines Vaters sind viele Wohnungen" (Joh. 14,2).

Dies ist eine unleugbare Tatsache! So wie ihr auf Erden ein Zuhause, also Wohnung, Haus, Garten oder sonstige "Wirklichkeiten" habt und Wald, Fluß, Wiesen, Berge usw. seht, genauso real, ja noch viel realer ist meine Heimat, das lichte Jenseits. Es ist eine Welt, den Bedürfnissen der Heimgegangenen genau angepaßt. Es gibt da nichts, was dem geistigen Menschen - zumindest auf meiner Stufe -, wenn er gutwillig und gottgewollt im Gesetz arbeitet, Hindernisse in den Weg stellt. *(* Emanuel(Kontr.) 7 – 23-25)*

Roberts Entwicklung zum Schutzgeist: Ich durfte durch das Ablegen meines Starrsinns - was ich der Gnade Gottes, der Liebe unseres Erlösers, der Treue der mich umgebenden Geistwesen und auch der Arbeit an mir selbst verdanke - in eine höhere Sphäre aufsteigen. Ich drücke die Schulbank deshalb, weil ich jetzt als Schutzgeist ausgebildet werde...

Wir haben gelernt, daß der Schutzgeist die Pflicht hat, auf den Menschen als dessen geistige Obrigkeit einzuwirken und ständig seine Gedanken zu kontrollieren, um dadurch die größtmögliche Übersicht und Gewähr zu haben, daß alles in Ordnung geht. Er übernimmt ja als Geist Gottes die Verantwortung, daß der Schützling den ihm vorgezeichneten Weg, den er mit seinem freien Willen eingeschlagen hat, geht, und daß er ihm nach dem Gesetz Gottes einen gewissen Schutz bieten kann. Das, liebe Freunde, war ungefähr der Wortlaut in dem Buch, aus dem ich eifrig lernen muß...

Überhaupt werde ich in dieser Schule trainiert, konzentriert zu denken. Es ist schwierig für mich, weil ich in meinem Erdenleben wenig darauf geachtet habe. Konzentriert zu denken ist eine Grundbedingung, die das Schutzgeistamt erfordert. *(* Emanuel(Kontr.) 4 – 161-162)*

Robert und der Plan: Ich kann lernen, kann überall hingehen, kann fragen, kann helfen, kann in dieser Freiheit tun und lassen, was ich will, kann einfach über etwas verfügen, was man als Mensch nicht kann. Es ist mir keine Grenze gesetzt, so weit ich sehen kann, außer der, daß ich noch nicht zur Erkenntnis gekommen bin, wie es weiter gehen soll! ...

Da klopfte mir ein Geistwesen besonderer Art, sagen wir ein Missionsgeistwesen, auf die Schulter und fragte mich: "Warum bist du so vergrämt? Es hindert dich doch niemand an der Erfüllung deiner Wünsche! Komm, ich zeig dir den Plan, den du in dir trägst!" Ich wurde stutzig und fragte; "Ich trage einen Plan in mir?" Es dauerte gar nicht lange, da kam schon aus einer Art Gebäude ein überdimensionaler Plan zum Vorschein, der schraffierte und punktierte Linien enthielt, die dazwischen mit immer anderen Farben ausgelegt waren...

Ich sagte zu diesem Geistwesen: "Was soll ich denn damit? Das sind ja - ich konnte sie nicht zählen! - viele, viele Linien, viele, viele Punkte, kreisförmige Bewegungen und dergleichen mehr?!" Da sagte das gute Wesen: "Siehst du, bis du dich da durchgearbeitet hast und nur mehr das mittlere Oval übriggeblieben ist, dann erst bist du du selber."

Ich verstand die Situation wirklich nicht, dachte nur immer wieder: "Ich selbst bin doch ich selbst! Was bedeutet da 'Höheres Selbst'?"

So geht es wohl euch Menschen auch! Aber das ist ein Irrtum liebe Freunde! Ihr denkt ihr seid ihr selber und seid es doch nicht, weil ihr noch so viel herumschleppt mit euch, so wie ich es tat und noch immer manchmal tue, sodaß das eigentliche "Höhere Ichselbst", der Mittelpunkt, noch gar nicht zu erkennen ist.

Erst im Jenseits - und da erst auf meiner Stufe und darüber hinaus - erkennt man, was alles noch abzulegen ist, um wirklich frei zu werden. *(* Emanuel(Kontr.) 4 – 214-216)*

Dirk: "Auch diese Berichte klingen zum Teil recht irdisch."

Hans: "Eigentlich ist es doch logisch, dass die jenseitige Welt mit ihren Strukturen der materiellen ähnelt. Man müsste sogar umgekehrt argumentieren: Da wir und unsere Umwelt als Verdichtungen des Halbmateriellen entstanden sind, ist es doch unwahrscheinlich, dass sich dabei ganz andere Strukturen gebildet haben sollten. Denk auch an Platon und seine Ideenlehre! Alles hier auf der Erde ist eher ein verdichtetes, materielles Abbild der astralen Ebene."

Der fluidale Mensch als eine Wesenheit (Der 'jenseitige Mensch')

Aber zu eurer Aufmunterung und als Hilfe für eure Zukunft will ich ein wenig über die Halbmaterie und den halbmateriellen oder fluidalen Menschen sprechen. Der fluidale Mensch atmet aus der Atmosphäre, die ihn umgibt, jene Nahrung ein, die für ihn gesetzlich notwendig und seiner Entwicklung förderlich ist. Der fluidale Mensch ist durch seinen Willen im gedachten Augenblick an der Stelle seiner Welt, an die er sich wünscht. Der Wille des fluidalen Menschen legt den anderen fluidalen Menschen alles offen hin, um von vornherein alle Mißverständnisse auszuschalten. Die Liebe eines fluidalen Menschen zum anderen ist so gewaltig, daß ihr diese Seligkeit nicht erahnen könnt. Der fluidale Mensch ist Herr über die klimatischen Verhältnisse auf dem Himmelskörper, von dessen Atmosphäre er lebt. Der Wille ermöglicht ihm die harmonischeste Gestaltung alles dessen, was er sich wünscht. Er kann z. B. durch Gedanken die größte Blumenpracht entfalten. Der fluidale Mensch braucht zu seiner Fortbewegung keine Bewegungswerkzeuge mehr, sondern er macht jene Kräfte in sich wirksam und gelangt so an jeden Ort seiner Wahl. Der fluidale Mensch bedarf keiner materiellen Nahrungsaufnahme mehr, denn er atmet all das in sich ein, dessen er bedarf, er braucht daher keine Kauwerkzeuge, keinen Magen-Darm-Trakt und keine sonstigen "Innereien", wie ihr sie habt. *(* Emanuel/Hardus 11 – 91)*

Es ist bei uns hier im Jenseits, selbst auf unserer verhältnismäßig niedrigen Stufe, viel, viel schöner, und kein Fluidalmensch würde noch einmal zu euch auf die Erde wollen, es sei denn, eine Mission = Liebestat bringt ihn in ihre Anziehung. *(* Emanuel 3 – 166)*

Leistung und Arbeit sind auch in meiner jenseitigen Heimat die Existenzgrundlage. Geschenkt bekommt nur jener etwas, der auf Erden mit seinen Talenten gewuchert und der seine ganze Kraft zum Heile seiner Seele und für den Nächsten eingesetzt hat. *(* Emanuel(Kontr.) 4 – 45)*

Die Wesenheit als ein Einzelwesen

Wir alle sind Einzelwesen im Kosmos, im sogenannten "Jenseits". Wir sind zwar nach verschiedenen Richtungen und Stufen gruppiert, dürfen aber als selbständige Einzelwesen, Individualitäten, uns weiterbilden und an eurem Fortschritt mithelfen. Wenn wir "Einzelwesen" sagen, dann meinen wir damit nicht, daß die Art als solche, z. B. der Mensch, erhalten bleiben muß, sondern die Individualität, der Geist! ...

O Mensch, wo bist du und wie weit hast du noch zu gehen, bis das Ziel erreicht ist! Das mit irdischen Zahlen auszudrücken, ist ein Ding der Unmöglichkeit. Wir wollten euch nur aufzeigen, wieviel Arbeit das Einzelwesen Mensch noch vor sich hat und wie notwendig es ist, daß er auf Erden das kostbare Menschenkleid besitzt. Ja, liebe Menschengeschwister, kostbar wie edle Perlen, und noch viel kostbarer, ist jede Minute eures Daseins in Menschengestalt! Darum nützt dieses Leben zu eurem und eurer Geschwister Fortschritt! Bedenkt immer unseres Erlösers Worte: "Was ihr dem Geringsten meiner Brüder getan, das habt ihr mir getan!"   (* Emanuel(Kontr.) 7 – 38-39)

8.4.3   Universelles Leben: Leben im Jenseits

[Frage:] Worin besteht die Aufgabe oder Arbeit einer Seele nach dem leiblichen Tod?

[Antwort:] Alle die Seelenpartikel, die sie belastet hat, zu durchlichten und zu reinigen. Dieses Durchlichten und Bereinigen erfolgt dadurch, daß sie z. B. die Fehler erkennt, bereut und wieder in Ordnung bringt und natürlich nicht wiederholt.

Das ist auch im geistigen Kleide möglich, durch den Liebedienst an anderen Seelen. Das wird die Hauptarbeit sein. Wir werden dann nicht mehr für unser tägliches Brot arbeiten, sondern für unsere tägliche Vervollkommnung.
(+ Univ.-Leb. 3 – 69-70)

[Frage:] Eine Seele kann sich im Seelenzustand weiterentwickeln; kann sie sich auch belasten?

[Antwort:] Eine Weiterbelastung ist nicht möglich, sie könnte allerdings in dem Zustand bleiben, in dem sie ist, d.h. nicht vorankommen.
(+ Univ.-Leb. 3 – 70)

[Frage:] Wie vollziehen sich das Tilgen von Schuld und die geistige Höherentwicklung in den Astralbereichen?

[Antwort:] Das Reifen der Seele ist in den Astralbereichen oder Reinigungsebenen sehr viel schwieriger und zeitaufwendiger als auf der Erde. Obwohl es den Begriff Zeit nur in der Materie gibt, kann man trotzdem sagen, daß es länger dauert, den Seelenleib zu reinigen und zu durchlichten.
(+ Univ.-Leb. 3 – 72-73)

8.4.4   Buch des wahren Lebens: Aussagen zum Jenseits

"Das Ziel jeder Seele ist es, nach ihrer Läuterung und Vervollkommnung sich mit der Göttlichkeit zu verschmelzen. Deshalb überflute Ich euch mit Licht und gebe eurem Geiste Kraft, damit ihr Stufe um Stufe aufsteigt. Entsprechend dem geistigen Entwicklungsgrad, den ihr besitzt, wenn ihr diese Erde verlaßt, wird die geistige Wohnung sein, in der ihr im Jenseits lebt, denn das Universum wurde als eine Schule der Vervollkommnung für den Geist geschaffen."
(* BWL 4 – 80)

"Wißt ihr, welche Bedeutung jene Leiter in sich birgt, die Jakob im Traume sah? Diese Leiter stellt symbolisch das Leben und die Entwicklung der Geister dar."

"Jakob sah, daß jene Leiter auf der Erde stand und daß seine Spitze den Himmel berührte. Dies zeigt den Weg des geistigen Aufstiegs, der auf der Erde in Verbindung mit dem Materiekörper beginnt und welcher endet, wenn das Licht und die Essenz seines Wesens mit der des Vaters verschmilzt, jenseits jedes materiellen Einflusses." *(* BWL 4 – 34-35)*

8.4.5   Aussagen bei Walsch über das Leben nach dem Tode

[Frage:] Wie ist es im Leben nach dem Tod? Konkret. Erzähl mir alles darüber.

[Antwort:] ES GIBT EINIGE Dinge, die nicht enthüllt werden können. Denn manche Dinge könnt ihr in eurem gegenwärtigen Zustand, auf eurer gegenwärtigen Verständnisebene, nicht begreifen. Doch es gibt noch einiges, was gesagt werden kann. Wie wir schon besprochen haben, könnt ihr, so wie auch in eurem gegenwärtigen Leben, im "Leben nach dem Tod" eines von drei Dingen tun.

Ihr könnt euch den Schöpfungen eurer unkontrollierten Gedanken unterwerfen, ihr könnt eure Erfahrung aus der bewußten Wahl heraus erschaffen, oder ihr könnt die Erfahrung des kollektiven Bewußtseins von Allem-was-Ist machen. Letzteres wird Wiedervereinigung oder Wiederverbindung mit dem Einen genannt...

[Frage:] Und du meinst, wir brauchen nicht auf der Bewußtseinsebene zu bleiben, auf der wir uns bei unserem Tod befinden?

[Antwort:] NEIN. IHR KÖNNT euch so rasch, wie ihr es wünscht, auf eine andere Ebene begeben oder euch soviel Zeit nehmen, wie ihr möchtet. Wenn ihr in einem Zustand der begrenzten Perspektive und der unkontrollierten Gedanken "sterbt", werdet ihr das erfahren, was auch immer dieser Zustand euch bringt, bis ihr das nicht mehr wollt. Dann werdet ihr "aufwachen" - bewußt werden - und anfangen zu erfahren, daß ihr selbst euch eure Realität erschafft.

Ihr werdet auf dieses erste Stadium zurückblicken und es Fegefeuer nennen. Das zweite Stadium, in dem ihr in Gedankenschnelle alles haben könnt, was ihr wollt, werdet ihr Himmel nennen. Das dritte Stadium, in dem ihr die Seligkeit des Einsseins erfahrt, werdet ihr Nirwana nennen.

(* Walsch 3 – 130-132)

8.4.6   Der weitere Weg im Jenseits

Bericht des sensitiven Paul Meek (Medium)

"... Nach einiger Zeit in der Astralwelt aber werden wir uns der Grenzen unseres Bewußtseins bewußt und das läßt uns unzufrieden werden mit dem gegenwärtigen Stand unserer Erkenntnisse. Wir streben nach Höherem Wissen, um die Entwicklung unserer Seele voranzubringen. Diese Unruhe und der Drang zur Perfektion sind die treibenden Kräfte. Wenn wir die Voraussetzungen für die dazu notwendigen Lernprozesse nur in der physischen Welt finden können, beginnen wir mit Hilfe geistiger Helfer und Lehrer erneut, ein Leben in dieser Welt zu planen und am Ende finden auch wir uns wieder inmitten des Stromes der aus der Astralwelt erneut zur Erde strebenden Seelen. Art und Weise, sowie Intensität dieser Vorausplanung für das neue Leben unterscheiden sich jedoch gewaltig und sind immer abhängig vom jeweiligen spirituellen Reifezustand jeder einzelnen Seele.

(DAR 3/00 – 9-10)

Die erforderliche Weiterentwicklung

Einige werden sich weigern, den Gedanken an weitere Arbeit, Entwicklung und Prüfung zu akzeptieren, und werden statt dessen an konventionellen Himmelsphantasien als der einzigen Möglichkeit festhalten. Für eine Weile könnten sie, in der Tat, eine solche Umwelt bewohnen, bis sie durch eigene Erfahrungen lernen, daß Existenz Entwicklung verlangt und daß solch ein Himmel steril und langweilig ist.
(* Seth 4 – 191)

Reinkarnationsvorbereitungen

In dieser Ruhe- und Entscheidungszeit wird an gutem Rat nicht gespart. Manche Persönlichkeiten werden sogar wiedergeboren, bevor man es ihnen rät. Auf kurze Sicht gesehen ist das gewöhnlich ein Unglück, denn die nötige Planung hat dann nicht stattfinden können. Auf die Dauer läßt sich jedoch aus solchem "Fehler" sehr viel lernen. Es gibt keinen Zeitplan. Trotzdem ist es für ein Individuum höchst ungewöhnlich, zwischen seinen Inkarnationen mehr als drei Jahrhunderte verstreichen zu lassen, denn das würde die Orientierung erschweren und die Gefühlsbindung an die Erde schwächen.

Die Beziehungen für das nächste Leben müssen festgelegt werden, was einen telepathischen Austausch mit allen Beteiligten notwendig macht. Es ist dies also eine Zeit, da viele Projektionen stattfinden. Es gibt Einzelgänger, die ohne viel Gefühl für die historischen Epochen der Erde reinkarniert werden. Andere hingegen ziehen es vor wiederzukommen, wenn ihre Zeitgenossen aus einer bestimmten geschichtlichen Epoche auch wiederkommen. Aus diesem Grunde sind mit den Reinkarnationszyklen Gruppenmuster verbunden, an denen viele, aber nicht alle beteiligt sind.
(* Seth 4 – 184)

In der Entscheidungszeit bereitet sich die Persönlichkeit schon auf ein neues Leben vor. Nach euren Zeitbegriffen kann diese Zwischenzeit Jahrhunderte dauern. Sie kann aber auch nur ein paar Jahre dauern. Doch auch hier gibt es Ausnahmen. Es kommt vor, daß die Persönlichkeit sehr rasch ein neues Leben eingeht, manchmal innerhalb Stunden. Das ist gewöhnlich ein Unglück und entsteht aus dem zwanghaften Wunsch, in das physische Leben zurückzukehren.
(* Seth 4 – 196)

Ende der Reinkarnationszyklen

Es gibt noch einiges, das ich dem Gesagten hinzufügen möchte. Die Entscheidungszeit ist etwas komplizierter, wenn der letzte Reinkarnationszyklus nach euren Begriffen vollendet ist.

Erst einmal müßt ihr euch erneut klarmachen, daß ihr augenblicklich eure wahre Identität nicht erkennt. Ihr seid vielmehr mit eurem gegenwärtigen Ich identifiziert. Wenn ihr daher an ein Leben nach dem Tod denkt, dann meint ihr in Wirklichkeit das zukünftige Leben des euch bekannten Ich. Am Ende des Reinkarnationszyklus werdet ihr zutiefst begreifen, daß ihr, die fundamentale Identität, euer innerster Wesenskern, mehr ist als nur die Summe eurer Reinkarnationspersönlichkeiten.

Ist der Zyklus zu Ende, dann seid ihr also im Besitz einer totalen Kenntnis eurer vergangenen Leben. Wissen, Erfahrungen und Fähigkeiten stehen voll zu eurer Verfügung. Dies bedeutet lediglich, daß ihr eure multidimensionale Realität in ihrer praktischen Bedeutung erfaßt. *(* Seth 4 – 197-198)*

8.5   Der endgültige Heimweg

... Das "Niemand kommt zum Vater denn durch mich" ist rein geistig zu verstehen... Diese rein geistige Bedeutung besteht darin, daß das lebendige Christuslicht in uns leuchten soll, muß, kann und darf, je nachdem, wie wir uns entwickelt haben. Dann kommt das Christuslicht direkt zum Vorschein, denn es ist ja ein Abglanz vom Vater.

Wenn wir also dieses Christuslicht in uns so leuchten lassen können, daß kein Fehl mehr darauf ist, dann kommt es zur Lichtvereinigung mit Gott durch Christus! Das ist aber erst dann der Fall, wenn wir uns mit unserem Dual vereinigt haben, wenn wir den Zustand wiederhergestellt haben, wie er vor unserem Abfall war. *(* Emanuel 18 – 53)*

Alle Menschen müssen über Christus zum Vater. Er ist der Weg. Jetzt könnte einer fragen: "Was ist mit den Menschen auf Erden, die Christus nicht kennen? Kommen diese auch durch ihn zum Vater?" Ja, lieber Leser, alle kommen durch Christus zum Vater, aber du vergißt bei der Frage, daß das Leben nach dem Hinübergang ins Jenseits ja sofort weitergeht, und du, wenn nicht im Diesseits, so sicher im Jenseits, Christus und seiner Lehre begegnest. Er ist also auch im Jenseits der Weg, der näher zum Vater führt. Christus hat uns allen eine Sendung erteilt, wir haben alle eine Mission zu erfüllen, sei sie auch noch so klein. Wenn wir nur den Weg nicht aus den Augen verlieren, so wie es unsere Mission von uns allen verlangt! *(* Emanuel(Kontr.) 7 – 32)*

Einen Gedanken gebe ich euch noch mit: Bitte, laßt eure Kräfte auf dem Heimweg zu Gott nicht zersplittern. Nicht einmal hier und dann dort schnuppern, nicht einmal dieser und einmal jener Organisation angehören. Wenn man erst am Beginn des Weges ist, sage ich ja dazu, aber wenn man sich schon ein klares Bild gemacht hat, dann ist es Kräfte- und Zeitvergeudung. Es sind oft die ungünstigen Wesen, die Irrwege einleiten.

(* Emanuel 19 – 215)

Es ist doch ganz sonderbar, dass ihr mir gerne zuhört, wenn ich von himmlischen oder geistigen Dingen spreche. Aber wenn es um euer Tun geht, da würdet ihr euch am liebsten auf die Seite stellen und denken: "Das geht jetzt die anderen an - dich, dich und dich, aber doch nicht mich!"

Liebe Geschwister, es geht aber nicht anders. Wie oft soll ich euch das noch erklären? Jetzt seid ihr an der Reihe, das Werk zu tun, die Bedingungen zur Heimkehr zu erfüllen und somit aufzusteigen in das geistige Reich. Das kann niemand für euch tun, das könnt ihr nur selbst tun. Ihr braucht dazu keinen Stellvertreter, den gibt es nämlich gar nicht. Sondern jeder ist für sich und sein Tun, Denken, Wollen und Reden verantwortlich. Und je größer oder je weiter ihr emporsteigt, umso intensiver seid ihr dafür verantwortlich.

(* Emanuel 21 – 240)

Erkennet: Die Auflösung der Materie und das Zurückführen der Fallreiche wieder hin zum ewigen Reich Gottes dauert hingegen nicht mehr so lange wie einst das Fallgeschehen bis zur Bildung der Vollmaterie. Denn von Beginn des Falles an setzte auch schon die Rückführung von Fallwesen und Fallwelten ein.

(× Univ.-Leb. 1 – 428)

Wißt ihr denn nicht, daß in dem Buch der Seele, das man "Evolution" nennt, der Weg zurück nach Hause, dorthin zurück, von wo ihr auf dieser Reise gekommen seid, darin liegt, aus dieser schmerzvollen Ausdrucksform mit Freude herauszukommen. Erlöst zu werden bedeutet nicht, daß ihr hilflos seid; es bedeutet, daß ihr eine Notwendigkeit habt, diese Ausdrucksform abzuschließen, damit ihr nach Hause gehen könnt und nicht in Ewigkeit in die Materie eingesperrt seid!

(* Ramtha 9 – 96)

Die Familie hatte das letzte Kapitel ihrer Textsammlung durchgearbeitet. Die letzten Texte hatten alle tief beeindruckt. Nach einer kurzen Stille sagte Hans: "*Woher* kommen wir? Aus dem Reich Gottes! Aus dem sind wir selbstverschuldet herausgefallen. *Warum* sind wir hier auf der Erde? Um zu erkennen, wer wir sind und woher wir kommen; und um die Aufgaben zu erfüllen, die wir uns für dieses Erdenleben vorgenommen haben. Und *wohin* gehen wir? Wieder zurück, nach Hause, ins Reich Gottes. Nur wir entscheiden darüber, wie viele Umwege wir gehen wollen."

9 Nachwort

9.1 Eine Nachricht von der Oma

Hans stand am Fenster und beobachtete den Sonnenuntergang, der genau so stimmungsvoll war, wie damals vor ein paar Jahren, als seine Mutter starb. Gerade als die Sonne weg war, klingelte das Telefon. Der ehemalige Nachbar seiner Mutter, Herr Maier, war am Apparat und teilte Hans mit, dass er eine außergewöhnliche Botschaft für die Familie habe. Herr Maier war gerade von einer Tagung über 'Medialität und Spiritualität' zurückgekommen. Während der Tagung hatte u.a. ein bekanntes Medium Kontakt mit Verstorbenen aufgenommen. Herr Maier war anwesend, als eine Frau Gerda Becker folgende Botschaft durchgab mit der Bitte, sie an ihren Sohn Hans weiterzuleiten: "Mir geht es hier gut. Man erzählt mir, dass ihr sehr gute Arbeit geleistet habt. Das ist eine große Freude für mich."

Hans teilte die Durchgabe aufgeregt seiner Familie mit. Lisa setzte sich glücklich auf das Sofa und sagte: "Endlich wissen wir, dass die Oma 'in guten Händen ist' und dass es ihr gut geht. Und ich bin ihr dankbar, dass sie uns aufgefordert hat, nach den Dingen zwischen Himmel und Erde zu forschen.". Dirk ergänzte: " Ich bin dankbar für alles, was wir dabei erfahren haben, auch für die guten Hinweise für unser jetziges Alltagsleben."

9.2 Die Familie zieht Bilanz

Die Familie sah sich am Ende ihres Projekts. Hans, Vera, Dirk und Lisa setzten sich zusammen, um gemeinsam zu überlegen, was sie erreicht hatten, wie sie sich fühlten und was sich in ihrem Leben verändert hatte.

- Alle hatten das Gefühl, eine stabile Plattform für die weitere Zukunft geschaffen zu haben - oder wie Dirk es formulierte: "Wir haben ein gutes Basislager für den weiteren Aufstieg zum Gipfel errichtet."
- Es war ein langer Weg bis hierhin gewesen, aber alle waren überzeugt, dass er sich gelohnt hatte.
- Nach allem, was sie gelesen hatten, fanden sie die Reinkarnationslehre nicht nur überzeugend, sondern auch gerechter und überdies viel hoffnungsvoller und interessanter als die Lehre von einem einmaligen Erdenleben.

Dirk überlegte außerdem, welche Vor- und Nachteile allein die Überzeugung von einem Weiterleben im Jenseits für die Menschen haben könnte. Jeder Mensch wird bei seinem Tod zwangsläufig mit der Wahrheit über das Weiterleben konfrontiert. Er fertigte die folgende Tabelle an, die er die "Reaktionstabelle eines Sterbenden" nannte:

Die Wahrheit ist: / Die Überzeugung ist:	Es gibt ein Leben nach dem Tod.	Es gibt kein Leben nach dem Tod.
Es gibt ein Leben nach dem Tod	Wusste ich doch! Es ist alles so, wie es beschrieben wurde. Meine Weiterentwicklung kann sofort beginnen.	Pech gehabt! Aber man bekommt es nicht mit.
Es gibt kein Leben nach dem Tod.	Was ist denn jetzt los? Große Verwirrung und langwierige, schwierige Anpassung.	Recht gehabt! Aber man erfährt es nicht.

Dirk: "Dies zeigt doch eindeutig, dass man nur Vorteile hat, wenn man von einem Leben nach dem Tod überzeugt ist. Das diesseitige Leben läuft dadurch entspannter und bewusster und man ist vor allem gut vorbereitet auf die nächsten Schritte in Richtung 'Ewige Heimat' ".

Sie waren alle gelassener als zu Beginn ihres Projektes vor ein paar Jahren. Aber diese Gelassenheit hatte nichts mit Gleichgültigkeit zu tun, sondern mit erhöhter Toleranz.

Sie lebten bewusster und ließen sich nicht so leicht von zwar Interessantem, aber letztlich doch Belanglosem ablenken.

Es war ihnen zur Normalität geworden, bei Problemen oder z. B. bei Nachrichten über Konflikte, Anschläge oder Katastrophen zunächst über die größeren Zusammenhänge zu reflektieren. Das 'Warum' und die Suche nach versteckten Ursachen und Botschaften stand zunächst im Vordergrund. Beurteilen statt Verurteilen war für sie eine der wichtigen Lehren aus den Jenseitsbotschaften.

Über Folgendes waren sie sich einig:
• Wir glauben alle an den einen Gott und seinen eingeborenen Sohn Christus.
• Wir müssen weniger 'einfach nur glauben', weil wir inzwischen mehr an überzeugtem Wissen gewonnen haben.
• Die Hauptsache ist, dass wir uns auf dem richtigen Weg fühlen und der ewigen Wahrheit schrittweise näher kommen.
• Unsere bisherigen Erkenntnisse widersprechen zwar Teilen der kirchlichen Lehren, aber nicht unbedingt der 'absoluten Wahrheit'.

Da sie Kirchenmitglieder waren, überdachten sie auch ihre Haltung zu den Kirchen und kamen zu folgenden Schlüssen:

- Das Dilemma der Kirchen ist: Die Urbotschaften von Jesus, z. B. die Bergpredigt, sind so einfach und klar, dass man eigentlich keine Kirche braucht, um sie zu verstehen und nach ihnen zu leben.
- Das Hauptproblem der Kirchen ist: Sie versuchen seit 2000 Jahren, die Urbotschaften, Lehrmeinungen dazu, Dogmen, Menschen, Organisations- und Machtstrukturen zu einer überzeugenden Einheit in einer sich laufend verändernden Welt zu integrieren. Die Repräsentanten der Kirchen sind jedoch auch nur Menschen mit allen ihren Stärken und Schwächen. Ihre Organisationen sind schwerfällig und von der Gegenseite werden sie sicher auch nicht in Ruhe gelassen.

Dirk hatte bei seiner Abiturabschlussfeier einen HipHop-Song gehört, dessen kritischer Text ihn sehr beeindruckt hatte. Der junge Künstler 'NEMO' erklärte, ihm ginge es dabei um die Diskrepanz zwischen den positiven Inhalten der Religionen, wie den Botschaften der Liebe, und dem oft so weltlichen und lieblosen Gebaren der großen Glaubensorganisationen in Vergangenheit und Gegenwart. Außerdem wollte er seinem Gefühl Ausdruck verleihen, dass sich die Konfessionen immer wieder zwischen die Menschen und Gott gestellt hätten, um etwas so Persönliches wie den Glauben kontrollieren und nutzen zu können. Diesen Text trug Dirk seiner Familie vor:

Anti-Ismensong
Die Konfessionen machen Liebe zu Gift nach Belieben,
dabei steht die Wahrheit in den Schriften geschrieben.
Als die Päpste auf dem Schlachtfeld nach Sieg dürsten,
war'n sie nicht Gottes Fels auf Erden, sondern Kriegsfürsten.
Krishna inkarniert in Buddha - um die Veden zu reinigen -
damit die Priester nicht das Volk mit falschen Reden peinigen.
Der Sozialismus nannte jeden Glauben Rauschgift -
und war selbst nur Religion - mit einer andern Aufschrift.
Marx und Engels haben's zwar auch nur gut gemeint,
als die Idee System wird, hat die Erde trotzdem Blut geweint.
Ich sage: Lies in den Büchern - solange bis du's dann merkst,
die einzigen Gesetze gab uns Christus am Berg.
Organisationen trennen Menschen von den wahren Lehren,
so kann man Macht und Reichtum mit den Jahren mehren.
Nach den Erfahrungswerten einer betrogenen Menschheit,
stehen wir mit klarem Kopf am Weltenrand und warten auf die Endzeit.

In einem Buch von Neale Walsch fanden sie Hinweise, die sie sich für ihr weiteres Tun immer besonders vergegenwärtigen wollten:

Strebt nicht nach Glaubenssätzen, strebt nach einem Gewahrsein von dem, was ihr wisst. Nutzt alles, was ihr findet und was euch zu diesem Gewahrsein zurückbringt. Versteht, dass ihr eine Illusion lebt, und dass nichts daran Wirklichkeit ist. Doch die Illusion *deutet* auf das, was Wirklichkeit ist, und kann euch eine Erfahrung von ihr machen lassen.

Wie könnt ihr die Illusion als eine Illusion ansehen, wo sie doch so real erscheint? Und wie kommt es, dass sie sich, wenn sie doch eine Illusion ist, so real ausnimmt? ...

Die Illusion nimmt sich so real aus, weil so viele Menschen glauben, dass sie keine Illusion ist.   (* Walsch 5 – 128)

Werde zu einem Instrument meines Friedens.

> *Wo Hass ist, säe Liebe.*
> *Wo Unrecht ist, Verzeihen.*
> *Wo Zweifel ist, Glaube.*
> *Wo Verzweiflung ist, Hoffnung.*
> *Wo Dunkelheit ist, Licht.*
> *Wo Traurigkeit ist, Freude.*
> *Strebe weniger danach, getröstet*
> *zu werden als vielmehr zu trösten.*
> *Strebe weniger danach, verstanden*
> *zu werden als vielmehr zu verstehen.*
> *Strebe weniger danach, geliebt*
> *zu werden, als vielmehr zu lieben.*

Du hast nach einer Wahrheit gesucht, nach der du dein Leben leben kannst, und ich gebe sie dir hier wieder einmal...

Sei Liebe, und deine lange Reise zur Meisterschaft wird vorbei sein, während deine neue Reise, andere zur Meisterschaft zu bringen, schon begonnen hat. Denn Liebe ist alles, was du bist, alles, was ich bin, und alles, was wir je von der Absicht her sein sollten.

So sei es.   (* Walsch 5 – 244)

Quellenverzeichnis

Abd-Ru-Shin 1	Abd-Ru-Shin: Im Lichte der Wahrheit I. Verlag der Stiftung Gralsbotschaft GmbH, Ditzingen, 22. Auflage 2000, ISBN 3-87860-240-5
Abd-Ru-Shin 2	Abd-Ru-Shin: Im Lichte der Wahrheit II. Verlag der Stiftung Gralsbotschaft GmbH, Ditzingen, 22. Auflage 2000, ISBN 3-87860-240-5
Abd-Ru-Shin 3	Abd-Ru-Shin: Im Lichte der Wahrheit III. Verlag der Stiftung Gralsbotschaft GmbH, Ditzingen, 22. Auflage 2000, ISBN 3-87860-240-5
Ahastar	Ahastar Sheran, Medialer Forschungskreis Schwalenberg (Hg.): Friede über alle Grenzen - Heft 1 bis 14. Bergkristall Verlag GmbH, 32108 Bad Salzuflen, ISBN 3-935422-00-8
Alexander	Alexander David und Pat (Hg.): Handbuch zur Bibel. Brockhaus-Verlag, Wuppertal 9, Auflage 1998, ISBN 3-417-2450-1
Alma	Alma Daniel/Timothy Wyllie/Andrew Ramer: Frag deine Engel. Zweitausendeins Versand, Frankfurt, 1994, ISBN 3-86150-049-3
Argüelles	Argüelles Jose: Surfer der Zuvuya. Hermann Bauer Verlag GmbH & Co KG, 1997, ISBN 3-7626-0535-1
Ash	Ash David/Hewitt Peter: Wissenschaft der Götter. Zweitausendeins Versand, Frankfurt © David Ash and Peter Hewitt (1990), ISBN 3-86150-262-3
Asimov 1	Asimov Isaac: Die exakten Geheimnisse unserer Welt. Bausteine des Lebens. © Droemer'sche Verlagsanstalt Th. Knaur Nachf. München, 1985, ISBN 3-426-03922-2
Asimov 2	Asimov Isaac: 500000 Jahre Erfindungen und Entdeckungen. C. Bertelsmann Verlag GmbH, München, 1991, Lizenzausgabe Bechtermünz Verlag, 1996, ISBN 3-86047-141-4
Bareuther	Bareuther Oskar: Lehrgeist Lene und ihr "frommer Betrug" in der Geistigen Loge Zürich - eine Geisterprüfung. Hg. © 1995, 1997, 1999 INNEU-SCHULE, Postfach 471, D-73004 Göppingen
Bellinger	Bellinger Gerhard J.: Knaurs großer Religionsführer. © Droemer'sche Verlagsanstalt Th. Knaur Nachf. München, Sonderausgabe für Weltbild Verlag GmbH, Augsburg, 1999, ISBN 3-8289-4818-9
Benedikt	Benedikt Heinrich Elijah: Die Kabbala als jüdisch-christlicher Einweihungsweg. Hermann Bauer Verlag GmbH & Co KG, Freiburg, 1999, ISBN 3-7626-0756-7
Benner	Benner Klaus-Ulrich: Der Körper des Menschen. © 1995 für die deutschsprachige Ausgabe Weltbild Verlag GmbH, Augsburg, ISBN 3-89350-273-4
Bhagavad-Gita	Bhaktivedanta Swami Prabhupada: Bhagavad-Gita - Wie sie ist., ISBN 9-17149059-0
Bibel	Kath. Bibelanstalt (Hg.): Die Bibel (Einheitsübersetzung der Heiligen Schrift). Verlag Katholisches Bibelwerk GmbH, Stuttgart, 1999, ISBN 3-460-33007-4
Biedermann	Biedermann Hans (Hg.): Rätselhafte Vergangenheit. Geheimnisvolle Spuren aus früherer Zeit. Lizenzausgabe für Weltbild Verlag GmbH, Augsburg, 1992, ISBN 3-89350-513-X
Birbaumer	Birbaumer Niels/Schmidt Robert F.: Biologische Psychologie. 5. Auflage 2003, © Springer-Verlag Berlin Heidelberg Sonderauflage

	für Weltbildverlag GmbH, Augsburg, ISBN 3-540-43480-1
Birnstein	Birnstein Uwe u.a. Chronik des Christentums. © Chronik-Verlag im Bertelsmann Lexikon Verlag GmbH, Gütersloh/München, 1999, ISBN 3-577-14354-1
Bischof	Bischof Marco: Biophotonen. Das Licht in unseren Zellen. © 1995 by www.Zweitausendeins.de, ISBN 3-86150-095-7
Brennan	Brennan Barbara Ann: Licht-Arbeit. Das Standardwerk der Heilung mit Energiefeldern. © 1989 der deutschsprachigen Ausgabe Wilhelm Goldmann Verlag, München in der Verlagsgruppe Bertelsmann, ISBN 3-442-14151-6
Buchwald	Buchwald Albert (Hg.): Alle Jesusworte von A bis Z. © Kreuz-Verlag, Stuttgart 1996, ISBN 3-7831-1450-0
BWL 1	Buch des wahren Lebens. Lehren des göttlichen Meisters, Band I Unterweisung 1-28. Reichl Verlag - Der Leuchter, St. Goar, 2. Auflage 1991, ISBN 3-87667-060-8
BWL 2	Buch des wahren Lebens Band II Unterweisung 29-55. Reichl Verlag - Der Leuchter, St. Goar, 1986, ISBN 3-87667-080-2
BWL 3	Buch des wahren Lebens Band III Unterweisung 56-82. Reichl Verlag - Der Leuchter, St. Goar, 1993, ISBN 3-87667-189-2
BWL 4	Die göttlichen Offenbarungen von Mexiko. Reichl Verlag - Der Leuchter, St. Goar, 1996
BWL 5	Enkerlin Ernesto: Die dritte Zeit. Reichl Verlag - Der Leuchter, St. Goar, 3. Auflage 1989
Capra 1	Capra Fritjof: Das Tao der Physik. © 1975, 1983 by Fritjof Capra. Gesamtdeutsche Rechte beim Scherz-Verlag, Bern, ISBN 3-502-67092-7
Capra 2	Capra Fritjof: Lebensnetz. Ein neues Verständnis der lebendigen Welt. © 1996 by Fritjof Capra. Alle deutschsprachigen Rechte beim Scherz-Verlag, Bern, ISBN 3-502-17108-4
Carmel	Carmel Phyllis Virtue: Planet der Wandlung. © der deutschen Ausgabe Verlag Die Silberschnur, Güllesheim, 1995, ISBN 3-923781-92-X
Cayce 1	Cayce Edgar: Über das höhere Selbst. © 1995 der deutschsprachigen Ausgabe Wilhelm Goldmann Verlag, München, ISBN 3-442-12104-3
Cayce 2	Cayce Edgar: Die Geheimnisse des Bewußtseins. © 1994 der deutschsprachigen Ausgabe Wilhelm Goldmann Verlag, München, ISBN 3-442-12102-7
Cayce 3	Cayce Edgar: Du weißt, wer du warst. © 1994 der deutschsprachigen Ausgabe Wilhelm Goldmann Verlag, München, ISBN 3-442-12085-3
Cayce 4	Cayce Edgar: Bericht von Ursprung und Bestimmung des Menschen. © der deutschsprachigen Ausgabe by Herrmann Bauer Verlag, Freiburg i. Br., genehmigte Taschenbuchausgabe Goldmann-Verlag GmbH, München, ISBN 3-442-11804-2
Cayce 5	Cayce Edgar: Wahrheit der Reinkarnation. © 1994 der deutschsprachigen Ausgabe by Wilhelm Heyne Verlag GmbH & Co KG München,, ISBN 3-453-07738-5
Cayce 6	Cayce Edgar: Die Geheimnisse des Universums. by Lin Cochran © 1989 by The Association for Research and Enlightenment, Inc. By Permission of Warner Books, Inc. © der deutschsprachigen Ausgabe Wilhelm Goldmann Verlag, München 1993, ISBN 3-442-12103-5

Quellenverzeichnis

Condrau	Condrau Gion: Der Mensch und sein Tod. © Kreuz-Verlag, Zürich, 1991, ISBN 3-268-00109-2
Couliano	Couliano I.P.: Jenseits dieser Welt: außerweltliche Reisen von Gilgamesch bis Albert Einstein. Erschienen bei Diederichs Gelbe Reihe Nr. 113, 1995, ISBN 3-424-01167-3
Dalai Lama 1	Dalai Lama: Die Buddha-Natur. Tod und Unsterblichkeit im Buddhismus. Aquamarin-Verlag GmbH, Grafing, 1996, ISBN 3-89427-079-9
Dalai Lama 2	Dalai Lama: Das Buch der Menschlichkeit. Eine neue Ethik für unsere Zeit. Gustav Lübbe Verlag Bergisch-Gladbach, 2000, ISBN 3-7857-0842-4
Däniken	von Däniken, Erich: Botschaften und Zeichen aus dem Universum. Goldmann Verlag GmbH, München © bei Erich von Däniken © der deutschsprachigen Ausgabe 1995 bei C. Bertelsmann Verlag, München, einem Unternehmen der Verlagsgruppe Random House GmbH, ISBN 3-442-12688-6
Delius	Delius Christoph/Gatzemeier Matthias/Sertcan Deniz/Wünscher Kathleen: Geschichte der Philosophie. Von der Antike bis heute. Könemann Verlagsgesellschaft mbH, Köln, 2000, ISBN 3-8290-0511-3
Dopatka	Dopatka Ulrich: Die große Erich von Däniken Enzyklopädie. Econ-Verlag, München, 1997, ISBN 3-430-12176-0
Drewermann	Drewermann Eugen/Schorlemmer Friedrich: Vom Sinn und Unsinn des Gottesglaubens. Verlag Herder, Freiburg, 2. Auflage, 1997, ISBN 3-451-04381-5
Dt. Bischöfe 1	Sekretariat der Deutschen Bischofskonferenz (Hg.): Menschenwürdig sterben und christlich sterben. (1978), Schwerstkranken und Sterbenden beistehen.(1991), Die Hospizbewegung. Profil eines hilfreichen Weges in katholischem Verständnis (1993)
Dt. Bischöfe 2	Sekretariat der Deutschen Bischofskonferenz (Hg.): Dem Leben auf der Spur (2000)
Elser 1	Elser Michael et al. (Red. deutsche Fassung):. Enzyklopädie der Religionen. Lizenzausgabe für Weltbild Verlag GmbH, Ausgsburg der Gruppo Editoriale Fabbri Bompiani Sonzogno Etas S.p.A, 1990, ISBN 3-89350425-7
Elser 2	Elser Michael et al. (Red. deutsche Fassung):. Enzyklopädie der Philosophie Von der Antike bis zur Gegenwart. Lizenzausgabe für Weltbild Verlag GmbH, Ausgsburg der Gruppo Editoriale Fabbri Bompiani Sonzogno Etas S.p.A, 1992, ISBN 3-89350167-3
Emanuel 1	Weidner Gisela (Hg.): Karma und Reinkarnation. Eigenverlag G. Weidner Postfach 405 A-1071 Wien, ISBN 3-900-427-10-0
Emanuel/ Hardus 2	Weidner Gisela (Hg.): Erkenne dich selbst. Eigenverlag G. Weidner Postfach 405 A-1071 Wien, ISBN 3-900-427-12-7
Emanuel (Kontr.) 3	Weidner Gisela (Hg.): Zukünftige Ereignisse auf Erden aus geistiger Sicht. Eigenverlag G. Weidner Postfach 405 A-1071 Wien, ISBN 3-900-427-20-8
Emanuel (Kontr.) 4	Weidner Gisela (Hg.): Zukunftsweisende Berichte aus der geistigen Welt. Eigenverlag G. Weidner Postfach 405 A-1071 Wien, ISBN 3-900-427-23-2
Emanuel/ Hardus 5	Weidner Gisela (Hg.): Der Weg zur Gesundheit. Über die Krankheit, ihre wahre Ursache und Heilung. Eigenverlag G. Weidner Postfach 405 A-1071 Wien, ISBN 3-900-427-21-6

Emanuel (Kontr.) 6	Weidner Gisela (Hg.): Astralreisen in die Sphären um die Erde, auf Planeten und Sonnenebenen. Eigenverlag G. Weidner Postfach 405 A-1071 Wien, ISBN 3-900-427-32-1
Emanuel (Kontr.) 7	Weidner Gisela (Hg.): Woher komme ich - Wozu lebe ich - Wohin gehe ich. Eigenverlag G. Weidner Postfach 405 A-1071 Wien, ISBN 3-900-427-22-4
Emanuel 8	Weidner Gisela (Hg.): Emanuel. Erkenntnisse zur persönlichen geistigen Bewußtseinsbildung. Eigenverlag G. Weidner Postfach 405 A-1071 Wien, ISBN 3-900-427-40-2
Emanuel (Kontr.) 9	Weidner Gisela (Hg.): Mutter Jesu Maria. Helferin der Menschheit in Vergangenheit, Gegenwart und Zukunft. Eigenverlag G. Weidner Postfach 405 A-1071 Wien, ISBN 3-900-427-31-3
Emanuel 10	Weidner Gisela (Hg.): Die Geisteskräfte des Menschen und geistige Meditation. Eigenverlag G. Weidner Postfach 405 A-1071 Wien, ISBN 3-900-427-24-0
Emanuel/ Hardus 11	Weidner Gisela (Hg.): Ewige und endliche Gesetze Gottes. Eigenverlag G. Weidner Postfach 405 A-1071 Wien, ISBN 3-900-427-15-1
Emanuel 12	Weidner Gisela (Hg.): Die Glücklichpreisungen Jesu. Aus der Bergpredigt (1.Teil). Eigenverlag G. Weidner Postfach 405 A-1071 Wien, ISBN 3-900-427-03-8
Emanuel 13	Weidner Gisela (Hg.): Die Glücklichpreisungen Jesu. Aus der Bergpredigt (2.Teil). Eigenverlag G. Weidner Postfach 405 A-1071 Wien, ISBN 3-900-427-03-8
Emanuel 14	Weidner Gisela (Hg.): RELIGIO Dein Weg nach oben. Eigenverlag G. Weidner Postfach 405 A-1071 Wien, ISBN 3-900-427-14-3
Emanuel 15	Weidner Gisela (Hg.): Gespräche mit drüben. Eigenverlag G. Weidner Postfach 405 A-1071 Wien, ISBN 3-900-427-02-X
Emanuel 16	Weidner Gisela (Hg.): Befreiung von Angst. Eigenverlag G. Weidner Postfach 405 A-1071 Wien, ISBN 3-900-427-11-9
Emanuel 17	Weidner Gisela (Hg.): Blicke in die Vorhölle. Gespräche mit unglücklichen Jenseitigen. Eigenverlag G. Weidner Postfach 405 A-1071 Wien, ISBN 3-900-427-00-3
Emanuel 18	Weidner Gisela (Hg.): Das sichere Geleit. Eigenverlag G. Weidner Postfach 405 A-1071 Wien, ISBN 3-900-427-08-9
Emanuel 19	Weidner Gisela (Hg.): Der Weg zur Geborgenheit. Eigenverlag G. Weidner Postfach 405 A-1071 Wien, ISBN 3-900-427-09-7
Emanuel 20	Weidner Gisela (Hg.): Balsam für Dein Leben. Eigenverlag G. Weidner Postfach 405 A-1071 Wien, ISBN 3-900-427-26-7
Emanuel 21	Weidner Gisela (Hg.): Stufen zum Licht und zur Freiheit. Eigenverlag G. Weidner Postfach 405 A-1071 Wien, ISBN 3-900-427-42-9
Emanuel 22	Forsboom Bernhard: Das Buch Emanuel. Drei Eichen Verlag Manuel Kissener, 1980, ISBN 3-7699-0470-2
Emanuel 23	Forsboom Bernhard/Passian Rudolf: Kundgebungen des Geistes Emanuel II. Reichl Verlag - Der Leuchter, St. Goar, ISBN 3-87667-254-6
Enzyk.	Sekretariat der Deutschen Bischofskonferenz (Hg.): Enzyklika FIDES ET RATIO von Johannes Paul II an die Bischöfe der katholischen Kirche über das Verhältnis von Glaube und Vernunft (1998)
Ercivan	Ercivan Erdogan: Das Sternentor der Pyramiden. Geheime Wege in

	den Kosmos. bettendorf'sche verlagsanstalt, 2000, ISBN 3-88498-096-1
Evan.	Evangelischer Erwachsenenkatechismus. © Chr. Kaiser/Gütersloher Verlagshaus GmbH, Gütersloh, 2003, ISBN 3-579-04900-3
Flowers	Flowers Charles, Miller Stephen M., Robinson, Thomas L.:. Die Menschen der Bibel. © Reader's Digest Deutschland, Verlag Das Beste GmbH, 1996, ISBN 3-87070-634-1
Foret	de Foret Pierre: Die Geburt der Seele. Verlag Die Silberschnur, Güllesheim, 1999, ISBN 3-931652-67-X
Fosar	Fosar Grazyna/ Bludorf Franz: Vernetzte Intelligenz. Die Natur geht online. Omega-Verlag Bongart-Meier GbR, Aachen, 2001, ISBN 3-930243-23-7
Fox 1	Fox Emmet: Die Bergpredigt. Frick Verlag GmbH, Pforzheim, 1998, ISBN 3-920780-17-5
Fox 2	Fox Matthew/Sheldrake Rupert: Engel. Die kosmische Intelligenz. Kösel-Verlag GmbH & Co, München, 1998, ISBN 3-8289-3412-9
Freksa	Freksa Martin: Das verlorene Atlantis. Die Geschichte der Auflösung eines alten Rätsels. Zweitausendeins Versand, Frankfurt, 1999, ISBN 3-86150-301-8
Gaarder	Gaarder Jostein: Sofies Welt. Roman über die Geschichte der Philosophie. Aus dem Norwegischen von Gabriele Haefs. © Carl Hanser Verlag, München-Wien, 1993, ISBN 3-446-17347-1
Gellmann	Rabbi Marc Gellmann/ Monsignor Thomas Hartmann: Wie buchstabiert man Gott?. © der deutschen Ausgabe: Carlsen Verlag GmbH, Hamburg, 1996, ISBN 3-551-58001-4
Greber 1	Greber Johannes: Der Verkehr mit der Geisterwelt, seine Gesetze und sein Zweck. Spirituelle Christen e.V., Greber- und Arbeitskreis Postfach 371, D-73004 Göppingen, Ausgabe 1932
Greber 2	Greber Johannes: Das Neue Testament. Arbeitskreis/Spirituelle Christen e.V., Johannes-Greber- u. Arbeitskreis Postfach 371, D-73004 Göppingen, Auflage 2001
Güllekes	Güllekes Peter: Die Himmel geben Antwort. Turm-Verlag, Bietigheim-Bissingen, 1999, ISBN 3-7999-0259-7
Hardus 1	Weidner Gisela (Hg.): Geistige Wahrheiten in Frage und Antwort. Eigenverlag G. Weidner Postfach 405 A-1071 Wien, ISBN 3-900-427-41-0
Hardus 2	Weidner Gisela (Hg.): Geistiges ABC zur zielführenden Lebensgestaltung. Eigenverlag G. Weidner Postfach 405 A-1071 Wien, ISBN 3-900-427-01-1
Hattstein	Hattstein Markus: Weltreligionen. Könemann Verlagsgesellschaft mbH, 1997, ISBN 3-89508-616-9
Hierzenberger	Hierzenberger Gottfried/Nedomansky Otto: Erscheinungen und Botschaften der Gottesmutter Maria. Vollständige Dokumentation. Droemer'sche Verlagsanstalt Th. Knaur Nachf. München, 1998, ISBN 3-86047-452-9
Hinz	Hinz Walther: Woher - Wohin. vergriffen
Holzhausen	Holzhausen Ingrid: Weisheit der Völker. erschienen bei Diederichs Gelbe Reihe Nr. 91, ISBN 3-89631-398-3
Horn	Horn Arthur David: Götter gaben uns die Gene. Die außerirdischen Ursprünge der Menschheit. Verlag Die Silberschnur, Güllesheim, 1997, ISBN 3-931652-25-4

Quellenverzeichnis

Huemer	Huemer Werner: Die Wiederkehr Gottes. Ein neues Weltbild für das 21.Jahrhundert. Verlag der Stiftung Gralsbotschaft GmbH, Ditzingen, 2000, ISBN 3-87860-284-7
Ilg	Ilg Herrmann: Die Gedankenbrücke. Buchdienst Reinhard Diem, Wilhelmstr. 62, 71083 Herrenberg, ISBN 3-935422-54-7
Jakoby	Jakoby Bernard: Auch du lebst ewig. Die Ergebnisse der modernen Sterbeforschung. © 2000 by Langen Müller in der F.A. Herbig Verlagsbuchhandlung GmbH, München, ISBN 3-7844-2775-8
Kalweit	Kalweit Holger: Das Totenbuch der Kelten. AT-Verlag, Aarau, 2002, ISBN 3-85502-721-8
Kardec 1	Kardec Allan: Das Buch der Geister. Grundsätze der spiritistischen Lehre. Hermann Bauer Verlag GmbH & Co KG, 1996, ISBN 3-7626-0735-4
Kardec 2	Kardec Allan: Das Evangelium im Licht des Spiritismus. Freundeskreis Allan Kardec, Henie Seifert, Erkrath, 2000
Karta	Karta Lama: Leben, Sterben, Wiedergeburt. Ein hilfreicher Begleiter durch den Kreislauf der Existenz. © 2000 für die deutsche Ausgabe by Econ Ullstein List Verlag GmbH & Co KG, München, ISBN 3-7787-7161-2
Kath.	Katechismus der katholischen Kirche. © der deutschen Ausgabe: R. Oldenbourg Verlag, München 1993, ISBN 3-486-56005-0
Kirkwood	Kirkwood Annie: Marias Botschaft der Hoffnung. Christa Falk Verlag, Seeon, 1997, ISBN 3-89568-028-1
Koran	Der Koran. Droemer'sche Verlagsanstalt Th. Knauer Nachf. München, ISBN 3-86047-455-3
Kryon 1	Kryon:. Denke nicht wie ein Mensch. Kryon antwortet auf grundsätzliche Fragen. Wilhelm Heyne Verlag GmbH & Co KG, München © 1997 Ostergaard Verlag und Vertrieb, Überlingen, ISBN 3-453-21476-5
Kryon 2	Kryon:. Das Zeiten-Ende. Neue Informationen für persönlichen Frieden. Wilhelm Heyne Verlag GmbH & Co KG, München © 1997 Ostergaard Verlag und Vertrieb, Überlingen, ISBN 3-453-18062-3
Kryon 3	Kryon:. 2000 Über die Schwelle. Die neue Energie des Jahrtausends verstehen lernen. © 2002 Ostergaard Verlag und Vertrieb, Überlingen, ISBN 3-933075-06-8
Kübler-Ross	Kübler-Ross Elisabeth: Interviews mit Sterbenden.. © Kreuz-Verlag, Stuttgart, 1971, ISBN 3-426-77426-7
Küng 1	Küng Hans: Projekt Weltethos. Piper Verlag GmbH, München, 1990, ISBN 3-492-21659-5
Küng 2	Küng Hans: Spurensuche. Die Weltreligionen auf dem Weg. Piper Verlag GmbH, München, 1999, ISBN 3-492-04103-5
Langbein	Langbein Walter-Jörg: Astronauten-Götter. Die Chronik unserer phantastischen Vergangenheit. Ullstein-List-Taschenbuch Verlag, München, 1995, ISBN 3-548-35569-2
Laurentius 1	Weidner Gisela (Hg.): Laurentius. Schritte der Tat zur Entwicklung. Eigenverlag G. Weidner Postfach 405 A-1071 Wien, ISBN 3-900-427-25-9
Laurentius 2	Weidner Gisela (Hg.): Laurentius. Die Nachfolge Jesu Christi. Eigenverlag G. Weidner Postfach 405 A-1071 Wien, ISBN 3-900-427-13-5
Laurentius 3	Weidner Gisela (Hg.): Geist - Kraft - Stoff. Eigenverlag G. Weidner Postfach 405 A-1071 Wien, ISBN 3-900-427-30-5

Quellenverzeichnis

Lauxmann	Lauxmann Frieder: Der philosophische Himmel. © 1999 by nymphenburger in der F.A. Herbig Verlagsbuchhandlung GmbH, München, ISBN 3-485-00828-1
Mann	Mann A.T.: Das Wissen über Reinkarnation. Zweitausendeins Versand, Frankfurt, 1997, ISBN 3-86150-225-9
Marciniak 1	Marciniak Barbara: Plejadische Schlüssel zum Wissen der Erde. Hermann Bauer Verlag GmbH & Co KG, 1996, ISBN 3-7626-0515-7
Marciniak 2	Marciniak Barbara: Boten des neuen Morgens. Lehren von den Plejaden. Hermann Bauer Verlag GmbH & Co KG, 1995, ISBN 3-7626-0487-8
McTaggart	McTaggart Lynne: Das Nullpunkt-Feld. Auf der Suche nach der kosmischen Ur-Energie. © 2003 der deutschsprachigen Ausgabe Wilhelm Goldmann Verlag, München in der Verlagsgruppe Random House GmbH, ISBN 3-442-30831-3
Melchizedek	Melchizedek Drunvalo: Die Blume des Lebens Band 1. KOHA Verlag GmbH, Burgrain, 2. Auflage, 2000, ISBN 3-929512-57-2
Metz	Metz Wulf (Hg.): Handbuch Weltreligionen. Brockhaus-Verlag, Wuppertal 9, Auflage, 1996, ISBN 3-417-24599-0
Michel	Michel Peter: Atlantis. Auf der Suche nach einer versunkenen Welt. Aquamarin-Verlag GmbH, Grafing, 2002, ISBN 3-89427-190-6
Moody	Moody Raymond A.: Das Licht von drüben. Neue Fragen und Antworten. Deutsche Übersetzung von Lieselotte Mietzner © 1989 Rowohlt Verlag GmbH, Reinbek bei Hamburg, ISBN 3-498-04315-3
Mynarek	Mynarek Hubertus: Herren und Knechte der Kirche. Historia Verlag, Ulm, 2002, ISBN 3-980-6576-1-2
Neu	Neu Erwin: Aus Sternenstaub. Die Reise zum Ursprung des Menschen. Kösel-Verlag München, 3.durchges. Auflage, 1998, ISBN 3-466-20426-7
Olcott	Olcott Henry S.: Der buddhistische Katechismus. Reprint-Verlag-Leipzig Volker Hennig, Holzminden, ISBN 3-8262-1507-9
Osswald	Osswald Susanne/Schnelting Karl: Weil Ich Dich liebe. Wegweiser zur Transformation. Govinda-Verlag GmbH, 2000, ISBN 3-906347-42-7
Parker	Parker Geoffrey (Hg.): Atlas zur Weltgeschichte. Von den Anfängen bis zur Gegenwart. Droemer'sche Verlagsanstalt Th. Knaur Nachf. München, 1998, ISBN 3-8289-0286-3
Passian 1	Passian Rudolf (Hg.): Geist - Kraft - Stoff Herausgegeben von Catharina, Adelma und Ödön von Vay. Bedellion-Verlag St. Goar © Rudolf Passian, 1993, ISBN 3-87667-204-X
Passian 2	Passian Rudolf: Licht und Schatten der Esoterik. Reichl Verlag Der Leuchter, St. Goar 2002, ISBN 3-87667-250-3
Paturi	Paturi Felix R.: Chronik der Technik. Chronik Verlag im Bertelsmann Lexikon Verlag GmbH, Gütersloh/München 1988, ISBN 3-86047134-1
Ramtha 1	Weinberg Steven Lee (Hg.): Ramtha. © der deutschen Ausgabe 1989 bei In der Tat Verlag Verlag, Peiting, ISBN 3-89539-050-X
Ramtha 2	Koteen Judi Pope (Zusammenstellerin): Der letzte Walzer der Tyrannen. Die Prophezeiung. © der deutschen Ausgabe 1990 bei In der Tat Verlag Verlag, Peiting, ISBN 3-89539-051-8
Ramtha 3	Ramtha Intensiv. Wendezeit - Die künftigen Tage. © der deutschen Ausgabe 1989 bei In der Tat Verlag Verlag, Peiting, ISBN 3-9802507-3-3

Quellenverzeichnis

Ramtha 4	UFOs und die Beschaffenheit von Wirklichkeit. Einblick in außerirdisches Bewußtsein und interdimensionalen Geist. © der deutschen Ausgabe 1994 bei In der Tat Verlag Verlag, Peiting, ISBN 3-89539-055-0
Ramtha 5	Ramtha Intensiv. Seelengefährten. © der deutschen Ausgabe 1989 bei In der Tat Verlag Verlag, Peiting, ISBN 3-9802507-4-1
Ramtha 6	Weinberg Steven Lee (Hg.): Ramtha. Eine Einführung - Ausgewählte Lehren. © der deutschen Ausgabe 1989 bei In der Tat Verlag Verlag, Peiting, ISBN 3-89539-054-2
Ramtha 7	Ramtha. Liebe dich selbst ins Leben. © der deutschen Ausgabe 1999 bei In der Tat Verlag Verlag, Peiting, ISBN 3-89539-062-3
Ramtha 8	Knight J Z: Ramtha. Das Erschaffen von Realität (Ramtha, A Beginners Guide to Creating Reality). © 1997, 2000 JZK, Inc. German language edition licensed and published by Horamus Publishing. Inc. For more information about Ramtha's teachings contact: Ramtha's School of Enlightment, PO Box 1210, Yelm, WA 98597, USA, www.Ramtha.com, ISBN 0-9652621-5-4
Ramtha 9	Knight J Z: Ramtha. Die alten Schulen der Weisheit (Ramtha, The Ancient Schools of Wisdom). © 1996 JZK, Inc. German language edition licensed and published by Horamus Publishing. Inc. For more information about Ramtha's teachings contact: Ramtha's School of Enlightment, PO Box 1210, Yelm, WA 98597, USA, www.Ramtha.com, ISBN 0-9652621-0-3
Richardt	Richardt Max W.: Vorbereitung auf das Abitur Evangelische Religionslehre. Manz Verlag, © Ernst Klett Verlag GmbH, Stuttgart 1995Stuttgart, ISBN 3-7863-0782-2
Ries	Ries Julien: Ursprung der Religionen. Pattloch Verlag, München, 1993, ISBN 3-629-00078-9
Rinpoche	Rinpoche Sogyal: Das tibetische Buch vom Leben und vom Sterben. © by Rigpa Fellowship. Published by arrangement with Harper San Francisco. Deutschsprachige Rechte beim Scherz-Verlag, Bern für den O.W.Barth Verlag, ISBN 3-502-62580-8
Risi	Risi Armin: Gott und die Götter. Govinda-Verlag GmbH, 5. Auflage 2002, ISBN 3-906347-30-3
Röd	Röd Wolfgang: Kleine Geschichte der antiken Philosophie. Beck'sche Reihe 4018, Verlag C.H. Beck, München, ISBN 3-406-42918-1
Russsel	Jeffrey Burton: Biographie des Teufels. Das radikal Böse und die Macht des Guten in der Welt. 1. Auflage Aufbau Taschenbuch Verlag GmbH, Berlin © 2000 by Böhlau Verlags-Ges.m.b.H. & Co KG Wien. Köln. Weimar, ISBN 3-7466-8076-X
Sachs	Sachs Robert: Das Leben vollenden. Wie wir Sterbenden helfen, wie wir uns auf den eigenen Tod vorbereiten können. © 1998 by Robert Sachs/Für die deutsche Übersetzung und Ausgabe © 1999 by www.Zweitausendeins.de, ISBN 3-86150-309-3
Sailer 1	Sailer Christian: Die Evolution des Lebens. Göttliche Weisheit und weltliche Wissenschaft. Perspektiven eines prophetischen Vortags von Gabriele. Verlag Das Wort GmbH, Marktheidenfeld, 2001, ISBN 3-89201-132-X
Sailer 2	Sailer Christian: Der Feldzug der Schlange und das Wirken der Taube. Die Gottesprophetie der Zeitenwende. Verlag Das Wort GmbH, Marktheidenfeld, 1998, ISBN 3-89201-107-9
Schiebeler 1	Schiebeler Werner: Die Zuverlässigkeit medialer Durchgaben und

die Prüfung der Geister. WerSch Verlag Ravensburg 1997 und Schweizerische Vereinigung für Parapsychologie, Bern, 1997

Schiebeler 2 Schiebeler Werner: Johannes Greber, sein Leben und sein Werk Verlag Martin Weber, Schutterwald, 1998, ISBN 3-9805119-1-X

Schott Schott Heinz: Chronik der Medizin. Chronik Verlag im Bertelsmann Lexikon Verlag GmbH, Gütersloh/München, 1993, ISBN 3-86047-135-X

Schulte Schulte Günter: Neuromythen. Das Gehirn als Mind Machine und Versteck des Geistes. © 2000 by www.Zweitausendeins.de, ISBN 3-86150-344-1

Seiling Seiling Max: Goethe als Esoteriker?. Verlag Die Silberschnur, Güllesheim, 1999, ISBN 3-923781-22-9

Seneca Seneca: Von der Seelenruhe. Genehmigte Lizenzausgabe für Bechtermünz Verlag im Weltbild Verlag GmbH Augsburg, 1996 © Dieterich Verlagsgesellschaft mbH, Leipzig, ISBN 3-86047-251-8

Seth 1 Roberts Jane: Seth und die Wirklichkeit der Psyche (Band 1). © der deutschsprachigen Ausgabe by Wilhelm Goldmann Verlag, München, 1989, ISBN 3442-11888-3

Seth 2 Roberts Jane: Seth und die Wirklichkeit der Psyche (Band 2). © der deutschsprachigen Ausgabe by Wilhelm Goldmann Verlag, München, 1989, ISBN 3-442-11889-1

Seth 3 Roberts Jane: Die Natur der persönlichen Realität. Goldmann-Verlag GmbH München, © Ariston im Heinrich Hugendubel Verlag, Kreuzlingen/München, 1985, ISBN 3442-12143-4

Seth 4 Roberts Jane: Gespräche mit Seth. Von der ewigen Gültigkeit der Seele. Goldmann-Verlag GmbH München, © Ariston im Heinrich Hugendubel Verlag, Kreuzlingen/München, ISBN 3442-11768-2

Seth 5 Roberts Jane: Träume, "Evolution" und Werterfüllung. Goldmann-Verlag GmbH München, © Ariston im Heinrich Hugendubel Verlag, Kreuzlingen/München, 1990, ISBN 3442-12145-0

Seth 6 Roberts Jane: Der Weg zu Seth. © der deutschsprachigen Ausgabe by Wilhelm Goldmann Verlag, München, 1988, ISBN 3442-12080-2

Seth 7 Roberts Jane: Individuum und Massenschicksal. Gespräche mit Seth. Goldmann-Verlag GmbH München, © Ariston im Heinrich Hugendubel Verlag, Kreuzlingen/München, 1988, ISBN 3442-12100-0

Seth 8 Roberts Jane: Die Natur der Psyche. Ihr menschlicher Ausdruck in Kreativität, Liebe und Sexualität. Goldmann-Verlag GmbH München, © Heinrich Hugendubel Verlag, Kreuzlingen/München, ISBN 3442-11760-7

Seth 9 Roberts Jane: Das Seth-Material. Goldmann-Verlag GmbH München, © Ariston im Heinrich Hugendubel Verlag, Kreuzlingen/München, 1986, ISBN 3442-12144-2

Seth 10 Roberts Jane: Seths letzte Botschaft. Eine neue Sicht von Gesundheit, Krankheit und Tod. Hermann Bauer Verlag GmbH & Co KG, 1999, ISBN 3-7626-0728-1

Spierling Spierling Volker: Kleine Geschichte der Philosophie. Piper Verlag GmbH München 1990, ISBN 3-492-03416-0

Srimad. Bhaktivedanta Swami Prabhupada: Srimad Bhagavatam

Steiner Steiner Rudolf: "Christus und die menschliche Seele", (GA 155). Dornach: Rudolf Steiner Verlag 1994, © 1960 by Rudolf Steiner Nachlassverwaltung, Dornach, ISBN 3-7274-7360-0

Swedenborg Swedenborg Emanuel: Über das Leben nach dem Tode.

Quellenverzeichnis

	Swedenborg-Verlag, Zürich, 1994, ISBN 3-85927-062-1
Tarnas	Tarnas Richard: Idee und Leidenschaft. Die Wege des westlichen Denkens. Rogner & Bernhard GmbH & Co Verlags-KG, Hamburg, 1997, ISBN 3-8077-0358-6
Terhart	Terhart Franjo: Das Geheimnis der Eingeweihten. erschienen bei Ariston im Heinrich Hugendubel Verlag, Kreuzlingen/München, 1996, ISBN 3-7205-1913-9
Univ.-Leb. 1	Das ist mein Wort. Verlag Das Wort GmbH, Marktheidenfeld, ISBN 3-89371220-8
Univ.-Leb. 2	Der Dämonenstaat, seine Helfershelfer und seine Opfer. Verlag Das Wort GmbH, Marktheidenfeld, ISBN 3-89371208-9
Univ.-Leb. 3	Ich kam - woher? Ich gehe - wohin? Leben nach dem Tod, die Reise Deiner Seele. Verlag Das Wort GmbH, Marktheidenfeld, ISBN 3-89201-014-5
Univ.-Leb. 4	Die großen kosmischen Lehren des Jesus von Nazareth an seine Apostel und Jünger, die es fassen konnten. Verlag Das Wort GmbH, Marktheidenfeld, ISBN 3-89371223-2
Univ.-Leb. 5	Die kosmische Uhr und das Netzwerk deiner Haut. Verlag Das Wort GmbH, Marktheidenfeld, ISBN 3-89201-083-8
Univ.-Leb. 6	Du, das Tier - Du, der Mensch. Wer hat höhere Werte?. Verlag Das Wort GmbH, Marktheidenfeld, ISBN 3-89201-005-6
Univ.-Leb. 7	Liobani. Ich erkläre machst Du mit?. Verlag Das Wort GmbH, Marktheidenfeld, ISBN 3-89201-105-2
Univ.-Leb. 8	Der Allgeist, GOTT, spricht unmittelbar durch seine Prophetin in unsere Zeit hinein.. Verlag Das Wort GmbH, Marktheidenfeld, ISBN 3-89201-126-5
Vidal	Vidal-Naquet Pierre/Bertin Jaques: Historischer Bildatlas Daten und Fakten der Weltgeschichte. Orbis Verlag für Publizistik GmbH, München, 1991, ISBN 3-572-00516-7
Wallimann 1	Wallimann Silvia: Brücke ins Licht. 8. Auflage 1997 Hermann Bauer Verlag GmbH & Co KG, ISBN 3-7626-0309-X
Wallimann 2	Wallimann Silvia: Erwache in Gott. 6. Auflage 1997 Hermann Bauer Verlag GmbH & Co KG, ISBN 3-7626-0457-6
Wallimann 3	Wallimann Silvia: Mit Engeln beten. 10. Auflage 1998 Hermann Bauer Verlag GmbH & Co KG, ISBN 3-7626-0542-4
Wallimann 4	Wallimann Silvia: Die Umpolung vom Materiellen zum Geistigen. 8. Auflage 1998 Hermann Bauer Verlag GmbH & Co KG, ISBN 3-7626-0361-8
Walsch 1	Walsch Neale Donald: Gespräche mit Gott. Ein ungewöhnlicher Dialog. © Neale Donald Walsch © der deutschsprachigen Ausgabe 1997 bei Wilhelm Goldmann Verlag, München, einem Unternehmen der Verlagsgruppe Random House GmbH, ISBN 3-442-30734-6
Walsch 2	Walsch Neale Donald: Gespräche mit Gott, Band 2: Gesellschaft und Bewußtseinswandel. © Neale Donald Walsch © der deutschsprachigen Ausgabe 1998 bei Wilhelm Goldmann Verlag, München, einem Unternehmen der Verlagsgruppe Random House GmbH, ISBN 3-442-33612-0
Walsch 3	Walsh Neale Donald: Gespräche mit Gott, Band 3: Kosmische Weisheit. © Neale Donald Walsch © der deutschsprachigen Ausgabe 1999 bei Wilhelm Goldmann Verlag, München, einem Unternehmen der Verlagsgruppe Random House GmbH, ISBN 3-442-33627-9

Quellenverzeichnis

Walsch 4   Walsh Neale Donald: Freundschaft mit Gott. © Neale Donald Walsch © der deutschsprachigen Rechte 2000 by Wilhelm Goldmann Verlag, München, einem Unternehmen der Verlagsgruppe Random House GmbH, ISBN 3-442-33632-5

Walsch 5   Walsh Neale Donald: Gemeinschaft mit Gott. © Neale Donald Walsch © der deutschsprachigen Rechte 2002 by Wilhelm Goldmann Verlag, München, einem Unternehmen der Verlagsgruppe Random House GmbH, ISBN 3-442-33647-3

Walsch 6   Walsh Neale Donald: Neue Offenbarungen - ein Gespräch mit Gott. © 2003 der deutschsprachigen Ausgabe Wilhelm Goldmann Verlag München in der Verlagsgruppe Random House, ISBN 3-442-33695-3

Watts   Watts Alan: Das Tao der Philosophie. © der deutschen Ausgabe 2003 Theseus Verlag, Berlin, ISBN 3-89620-208-7

Weischedel   Weischedel Wilhelm: Die philosophische Hintertreppe. © 1966 by nymphenburger in der F.A. Herbig Verlagsbuchhandlung GmbH, München, ISBN 3-423-30020-5

Wendling   Ray-Wendling Anne: Mein Kontakt mit dem Jenseits. © 2001 by nymphenburger in der F.A. Herbig Verlagsbuchhandlung GmbH, München. Aus dem Französischen von Karin Balzer, ISBN 3-485-00886-9

Wynands   Wynands-Schüller Marlene: Wo ist meine Oma jetzt? - mit Kindern über Sterben und Tod reden. Bergmoser + Höller Verlag, Aachen, ISBN 3-88997-138-5

Yogananda   Yogananda Paramahansa: An der Quelle des Lichts. Einsichten und Inspirationen, um den Herausforderungen des Lebens zu begegnen. © 1996, 2000 Self-Realization Fellowship, Los Angeles, U.S.A., ISBN 0-87612-275-6

Zelenka   Zelenka Margarethe: Botschaften der Liebe. Unterdrücktes Wissen und bekämpfte Wahrheiten. © 2003 Verlag Freya, ISBN 3-902134-24-0

Zopf 1   Zopf Regine: Die Strahlen der Erneuerung. Weltenhüter Verlag GmbH, Räderloger Weg 5, D-29348 Scharnhorst, 2000, ISBN 3-929681-08-0

Zopf 2   Zopf Regine: Reiki. Der Weg sich selbst zu vervollkommnen. Weltenhüter Verlag GmbH, Räderloger Weg 5, D-29348 Scharnhorst, 2000, ISBN 3-929681-09-9

Zopf 3   Zopf Regine: Die Vollendung. Eine Erzählung über die Engel auf Erden. Weltenhüter Verlag GmbH, Räderloger Weg 5, D-29348 Scharnhorst, 2000, ISBN 3-929681-06-4

Zopf 4   Zopf Regine: Maria Engel der Liebe. Band 1: Die Lehre einer neuen Spiritualität. Weltenhüter Verlag GmbH, Räderloger Weg 5, D-29348 Scharnhorst, 2000, ISBN 3-929681-40-4

Zopf 5   Zopf Regine: Botschaft der Liebe und des Friedens. Engel sprechen über die aktuelle Krisensituation und den Frieden auf Erden. Weltenhüter Verlag GmbH, Räderloger Weg 5, D-29348 Scharnhorst, 2000, ISBN 3-929681-22-6

Zopf 6   Zopf Regine/Peters Ralph: Engel. Unsichtbare Helfer. Wie Engel den Menschen unterstützen. Weltenhüter Verlag GmbH, Räderloger Weg 5, D-29348 Scharnhorst, 2001, ISBN 3-929681-15-3

Zopf 7   Zopf Regine/Peters Ralph: Seelenpartner. Begegnung im Licht. Weltenhüter Verlag GmbH, Räderloger Weg 5, D-29348 Scharnhorst, 2001, ISBN 3-929681-18-8

Quellenverzeichnis

Zopf 8	Zopf Regine: Liebe. Der Schlüssel für das Neue Zeitalter. Weltenhüter Verlag GmbH, Räderloger Weg 5, D-29348 Scharnhorst, 2000, ISBN 3-929681-13-7
Zürrer	Zürrer Ronald: Reinkarnation. Die umfassende Wissenschaft der Seelenwanderung. Govinda-Verlag GmbH, 4. Auflage 2002, ISBN 3-906347-13-3

Zeitschriften und Periodika:

DAR	Die andere Realität, Wissenschaftliche Zeitung für Parapsychologie, bodenständige Esoterik und spirituelle Ökologie, Verlag DIE ANDERE REALITÄT, Gladbeck
Das Friedensreich	Verlag DAS WEISSE PFERD, Max-Braun-Str. 2, 97828 Marktheidenfeld, Tel.: 09391/504-212, www.das-friedensreich.de
ESO	(bis 12/ 2000) Esotera, Neues Denken und Handeln, Verlag Hermann Bauer KG, Freiburg
ESO	(ab 01/ 2001) Die neue Esotera, Gesundheit Spiritualität Lebensfreude, Verlag Hermann Bauer GmbH & Co KG, Freiburg
Flugrevue	Motor Presse Stuttgart Verlag: Vereinigte Motor-Verlage GmbH & Co KG, Stuttgart
GEO	GEO, Verlag Gruner + Jahr AG & Co, Hamburg
GEO Epoche	GEO Epoche, Verlag Gruner + Jahr AG & Co, Hamburg
GEO-WISSEN	GEO Wissen, Verlag Gruner + Jahr AG & Co, Hamburg
PM	PM Peter Moosleitners Magazin. Die moderne Welt des Wissens, Verlag Gruner + Jahr AG & Co, Hamburg
PM History	PM History, Verlag Gruner + Jahr AG & Co, Hamburg
PM Persp.	PM Perspektive, Verlag Gruner + Jahr AG & Co, Hamburg
SPIEGEL	DER SPIEGEL, SPIEGEL Verlag, Hamburg
TATTVA	Tattva Viveka, Forum für Wissenschaft, Philosophie und spirituelle Kultur, Schwanheimerstr. 32, 64625 Bensheim, www.tattva-viveka.de
Transdimension	Freunde des INIT/Gruppe Schweiz, Stallikon
WEGbegleiter	Unabhängige Zeitschrift zur Wiederbesinnung auf das Wesentliche, Reichl Verlag - Der Leuchter, St. Goar

Verwendete Internetadressen.

www.autobahnkirche.de/geschichte
www.autobahnkirche.de/glossar
www.bhakti-yoga.ch/Buch/ddadb/DieKraftGottes.html
www.fen-net.de/~ba3378/hauptfenster_0.htm
www.j-lorber.de/spir/pruefg/notwend.htm
www.j-lorber.de/jl/lorber/prophet.htm
www.j-lorber.de/ke/3/d-univer.htm
www.lichtfamilie.com/ramtha
www.stjosef.at/dokumente/evolutio,htm
www.universelles-leben.org/de/ul.html
http://iskcon.net/goloka/Bhagavad-gita.html
http://mitglied.lycos.de/webcasper/tod.html
http://home.nordwest.net/utes-own/weltbild.htm

Besonderer Quellenhinweis:

Auf die Bücher aus dem Eigenverlag Gisela Weidner (Herausgeberin Gisela Weidner), die auch den roten Faden dieses Buches bilden, sei hier noch einmal besonders hingewiesen. Sie sind alle unter folgender Adresse zu beziehen:

**Eigenverlag G. Weidner Postfach 405 A-1071 Wien,
Telefon und Fax: 0043/1/869 06 59**

- **Karma und Reinkarnation,** ISBN 3-900-427-10-0
- **Erkenne dich selbst,** ISBN 3-900-427-12-7
- **Zukünftige Ereignisse auf Erden - Aus geistiger Sicht,**
  ISBN 3-900-427-20-8
- **Zukunftsweisende Berichte aus der geistigen Welt,**
  ISBN 3-900-427-23-2
- **Der Weg zur Gesundheit - Über die Krankheit, ihre wahre Ursache und Heilung,**
  ISBN 3-900-427-21-6
- **Astralreisen in die Sphären um die Erde, auf Planeten und Sonnenebenen,** ISBN
  3-900-427-32-1
- **Woher komme ich - Wozu lebe ich - Wohin gehe ich,**
  ISBN 3-900-427-22-4
- **Emanuel - Erkenntnisse zur persönlichen geistigen Bewußtseinsbildung,** ISBN
  3-900-427-40-2
- **Mutter Jesu Maria - Helferin der Menschheit in Vergangenheit, Gegenwart und Zukunft,** ISBN 3-900-427-31-3
- **Die Geisteskräfte des Menschen und geistige Meditation,**
  ISBN 3-900-427-24-0
- **Ewige und endliche Gesetze Gottes,** ISBN 3-900-427-15-1
- **Die Glücklichpreisungen Jesu - Aus der Bergpredigt (1.Teil),**
  ISBN 3-900-427-03-8
- **Die Glücklichpreisungen Jesu - Aus der Bergpredigt (2.Teil),**
  ISBN 3-900-427-03-8
- **RELIGIO Dein Weg nach oben,** ISBN 3-900-427-14-3
- **Gespräche mit drüben,** ISBN 3-900-427-02-X
- **Befreiung von Angst,** ISBN 3-900-427-11-9
- **Blicke in die Vorhölle - Gespräche mit unglücklichen Jenseitigen,**
  ISBN 3-900-427-00-3
- **Das sichere Geleit,** ISBN 3-900-427-08-9
- **Der Weg zur Geborgenheit,** ISBN 3-900-427-09-7
- **Balsam für Dein Leben,** ISBN 3-900-427-26-7
- **Stufen zum Licht und zur Freiheit,** ISBN 3-900-427-42-9
- **Geistige Wahrheiten in Frage und Antwort,** ISBN 3-900-427-41-0
- **Geistiges ABC zur zielführenden Lebensgestaltung,**
  ISBN 3-900-427-01-1
- **Laurentius - Schritte der Tat zur Entwicklung,** ISBN 3-900-427-25-9
- **Laurentius - Die Nachfolge Jesu Christi,** ISBN 3-900-427-13-5
- **Geist - Kraft - Stoff,** ISBN 3-900-427-30-5

Erweitertes Inhaltsverzeichnis

An stelle eines Stichwortverzeichnisses wird hier ein erweitertes Inhaltsverzeichnis gegeben, das dem Leser das Auffinden bestimmter Themen erleichtern soll.

Erweitertes Inhaltsverzeichnis   511

Erweitertes Inhaltsverzeichnis   513

Die UNICON-Stiftung

Die "UNICON-Stiftung" ist eine gemeinnützige Stiftung des bürgerlichen Rechts mit dem Sitz in D-88709 Meersburg, Stefan-Lochner-Str. 26 .

Die Stiftung hat den Zweck, Informationen bereitzustellen, die Hinweise auf die spirituelle Seite des Lebens geben. Dies sind insbesondere Informationen aus den Bereichen Philosophie, Religionen, Wissenschaft, Mystik, Mythologie, Botschaften aus der geistigen Welt zu Themen wie
- Schöpfung des Universums
- Schöpfung und Rolle der Erde
- Entstehung und Evolution der Menschheit
- Entstehung von Mythologien, Mystik, Religionen, Philosophie und Wissenschaften
- Entwicklung des Christentums
- Woher und Wohin des Lebens und der Sinn des Lebens

Hierfür soll sie insbesondere folgende Aktivitäten fördern:
- Aufbau, Bereitstellung und Betrieb einer Internetplattform mit Informationen aus den oben genannten Bereichen sowie Hinweisen (Links) zu weiteren Informationen aus dem genannten Themenbereich im Internet,
- Durchführung von Veranstaltungen zu den genannten Themenbereichen.

Auch weitere Aktivitäten, soweit sie dem Zweck dienen, sind möglich.

Der Stiftung sind Beschränkungen, die auf der Rasse, der Herkunft oder dem Geschlecht beruhen fremd. Die Stiftung hat keine konfessionelle Ausrichtung und will demnach kein Bekenntnis zu einer bestimmten Weltreligion oder Religionsgemeinschaft ablegen, sondern auf der Grundlage interdisziplinärer und interreligiöser Erkenntnisse die Schöpfung und das Schöpfungsziel Gottes erkennbar machen.

Die Stiftung wurde im Juli 2003 vom Regierungspräsidium Tübingen - Stiftungsbehörde - als rechtsfähig anerkannt.

Mehr über die Stiftung und aktuelle Informationen unter
www.unicon-stiftung.de.